RICHARD M. LANGWORTH · CHRIS POOLE

AMERIKANISCHE AUTOMOBILE DER 50ER JAHRE

HEEL

Credits

Impressum

HEEL-Verlag GmbH
Hauptstraße 354
5330 Königswinter 1
Tel. 0 22 23 / 2 30 27
Fax 0 22 23 / 2 30 28

© 1989 by Publications International, Ltd.,
7373 N. Cicero Avenue,
Lincolnwood, Illinois

Deutsche Ausgabe:
© 1991 by HEEL AG,
Schindellegi, Schweiz

Übersetzung: Peter Braun, Mannheim
Satz (Fremddatenübernahme): Fotosatz Hoffmann, Hennef

Printed in Yugoslavia

ISBN 3-89365-233-7

Autoren

Richard M. Langworth
Chris Poole

Fotos

Unser Dank gilt den Fotografen, die am Zustandekommen dieses Buches maßgeblich beteiligt waren:

Thomas Glatch: 10, 11, 108, 109, 140, 141, 174, 175, 280, 281, 288, 289 **Bud Juneau:** 12, 13, 24, 25, 30, 31, 36, 37, 44–47, 50, 51, 52–55, 64, 65, 100, 101, 102, 103, 140, 141, 158, 159, 168, 169, 180, 181, 194–197, 214, 215, 228, 229, 296, 297, 308, 309 **Sam Griffith:** 14, 15, 52–55, 56, 57, 58, 59, 60, 61, 86, 87, 126, 127, 134, 135, 148, 149, 160, 161, 176, 177, 198, 199, 230–233 **Milton Gene Kieft:** 16, 17, 70, 71, 80, 81, 134, 135, 146, 147, 170, 171, 172, 173, 202, 203, 224, 225, 292, 293 **Richard Spiegelman:** 20, 21, 44–47, 68, 69, 74, 75, 120, 121, 170, 171, 192, 193, 256, 257, 258, 259, 260, 261, 298, 299, 316, 317 **Vince Manocchi:** 22, 23, 64, 65, 78, 79, 88, 89, 110, 111, 128, 129, 130, 131, 136–139, 144, 145, 158, 159, 170, 171, 180, 181, 194–197, 198, 199, 204, 205, 222, 223, 230–233, 240, 241, 244, 245, 250, 251, 268, 269, 270, 271, 274–277, 282, 283, 284, 285, 286, 287 **Doug Mitchel:** 26, 27, 42, 43, 56, 57, 84, 85, 106, 107, 112, 113, 136–239, 208, 209, 220, 221, 230–233, 242, 243, 256, 257, 266, 267, 278, 279, 290, 291, 292, 293 **Nickey Wright:** 42, 43, 74, 75, 76, 77, 112, 113, 116, 117, 118, 119, 130, 131, 188, 189, 190, 191, 192, 193, 220, 221, 222, 223, 240, 241, 246, 247, 250, 251, 258, 259, 264, 265, 294, 295, 310, 311, 312, 313, 314, 315 **Kris Trexler:** 88, 89 **Roland Flessner:** 90, 91, 140, 141 **John L. Matras:** 92, 93 **David Gooley:** 92, 93 **Mike Mueller:** 96, 97 **Steve Momot:** 98, 99 **Bill Hill:** 110, 111 **Bruce Wennerstrom:** 114, 115 **Ned Schreiner:** 122, 123 **Dave Patryas:** 132, 133 **Robert Garris:** 150, 151 **Bill Watkins:** 150, 151 **Roy D. Query:** 152, 153 **Rick Lenz:** 178, 179 **Dennis Rozanski:** 186, 187 **Ted Clow:** 200, 201, 206, 207 **Lloyd Koenig:** 202, 203 **Ed Lobit:** 210, 211, 238, 239 **Joseph H. Wherry:** 218, 219, 220, 221 **Greg Price:** 234, 235 **Joe Bohovic:** 262, 263, 264, 265 **Bill Bailey:** 262, 263 **Bob Cavallo:** 272, 273 **Mike Moya:** 284, 285

Besonderen Dank schulden wir:
Tom Appeal vom Studebaker National Museum, South Bend, Indiana; **Helen J. Earley** vom Oldsmobile Historic Center, Lansing, Michigan; **Karla Rosenbusch** von der Chrysler Historic Collection, Detroit, Michigan; **Chuck Odrowski** von Ford Photo-Media, Dearborn, Michigan; **Betty Dworschack** vom Nash Club of America, Clinton, Iowa; **Carlo Cola** vom National Antique Oldsmobile Club, Elmont, New York; **Herrn Jim Gaylord**; **Steve Engeman** vom Fomoco Owners Club, Loveland, Colorado.

Die Fahrzeugbesitzer

Natürlich gilt unser Dank auch den Besitzern der in diesem Buch abgebildeten Fahrzeuge für ihre tätige Unterstützung. Die Fahrzeugbesitzer sind nachstehend in der Reihenfolge der einzelnen Fahrzeugtypen ausgeführt:

1950-52 Buick Roadmaster: Bob Adams Collectibles, Caledonia, WI **1953 Buick Skylark:** John H. White & Bill Knunson **1953 Buick Super:** Kurt Fredricks **1954 Buick Skylark:** Peter & Jane Schlacter **1958 Buick Limited:** Michael L. Berzenye **1959 Buick Electra:** Palmer Carson **1950-52 Cadillac:** Philip J. Kuhn **1954 Cadillac Eldorado:** Gary Robinson **1955-56 Cadillac Eldorado:** Joe Malta **1957-58 Cadillac Eldorado Brougham:** Mr. Gimelli **1959-60 Cadillac Eldorado Brougham:** Bob Waldock **1950-52 Chevrolet:** William E. Goodsene, John R. Vorva **1950-52 Chevrolet Bel Air:** Ralph Moceo, Denise & Charles Crevits **1953-55 Chevrolet Corvette:** Dave Stefun **1955-56 Chevrolet:** Gary Johns, Eugene R. Siuda, Jr., Bill Curran, James R. Cahill **1955-57 Chevrolet Nomad:** Ron Pittman, Bill Bodnarchuk **1956-57 Chevrolet Corvette:** Pete Bogard **1957 Chevrolet:** Bill Bodnarchuk, Roger & Betty Jerie **1958 Chevrolet Impala:** Gary Mills, John Cox **1959 Chevrolet:** Hugh Eshelman, E. Noggles **1959 Chevrolet El Camino:** Tom Stackhouse **1950 Chrysler Town & Country:** Bob Porter **1951-54 Chrysler New Yorker:** Virgil & Dorothy Meyer, Keith Cullen **1955-56 Chrysler New Yorker:** Bruce M. Stevens & Judy Wolfe **1955-56 Chrysler 300:** Richard Carpenter **1957-59 Chrysler New Yorker:** David L. Griebling **1956-57 Continental Mark II:** Robb Petty **1958-59 Continental Mark III/IV:** William R. Kipp, Kris Trexler **1950-52 De Soto Sportsman:** M. Crider **1953-54 DeSoto:** Don Merz **1955-56 DeSoto Fireflite:** Jack Moore, Bob & Janet Nitz, Jeff & Aleta Wells **1956 DeSoto Adventurer:** Roger & Connie Graeber **1957-59 DeSoto Fireflite:** Jim Crosseen, John & Susan Gray, Elmer & Shirley Hungate **1950-51 Dodge Wayfarer Sportabout:** Bill Bost **1953-54 Dodge V-8:** David Studer, William Rehberg, Bob & Roni Sue Shapiro **1955-56 Dodge D-500:** Harry A. DeMenge, Harry Magnuson, Jr. **1957-59 dodge:** Daryl Thomsen, Harold Stabe **1956-58 Dual-Ghia:** Bruce Wennerstrom **1958 Edsel:** Dennis L. Huff, Andrew Alphonso **1959 Edsel:** Dennis L. Huff **1956-57 El Morocco:** Charles Davis **1950-51 Ford Crestliner:** Loren E. Miller **1951 Ford Victoria:** Gerald Hanson **1952-54 Ford:** Tom Howard **1952-59 Ford Station Wagons:** Fred & Diane Ives, Lynn Augustine, Charles L. Richards **1954 Ford Skyliner:** Dave Horn **1955-56 Ford Crown Victoria:** Donald Kish, Sr., Tom Risliey **1955-57 Ford Thunderbird:** Alan Wendland, Paul Bastista, Leonard Nowosel **1957-59 Ford Rancher:** Ted Maupin, Tom Lerdahl, Jerry Capizzi **1957-59 Ford Skyliner:** Jerry Magayne, George Richards **1958-59 Ford Thunderbird:** Ted Davidson, Herb Rothman **1959 Ford Galaxie:** William R. Muni **1950 Frazer Manhattan Convertible:** Art Sabin **1951 Frazer:** John Keck, William Tresize, Ray Frazier **1950 Hudson Commodore:** Dix Helland **1951-53 Hudson Hornet:** William D. Albright, Bob Hill, John & Minnie Keys **1953-54 Hudson Jet:** John Struthers **1956-57 Hudson:** Ed Wassmann **1955-56 Imperial:** Phil Walker, Brian H. Williams, Paul Hem **1957-59 Imperial:** Ray Geschke **1950 Kaiser Virginian:** Ken Griesemer **1951-53 Kaiser Dragon:** Jerry Johnson **1951-53 Kaiser Traveler:** Keith Zimmerman, Charles & Charlotte Watson, Jr. **1954 Kaiser Darrin:** Jerry Johnson, John Fawset, Ted Dahlmann **1954-55 Kaiser Manhattan:** Dennis Yauger, Kenneth G. Lindsey **1950-51 Lincoln Lido/Capri:** Fred Schillinger **1952-55 Lincoln:** Homer J. Sanders **1956-57 Lincoln:** Richard Nassar **1958-59 Lincoln:** David Showalter **1950-51 Mercury:** Roy Schneckloth, Jack Karleskind, Jerry & Jackie Lew **1952-54 Mercury:** Jay B. Jonagan **1954 Mercury Sun Valley:** Bob Botkowsky **1955-56 Mercury:** Ross Gibaldi, Bill & Lanee Proctor **1957-58 Mercury:** Bob Rose, James & Susan Verhasselt **1959 Mercury:** Eric Hopman **1951-54 Muntz Jet:** Joseph E. Bortz, Melvon R. Hull **1950-51 Nash Ambassador:** Larry Landis **1951-55 Nash-Healey:** Gordon McGregor, Gerald Newton **1953-55 Nash Rambler:** Roger & Barbara Stroud **1954-59 Nash Metropolitan:** Dale & Roxanne Carrington, Billy & Dorothy Harris, Dr. Roy V. Yorns **1955-57 Nash Ambassador:** Bud Hiler, Burt Carlson, Neil S. Black **1950 Oldsmobile 88:** Peter's Motorcars, Milan, OH **1953 Oldsmobile Fiesta:** Ramshead Auto Collection **1954-56 Oldsmobile:** Norman W. Prien, Bob Weber, Norb Kopchinski **1957-58 Oldsmobile:** Duane & Steven Stupienski **1959 Oldsmobile:** Ralph R. Leid **1950 Packard:** Larry Landis **1951-53 Packard Mayfair:** Edward J. Ostrowski, Greg Pagano **1951-54 Packard Patrician:** Chuck Beed **1953-54 Packard Clipper:** Fritz Hugo **1955 Packard Clipper/1956 Clipper:** Ken Ugolini, John Shulze, Steve Williams, Wayne Parson **1955-56 Packard Patrician/Four Hundred/Executive:** Harold Gibson **1957 Packard Clipper/1958 Packard:** Michael Wehling, Kevon Mullet **1958 Packard Hawk:** Gerald Revel, Thomas L. Karkiewicz **1951-52 Plymouth Belvedere:** Mr. Reinke **1953-54 Plymouth Belvedere:** Merv Afflerbach, James Bottger, Rex N. Yount **1955-56 Plymouth:** Andrew Nothnagel, John & Peggy Clinton **1957-58 Plymouth Fury:** Richard Carpenter **1959 Plymouth Sport Fury:** Richard Carpenter **1950-52 Pontiac Catalina:** Ronald Mack **1953-54 Pontiac:** Richard & Janice Plastino **1955-56 Pontiac:** R. & M. Bourgie, Ken Regnier **1955-57 Pontiac Safari:** Dennis M. Statz **1957 Pontiac Bonneville:** Dick Hoyt **1958 Pontiac Bonneville:** John Fitzgerald, Jerry Cinotti **1956-57 Rambler:** Bob Adams Collectibles **1957 Rambler Rebel:** Roger Fonk **1958-59 Rambler Ambassador:** Frank Wrenick, Gerald Srdek **1958-59 Rambler American:** Douglas Suter **1950-51 Studebaker Commander:** Roy Yost **1953-54 Studebaker Starliner:** Jim Ranage **1955 Studebaker Speedster:** Joseqph R. Bua **1956-58 Studebaker:** Loger Hill, Jordan Morris, Ralph Mitchell **1956 Studebaker Hawk:** Srvislav Zivanovic, Thkeodore & Jeanette M. Diemer (Studebaker National Museum); Jan Harrigan **1957-58 Studebaker Golden Hawk:** Bob Patrick **1959 Studebaker Lark:** Don & Bonnie Snipes **1959 Studebaker Silver Hawk:** Paul Warton **1950-51 Willys Jeepster:** James E. Dinehart

Introduction	6
1952-53 Allstate	8
1950-52 Buick Roadmaster	10
1953 Buick Skylark	12
1953 Buick Super	14
1954 Buick Skylark	16
1954-58 Buick Century	18
1957-58 Buick Caballero/Special Riviera Estate	20
1958 Buick Limited	22
1959 Buick Electra	24
1950-52 Cadillac	26
1953 Cadillac Eldorado	28
1954 Cadillac Eldorado	30
1955-56 Cadillac Eldorado	32
1957-58 Cadillac Eldorado	34
1957-58 Cadillac Eldorado Brougham	36
1959 Cadillac	38
1959-60 Cadillac Eldorado Brougham	40
1950-52 Chevrolet	42
1950-52 Chevrolet Bel Air	44
1953-54 Chevrolet Bel Air	48
1953-55 Chevrolet Corvette	50
1955-56 Chevrolet	52
1955-57 Chevrolet Nomad	56
1956-57 Chevrolet Corvette	58
1957 Chevrolet	60
1958-59 Chevrolet Corvette	62
1958 Chevrolet Impala	64
1959 Chevrolet	66
1959 Chevrolet El Camino	68
1950 Chrysler Town & Country	70
1951-54 Chrysler Imperial	72
1951-54 Chrysler New Yorker	74
1955-56 Chrysler New Yorker	76
1955-56 Chrysler 300	78
1957-59 Chrysler New Yorker	80
1957-58 Chrysler 300	82
1959 Chrysler 300E	84
1956-57 Continental Mark II	86
1958-59 Continental Mark III/IV	88
1950-52 Crosley Hotshot/Super Sports	90
1952-55 Cunningham	92
1950-52 DeSoto	94
1950-52 DeSoto Sportsman	96
1953-54 DeSoto	98
1955-56 DeSoto Fireflite	100
1956 DeSoto Adventurer	102
1957-59 DeSoto Fireflite	104
1950-51 Dodge Wayfarer Sportabout	106
1953-54 Dodge V-8	108
1955-56 Dodge D-500	110
1957-59 Dodge	112
1956-58 Dual-Ghia	114
1958 Edsel	116
1959 Edsel	118
1953-55 Edwards America	120
1956-57 El Morocco	122
1950-51 Ford Crestliner	124
1951 Ford Victoria	126
1952-54 Ford	128
1952-59 Ford Station Wagons	130
1954 Ford Skyliner	132
1955-56 Ford Crown Victoria	134
1955-57 Ford Thunderbird	136
1957-59 Ford Ranchero	140
1957-59 Ford Skyliner	142
1958-59 Ford Thunderbird	144
1959 Ford Galaxie	146
1950 Frazer Manhattan Convertible	148
1951 Frazer	150
1955-57 Gaylord	152
1951-54 Henry J.	154
1950 Hudson Commodore	156
1951-53 Hudson Hornet	158
1953-54 Hudson Jet	160

1954 Hudson Hornet	162
1954-55 Hudson Italia	164
1955 Hudson Hornet	166
1956-57 Hudson	168
1955-56 Imperial	170
1957-59 Imperial	172
1950 Kaiser Virginian	174
1951-53 Kaiser Dragon	176
1951-53 Kaiser Traveler	178
1954 Kaiser Darrin	180
1954-55 Kaiser Manhattan	182
1950-51 Lincoln Cosmopolitan	184
1950-51 Lincoln Lido/Capri	186
1952-55 Lincoln	188
1956-57 Lincoln	190
1958-59 Lincoln	192
1950-51 Mercury	194
1952-54 Mercury	198
1954 Mercury Sun Valley	200
1955-56 Mercury	202
1957-58 Mercury	204
1959 Mercury	206
1951-54 Muntz Jet	208
1950-51 Nash Ambassador	210
1950-52 Nash Rambler	212
1951-55 Nash-Healey	214
1952-54 Nash	216
1953-55 Nash Rambler	218
1954-59 Nash Metropolitan	220
1955-57 Nash Ambassador	222
1950 Oldsmobile 88	224
1950-53 Oldsmobile 98	226
1953 Oldsmobile Fiesta	228
1954-56 Oldsmobile	230
1957-58 Oldsmobile	234
1959 Oldsmobile	236
1950 Packard	238
1951-53 Packard Mayfair	240
1951-54 Packard Patrician	242
1953-54 Packard Caribbean	244
1953-54 Packard Clipper	246
1955-56 Packard Caribbean	248
1955 Packard Clipper/1956 Clipper	250
1955-56 Packard Patrician/Four Hundred/Executive	252
1957 Packard Clipper/1958 Packard	256
1958 Packard Hawk	258
1951-52 Plymouth Belvedere	260
1953-54 Plymouth Belvedere	262
1955-56 Plymouth	264
1956 Plymouth Fury	266
1957-58 Plymouth Fury	268
1959 Plymouth Sport Fury	270
1950-52 Pontiac Catalina	272
1953-54 Pontiac	274
1955-56 Pontiac	278
1955-57 Pontiac Safari	280
1957 Pontiac Bonneville	282
1958 Pontiac Bonneville	284
1959 Pontiac	286
1956-57 Rambler	288
1957 Rambler Rebel	290
1958-59 Rambler Ambassador	292
1958-59 Rambler American	294
1950-51 Studebaker Commander	296
1952 Studebaker Starliner	298
1953-54 Studebaker Starliner	300
1955 Studebaker Speedster	302
1956-58 Studebaker	304
1956 Studebaker Hawk	306
1957-58 Studebaker Golden Hawk	308
1959 Studebaker Lark	310
1959 Studebaker Silver Hawk	312
1950-51 Willys Jeppster	314
1952-55 Willys Aero-Eagle/Bermuda	316
Index	318

Introduction

Sie sind heutzutage wohl die gesuchtesten US-Klassiker, die Straßenkreuzer der 50er Jahre. Kein Wunder, denn die jungen Leute, die jenseits des Atlantiks einst mit diesen Skulpturen aus Blech, Chrom und Lack aufwuchsen, haben heute einen Punkt ihres Lebens erreicht, der es ihnen erlaubt, nostalgische Gefühle zu entwickeln und Rückschau zu halten auf die scheinbar so goldenen Zeiten, als man selbst erwachsen wurde, Amerika unbesiegbar schien und der jährliche Modellwechsel aus Detroit bis in den letzten Provinz-Winkel für Diskussionsstoff sorgte.

Die 50er Jahre versprachen den US-Bürgern größeren Wohlstand als je zuvor, man zog in die Vorstädte und konnte sich ein, später oftmals sogar zwei Autos leisten – zur Freude der Chefetagen der Autoindustrie. Man beneidete Amerika zu jener Zeit, das „Made in U.S.A." hatte weltweit noch einen guten Klang. Während sich Europa langsam von den Wunden des Zweiten Weltkriegs erholte, beschäftigte man sich in den Stylingstudios der verschiedenen Hersteller mit den wildesten Zierleistenformen, den gewagtesten Mehrfarbenkombinationen und den exotischsten Innenraummaterialien.

Bei all diesem Glamour neigt man in nostalgischer Verklärung leicht dazu, die objektiven Schwächen vieler dieser Modelle zu verdrängen – sie waren allzu häufig überstylt, dafür technisch unausgereift, unnötig groß und durstig, qualitativ unzureichend und manchmal einfach nur mit geschmacklosen Spielereien ausgestattet. Trotzdem gab es auch

1953 Buick Super

Fortschritte zu registrieren: Die zuverlässige Getriebe-Vollautomatik und der Kurzhub-V8 mit hängenden Ventilen wurden in jener Zeit zum technischen Standard bei nahezu allen Herstellern.

Einiges konnte sich jedoch noch nicht völlig durchsetzen, etwa die Benzineinspritzung, die selbsttragende Karosserie oder gar Scheibenbremsanlagen.

Nicht vergessen sollte man schließlich, daß die Modelle der 50er Jahre auch wichtige Trends setzten: So brachten sie die ersten „Compacts" wie den Rambler von 1950 und das „personal luxury"-Modell Ford Thunderbird des Jahrgangs 1958/1959 hervor — beides Typenvarianten, die in den 60ern groß herauskamen. Desgleichen begann sich das Angebot an lieferbaren Karosserien auf den Ganzstahl-Kombi, die 4türige Limousine und das Hardtop-Coupé zu konzentrieren.

Zwar sahen die 50er Jahre einige der schlimmsten Stylingauswüchse, aber auch eine Reihe von Meilensteinen im zeitgenössischen Automobildesign. Man denke nur an den Continental Mark II, den zweisitzigen T-Bird, Studebakers „Loewy Coups" und andere.

Wie auch immer, die Autos auf den folgenden Seiten spiegeln den optimistischen Zeitgeist eines ganzen Jahrzehnts wider, der unwiederbringlich Vergangenheit ist. Daß sich heute zahlreiche junge Enthusiasten aufs neue für diese Autos begeistern, zeigt überdies, daß man nicht mit ihnen aufgewachsen sein muß, um zu verstehen, was sie symbolisieren.

1952-53 Allstate

Normalerweise läßt Sears, Roebuck & Co., der amerikanische Waren- und Versandhausgigant, nichts unversucht, um die Herkunft von Markenprodukten zu tarnen — also der von anderen renommierten Herstellern produzierten, aber von Sears vertriebenen Waren. Die Abstammung des Allstate verschleiern zu wollen, wäre jedoch von vornherein unmöglich gewesen. Es handelte sich hierbei natürlich um den Henry J, jenes Kompaktmodell aus dem Hause Kaiser-Frazer. Nicht eben wenige US-Bürger dürften jedoch erstmals im Sears-Katalog, der ja in praktisch allen US-Haushalten kursierte, auf dieses Modell aufmerksam geworden sein, und viele sahen vermutlich nie einen in natura. Bei einer Gesamtproduktion von nur ca. 2400 Einheiten war der Allstate bestimmt nicht an jeder Straßenecke zu finden.

Theodore V. Houser, einer der Chefs bei Sears, der auch Anteile an Kaiser-Frazer besaß, hatte Henry Kaiser schon mit dem Ansinnen gelöchert, ein Auto für Sears zu bauen, seit der Baulöwe von der Westküste 1945 ins Autogeschäft eingestiegen war (übrigens war dies nicht der erste Versuch von Sears in der Pkw-Fertigung; schon 1912 hatte es einen hübsch anzusehenden Kleinwagen unter dem Namen Sears gegeben). Zu einer Zusammenarbeit zwischen Houser und Kaiser war es bereits früher gekommen, als in Kaisers Stahlwerken Töpfe und Pfannen für die Haushaltswarenabteilung bei Sears entstanden. Die Entwürfe früher Kaiser-Frazer-Pontonlimousinen mit Allstate-Markenzeichen lagen ebenfalls bereits auf Papier vor, doch wurde dieser Gedanke erst weiterverfolgt, als K-F Anfang 1950 den Henry J für das Modelljahr 1951 präsentierte.

Für Sears schien der Henry J die ideale Lösung, da er genau auf deren preisbewußt kalkulierende Kundschaft aus der Mittelschicht abzielte; so stimmte Henry Kaiser denn schließlich einer Version für Sears zu. Diese Entscheidung löste innerhalb des Händlernetzes von Kaiser-Frazer gewaltige Empörung aus, denn dort war man über die drohende Konkurrenz durch den Warenhaus- und Versandhandelsgiganten begreiflicherweise nicht gerade erbaut. Henrys Sohn Edgar, Präsident bei K-F, fiel also die Aufgabe zu, die Wogen zu glätten. Der Allstate sollte nur in begrenzten Stückzahlen vom Band laufen, wurde den Händlern versichert, und schwerpunktmäßig als Versuchsballon in den südöstlichen Bundesstaaten vertrieben werden (wo das Händlernetz von K-F besonders dünn war). Und so kam es dann auch, obwohl die Händler dennoch zunächst skeptisch blieben.

Alex Tremulis, Chefdesigner bei K-F, wurde herangezogen, um dem Allstate eine gewandelte Optik zu verpassen. Wie Tremulis sich erinnerte, betraf dies in erster Linie „ein neues Gesicht. In aller Eile strickte ich den Kühlergrill um, fügte zwei waagerechte Leisten und ein dreieckiges Abschlußstück ein, montierte noch eine flugzeugähnliche Kühlerfigur und das Allstate-Logo mit den Umrissen der USA — voil, fertig!" Weitere Besonderheiten waren glatte Radkappen ohne K-Zeichen, spezielle Türschlösser, serienmäßige Kofferklappe (die durchaus nicht bei allen Henry J ab Werk zu haben war!); unter der Haube wurden die Seitenventilmotoren, eine bewährte Willys-Konstruktion, blau mit „Allstate"-Buchstaben in orange lackiert.

Im Innenraum hob sich der Allstate vom Henry J deutlicher ab, nachdem Houser hier auf betont gediegenes Finish setzte. Carleton Spencer, der Designer für die Innenausstattung bei Kaiser-Frazer, entwarf farbenfrohe Luxuspolster aus einem neuen Material: PVC-getränkte, beschichtete Papierfasern — ein wasserabweisendes Material, dessen Haltbarkeit sich immerhin in den Transatlantik-Telefonkabeln erwiesen hatte! Dies kombinierte Spencer mit dick abgesteppten Saranfaser-Kunststoff. Grundgedanke hierbei war, daß der Käufer eines Allstate auf Schonbezüge verzichten konnte, wie sie damals nahezu jeder Neuwagenkäufer aufziehen ließ. Natürlich mußte man schon den Deluxe ordern, um in den Genuß dieser Ausstattung zu kommen; die billigeren Versionen waren spartanischer gepolstert. Zu den weiteren Besonderheiten zählten der glatte Hupenknopf (ohne „K"), ein serienmäßiges Handschuhfach (auch damit konnte nicht jeder Henry J aufwarten) und geänderte Armlehnen und Sonnenblenden.

Selbstverständlich wanderte auch das gesamte Kfz-Zubehörprogramm von Sears, Roebuck & Co. in das neue Modell: Reifen, Schläuche, Batterie, Zündkerzen, alles mit großzügiger Sears-Garantie. Der komplette Allstate wurde von K-F mit einer Garantie auf 90 Tage oder 4000 Meilen geliefert — „länger hätte auch niemand für dieses Ding die Garantie übernehmen wollen", wie ein Kritiker des Henry J sarkastisch anmerkte. Dieses Urteil muß allerdings unfair erscheinen, denn der Allstate erwies sich — wie auch der Henry J — durchaus als wenig reparaturanfällig.

Wer das Glück hat, einen Sears-Katalog von 1952 aufzutreiben, findet dort den Allstate auf der hinteren Umschlagseite. Im 1953er Katalog tauchte der Allstate schon nicht mehr auf, nachdem das Projekt da bereits in den letzten Zügen lag. Theoretisch war der Allstate zwar landesweit lieferbar, doch gingen praktisch alle Exemplare in die Südstaaten. Wer beispielsweise nach Minnesota liefern lassen wollte, dürfte sich damit ziemlich schwergetan haben. Auch preislich sprach einiges gegen ihn: der absolute Niedrigstpreis betrug $ 1395; in der Praxis gingen die meisten für rund $ 1600 weg. Zu einer Zeit, als ein Ford-V8-Zweitürer $ 1500 und ein Chevrolet ca. $ 1550 kostete, war die Konkurrenz für den Allstate also fast unüberwindlich. Von der ohnehin geringen Produktion entfielen ca. 60 % auf die Vierzylinderversion, der Rest auf den Sechszylinder.

Im 1952er Katalog von Sears, Roebuck & Co. stießen die Leser auf der hinteren Umschlagseite erstmals auf ein Auto — den Allstate. Im Prinzip handelte es sich hierbei um einen Henry J mit Änderungen an Kühlergrill und Innenausstattung. Trotz der Marktdominanz von Sears blieb der Allstate ein Ladenhüter, zum einen, weil die Öffentlichkeit nicht darauf eingestellt war, Autos im Versandhaus zu kaufen, zum anderen, weil der Preis gegenüber Ford und Chevy zu hoch lag. Noch 1953 wurden einige Exemplare ausgeliefert, doch gab Sears den Allstate dann schleunigst wieder auf.

Technische Daten

Motoren: 4 Zylinder in Reihe, stehende Ventile, 2199 ccm (79 × 111 mm), 68 SAE-PS; 6 Zylinder in Reihe, stehende Ventile, 2638 ccm (79,5 × 89 mm), 80 SAE-PS

Getriebe:	3-Gang-Schaltgetriebe; auf Wunsch mit Overdrive
Fahrwerk, vorn:	Einzelradaufhängung, Schraubenfedern, Teleskopstoßdämpfer
Fahrwerk, hinten:	Starrachse, Blattfedern, Teleskopstoßdämpfer
Bremsen:	vorne/hinten Trommelbremsen
Radstand (mm):	2540
Gewicht (kg):	1041-1112
Höchstgeschwindigkeit (km/h):	4 Zyl. 125 6 Zyl. 140
Beschleunigung 0-96 km/h (s):	4 Zyl. 25,0 6 Zyl. 20,0
Produktionszahlen:	**1952** 1566 **1953** 797

1950 – 52
Buick Roadmaster

„Valve-in-head, ahead in value", der langjährige Slogan des Hauses Buick, war auch 1950 noch allerorten zu lesen, obgleich sich in der Industrie (unter der Führung von Cadillac und Oldsmobile) endlich der Trend durchsetzte, die seitlich stehenden Ventile durch hängende Ventile zu ersetzen. Immerhin waren ja noch 1947 Chevrolet, Buick und Nash die einzigen großen US-Hersteller gewesen, die OHV-Motoren im Programm führten. Mitte der 60er Jahre war der obengesteuerte Motor dann schon Allgemeingut.

„Roadmaster" – ein einmaliger Name für ein Auto! Er war 1936 das erste Mal erschienen und sollte sich bis zu seiner voreiligen Streichung 1959 halten. Kurz – die ideale Bezeichnung für das Spitzenmodell von Buick, das preislich schon im Cadillac-Territorium angesiedelt war und zum bevorzugten Transportmittel der Aufsteiger auf der Karriereleiter wurde – der Ärzte, Anwälte und aller anderen, denen ein Caddy eben doch noch eine Spur zu teuer war. Buick bediente diese Kundschaft mit imposantem Styling – überhaupt setzte Buick von allen Divisions der General Motors am stärksten auf Glamour und Chrom – sowie einem Maximum an Luxus und noch nie dagewesenen Zutaten: dem berühmten Haifischmaul-Kühlergrill, einer visierähnlichen Haubenfigur, dem Hardtop Convertible, spitz zulaufenden Seitenzierleisten und den Portholes. Letztere drei Styling-Details gaben 1949 ihr Debüt, woraufhin der Absatz des Buick prompt um 50 Prozent in die Höhe schnellte und sich 1950 glatt verdoppelte. In jenen Tagen präsentierte sich der Buick offenkundig als genau das Auto, auf das Amerika gewartet hatte – und das es auch kaufte.

Zu einer Zeit, als der jährliche Modellwechsel noch einer sakralen Handlung gleichkam, konnte auch Buick-Chefdesigner Ned Nickles nicht zurückstehen; folgerichtig erhielt der Buick im neuen Jahr noch mehr Chromzierat. Die Buicks der frühen 50er Jahre fielen denn auch gegenüber der unverfälschten Linie des 49er Modells, der ersten komplett neuen Nachkriegskonstruktion, eindeutig ab. 1950 reichte der Haifischgrill bis unter die Stoßstange hinab, doch selbst eingefleischten Buick-Anhängern war dies zu bizarr (ist heute dagegen heiß begehrt); schon 1951 verwies man die Chromzähne wieder an ihren angestammten Platz.

Wer über den Buick jener Jahre schreibt, kommt unweigerlich auf die Entstehung der Portholes zu sprechen, die – mal oval, mal länglich, mal ohne und dann wieder mit – seit 1949 fester Bestandteil des Buick-

Styling sind. Diese Bullaugen gehen in ihrer Grundidee unmittelbar auf die damals brandneuen Düsenflugzeuge zurück (die Grundform des Buick hatte ja bereits Anleihen bei der Lockheed P-38 Propellermaschine genommen), wie auch die rundlichen Seitenpartien des Karosserierumpfes, die ausladenden Chromgrills und die angedeuteten Heckflossen (die ersten richtigen „Flossen" entwickelte der Buick 1952, lange vor Virgil Exner und Chrysler). Als Nickles, einer Augenblickslaune folgend, kleine Glühlämpchen in unterschiedlichen Farben in die Portholes seines Roadmaster montierte und diese so verkabelte, daß sie im Rhythmus der Zündfolge aufleuchteten, verschlug es den Managern in Flint glatt die Sprache. So etwas hatte man noch nie gesehen — eigentlich ein Wunder, daß es nicht sofort in die Serie übernommen wurde!

Dies soll nicht bedeuten, daß die Buicks dieser Zeit nur aus Angeberei und vordergründigen Effekten bestanden. Sie waren absolut ernst zu nehmen, solide gebaut und von einer Qualität und Langlebigkeit, die um 1955 nach und nach verschwand und sich seither auch nicht wieder eingestellt hat. Nicht neu ist die Feststellung, daß im Armaturenbrett eines Buick der frühen 50er Jahre vermutlich mehr Stahl als in einem kompletten Subaru steckt — sicher eine Übertreibung, aber die Fotos verdeutlichen, was gemeint ist. Wie die meisten seiner Zeitgenossen von 1950, 51 oder 52 verkörperte der Buick eben noch Wertarbeit; die Hauben ruhten auf ihren Auflagen wie Kanaldeckel, die Türen schlossen sich mit sattem Ton und hingen an Scharnieren, die einem Banksafe zur Ehre gereicht hätten, die Radios verbreiteten einen vollen Raumklang, der mit Transistoren einfach nicht zu erreichen ist. Vielleicht wirkte die Ausführung schwerfällig, doch ist gerade diese Solidität ohne Wenn und Aber der Grund, warum Autos wie der Roadmaster heute wieder soviel Anklang finden.

Der Roadmaster war in allen drei Jahren als viertürige Limousine, Riviera-Hardtop, Convertible und Station Wagon lieferbar, letzterer übrigens mit reichlichen Mengen an echtem Holz in den Karosserieteilen (auch die letzten Woodies überhaupt stammen von Buick — aus dem Modelljahr 1953). 1950 gab es daneben die Deluxe-Version des Riviera und der Limousine, wobei letztere aus unerfindlichen Gründen ebenfalls Riviera hieß, sowie die letzten Roadmaster-Sedanets. Diese eleganten Fließhecks wurden noch im selben Jahr aufgrund des schleppenden Absatzes (nur 2968 Exemplare im letzten Modelljahr 1950) eingestellt.

Diese Buicks repräsentieren zugleich die letzte bzw. fast letzte Generation des jahrelang bewährten Reihenachtzylinders mit hängenden Ventilen, der im Roadmaster nach wie vor durchaus beachtliche PS-Zahlen entwickelte. Der kleinere Buick Special behielt auch 1953 noch den Reihenachtzylinder; erst 1954 bekam die gesamte Modellpalette einen V8.

Im letzten Produktionsjahr betrug der Grundpreis des Roadmaster Convertible mit Reihenachtzylinder stolze $ 3453, d.h. der tatsächliche Ladenpreis erreichte eher $ 4000. Dies entspricht nach heutiger Kaufkraft etwa $ 20 000 — zweifelsohne viel Auto fürs Geld.

TECHNISCHE DATEN

Motor: 8 Zylinder in Reihe, hängende Ventile, 5249 ccm (87,3 × 109 mm) **1950-51** 152 SAE-PS **1952** 170 SAE-PS	
Getriebe:	Dynaflow-Automatikgetriebe
Fahrwerk, vorne:	Einzelradaufhängung, Schraubenfedern, Hebelstoßdämpfer
Fahrwerk, hinten:	Starrachse, Schraubenfedern, Hebelstoßdämpfer
Bremsen:	vorne/hinten Trommelbremsen
Radstand (mm):	3210
Gewicht (kg):	1826-2044
Höchstgeschwindigkeit (km/h):	150-160
Beschleunigung 0-96 km/h (s):	17,0 (mit Lo/Hi-Schaltstufen)

Produktionszahlen: 1950 78 034 **1951** 66 058 **1952** 46.217 1566 **1953** 797

Praktisch jeder männliche Teenager in den USA der frühen 50er wußte Bescheid: Die billigeren Buicks — der Special und Super — wiesen drei „Ventiports" pro Seite auf, nur das Spitzenmodell Roadmaster hatte vier Bullaugen. Der Roadmaster besaß zudem einen größeren Reihenachtzylinder mit 5249 ccm und (1952) 170 PS. Verkaufsspitzenreiter blieb die viertürige Limousine, während das sportlichere Riviera-Hardtop in diesem Jahr, als die Produktion ohnehin nur gedrosselt lief, 11 387 Käufer fand.

1953
Buick Skylark

Der Skylark teilte sich mit dem Cadillac Eldorado und dem Oldsmobile Fiesta den Status eines Realität gewordenen Show-Car. Diese drei Luxusschiffe von General Motors waren als Cabrio-Spitzenmodelle konzipiert worden, die in begrenzter Stückzahl in Serie gingen und jedes nur erdenkliche Zubehör serienmäßig boten. Allerdings verkaufte sich der Buick Skylark 1953 besser als die beiden anderen Modelle zusammen und sah nach Meinung vieler auch besser aus. Zugleich fungierte er als eine Art Jubiläumsmodell: Buick beging in diesem Jahr sein 50jähriges Firmenjubiläum (wie auch Ford) und der $ 5000 teure Skylark schien als angemessenes Sondermodell für diesen Anlaß gerade recht.

Wie schon andere Motorama-Einzelstücke nahm der Skylark Seriendetails späterer Buick-Jahrgänge vorweg: die weit herumgezogene Windschutzscheibe, vergrößerte Radausschnitte, die geschwungene Seitenzierleiste, die zum hinteren Radausschnitt hin abfiel und um den Ausschnitt nach hinten weiterlief. Beim Skylark entfielen auch die berühmten Bullaugen, die 1959 von allen Buick-Modellen verschwanden (später aber erneut auftauchten).

Für den fürstlichen Kaufpreis erwarteten (und erhielten) die Kunden wirklich alles serienmäßig: getönte Scheiben, „Selectronic"-Radio (mit Fußbetätigung am Bodenblech), elektrisch versenkbare Antenne, Weißwandreifen, Servolenkung und Servobremse, elektrisch verstellbare Sitze, Scheiben und Verdeckbetätigung, Zweifarben-Lederausstattung, sogar verchromte Kelsey-Hayes-Drahtspeichenräder mit rot-weiß-blauem Emblem zum 50. Firmenjubiläum (das auch im Hupenknopf in ähnlicher Form zu finden war). Das Radio mit Sendersuchlauf war eine feine Sache: durch Tritt auf den Knopf auf den Bodenblech wurde ein anderer Sender eingestellt und durch Drehen des „more/less"-Knopfes blieb der Suchlauf ganz nach Laune des Fahrers am nächsten oder vorherigen Sender stehen.

Als Antriebsaggregat für den Skylark kam nur der erste moderne, überquadratische V8 von Buick in Frage. Seine Leistung lag zwar nur um rund 10 % über der des Reihenachtzylinders von 1952, doch lieferte er bereits bei 2400 U/min ein Drehmoment von stolzen 41 mkg — fast genug zum Bäumeausreißen. Dauer-

geschwindigkeiten von annähernd 160 km/h hielten der Skylark und die Roadmaster-Modelle den ganzen Tag mühelos durch.

Trotz des neuen Motors beruhte der Appeal des Skylark vorwiegend auf seinem Aussehen: Er war geradezu unverschämt groß, aber dennoch mit mehr Finesse gestylt als der Eldorado und nicht so übertrieben wie der Fiesta. Die elegante Linienführung war nicht zuletzt den vollen Radausschnitten und der niedrigeren Gürtellinie sowie der gegenüber dem serienmäßigen Roadmaster um 10 cm niedrigeren Windschutzscheibe zuzuschreiben — letzteres ein Trick, den Custom-Fans an ihren Ford- und Mercury-Limousinen schon fleißig praktizierten. Zu einer Zeit, als jede neue Spielerei aus Detroit noch wie ein Meilenstein in der Geschichte der Menschheit gefeiert wurde, kam ein Verdeck, das unter einem Metalldeckel unsichtbar verschwand, schon einem kleinen Wunder gleich. Die Drahtspeichenräder schließlich ließen jedes x-beliebige Detroiter Produkt in den Augen des Durchschnitts-Amerikaners bereits wie einen „Sportwagen" aussehen.

Buick-Hausstylist Ned Nickles sowie Harley Earl, Chefdesigner bei General Motors, waren sich offensichtlich ihrer Sache so sicher, daß vom Skylark nie ein 1:1-Modell entstand und auch nie abweichende Karosserielinien in Betracht gezogen wurden. Ein seltener, wenn nicht gar absolut einmaliger Vorgang — der Skylark wanderte direkt vom 3/8-Tonmodell auf die Zeichenbretter und dann ins Preßwerk.

Laut Buick Magazine kam „dieses ultramoderne Auto der Sonderklasse aus mehreren Gründen auf den Markt. Erstens hat unser Experimentalmodell XP-300 bei seiner Vorstellung vor mehr als einem Jahr überwältigendes Aufsehen in der Öffentlichkeit erregt. Wir hätten sofort unzählige Bestellungen entgegennehmen können, obwohl der XP-300 nicht zu verkaufen war. Außerdem stellten wir fest, daß in den USA ... eine Nachfrage nach Sportwagen besteht, die teilweise durch europäische Modelle abgedeckt wird. Der Skylark soll also den Sportwagen made in USA verkörpern. Die spontanen Reaktionen hierauf fielen außerordentlich positiv aus ... Buick beweist damit im Styling erneut seine Führungsposition."

Dies mag wohl sein, aber der Blickwinkel von Buick war eindeutig schief. Etwa zur gleichen Zeit debütierte ein rundes halbes Dutzend ähnlicher Kleinserien-„Flaggschiffe" — die bereits erwähnten GM-Modelle, der Packard Caribbean, Kaiser Dragon und wenig später der Chrysler 300 nebst seinen Ablegern DeSoto Adventurer und Plymouth Fury. Bis auf eine Ausnahme — den Eldorado — verkaufte sich keiner hiervon gut genug, um längere Serien zu rechtfertigen (und auch Cadillac hatte etliche Jahre zu kämpfen, bis der Eldorado etabliert war). Detroit erkannte damals nicht (und auch später noch lange nicht), daß z.B. ein Jaguar einen gänzlich anderen Käuferkreis anspricht, als ihn Detroit in seinem völlig andersartigen Umfeld je hätte erreichen können.

TECHNISCHE DATEN

Motor:	V8, hängende Ventile, 5276 ccm (101,6 × 81,3 mm), 188 SAE-PS
Getriebe:	Hydraulischer Drehmomentwandler „Twin Turbine Dynaflow"
Fahrwerk, vorne:	Einzelradaufhängung, Schraubenfedern, Hebelstoßdämpfer
Fahrwerk, hinten:	Starrachse, Schraubenfedern, Hebelstoßdämpfer
Bremsen:	vorne/hinten Trommelbremsen
Radstand (mm):	3086
Gewicht (kg):	1959
Höchstgeschwindigkeit (km/h):	168
Beschleunigung 0-96 km/h (s):	12,0

Produktionszahlen: 1690 sowie 1 Experimental-Hardtop

Buick feierte sein 50. Firmenjubiläum mit einem neuen V8-Motor und einer limitierten Sonderserie des Luxuscabrios Skylark. Für runde $ 5000 bekamen die Käufer alle nur erdenklichen Extras serienmäßig. Der Ausstoß betrug nur 1690 Einheiten, sicher nicht viel, aber mehr als der genauso luxuriöse Oldsmobile Fiesta und der noch teurere Cadillac Eldorado zusammen.

Buick

1953
Buick Super

1953 standen bei zwei großen amerikanischen Autoherstellern die Feiern zum 50jährigen Jubiläum ins Haus. Bei Ford dauerten die gigantischen Feiern fast das ganze Jahr, Buick brachte dagegen lediglich ein geändertes Modellprogramm heraus.

Buick, vor dem Krieg lange ein Symbol für den Wohlstand der oberen Mittelklasse, lag in der Nachkriegs-Produktionsstatistik nach wie vor auf dem angestammten vierten Platz, nicht zuletzt dank attraktivem Styling, leistungsfähiger Motoren und Luxus, der hinter dem eines Cadillac kaum zurückstand, aber wesentlich preisgünstiger angeboten wurde. Auf die Modelle 1946-48, die von der Neukonstruktion des Modelljahres 1942 abstammten, folgte 1949 das erste völlig neue Nachkriegsmodell. Nur ein Jahr später erhielten das Spitzenmodell Roadmaster und der in der mittleren Preiskategorie angesiedelte Super die voluminösere, umgestylte Einheitskarosserie von General Motors, die als „C-Body" lief und auch beim Cadillac und den größeren Oldsmobiles zu finden war. Das Einsteigermodell Special erhielt 1950 die neue „B-Body"-Karosserie — und verdrängte prompt den Super als Bestseller der ausgehenden 40er Jahre.

Wie seit jeher waren die Buicks der frühen Nachkriegsära groß, robust und komfortabel gebaut und mit dem bewährten Reihenachtzylinder ausgerüstet, der 1952 im Roadmaster auf 5249 ccm bei 170 SAE-PS und im Super auf 4315 ccm bei 124-128 SAE-PS Leistung vergrößert worden war. Chefdesigner Ned Nickles hatte den traditionellen Buick-Look durch Portholes und pfeilförmige Seitenzierleisten besonders akzentuiert. Zusammen mit dem typischen Buick-Haifischgrill blieb beides bis 1958 markantes Merkmal der Buick-Karossen.

Als wichtiger Faktor für den Erfolg von Buick in diesen Jahren erwiesen sich zwei weitverbreitete Neuerungen der Nachkriegsjahre. Zum einen das „Hardtop Convertible" ohne B-Säule, das am Buick Roadmaster Riviera (zeitgleich mit Oldsmobile und Cadillac) 1949 erstmals an einem Großserienmodell auftauchte. 1950 erschien hiervon auch eine Super-Version und fand auf Anhieb über 56 000 Abnehmer. Flankiert von den ab 1951 lieferbaren Special-Varianten, sollte Buick die gesamten 50er Jahre hindurch enorme Stückzahlen des Hardtop absetzen.

Ebenso beliebt war die Dynaflow-Automatik, die 1948 im Roadmaster serienmäßig eingeführt wurde und für ca. $ 200 Aufpreis ab dem folgenden Modelljahr auch in den übrigen Modellen zu haben war. Im Dynaflow wurde das Drehmoment über ein Pumpenrad vervielfacht, das vom kurbelwellenseitigen Turbinenrad angetrieben wurde und im Ölbad umlief. Bei ruckfreier Schaltcharakteristik schluckte das Dynaflow-Getriebe jede Menge Leistung (Spötter sprachen bald vom „Dynaslush"), was seiner Beliebtheit aber keinen Abbruch tat. 1950 wurden rund 85 % der gesamten Buick-Produktion mit Dynaflow geliefert.

Auf den ersten Blick bieten die Jubiläumsmodelle von 1953 rein gar nichts Besonderes, schließlich kamen sie abermals im Blechkleid der Jahre 1950-52 daher. Dennoch hatten diese Buicks wohl die tiefgehendsten Eingriffe seit 1949 erfahren. Neben dem limitierten Topmodell Skylark (auf das an anderer Stelle eingegangen wird) und dem überarbeiteten Twin-Turbine Dynaflow (mit zwei Turbinenrädern) wäre als wichtigste Neuerung der erste V8 in der Geschichte des Hauses Buick zu nennen: ein moderner, hoch verdichteter Kurzhuber, der nicht zu Unrecht die Bezeichnung „Fireball" trug. Bei einem Hubraum von 5276 ccm bracht es der Super auf 164 PS (Schaltgetriebe) bzw. 170 PS (Dynaflow); der Roadmaster kam durch noch höhere Verdichtung (8,5 statt 8,0:1) gar auf 188 PS. Ebenfalls neu war die 12-Volt-Anlage. Unter der Haube des Special saß dagegen auch im Modelljahr 1953 der altbekannte 4315-ccm-Reihenachtzylinder, erst für 1954 war auch hier der V8 vorgesehen.

Buick stieg in den V8-Markt zwar später als nahezu die gesamte Konkurrenz ein, hatte mit dem Fireball jedoch ein Prunkstück vorzuweisen, das durch Laufruhe, hohe Leistung und — wie sich bald zeigen sollte — außergewöhnliche Elastizität bestach. Dank mehrmaliger Hubraum-, Verdichtungs- und Leistungssteigerung versah er bis weit in die 60er Jahre in den Buicks seinen Dienst.

Stilistisch konnten die 1953er Buicks ihre Abstammung von der Generation der Jahre 1950-52 nicht leugnen, der breitere, niedrigere Grill, dickere Stoßstangenhörner und der neu gestaltete Vorderbau ließen die Karosserie jedoch noch niedriger und imposanter erscheinen. Die Scheinwerfer saßen zusammen mit den Positionsleuchten in ovalen Einfassungen — ein Detail, das man bereits vom Show Car XP-300 von 1952 her kannte und das auch 1954 wieder auftauchte. Eine Überraschung war dagegen der bei fast allen Modellen auf 3086 mm verkürzte Radstand (nur die Super- und Roadmaster Riviera-Limousinen blieben bei 3188 mm). Die Vorläuferversionen des Roadmaster maßen demgegenüber noch 3208 mm von Radmitte zu Radmitte (der viertürige Riviera gar 3310 mm).

Diese Änderung sollte sich für den Super bezahlt machen — der Ausstoß stieg im Modelljahr 1953 um über 40 % an. Die Absatzzahlen des Special erreichten im Vergleich zu 1952 gar annähernd das Doppelte, und auch der Roadmaster verzeichnete ein Plus von 70 %. Trotzdem blieb das Super Riviera-Hardtop nach dem Special-Viertürer das gefragteste 53er Modell. Vom Skylark einmal abgesehen, wurde der Super in den gleichen vier Varianten wie der Roadmaster aufgelegt: Riviera-Limousine und -Hardtop, Convertible und viertüriger Estate Wagon (noch immer mit Holzbeplankung) — und durchweg runde 500 Dollar billiger.

Aber die Tage des Super waren gezählt; er kam einfach nicht aus dem Schatten seiner Brüder heraus — der Roadmaster war luxuriöser, der Special preisgünstiger und der wiedererstandene Century war leistungsstärker. Bis 1958 war das Angebot auf die zwei- und viertürigen Riviera-Hardtops geschrumpft. Danach trat der Super endgültig ab, wie auch die anderen traditionsreichen Buick-Modellnamen. So gesehen war der Jahrgang 1953 also der letzte echte Buick Super.

TECHNISCHE DATEN

Motor: V8, hängende Ventile, 5276 ccm (101,6 × 81,3), 164/170 SAE-PS

Getriebe:	3-Gang-Schaltgetriebe; auf Wunsch 2-Gang-Automatik Dynaflow
Fahrwerk, vorn:	obere und untere Dreiecksquerlenker, Schraubenfedern
Fahrwerk, hinten:	Starrachse, halbelliptische Blattfedern
Bremsen:	vorne/hinten Trommelbremsen
Radstand (mm):	3086 **Riviera-Lim.** 3188
Gewicht (kg):	1744-1883
Höchstgeschwindigkeit (km/h):	160
0-96 km/h (s):	14,5

Produktionszahlen: Riviera Lim. 4tür. 90 685 **Conv.** 6701 **Riviera Hardtop 2tür.** 91 298 **Estate-Kombi** 1830

Buick feierte sein 50jähriges Jubiläum mit einem nagelneuen obengesteuerten V8 und einer neuen Karosserie, die u. a. einen geänderten Kühlergrill und eckigere Heckkotflügel brachte. Der Super, die mittlere Modellreihe (mit drei „Portholes" pro Seite) war in vier Varianten lieferbar, u. a. als rassiges Cabrio, das bei einem Listenpreis von $ 3002 immerhin 6071 Käufer anlockte.

Buick

1954 Buick Skylark

Bei Autosammlern gilt der Skylark 1954 heute mal als krasser Rückschritt, mal als gezielte Verwässerung des einzigartigen, fast Custom-ähnlichen 1953er Skylark. Beides stimmt so nicht. Tatsache ist, daß Buick genauso große Hoffnungen in den 54er Skylark als zumindest einigermaßen profitables Zugpferd setzte wie Cadillac im Falle des 54er Eldorado. Beide Modelle wurden für dieses Modelljahr bewußt zurückhaltend gestylt und auch zu niedrigeren Preisen angeboten. General Motors hoffte auf eine Marktnische von immerhin 5000 bis 10 000 Exemplaren pro Jahr, eine Zahl, bei der sich die zusätzlichen Kosten für beide Divisions gerechnet hätten (der Oldsmobile Fiesta war nach 1953 sang- und klanglos in der Versenkung verschwunden).

Allerdings verfügte Cadillac auch über die notwendige betuchte Kundschaft, die sich derartige Fahrzeuge leisten konnte; nicht so dagegen Buick. Die Unterschiede wurden schon bald deutlich. Von dem billigeren und konventionelleren Eldorado gingen auf Anhieb fast dreimal soviele weg wie vom Buick. Ergebnis: Cadillac behielt den Eldorado, während Buick den Skylark abschrieb. In jenen Jahren war es ja praktisch unmöglich, daß General Motors einen Fehler machte — GM konnte sich einfach nicht irren. Wie die Zeit erweisen sollte, waren auch diese beiden Entscheidungen richtig. Cadillac hatte schon bald eine Nische für den Eldorado gesichert, der 1956 erstmals auf über 5000 Exemplare kam und 1959 als separates Modell lanciert wurde. Buick peilte dagegen die Big Three an und verdrängte Plymouth 1955 vom angestammten dritten Platz. Kurz und gut — Buick brauchte nach 1953 einfach keinen Skylark mehr.

Der Skylark 1954, der jetzt als separate „Series 100" lief, basierte auf dem Century-Cabrio. Obgleich er deutlich kleiner war, brachte er nur rund 20 kg weniger auf die Waage und war auch nur um Bruchteile schneller. Trotzdem fuhr er sich außerordentlich angenehm; bei allem Gewicht blieb er dank zahlreicher Servo-Zutaten jederzeit mühelos manövrierbar. Die Dynaflow-Automatik wirkte nach wie vor schwerfällig — nicht in den Gängen, sondern durch die langen Schaltpausen zwischen dem Wechsel in eine neue Schaltstellung und dem Moment, da sie kraftschlüssig wurde. Blieb man bis rund 55 km/h in „Lo", waren die 100 km/h garantiert in 11 bis 12 Sekunden erreicht — nicht schlecht für einen Straßenkreuzer Baujahr 1954, allerdings auch nicht gerade materialschonend für das Getriebe.

Ganz im Sinne des Trends zu konventionellerem Styling wanderten Windschutzscheibe und Gürtellinie 1954 nicht nach unten, dafür bot Buick weit ausgeschnittene Radkästen, die bei einigen Exemplaren ab Werk rot lackiert wurden. Ein interessantes Detail, doch wurde dessen Wirkung nachhaltig ruiniert durch die wie drangekleistert wirkenden Riesen-Heckflossen, die man vom Wildcat-II-Prototyp abgeschaut hatte. Laut Styling-Mann Ned Nickles hatte Harley Earl diese protzigen Chromflossen auf einer Zeichenstudie gesehen und spontan für gut befunden. Damals ging es in den Styling-Büros eben noch etwas hemdsärmeliger zu...

Die PS-Zahlen stiegen 1954 nur geringfügig, dafür begann an der Vorderachse eine neue Epoche, nachdem Buick nun von den altbekannten Hebelstoßdämpfern auf Teleskopdämpfer umstellte. Dank des dickeren X-Form-Rahmens war der 54er auch wesentlich solider. Ein Haken blieb dagegen unzweifelhaft der Grundpreis von $ 4483. Obwohl nahezu alle Extras serienmäßig mitgeliefert wurden, lag er stolze 50 % über dem normalen Century Convertible. Und abgesehen von den gigantischen Heckflossen hatte der Skylark für diesen Aufpreis wenig Eigenständiges zu bieten. Außerdem war Buick auf den Blickfang Skylark 1954 schon nicht mehr allzusehr angewiesen. Das gesamte Modellprogramm war umgekrempelt worden und von Motor Trend prompt zur Nr. 1 dieses Jahres gekürt worden. Das Century-Grundmodell galt bereits als „scharfer" Buick, so daß der ganz normale Century für nur $ 400 oder $ 500 mehr als ein vergleichbarer Chevy zweifellos ein attraktives Angebot darstellte.

Die Händler winkten also allenthalben ab und verzichteten darauf, den Skylark zu bestellen, denn wer sollte ihn auch kaufen? Die Reaktion der Buick Motor Division kam prompt: Nach nur 836 54er Skylarks ließ man das Nobel-Cabrio fallen wie eine heiße Kartoffel. Die Bezeichnung Skylark wanderte ins Archiv, um erst 1961 wieder aufzutauchen — in einer Art und Weise, die niemand erwartet hätte: am ersten „Compact" aus dem Hause Buick.

TECHNISCHE DATEN

Motor:	V8, hängende Ventile, 5276 ccm (101,6 × 81,3), 200 SAE-PS
Getriebe:	Twin Turbine Dynaflow
Fahrwerk, vorn:	Einzelradaufhängung, Schraubenfedern, Teleskopstoßdämpfer
Fahrwerk, hinten:	Starrachse, Schraubenfedern, Hebelstoßdämpfer
Bremsen:	vorne/hinten Trommelbremsen
Radstand (mm):	3100
Gewicht (kg):	1934
Höchstgeschwindigkeit (km/h):	168
0-96 km/h (s):	11,5
Produktionszahlen:	836

Der Skylark verschaffte Buick 1953 Schlagzeilen im Überfluß, obwohl nur 1650 Exemplare das Werk verließen. Im Folgejahr trat ein neuer Skylark auf völlig neuem 54er Unterbau auf den Plan. Der Preis betrug stolze $ 4483 ($ 962 mehr als ein Roadmaster Cabrio). Auf nicht wenige wirkte die Linienführung des Hecks etwas bizarr. Nach lächerlichen 836 verkauften Exemplaren kehrte Buick reumütig zu seinen Hauptmodellen zurück und überließ den Markt der Sondermodelle dem Cadillac Eldorado.

1954-58 Buick Century

Leistungsbetonte Autos verkauften sich selbst in den krisengebeutelten 30er Jahren, vor allem, wenn sie erschwinglich blieben. Henry Ford bewies dies mit seinem Renner von 1932, dem Billig-V8. Auch Harlow Curtice, der 1933 bei Buick als General Manager die Zügel in die Hand nahm, hatte gut aufgepaßt. Vielleicht mit einem Blick auf Dearborn gab Curtice 1936 grünes Licht für ein neues Spitzenmodell im völlig neuen Buick-Typenprogramm: den Series 60 Century.

Das Konzept des Century, der seinen Namen seiner Höchstgeschwindigkeit von annähernd 100 Meilen verdankt, war fast narrensicher: Man nehme den größeren der beiden Buick-Reihenachtzylinder und stecke ihn in eine verlängerte Version des leichten Fahrgestells des Special. Das Ergebnis: reichlich Dampf unter der Haube und ein pralles Buick-Bankkonto.

Aber auch nicht auf Dauer. Ein potenterer Special und ein überarbeiteter Super kratzten nach 1937 am Glanz der Century-Absatzzahlen, und mit dem Eintritt der USA in den 2. Weltkrieg erschien auch der Century überflüssig. Da die Pkw-Produktion während des Krieges ohnehin ruhte, konnte Buick den Century leichten Herzens sterben lassen. Und als der Frieden zurückkehrte, blieb der Century weiterhin aus.

Anfang der 50er Jahre sieht die Sachlage jedoch anders aus. Ganz Detroit jagt nach immer mehr PS, und ein V8 als Waffe mußte einfach her. 1953 präsentierte Buick einen eigenen V8, 1954 eine neue Karosserie; was lag also näher, als dem „Werks-Hot-Rod" in Flint eine zweite Jugend zu gönnen? Curtice war mittlerweile Präsident bei GM, hatte aber nach wie vor ein waches Auges auf das Wohl und Wehe von Buick. Mit dem Century rannten die Buick-Manager also bei Curtice offene Türen ein.

Der Vorkriegs-Century war stets länger und schwerer als der Special gewesen, doch blieb er vielen als „Special mit Roadmaster-Maschine" im Gedächtnis. Dieses Konzept steckte auch im neuen Century: die neue B-Karosserie der kleinen Modelle mit 3100 mm Radstand mit dem 5276 ccm-„Fireball"-V8 der Spitzenmodelle. Bei 195 (Schaltgetriebe) oder 200 PS (Dynaflow) bot der 54er Century zudem Leistung im Überfluß: Von 0 auf 100 in weniger als 11 Sekunden und fast 180 km/h Spitze — der schnellste Buick aller Zeiten und eines der schärfsten Serienmodelle der USA.

Der Century meldete sich lediglich als Limousine und Riviera-Hardtop zurück, im April folgte jedoch bereits ein Cabrio als Ersatz für den Ladenhüter Skylark (siehe oben). Gleichzeitig kam auch der erste Century Estate Wagon mit der brandneuen Stahlkarosserie des Special hinzu. Technisch und optisch (mit der neuen 54er Karosserie mit Panoramascheibe) lehnte man sich natürlich an die übrigen Modelle an. Auf Wunsch gab's auch Servolenkung und die hübschen Kelsey-Hayes-Speichenräder des Skylark.

Infolge des späten Debüts erreichte die Produktion im Modelljahr 1954 lediglich knapp 82 000 Einheiten, doch schoß der Century schon 1955 auf rekordverdächtige 159 000 hoch, nicht zuletzt dank des gelungenen Facelifting und 36 bis 41 zusätzlichen Pferdchen. Jetzt gab es auch eine Zweitürer-Limousine und ein neues viertüriges Riviera Hardtop (letzteres von Anfang an ein Volltreffer). Die 60 Meilen waren nach weniger als 10 Sekunden erreicht, die Spitze betrug 185 km/h, und dennoch kam der Century bei verhaltener Fahrweise mit nur 12 l/100 km aus.

1956 fiel das Facelifting bei Buick wesentlich zurückhaltender aus. In ganz Detroit gingen die Fertigungszahlen zurück, trotzdem rangierte der Century bei Buick nun wieder an zweiter Stelle und übertraf mit 102 000 Exemplaren den Super um rund 20 000 Einheiten. Die weiterentwickelte „Variable-Pitch" Dynaflow war auch 1956 wieder zu haben, verschwunden waren dagegen die Zwei- und Viertürer-Limousinen des Century. Die Leistung war derweil auf 255 PS geklettert. Auf Wunsch bekam man nun auch einen „Power Kit" mit Doppelauspuff und Chromendrohren, allerdings ohne weiteren Leistungsgewinn.

1957 erhielten die Buicks bei unverändertem Radstand auf einem neuen X-Traversen-Rahmen abermals ein neues Blechkleid, das sie länger, niedriger und wuchtiger aussehen ließ — nicht zu unrecht: So zurückhaltend die Linienführung war, so stürmisch entwickelte sich die Leistung. Die auf 5276 ccm vergrößerte Fireball-Maschine verdichtete nun 10:1 und war (außer im Special) für 300 PS gut. Trotz des Mehrgewichts war der 1957er Century abermals schneller — 0-60 mph in nur 9 Sekunden — doch wollten die Zylinder dafür auch mit mindestens 16 Litern Super auf 100 km gefüttert sein. Die Viertürer-Limousine war wieder zurückgekehrt, der Kombi besaß keine B-Säulen mehr und hörte auf den Namen Caballero (siehe separate Beschreibung).

Leider machten sich bei Buick zunehmend technische und qualitative Mängel bemerkbar. Gegenüber 1956 ging der Absatz aller Buick-Modelle um 30 %, des Century gar um fast 40 % zurück. Verschärft durch die landesweite Rezession, erging es den klotzigen, chromüberladenen „B-58"-Buicks noch schlechter. Nur 38 000 Centurys waren noch an den Mann zu bringen. Obendrein war das 58er Modell nicht nur langsamer (0-96 km/h in 11,2 s), sondern auch durstiger (satte 24 l/100 km im Stadtverkehr)!

Daß Flint die traditionsreichen Modellnamen für 1959 strich, fiel da schon nicht mehr ins Gewicht. Erst in den 70er/80er Jahren tauchte der Name Century wieder auf — allerdings an Buicks, die mit den leisen, leistungsstarken Modellen der Mittfünfziger außer dem Namen nichts mehr verband.

Mit dem Century von 1954-58 lieferte Buick einen echten „Businessman-Hot-Rod". Der Century vereinigte die leichtere Special-Karosserie mit dem größeren Roadmaster-V8. 1954 besaß er drei „Portholes", 1955 (oben) und 1956 (unten) deren vier. Auch 1957 erhielt er vier Bullaugen, ehe sie 1958 ganz verschwanden.

Technische Daten

Motor:	V8, hängende Ventile, **1954-56** 5276 ccm (101,6 × 81,3), **1954** 195/200 SAE-PS **1955** 236 SAE-PS **1956** 255 SAE-PS **1957-58** 5957 ccm (104,9 × 86,4), 300 SAE-PS
Getriebe:	3-Gang-Schaltgetriebe; 2-Gang-Automatik Dynaflow
Fahrwerk, vorn:	obere und untere Dreiecksquerlenker, Schraubenfedern
Fahrwerk, hinten:	Starrachse, Halbelliptik-Blattfedern
Bremsen:	vorne/hinten Trommelbremsen
Radstand (mm):	3100
Gewicht (kg):	**1954-55** 1721-1812, **1956** 1764-1851, **1957** 1851-2006, **1958** 1897-2040
Höchstgeschwindigkeit (km/h):	178-185
0-96 km/h (s):	9,0-11,5

Produktionszahlen: 1954 Lim. 4tür. 31 919 Conv. 2790 Riviera Hardtop 2tür. 45 710 Estate Wagon 4tür. 1563 **1955** Lim. 4tür. 13 269 Riviera Hardtop 4tür. 55 088 Estate Wagon 4tür. 4243 **1956** Riviera Hardtop 4tür. 20 891 Riviera Deluxe Hardtop 4tür. 35 082 Conv. 4721 Riviera Hardtop 2tür. 33 334 Estate Wagon 8160 **1957** Lim. 4tür. 8075 Riviera Hardtop 4tür. 26 589 Riviera Hardtop 2tür. 17 029 Lim. 2. Caballero Hardtop Wagon 4tür. 10 186 **1958** Lim. 4tür. 7241 Riviera Hardtop 4tür. 15 171 Conv. 2588 Riviera Hardtop 2tür. 8100 Lim. 2tür. 2 Caballero Hardtop Wagon 4tür. 4456

Buick

1957-58 Buick Caballero/Special Riviera Estate

Der Kombi mit Ganzstahlkarosserie und das Hardtop ohne B-Säule waren die beiden wichtigsten Karosserie-Neuerungen der frühen Nachkriegszeit. Beide fanden breite Käuferresonanz — vor allem das Hardtop —, wenn auch aus unterschiedlichen Gründen. Stahl-Kombis waren wesentlich unkomplizierter als ihre Vorgänger mit tragenden Holzrahmen, verlangten weit weniger Wartung und neigten bei zunehmendem Alter auch weniger zu Klappergeräuschen und Lockern der Verbindungsstellen. Die Hardtops ohne B-Fenstersäule vereinigten Eleganz und lichte, weit offene Flächen wie im Cabrio, zugleich aber auch Sicherheit und Wetterschutz einer Limousine — eine nahezu unschlagbare Kombination.

Es war also nur noch ein Frage der Zeit, bis beide Konzepte in einem einzigen Auto kombiniert wurden. General Motors, die 1949 die Großserien-Hardtops als erste lanciert hatten, präsentierten sich mit dem Chevrolet Nomad und Pontiac Safari (siehe separate Beschreibungen) auch hier wieder als Trendsetter. Beide behielten zwar die B-Säulen bei, waren aber zweifellos die elegantesten Kombis aller Zeiten, nicht zuletzt dank ihrer Zweitürer-Karosserie mit dünnen C- und D-Säulen und großflächiger seitlicher Verglasung, die nahtlos in die quergeteilte Heckklappe überging.

Der erste Hardtop Wagon kam jedoch von einem Außenseiter: zum Modelljahr 1956 präsentierte American Motors den viertürigen Rambler Custom Cross Country — die logische Fortsetzung der 1955er Hardtop-Limousinen ohne B-Säule (auch wenn dies eine Neuerung von GM war), auch wenn der Cross Country sowie viertürige Rambler-Hardtops damals bereits bei AMC auf dem Reißbrett existierten.

Auch andere Hersteller präsentierten zum Modelljahr 1956 Hardtop Sedans — eigentlich jeder mit Ausnahme von Lincoln, Studebaker-Packard (wo man ohnehin andere Sorgen hatte) und Nash/Hudson aus der AMC Corporation. Einige folgten auch AMC und brachten 1957 eigene pfostenlose Kombis, u. a. Oldsmobile und Mercury — und natürlich Buick. Für Buick waren die Hardtops vertrautes Terrain. Zusammen mit Olds und Cadillac hatte man dort 1949 die ersten Serien-Coups ohne B-Säule herausgebracht und präsentierte zusammen mit Olds Mitte 1955 auch erstmals einen Hardtop-Viertürer. Nebenbei brachte Buick auch die Modenamen für die Hardtop-Versionen auf — ein Trend, der so schwärmerische Namen hervorbrachte wie Victoria (Ford), Bel Air (Chevrolet), Catalina (Pontiac), Belvedere (Plymouth), Starliner (Studebaker) und natürlich das Original-Trio Holiday (Oldsmobile), Coup de Ville (Cadillac) und Buick Riviera.

Flint zeigte als Modell 1957 gleich zwei Hardtop-Lastentiere: zum einen logischerweise den Riviera Estate Wagon, der in der preisgünstigeren Special-Reihe für $ 3167 zu haben war und seinem Gegenpart mit B-Säulen (der $ 120 billiger war) fast zum Verwechseln glich. Als zweites Modell gab es den Century Caballero (Namen machen Leute!) nach weitgehend gleichem Strickmuster bis auf den Preis von $ 3706, vier statt drei Bullaugen (wie bereits seit 1955 beim Century) und einer potenteren Version des neuen 364er V8 mit 300 statt 250 PS. Allen Varianten gemeinsam war die hintere Dachpartie mit Längsrippen (eindeutig nach dem Vorbild der von Styling-Ingenieur Carl Renner gezeichneten Querrippen des Nomad/Safari) sowie das Heck mit gewölbter Heckscheibe an der quergeteilten Heckklappe als Abschluß der eleganten Hardtop-Seitenverglasung.

So angenehm und praktisch sich Caballero und Riviera Estate als Kombis auch fuhren, so machten sich doch schon bald Windgeräusche und Undichtigkeiten bei geschlossenen Seitenscheiben bemerkbar (das Grundübel der eben nur begrenzt verwindungssteifen und nicht immer dichten Hardtop-Konstruktion); obendrein haftete den Buicks jener Jahre der Ruf unzureichender Bremsen und schlampiger Verarbeitung an. Beide Modelle bedeuteten also wenig Hilfe in einem Jahr, da Buick in der Produktionsstatistik vom dritten auf den vierten Rang zurückfiel und nur noch die Hälfte der Produktion des Spitzenjahres 1955 erreichte. Sicher waren von einem Kombi wohl kaum die Absatzzahlen einer Limousine zu erwarten, doch verkauften sich diese Buicks sogar noch schleppender als viele andere Fabrikate. Nur 6817 Käufer entschieden sich für den Riviera Estate (dagegen immerhin rund 23 000 für dessen Schwestermodell mit B-Säule). Wohl aufgrund seiner höheren Leistung brachte es der Caballero wenigstens auf 10 186 — freilich auch dies kein Grund zum Jubeln.

1958 sanken die Verkaufszahlen noch tiefer ab — auf nur 3420 bzw. 4456. Dies lag freilich weniger an ihrer Hardtop- oder Kombi-Konzeption, sondern vielmehr an den „Air Born B-58 Buicks" an sich, die für das rezessionsgebeutelte Jahr 1958 so deplaziert wie kein zweites Mittelklassemodell wirkten. Eine Rolle spielte dies ohnehin nicht mehr, denn die Käuferschaft war der Hardtop Wagons eh' bald überdrüssig — was die Chrysler-Modelle der frühen 60er Jahre umso kurioser erscheinen läßt. Nach 1958 blies Buick schleunigst zum Rückzug, nachdem General Motors unter neuem Management wieder auf den Boden der Realität (und zu durchdachteren Autos) zurückkehrte.

Obwohl der Caballero in größeren Stückzahlen produziert wurde, ist er unter Sammlern gesuchter als der pfostenlose Special — einfach, weil er ein Century ist (wie alle Kombis ist allerdings auch er nicht so begehrt wie ein Cabrio oder Hardtop). Dennoch verdienen diese Buicks unsere Aufmerksamkeit als nostalgischer Blick zurück in eine Zeit, als Detroit glaubte, man könne sich alles erlauben.

Das neue Styling der 1957er Buicks fiel geschmackvoll, wenn auch nicht gerade grazil aus. Chrysler-Heckflossen waren absolut „in", aber auch Buick wartete mit etlichen Trümpfen auf, u. a. dem viertürigen Hardtop-Kombi (eine Karosserieform, die im Vorjahr von Rambler erstmals präsentiert wurde). Der Century Caballero (siehe Fotos) erwies sich dabei als erfolgreicher als der Special.

TECHNISCHE DATEN

Motor: V8, hängende Ventile, 5957 ccm (104,9 × 86,3), **Special** 250 SAE-PS **Century** 300 SAE-PS

Getriebe:	3-Gang-Schaltgetriebe; Dynaflow 2-Gang-Automatik
Fahrwerk, vorn:	obere und untere Dreiecksquerlenker, Schraubenfedern
Fahrwerk, hinten:	Starrachse, Halbelliptik-Blattfedern
Bremsen:	vorne/hinten Trommelbremsen
Radstand (mm):	3100
Gewicht (kg): Caballero	2006
Special Riviera	1956
Höchstgeschwindigkeit (km/h):	160-175
Beschleunigung 0-96 km/h (s):	10,0-10,5

Produktionszahlen: Century Cabellero Hardtop Wagon 4tür. 10 186 **Special Riviera Estate Wagon** 6817

1958 Buick Limited

Unvergessen ist der Edsel als der größte Reinfall des Jahres 1958, doch selbst etablierte Marken der mittleren Preisklasse kamen aus dem Tritt, ganz besonders Buick. Nachdem man 1955-56 Plymouth vom dritten Platz der Produktionsstatistiken verdrängt hatte, fiel Buick schon 1957 wieder auf seinen angestammten vierten Platz zurück (bei 30 % Produktionsrückgang) — dies trotz radikal neuem Styling und der breitesten Modellpalette der Nachkriegszeit. 1958 strauchelte Buick abermals und schaffte mit Ach und Krach den fünften Platz.

Aufgrund der plötzlichen Rezession von 1958 hatten zwar alle Hersteller (außer Rambler) zu kämpfen, doch kam bei Buick noch mehr hinzu. Trotz wiederholter Verbesserungsversuche konnte das Dynaflow-Automatikgetriebe der Hydra-Matic weder leistungsmäßig noch im Wirkungsgrad das Wasser reichen; zudem waren die Buicks mittlerweile ob ihrer katastrophalen Bremsen berüchtigt. Die Qualität stimmte einfach nicht mehr. Das Styling auch nicht. Galten die neuen 57er Karosserien noch als eindrucksvoll, so waren die 58er schon regelrecht pompös. Bill Mitchell, der 1958 Harley Earl als Chefdesigner bei GM ablöste, gab später zu, daß seinerzeit in den Styling-Studios der Chrom regelrecht „mit der Kelle drangeklatscht" wurde — wohl vor allem, weil die Herren des Management Chrom mit Verkaufszahlen gleichsetzten. Im Vergleich zu den hübschen Buicks der Jahre 1954-57 wirkte das Modell 1958 jedenfalls selbst damals wie eine gräßliche Geschmacksverirrung, die nur noch mit dem ähnlich überladenen Oldsmobile vergleichbar war.

Der Limited, das neue Buick-Spitzenmodell, war typisch für die Schwierigkeiten bei Buick anno 1958. Er löste den Roadmaster 75 des Vorjahres ab und brachte einen Namen zurück, der zuletzt 1942 zu finden war. Wie sein Vorkriegs-Ahne zielte dieser neue „Über-Buick" direkt auf den Luxuswagenmarkt. Zum Zeitpunkt seiner Planung 1954-55 (als die Mittelklasse boomte wie wohl nie) schienen seine Perspektiven... na ja, eben unbegrenzt. In der Presse galt der Limited spöttisch als „Buicks Antwort auf die USS Forrestal — mit 5,77 m Gesamtlänge noch 20 cm länger als der schon riesige Roadmaster, obwohl der Radstand von 3240 mm gegenüber dem Roadmaster unverändert blieb. Dafür hat man einen so irrsinnigen Hecküberhang geschaffen, daß schon bald ein Stützrad wie bei einem Flugzeug nötig ist. Für Besitzer eines Limited wäre ein Cadillac der ideale Zweitwagen für Einkaufsfahrten!"

In der Tat war der neue Riesen-Buick trotz eines um 5 cm kürzeren Radstandes runde 5 cm länger als der für 1958 ohnehin verlängerte Cadillac Sixty-Two Hardtop. Und dazu noch teurer — der 4türige Riviera Hardtop kostete $ 5112, der Caddy „nur" $ 5079 — und obendrein schwerer. (Auch den Limited gab's daneben als Cabriolet und Riviera Hardtop-Coupé).

An Chrom hatte man bei beiden nicht gespart (um es mal vorsichtig zu formulieren), nur fehlte es dem Buick an Finesse. Der „Fashion-Aire Dynastar"-Grill, der den Betrachter unter den Doppelscheinwerfern und dicken „Augenbrauen" über die ganze Front angrinste, bestand aus nicht weniger als 160 jeweils zu vier Teilflächen zugeschliffenen Chromquadraten (ein von Harley Earl erdachtes, bis ins Extrem getriebenes Verfahren, das maximalen Chromglanz ergab). Ebenso protzig wirkten die torpedoähnlichen Standlichtgehäuse, die massiven Chromecken an den hinteren Kotflügelenden, die gigantische Heckstoßstange, die an beiden Seiten geschoßförmig auslief, und die 15 Chromleisten (in drei Fünfergruppen) an beiden Heckkotflügeln. Nimmt man dazu noch die obligatorischen geschwungenen Seitenzierleisten, so dürfte das Fehlen der Portholes wohl niemandem aufgefallen sein.

Keinem Tester entging das Mehrgewicht der 58er Modelle, die sich etwas behäbiger fuhren — kein Wunder, nachdem der 5957-ccm-V8 des Vorjahres unverändert blieb. Runde 86 Millionen Dollar pumpte Buick dagegen in die Überarbeitung der Dynaflow, die ein weiteres Turbinenrad erhielt und nun als „Flight-Pitch" (ab 1959 als Triple-Turbine) neue Käufer anlocken sollte. Weder Leistung noch Verbrauch verbesserten sich dadurch jedoch. Ein Tester bemerkte bei seinem Super-Testwagen gar „extreme Rutschneigung zwischen Motor und Hinterrädern" und kam selbst auf dem Highway nicht unter 20 l/100 km. Im Stadtverkehr war gar mit rund 25 Litern zu rechnen. Als noch durstiger erwies sich der schwerere Limited.

Wie andere GM-Divisions, bot auch Buick 1958 auf Wunsch eine Luftfederung an. Bei Flint hieß sie „Air-Poise", dahinter verbarg sich jedoch konventionelle GM-Technik mit Luftbälgen (die über einen Kompressor im Kofferraum gefüllt wurden) an Stelle der Schraubenfedern. Nach Aussagen mancher Tester verbesserte die Air-Poise immerhin das Kurvenverhalten, und mit einem Hebel unter dem Armaturenbrett ließ sich die Karosserie rund 14 cm anheben — bei Fahrbahnhindernissen oder zum Reifenwechsel eine feine Sache. Doch bescherte die Buick-Konstruktion — wie auch andere Luftfederungen — den Werkstattmechanikern reichlich graue Haare und ging bald den Weg zahlreicher anderer Erfindungen der Fifties.

Auf jeden Fall blieb die Produktion des Limited begrenzt, daher wurde er nach nur einem Jahr gestrichen. Hauptproblem war nicht der Absatzmarkt im Rezessionsjahr, sondern der Umstand, daß ein Limited teurer war als ein „echtes" Luxusauto, aber nur mit dem Namen einer Marke der oberen Mittelklasse aufwarten konnte. Sein Nachfolger von 1959, der Electra 225, verkaufte sich dank attraktiverem Styling, realistischeren Preisen und niedrigerem Verbrauch ungleich besser. Mittlerweile lebt der Name Limited bei den Spitzenmodellen von Buick wieder auf. Fast alle sind jedoch wesentlich überlegter konzipiert als die 1958er Ausgabe, die als anschauliches Beispiel einer Zeit überdauern wird, als Detroit eben öfters alle Hemmungen verlor.

Mit dem Limited stieß Buick 1958 in Cadillac-Terrain vor, doch wollte kaum jemand für einen Buick mehr Geld als für einen Cadillac anlegen. Wie zu erwarten, verlief der Absatz schleppend. Vom Cabrio, das $ 5125 kostete, gingen beispielsweise nur 839 Exemplare weg.

Technische Daten

Motor: V8, hängende Ventile, 5957 ccm (104,9 × 86,3), 300 SAE-PS

Getriebe:	Flight-Pitch Dynaflow-Automatik
Fahrwerk, vorn:	obere und untere Dreiecksquerlenker, Schraubenfedern; auf Wunsch Luftfederung
Fahrwerk, hinten:	Starrachse, Schraubenfedern, auf Wunsch Luftfederung
Bremsen:	vorne/hinten Trommelbremsen
Radstand (mm):	3240
Gewicht (kg):	2088-2137
Höchstgeschwindigkeit (km/h):	175
Beschleunigung 0-96 km/h (s):	9,5

Produktionszahlen: Riviera Hardtop 4tür. 5571 **Riviera Hardtop 2tür.** 1026 **Conv.** 849

Buick

1959
Buick Electra

Eins muß man dem 1959er Buick lassen – er war anders. Von den schrägstehenden Doppelscheinwerfern bis zu den ausladenden Heckflossen war dies der bis dato eindrucksvollste Buick – ein radikaler Bruch mit der stilistischen Vergangenheit. Selten hatte ein Hersteller sein Image so nachhaltig, so abrupt verändert. Im Vergleich zum chrombeladenen „B-58" muß das Modell 1959 geradezu wie eine Zukunftsvision wirken – und gefälliger obendrein. „Ein Buick, der so neu ist, daß dazu nur neue Namen passen", tönten die Prospekte. Womit sie ausnahmsweise recht hatten.

Das Modelljahr 1959 war das dritte Jahr nacheinander, in dem General Motors sein gesamtes Konzernprogramm komplett umkrempelte – heute ein Ding der Unmöglichkeit für Amerikas Autobauer, selbst für GM. Dieser Luxus hatte nichts mit der amerikanischen Tradition des jährlichen Modellwechsels zu tun, sondern mehr mit dem Bestreben von GM, die Fertigungskosten durch Rückgriff auf mehr gemeinsame Baugruppen der fünf Divisions zu senken. Demgemäß verordneten die Manager ab 1959 eine verstärkte Vereinheitlichung der Karosserien. Wie der ehemalige Chevy-Stylist Clare MacKichan erläuterte, „lief dies darauf hinaus, daß die Außenbleche sich so nachhaltig voneinander unterscheiden sollten, daß niemand das (gemeinsame) Karosseriegerippe erkannte, und alles, was unter dem Blech steckte und am meisten Geld verschlang, möglichst vereinheitlicht wurde." Als Ergebnis durfte GM die brandneue Karosserie des 58er Chevy und Pontiac (A-Body) und auch die 1957 bei Buick, Olds und Cadillac neu eingeführten B- und C-Bodies gleich wieder ausmustern.

Diese Änderung brachte jedoch eine neue Corporate Identity mit sich, die im Falle von Buick nur positiv ausfallen konnte. Hauptmerkmale waren die gerundeten Linien des Karosserierumpfes, längere Heckpartien und schmale Dachpfosten mit derart riesigen Glasflächen, daß man sich fast wie unter einer Glaskuppel vorkam. Buick stand dieser Stil besser als den anderen 59er Modellen von General Motors (bis auf Pontiac); geschickt vermied man das Vulgäre des Cadillac und die geradezu bizarren Züge des Chevy mit seinen „Fledermaus"-Flügeln. Die schrägen Heckflossen des Buick liefen demgegenüber harmonisch von der Windschutzscheibe bis zum Heck. Außer dem Namen Buick hatte sich von den 58er Modellen lediglich der Grill mit seinen winzigen Chromquadraten (jetzt allerdings weniger an der Zahl) gehalten.

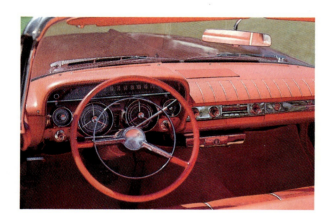

Da ein neues Kind einen neuen Namen braucht, wurde die Modellpalette des 59er Buicks komplett umgestellt. Das Basismodell Special hieß jetzt LeSabre und teilte sich das Chassis mit 3124 mm Radstand mit dem mittleren Modell Invicta, das Image des Century fortsetzen sollte. Statt des Super gab es nun den Electra (Radstand 3209 mm) in Limousinen- und zwei Hardtop-Versionen. Der Electra 225, der mit noch längerem Heck aufwartete, löste den Roadmaster und den mißglückten 58er Limited ab und war als Convertible und (wie bei Cadillac) Hardtop-Limousine lieferbar, deren Dachpartie mal glattflächig mit großer Panorama-Heckscheibe, mal mit drittem Seitenfenster (Riviera) und gewölbtem Dachrahmen gehalten war. Beide Electras waren rund $ 800 bis $ 1000 billiger als vergleichbare Vorjahresmodelle und kosteten zwischen $ 3856 (Viertürer mit B-Säule) und $ 4300 (225 Hardtop Sedan).

Auch technisch hatte der 59er Buick allerhand Neuheiten zu bieten. Die X-Traverse des 57er Fahrgestells wich einem Kastenrahmen mit K-Traverse, und beide Achsen erhielten verrippte Bremstrommeln (vorne aus Alu). Die abermalige Überarbeitung der kniffligen Dynaflow-Automatik gipfelte nun in der „Flight-Pitch"- bzw. Triple-Turbine-Automatik, die neben der Twin-Turbine schon 1958 wahlweise lieferbar war. 1959 wurden beide mit dem vergrößerten V8 des Electra/Invicta kombiniert, der auf 6572 ccm und 350 PS angewachsen war. Im LeSabre tat noch das 1957 vorgestellte 5957-ccm-Aggregat mit 250 PS Dienst. Unverändert blieb auch die Air Poise-Luftfederung von 1958, ein störanfälliges Extra für $ 188 Aufpreis, für das sich 1959 kaum noch ein Käufer erwärmte.

Neu und anders zu sein, war in den 50er Jahren immer ein Verkaufstrumpf. Trotz aller Neuerungen stieß der Buick 1959 aber nur auf mäßige Begeisterung. Die Stückzahlen lagen zwar um 42 000 über den Zahlen des Rezessionsjahres 1958, doch rutschte Buick in der Statistik vom 5. auf den 7. Platz ab. 1956 war man noch Dritter gewesen.

Dennoch finden diese Buicks – vor allem der langgestreckte 225 – so allmählich auch unter Liebhabern Beachtung. Zu den unwiderstehlichsten US-Cars gehören sie damit freilich noch lange nicht – außer vielleicht bei jenen, die es etwas „anders" mögen.

TECHNISCHE DATEN

Motor: V8, hängende Ventile, 6572 ccm (106,4 × 92,45), 325 SAE-PS

Getriebe:	Twin-Turbine/Triple-Turbine Dynaflow-Automatik
Fahrwerk, vorn:	obere und untere Dreiecksquerlenker, Schraubenfedern
Fahrwerk, hinten:	Starrachse, Schraubenfedern
Bremsen:	vorne/hinten Trommelbremsen
Radstand (mm):	3210
Gewicht (kg):	2020-2071
Höchstgeschwindigkeit (km/h):	175-184
Beschleunigung 0-96 km/h (s):	11

Produktionszahlen: Electra Lim. 4tür. 12 357 **Hardtop 2tür.** 11 216 **Hardtop 4tür.** 20 612 **Electra 225 Riviera Hardtop 4tür. (3 Seitenscheiben)** 6324 **Hardtop 4tür. (2 Seitenscheiben)** 10 491 **Convertible** 5493

Verkaufsmäßig wurde der 1958er Buick zum Reinfall. Daran war nicht nur die Rezession, sondern auch das Styling schuld. Das Modell 1959 war eine hundertprozentige Neukonstruktion, die – wie etliche Stallgefährten von GM – mit den irrsten Heckflossen der Autogeschichte aufwartete. Die Flossen des Buick waren wie die Scheinwerfer schräggestellt und verliefen von der Frontscheibe aus pfeilgerade nach hinten. Das Spitzenmodell Electra 225 war auch als Convertible (für $ 4192) lieferbar; nur 5493 Exemplare entstanden in diesem Modelljahr.

1950-52 Cadillac

Irgendwann in den 40er Jahren löste Cadillac den Packard als Luxusmarke Nr.1 in den USA ab. Manche behaupten, diese Wende habe schon während der Depression begonnen, als jeder Hersteller gezwungen war, auch preisgünstigere Mittelklassemodelle herauszubringen. Packard legte den One-Twenty auf, der jedoch nach wie vor als Packard lief; Cadillac lancierte seinen Lebensretter dagegen als LaSalle, wodurch Schatten auf dem Cadillac-Image geschickt vermieden wurden.

Eine andere Theorie besagt, daß Packard seine Stellung als Luxusmarke nach dem Krieg aus eigenem Antrieb aufgab, als das produktionszahlenhungrige Management weiterhin Mittelklassemodelle la Oldsmobile und Mercury herausbrachte, während Cadillac sich wieder ganz auf Edel-Autos verlegte. Für diese Ansicht spricht manches: Eines der ersten neuen Packard-Modelle nach dem Krieg war ein Kombi, der erste neue Caddy dagegen das Coupé de Ville.

Auf jeden Fall war der „Standard of the World" 1950 auch zum Standard der USA geworden. Die 1948 eingeführte neue Linie mit Stummel-Heckflossen, die unverkennbar von Vorkriegsflugzeugen inspiriert war, verlieh dem Cadillac das gewisse Etwas – von vorne wie von hinten. Der gelungene neue V8 mit hängenden Ventilen von 1949 war der Schlußpunkt der technischen Novitäten, und mit dem Coupé de Ville verfügte Cadillac über eines der ersten Hardtop-Convertibles, ein Modell, das spätestens seit Chuck Berrys „Maybelline" unsterblich ist.

Chuck „caught Maybelline at the top of the hill", doch Packard sollte Cadillac nie wieder einholen, ebensowenig Lincoln, der Chrysler Imperial oder alle drei gemeinsam. 1952 hielt Cadillac schon unangefochten 80 % des US-Marktes der Luxusklasse. 1950 und 1951 verließen bereits über 100 000 Caddies pro Jahr das Fließband – eine für eine Luxusmarke unerhörte Leistung. Auch 1952 wäre diese Zahl wieder erreicht worden, doch infolge der Rohstoffrationierung während des Korea-Krieges, durch die die Independents begünstigt wurden, kam man auf „nur" 90 000 Exemplare.

Das Modellprogramm bot Grund zum Staunen – angefangen von den Repräsentationslimousinen und den Siebensitzern des Cadillac 75 bis zu den Fahrgestellen für Sonderkarosserien, dem eleganten 60 Special mit langem Radstand und „Body by Fleetwood" sowie dem Bestseller: den Limousinen, Hardtops und

Cabriolets der Serie 62. Bis 1951 hatte es daneben die billigere Serie 61 als Viertürer und Club Coup gegeben, doch sinkende Absatzzahlen ließen sie für 1952 überflüssig erscheinen.

Das stilistische Grundkonzept, das Harley Earl, Bill Mitchell und Art Ross zum Modelljahr 1948 ersonnen hatten, blieb bis Anfang der 50er Jahre weitgehend unangetastet. Hinter dem legendären „Dollar Grin" steckte ein imposanter, chrombeladener Straßenkreuzer mit den Rundungen an der richtigen Stelle und — dank der Stummelflossen — einem unverkennbaren Heck. 1950 war erstmals die senkrechte Luftschachtattrappe an der Vorderkante der Heckkotflügel anzutreffen, die lange Jahre ein Markenzeichen des Cadillac bleiben sollte. Das Modell 1950 behielt noch die dreiteilige Heckscheibe, zum Modelljahr 1951 gab es kleine Zusatzgrills unter den Scheinwerfern, und 1952 saß hier stattdessen ein geflügeltes Emblem.

Trotz allem Chrom, Gewicht und behäbigen Rundungen ist dies durchaus kein Dinosaurier aus einer anderen Welt. Der relativ leichte Series 62 erreichte in rund 12 Sekunden die 100 km/h — eine Leistung, die sogar noch deutliche Tuning-Reserven barg. Was heute geradezu unglaublich anmutet, gelang 1950: Ein Cadillac unter Sam und Miles Collier kam bei den 24 Stunden von Le Mans in der Gesamtwertung auf den 10. Platz — eine Leistung, die kein anderes Luxusmodell je erreichte. Im gleichen Jahr brachte Briggs Cunningham auch einen Stromlinien-Cadillac an den Start, der sogar noch schneller als das Serienmodell der Collier-Brüder war, doch kam er wegen Getriebeschadens und Kurvenproblemen nur auf den 11. Rang.

Zugegeben, diese Caddies waren aufwendig präpariert worden, aber selbst im Normalzustand konnte sich ihre Leistung sehen lassen. Der leichte Series 61, der 1950 sogar noch mit Mittelschaltung zu haben war, blieb einem Jaguar XK 120 bis jenseits der 140 km/h auf den Fersen, und nur der Oldsmobile 88 dürfte damals schneller gewesen sein.

Das Erfolgsgeheimnis von Cadillac lag in der Konzentration auf relativ wenige Modelle und in hoher Fertigungsqualität mit erstklassigen Materialien. Das gesamte Cadillac-Programm umfaßte 1952 nur 7 verschiedene Karosserievarianten, davon zwei als limitierte Series 75. Der Trumpf war und blieb der viertürige Sixty-Two Sedan, der alleine rund 50 000mal pro Jahr wegging. Dazu kamen damals 15 000 bis 18 000 Sixty Specials pro Jahr sowie beständig über 6000 Convertibles. Nur auf den Bau von Station Wagons ließ sich Cadillac nie ein.

TECHNISCHE DATEN

Motor:	V8, hängende Ventile, 5424 ccm (96,5 × 92,2), **1950-51** 160 SAE-PS **1952** 190 SAE-PS
Getriebe:	Hydra-Matic
Fahrwerk, vorn:	Einzelradaufhängung, Schraubenfedern, Teleskopstoßdämpfer
Fahrwerk, hinten:	Starrachse, Blattfedern, Teleskopstoßdämpfer
Bremsen:	vorne/hinten Trommelbremsen
Radstand (mm): Sixty-One	3100
Sixty-Two	3200
Sixty Special	3300
Seventy-Five	3730
Gewicht (kg):	1725-2088
Höchstgeschwindigkeit (km/h):	160-175
Beschleunigung 0-96 km/h (s):	11,0-14,0
Produktionszahlen:	**1950** 103 857 **1951** 110 340 **1952** 90 259

1950 hatte sich Cadillac bereits fest als Nr. 1 unter den Luxuswagen etabliert. Nicht zu unrecht — der Caddy bot moderneres Styling als die Konkurrenz und einen brandaktuellen V8 mit hängenden Ventilen. Zudem war im Vorjahr als Hardtop das Coupé de Ville hinzugekommen. Für $ 2761 war das hier abgebildete 1950er Series Sixty-One Coupé eindeutig ein günstiger Kauf.

1953 Cadillac Eldorado

Im ersten Jahr wirkte er beinahe deplaziert. Nur 500 Exemplare des exorbitant teuren Cadillac Eldorado verließen das Werk. Doch innerhalb weniger Jahre hatte sich der Eldorado als endgültiger Cadillac, als das Nonplusultra etabliert und wurde rasch zum Auto der Stars und Politiker, dem Gefährt, in dem jeder — von Marilyn Monroe bis Eisenhower — gesehen werden wollte und meist auch gesehen wurde.

Dies war das Ergebnis geschickter Produktplanung und des cleveren Management eines durchorganisierten Unternehmens, das viel Zeit auf die Analyse des US-Publikumsgeschmacks verwandte — ein Kapitel, das nicht immer leicht zu ergründen ist. Als Cadillac erkannte, daß dieses sündhaft teure Cabrio ($ 7750 zu einer Zeit, als ein Chevy ab $ 1524 zu haben war) zum Flop zu werden drohte, wurde kurzerhand eine Kehrtwendung verordnet, der Preis um ein Drittel gesenkt und prompt im Folgejahr zweitausend Eldorados an den Mann gebracht. 1956 kam der Eldorado (der nun auch als Hardtop zu haben war) erstmals über die 5000-Stück-Grenze, womit seine Zukunft als gesichert gelten durfte.

Anfangs war er nur einer von vielen. Scheinbar jeder US-Hersteller wollte ein eigenes „Flaggschiff" vorweisen können. Bei General Motors war nach dem Riviera und Fiesta die erste Corvette vom Stapel gelaufen. Ford plante den 55er Thunderbird und den 56er Continental Mark II. Bei Chrysler standen die Sondermodelle Chrysler 300, DeSoto Adventurer, Plymouth Fury und Dodge D-500 vor der Tür. Kaiser zeigte den Dragon, Hudson bald darauf den Italia, Nash hatte den Nash-Healey herausgebracht und Packard den Caribbean.

Wie und warum konnte sich da der Eldorado als unangefochtene Nummer 1 in dieser illustren Runde behaupten? Erstens, weil er ein Cadillac war — der Traum der amerikanischen Autowelt der fünfziger Jahre, nach dem sich jeder Amerikaner sehnte. Zweitens, weil seine Hersteller — wie gesagt — genau wußten, was sie taten.

Wie der Buick Skylark und der Oldsmobile Fiesta war der 53er Eldorado ein „Serien-Show Car", in dem sich viele Motorama-Neuerungen fanden, die in den bodenständigeren GM-Produkten erst später Einzug hielten. Aufgeboten wurden z.B. der V8 als der bis dato stärkste Cadillac-Motor sowie unter anderem ein lederbezogenes Armaturenbrett (später mit Vinylbezug), das ein Caddy-Markenzeichen werden sollte, die Panorama-Windschutzscheibe (1956 schon Allgemeingut), Drahtspeichenräder (die jedermann wollte, aber nur wenige bezahlen konnten), eine extrem niedrige Gürtellinie und ein Verdeck, das unter einer Metallklappe in Wagenfarbe verschwand. Das Verdeck war in schwarzem oder weißem Orlon lieferbar, der Lack glänzte in Aztec-Rot, Azure-Blau, Alpine-Weiß oder Artisan-Beige (mit farblich abgestimmter Innenausstattung).

Durch die Serien-Extras und die Grand-Luxe-Ausstattung wog der fertige Wagen fast 150 kg mehr als das normale Series 62 Convertible, womit der Eldorado zum langsamsten Caddy (mit Ausnahme der Großraumlimousinen auf langem Fahrgestell) wurde. Dies ist allerdings relativ zu sehen — bei 210 PS blieb so oder so genug Leistung, und Dauergeschwindigkeiten bis 160 km/h bereiteten mit dem Eldorado keinerlei Probleme.

Härteste Rivalen des Eldorado waren 1953 der Buick Skylark und der Packard Caribbean, die beide mühelos höhere Verkaufszahlen erreichten, im Folgejahr jedoch von Cadillac überflügelt wurden. Die Schwachpunkte des Caribbean sind schnell aufgezählt: Sein Hersteller steckte in ernsthaften Schwierigkeiten, daher war der Caribbean überstürzt auf den Markt geworfen worden, um der alternden Karosserie nochmals etwas Pep zu verleihen. Zudem saß der Caribbean nicht einmal auf dem Fahrgestell der großen Packards und mußte immer noch mit dem veralteten Reihenachtzylinder auskommen.

Der Riviera bildete da (auch als Konkurrenz aus dem eigenen Lager) die größere Gefahr — doch gerade hier brauchte sich Cadillac keine Sorgen zu machen. „Buick stellte den Skylark nach 1954 sicherlich vor allem deswegen ein, weil innerhalb von General Motors der Eldorado als „Flaggschiff" forciert werden sollte", berichtete ein langjähriger leitender Mitarbeiter bei Cadillac. Egal ob dies so zutrifft, fest steht, daß Buick nach 1954 andere Ziele ins Visier nahm und Cadillac die Rolle der Edelmarke überließ.

Damit war die Zukunft des Eldorados gesichert. 1955 erhielt er die berühmten Haifischflossen, stieg 1957 zum Eldorado Brougham auf, dem Widersacher des Continental, und erhielt 1967 Frontantrieb. Auch heute ist Cadillac ohne Eldorado undenkbar. Aber die Pionierarbeit wurde 1953 geleistet.

Der Cadillac Eldorado debütierte 1953. Er war für limitierte Stückzahlen vorgesehen (bei $ 7750 Kaufpreis kein Wunder — das Series 62 Cabriolet schlug nur mit $ 4144 zu Buche). Besonderheiten waren u. a. der bis dato leistungsstärkste Cadillac-V8, Armaturenbrett mit Lederbezug, Panoramascheibe, Drahtspeichenräder, niedrige Gürtellinie und ein eigenes Verdeckfach.

Technische Daten

Motor:	V8, hängende Ventile, 5424 ccm (96,5 × 92,2), 210 SAE-PS
Getriebe:	Dual-Range Hydra-Matic
Fahrwerk, vorn:	Einzelradaufhängung, Schraubenfedern, Teleskopstoßdämpfer
Fahrwerk, hinten:	Starrachse, Blattfedern, Teleskopstoßdämpfer
Bremsen:	vorne/hinten Trommelbremsen
Radstand (mm):	3200
Gewicht (kg):	2177
Höchstgeschwindigkeit (km/h):	über 160
Beschleunigung 0-96 km/h (s):	13,0-14,0
Produktionszahlen:	532

Cadillac

1954 Cadillac Eldorado

Uneingeweihten mag das Modell 1954 wie der vergessene Eldorado vorkommen. Nachdem er weit weniger Exklusivität als sein Vorgänger ausstrahlte und sich auch nicht überragend besser verkaufte, fällt er zwischen dem kompromißlosen Luxusmodell 1953 und dem aggressiven Heckflossenmodell 1955 irgendwie ins Nichts. Auch haben nicht allzuviele überlebt; aus vermutlich ähnlichen Gründen hielten die Käufer ihnen längst nicht so sehr die Treue wie dem 53er und den späteren Eldorados.

Für Cadillac-Fans sieht die Sache dagegen anders aus. Der Eldorado 1954 war ein historisches Automobil – das Modell, das dem Cadillac-Spitzentyp überhaupt erst einen Stammplatz in der Modellpalette sicherte. Die geringen Stückzahlen sind da zumindest für die heutigen Liebhaber ein Pluspunkt. Darüber hinaus kann er durchaus als attraktives Modell bestehen, in dem sich das Flair der Neuerungen der 54er Cadillacs mit zahlreichen Exklusivitäten des Eldorado vereinigt (wie 1953 war er noch Teil der Series 62). Heute erzielt ein 54er Eldorado in Topzustand Spitzenpreise; in einer Marktübersicht wird er (vielleicht etwas zu optimistisch) sogar höher als das seltene 53er Modell gehandelt.

Die Strategie, den Eldorado billiger anzubieten, machte sich für Cadillac wesentlich besser als für den Buick Skylark bezahlt, vielleicht, weil der Preisabschlag erheblich drastischer ausfiel. Der Skylark wurde 1954 um $ 500 billiger angeboten, der Eldorado aber um sage und schreibe $ 2000. Damit verschoben sich die Absatzperspektiven nachhaltig: Während der Skylark nur auf 836 Stück kam, kletterte die Eldorado-Produktion auf 2150. Bei einem Grundpreis von $ 5738 war der Eldorado immer noch alles andere als billig (das reguläre Sixty-Two Cabrio kostete nur $ 4400), aber auch nicht viel teurer als der 53er Skylark – und er hatte den unbezahlbaren Vorteil des Namens Cadillac.

Womit hob er sich also von den „Allerwelts"-Cadillacs ab? Auffälligster Blickfang war das breite Chromband entlang der Unterkante der Heckkotflügel und die charakteristische Metallklappe (statt der Persenning), unter der das Verdeck verstaut wurde. Dazu kamen noch Lederausstattung und Speichenräder; entfallen waren dagegen die niedrigere Windschutzscheibe und Gürtellinie von 1953 (allein dies machte einen Großteil der Preissenkung aus).

Der Eldorado legte als typisches Beispiel für immer längere und immer niedrigere Linienführung nun 8 cm im Radstand und 20 cm in der Länge zu (bei unveränderter Breite). Erwartungsgemäß kletterten auch die PS-Zahlen hoch (von 210 auf 230). Diese Mehrleistung war vor allem das Ergebnis optimierter Ansaugkrümmer und eines etwas größeren Ventilhubs mit entsprechend geänderten Steuerzeiten. Wie mehr als nur ein Tester betonte, änderten sich Drehmoment und Verdichtung jedoch überhaupt nicht, und an den Hinterrädern brachte der 54er Eldorado 122 PS (gegenüber 120 beim Modell 1953).

Deutlich besser wurde dagegen das Fahrverhalten: Alle 54er Caddies erhielten einen neuen, verbreiterten Rahmen, der ihnen eine weniger schwammige Straßenlage bescherte. Der Rahmen war besser versteift, besaß robustere Motor-, Lenkungs- und Fahrwerkslager sowie Kastenlängsträger zur Verstärkung der X-Traverse. Neu waren auch die winklig angestellten Teleskopstoßdämpfer. „Die Hinterräder verlieren kaum einmal den Bodenkontakt, trotz des niedrigen Schwerpunkts des Modells 1954 (das die bekannten Übersteuerungstendenzen des Cadillac wirksam beseitigt, ohne daß die Federung hart wird oder zum Ausbrechen neigt)", schrieb hierzu Motor Trend, das den 1954er Cadillac zu den US-Autos mit der besten Straßenlage rechnete.

Mit 123.746 produzierten Exemplaren (ein neuer Rekord für ein Kalenderjahr) wurde 1954 zu einem außerordentlich erfolgreichen Jahr für Cadillac. Die Fahrzeuge waren zweifellos gut, doch machten sich bereits die ersten unerwarteten Qualitätsprobleme bemerkbar, die später noch wesentlich gravierender wurden. Notorische Schwachstellen waren die nie dichtzubekommenden Tankeinfüllstutzen, die Benzindämpfe in den Innenraum ließen, mangelhafte Türpassungen und die reichliche Verwendung von Kunststoff am Armaturenbrett. Die Eldorados hatten hiermit weniger Probleme, da sie ohnehin ungleich aufwendiger gefertigt wurden. Obwohl der Eldorado preislich noch unter dem Seventy-Five angesiedelt war, galt er unbestritten als Topmodell von Cadillac – und zweifellos auch als das rassigste Modell dieses Jahrgangs.

Der Cadillac Eldorado 1954 kostete $ 5738, 2000 Dollar weniger als das Modell 1953, und lehnte sich enger an die Großserien-Cadillacs an. Dennoch war er am Chromstreifen an der Unterkante der Heckkotflügel, dem Metall-Verdeckkasten, Lederausstattung und verchromten Drahtspeichenrädern unschwer zu erkennen. Eine elegante Art zu reisen – und bei den Nachbarn Eindruck zu schinden – war 1954 nicht vorstellbar.

TECHNISCHE DATEN

Motor: V8, hängende Ventile, 5424 ccm (96,5 × 92,2), 230 SAE-PS

Getriebe:	Hydra-Matic
Fahrwerk, vorn:	Einzelradaufhängung, Schraubenfedern, Teleskopstoßdämpfer
Fahrwerk, hinten:	Starrachse, Blattfedern, Teleskopstoßdämpfer
Bremsen:	vorne/hinten Trommelbremsen
Radstand (mm):	3280
Gewicht (kg):	2181
Höchstgeschwindigkeit (km/h):	185
Beschleunigung 0-96 km/h (s):	11,0
Produktionszahlen:	2150

1955-56 Cadillac Eldorado

Wer in den 50er Jahren mitverfolgte, wie General Motors den Eldorado zielsicher zu einem lukrativen Teil des Cadillac-Programms entwickelte, glaubte einen Magier vor sich, der schwierigste Kunststücke geradezu „mit links" vorführt. Dies verdeutlicht, wie oft just dieses Unternehmen in den letzten Jahren danebenlag. Nicht daß auch wir GM am Zeug flicken wollen – nein, es ist einfach wahr. Früher erwuchs die Selbstsicherheit bei General Motors nicht zuletzt aus deren Marktdominanz; heute liegen die Verhältnisse ungleich komplizierter, richtige Entscheidungen sind also längst nicht so leicht zu treffen.

Die Eldorado-Strategie lief ab wie ein wohldurchdachter Feldzug. 1953 trat das sündhaft teure Erstlingsmodell auf den Plan, ein echter Show Car, außer daß jeder mit dem nötigen Kleingeld einen erstehen konnte. 1954, als der Name etabliert war, wurde der Eldorado $ 2000 billiger, verkaufte sich dreimal so oft und fand entsprechend mehr Anerkennung. 1955 erhielt er seine typischen Haifischflossen und 1956 kam das zweitürige Hardtop hinzu.

Die Heckflossen tauchten also zwei Jahre vor den Chrysler-Flossen auf, auch wenn der Beginn der Flossenära heute allgemein Chrysler zugeschrieben wird – vielleicht, weil der Eldorado stets in vergleichsweise geringen Stückzahlen entstand. In diesem Punkt wich Cadillac erstmals von dem seit 1948 dominierenden Flugzeug-Heck ab. Die Heckleuchten saßen nun in runden Gehäusen unter den Flossen, direkt neben den innenliegenden Rückfahrscheinwerfern.

1955 mußte die Karosserie ohne die breiten Chromleisten an den Heckkotflügeln des 54er Modells auskommen, bot dagegen einen anderen Blickfang – die „Sabre Spoke"-Radzierblenden, die die Drahtspeichenräder ablösten. So teuer die Sabre Spokes auch waren, billiger als echte Drahtspeichenräder kamen sie allemal. Die Eldorados besaßen außerdem ein breites Chromband entlang der Gürtellinie an der Scheibenunterkante und eine neue Heckpartie: geschwungene Radausschnitte ohne Radverkleidungen.

Eine weitere Neuerung des Eldorado von 1955 betraf die Technik: die abermalige Leistungssteigerung des Big-Block-V8, dessen Abmessungen seit 1949 unverändert geblieben waren. Normale Cadillacs kamen auf 250 PS, der Eldorado dank zweier Carter- oder Rochester-Vierfachvergaser dagegen auf 270 PS. Auch

TECHNISCHE DATEN

Motor: V8, hängende Ventile, **1955** 5424 ccm (96,5 × 92,2), 270 SAE-PS **1956** 5981 ccm (101,6 × 92,2), 305 SAE-PS

Getriebe:	Hydra-Matic
Fahrwerk, vorn:	Einzelradaufhängung, Schraubenfedern, Teleskopstoßdämpfer
Fahrwerk, hinten:	Starrachse, Blattfedern, Teleskopstoßdämpfer
Bremsen:	vorne/hinten Trommelbremsen
Radstand (mm):	3276
Gewicht (kg): Seville	2118
Cabriolets	2202
Höchstgeschwindigkeit (km/h):	192
Beschleunigung 0-96 km/h (s):	10,0

Produktionszahlen: 1955 3950 **1956 Biarritz** 2150 **1956 Seville** 3900

1956, als der Motor auf 5981 ccm aufgebohrt wurde, behielt der Eldorado seinen 20-PS-Vorsprung und lag nun bei 305 PS. Damit beschleunigte er etwas besser als die Serien-Cadillacs, die Spitzengeschwindigkeit blieb jedoch gleich.

Im Modelljahr 1955 verdoppelte sich die Produktion des Eldorado annähernd und stieg 1956 abermals um 50 %, womit der Eldorado erstmals auf über 5000 Exemplare kam und nun auch als Hardtop unter dem Namen Seville zu haben war. Wen wundert's, daß von der geschlossenen Version fast doppelt soviel Exemplare wie vom Cabriolet weggingen?

Kurioserweise hörten auch die zwei- und viertürigen Hardtop-Versionen des DeSoto Firedome auf den Namen Seville — eine passende Verbindung zwischen dem spanischen Eroberer, dem die Marke ihren Namen verdankte, und der Stadt in Spanien. Nach eiligen Rücksprachen verzichtete DeSoto zum Modelljahr 1957 allerdings auf diesen Namen. Cadillac hielt bis 1960 am Seville fest, strich ihn dann und führte ihn 1975 für eine neue „internationale" Viertürer-Limousine wieder ein. Solange Cadillac einen Eldorado Seville anbot, lief das offene Gegenstück unter dem Namen Biarritz.

1956 war es Zeit für den nächsten Schritt in der Marketingstrategie des Eldorado: Kaum war er etabliert, folgte die Preiserhöhung! Das 55er Cabrio ($ 6300) war $ 500 teurer als 1954; 1956 wurde er abermals $ 300 teurer — das neue Seville-Hardtop kostete übrigens genau gleich viel, obwohl es kostengünstiger als die offene Version zu fertigen war.

Aufschlußreich ist ein Vergleich dieser geschickten Marketing-Schachzüge mit dem Schicksal weniger erfolgreicher Konkurrenten. Ford hatte dem Eldorado nichts entgegenzusetzen. Chrysler brachte 1955 den 300, visierte damit jedoch gänzlich andere Käuferkreise an — der 300 war rasant, fuhr sich jedoch wie ein Lastwagen und sprach extrem wählerische Kunden an, wie auch das Modell 56 des DeSoto Adventurer, Dodge D-500 und Plymouth Fury. Für Packard war der Caribbean nie mehr als ein Spielzeug, und die übrigen Independents hatten nichts auch nur entfernt vergleichbares vorzuweisen. Der Eldorado war einzigartig — und einzigartig erfolgreich.

Am einfachsten war der Eldorado von 1955-56 an den spitzen Heckflossen und den „Sabre Spoke"-Radzierblenden zu erkennen. Das Modell 56 (auf dieser Seite) hatte ein engmaschigeres Grillgitter als das Modell 55 (linke Seite). Letzterer verkaufte sich für $ 6286, das Modell 1956 für $ 6556 — Mitte der 50er Jahre viel Geld.

Cadillac

1957-58 Cadillac Eldorado

Das Flaggschiff von Cadillac durchlebte Ende der 50er Jahre schwere Zeiten, freilich auch fast alle anderen Luxusschiffe aus Detroit wie die Branche insgesamt. Die Rezession von 1958 fiel just mit dem Augenblick zusammen, da Volkswagen seine Händler- und Lieferschwierigkeiten in den Griff bekam; die Folgen beider Faktoren hätten nicht schlimmer ausfallen können. Über Nacht war dem angestammten Absatzmarkt der US-Mittelklassemodelle praktisch der Boden unter den Füßen entzogen worden. Von allen Detroiter Herstellern konnte 1958 nur Rambler seinen Absatz verbessern.

Cadillac schien in seinem stabileren und abgesicherten Marktsektor der Luxusklasse von diesen Änderungen des Käufergeschmacks weniger berührt; der Absatz ging zwar zurück, doch nach den Maßstäben der vergleichsweise geringen Caddy-Produktion nicht allzusehr. Die Eldorados (Biarritz-Convertible und Seville-Hardtop) verloren dagegen gewaltig, vor allem 1958 — vielleicht deshalb, weil sie nicht mehr so exklusiv wie in früheren Jahren wirkten. Sie behielten zwar ihre typischen Flossen, doch war ihnen mit dem Eldorado Brougham ein echtes Superluxusmodell zur Seite gestellt worden. Auch die Preise hatten 1957 auf $ 7286 und 1958 auf $ 7500 angezogen — damals wahrhaftig nicht wenig Geld.

Technisch gehörte der Eldorado noch immer zur Series 62 und behielt den Radstand von 3290 mm. Haifischflossen und Sabre-Spoke-Felgen waren beibehalten worden, doch Detailfetischisten dürfte nicht entgangen sein, daß die Haubenfigur verschwunden war. Wie schon 1954 schlossen die Heckkotflügel nach unten wieder mit einer breiten Chromleiste ab; auch gaben die Radausschnitte beim Eldorado nach wie vor fast das ganze Rad frei.

Neben dem Biarritz/Seville tauchen in den Cadillac-Statistiken auch vier Seville-Hardtop-Viertürer (Modell 6239S) auf, die nominell wie auch das Cabrio mit $ 7286 in den Listen standen. Es dürfte sich dabei jedoch um Sondermodelle für Shows oder Markttests gehandelt haben. Bei den eigentlichen Serienmodellen fiel der Absatz um 50 Prozent ab — nichts im Vergleich zu den Zahlen nach 1958.

1957 wurden alle Cadillacs neu gestylt, so auch der Eldorado. Unverkennbar blieb nach wie vor das Heck. Der 57er Biarritz (rechts) kostete $ 7286 (wie auch das Hardtop), das Modell 58 (unten) runde $ 7500. Diese Cadillacs brachten zweieinhalb Tonnen auf die Waage, doch der V8-Motor mit 325 PS (1958 nur 310 PS) sorgte für gute Leistung — und schwindelerregenden Verbrauch.

Tatsächlich schwankte der Absatz des Eldorado je nachdem, wie stark er sich optisch von den übrigen Cadillacs abhob. 1955/56 waren die Unterschiede extrem augenfällig und die Stückzahlen entsprechend hoch. 1957 waren sie weit weniger deutlich, der Absatz ging prompt zurück. 1958, als alle Caddies die Heckflossen der Eldorados erhielten, fielen die Eldorado-Stückzahlen fast ins Nichts. Sicher konnte man Biarritz und Seville mit ihren schrägen, pointierten Heckflossen unmöglich verwechseln. Doch die Schnauze zeigte das gleiche Chromgrinsen wie alle anderen Caddies – und Sabre-Spoke-Zierblenden bekam man beim Händler sogar für den normalen Sixty-Two. Leder und Chrom im Innenraum boten da noch nicht genug Kaufanreiz.

Eine weitere Absatzbremse lag vielleicht in der Technik, denn der 58er Eldorado bot erstmals seit Jahren nicht zumindest einige Mehr-PS. Weniger verlockend als Ausgleich für den behäbigen Motor erschien auch die Luftfederung, die zwar Fahrkomfort und Straßenlage etwas aufbesserte (solange sie funktionierte), aber kaum geordert wurde. In der Praxis neigten die Luftbälge zu Undichtigkeiten; unschwer läßt sich da ausmalen, welche Gefühle den gutbetuchten Besitzer eines Eldorado beschlichen, wenn der Stolz der Familie abgesackt war wie ein flügellahmer Citroën.

Freilich tat dies dem Sammlerstatus des Eldorado keinen Abbruch – ganz im Gegenteil. Als die auf Jahre hinaus letzten Eldorados mit „Custom-Styling" gelten Seville und Biarritz heute als Meilensteine der Autogeschichte und sind entsprechend gefragt. Speziell die Auktionspreise für Convertibles steigen rasch an, vor allem nach den erstaunlichen preislichen Höhenflügen der offenen 59er Modelle.

Mechanisch war die 365er-Maschine durchaus ernst zu nehmen, wesentlich zuverlässiger als der spätere 390er. Auch die Fertigungsqualität wirkt besser als bei späteren Modellen, und die, die nicht dem Rostfraß zum Opfer fielen, haben meist in bemerkenswert gutem Originalzustand überdauert. Massiv gebaut, laufruhig und leistungsstark, kommen sie beim entspannten Highway-Cruising am besten zur Geltung, wo sie notfalls den ganzen Tag mit 160 km/h dahingleiten; allerdings wollen sie dafür mit reichlich Super gefüttert werden.

TECHNISCHE DATEN

Motor:	V8, hängende Ventile, 5981 ccm (101,6 × 92,2), **1957** 300/325 SAE-PS **1958** 310 SAE-PS
Getriebe:	Hydra-Matic
Fahrwerk, vorn:	Einzelradaufhängung, Schraubenfedern, Teleskopstoßdämpfer
1958	auf Wunsch Zentralkompressor und Druckspeicher, Niveauregulierung mit Luftbalg
Fahrwerk, hinten:	Starrachse, Schraubenfedern, Hebelstoßdämpfer
1958	auf Wunsch Zentralkompressor und Druckspeicher, Niveauregulierung mit Viergelenk-Hinterachse und Luftbalg
Bremsen:	vorne/hinten Trommelbremsen
Radstand (mm):	3290
Gewicht (kg):	2133-2200
Höchstgeschwindigkeit (km/h):	185-192
Beschleunigung 0-96 km/h (s):	11,0-12,0

Produktionszahlen: Biarritz 1957 1800 **1958** 815 **Seville 1957** 2100 **1958** 855 (1957 ferner vier Seville-Hardtop-Viertürer als Versuchsfahrzeuge)

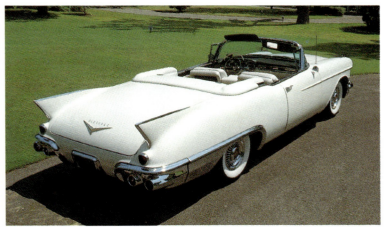

Cadillac

1957-58 Cadillac Eldorado Brougham

Unzählige Male schon wurde gesagt, daß es ohne den Continental Mark II keinen Eldorado Brougham gegeben hätte. Jeder glaubt daran, auch wenn es wahrscheinlich nicht stimmt. Sondermodelle als Blickfang in den Verkaufsräumen waren 1957 nichts Neues — vor allem nicht bei Cadillac. Oberflächliche Vergleiche lassen meist die dreijährige Entwicklungszeit außer acht, die fast alle neuen US-Modelle durchlaufen müssen. Schon 1955 entstanden die ersten Entwürfe des Brougham, noch bevor der Mark II vorgestellt worden war (auch wenn bereits Gerüchte umgingen). Ohnehin unterschieden sich beide Modelle grundlegend. Das Mark II Coupé strahlte Eleganz und Understatement aus, kostete den Käufer $ 10 000 und Ford nochmals einen Tausender pro verkauftem Exemplar. Der Eldorado Brougham verkörperte dagegen den extrovertierten, übertriebenen Chromglitter der Mittfünfziger; bei einem Preis von $ 13 000 legte Cadillac für jedes verkaufte Exemplar zehn „Riesen" drauf.

Gemeinsam hatten sie dagegen ihren Daseinszweck: Beide waren zumindest anfangs als Publicity-Objekte, nicht jedoch zum Geldverdienen gedacht. Andererseits hätte auch niemand dahinter ein derart kolossales Zuschußgeschäft vermutet. Da Geschäft nun mal Geschäft ist, konnte keiner der beiden — egal wie interessant er war — als Verlustquelle überleben. Im Fall des Brougham blieb das Originalkonzept nur zwei Jahre bestehen, dann wurde er an Pinin Farina nach Italien weitergereicht und verschwand nach 1960 endgültig.

Aber was für ein Auto! Man stelle sich vor, was die betuchten 704 Käufer des Brougham für ihr Geld erhielten: hochglanzpoliertes Edelstahldach mit passenden Blechen an den Unterkanten der Heckkotflügel, Elektrobetätigung für fast alles, sogar Türen und Heckklappe; Doppelheizung mit separater Regelung für die Rücksitze; Handschuhfach mit silbernen Magnet-Bechern, Zigaretten- und Taschentuchspender, Lippenstift, Eau de Cologne im Spezialzerstäuber; 45 verschiedene Farben für Innenausstattung und Polster, u. a. Karakul- und Lammfellteppiche; die ersten serienmäßigen Doppelscheinwerfer (ein Privileg, das man sich mit Nash teilte, wo kaum mehr 57er Modelle als Broughams bei Cadillac entstanden);

Der Eldorado Brougham 1957/58 war Cadillacs Antwort auf den Continental Mark II von 1956/57. Mit $ 13 074 war er noch rund $ 3000 teurer als der Continental und wurde in noch geringeren Stückzahlen aufgelegt. Als Marken-Flaggschiff bewies er aber erneut, daß Cadillac immer noch „The Standard of the World" war und auch bleiben wollte.

serienmäßige Luftfederung; Hardtop ohne B-Säule mit hinten angeschlagenen hinteren Türen (bei geöffneter Tür war die B-Säule nicht mal ansatzweise vorhanden). Und all dies für nur $ 13 000? Nicht schlecht ...

Auch heute noch eine reife Leistung. Inzwischen ist der Eldorado Brougham 1957/58 der begehrteste geschlossene Nachkriegs-Cadillac (vielleicht sogar aller Zeiten), der höchste Preise erzielt (wenn überhaupt einer angeboten wird), die denen vergleichbarer Cadillac-Cabriolets nicht nachstehen. Der Brougham Owners Club hat Pionierarbeit für die Besitzer geleistet (silberne Magnetbecher wachsen weder auf Bäumen noch auf Teilemärkten), und Fans des Eldorado Brougham gibt es nahezu überall.

Wie der Autoschriftsteller Michael Sedgwick vor der Milestone Car Society einmal formulierte: „Wer heute diese seltenen Fahrzeuge verehrt, brauchte sich nicht mit ihnen herumzuplagen, als sie neu waren." Die Luftfederung des Brougham war zwar einzigartig (vier Gummibälge statt der Federn; Luftkammern, die über drei Niveauregulatoren und einen kleinen Motor das Fahrzeug stets auf konstanter Höhe hielten), aber auch geradezu peinlich störanfällig, und ließ die Insassen bei nahezu jeder Gelegenheit hängen (im wahrsten Sinne des Wortes); viele Brougham wurden deshalb nachträglich auf Schraubenfedern umgebaut. Schnickschnack wie Parfümzerstäuber und Zigarettenspender verschwanden rasch und waren nie wieder zu ersetzen. Bis zur Inzahlungnahme war der Marktwert des Brougham ins Bodenlose gefallen; 1961 betrug der Zeitwert z.B. im Schnitt nur noch $ 2540. Wer seinen Brougham erstand, als die Preise im Keller waren, hat heute Grund zum Lachen — und täglich braucht man damit ja auch nicht zu fahren.

In der Geschichte steht der Eldorado Brougham als extremes Beispiel für technischen Overkill und mangelnde Entwicklungsreife da. Trotz aller Fehler war er aber ein faszinierender Wagen, ein kompromißloses Bekenntnis zum Auto, wie es die Industrie heute entweder scheut oder sich aber nicht mehr leisten kann. Seit dem sensationellen V8 im 49er Cadillac hatte es derartig tiefgreifende Änderungen bei der Marke nicht mehr gegeben. Obwohl dieses Modell zum Flop wurde, erwarb sich der Eldorado damit den Ruf zukunftsweisender Technik und einzigartiger Linienführung. Dieses Renommee sollte bis in die sechziger Jahre anhalten, als Cadillac einen weiteren Meilenstein präsentierte: den Eldorado mit Frontantrieb.

TECHNISCHE DATEN

Motor:	V8, hängende Ventile, 5981 ccm (101,6 × 92,2), **1957** 300 SAE-PS **1958** 310 SAE-PS
Getriebe:	Hydra-Matic
Fahrwerk, vorn:	Einzelradaufhängung, Niveauregulierung mit Luftbälgen
Fahrwerk, hinten:	Vierlenker-Hinterachse mit Niveauregulierung, Zentralkompressor und Luftbälgen
Bremsen:	vorne/hinten Trommelbremsen
Radstand (mm):	3277
Gewicht (kg):	2411
Höchstgeschwindigkeit (km/h):	184
Beschleunigung 0-96 km/h (s):	12,0

Produktionszahlen: 1957 400 **1958** 304

1959 Cadillac

Oberflächliche Kommentare beschreiben die ausladenden Heckflossen des legendären 1959er Cadillac als „Antwort auf Chrysler". Dies stimmt nur insofern, als Chrysler nicht zuletzt dank der Meisterleistungen von Virgil Exner – zumal das GM-Styling in den letzten Jahren der Ära Harley Earl zunehmend stagnierte – in Sachen Styling General Motors 1957 den Rang abgelaufen hatte.

Aber der 59er Cadillac wurde bereits 1956 konzipiert, als Exner selbst gerade erst Flossen am Chrysler Modell 1956 präsentierte, die (privat) schon 1953 entworfen worden waren. Zudem hatte Cadillac ja schon 1948 mit der radikal neuen Linie stilistisch einiges ins Rollen gebracht, wobei die Heckflossen – für die schon 1941 (!) der damals noch geheime Lockheed-Jäger Pate gestanden haben soll – nur eine von vielen Neuerungen waren.

Wie die Fama berichtet, sah man bei Cadillac die abstruse Entwicklung bald ein, stutzte die Flossen 1960 in aller Eile und ließ sie weiter schrumpfen, bis sie Mitte der 60er Jahre vollkommen verschwunden waren. Doch auch hier gilt die dreijährige Vorlaufzeit, d.h. die Flossen der 60er Modelle wurden schon 1957 gestutzt – als die Chrysler-Flossen so hoch wie noch nie waren. Es steckt also mehr als nur der Designer-Krieg zwischen GM und Chrysler dahinter.

Ein Mitarbeiter der Cadillac-Stylingstudios, von dem Näheres zu erfahren war (viele hüllen sich lieber in Schweigen), erzählt: „1957 war nach unserer Meinung die maximal machbare Größe der Heckflossen erreicht, also entwickelten wir weniger auffällige Formen. Im nächsten Jahr kam dann Bill Mitchell für Harley Earl – worauf wir alles, woran wir arbeiteten, kurzerhand auf den Müll warfen." (Womit wir bei den klaren, geradlinigen Formen von 1961 angelangt wären, die 1963 ihre volle Blüte erreichten und die rundlichen, torpedo-ähnlichen Formen, die Earl favorisierte, verdrängten.)

Vieles, was über diesen ausladend proportionierten Caddy geschrieben wurde, ist absoluter Nonsens. Aber darauf kommt's auch nicht an. Es zählt einzig die Stellung des 59er Cadillac als Kunstprodukt seiner Zeit, der letzten Jahre des uneingeschränkten Optimismus und Vertrauens in die Institutionen und Ideen der USA. Noch weniger zählt, daß der 59er Cadillac im Vergleich aller Modelljahre nicht einmal besonders gut war. Die Heckflossen allein genügen schon. Heute erzielen vor allem rote 1959er Cadillac-Convertibles bei Auktionen schon über $ 50 000, der ebenfalls extrem flossenbewehrte Buick Electra Convertible dagegen beispielsweise nur ein Drittel davon. Eigentlich unlogisch – denn wenn es auf Flossen ankäme: Die des Electra laufen von vorne bis hinten durch.

Der 390-V8 war ein recht guter Motor, dafür haperte es in anderen Bereichen der Mechanik des Modells 59. Der Vorderwagen neigte chronisch zu Klappergeräuschen und Vibrationen – über einem Kundendienstrundschreiben stand deshalb in etwa folgendes zu lesen: „Geklappere, Dröhnen, und alles, was sonst noch so bei Nacht Geräusche macht." Kritisch war auch der Rost, unter dem kein Cadillac je so gelitten hatte wie das Modell 1959. Und dann gab es noch die Luftfederung, verantwortlich für weiter sinkenden Stückzahlen. Nicht zu vergessen die mäßige Verarbeitung und sogar die Materialien, die den Ansprüchen von ehedem nicht genügen konnten. „Viele gestanzte Aluteile sehen einfach ärmlich aus", gab auch ein Cadillac-Sammler freimütig zu.

Cadillac visierte in diesem Jahr neue Märkte an. Der bekannten Series 62 wurde erstmals seit 1951 ein Parallelmodell zur Seite gestellt: der de Ville. Anders als der Series 61 war der de Ville jedoch für gehobene Ansprüche gedacht und überflügelte auch bald den Sixty-Two. Aus dem Rahmen fiel auch der 59er Sixty Special, der kein längeres Fahrgestell mehr erhielt. Trotzdem verkaufte Cadillac davon (wie gehabt) rund 12 000 Exemplare, also kam es den Käufern offensichtlich nicht auf die Länge, sondern auf den Namen Fleetwood an. Daneben rangierten der Seventy-Five-Neunsitzer und die Repräsentationslimousine auf langem 3804-mm-Radstand sowie die drei Eldorado-Modelle Seville, Biarritz und Brougham (mit 20 PS mehr als die normalen Versionen hatte der Eldorado auch leistungsmäßig wieder die Nase vorn).

Bei Cadillac lief in jenen Jahren alles wie geschmiert, die Produktionszahlen schnellten in die Höhe und erreichten im Jahresmittel von 150 000, womit man in der Fertigungsstatistik auf dem 10. Rang lag. Im nachhinein kann das Modell 59 da so schlecht nicht gewesen sein. Aber viele Jahre waren noch besser, also müssen wohl die Heckflossen das Besondere des 59er Jahrgangs ausmachen. Etwas Vergleichbares gab es eben einfach nicht, weder 1959 noch in anderen Jahren.

1959 wirkte der Cadillac mit seinen himmelwärts strebenden Heckflossen auf viele Betrachter geradezu gräßlich. Manch einer denkt heute noch so, doch gerade machen gerade die Flossen heute den Reiz dieses Modells in Sammlerkreisen aller Länder aus. Der Convertible ist besonders gefragt, allerdings auch schwer zu finden und daher zunehmend teurer. 1959 kostete das Series 62 Cabriolet $ 5455. 11 130 Stück wurden produziert. Wie viele wohl heute noch existieren?

Technische Daten

Motor: V8, hängende Ventile, 6391 ccm (101,6 × 98,5), 325 SAE-PS **Eldorado** 345 SAE-PS

Getriebe:	Hydra-Matic
Fahrwerk, vorn:	Einzelradaufhängung, Schraubenfedern, Teleskopstoßdämpfer; auf Wunsch Luftfederung
Fahrwerk, hinten:	Starrachse, Schraubenfedern, Teleskopstoßdämpfer; auf Wunsch Luftfederung
Bremsen:	vorne/hinten Trommelbremsen
Radstand (mm):	3302 **Seventy-Five** 3804
Gewicht (kg):	2127–2528
Höchstgeschwindigkeit (km/h):	192
Beschleunigung 0–96 km/h (s):	11,5

Produktionszahlen: Sixty-Two 70/736 **de Ville** 53 390 **Eldorado** 2394 **Sixty Special** 12 250 **Seventy-Five** 1400 **Fahrgestelle** 2102

1959-60 Cadillac Eldorado Brougham

Nicht auf allen 59er Cadillacs thronten gigantische Heckflossen, doch wer sie umgehen wollte, mußte $ 13 075 lockermachen. Für diesen Preis bekam man einen neuen Eldorado Brougham, der bei Pinin Farina in Italien gewissermaßen als Rückzugsgefecht gefertigt wurde, bevor der Brougham in aller Stille bestattet wurde. Entsprechend gering waren die Stückzahlen.

Anders als die Modelle 1957/58 wirken diese Broughams recht brav — bis man sich vor Augen hält, daß sie eher den Cadillacs der 60er Jahre, nicht dem Jahrgang 1959 ähneln. Trotz des gleichen Radstands von 3302 mm hob sich der Brougham von den anderen Cadillacs deutlich ab. Sogar das Dach war anders — klar und sachlich gezeichnet, ohne Heckrundungen, Panoramascheibe und geschwungene Dachsäulen. All dies waren die Vorboten der konservativeren Cadillacs der 60er Jahre (ein anderes, auffälliges Unterscheidungsmerkmal: Im Grill des Brougham fehlt die waagerechte Trennleiste, so daß er wie aus einem Stück wirkt).

Bei derart geringen Stückzahlen hielten sich auch die Änderungen im zweiten Modelljahr in Grenzen. Das Farina-Emblem entfiel und die Radkappen wurden geändert. Am hinteren Ende der Heckkotflügel saßen neue Embleme, und entlang der Seiten verlief eine flache Sicke. 1959 und 1960 besaßen die Eldorado-Reifen einen betont schmalen Weißwandring — damals eine Neuheit.

Wie ihre Vorgänger wurden diese Broughams serienmäßig mit Luftfederung geliefert, und wie zuvor, wurden auch jetzt viele auf Schraubenfedern umgerüstet. Auch Rostfraß war ein neuralgischer Punkt der Italo-Broughams. In Italien wurde an Spachtel nicht gespart, und Rostblasen ließen nicht lange auf sich warten. Ein Problem für Sammler bilden heute die Brougham-spezifischen Blechteile, die nahezu unmöglich zu beschaffen, geschweige denn bezahlbar sind.

Nach nur 704 Einheiten gab Cadillac den 57/58er Eldorado Brougham auf und ließ die Version 1959/60 bei Pinin Farina bauen. Das Farina-Modell bot statt der Riesenflossen bescheidenere Flügel, dem 1961er Cadillac nicht unähnlich. Auch Dachlinie und Windschutzscheibe nahmen das Modell 61 vorweg. Angesichts des astronomischen Preises hielt sich die Nachfrage in Grenzen: 1959 nur 99 Exemplare, 1960 auch nur 101. Trotzdem wahrte der Brougham das Image des Cadillac als „Standard of the World".

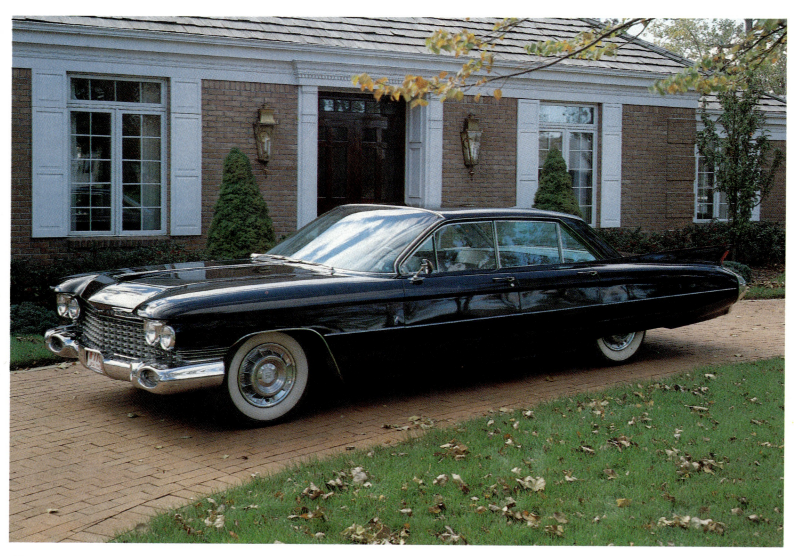

Erst Ende der 70er Jahre präsentierte Cadillac wieder ein ähnlich teures Modell, und soviel Maßarbeit wie im Eldorado Brougham sollte endgültig pass sein. Ehrlich gesagt, paßte er auch nicht recht in die Cadillac-Schublade bzw. das typische Strickmuster der 60er und 70er Jahre. Stückzahlen waren jetzt gefragt: Jeder Cadillac mußte sich durch entsprechende Auflage seinen Platz sichern.

In diesem neuen Konzept bei Cadillac könnte man die Wurzel allen Übels vermuten. Heute sucht Cadillac wieder (bisher vergeblich) nach der verlorenen Tradition. Der Geldadel war inzwischen auf Jaguar, Mercedes und BMW umgestiegen. Als der einstmalige „Standard of the World" Mitte der siebziger Jahre neuerlich erwachte, fand er sich unter Standardmodellen wieder. Liegt dies vielleicht daran, daß Cadillac Luxus-Überautos wie den Eldorado Brougham eingestellt hatte — während der Mercedes 600, die 6er und 7er Serien von BMW und der Jaguar V12 neues Terrain eroberten?

Es wäre allzu einfach, wollte man den Verlust des Cadillac-Renommees auf den Rückzug aus der obersten Etage der Luxusklasse zurückführen. Andere Faktoren, vor allem Qualitätsmängel, spielen sicher genauso mit hinein. Daß die lange Talfahrt von Cadillac einsetzte, als der Brougham abtrat, ist jedoch unbestritten.

Mercedes-Benz baut schließlich seit jeher wesentlich mehr Autos als Cadillac, davon ein erklecklicher Anteil biederster Taxis. Hohe Produktionszahlen und normalere Modelle kosten eine Luxusmarke also nicht unbedingt Punkte auf dem Marktsektor der Nobelautos. Schließlich bewahrte auch Packard noch Jahre nach Einführung des One-Twenty seinen Ruf, da die Produktion des maßgeschneiderten Twelve und Super Eight weiterlief — als Packard hingegen diese einzigartigen Typen nach dem Krieg auslaufen ließ, war es auch um sein sagenhaftes Image geschehen.

Vielleicht erging es Cadillac genauso, und vielleicht hofft die Cadillac Division deshalb so sehr auf einen Aufwärtstrend mit dem Allanté. Aber ein Renommee aufzubauen, dauert Jahre. Es zu verlieren, dagegen oft nur wenige Monate.

TECHNISCHE DATEN

Motor:	V8, hängende Ventile, 6391 ccm (101,6 × 98,5), 345 SAE-PS
Getriebe:	Hydra-Matic
Fahrwerk, vorn:	Einzelradaufhängung, Niveauregulierung mit Luftfederung
Fahrwerk, hinten:	Viergelenk-Hinterachse mit Niveauregulierung und Zentralkompressor
Bremsen:	vorne/hinten Trommelbremsen
Radstand (mm):	3302
Gewicht (kg):	2360
Höchstgeschwindigkeit (km/h):	192
Beschleunigung 0-96 km/h (s):	10,5

Produktionszahlen: 1959 99 **1960** 101

Chevrolet

1950-52 Chevrolet

Der Chevrolet der Jahre 1950-52 war die erste Weiterentwicklung des neuen Modells 1949, mit dem die erste Nachkriegsgeneration von General Motors (die 1948 bei Cadillac und Oldsmobile debütierte) Premiere feierte. Bis auf die umfassende Überarbeitung 1953 sollte die Grundkonzeption von 1949 bis zum Debüt des genauso neuen, aber ungleich faszinierenderen 1955er Jahrgangs (siehe separate Beschreibung) weitgehend unverändert bleiben.

Styling war 1949 das Schlüsselwort bei Chevrolet, denn die Mechanik des Jahrgangs 46-48 hatte man großenteils beibehalten. Der altehrwürdige „Stovebolt Six", der 1938 zuletzt vergrößert worden war (auf 3547 ccm), leistete schon seit 1941 90 PS. Auch das Dreiganggetriebe und die Lenkradschaltung waren bekannt, ebenso der Leiterrahmen mit vorderer Einzelradaufhängung und Schraubenfedern sowie hinterer Starrachse und Halbelliptikfedern — für Chevy ein alter Hut, nur beim radikal neuen 49er Ford galt dies als der letzte Schrei. Trotz der biederen Technik fuhr sich der 49er Chevy besser als seine Vorgänger, denn die gestreckte Karosserie ergab einen tieferen Schwerpunkt; auch der geringfügig kürzere Radstand (2921 statt 2946 mm), die reduzierte Länge und ein niedrigeres Gewicht wirken sich positiv aus.

Nach drei Jahren immer neu aufgewärmter Vorkriegstypen lechzte die Käuferschaft 1949 nach neuen Modellen — und die Chevy-Linie gehörte dabei sicher nicht zu den schlechtesten: sie wirkte glatter und eindeutig niedriger als die Modelle 1946-48 — und sogar länger (trotz gestutzter Abmessungen). Stilelemente der ersten Nachkriegsentwürfe von GM sollen auf den Lockheed-Jäger P-38 „Lightning" zurückgehen, der Harley Earl und seine Mitarbeiter, die ihn vor dem Kriegseintritt der USA besichtigen konnten, ungemein beeindruckt hatte. Diese Einflüsse sind bei Chevy allerdings weniger spürbar als bei den anderen 1949er GM-Modellen, außer vielleicht an den „Ponton"-Heckkotflügeln und der größeren, gewölbten Windschutzscheibe.

Erstmals seit 1942 wurde die Modellpalette umgestellt. Das Basismodell Stylemaster hieß nun Special und die Luxusversion Fleetmaster wurde zum Deluxe. Beide waren als Fastback-Limousine (Fleetline) sowie als Stufenheck-Sportcoupé und zwei- oder viertürige Limousine (alle unter dem Namen Styleline) lieferbar. Dem Styleline Special vorbehalten war das Business Coupé; das Chevy-Cabrio und der viertürige Kombi waren nur in der Styleline DeLuxe-Reihe lieferbar. Anfangs war der Kombi ein echter „Woody", allerdings beschränkte sich die tragende Funktion der Holzteile auf die hinteren Eckbereiche. In der Mitte des Modelljahres trat ein Ganzstahlkombi mit Pseudo-Holzbeplankung (die nahezu gleich aussah und ebenfalls $ 2267 kostete) an seine Stelle. Billigstes Modell im Jahre 1949 war das Special Business Coupé für $ 1413.

Mit einer Rekord-Stückzahl von 1,01 Millionen wurde der 1949er zum meistgekauften Chevy aller Zeiten, doch behielt Ford dank des vergleichsweise neueren Designs und des V8-Bonus (und eines längeren Modelljahrs) mit ganzen 8300 Exemplaren die Nase vorn. 1950 setzte sich dann wieder Chevy an die Spitze und gab sich erst 1957 erneut dem Rivalen Ford geschlagen — und auch dann nur um Haaresbreite.

Obwohl beide Konkurrenten zum Modelljahr 1950 kaum überarbeitet wurden, sicherte sich Chevy in den Produktionszahlen unter anderem mit zwei Neuerungen die Führung, mit denen man Ford ein volles Jahr voraus war und sofort einen Volltreffer landete. Die eine war das erste Hardtop Convertible der unteren Preisklasse, der schicke Styleline DeLuxe Bel Air (siehe Beschreibung). Die andere war die als Extra lieferbare Powerglide-Zweigangautomatik, die erste Vollautomatik der „Low-Priced Three". Um die Leistungsverluste des Wandlers auszugleichen, kombinierte Chevy die Powerglide mit einem überarbeiteten 3858-ccm-„Stovebolt" aus dem Lkw-Programm, der dank höherer Verdichtung auf 105 PS kam. Der kleinere Sechszylinder erhielt immerhin 2 PS mehr. Die Stückzahlen schnellten auf fast 1,5 Millionen hoch, womit Ford um über eine Viertelmillion übertroffen wurde.

Ähnlich verhielt es sich 1951, als Chevy und Ford ihre 1949er Karosserien tiefgreifender lifteten. Längere und höhere Heckkotflügel, Änderungen am Chrom sowie ein neuer Kühlergrill kennzeichneten nun das unveränderte Chevrolet-Typenprogramm. Das Folgejahr bescherte uns einen kantigeren Ford, der etwas größer war, aber kleiner wirkte. Chevy konterte mit Chromzähnen auf dem waagerechten Grilleinsatz und strich die Fleetline-Fließheckmodelle, die sich nicht allzu gut verkauften, auf einen einzigen DeLuxe-Zweitürer zusammen. Durch Beschränkungen infolge des Koreakriegs sanken die Produktionszahlen in ganz Detroit, doch lag Chevy immer noch um 146 500 Einheiten vor Ford und blieb damit „USA-1" — nicht schlecht für eine vier Jahre alte Konstruktion im Vergleich zu einem brandneuen Modell.

Im nachhinein stehen der 49er Chevy und seine Abkömmlinge von 1950-52 in der Tradition des Hauses als stilvolle, zuverlässige Familienfahrzeuge da, die bereits zukünftige Glanztaten erahnen ließen. Auch ohne die legendären Nachfolger haben sich die Modelle der frühen 50er Jahre heute als letzte Vertreter einer edlen Rasse ihre eigene Anhängerschaft gesichert: als robuste, praktische Chevys — treu wie ein guter Freund.

Nach der Premiere des Bel Air-Hardtop und der Powerglide herrschte bei Chevy vorübergehend Stille. Bestseller des Typenprogramms 1950 war der Styleline DeLuxe Sport Sedan (oben) für $ 1529 (in Deutschland kostete er DM 11 950,-). Das Cabrio aus der gleichen Modellreihe (gegenüberliegende Seite, oben) kostete $ 1847 und wurde in 32 810 Exemplaren produziert. Für den DeLuxe Fleetline Fastback (unten) war 1952 das letzte Jahr.

Technische Daten

Motor: 6 Zylinder in Reihe, hängende Ventile, 3547 ccm (89 × 95,2), 92 SAE-PS (Schaltgetriebe); 3858 ccm (90,4 × 100), 105 SAE-PS (Powerglide)

Getriebe:	3-Gang-Schaltgetriebe **DeLuxe** auf Wunsch 2-Gang Powerglide-Automatik
Fahrwerk, vorn:	obere und untere Dreiecksquerlenker, Schraubenfedern
Fahrwerk, hinten:	Starrachse, Halbelliptik-Blattfedern
Bremsen:	vorne/hinten Trommelbremsen
Radstand (mm):	2921
Gewicht (kg):	1372-1569
Höchstgeschwindigkeit (km/h):	135
Beschleunigung 0-96 km/h (s):	16,0

Produktionszahlen: 1950 Styleline Special Town Sedan 2tür. 89 897 **Sport Sedan 4tür.** 55 644 **Business Coupé** 20 984 **Sport-Coupé** 28 328 **Fleetline Special Lim. 2tür.** 43 682 **Lim. 4tür.** 23 277 **Styleline DeLuxe Town Sedan 2tür.** 248 567 **Sport Sedan 4tür.** 316 412 **Kombi 4tür.** 166 995 **Sport-Coupé** 81 536 **Conv.** 32 810 **Bel Air Hardtop 2tür.** 75 662 **Fleetline DeLuxe Lim. 2tür.** 189 509 **Lim. 4tür.** 124 287 **1951 Styleline Special Town Sedan 2tür.** 75 566 **Sport Sedan 4tür.** 63 718 **Business Coupé** 17 020 **Sport-Coupé** 18 981 **Fleetline Special Lim. 2tür.** 6441 **Lim. 4tür.** 3364 **Styleline DeLuxe Town Sedan 2tür.** 262 933 **Sport Sedan 4tür.** 380 270 **Kombi 4tür.** 23 586 **Sport-Coupé** 64 976 **Conv.** 20 172 **Bel Air Hardtop 2tür.** 103 356 **Fleetline DeLuxe Lim. 2tür.** 131 910 **Lim. 4tür.** 57 693 **1952 Styleline Special Town Sedan 2tür.** 54 781 **Sport Sedan 4tür.** 35 460 **Business Coupé** 10 359 **Sport-Coupé** 8906 **Styleline DeLuxe Town Sedan 2tür.** 215 417 **Sport Sedan 4tür.** 319 736 **Kombi 4tür.** 12 756 **Sport-Coupé** 36 954 **Conv.** 11 975 **Bel Air Hardtop 2tür.** 74 634 **Fleetline DeLuxe Lim. 2tür.** 37 164

Chevrolet

1950-52
Chevrolet Bel Air

In der Wirtschaft werden neue Ideen in der Regel mit einer Mischung aus Hoffnung und Skepsis aufgenommen. Je nach Reaktion des Marktes bedeutet ein innovatives neues Erzeugnis reißenden Absatz, Fabrikation auf Hochtouren und Windfall Profits – oder aber Riesenverluste, Entlassungen und ruiniertes Firmenimage.

Die Autoindustrie ist nicht weniger vorsichtig; bei General Motors muß man mit den neuen „Hardtop Convertibles" von 1949 jedoch den richtigen Riecher gehabt haben. Offene Modelle waren im Regen (und im Winter) ja seit jeher lästig, und durch bessere Straßen und höhere Geschwindigkeiten wurde Offenfahren nach dem Krieg zunehmend unpraktischer. Eine Limousine ohne B-Säule und mit voll versenkbaren Seitenscheiben müßte da eigentlich Anklang finden, da dieser „Zwitter" Frischluft wie im Cabrio mit dem Komfort und Wetterschutz einer Limousine in sich vereinigte und zudem die Sicherheit eines Stahldachs bot.

Die Idee schien bestechend – so bestechend, daß außer GM auch andere darüber nachdachten. Schon 1946 waren bei Chrysler sieben Hardtop-Prototypen entstanden, indem man das Town & Country-Cabrio mit dem Dach des Club Coupé bestückte. An eine Serienfertigung war aber vorerst nicht gedacht. Damit blieb GM die Rolle als Pionier der Serienfertigung, obwohl auch Kaiser im gleichen Jahr eine interessante Variante lieferte – den Virginian „Hard Top", im Prinzip das viertürige Cabriolet mit Glaseinsätzen in den B-Säulen, über denen ein segeltuchbezogenes Stahldach aufgeschweißt worden war.

Technische Daten

Motor: 6 Zylinder in Reihe, hängende Ventile, 3547 ccm (89 × 95,2), 92 SAE-PS (Schaltgetriebe); 3858 ccm (90,4 × 100), 105 SAE-PS (Powerglide)

Getriebe:	3-Gang-Schaltgetriebe
DeLuxe	auf Wunsch 2-Gang Powerglide-Automatik
Fahrwerk, vorn:	obere und untere Dreiecksquerlenker, Schraubenfedern
Fahrwerk, hinten:	Starrachse, Halbelliptik-Blattfedern
Bremsen:	vorne/hinten Trommelbremsen
Radstand (mm):	2920
Gewicht (kg):	1460
Höchstgeschwindigkeit (km/h):	135
Beschleunigung 0–96 km/h (s):	16,0

Produktionszahlen: 1950 76 662 1951 103 356 1952 74 634

Chevy brachte 1950 mit dem Bel Air als erste Marke der unteren Preisklasse ein Hardtop (links und rechts). Es war Teil des Top-Modells Styleline DeLuxe und ging für $ 1706 weg, nur $ 106 weniger als das Cabriolet. Die Käufer rissen sich darum; schon im ersten Jahr verkaufte man 76 622 Exemplare, davon viele mit der neuen Powerglide-Automatik.

Chevrolet

Neue Ideen werden in Detroit oft in Kleinserienmodellen getestet, um im Falle eines Flops die Verluste für Entwicklung, Werkzeuge und Marketing möglichst gering zu halten. GM wagte sich folgerichtig zuerst mit den teureren Modellen von Buick, Cadillac und Oldsmobile in die Hardtop-Gewässer. Obwohl die Verkaufszahlen nach der Einführung in Jahresmitte und dank des relativ hohen Preises bescheiden ausfielen — 4343 Roadmaster Rivieras, 2150 Series 62 Coupé de Ville und 3006 Futuramic 98 Holidays — waren sie hoch genug, um für 1950 mit den preisgünstigeren Großserienversionen nachzuziehen.

Daraufhin entstanden dann der Chevrolet Styleline DeLuxe Bel Air, Oldsmobile Futuramic 88 DeLuxe Holiday, Buick Super Riviera und gleich vier Pontiac Chieftain Catalinas. Der Bel Air erwies sich bei weitem als der größte Knüller und kam auf 74 634 verkaufte Exemplare — ein wichtiger Schritt, um Ford in den Produktionszahlen zu übertrumpfen. Seine eigentliche Wirkung war sicher noch größer, denn viele Interessenten dürften vom Bel Air zu den Händlern gelockt worden sein, um dann jedoch einen anderen Chevy zu erstehen. Die Hardtops der Konkurrenten Ford und Plymouth ließen noch ein volles Jahr auf sich warten.

Äußerlich sah der Bel Air fast wie jeder andere Chevy Modell 1950 aus, d.h. Grundkarosserie von 1949 mit anderem Haubenemblem, senkrechten Leisten unter den Standleuchten, keine „Zähne" unter der waagerechten Leiste im Grill, höhere Rückleuchten und andere Detailänderungen. Die Dachpartie lehnte sich stilistisch an den Riviera/Holiday/Coupé de Ville an und hatte verchromte Seitenscheibeneinfassungen und eine Panorama-Heckscheibe mit schmalen verchromten Trennleisten an beiden Seitenteilen vorzuweisen. Auch die Innenausstattung war luxuriöser als bei anderen Chevys gehalten. Sitzbezüge mit Cordstoff und Ledereinfassungen und verchromte Querbügel am Dachhimmel (wie bei einem echten Cabrio) sorgten für den gewissen Luxus. Rahmenversteifungen wie im Cabriolet glichen die infolge der

1951 erhielt der Chevy einen neuen Grill, eckigere Heckkotflügel und andere Seitenzierleisten. Beim Modell 1952 (siehe Abbildung) kamen fünf „Zähne" im Grill sowie Chromleisten über den Hinterrädern hinzu. Radverkleidungen waren beim Bel Air als Zubehör beliebt, die Luxus-Innenausstattung war serienmäßig. 1951 liefen 103 356 Bel Airs vom Band, 1952 nur noch 74 634 (was an den wegen des Koreakriegs staatlich verordneten Produktionsbeschränkungen lag). Nach 1952 expandierte der Bel Air zu einer eigenen Modellreihe mit vier Karosserievarianten.

fehlenden B-Säulen geringere Steifigkeit aus; dennoch blieb eine gewisse Verwindungsneigung, ein Merkmal fast aller je gebauten Hardtops. Die Mechanik entstammte der 1950er Chevy-Serie (siehe dort), wobei die neue Powerglide-Automatik zum Absatzboom sicher genauso beitrug wie die sportliche Linie des Bel Air.

Der Bel Air lag preislich mit $ 1750 bis $ 2000 etwa in der Mitte zwischen dem Cabriolet und dem Sport Coupé, durchlief die gleiche Entwicklung wie die anderen Chevys und verkaufte sich 1951 über 103 000mal, 1952 annähernd 75 000mal — also Grund genug für Chevrolet, auch das Cabrio und die Luxus-Limousinen ab 1953 Bel Air zu nennen (dabei blieb es bis 1958). Dann kam der Impala und Mitte der 60er Jahre der noch luxuriösere Caprice, wodurch der Bel Air in der Typenhierarchie immer weiter abwärts rutschte, bis er Anfang der 70er Jahre, als nur noch die viertürige Basislimousine diesen Namen trug, ganz verschwand.

Aber heute denken Chevy-Fans gerne an die frühen Bel Airs zurück, vor allem an die bahnbrechenden Jahrgänge 1950-52 mit ihrem knackigen Aussehen und dem gediegenen Interieur. Wer wollte es ihnen verdenken? Wenige Autos, und schon gar nicht die Trendsetter, haben mehr Freude bereitet.

Chevrolet

1953-54
Chevrolet Bel Air

In den fünfziger Jahren war es gang und gäbe, ein altes Automodell durch Änderung der Außenbleche neu aussehen zu lassen, ohne die Grundkonstruktion zu ändern. Meister hierin war seinerzeit General Motors, wofür der 1953er Chevrolet ein schlagender Beweis ist.

Rascher Personalwechsel im Management von General Motors hatte Ende der 40er Jahre Thomas H. Keating als General Manager ans Ruder gebracht, der voller Tatendrang neue Pläne für die Zukunft schmiedete. 1952 arbeitete die Chevrolet Division bereits hart an einem völlig neuen V8 für ein ebenso neues Typenprogramm für das Modelljahr 1955. Inzwischen galt es, das Grundkonzept von 1949 zu aktualisieren, das mittlerweile arg altbacken wirkte. Ein neues Blechkleid war die folgerichtige Antwort.

So präsentierte sich der Chevy 1953 mit den radikalsten Änderungen seit fünf Jahren. Zugpferd der Chevrolet-Fernsehwerbung war damals Popstar Dinah Shore, und während die Kamera auf Nahaufnahme schwenkte, hauchte sie über den „neuen Star" verführerisch: „Ist das nicht das schönste, was Sie je gesehen haben?"

Heute lachen wir über derartige Werbespots, doch damals sah der 53er Chevy zweifellos gut aus. Stylist Carl Renner hatte den alten Karosserierumpf völlig neu eingekleidet und ihm eine einteilige Windschutzscheibe sowie einen markanten ovalen Grill mit drei senkrechten Zähnen verpaßt, der die Frontpartie der kommenden Corvette vorwegnahm. Das Heck der Hardtops und Limousinen wirkte kompakter, „wuchtiger", und an den Bel Air-Heckkotflügeln war ein breiter Zierstreifen farblich abgesetzt. Auch die Ausschnitte der hinteren Seitenfenster wurden geschickt modifiziert.

Aus dem ohnehin völlig umsortierten Modellprogramm verschwand die letzte Fleetline-Fließhecklimousine. Basismodell war nun der billigste One-Fifty, der den Special ersetzte; der DeLuxe wich in der mittleren Kategorie dem Two-Ten. Das Spitzenmodell hieß Bel Air – wie schon das Hardtop Coupé von 1950-52 (siehe oben) – und war nun als Sportcoupé mit zwei Limousinen und einem Cabriolet lieferbar. Die unteren Modellreihen umfaßten diverse Limousinen, das Club Coupé (mit B-Säule) und den Handyman-Kombi, ferner das One-Fifty Business Coupé und den Two-Ten Townsman-Kombi, Cabriolet und Sport Coupé.

Unter der Haube hatte der kleinere „Stovebolt"-Sechszylinder ausgedient; der 3858-ccm-Motor der Powerglide-Version tat nun in allen Modellen Dienst. Durch höhere Verdichtung kam er mit Schaltgetriebe auf 105 PS, mit Powerglide auf 115. Letztere Variante erhielt auch Alu- statt Graugußkolben, neue Pleuellager sowie eine modernere Druckumlaufschmierung. Die Schaltgetriebeversionen erhielten erst zum Modelljahr 1954 diese Verbesserungen, als der Sechszylinder in „Blue Flame" umbenannt wurde.

Zum Modelljahr 1953 wurde der Bel Air mit vier Varianten zum Spitzenmodell bei Chevrolet. Am teuersten war mit S 2175 das Cabriolet (oben). 24 047 Einheiten wurden produziert. 1954 kam der Townsman-Kombi als fünftes Modell hinzu, doch die S 1884 teure viertürige Limousine (rechts) blieb mit 248 750 Exemplaren mit Abstand der Favorit. Fast eine halbe Million Bel Air wurden allein dieses Jahr produziert.

Technische Daten

Motoren: 6 Zylinder in Reihe, hängende Ventile, 3858 ccm (90,4 × 100), **1953** 105/115 SAE-PS (Schaltgetriebe/Powerglide) **1954** 115/125 SAE-PS (Schaltgetriebe/Powerglide)

Getriebe:	3-Gang-Schaltgetriebe; auf Wunsch 2-Gang Powerglide-Automatik
Fahrwerk, vorn:	obere und untere Dreiecksquerlenker, Schraubenfedern
Fahrwerk, hinten:	Starrachse, Halbelliptik-Blattfedern
Bremsen:	vorne/hinten Trommelbremsen
Radstand (mm):	2920
Gewicht (kg):	1461-1606
Höchstgeschwindigkeit (km/h):	145
Beschleunigung 0-96 km/h (s):	15,0

Produktionszahlen: 1953 Lim. 2tür. 144 401 **Lim. 4tür.** 247 284 **Convertible** 24 047 **Sport Coupé Hardtop 2tür.** 99 028 **1954 Lim. 2tür.** 143 573 **Lim. 4tür.** 248 570 **Townsman Kombi 4tür.** 8156 **Convertible** 19 383 **Sport Coupé Hardtop 2tür.** 66 378

Treibende Kraft hinter diesen Entwicklungen war der im Mai 1952 von Cadillac losgeeiste Edward N. Cole, der dort 1949 den bahnbrechenden V8 entworfen hatte.

Der 53er Chevy kam genau zur rechten Zeit. Als nach dem Ende des Koreakriegs die Produktion wieder voll anlief, startete Ford einen gnadenlosen Produktionskrieg um die Marktführerschaft. Um die Autos zu verkaufen, die Dearborn in den Markt drücken wollte, wußten die Ford-Händler sich nur mit massiven Preisnachlässen zu helfen. Chevrolet mußte da mitziehen, womit das Rennen in vollem Gange war – freilich letztendlich zu Lasten von Chrysler und den Independents.

1954 liftete Ford erneut seine 1952 neu aufgelegten Karosserien, war Chevy jedoch mit einem neuen 4-Liter-V8 mit hängenden Ventilen und der Kugelkopf-Vorderachse einen Punkt voraus. Chevy konterte mit noch mehr Chrom, einem breiteren Grill mit mehr Zähnen, neuen Rückleuchten, bunteren Farbtönen, neuen Innenausstattungen und einem aufgewerteten Sechszylinder, der mit Schaltgetriebe 115 PS (genausoviel wie der 3654-ccm-Sechszylinder von Ford) und mit Powerglide 125 PS leistete (gegenüber den 130 PS des Ford V8). Das One-Fifty Business Coupé hieß nun Utility Sedan; eine flotte Zweitürer-Limousine namens Delray löste das Two-Ten Cabriolet und Hardtop ab. Schließlich wurde der Two-Ten Townsman zum Bel Air befördert, womit diese Reihe fünf verschiedene Modelle umfaßte. Zu den neuen Extras (die meist für den Bel Air geordert wurden) gehörten Bremshilfe ($ 38) sowie elektrische Sitzverstellung und Vordertür-Fensterheber (je $ 86).

Trotz hartem Druck durch Ford hatte Chevy seine 53er und 54er Modelle soweit aufwerten können, daß man „USA-1" blieb und 1953 nahezu 1,35 Millionen Fahrzeuge (ca. 100 000 mehr als Ford) und 1954 1,166 Millionen (ca. 20 000 mehr) produzierte. In beiden Jahren war der Bel Air hinter dem Two-Ten das gefragteste Modell, selbst in diesen Boom-Zeiten eine Seltenheit für ein Spitzenmodell. Damit war klar, daß die Käufer den Sprung zu teureren Chevys mit kräftigeren Farben im Interieur, Chrom und Zweifarbenlack und noch mehr Zubehör nicht scheuten. Der Chevy von 1953/54 wurde also, mehr als damals viele ahnten, zum Vorboten der Zukunft.

Als Sammlerfahrzeuge stehen die Modelle 1953/54 wohl auf ewig im Schatten der 55-57er Chevys, doch finden auch sie – vor allem der Bel Air – zunehmend Anklang als letzte Modellreihe vor den „Classic Chevys" und als wichtiges Übergangsmodell in der Geschichte von Chevrolet. Allein dies ist wohl Grund genug, diesen „Bow-Tie"-Chevys hier einen Platz einzuräumen.

Chevrolet

1953-55
Chevrolet Corvette

Traumautos waren im Detroit der fünfziger Jahre allemal für Schlagzeilen gut, doch nur General Motors produzierte Traumwagen, die man auch kaufen konnte. So z.B. 1953, als gleich vier Sportcabriolets aus der Motorama in die Händlerschaufenster kamen. Drei davon — Buick Skylark, Cadillac Eldorado und Oldsmobile Fiesta — waren große Chromschiffe, das vierte präsentierte sich dagegen als schlanker zweisitziger Roadster mit einer Karosserie aus Kunstharz, dem neuen Wundermaterial. Es handelte sich — Sie ahnen es — um die Corvette von Chevrolet.

Ihre Ursprünge sind wohlbekannt. Im Spätherbst 1951 brachte Harley Earl, der legendäre Chefdesigner von GM, die ersten Entwürfe eines schlichten, zweisitzigen Sportwagens zu Papier, der $ 1850, also etwa soviel wie eine Chevy-Limousine, kosten sollte. Innerhalb eines Jahres hatte er die Firmenleitung soweit, daß in aller Stille das Entwicklungsprogramm anlaufen konnte. Vielleicht um die Presse irrezuführen, lief es in Anlehnung an die deutsche GM-Tochter unter dem Namen „Project Opel".

Aus Kostengründen diente ein auf 2590 mm Radstand (identisch mit dem Jaguar XK 120, einem Lieblingsauto von Earl) verkürztes, serienmäßiges Limousinen-Fahrgestell als Grundlage. Dann wurde die betagte „Blue Flame"-Maschine mit drei Vergasern, höherer Verdichtung, mechanischen (statt hydraulischen) Stößeln und einer schärferen Nockenwelle auf 150 PS getrieben. Ein passendes Schaltgetriebe für diese Mehrleistung fand sich bei Chevy allerdings nicht, also entschied man sich für die Powerglide-Zweigangautomatik. Trotz aller Fremdzutaten besaß die serienreife Corvette einen eigenen Rahmen mit X-Traverse und Kastenlängsträgern, außenliegende hintere Blattfedern zur Stabilisierung der Kurvenlage, Hotchkiss- statt der „Torque-Tube"-Hinterachse und einen Motor, der rund 33 cm weiter hinten als in anderen Chevys saß, woraus eine bessere Gewichtsverteilung und Straßenlage resultierte.

Auch äußerlich war sie unverwechselbar — worin ja das Hauptziel der Corvette lag: Chevrolet vom Image als Hersteller ordinärer Familienkutschen zu befreien. Zur Motorama 1953 (die im Januar '53 im New Yorker Waldorf-Astoria Hotel über die Bühne ging) hatte Earl eine gestreckte, wohlproportionierte Karosserie mit zähnefletschendem Grill, Steinschlaggittern über den eingezogenen Scheinwerfern, modischer Panoramascheibe und weit überstehenden „Jet-Pod"-Schlußleuchten parat. Das Verdeck verschwand

Die 1953er Corvette debütierte mit einer Kunstharzkarosserie auf einem verkürzten Limousinen-Fahrgestell und mit frisiertem 150-PS-Sechszylinder. Sie wurde in Flint, Michigan, gebaut. Das Modell '55 (rechte Seite) war mit einem 4342-ccm-V8 mit 195 PS bestückt und wurde in St. Louis produziert.

unter einer Metallklappe, und seitliche Steckscheiben in der Tradition britischer Roadster traten an die Stelle der Kurbelfenster.

Auf der Motorama hinterließ die Corvette nachhaltigen Eindruck, nicht zuletzt, weil sie durchaus wie die Vorstufe zum Serienmodell wirkte. So war es denn auch, und General Manager Keating kündigte bald darauf eine begrenzte Serienfertigung an. Nach nur geringen Retuschen für die Serie ging das Show-Exemplar am 30. Juni 1953 auf einem kleinen, zusätzlich eingerichteten Fließband im Chevy-Werk Flint in Produktion. Aus Kosten- und Fertigungsgründen wurde die Glasfaserkarosserie anstelle von Stahlblech beibehalten, allerdings fiel die Entscheidung hierüber erst ziemlich spät.

Leider entwickelte sich der Traum für Chevy rasch zum Alptraum. Durch Probleme bei der Fertigung (die Karosserie bestand aus nicht weniger als 46 Einzelteilen) und wegen mangelnder Kapazitäten verließen 1953 nur 315 Corvetten das Werk. Zu kaufen gab es sie auch jetzt noch nicht, denn die meisten waren für VIPs und als Vorführwagen reserviert. Puristen mäkelten derweil an der „Plastik"-Karosserie, der mäßigen Leistung des Sechszylinders und am verspielten Styling herum, wogegen praktisch veranlagte Zeitgenossen wenig Gefallen an Steckscheiben, dem kleinen Kofferraum und dem Zweisitzer-Konzept fanden.

Ohne große Änderungen ging die Corvette ins Modelljahr 1954 und war nun endlich rascher lieferbar, nachdem die Produktion ins größere Werk St. Louis übergesiedelt war. Obwohl der Ausstoß das 10fache von 1953 erreichte, war dies erst ein knappes Drittel des anvisierten Jahresziels und am Jahresende saß Chevy auf 1500 nicht verkauften Autos. An sich hätte dies das Aus für die Corvette bedeutet, hätten sich nicht Earl und Edward N. Cole, der 1952 von Cadillac als Chefingenieur zu Chevrolet gekommen war, für sie stark gemacht.

Von Cole stammte auch der Rettungsanker der Corvette: Ein nagelneuer V8 in OHV-Bauweise, den er für die neuen Chevy-Limousinen fürs Modelljahr 1955 entwickelt hatte. Der Motor wog fast 15 kg weniger als der alte Sechser und entwickelte stolze 30 % mehr Leistung. Noch besser waren das neue 3-Gang-Schaltgetriebe und das von dem neu verpflichteten Zora Arkus-Duntov verfeinerte Fahrwerk. Die Corvette hatte sich nun zu einem ungleich rasanteren, spritzigeren und fahrtauglicheren Gefährt gemausert. Trotz alledem und einer Preissenkung von $ 3513 auf $ 2799 wurden nur 674 Exemplare des 55er Modells gebaut.

Erst die Zukunft sollte Besserung bringen. Die Corvette von 1953-55 wird jedoch nach wie vor als Urvater des ersten echten erfolgreichen Sportwagens der USA verehrt. Hierfür und für die glücklichen Begleitumstände ihrer Geburt dürfen wir heute noch dankbar sein.

TECHNISCHE DATEN

Motor:	**1953-55** 6 Zylinder in Reihe, hängende Ventile, 3858 ccm (90,4 × 100), 150 SAE-PS **1955** V8, hängende Ventile, 4342 ccm (95,2 × 76,2), 195 SAE-PS
Getriebe:	**1953-55** 2-Gang Powerglide-Automatik **1955** 3-Gang-Schaltgetriebe
Fahrwerk, vorn:	asymmetrische Dreiecksquerlenker, Schraubenfedern, Querstabilisator
Fahrwerk, hinten:	Starrachse, Halbelliptik-Blattfedern
Bremsen:	vorne/hinten Trommelbremsen
Radstand (mm):	2590
Gewicht (kg):	1227-1230
Höchstgeschwindigkeit (km/h):	**6 Zyl.** 166 **V8** 190
Beschleunigung 0-96 km/h (s):	**6 Zyl.** 11,0 **V8** 8,7
Produktionszahlen:	**1953** 315 **1954** 3640 **1955** 674

Chevrolet

1955-56 Chevrolet

Der 1955er Chevrolet war einer jener seltenen Glücksfälle unter den Autos, bei denen das Endprodukt mehr als die Summe der Einzelteile ausmachte. Mit einer grundlegend neuen, bestechend schönen Karosserie und (gegen Aufpreis) mit einem leistungsstarken neuen V8 war er nicht nur der am radikalsten geänderte Nachkriegs-Chevrolet, sondern der faszinierendste Chevy überhaupt. Noch heute sind das Modell 1955 und sein 1956er Nachfolger die gleichen Ausnahmeerscheinungen wie vor über 30 Jahren.

Styling als Verkaufsargument war auch bei Chevy nicht unbekannt, folgerichtig betraute Harley Earl seine besten Mitarbeiter mit der Formgebung der 55er Chevy-Personenwagen. Getreu Earls Motto „Bis zum Äußersten, dann einen Schritt zurück", gingen Clare MacKichan, Chuck Stebbins, Bob Veryzer und Carl Renner ans Werk. Obwohl die Endversion weniger radikal als erste Entwürfe ausfiel, war sie dennoch umwerfend. Trotz unverändertem Radstandes (2920 mm) entstand eine längere, niedrigere, breitere und insgesamt schlankere Form, nicht zu vergleichen mit den biederen Modellen 1953/54. Insgesamt lag der 55er Chevy auf attraktive Weise im Trend, ohne die Exzesse, die viele seiner Zeitgenossen rasch veralten ließen.

Unter der hübsch gezeichneten Karosserie verbarg sich ein komplett neuer Kastenrahmen, der trotz Gewichtsverringerung stabiler und verwindungssteifer als sein Vorläufer war. Dazu kam die neue, leichtere Kugelgelenk-Vorderachse. Am Heck traten Hypoidkegelradantrieb und Banjoachse an die Stelle des schweren alten Torque-Tube-Antriebs und der Salisbury-Hinterachse. Die Blattfedern wurden um rund 23 cm verlängert. Auf der Straße wurde dies durch deutlich bessere Straßenlage und agileres, wendigeres Fahrverhalten spürbar.

Der echte Clou war jedoch der seit 35 Jahren erste serienmäßige Chevrolet-V8, den Chefingenieur Edward N. Cole speziell auf geringes Gewicht und hohe Drehzahlfestigkeit hin konzipiert hatte. „Ein bestimmtes Verhältnis von Bohrung und Hub ergab nach unseren Berechnungen die kompakteste Baugröße", erzählte Cole. „Der anvisierte Hubraum betrug 265 Cubic Inch (4342 ccm); damit lagen Bohrung und Hub automatisch fest. Und davon gingen wir auch nie ab." Unter der Fülle der Neuerungen fanden sich Einzelkipphebel, hohlgebohrte Stößel mit Spritzölschmierung und auswechselbare Gußköpfe mit gemeinsamem Wassereintritt am Ansaugkrümmer.

„New Look! New Life! New Engineering!" So tönte die Chevy-Werbung 1955, zur Abwechslung hatten die Texter aber recht. Das breite Typenprogramm für 1955 umfaßte u.a. das Bel Air Sport Coupé (unten) für $ 2067, das Bel Air Cabriolet (rechts, oben) für $ 2206 sowie den Two-Ten Delray (rechts, unten) für $ 1835, der mit schicker Kunstlederpolsterung aufwartete.

TECHNISCHE DATEN

Motoren: 1955 6 Zylinder in Reihe, hängende Ventile, 3858 ccm (90,4 × 100), 123/136 SAE-PS (Schaltgetriebe/Powerglide); V8, hängende Ventile, 4342 ccm (95,2 × 76,2), 162 SAE-PS (mit Power Pack-Ausstattung 180 SAE-PS) **1956** 6 Zylinder in Reihe, hängende Ventile, 3858 ccm (90,4 × 100), 140 SAE-PS; V8, hängende Ventile, 4342 ccm (95,2 × 76,2), 162/170 SAE-PS (Schaltgetriebe/Powerglide), 205 PS (Power Pack), 225 PS (Corvette-Sonderausstattung)

Getriebe:	3-Gang-Schaltgetriebe; auf Wunsch Overdrive oder 2-Gang Powerglide-Automatik
Fahrwerk, vorn:	obere und untere Dreiecksquerlenker, Schraubenfedern
Fahrwerk, hinten:	Starrachse, Halbelliptik-Längsblattfedern
Bremsen:	vorne/hinten Trommelbremsen
Radstand (mm):	2920
Gewicht (kg): 1955	1393-1529
1956	1415-1490
Höchstgeschwindigkeit (km/h):	135-175
Beschleunigung 0-96 km/h (s):	9,0-11,4 (V8)

Produktionszahlen: 1955 One-Fifty Lim. 2tür. 66 416 **Lim. 4tür.** 29 898 **Utility Sedan 2tür.** 11 196 **Handyman Kombi 4tür.** 17 936 **Two-Ten Lim. 2tür.** 249 105 **Lim. 4tür.** 317 724 **Townsman Kombi 4tür.** 82 303 **Delray Lim. 2tür.** 115 584 **Handyman Kombi 2tür.** 28 918 **Sport Coupé Hardtop 2tür.** 11 675 **Bel Air Lim. 2tür.** 168 313 **Lim. 4tür.** 345 372 **Beauville Kombi 4tür.** 24 313 **Convertible** 41 292 **Sport Coupé Hardtop 2tür.** 185 562 **1956 One-Fifty Lim. 2tür.** 82 384 **Lim. 4tür.** 51 544 **Utility Sedan 2tür.** 9879 **Handyman Kombi 2tür.** 13 487 **Two-Ten Lim. 2tür.** 205 545 **Lim. 4tür.** 283 125 **Townsman Kombi 4tür.** 113 656 **Sport Sedan Hardtop 4tür.** 20 021 **Beauville Kombi 4tür.** 17 988 **Delray Lim. 2tür.** 56 382 **Handyman Kombi 2tür.** 22 038 **Sport Coupé Hardtop 2tür.** 18 616 **Bel Air Lim. 2tür.** 104 849 **Lim. 4tür.** 269 798 **Sport Sedan Hardtop 4tür.** 103 602 **Beauville Kombi 4tür.** 13 279 **Convertible** 41 268 **Sport Coupé Hardtop 2tür.** 128 382

Chevrolet

Erstaunlicherweise war dieser neue „Turbo-Fire"-V8 sogar fast 20 kg leichter als der alte „Stovebolt Six". Zudem ergaben nur 13 % mehr Hubraum eine um ca. 32 % höhere Leistung. Beide Motoren waren mit dem bekannten Dreiganggetriebe (auf Wunsch jetzt mit Overdrive) oder gegen Aufpreis mit der Powerglide-Zweigangautomatik gekoppelt. Noch mehr Dampf entwickelte der V8 durch das als Extra lieferbare „Power Pack" mit Doppelrohrauspuff und Vierfachvergaser. Doch selbst ohne dieses Extra hieß der 55er Chevy in der Fachpresse zu Recht „The Hot One".

Eine heiße Nummer war er bei Besitzern und Händlern gleichermaßen. Etwa 1,7 Millionen Exemplare wurden 1955 abgesetzt, also fast ein Viertel der Detroiter Jahresproduktion von gut 7,1 Millionen, womit Chevy im unteren Preissegment stolze 44 Prozent Marktanteil hielt.

Auch 1956 umfaßte die Modellpalette drei Modellreihen: die Einsteigerversion One-Ten, den besser ausgestatteten Two-Ten und die Luxusversion Bel Air, nur jetzt eben als noch schärfere Mischung. Das Facelifting, das 40 Millionen Dollar verschlang, verhalf ihm zu noch kühnerem Styling. Höhere Verdichtung bescherte dem Sechszylinder und dem V8 zusätzliche Pferde. Das Power Pack umfaßte nun einen speziellen Ansaugkrümmer, schärfere Nockenwelle und die bisher höchste Verdichtung (9,25:1), womit der Turbo-Fire zu einem echten Super-Turbo-Fire wurde. Als besonderer Leckerbissen konnten ab Mitte des Modelljahres alle Modelle mit dem leistungsstärkeren V8 der Corvette bestellt werden, der mechanische (statt hydraulischer) Stößel, zwei Vierfachvergaser, leichtere Ventile und größere Ansaug- und Auslaßkanäle aufwies.

Gemäß dem herrschenden Trend waren der 56er Bel Air und Two-Ten jetzt auch als Sport Sedan Viertürer-Hardtops zu haben (Auch der Bel Air Nomad-Kombi im Hardtop-Look blieb bis 1957 im Programm, doch verdient er eine eigene Beschreibung an anderer Stelle). Längere, weichere Vorderradfedern und weiter auseinanderstehende Hinterachsfedern verringerten das Eintauchen bei scharfem Bremsen und sorgten für mehr Kurvensicherheit.

Kurz, der '56er war nicht nur ein noch heißerer „Hot One", sondern zugleich durchzugsstärker und komfortabler. Er erreichte zwar nicht die Absatzzahlen des 55er Modells, doch blieb der Markt 1956 ohnehin recht verhalten. Trotzdem schaffte es Chevrolet, mit nur 88 % der Produktion von 1955 seinen Marktanteil von 23 auf fast 28 Prozent auszubauen – keine geringe Leistung.

Der 55er war für eine dreijährige Laufzeit konzipiert gewesen, also war 1957 das letzte der inzwischen längst als „Classic Chevys" verehrten Modelle zu erwarten. Manch einer sagt, Chevy habe sich das beste bis zuletzt aufgehoben, doch dazu kommen wir später.

Zum Modelljahr 1956 verkündete Chevrolet: „The Hot One's Even Hotter". Und schärfer war der Chevy mit 225 PS allemal. Das Facelifting brachte einen neuen, breiteren Grill, neue Rückleuchten (hinter der linken saß der Tankstutzen) sowie neue Zweifarblackierungen. Spitzenmodell war der Bel Air Convertible (unten) für $ 2344.

Rechte Seite: Außerdem wurde der Bel Air als Sport Coupé (oben) für $ 2176 angeboten, sowie als zweitürige Limousine für $ 2025 und 1956 erstmals als Sport Sedan für $ 2230 (Mitte links). Die viertürige Limousine kostete in Deutschland derweil DM 16 110,– (Schaltgetriebe) bzw. DM 17 290,– (Powerglide). Wie schon 1955, war der Einsatz im rechten Teil des Armaturenbretts im Stil des Tachometers gehalten.

1955-57 Chevrolet Nomad

Vor die Wahl gestellt, ziehen die Sammler eigentlich bei fast jedem Modell die Cabriolet- und Hardtop-Versionen anderer Karosserievarianten vor. Eine der wenigen Ausnahmen bildet der Chevrolet Bel Air Nomad 1955-57, der vielleicht schönste Kombi aller Zeiten und zudem seit langem ein echter Klassiker, einfach weil er ein „Classic Chevy" ist.

Zum Chevy 1955-57 ist an anderer Stelle einiges zu sagen, doch der Nomad ist eine eigene Story wert. Seine Konzeption wird oft GM-Chefdesigner Harley Earl zugeschrieben, in Wahrheit wurde sie jedoch von den Haus-Stylisten Clare MacKichan und Carl Renner ersonnen. Das Team um MacKichan hatte einen „Sport-Kombi" als Ergänzung zum komplett neuen Modellprogramm von 1955 vorgeschlagen. „Alles drehte sich damals um die Corvette", erinnerte sich MacKichan, „Renner hatte ein Kombidach entworfen, dessen Linienführung Earl gefiel. Dieser ließ daraufhin eine Kombiversion als eine der drei Corvette-Studien für die Motorama-Show Cars von 1954 auf die Räder stellen."

Das Ergebnis war die Corvette Nomad, ein Prototyp ohne Mechanik mit einer Glasfaserkarosserie auf dem Fahrgestell eines 53er Chevy-Kombi. Die von Renner entworfene Dachpartie fügte sich gut in die niedrige Karosserielinie des neuen Chevy-Sportmodells ein, auch der Name hätte nicht treffender gewählt werden können. Bei seiner Vorstellung im Januar 1954 wurde die Corvette Nomad ein derartiger Erfolg, daß Earl in aller Eile MacKichan beauftragte, die Dachlinie in die neuen 1955er Modelle von Chevrolet einzupassen — innerhalb von nur zwei Tagen.

Renner reagierte prompt. „Das Dach (des Prototyps) wurde von der 1:1-Zeichnung übernommen, aufgetrennt, verlängert und an den Rumpf des 55er Chevrolet angepaßt", erzählte MacKichan. „Der Hardtop-Fensterrahmen der Vordertüren, die nach vorne geneigten hinteren Seitenteile, die breite B-Säule, die Sicken im Dach, die Panorama-Seitenscheiben, der hintere Radlauf und die sieben senkrechten Zierlinien auf der Heckklappe — alles wurde mit erstaunlich geringen Änderungen vom Prototyp übernommen."

Außer durch die Stahlkarosserie unterschied sich der Bel Air Nomad in Serienversion vor allem durch die quergeteilte, üppig verchromte Heckklappe, die — trotz ihres Gewichts — statt der versenkbaren

Von allzuvielen Zeitgenossen unbemerkt, war Chevrolet mit den 55-57er Nomad ein Meisterwerk gelungen. Hardtop-Styling an einer Kombi-Karosserie schien als sichere Bank, doch 1955 (ganz oben) machte der hohe Preis von $ 2571, $ 266 über dem Preis eines Bel Air Convertible, alle Absatzprognosen zunichte. 1956 (oben und unten) und 1957 (rechts) durchlief der Nomad weitgehend die gleiche Entwicklung wie die übrigen Personenwagenmodelle.

Heckscheibe des Show Car übernommen wurde. Die Dachsicken — neun Querrillen im Dachblech — erinnerten an Earls ursprüngliche Idee eines einfahrbaren Dachteils aus rostfreiem Stahl, das man wegen Dichtigkeitsproblemen und Kostengründen rasch verworfen hatte.

Leider war die Kombination von Hardtop-Flair und Kombi-Nutzfahrzeugcharakter ein diffiziler Kompromiß. Obwohl der Nomad wie die anderen 55er Modelle aussah, hatte er mit diesen hinter der Spritzwand wenig gemein und geriet demzufolge zum teuersten Chevy überhaupt: $ 2571 mit V8-Motor, also $ 265 teurer als ein ähnlich ausgestattes Bel Air Cabriolet. Auch daß er nur zwei Türen hatte, galt in den Augen der Kombi-Käufer als Handicap. Die großen Glasflächen heizten den Innenraum gehörig auf, bei geöffneter Heckklappe zogen die Abgase ungehindert ins Wageninnere, und am schräg abfallenden Heck waren Wasserlachen an der Tagesordnung. Kein Wunder, daß der schicke Nomad von allen 55er Chevys auf die geringsten Stückzahlen kam.

Trotzdem tauchte er auch 1956 wieder auf, zeitgleich mit den übrigen Modellen (das Modell 1955 war erst im Februar 1955 herausgekommen). Motor Trend kürte ihn zu einem der schönsten Autos des Jahres, bemäkelte allerdings, daß seine Individualität hie und da auf Kosten des praktischen Nutzens ginge. Dem hielt GM entgegen, daß der Nomad eine größere Ladefläche als manche seiner konventionelleren Zeitgenossen bot.

Die Preisfrage blieb allerdings kritisch, deshalb wurde 1956 der Rotstift angesetzt. Die Sitzpolster glichen nun denen im normalen Bel Air-Hardtop (der einzigartige 55er „Waffelstoff" war damit passé), auch die Chromteile waren dieselben — mit Ausnahme der „Bananen" und (speziell beim 56er Jahrgang) des verchromten „V" unter den Heckleuchten (die anderen Chevys mit V8 waren an einem großen V auf der Heckklappe zu erkennen). Ein nettes Detail waren die kurzen, senkrechten Zierleisten vorne an den Heckkotflügeln, die nun im gleichen Winkel wie die B-Säule geneigt waren. Chevy hoffte, übers gesamte Modelljahr die Stückzahlen des Nomad über die 10 000er Grenze heben zu können, doch trotz aller Einsparungen war eine Preiserhöhung um $ 130 unausweichlich, die natürlich die Nachfrage dämpfte.

Daß vom neuen Modell 1958 also kein Nomad aufgelegt wurde, überrascht nicht. Das bewährte Modell 1957 bot derweil wie seine Vorgänger die Qualitäten der Limousinen — ihm standen die 57er Retuschen besonders gut —, doch war er abermals $ 150 teurer und erreichte den geringsten Ausstoß aller drei Jahrgänge. Bis auf den Nomad-Schriftzug und das kleine vergoldete V an den Heckleuchten des V8 entsprachen die Zierleisten dem Bel Air.

Obwohl der Name Nomad auch später an normalen Kombis und in neuerer Zeit an Vans auftauchte, fällt Chevy-Fans hierzu nur jene erste Nomad-Generation ein. Warum auch nicht? Um ein Sprichwort abzuwandeln: Die besten werden die ersten sein.

TECHNISCHE DATEN

Motor: 1955 6 Zylinder in Reihe, hängende Ventile, 3858 ccm (90,4 × 100), 123/136 SAE-PS (Schaltgetriebe/Powerglide); V8, hängende Ventile, 4342 ccm (95,2 × 76,2), 162 SAE-PS (mit Power Pack-Ausstattung 180 SAE-PS) **1956** 6 Zylinder in Reihe, hängende Ventile, 3858 ccm (90,4 × 100), 140 SAE-PS; V8, hängende Ventile, 4342 ccm (95,2 × 76,2), 162/170 SAE-PS **1957** 6 Zylinder in Reihe, hängende Ventile, 3858 ccm (90,4 × 100), 140 SAE-PS; V8, hängende Ventile, 4342 ccm (95,2 × 76,2), 162 SAE-PS $5; 4637 ccm (98,7 × 76,2), 185/245/270 SAE-PS (Vergaser), 250/283 SAE-PS (Einspritzer)

Getriebe:	3-Gang-Schaltgetriebe; auf Wunsch Overdrive oder 2-Gang Powerglide-Automatik oder (1957) Turboglide-Automatik
Fahrwerk, vorn:	obere und untere Dreiecksquerlenker, Schraubenfedern
Fahrwerk, hinten:	Starrachse, Halbelliptik-Blattfedern
Bremsen:	vorne/hinten Trommelbremsen
Radstand (mm):	2920
Gewicht (kg):	1491-1573
Höchstgeschwindigkeit (km/h):	144-192
Beschleunigung 0-96 km/h (s):	8,0-11,0

Produktionszahlen: 1955 8386 **1956** 7886 **1957** 6103

Chevrolet

1956-57 Chevrolet Corvette

Ohne den Ford Thunderbird gäbe es heute vielleicht keine Corvette mehr. Anfang 1955 war die Leitung von General Motors angesichts des finanziellen Debakels drauf und dran, den Sportwagen mit der Glasfaserkarosserie sanft entschlafen zu lassen, der seit seiner Einführung 1953 längst nicht den erhofften Eindruck auf dem zugegebenermaßen winzigen Sportwagenmarkt der USA hinterlassen hatte. Doch der schicke „Personal Car" aus Dearborn war eine Herausforderung, die GM nicht unbeantwortet lassen konnte, also wurde die Hinrichtung der Corvette vertagt.

Seither freuen sich darüber die Autofans in aller Welt, denn die neue Corvette erstand wie der Phönix aus der Asche. Mit der neuen Generation von 1956/57 konnte Chevrolet die Corvette endlich zu Recht als „einzigen echten Sportwagen der USA" proklamieren.

Gegenüber seinem glattflächigen Vorläufer sorgte das Modell '56 für gewaltige Verblüffung. GM-Chefdesigner Harley Earl entwarf eine geschmackvolle neue Linie, die sich von den schwülstigen Formen manch anderer Fabrikate wohltuend abhob, und zugleich sexy, langgestreckt und sehr amerikanisch wirkte. Einzige Ausrutscher waren die Attrappen der Lüftungshutzen auf den Vorderkotflügeln, die Schnellverschlußattrappen auf den Radkappen (ein Relikt von 1953-55) und ein nicht gerade zweckmäßiges Armaturenbrett. Trotzdem wirkte die 56er Corvette schon eher wie der ernstzunehmende Sportwagen, der sie war, und bot mit neuen Sitzen, richtigen Seitenfenstern (statt der unpraktischen Steckscheiben) und dem gegen Aufpreis lieferbaren Hardtop-Dach (das bereits bei der Motorama-Corvette von 1954 zu sehen war) auch den Wetterschutz einer Limousine.

Unter dem eleganten Äußeren verbarg sich ein Rahmen, der von Zauberkünstler Zora Arkus-Duntov völlig umgestaltet worden war. Ohne die nahezu symmetrische Achslastverteilung (52/48 %) anzutasten, gelang es ihm, Lenk- und Fahrverhalten drastisch zu verbessern. Obwohl die Corvette immer noch etwas arg zum Untersteuern neigte und die Grauguß-Trommelbremsen, wie eine Zeitung schrieb, bei Vollbremsungen „Fading bis zur Bremswirkung Null" zeigten, ließ sich die Corvette jetzt in Kurven genauso schnell wie auf der Geraden fahren.

Schnell war sie allerdings. Der 4342 ccm große V8 (aus der Feder von Harry Barr und Edward N. Cole) war gegen Aufpreis für alle 55er Chevys (bis auf sechs Typen) lieferbar gewesen. Jetzt gab es ihn serienmäßig — mit bis zu 210 PS im Normaltrim und 225 PS mit scharfer Nockenwelle, zwei Vierfachvergasern und Doppelrohrauspuff. Das Ende des Modelljahres 1955 eingeführte, eng abgestufte Dreiganggetriebe war statt der Powerglide (die nur noch auf Wunsch geliefert wurde) ebenfalls serienmäßig. Damit kam die stärkste 1956er Variante in 7,5 s von 0 auf 100 und erreichte 190 km/h Spitze.

Stilistisch blieb das Modell 1957 unverändert, dafür gewann der V8 durch Aufbohren zusätzliche PS. Der daraus entstandene 4637-ccm-Motor wurde in fünf Varianten mit 220 bis 283 PS (letztere mit „Ramjet"-Einspritzanlage) geliefert. Im Mai kam gegen $ 188 Aufpreis ein Borg-Warner-Vierganggetriebe hinzu, das mit Hinterachsübersetzungen bis 4,11:1 dem 57er „Fuelie" zu höllischem Durchzug verhalf. Die Autopresse stoppte Beschleunigungszeiten von 5,7 s von 0 auf 100, 16,8 s von 0 auf 160 und 14,3 s für die Viertelmeile mit stehendem Start (mit 153 km/h Endgeschwindigkeit) sowie 211 km/h Höchstgeschwindigkeit. Leider blieb es infolge technischer Kinderkrankheiten und des saftigen Aufpreises von $ 500 bei nur 240 Einspritzern.

Für $ 725 bekam man 1957 außerdem das „Heavy-Duty Racing Suspension"-Fahrwerkspaket mit strammeren Federn und Stoßdämpfern, vorderem Stabilisator, direkterer Lenkung und Keramikmetall-Bremsbelägen mit verrippten, belüfteten Bremstrommeln. Fehlte nur noch einer der stärkeren Motoren, und Sie konnten Ihre Corvette aus dem Ausstellungsraum heraus direkt auf die Rennpiste scheuchen.

In diesen Jahren begann ja auch die Rennkarriere der Corvette. Dr. Richard Thompson sicherte sich 1956 die C-Production-Meisterschaft des Sports Car Club of America und siegte 1957 in der B-Production-Klasse, in die die Corvette aufgrund ihres größeren Motors nun gehörte. Bei den Daytona Speed Weeks 1956 war die 56er Corvette von John Fitch der schnellste „Modified", bei den harten 12 Stunden von Sebring landete 1956 eine Corvette auf dem 9. Rang und in Pebble Beach sicherte sich eine weitere Corvette hinter einem Mercedes 300SL den 2. Platz. 1957 erreichten Serien-Corvetten in Sebring gar den 1. und 2. Platz ihrer Klasse und den 12. und 15. Rang im Gesamtklassement.

Also wahrlich ein Symbol einer dramatischen Verwandlung. Wie in Europa zu lesen war: „Vor Sebring galt die Corvette als Plastikspielzeug. Nach Sebring kommen selbst eingefleischte Widersacher nicht umhin, sie zu den besten Sportwagen der Welt zu zählen..."

So ging es auch den Käufern. Nicht zuletzt dank stabiler Preise ($ 3149/$ 3465) fanden 1956 immerhin 3467 und 1957 gar 6339 Exemplare ein neues Zuhause — kein Vergleich zum Tiefstand von 674 Stück im Jahre 1955. Die Zukunft der Corvette war gesichert.

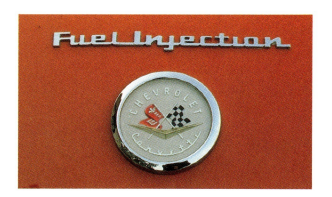

Der Einspritzmotor der Corvette 1957 (oben) lief unter dem Code EL. Angeblich erreichte er sogar 290 PS — mehr als in den Prospekten stand! Mangelndes Stehvermögen und die gewaltigen Mehrkosten bremsten die Nachfrage nach dem Einspritzer leider gewaltig, doch die Schriftzüge (ganz oben) waren Snob-Image genug. Die Karosserie der 57er Corvette (rechts) blieb erfreulich frei von Chrom-Schnickschnack, von den Lüftungsattrappen auf den vorderen Kotflügeln einmal abgesehen.

Technische Daten

Motor: V8, hängende Ventile, **1956** 4342 ccm (95,2 × 76,2), 210/225 SAE-PS
1957 4637 ccm (98,7 × 76,2), 220/245/250/270/283 PS

Getriebe:	3/4-Gang-Schaltgetriebe; 2-Gang Powerglide-Automatik
Fahrwerk, vorn:	asymmetrische Dreiecksquerlenker, Schraubenfedern, Querstabilisator
Fahrwerk, hinten:	Starrachse, Halbelliptik-Blattfedern
Bremsen:	vorne/hinten Trommelbremsen
Radstand (mm):	2590
Gewicht (kg):	1254
Höchstgeschwindigkeit (km/h):	**1956** 193-206 **1957** 184-208
Beschleunigung 0-96 km/h (s):	**1956** 7,3-8,9 **1957** 5,7-8,0

Produktionszahlen: 1956 3467 **1957** 6339

Chevrolet

1957 Chevrolet

In The Hot One beschreibt Pat Chappell den Chevrolet von 1957 als „schönen Schlußpunkt einer dreijährigen Ära der Superlative in Design, Technik und Markterfolg." Das ist gelinde untertrieben. Anders als fantastisch kann man den 57er Chevy nicht bezeichnen. Für viele gilt er als bester der „klassischen" Mittfünfziger-Chevys, und schon seit langem zählt er zu den begehrtesten Liebhaberfahrzeugen.

Dennoch war er bei seinem Debüt kein hundertprozentiger Erfolg. Während die Konkurrenten unter den Big Three 1957 brandneue und deutlich größere Modelle ins Rennen schickten, mußte sich Chevy damit begnügen, sein 55/56er Gerippe möglichst geschickt aufzufrischen. Trotz des umfassenden und kostspieligen Faceliftings wirkte er schmal, hochbeinig und antiquiert neben dem modischen Ford und dem langgestreckten Plymouth – die beide auch größere V8-Motoren aufzuweisen hatten. Der Plymouth bot die höchsten PS-Zahlen und – wie zeitgenössische Tester vermeldeten – die beste Straßenlage. Obendrein übertraf Ford den Chevrolet sogar in der Jahresproduktion – um ganze 131 Exemplare.

Trotzdem rangiert der Chevy heute in der Sammlergunst ganz oben, wofür mindestens vier Gründe denkbar sind. Erstens behielt die Chevy die kompakten Abmessungen bei, die seine Konkurrenten (und 1958 auch Chevrolet) aufgaben, und blieb damit wendiger und leistungsstärker. Zweitens sprach für Chevy die weitaus bessere Verarbeitung. Die neuen Typen von Ford und Plymouth waren als Rostlauben berüchtigt, was auch ihre vergleichsweise geringere Überlebensrate erklären dürfte.

Drittens hob sich der 57er Chevy auf angenehme Art von den Modellen 55 und 56 ab; auch wenn er stilistisch nicht der letzte Schrei war, so sah er dennoch recht gut aus. Designer Carl Renner erzählte später, daß „der 57er wie ein kleiner Cadillac aussehen sollte... Vielleicht verkaufte er sich auch deshalb so gut." Zu guter Letzt war der 57er Chevy ein besseres Auto als seine unmittelbaren Vorläufer. Das Fahrgestell wurde für die längeren, neugestalteten Karosserien verstärkt, die Vorderachse geändert, die hinteren Blattfedern wurden noch weiter nach außen verlegt, um die Straßenlage zu verbessern, 14-Zoll-Räder (statt 15 Zoll) verringerten die Bodenfreiheit, und die Gänge wurden neu abgestuft, so daß der Chevy noch zügiger beschleunigte.

Nach der Viertürer-Limousine war das zweitürige Sport Coupé Hardtop (unten) der meistgekaufte 57er Bel Air. Es kostete $ 2299, der Sport Sedan (oben) $ 2364 und das Convertible (rechte Seite) $ 2511. Der einfachste 283er V8 war für rund $ 100 mehr zu haben, und für Komfort und Optik waren noch zahlreiche weitere Extras lieferbar.

Zum Modelljahr 1957 änderte Chevrolet nichts am Typenprogramm — wozu auch? —, doch zwei technische Neuerungen verdienen Beachtung: die aufgebohrte Version des bekannten Small-Block-V8 und die erste Einspritzanlage eines großen US-Herstellers. Mit 4637 ccm Hubraum wurde der 283er Turbo-Fire-V8 noch lebendiger und erreichte mit dem normalen Doppelvergaser 185 PS, mit Vierfachvergaser gar 245/270 PS. Mit „Ramjet"-Einspritzanlage kam man gar auf 250/283 PS, doch war diese teuer ($ 500) und störanfällig, so daß nur 1503 Einspritzer-Chevys ausgeliefert wurden. Die mechanische Ramjet-Einspritzung ließe sich am ehesten mit heutigen mechanischen Anlagen mit eigener Einspritzdüse für jeden Zylinder sowie speziellem Gemischregler, Krümmer und Klappenstutzen (letztere anstelle des normalen Vergasers und Ansaugkrümmers) vergleichen.

Interessanterweise war der 283 PS starke und 283 ci (4637 ccm) große „Fuelie" nicht der erste USA-Serienmotor, der das magische „1 PS pro Cubic Inch" erreichte, wie es in der Chevy-Werbung hieß. Der 354er Hemi im Chrysler 300B des Vorjahres hatte diese Grenze sogar ohne Einspritzanlage erreicht.

Genauso problematisch war die neue Turboglide-Zweigangautomatik, die mitten im Modelljahr als Antwort auf die Hydra-Matic dazukam. Sie war gegen $ 231 Aufpreis für alle V8-Motoren außer den 270- und 283-PS-Versionen zu haben und war fast 40 kg leichter als die Powerglide, mit drei Turbinenrädern und zwei Planetenradsätzen sowie variablem Leitrad und konventioneller Wandlerpumpe jedoch ungleich komplizierter aufgebaut. Wie zu erwarten, erwies sie sich auch als wesentlich störungsanfälliger und wurde bald zum Alptraum aller Fahrer und Werkstätten. 1961 war die Turboglide schon nicht mehr zu haben.

Trotz aller Schwächen waren die 57er Modelle aber auf jeden Fall die bisher schnellsten Chevys. Ein typischer Viertürer mit Automatik und 270-PS-Motor kam in glatten 10 Sekunden auf 100 km/h und durchflog die Viertelmeile aus dem Stand in 17,5 s mit ca. 130 km/h — mehr als genug, um mit der Konkurrenz Schritt zu halten.

Leider kam mit dem „Anti-Racing"-Verdikt der Automobile Manufacturers Association vorläufig das Aus für die wirklich scharfen Chevys mit mehr als zwei Sitzplätzen. Vielleicht erfreut sich der Jahrgang 1957 gerade deshalb einer so treuen Anhängerschaft. Es waren eben die letzten Abkömmlinge einer ganz besonderen Gattung.

TECHNISCHE DATEN

Motor: 6 Zylinder in Reihe, hängende Ventile, 3858 ccm (90,4 × 100), 140 SAE-PS; V8, hängende Ventile, 4342 ccm (95,2 × 76,2), 162 SAE-PS; 4637 ccm (98,7 × 76,2), 185/245/270 SAE-PS (Vergaser), 250/283 SAE-PS (Einspritzanlage)

Getriebe:	3-Gang-Schaltgetriebe; auf Wunsch 2-Gang Powerglide-/Turboglide-Automatik
Fahrwerk, vorn:	obere und untere Dreiecksquerlenker, Schraubenfedern
Fahrwerk, hinten:	Starrachse, Halbelliptik-Blattfedern
Bremsen:	vorne/hinten Trommelbremsen
Radstand (mm):	2920
Gewicht (kg):	1435-1572
Höchstgeschwindigkeit (km/h):	144-192
Beschleunigung 0-96 km/h (s):	8,0-12,0

Produktionszahlen: 1957 One-Fifty Lim. 2tür. 70 774 Lim. 4tür. 52 266 Utility Sedan 2tür. 8300 Handyman Kombi 2tür. 14 740 **Two-Ten** Lim. 2tür. 160 090 Lim. 4tür. 260 401 Townsman Kombi 4tür. 127 803 Sport Sedan Hardtop 4tür. 16 178 Beauville Kombi 4tür. 21 083 Delray Lim. 2tür. 25 644 Handyman Kombi 2tür. 17 528 Sport Coupé Hardtop 2tür. 22 631 **Bel Air** Lim. 2tür. 62 757 Lim. 4tür. 254 331 Townsman Kombi 4tür. 27 375 Sport Sedan Hardtop 4tür. 137 672 Convertible 47 652 Sport Coupé Hardtop 2tür. 166 426

Chevrolet

1958-59 Chevrolet Corvette

Die Corvette 1958-60 ließe sich leichthin als eine überfrachtete, aufgeblasene Ausgabe der unvergeßlichen zweiten 'Vette-Generation abtun — und durchaus mit Recht. Lange Jahre machten Corvette-Liebhaber einen Bogen um diese Jahrgänge. In letzter Zeit steigt ihr Kurs jedoch steil an — ebenfalls nicht zu unrecht, denn gerade diese Corvette sicherte dem „einzigen echten Sportwagen der USA" einen Stammplatz in der Chevrolet-Typenpalette.

1958 war sicher keine Sternstunde für das Detroiter Styling, doch die ehrwürdige Corvette des Harley Earl hätte auch sehr viel schlimmer ausfallen können. Der Radstand des weitgehend neuen Modells 1958 blieb unverändert, dennoch nahm die Gesamtlänge — getreu dem Zeitgeist — um 25 cm zu, die Breite um 5 cm und das Gewicht um 90 kg. Die Grundform ähnelte dem Modell 1956/57, geriet jedoch imposanter, woran die Doppelscheinwerfer (im Modelljahr 58 der letzte Schrei), die Lufthutzen-Attrappe hinter den Vorderradläufen (dazu noch mit Chromrippen dekoriert), Pseudo-Luftschlitze auf der Motorhaube und ähnlich sinnlose, verchromte Längsleisten auf der Heckklappe maßgeblichen Anteil hatten.

Unter all dem Schnickschnack verbargen sich jedoch auch echte Verbesserungen. Die Stoßstangen saßen nun an separaten Trägern, nicht mehr an der Karosserie, und boten somit ernsthafteren Schutz. Im neugestalteten Cockpit waren die Instrumente nun erstmals alle vor dem Fahrer zusammengefaßt. Ebenfalls neu waren der Haltegriff für den Beifahrer, ein abschließbarer Handschuhfachdeckel und das „Wonder Bar"-Radio mit Sendersuchlauf.

Trotz allem Komfort blieb die 58er Corvette aber leistungsmäßig durchaus ernst zu nehmen. Kein Wunder, denn die Motoren des Vorjahres waren kaum geändert worden. Der Einspritzmotor kam nun auf 290 PS, womit die im vorigen Jahr erreichte Grenze von „1 PS pro Cubic Inch" endgültig überschritten wurde. Nach wie vor konnte man zudem zahlreiche leistungsfördernde Zutaten ordern (teils zu sehr günstigen Preisen), z.B. das Positraction-Sperrdifferential ($48,45), metallverstärkte Bremsbeläge ($26,90), Vierganggetriebe ($188,30) und verstärkte Radaufhängung und Bremsen ($425,05). Trotz der allgemeinen Inflation blieb der Grundpreis auch 1958 bei erträglichen $3631.

So überraschend es scheint: Die Kritiker mochten die neue Corvette. Die Käuferschaft noch viel mehr. Im Modelljahr 1958 entstanden 2829 Fahrzeuge mehr als im Vorjahr, womit die Corvette erstmals schwarze Zahlen schrieb.

1959 stieg der Ausstoß abermals um 500 Einheiten, als Chevy die Luftschlitze auf der Haube strich und Längsstreben die Hinterachse bei scharfer Beschleunigung ruhigstellten. Letzteres war gleichzeitig die einzige nennenswerte technische Änderung. Trotz aller Gerüchte um ein neues Modell mit hinterer Einzelradaufhängung blieb diese Version auch 1960 im Angebot, als Chevrolet erstmals die magische 10 000-Stück-Grenze überschritt.

Obwohl sich die Corvette weg vom Vollblut-Sportwagen hin zum luxuriösen GT entwickelte, schlug sie sich auch auf den Rennpisten ähnlich bravourös wie ihre Vorläuferin. Um nur einige Erfolge zu nennen: Sieg in der GT-Klasse und 12. Platz in der Gesamtwertung in Sebring 1958, Sieger in der amerikanischen SCCA B-Production-Meisterschaft 1958/59, Schnellster der Sportwagenklasse beim Pikes-Peak-Bergrennen 1958 und unzählige Siege von Privatfahrern. Dank des Verdikts der Auto Manufacturers Association Mitte 1957 war Chevy offiziell aus den Rennen „draußen", was das Werk aber nicht hinderte, Privatfahrer unter der Hand zu unterstützen, so z.B. Briggs Cunningham, der der Corvette eine ihrer Sternstunden bescherte, als einer seiner drei Wagen (unter den Fahrern John Fitch und Bob Grossman) 1960 bei den legendären 24 Stunden von Le Mans auf den 8. Platz des Gesamtklassement kam.

Mit derartigen Leistungen, von der Eleganz und motorischen Potenz ganz zu schweigen, hat sich die Corvette von 1958-60 ihren späten Ruhm in Liebhaberkreisen sicher verdient. Sie ist vielleicht nicht „die Erste unter Gleichen", aber sie ist eine Corvette. Und für viele Autoliebhaber zählt dies als einziges.

Die 1958er Corvette (rechte Seite, oben) ist an den Doppelscheinwerfern und der üppigeren Linienführung zu erkennen und war mit fünf Varianten des 283ci-V8 lieferbar. Beim Modell '59 (unten) entfielen die Luftschlitzattrappen auf der Motorhaube und die Chromleisten auf der Heckklappe. Der Grundpreis von $3631 im Jahr 1958 stieg im Folgejahr auf $3875 an.

TECHNISCHE DATEN

Motor: V8, hängende Ventile, 4637 ccm (98,7 × 76,2), 230/245/270 SAE-PS (Vergaser), 250/290 SAE-PS (Einspritzung)

Getriebe:	3/4-Gang-Schaltgetriebe; auf Wunsch 2-Gang Powerglide-Automatik
Fahrwerk, vorn:	asymmetrische Dreiecksquerlenker, Schraubenfedern, Querstabilisator
Fahrwerk, hinten:	Starrachse, Halbelliptik-Blattfedern
Bremsen:	vorne/hinten Trommelbremsen
Radstand (mm):	2590
Gewicht (kg):	1288
Höchstgeschwindigkeit (km/h):	165-204
Beschleunigung 0-96 km/h (s):	6,6-9,2 (V8)

Produktionszahlen: **1958** 9168 **1959** 9670 **1960** 10 261

Chevrolet

1958
Chevrolet Impala

Bei „Impala" denkt fast jeder Amerikaner automatisch an „Chevrolet". Gut 25 Jahre standen beide Namen gleichbedeutend für das beliebteste Modell des ewigen Bestsellers unter den amerikanischen Autos – die am weitesten verbreitete Familienkutsche der Staaten. Dabei war der Impala anfangs als etwas ganz besonderes gedacht.

Der Impala gab sein Debüt 1958 als Flaggschiff einer Chevrolet-Modellpalette, die praktisch von Grund auf neu konzipiert worden war. Als „Bel Air Executive Coupé" sollte er Chevrolet aus der unteren Preisklasse in die untere Mittelklasse führen, wo die Verkaufsstrategen für die späten fünfziger Jahre die größten Absatzchancen prognostizierten.

Vor diesem Hintergrund fiel das Modell 1958 bewußt größer und schwerer als die agilen, temperamentvollen Chevys von 1955-57 aus. Deshalb fanden die 58er Chevys (auch der Impala) bei Sammlern erst relativ spät Anklang, doch schließlich hatte Chevrolet damit lediglich mit Ford und Plymouth gleichgezogen, die bereits im Vorjahr in die mittlere Preisklasse vorgestoßen waren.

Folgerichtig enthielt der 58er Chevy viele von Kunden geforderte Verbesserungen. Der neue X-Traversen-Rahmen war nicht nur stabiler, sondern bürgte dank des 7 cm längeren Radstandes und der neuen Viergelenk-Hinterachse mit Schrauben- statt Blattfedern auch für besseren Fahrkomfort. Die Schraubenfedern sollten den Umbau auf „Level Air" vereinfachen; die Luftfederung neigte jedoch zu Undichtigkeiten, weshalb dieses $ 124 teure Extra nur wenige Abnehmer fand.

Interessanter war da die vergrößerte V8-Maschine: Der neue 6-Liter-„Turbo-Thrust" leistete in der Standardversion 250 PS, mit Verdichtung 9,5:1 und drei Doppelvergasern schon 280 PS, oder mit einer Verdichtung von 11,0:1, Spezialnockenwelle und hochdrehzahlfestem Ventiltrieb gar 315 PS. Dieser 348er Motor (vom Chevrolet-Lastwagenprogramm abgeleitet) verhalf dem 58er Chevy zu noch mehr Dampf als offiziell angegeben wurde – er war damit vielleicht nicht so schnell wie mit dem 57er „Fuelie", aber als echter „Hot One" durfte er allemal gelten. Die Bel Air Hardtop-Limousine mit 250 PS beschleunigte in respektablen 9 Sekunden von 0 auf 96 km/h; das Impala Sport Coupé mit 280 PS wurde von Motor Trend gar mit 8,1 Sekunden sowie über die Viertelmeile mit 16,5 Sekunden gestoppt. Diese Zahlen kamen mit der neuen Turboglide-Zweigangautomatik zustande, die seit 1957 auf Wunsch statt der Powerglide zu haben war. Wie Autotester Tom McCahill bemerkte, arbeitete sie „seidenweich wie Samthöschen" – sofern sie einwandfrei funktionierte (was nicht oft vorkam).

Seit 1955 hatte sich der Chevrolet stilistisch dem Cadillac immer mehr angenähert und war ihm 1958 am ähnlichsten. Obwohl darüber nicht jedermann begeistert war, konnte man ihm eine markante Linienführung nicht absprechen (vor allem dank der ausladenden Heckkotflügel), die zudem wesentlich weniger barock wirkte als der Buick und Oldsmobile dieses Jahrgangs. Sowohl das Impala-Cabrio (das einzige offene Modell) als auch das zweitürige Sport Coupé Hardtop hoben sich vom Bel Air durch Schwellerbleche aus rostfreiem Stahl, spezielle Embleme und Radabdeckungen sowie die seitlichen „Heugabel"-Chromschwingen (die Lufteinlaßschächte andeuten sollten) vor den Hinterrädern ab.

Entgegen der landläufigen Ansicht bestand der erste Impala jedoch nicht nur aus Äußerlichkeiten. Beide Modelle hatten ein längeres Heck als andere 58er (trotz gleicher Gesamtlänge) und einen etwas anderen Karosserierumpf. Im Innenraum fanden wir Hochglanz-Alublech-Türeinsätze, farblich abgestimmte Polster mit Streifendesign und eine Armlehne an der Rücksitzbank (unter einem zentralen Radio-Lautsprechergitter).

Der Impala war also das richtige Rezept, mit dem Chevrolet die Talsohle der Rezession von 1958 besser als fast alle anderen amerikanischen Autoproduzenten überdauern konnte. Obwohl es ihn in nur zwei Ausführungen gab, verkaufte man fast 181 500 Exemplare – volle 15 Prozent der gesamten Jahresproduktion -, was Chevy einen Marktanteil von stolzen 30 % bescherte (und dies, während die Autoproduktion als ganzes in den USA in diesem Jahr von 6 auf 4,5 Millionen abfiel).

Von diesem Erfolg ermutigt, weitete Chevrolet das Impala-Programm für 1959 drastisch aus. Dabei verwässerte man allerdings die Konzeption; spätere Impalas sollten dann auch – mit Ausnahme des leistungsstarken Super Sports der 60er Jahre – nie wieder so markant oder erinnerungswürdig ausfallen.

Doch in Sammlerzirkeln sind die 1958er Chevys inzwischen als legitimer „Hot One" anerkannt. Sie werden mit dem gleichen Enthusiasmus wie die Jahrgänge 55-57 gehortet und restauriert. Selbst wenn er nicht ganz so potent wie die klassischen Chevys ist, löst er doch dieselben nostalgischen Gefühle aus – als eines der gelungeneren Symbole einer unvergessenen automobilen Ära.

Der 58er Chevrolet war länger, niedriger, breiter und schwerer. Nirgends kamen die neuen Dimensionen so gut zur Geltung wie am Impala, einer neuen Bel Air-Variante, die als Cabriolet für $ 2841 (rechte Seite, oben) und als elegantes Hardtop (unten) für $ 2693 herauskam. Beide waren auch mit dem 145-PS-Sechszylinder lieferbar, wurden jedoch meistens mit dem 283er oder 348er V8 bestellt.

TECHNISCHE DATEN

Motor: Reihensechszylinder, hängende Ventile, 3858 ccm (90,4 × 100), 145 SAE-PS; V8, hängende Ventile, 4637 ccm (98,7 × 76,2), 185/230 SAE-PS; 5692 ccm (104,9 × 82,5), 250/280/315 PS

Getriebe:	3-Gang-Schaltgetriebe; auf Wunsch Overdrive oder 2-Gang Powerglide-/Turboglide-Automatik
Fahrwerk, vorn:	obere und untere Dreiecksquerlenker, Schraubenfedern
Fahrwerk, hinten:	Viergelenk-Starrachse, Schraubenfedern
Bremsen:	vorne/hinten Trommelbremsen
Radstand (mm):	2984
Gewicht (kg):	1553-1598
Höchstgeschwindigkeit (km/h):	152-168
Beschleunigung 0-96 km/h (s):	9,1-12,0

Produktionszahlen: Sport Coupé Hardtop 2tür. 125 480 **Convertible** 55 989

Chevrolet

1959 Chevrolet

Kein Zweifel: Den „Fledermausflügel"-Chevy von 1959 mit irgendeinem anderen Auto zu verwechseln, ist unmöglich. Er war, um den alten Studebaker-Spruch zu zitieren, „different by design", und ein 1959er Chevy ist schon von weitem zu erkennen — vor allem von hinten. Was natürlich die Absicht der Chevrolet-Werbeparole „All New, All Over Again" war. Und wirkt das Resultat auch bizarr, nun ja, es hätte auch schlimmer ausfallen können.

Egal, was ehemalige Manager sagen: Bei General Motors wurden schon mindestens 20 Jahre lang die gleichen Grundkarosserien für verschiedene Modellreihen verwendet, als die neue 1959er Linie den 58er Chevy zur Einjahresfliege machte. Immerhin erhielten die Styling-Teams bei GM damit die Chance, fürs Modelljahr 1959 ihren Ideen freien Lauf zu lassen. Die Ergebnisse waren entsprechend. „Grenzen gab es bewußt keine", erzählte Clare McKichan, der damalige Chef der Chevy-Studios, „bei einem Entwurf saßen die Scheinwerfer in der Mitte übereinander und außen nur die Standlichter. Gott sei Dank starb dieser Entwurf bald, vor allem angesichts des Desasters mit dem Edsel."

Auch so war man weit genug gegangen. Wenn die Styling-Leute beim GM-Jahrgang 1958 den Chrom mit der Kelle aufgeschaufelt hatten, wie GM-Chefdesigner Bill Moore es einmal formulierte, so müssen mit eben dieser Kelle die grotesken Heckkotflügel des 59er Chevy modelliert worden sein, die laut Tester Tom McCahill, der nie um einen Spruch verlegen war, „groß genug waren, um mit einer Piper darauf zu landen." Unter diesem titanengleichen Heck verbarg sich ein Riesenkofferraum; der Rest war jedoch weitgehend normal gehalten.

Allerdings auch breiter — dem Trend der Zeit entsprechend: 5 cm länger, 6 cm niedriger und 5 cm breiter als das Modell '58; bei 4 cm längerem Radstand. Trotz des Mehrgewichts wirkte die neue Karosserie leichter, vor allem von innen — dank der um 50 Prozent größeren Glasflächen. Änderungen am Karosseriegerippe bescherten zudem mehr Kopf- und Ellenbogenfreiheit.

Als Reaktion auf den Erfolg von 1958 wurde der Impala nun zur eigenständigen Luxus-Modellreihe mit 8 Modellen in 4 Karosserievarianten; zum Cabriolet und Sport Coupé Hardtop gesellten sich noch die Viertürer-Limousine und ein Sport Sedan-Hardtop. Bel Air und Biscayne rückten folgerichtig in der Hierarchie eins nach unten. Die Kombi-Palette umfaßte nun 10 Typen (einen mehr als 1958). Die V8-Versionen galten nach wie vor als eigene Modelle. Preislich erstreckte sich das Programm vom Sechszylinder-Biscayne Utility Sedan für $ 2160 (für den Käufer in Deutschland DM 14 400,- hinblättern mußten — etwa der Gegenwert eines Mercedes 220 SE) bis zum viertürigen Nomad V8-Kombi für $ 3009. Vom Impala-Cabriolet mit

Technische Daten

Motor: 6 Zylinder in Reihe, hängende Ventile, 3858 ccm (90,4 × 100), 135 SAE-PS; V8, hängende Ventile, 4637 ccm (98,7 × 76,2), 275/300 SAE-PS (Vergaser), 290/305 PS (Einspritzung); 5692 ccm (104,9 × 82,5), 250/280/300/305/315/320/335 SAE-PS

Getriebe:	3-Gang-Schaltgetriebe; auf Wunsch Overdrive, 4-Gang-Mittelschaltung oder 2-Gang Powerglide- und Turboglide-Automatik
Fahrwerk, vorn:	obere und untere Dreiecksquerlenker, Schraubenfedern
Fahrwerk, hinten:	Vierlenker-Starrachse, Schraubenfedern
Bremsen:	vorne/hinten Trommelbremsen
Radstand (mm):	3022
Gewicht (kg):	1578-1823
Höchstgeschwindigkeit (km/h):	144-216
Beschleunigung 0-96 km/h (s):	9,0-13,0

Produktionszahlen: Biscayne 311 800* **Bel Air** 447 100* **Impala** 473 000* **Kombis** 214 583*

* Geschätzte Zahlen; Aufschlüsselung der Produktionszahlen nach Modellvarianten liegt nicht vor

V8-Maschine für $ 2967 wurden 65 800 Exemplare gebaut, doch den Löwenanteil hielten die viertürigen Limousinen mit über 525 000 der 1 462 140 Exemplare.

Mechanisch waren die 1959er ein Abbild des Modells 1958, immerhin stand nun jedoch ein Dutzend Motorvarianten zur Wahl, darunter vier Small-Block 283er (davon zwei mit Einspritzung) und sieben Big-Block 348er V8. Das Basismodell des 283 (4637 ccm) und der ehrwürdige „Blue Flame"-Sechszylinder wurden als Konzession an das nach der 58er Rezession erwachte Sparbewußtsein der Allgemeinheit etwas gedrosselt. Um 17 Prozent vergrößerte Bremstrommeln und Felgen mit Luftleitschlitzen zur Wärmeabfuhr bescherten allen Modellen bessere Verzögerungswerte.

Ein überraschendes neues Extra war das Vierganggetriebe mit Mittelschaltung. Nur wenige wurden für die Pkw-Modelle geordert, doch immerhin kündigten sich damit bereits zaghaft die riesigen Sport-Chevys der 60er Jahre an. Beliebt blieben die Automatiken: Powerglide und eine zuverlässigere Turboglide. Overdrive war auf Wunsch (für $ 108) für die Grundmodelle mit Dreigang-Lenkradschaltung erhältlich. Auch die „Level Air"-Federung hielt sich noch in den Listen, kam jedoch trotz des mäßigen Aufpreises von $ 135 beim Publikum, das von den allerorten publizierten Problemen und der komplexen Bedienung die Nase voll hatte, kaum mehr an.

Die Bel Air-Modelle der mittleren Preisklasse und das erweiterte Impala-Angebot lagen in der Käufergunst 1959 Kopf an Kopf und übertrafen das Basismodell Biscayne bei weitem. Der Bel Air kam mit nur drei Karosserievarianten (Zwei- und Viertürer-Limousinen und ein Sport Sedan-Hardtop) auf 447 000 Einheiten, der Biscayne auf 311 800. Auch fast 215 000 Kombis fanden Abnehmer. Nicht aufzuhalten war der Höhenflug des Impala: Rund 473 000 produzierte Einheiten etablierten ihn als Nummer Eins, auch im dezenteren Jahrgang 1960 – eine Stellung, die er bis zur Ablösung durch den Caprice ein Jahrzehnt später hielt. Im Produktionswettlauf mit Ford, deren Modell 1959 durchgreifend, jedoch verhalten umgestaltet worden war, lag Chevrolet zum Schluß mit gut 11 000 Einheiten vorne, allerdings produzierte Dearborn im Kalenderjahr rund 100 000 Stück mehr.

Der 59er (und 58er) Chevy wurde oft als Initiator der aufgeblähten, übergewichtigen „Normalmodelle" angesehen, die Detroit bis in die späten 70er Jahre vertrieb. Im Rückblick erwies sich dies freilich als richtig, denn die Bahn war damit frei für die großen Chevys, die den Händlern in den sechziger Jahren förmlich aus den Händen gerissen wurden.

Was das Styling der 1959er Chevys angeht, so heilt die Zeit mehr als nur Wunden. So sehr es vielleicht überrascht: Diese Chevys, vor allem die Impala-Zweitürer, finden heute besonderen Anklang, oft bei jungen Fans, die sie aus eigenem Erleben überhaupt nicht mehr kennen. Dank dieser neuen Anhängerschaft und der langjährigen 59er Fans erlebt der Fledermaus-Chevy endlich seinen zweiten Frühling. „Die Rache der schrägen Vögel", könnte man sagen.

Ob man ihn nun mag oder nicht, der 1959er Chevrolet ist unverkennbar. Wer könnte sie auch übersehen, die „Fledermaus"-Heckkotflügel und die „Nasenlöcher" über dem breiten Kühlergrill? Als Antrieb hatte man die Wahl zwischen 12 Motoren von 135 bis 335 PS.

Chevrolet

1959
Chevrolet El Camino

Lieferwagen auf Basis von Personenwagen gehören in den USA seit den Tagen des Ford Model T zum Alltag. Schon in den Anfangstagen der Tin Lizzie bot Ford einen Lasten-Roadster mit einem Notsitz an, den man zum Lastentransport auch weglassen konnte. Später gab es den Roadster-Pickup, auch dieser ein zweisitziges Model T mit offener Ladefläche im Heck.

Mitte der 30er Jahre kam mit der Verbreitung der Ganzstahl-Limousinen und der in die Karosserie integrierten Kofferräume der Coupé-Pickup (oder Coupé Delivery) von Studebaker, Hudson und Chevrolet auf. Im Prinzip handelte es sich dabei um einfache Business Coupés mit Ladefläche statt Kofferraum; bei einigen war der Kofferdeckel abnehmbar, d.h. sie ließen sich nach Belieben als Pkw oder „Truck" nutzen. Noch eine andere Variante war der Panel Delivery, ein Kombi ohne hintere Seitenfenster (bei uns hieß er Kasten- oder Geschäftswagen).

Die echten Lieferwagen, vor allem die Pickups, hatten sich jedoch beinahe genauso schnell wie die Sedans hin zu mehr Finesse, Stil und Fahrkomfort weiterentwickelt – kurz, sie wurden immer Pkw-ähnlicher. Damit wurde der Sedan-Pickup zur Totgeburt und tauchte nach dem zweiten Weltkrieg auch prompt nicht wieder auf. Chevy und Ford boten ihre Business Coupés und Utility Sedans noch bis Mitte der 50er Jahre an, doch schwanden die Absatzzahlen immer mehr, vor allem nach dem Einzug der Ganzstahlkombis.

Trotzdem ging Ford nach einigen Jahren an die Wiederbelebung der Pickup-Limousine, da man immer noch einen Markt für ein Auto vermutete, das wie ein Pkw aussah und wie ein Lastwagen schleppen konnte. Das Ergebnis von 1957 hieß Ranchero, ein zweitüriger Ranch Wagon, dessen Dach an den B-Säulen aufhörte und der statt des Kombi-Stauraums eine offene Ladepritsche besaß. Im übrigen glich er weitgehend dem Kombi und war auch mit denselben Extras und Motorvarianten lieferbar.

Bei Chevrolet, wo man Ford noch nie einen Marktbereich kampflos überlassen hatte, hatte man für das Modelljahr 1959 die Antwort parat. In aller Bescheidenheit als „die cleverste Neuerung des Jahres" angepriesen, debütierte der El Camino („die Straße" auf spanisch) als Ranchero-Konzept im Gewand der neuen „Fledermaus"-Heckflügellinie der Chevrolet Division. Chevy schien zufrieden, die Anzeigen tönten „It's Terrifico"... It's Magnifico!" Chrom und Serienausstattung waren dem einfacheren Brookwood-Kombi entlehnt worden, der sich an der Biscayne-Limousine orientierte. Der Grundpreis betrug mäßige $ 2470,

Der El Camino war Chevrolets Antwort auf den 1957 vorgestellten Ford Ranchero. Im Prinzip waren dabei vom zweitürigen Kombi die hinteren zwei Drittel des Dachs abgesägt worden. Wie bei anderen Chevys wurde eine Vielzahl von Motoren, Getrieben und Extras angeboten.

etwa soviel wie für einen Ranchero. Ein interessantes Detail war der hintere Dachüberhang über der weit herumgezogenen Heckscheibe, eine verkürzte Variante der Linienführung an den 59er Chevy-Hardtop Sedans.

Der El Camino kaum auf demselben Radstand wie das übrige Modellprogramm 1959 daher und war auch mit fast allen Antriebskombinationen lieferbar. Als Basismotor des Modells 1180 blieb das bewährte Arbeitspferd, der „Stovebolt"-Sechszylinder (der jetzt „Hi-Thrift" hieß). Das Modell 1280 erhielt den neuen 283er V8 mit 185 PS, auf Wunsch auch mit 230 oder 285 PS. Der neue 348er V8 (ursprünglich eine Lastwagen-Motorkonstruktion) war mit 250, 280, 300 und 315 PS lieferbar. Als Getriebe gab es serienmäßig das Dreigang-Lenkradschaltgetriebe, als Extra auch mit Overdrive, sowie auf Wunsch die Powerglide und Turboglide.

Da Chevrolet kaum zwei Luxus-Pickups benötigte, verdrängte der El Camino sofort den von den Trucks abgeleiteten Nobel-Pickup Cameo Carrier von 1957/58. „Noch nie ließ sich soviel in schickem Gewand transportieren" (520 kg Zuladung) – so verhießen die Chevy-Anzeigen. Verkaufsmäßig blieb der El Camino, wie zuvor auch der Cameo Carrier, allerdings ein Leichtgewicht. Die Produktionszahlen sind unklar, doch gibt eine Quelle 22 246 Einheiten für das Modelljahr 1959 an – wenig genug, um lange Gesichter zu hinterlassen, denn nach 1960 verschwand der El Camino plötzlich, um erst 1964 als Ableger des Mittelklassemodells Chevelle wieder aufzutauchen; aber das ist eine andere Geschichte.

Man mag spekulieren, wie es dem El Camino ergangen wäre, wenn er als Ableger der „klassischen" Chevys von 1955-57 auf den Markt gekommen wäre. Im Nachhinein spricht viel dafür, doch wäre das Ergebnis wohl dasselbe geblieben. Schon damals hatten sich die Wünsche von Lieferwagen- und Personenwagenkäufern soweit auseinanderentwickelt, daß keine der beiden Zielgruppen mit einem Kompromißauto, das der El Camino ja war, glücklich wurde. Vielleicht erklärt dies den Reinfall von 1959/60, auch wenn später die „verkleinerte" Ausführung mehr Anklang fand. Der Ranchero übrigens auch.

Kurz, der erste El Camino beweist, daß auch Chevy es nicht immer allen recht machen kann. Aber es fast allen fast immer recht zu machen, darin liegt das Geheimnis, wie Chevrolet zur „USA Number One" wurde; und viel mehr kann man ja kaum erwarten.

TECHNISCHE DATEN

Motor: 6 Zylinder in Reihe, hängende Ventile, 3858 ccm (90,4 × 100), 135 SAE-PS; V8, hängende Ventile, 4637 ccm (98,7 × 76,2), 185/230 SAE-PS; 5692 ccm (104,9 × 82,5), 250/280/300/315 SAE-PS

Getriebe:	3-Gang-Schaltgetriebe; auf Wunsch Overdrive oder 2-Gang Powerglide- und Turboglide-Automatik
Fahrwerk, vorn:	obere und untere Dreiecksquerlenker, Schraubenfedern
Fahrwerk, hinten:	Vierlenker-Starrachse, Schraubenfedern
Bremsen:	vorne/hinten Trommelbremsen
Radstand (mm):	3022
Gewicht (kg):	ca. 1590
Höchstgeschwindigkeit (km/h):	144-175
Beschleunigung 0-96 km/h (s):	8,0-14,5
Produktionszahlen:	22 246

Chrysler

1950
Chrysler Town & Country

Der Town & Country Newport 1950 mit seiner Dachpartie ohne B-Säule, „Clearbac"-Heckscheibe, weißen Eschenholzeinsätzen, Scheibenbremsen an allen vier Rädern und Luxusausstattung war unbestritten der luxuriöseste Chrysler des Jahrgangs 1950 und zugleich das letzte Luxusmodell des Town & Country; nach 1950 liefen nur noch Chrysler-Kombis unter diesem Namen.

Die Anfänge dieses Modells gehen auf das Jahr 1941 zurück, als David Wallace, General Manager der Chrysler Division, auf die Idee eines „zivilisierten" Station Wagon kam: natürlich mit Holzaufbau, doch mit glatterem, aerodynamischerem Styling als die riesigen Kisten auf Rädern, dem damals üblichen Kombi-Look. Unter Wallace ließ Chrysler 1941/42 eine Handvoll Town & Country-Station Wagons bauen: hübsche, rundliche Formen mit den typischen sauber integrierten Hecktüren.

Nach dem Krieg war auch Chrysler auf der Suche nach neuen Ideen für die mit aufgewärmten Vorkriegskonstruktionen vollgepackten Händlerschaufenster. Da kam Wallace auf den Gedanken, „Woodies" nicht nur als Kombis zu bauen, sondern auch einen Town & Country Sedan und Convertible. Von 1946 bis 1948 waren diese Limousine und das Cabriolet die bekanntesten, teuersten Vertreter des T&C, wobei für das Cabriolet stolze $3400 zu bezahlen waren. Betuchte Kreise, vor allem aus Hollywood, rissen sich darum. Leo Carillo, der „Pancho" im TV-Western Cisco Kid, fuhr einen T&C mit riesigem Stierkopf auf der Motorhaube, dessen Augen beim Abbiegen mitblinkten!

Auch die neue Chrysler-Karosserie von 1949 blieb als Town & Country-Cabriolet mit dem 3340-mm-Radstand des New Yorker im Programm. 1950 finden wir dann den T&C-Schriftzug an der neuesten Chrysler-Karosserievariante, dem Newport Hardtop (ein Cabriolet war für 1950 ebenfalls geplant, wurde aber zugunsten des Newport fallengelassen, dem man bessere Absatzchancen einräumte. 1950 wurden jedoch nur 700 Exemplare verkauft, 300 weniger als im Vorjahr und weit weniger als der Jahresausstoß in den Jahren 1946-48.).

Die Chrysler-Werbung schwärmte von den „niedrigen, langgestreckten Linien des Convertible mit dem festen Stahldach, das allen Komfort einer Limousine vermittelt", sowie von der Clearbac-Heckscheibe mit ihrer weit herumgezogenen Glasfläche. Auch der Innenraum des T&C mit grünem oder hellbeigem Leder und Nylon-Cord oder schwarzem Leder mit silbergrauem Nylon-Cord ließ keine Wünsche offen. Die Vierrad-Scheibenbremsen (die auch der Chrysler Imperial in diesem Jahr erhielt) waren ebenfalls ein Novum; nur der etwa zur gleichen Zeit vorgestellte Crosley Hot Shot/Super Sport konnte ebenfalls damit aufwarten. In diesen Ausco-Lambert-Bremsen liefen doppelte Expanderscheiben an der Innenfläche der Grauguß-Bremstrommel bzw. des Gehäuses an. Sie blieben beim Chrysler Imperial bis 1954 serienmäßig, bei den anderen Typen für $400 Aufpreis lieferbar.

Bis 1948 war der Town & Country mit Mahagoni-Einsätzen (bzw. Mahagoni-Platten) zwischen den hellen Eschenholzträgern ausgestattet worden, doch ging man 1949 und 1950 davon ab und lackierte die Einsätze in Wagenfarbe. Auch das Eschenholz war weitgehend dekorativer Natur und ohne tragende Funktion (wie schon bei den früheren Versionen). Holzqualität und Verarbeitung blieben jedoch absolut erstklassig, was vor allem an der präzisen Verzapfung an Ecken und Übergängen auffiel, die selbst teuersten Möbeln zur Ehre gereicht hätte.

All diese Extras waren natürlich nicht umsonst zu haben; der Grundpreis des Town & Country lag 1950 denn auch bei $4003, fast $500 über dem New Yorker Newport. Selbst der 1951 neu lancierte Imperial Newport war kaum teurer. Überhaupt konnte der Town & Country 1950 den Ruf als teuerstes geschlossenes Modell in ganz Detroit für sich in Anspruch nehmen, von Limousinen-Langversionen und Repräsentationswagen einmal abgesehen. Er war immerhin rund $500 teurer als das Cadillac Coupé de Ville und über $1000 kostspieliger als der viertürige Kaiser Virginian Hardtop.

Chrysler erhoffte sich von einem derartigen Auto sicher keine berauschenden Verkaufszahlen, doch etwas mehr als 700 hätten es schon sein dürfen. Bei diesem Ausstoß lohnte sich die aufwendige Produktion (auf Basis von Rohkarosserien des New Yorker Newport) einfach nicht. Die Entscheidung, den T&C 1951 zugunsten eines Imperial Newport zu streichen, drängte sich auf. „Imperial" hatte einen besseren Klang, und „Town & Country" stand inzwischen auch auf den Alltags-Kombis von Chrysler, was dem Image eher abträglich war. Leider verkaufte sich auch der Imperial Newport 1951 nur rund 750mal, die Umstellung hatte also nicht viel gebracht – und dem Imperial ging obendrein einfach die Klasse des Town & Country ab.

Für $4003 war der 1950er Town & Country alles andere als billig und blieb mit nur 700 Exemplaren denn auch eine Randerscheinung. Der 5301-ccm-Reihenachtzylinder leistete 135 PS. Trotz der geringen Stückzahlen erfüllte der T&C sein Ziel, dem an sich eher tristen Chrysler-Typenprogramm etwas Leben einzuhauchen.

TECHNISCHE DATEN

Motor: 8 Zylinder in Reihe, stehende Ventile, 5301 ccm (82,5 × 123,9), 135 SAE-PS

Getriebe:	Prestomatic Fluid Drive
Fahrwerk, vorn:	Einzelradaufhängung, Schraubenfedern, Teleskopstoßdämpfer
Fahrwerk, hinten:	Starrachse, Blattfedern, Teleskopstoßdämpfer
Bremsen:	vorne/hinten Scheibenbremsen
Radstand (mm):	3340
Gewicht (kg):	2120
Höchstgeschwindigkeit (km/h):	152
Beschleunigung 0-96 km/h (s):	22,0
Produktionszahlen:	700

Chrysler

1951-54 Chrysler Imperial

Bis 1954 war der Imperial stets ein Chrysler-Modell – der Luxus-Chrysler, der mit Cadillac, Packard und Lincoln um die Käufergunst wetteiferte. Er erhielt alles, was 1951-54 bei Chrysler gut und teuer war (Ausco-Lambert-Scheibenbremsen, der größte Hemi-V8 und Fluid-Torque Drive oder Powerflite waren serienmäßig), natürlich auch die besten Polsterstoffe. Wie Cadillac und Lincoln, hatte Imperial nie einen Kombi im Programm.

Der 1951er Hemi-V8 wurde für Imperial genauso zum Knüller wie für die kleineren Chrysler-Typen und war im Luxusmarkt des Imperial vielleicht sogar noch wichtiger. Preislich lag der Imperial ($ 3661 bis $ 4402) sogar noch über dem Cadillac ($ 2810-4142), Lincoln ($ 2519-3950) und den großen Packards ($ 3234-3662), da war der Hemi-Motor schon ein Muß. In den Absatzzahlen blieb der Imperial dagegen regelmäßig das Schlußlicht (sogar vom großen Packard gingen 1951 doppelt soviele weg), zum einen, weil er dem Image nach eher ein Chrysler als ein Imperial war, zum anderen aufgrund seines hausbackenen Aussehens.

Noch weiter oben, bei den Repäsentationslimousinen, war der Crown Imperial angesiedelt – damals ebenfalls ein Chrysler, jedoch als unmittelbarer Konkurrent des Cadillac Seventy-Five und (1953/54) des Packard Executive und Corporation mit langem 3695-mm-Radstand gedacht. Diese Image-Schwierigkeiten ließen die Abspaltung des Imperial als eigene Marke ab 1955 also dringend angeraten erscheinen.

Der seltenste 1951-54er Imperial (und damit heute der gesuchteste) war das Cabriolet, von dem 1951 nur 650 Stück verkauft wurden, worauf es eingestellt wurde (und lediglich 1954 nochmals als Prototyp-Einzelstück in Erscheinung trat). Es wurde auf dem längsten Serien-Fahrgestell montiert und ähnelte dem New Yorker Convertible – außer im Preis: Mit $ 4402 war es rund $ 500 teurer. Damit wurde es noch vor dem Packard Custom Eight Victoria zum teuersten Serienmodell unterhalb der Repräsentationslimousinen auf dem US-Markt. Kein Wunder, daß nur wenige Exemplare einen Abnehmer fanden.

1951 und 52 bot Imperial auch ein Club Coupé an, ein relativ elegantes Modell, das jedoch ebenfalls ein Ladenhüter blieb (ca. 3500 Exemplare in 2 Jahren). Als weiterer Zweitürer blieb das Imperial Newport Hardtop ständig im Programm, das die Luftigkeit eines Cabrios, teilweise Lederausstattung und eine (für Chrysler) großflächige Verglasung bot.

Virgil Exner, den Chrysler 1949 von Studebaker weggelockt hatte, überarbeitete die Optik des Chrysler ab 1953 grundlegend. Die Linienführung geriet zunehmend eleganter – doch nach den hochbeinigen Modellen von 1949-52 wirkte fast alles anziehend. Auch die Scheiben wurden größer, die Windschutzscheibe war einteilig und gewölbt, und dank der Panorama-Heckscheibe drang auf einmal auch Licht in den Innenraum. Der Grill des Imperial glich nach wie vor der Version von 1951/52; darüber thronte fast senkrecht ein Adler auf der Motorhaube.

Während die kleineren Chrysler-Modelle kompakter ausfielen, wurden die Imperial-Viertürer – im Bestreben, ihnen eine eigene Linie zu verleihen – auf 3390 mm Radstand gestreckt. Ein interessanter Ableger war die Town Limousine mit Trennscheibe und normalem Radstand. Leider fand dieses Konzept einer „Kompaktlimousine" mit Chauffeur für den Stadtverkehr wenig Anklang. 1953 entstanden lediglich 243 Town Limousines, 1954 gar nur 85. Alle Standard-Modelle in diesen beiden Modelljahren hießen „Custom Imperial", was allerdings „Custom" daran war, weiß keiner.

Der Crown Imperial mit langem Radstand blieb unverändert, doch sanken die Stückzahlen immer mehr: ganze 48 Lang-Limousinen und 111 Repräsentationslimousinen waren es 1953, weitere 23 Lang-Limousinen und 77 Repräsentationslimousinen 1954. Im Gegensatz zu Cadillac lieferte Chrysler nicht an Karosseriebauer; nur ein einziges Fahrgestell ist in den Firmenunterlagen verzeichnet (für ein spezielles Parademodell).

Der Chrysler Imperial von 1951-54 konnte es in Sachen Technik und Luxus mit allen amerikanischen Nobelmarken aufnehmen, sein Handicap blieb jedoch das biedere, hochbeinige Styling. Gerade dies wirkt heute jedoch anscheinend reizvoll auf Sammler. Der Imperial 1953 (rechte Seite, unten) besaß einen dick verchromten Grill und einen Hemi-V8 mit 180 PS. Beim Modell 1954 (oben) war der Kühlergrill überarbeitet worden. Das Custom Imperial Hardtop von 1954 (rechte Seite, oben) kostete $ 4560 und wurde in 1249 Exemplaren produziert.

TECHNISCHE DATEN

Motor: V8, hängende Ventile, 5426 ccm (96,7 × 92,2) **1951-53** 180 SAE-PS **1954** 235 SAE-PS

Getriebe:	**1951-53** Fluid-Torque Drive **1954** Powerflite-Automatikgetriebe
Fahrwerk, vorn:	Einzelradaufhängung, Schraubenfedern, Teleskopstoßdämpfer
Fahrwerk, hinten:	Starrachse, Blattfedern, Teleskopstoßdämpfer
Bremsen:	vorne/hinten Trommelbremsen; auf Wunsch Scheibenbremsen (beim Crown Imperial serienmäßig)
Radstand (mm):	Newport 1951-52, 1953-54 3340 Limousine und Town Limousine 1953-54 3390 Crown Imperial 3695
Gewicht (kg):	1920-2074 **Crown Imperial** 2370-2474
Höchstgeschwindigkeit (km/h):	160-168
Beschleunigung 0-96 km/h (s):	11,0-13,0

Produktionszahlen: Imperial 1951 17 303* **1952** 9780* **1953** 8859 **1954** 5661 **Crown Imperial 1951** 442* **1951** 258* **1953** 160 **1954** 100

* Geschätzte Aufschlüsselung der Gesamtproduktion von 1951/52.

73

Chrysler

1951-54 Chrysler New Yorker

Anfang der 50er Jahre war der Chrysler New Yorker das beliebteste Modell (1953-54) bzw. lag zumindest dicht hinter dem Dauerbrenner, dem preisgünstigeren Windsor (1951-52). Seine heutige Popularität ist mindestens genausosehr der Technik wie seinem Styling zu verdanken, in Anbetracht der kantigen Linienführung aber wohl vor allem der Technik. Deren Herzstück war der neue 331er Chrysler V8 mit hemisphärischen Brennräumen: der legendäre „Hemi".

Mit hemisphärischen (halbkugelförmigen) Brennräumen lassen sich ein extrem hoher volumetrischer Wirkungsgrad und sagenhafte Leistung bei niedriger Verdichtung erzielen, der Motor kommt also mit niederoktanigeren Kraftstoffen als bei vergleichbaren anderen Brennraumformen aus, bzw. er erreicht wesentlich höhere PS-Zahlen als Motoren ohne hemisphärische Brennräume mit gleicher oder gar höherer Verdichtung. Dies stellte der Hemi nicht zuletzt auf der Carrera Panamericana und den Dragstrips der National Hot Rod Association, in Le Mans und auf Stock-Car-Rundkursen unter Beweis. Der Hemi war teuer in der Fertigung, weshalb Chrysler mehrfach von ihm abkam. Doch Anfang der 50er Jahre regierte er unangefochten unter den amerikanischen V8-Motoren.

Neu waren 1951 auch zwei Varianten der Fluid Drive: die Fluid-Matic (im New Yorker serienmäßig) und Fluid Torque (Aufpreis $ 167). Die Fluid-Matic umfaßte die normale Viergang-Fluid Drive mit Flüssigkeitskupplung; bei der Fluid-Torque war ein Drehmomentwandler vor der Kupplung zwischengeschaltet. „High" oder „Low" wurden mit dem Kupplungspedal geschaltet, zwischen den Schaltstufen „schaltete" man durch Gaswegnehmen.

Der „neue" Chrysler von 1949-52 war kantig und praktisch, aber nicht sehr anziehend. Und obwohl man zum Modelljahr 1953 umfangreiche Verbesserungen vornahm, verloren die Chrysler allein wegen ihres Aussehens viele Käufer. 1954 zogen Buick, Oldsmobile und Pontiac in den Stückzahlen an Plymouth vorbei, während die Produktion des Chrysler von 170 000 auf nur 100 000 zurückging. Als Chrysler einmal in Umfragen nachhakte: „Was fällt Ihnen bei Chrysler als erstes ein?", lautete die Antwort fast immer: „Technik". In den Augen der Öffentlichkeit hatte Chrysler also ansonsten nichts zu bieten. Nur wenige merkten, daß die Chrysler von 1951-54 hervorragend verarbeitet und nahezu völlig unempfindlich gegen Rost waren und mehrere hunderttausend Meilen mit minimaler Wartung durchhielten. Doch schienen derartige Qualitäten bis in die sechziger Jahre (als auch Chrysler sie eingebüßt hatte) unerheblich.

TECHNISCHE DATEN

Motor: V8, hängende Ventile, 5426 ccm (96,7×92,2) **1951-53** 180 SAE-PS **1954 New Yorker** 195 SAE-PS **New Yorker Deluxe** 235 SAE-PS

Getriebe:	**1951-53** Fluid-Matic; auf Wunsch Fluid-Torque **1954** Powerflite-Automatikgetriebe
Fahrwerk, vorn:	Einzelradaufhängung, Schraubenfedern, Teleskopstoßdämpfer
Fahrwerk, hinten:	Starrachse, Blattfedern, Teleskopstoßdämpfer
Bremsen:	vorne/hinten Trommelbremsen; auf Wunsch Ausco-Lambert-Scheibenbremsen (Aufpreis $ 400)
Radstand (mm):	**1951-52** 3340 **1953-54** 3187 **1953-54** 3543 (Achtsitzer-Limousinen)
Gewicht (kg):	1793-2043
Höchstgeschwindigkeit (km/h):	175-185
Beschleunigung 0-96 km/h (s):	10,0-12,0
Produktionszahlen:	**1951** 34 286* **1952** 17 914* **1953** 76 518 **1954** 54 742

* Geschätzte Aufschlüsselung der Zahlen für 1951/52

Das breite Chromgrinsen von 1949/50 wich 1951/52 einem hübschen Kühlergrill mit drei Leisten. 1951 und 1952 blieben die Modelle weitgehend unverändert (einziger sichtbarer Unterschied waren die 1952 in die Heckleuchten integrierten Rückfahrscheinwerfer); nicht einmal separate Produktionsstatistiken wurden von Chrysler für diese beiden Jahre geführt. Ein Grund war der Koreakrieg, von dem viele ein Erliegen des zivilen Fahrzeugbaus befürchteten, wozu es aber nicht kam.

Der Saratoga von 1951/52, mit Hemi-Motor und kürzerem Windsor-Fahrgestell, entwickelte sich als schärfster Chrysler zu einer potenten Maschine für Stock-Car-Rennen, bei den jungen Berufsaufsteigern (die man damals noch nicht zu „Yuppies" abkürzte) war der feudale New Yorker jedoch eher gefragt. Chrysler bot dann auch bald den New Yorker mit Hemi-V8 kaum teurer als den Windsor mit Sechszylindermotor an; 1953 betrug die Differenz zwischen dem Windsor Deluxe (ex-Saratoga) und der New Yorker-Limousine gerade $ 550.

Jedes Jahr versuchte sich Chrysler an neuen Karosseriekombinationen. 1951 war der New Yorker als Limousine, Club Coupé, Newport Hardtop, Cabriolet und Town & Country-Wagon lieferbar. 1952, mitten in der Koreakrise, blieben gar nur noch Limousine, Newport und Cabriolet übrig. 1953/54 teilte sich die Palette in eine Standard- und Deluxe-Reihe mit eigenen Limousinen, Coupés und Newports, doch Station Wagon und Limousinen-Langversion gab es nur als Standard-Ausführung, das Cabriolet nur als Deluxe. Den Löwenanteil hielten jedes Jahr die viertürigen Limousinen; die Stückzahlen einiger anderer Modelle blieben erstaunlich niedrig:

1951 Cabriolet 1386*	1953	Cabriolet 950
1951 T&C Station Wagon 251		1954 Standard-Newport 1312
1952 Cabriolet 814*		1954 8-Sitzer-Limousine 140
1953 8-Sitzer-Limousine 100		1954 Cabriolet 724

* anhand der Werksangaben für 1951/52 geschätzt.

Daß Chrysler-Sammler sich auf New Yorker-Cabriolets stürzen, ist klar; doch die Seltenheit der Achtsitzer mit langem Radstand, der Kombis und des Standard-Newport von 1954 sollte nicht außer acht lassen, wer sich eines dieser großen, gewichtigen Highway-Schiffe zulegen will.

Auf viele Neuwagenkäufer wirkte die Linienführung der Chrysler von 1949-54 zu konservativ, nicht aber auf Sammler von heute. Nur 2146 Exemplare des üppig verchromten New Yorker Newport von 1952 (links) verließen das Werk. Der New Yorker DeLuxe von 1954 (oben und unten) war etwas geglättet und mit dem Hemi-V8 mit 195 PS bestückt worden.

Chrysler

1955-56
Chrysler New Yorker

Trotz hervorragender Verarbeitung und eines brillanten „Firepower" Hemi-V8 litt die Chrysler Division 1951-54 unter anhaltend rückläufigen Absatzzahlen. Der Grund war die biedere Linienführung, doch Virgil Exner, der vom renommierten Team um Raymond Loewy bei Studebaker weggelotst worden war, hegte bereits kühne Pläne, mit denen die Chrysler Corporation wieder als Design-Trendsetter etabliert werden sollte. Erstaunlicherweise gelang ihm dies ab Winter 1952/53 innerhalb von nur anderthalb Jahren.

Das Resultat erschien 1955 als „The 100-Million-Dollar Look", eine kaum verhüllte Anspielung auf die Entwicklungskosten dieses neuen „Forward-Look"-Styling des gesamten Chrysler-Konzerns. Seine Grundform, die wir auch beim DeSoto und dem zur eigenen Marke erklärten Imperial finden, stammte direkt von Exners „Parade Phaeton"-Show Cars der frühen 50er Jahre ab. Die Heckkotflügel waren leicht hochgezogen und liefen beim Chrysler in den markanten „Twin Tower"-Hecklleuchten aus. Die entsprechend der aktuellen Mode weit herumgezogene Windschutzscheibe sorgte für Licht im Innenraum; der geteilte Wabengrill wirkte wie eine verkleinerte Version des attraktiven Imperial-Grills. Obwohl der Radstand sich gegenüber 1951-54 um kaum 2 cm änderte, wirkten die Chrysler von 1955 eindeutig länger, niedriger und breiter — und auf jeden Fall mehr up to date.

Geändert hatte sich auch die Modellpalette. Das Grundmodell Windsor war nach 1953 nicht mehr zu finden. Neben dem Imperial und den Repräsentations-Limousinen gab man nun auch den normalen New Yorker auf, so daß auf nur zwei Modelle das Gros der Stückzahlen entfiel: Windsor Deluxe und New Yorker Deluxe (Bezeichnungen, die ohne Standardmodelle reichlich lächerlich wirkten). Beide waren als viertürige Limousine, Town & Country-Kombi, Cabriolet und Newport Hardtop Coupé lieferbar. Daneben gab es den etwas abgemagerten Windsor Deluxe Nassau-Hardtop für $ 115 weniger als der Newport sowie den New Yorker St. Regis in Zweifarbenlackierung für $ 42 mehr als der entsprechende Newport ($ 3690).

Auch technisch wehte beim Windsor ein frischer Wind. Präsident L.L. „Tex" Colbert hatte die alten Sechszylinder für „mausetot" erklärt, also blieb 1955 nur noch der V8. Allerdings nicht als Hemi, sondern als 4932-ccm-Maschine mit polysphärischen Brennräumen, die billiger in der Fertigung war, aber einen annähernd gleichen Wirkungsgrad erreichte. Dieser „Spitfire"-V8 mit ähnlicher Konzeption wie der neue 1955er „Hy-Fire"-Motor von Plymouth leistete immerhin 188 PS. Der New Yorker behielt den 5426-ccm-Hemi, der mit geringfügig höherer Verdichtung 15 PS mehr entwickelte. Die Powerflite, das vollautomatische Zweiganggetriebe, das Chrysler 1954 herausgebracht hatte, kostete beim Windsor $ 189 Aufpreis, war beim New Yorker jedoch serienmäßig. Wie bei allen 55er Chrysler-Modellen, wurde sie mit einem Hebel

Chrysler nannte sein Design für 1955 den „100-Million-Dollar Look". Nach viel Geld sah der New Yorker von 1955/56 in der Tat aus. Wie bereits zuvor, blieb die viertürige Limousine die meistverkaufte Variante. Sie ging für $ 4173 weg und wurde 12369mal produziert. 1956 kamen ein neuer Grill und Heckflossenansätze hinzu.

rechts neben dem Lenkrad betätigt – ein Detail, das nur ein Jahr lang blieb und längst nicht so zierlich war, wie es aussah.

Als die feinsten Chrysler – nicht zu verwechseln mit dem Feinsten von Chrysler, dem Imperial – boten die 1955er New Yorker Luxus in Reinkultur. Edle Leder-/Nylon-Polster (außer beim T&C und der Limousine; letztere hatte Stoffbezüge) gab es ebenso wie Powerflite, Bremshilfe, elektrische Zeituhr, Rückfahr- und Bremswarnleuchten sowie mehrere Innenleuchten (beim Windsor alles nur gegen Aufpreis). In der Mitte des Modelljahres kamen die „Summer Special"-Limousine sowie der Newport mit St.Regis-Dreifarblackierung für nur $ 8.60 Aufpreis hinzu. Der Windsor war in geschmackvollem Green Falcon und Blue Herron lieferbar, der Newport zusätzlich noch mit Weiß abgesetzt.

Obwohl der 1955er New Yorker mit dem potenten neuen C-300 (siehe separate Beschreibung) nicht mithalten konnte, brauchte er sich nicht zu verstecken. Bei den Daytona Speed Weeks desselben Jahres errang er über die Meile mit fliegendem Start mit 114,6 mph (183,3 km/h) und mit stehendem Start mit 73,3 mph (117,3 km/h) einen Klassensieg.

Ähnlich beeindruckend waren die Verkaufszahlen. Trotz des schmäleren Modellprogramms produzierte die Chrysler Division 1955 47 000 mehr Einheiten als 1954, allerdings reichte auch dies nur für den 9. Rang der Herstellerstatistik. 1956 fiel man von 152 777 auf 128 322 Exemplare und damit auf Platz 10 zurück.

Die „Powerstyle"-Chrysler von 1956 entwickelten sich ganz allmählich. Der gestraffte Forward Look hatte Heckkotflügel und Gesamtlänge (außer beim Kombi) wachsen lassen, beide Baureihen (jetzt ohne Deluxe-Embleme) waren nun auch als viertüriges Newport-Hardtop lieferbar, womit man mit GM, die Mitte 1955 bereits mit viertürigen Hardtops angetreten waren, gleichgezogen hatte. Der Windsor besaß drei waagerechte Chromleisten und glatte Stoßstangen, der New Yorker wesentlich feinere Leisten und eine geschwungenere Stoßstange mit ausladenden Seitenteilen. Mitten im Trend nach mehr PS wollte auch der New Yorker nicht zurückstehen, dessen aufgebohrter 5801-ccm-Hemi nun 280 PS abgab. Der Windsor bekam dafür den 5426-ccm-Motor, der in gedrosselter Form auf 225, mit dem „Power Pak" (Doppelrohrauspuff und Vierfachvergaser für den 55er New Yorker) auf 250 PS kam. Weitere technische Verfeinerungen waren die „Center Plane"-Bremsen mit schwimmenden Backen und die nun durchweg serienmäßige Drucktasten-Powerflite.

Als schnelle, laufruhige, gutaussehende und sauber verarbeitete Wagen erfreuen sich diese Chrysler seit langem einer kleinen, aber fanatischen Anhängerschaft – genau wie die wichtigen 1957er Modelle (auf die wir noch zu sprechen kommen) – und dürften wohl zu den besten Chrysler-Typen bis Mitte der 60er Jahre zählen.

TECHNISCHE DATEN

Motor: V8, hängende Ventile **1955** 5426 ccm (96,7 × 92,2), 250 SAE-PS **1956** 5801 ccm (100 × 92,2), 280 SAE-PS	
Getriebe:	Powerflite-Zweigangautomatik
Fahrwerk, vorn:	obere und untere Dreiecksquerlenker, Schraubenfedern
Fahrwerk, hinten:	Starrachse, Halbelliptik-Blattfedern
Bremsen:	vorne/hinten Trommelbremsen
Radstand (mm):	3200
Gewicht (kg):	1871-2023
Höchstgeschwindigkeit (km/h):	177-192
Beschleunigung 0-96 km/h (s):	10,0-10,5

Produktionszahlen: 1955 Lim. 4tür. 33 342 **Newport Hardtop 2tür.** 5777 **St.Regis Hardtop 2tür.** 11 076 **Convertible** 946 **1956 Lim. 4tür.** 24 749 **Newport Hardtop 4tür.** 3599 **Newport Hardtop 2tür.** 4115 **St.Regis Hardtop 2tür.** 6686 **Convertible** 921

Chrysler

1955-56 Chrysler 300

Fast schon als Nachzieher zum „100-Million-Dollar Look" für 1955 präsentierte Chrysler am 8. Februar 1955 den 300 (offiziell C300). Autofanatiker, Stock-Car-Cracks und nicht wenige Chrysler-Fans, die nie im Leben einen besitzen würden, bereiteten ihm mit überschwenglichen Lobeshymnen einen begeisterten Empfang. Und viele von denen, die die $ 4110 Kaufpreis lockermachen konnten, entschieden sich nach einer Probefahrt im 300 doch für einen New Yorker oder Imperial. Rasch erkannten sie, daß der „Beautiful Brute", wie Karl Ludvigsen ihn nannte, sich als Alltags-Chrysler ziemlich brutal fuhr. Aber für den Alltag war er ja auch nicht gedacht.

Unzweifelhaft ist der legendäre 300 zu den überragenden Hochleistungsautos aller Zeiten zu rechnen. Wie es Tom McCahill von Mechanix Illustrated in seinem unverwechselbaren Stil ausdrückte: „Die leistungsstärkste Limousine der Welt, und die schnellste obendrein... mit knochenbrecherischer Federung und soviel Dampf, daß nur noch die Flügel fehlen, damit man abhebt... Auf jeden Fall ist er kein geeignetes Gefährt für Tante Frieda, um damit zum Kaffeekränzchen zu tuckern. Ein Fortbewegungsmittel für den Durchschnitts-Mann ist der 300 übrigens genausowenig, sondern vielmehr ein durch und durch hochgezüchteter Straßen-Renner für echte Autokenner."

Von einem solchen Kenner war der 300 auch erdacht worden: Robert MacGregor Rodger, Chefingenieur der Chrysler Division. Der damals 38jährige Rodger war von Anfang an am Hemi-Motor beteiligt gewesen und hatte nach den ersten Renneinsätzen des Hemi in Privathand beschlossen, daß dieser Motor eine Werksunterstützung verdiente. Bob Rodger darf als „Pate" der heute im Rennsport vorherrschenden Werksteams gelten, auch wenn ähnliche Gedanken damals auch bei manchen europäischen Herstellern ausgebrütet wurden.

Virgil Exner, der Chrysler mit dem erfolgreichen Jahrgang 1955 seinen Stempel aufgedrückt hatte, ermutigte Rodger zur Entwicklung eines Über-Chrysler, doch Ed Quinn, General Manager der Division, gab die Marschroute aus, daß man stilistisch nicht allzusehr von der 1955er Linie abweichen durfte. Exner entwickelte eine Kombination aus Imperial und Chrysler; eine New Yorker-Hardtop-Karosserie, hintere Seitenteile des Windsor, Grill, Standlichter, vordere Stoßstange und Radzierblenden des Imperial. Später

übernahm Exner die weniger gewichtigen Chrysler-Stoßstangen und -Standleuchten sowie die weit auseinanderstehenden Imperial-Stoßstangenhörner. Daß das von Exner vorgesehene Imperial-Armaturenbrett keinen Platz für den Drehzahlmesser bot, war halb so schlimm, denn der 300 wurde 1955 nur mit Powerflite geliefert. Extras wurden für diese ersten 300er kaum geordert, lediglich Radio, Heizung, Servolenkung u.ä. Seltener verlangt wurden elektrische Sitz- und Fensterbedienung, Bremshilfe, Zeituhr, getönte Scheiben und Drahtspeichenräder. Eine Klimaanlage fehlte gänzlich. Als Lackierung standen nur Rot, Weiß und Schwarz zur Wahl (jeweils mit hellbrauner Lederausstattung).

In der Rennsaison 1955 erwies sich der 300 als unschlagbar. Den ersten NASCAR Grand Prix sicherte er sich mit einer Durchschnittsgeschwindigkeit von 92 mph (147 km/h), die Meile mit fliegendem Start passierte er in Daytona mit 127 mph (203 km/h), und mit 76,84 mph (123 km/h) stellte er auch über die Meile mit stehendem Start einen Klassenrekord auf. Bei 37 NASCAR- und AAA-Rennen über 100 Meilen Distanz fiel für ihn die schwarz-weiße Siegerflagge. Damit unterstrich der 300 den ohnehin guten Ruf der Chrysler-Technik, heizte nebenbei den Verkauf der normalen Chrysler-Typen an und verkaufte sich 1955 ebenfalls 1725mal – für ein derartiges Sondermodell nicht schlecht.

Der 300B des Modelljahrgangs 1956 war gegenüber 1955 logischerweise verfeinert worden; auch diesmal im Gewand einer Chrysler-Hardtop-Karosserie mit Imperial-Kühlergrill und speziellen Emblemen. Auch dieses Modell debütierte auf der Chicago Automobile Show im Januar 1956 als Nachzügler mit dem auf 5801 ccm aufgebohrten 354er Hemi mit 340 PS oder (mit hochverdichteten Köpfen) gar 355 PS. Damit war er der erste (und letzte) 300, der das magische 1 PS pro Cubic Inch überschritt – und zugleich (noch vor dem 310 PS starken Packard Caribbean) das PS-stärkste Modell des US-Jahrgangs 1956 – wie sein Vorgänger bereits 1955.

Antriebsübersetzungen waren in unterschiedlichsten Abstufungen von 3,08:1 bis 6,17:1 (genug zum Bäumeausreißen!) lieferbar. Testwerte für die letztere Übersetzung liegen nicht vor, doch dürfte er damit in kaum mehr als 4 Sekunden von 0 auf 100 beschleunigt haben! Abermals dominierte der 300 in der NASCAR-Klasse; Tim Flock von Kiekhafer Racing gewann das Grand National-Rennen mit 90,836 mph (145,3 km/h) Durchschnitt, dicht gefolgt von Vicki Wood, die mit 136,081 mph (217,7 km/h) einen neuen Rundenrekord in der Damenklasse aufgestellt hatte.

Für den 300B lieferte Chrysler nun mehr Extras, u. a. Klimaanlage und den neuen „Highway HiFi"-Autoplattenspieler aus dem Mopar-Programm. Durch den rückläufigen Absatztrend 1956 kam man allerdings nur auf 1102 Exemplare. Egal, ob Modell 1955 oder 1956, wer heute einen 300 besitzt, ist gut dran und wird allenthalben beneidet. Ungeachtet des Mißbrauchs, der mit diesem Etikett überall getrieben wird, sind diese Autos echte Klassiker.

TECHNISCHE DATEN

Motor: V8, hängende Ventile, **1955** 5426 ccm (96,7 × 92,2), 300 PS **1956** 5801 ccm (100 × 92,2), 340 SAE-PS; auf Wunsch 355 SAE-PS	
Getriebe:	Powerflite-Zweigangautomatik
Fahrwerk, vorn:	Einzelradaufhängung, Schraubenfedern, Teleskopstoßdämpfer
Fahrwerk, hinten:	Starrachse, Blattfedern, Teleskopstoßdämpfer
Bremsen:	vorne/hinten Trommelbremsen
Radstand (mm):	3200
Gewicht (kg):	**1955** 1817 **1956** 1880
Höchstgeschwindigkeit (km/h):	208 (mit normaler Antriebsübersetzung)
Beschleunigung 0-96 km/h (s):	9,0-10,0 (mit normaler Antriebsübersetzung)

Produktionszahlen: 1955 1725 **1956** 1102 (einschließlich zerlegte Exportmodelle)

Dieser Chrysler des Modelljahrgangs 1955 hieß offiziell C-300 (unten), wird jedoch allgemein als 300 bezeichnet. Es war ein kompromißloses Hochleistungsfahrzeug für echte Autokenner, wie Tester Tom McCahill formulierte. Das Modell 1956, der 300B (linke Seite), war an den Flossenansätzen zu erkennen und brachte 40 PS (mit höherer Verdichtung 55 PS) mehr, d. h. insgesamt 340 bzw. 355 PS.

Chrysler

1957-59
Chrysler New Yorker

Nicht zufrieden mit dem Aufschwung der Verkaufszahlen von 1955/56, steckte die Chrysler Corporation bereits zum Modelljahr 1957 erneut $ 300 000 000 in die Überarbeitung des gesamten Typenprogramms. Das Ergebnis war nicht nur unglaublich, es kam auch völlig überraschend. Mit derart tiefgreifend umgestalteten Modellen ging die Führungsstellung in Sachen Design von General Motors eindeutig auf den Highland Park über, und das biedere Image war endgültig vergessen.

Obwohl die Modelle 1957 des gesamten Konzerns gut aussahen, stand diese zweite Generation des „Forward Look" dem Chrysler eindeutig am besten. Von dem klaren waagerechten Kühlergrill bis zu den sanft hochgezogenen Heckflossen wirkte alles wie aus einem Guß. Die keilförmige Seitenansicht, die deutlich niedrigere Gürtellinie, riesige Glasflächen und die geringere Bauhöhe — bei den Limousinen um 7,5 cm, beim Hardtop um 12,5 cm — ließen das Modell 1957 noch länger wirken; dabei war es sogar etwas kürzer als das Modell 1956 (bei unverändertem Radstand). Kurz, dieser „New Look of Motion" wirkte markant und faszinierend, für die damalige Zeit aber angenehm verhalten. Chrysler hatte nicht übertrieben, als man vom „most glamorous car in a generation" sprach.

Neben seinen Vettern aus dem Chrysler-Stall zeigte auch der Chrysler 1957 erstmals zwei wichtige technische Neuerungen: Zum einen die „Torsion-Aire Ride", eine neue Vorderachse mit Längsdrehstäben an unteren Querlenkern sowie oberen Querlenkern und Stabilisator. Diese Achse sollte die Fahreigenschaften ohne Komforteinbuße verbessern, was ihr auch eindeutig gelang. Dank der Torsion-Aire wurden die Chrysler-Modelle 1957 zu den fahrtüchtigsten Autos der US-Fertigung, auch dank des neuen Kastenrahmens mit breiterer Spur und niedrigerem Schwerpunkt.

Der zweite technische Trumpf von Highland Park war die TorqueFlite, eine neue Dreigangautomatik, die für alle Modelle der Corporation als Alternative zur Zweigang-Powerflite geliefert wurde. Sie war bei allen 1957er Chrysler außer dem Windsor ($ 220 Aufpreis) serienmäßig und besaß auch eine Druckknopfautomatik. Die ganze Presse war über ihr rasches Ansprechen und die ruckfreie Schaltung voll des Lobes.

Als weitere absatzfördernde Maßnahme ließ Chrysler die Saratoga-Modelle neu erstehen, eine Limousine und zwei Hardtops zwischen Windsor und New Yorker. Alle anderen Versionen übernahm man vom Vorjahr, außer dem New Yorker St.Regis, Windsor Convertible und Nassau. Der Windsor erhielt den 5801-ccm-Hemi des Vorjahres mit 285 (Serie) bzw. 295 PS (auf Wunsch); letztere Version bestückte auch die Saratogas. Der New Yorker als Spitzenmodell (wenn man von dem ebenfalls neuen 300C einmal absieht) erhielt einen noch größeren 6,4-Liter-Hemi mit 325 PS.

Trotz aller lobenswerten Neuerungen brachten die 57er Modelle nicht den erhofften Aufschwung; Stückzahlen und Platz in der Produktionsstatistik verharrten auf dem Vorjahresstand. Daß dies enttäuschte, war klar, doch 1958 sollte es noch viel schlimmer kommen. Infolge der Wirtschaftsrezession und des Rufs schlampiger Verarbeitung und starker Rostanfälligkeit, der dem Modell 1957 anhaftete, rutschte Chrysler vom 10. auf den 11. Platz ab.

Wie zu erwarten, ähnelten die 58er Chrysler weitgehend dem Jahrgang 1957. Durch höhere Verdichtung stiegen die PS-Zahlen nochmals an (beim Windsor/Saratoga/New Yorker auf 290/310/345 PS); kleinere Retuschen, wie sie für eine nagelneue Karosserie in ihrer zweiten Saison typisch waren, betrafen vor allem den Kühlergrill (der merkwürdigerweise nun mehr dem DeSoto glich), kleinere Heckleuchten und geänderte Innenausstattungen.

1959 begann der Markt sich allmählich zu erholen, so auch die Stückzahlen des Chrysler, obwohl das Modelljahr nur ein Plus von knapp 6300 Einheiten auf 69 970 Stück brachte — immer noch nicht berauschend. Das neuerliche Facelifting bescherte dem Chrysler ein langweiligeres Front- und Heckstyling. Der Windsor Convertible feierte seine Rückkehr (schon 1958 waren zwei Cabrio-Exemplare entstanden) im „Lion-Hearted"-Modellprogramm. Mit diesen „Löwenherzen" waren die neuen V8-Maschinen mit keilförmigen Brennräumen gemeint, die wesentlich billiger als die Hemis und sogar noch potenter waren. Der New Yorker wurde mit dem aufgebohrten 6,7-Liter-Triebwerk bestückt (wie auch der neue 300E, das für 350 PS gut war; Windsor und Saratoga wiesen einen 6,4-Liter-Motor auf, der 305 bzw. 325 PS leistete. Die Absatzzahlen des New Yorker Convertible tendierten derweil gegen Null; überhaupt erreichte kein 59er Chrysler-Modell mit Ausnahme der Windsor-Limousine die 10 000 Einheiten-Grenze.

Vor dem Aufschwung setzte bei Chrysler aber noch eine weitere Talfahrt ein. Verfehlte Produktplanungen und ungeschicktes Marketing drückten die Absatzzahlen während der gesamten ersten Hälfte der 60er Jahre in den Keller. Einige — doch längst nicht alle — dieser Probleme nahmen schon mit den Modellen 1957-59 ihren Anfang, die nicht nur die letzten Hemi-Chrysler, sondern auch die letzten Modelle mit separatem Rahmen und unverschnörkeltem Design waren. Die hervorragenden Fahrleistungen und die bereits erwähnte Seltenheit diverser New Yorker-Versionen ließen ihren Reiz als besonders sammelnswerte Autos dieser Jahrzehnte nur noch weiter wachsen.

Die Chrysler Corporation verblüffte die Autowelt 1957 mit ihrer gewagten, geradlinigen Linienführung und betonten Heckflossen. Der New Yorker (rechte Seite) ging als Spitzenmodell für $ 4202 als zweitüriges Hardtop und für $ 4259 als viertüriges Hardtop weg. In Deutschland kostete er 1959 stolze DM 31 500,—, rund DM 4000,— mehr als der Mercedes 300d.

Technische Daten

Motor: V8, hängende Ventile, **1957** 6424 ccm (101,6 × 99), 325 SAE-PS **1958** 345 SAE-PS **1959** 6728 ccm (106,1 × 99), 350 SAE-PS

Getriebe:	TorqueFlite-Dreigangautomatik
Fahrwerk, vorn:	obere Dreiecksquerlenker, untere Querlenker, Längsdrehstäbe, Stabilisatoren
Fahrwerk, hinten:	Starrachse, Halbelliptik-Blattfedern
Bremsen:	vorne/hinten Trommelbremsen
Radstand (mm):	3200
Gewicht (kg):	1851-2037
Höchstgeschwindigkeit (km/h):	176-184
Beschleunigung 0-96 km/h (s):	10,0-11,0

Produktionszahlen: 1957 Lim. 4tür. 12 369 **Hardtop 4tür.** 10 948 **Hardtop 2tür.** 8863 **Convertible** 1049 **Town & Country Kombi 4tür.** 1391 **1958 Lim. 4tür.** 7110 **Hardtop 4tür.** 5227 **Hardtop 2tür.** 3205 **Convert.** 666 **Town & Country 4tür.** 1203* **1959 Lim. 4tür.** 7792 **Hardtop 4tür.** 4805 **Hardtop 2tür.** 2434 **Convert.** 286 **Town & Country Kombi 4tür.** 1008*

* einschließlich 6- und 9-Sitzern

Chrysler

1957-58 Chrysler 300

Bei der Einführung der von Virgil Exner gezeichneten Heckflossenschiffe, der Drehstab-Vorderachse und der TorqueFlite-Automatik im Jahr 1957 blieben Bob Rodger und die Chrysler Division der etablierten Formel treu, die den Chrysler 300 als betont auf Leistung getrimmtes „Semi-Wettbewerbsfahrzeug", wie Tester Tom McCahill es formulierte, im Rahmen der Chrysler-Serienprodukte vorsah. Das Modell 1957 lief als 300C, war also die dritte Genration des 300 — ein Punkt, der zu Verwirrung mit der ursprünglichen Bezeichnung C-300 von 1955 Anlaß gab.

Der markante Kühlergrill des 300 war diesmal ein Eigengewächs: ein großer Trapezgrill mit Wabenmuster aus senkrechten und waagerechten Chromleisten, die die breite Front betonen sollten. Die kleinen Lufteinlässe links und rechts leiteten die Luft direkt zu den vorderen Trommelbremsen, deren Belagfläche nun auf 389 mm2 angestiegen war. Die neue Frontpartie ging auf den Prototyp Nr. 613 zurück, der übrigens auch die gigantischen Heckflossen der Mopar-Modelle von 1959 aufwies. Den 1957er Flossen konnte man ihre Eleganz jedoch nicht absprechen; vor allem beim Chrysler fügten sie sich harmonisch und ohne Übertreibung in die pfeilförmige Silhouette ein. Exzesse kamen erst später — bei Ford und General Motors, aber auch bei Chrysler.

Zu den mechanischen Verfeinerungen des 300C zählten u. a. der „SilentFlite"-Lüfterantrieb, der den Kühlerlüfter bei 2500 U/min automatisch abschaltete und damit zusätzliche PS freimachte. Die Drehstäbe des 300 besaßen eine 40 % höhere Steifigkeit als die des New Yorker (und ergaben die gewohnt harte Federung). Die Servolenkung gabs nur gegen Aufpreis, sie erwies sich dank der knappen 3,3 Lenkraddrehungen von Anschlag zu Anschlag aber als sehr nützlich und war bald in den meisten 300C zu finden.

Wie der Windsor (aber im Gegensatz zu den anderen 1957er Chrysler) konnte auch der 300 mit einem Dreigang-Schaltgetriebe statt der TorqueFlite geordert werden. Über die 375 PS hinaus war obendrein eine schärfere Nockenwelle lieferbar, die für 390 PS gut war. Fast alle 390-PS-Exemplare besaßen die Handschaltung und dürften auf den Dragstrips und bei Ampelrennen geradezu ehrfurchteinflößende Leistungen entfaltet haben.

Neu beim 300 war das Cabriolet, das ein Drittel der Gesamtfertigung ausmachte. Wie bei den bisherigen 300ern standen für den 300C kaum Sonderpolsterungen zur Wahl: Der Innenraum war stets in hell-

Der Chrysler 300 von 1957/58 besaß einen speziellen, aggressiv wirkenden Kühlergrill. Der 300C (unten) leistete 375 oder (mit Sportnockenwelle) 390 PS. Das Hardtop kostete $ 4929, die offene Version $ 5359. Beim 300D von 1958 waren Kühlergrill und Heckleuchten geändert worden; die Preise betrugen nun $ 5173 bzw. $ 5603. Die Produktion fiel von 2402 Einheiten 1957 auf 809 im rezessionsgeplagten Jahr 1958.

braunem Leder gehalten, beim Lack konnte man zwischen Copper Brown, Parade Green, Cloud White, Gauguin Red und Jet Black wählen. Wie andere 1957er Chrysler wurde auch der 300C auf Wunsch mit Doppelscheinwerfern geliefert. Nicht in allen US-Bundesstaaten waren diese bereits zulässig, also wurden die Vorderkotflügel für beide Varianten gestaltet. (Nur Nash und der Cadillac Eldorado Brougham boten 1957 serienmäßig Doppelscheinwerfer an; ob für die Bundesstaaten, in denen diese noch nicht zulässig waren, häßliche Umrüstsätze lieferbar waren oder die Wagen einfach nicht verkauft wurden, bleibt offen.) Das Hardtop war ab etwa $ 5000 erhältlich, das Cabriolet ab ca. $ 5400.

Wer Tom McCahills Testberichte in Mechanix Illustrated las, spürte, daß ihm der Chrysler 300 runterging wie Öl. Das Modell 1957 war für ihn „die männlichste feuerschluckende Straßenbombe, die Detroit je hervorgebracht hat." Onkel Tom gab die Beschleunigung auf 100 km/h mit 8,4 Sekunden (mit TorqueFlite) und die Höchstgeschwindigkeit bei direkterer (zahlenmäßig niedriger) Antriebsübersetzung mit 240 km/h an. Leider kam die dominierende Stellung des 300 im Rennsport im gleichen Jahr ohne eigenes Verschulden zu einem abrupten Ende, als die Auto Manufacturers Association ihr Verbot renntauglicher Straßenmodelle aussprach, das unter dem Eindruck der Sicherheitslobby entstanden war, für die Rennerfolge in der Autowerbung Anlaß zu gefährlichen Rasereien auf den Straßen waren. Innerhalb weniger Jahre mogelten sich alle Hersteller an diesem Verbot vorbei, das bald in Vergessenheit geriet, der Werksunterstützung für Stock-Car-Rennen aber den Garaus gemacht hatte. Immerhin sicherte sich Privatfahrer Brewster Shaw mit einem 300C in Daytona noch die Meisterschaft über die Meile mit fliegendem und stehendem Start mit über 130 mph (210 km/h).

1958 kam ein nur minimal geänderter 300D heraus: ein vereinfachter Wabengrill, gestutzte Rückleuchten, die in ihren Ausschnitten im Heckkotflügel irgendwie zu klein wirkten, etwas höhere Verdichtung und Leistung, sowie die Bendix Electrojector-Einspritzung gegen $ 400 Aufpreis. Letztere, die nur in 16 Exemplaren geordert wurde, erwies sich als unzuverlässig und wurde fast immer auf Vierfachvergaser zurückgerüstet. Bremshilfe gab es serienmäßig, der Hemi-Motor erhielt einen höheren Nockenhub, schwerere Kolben und eine neue Nockenwelle. Bei einem seiner wenigen Renneinsätze stellte der 300D gleich einen neuen Geschwindigkeitsrekord auf: Norm Thatcher kam in Bonneville in der Klasse E auf 156,387 mph (250,21 km/h). Brewster Shaw spulte derweil in Daytona die Viertelmeile mit 94 mph (150 km/h) in 16 Sekunden ab. Unstrittig war der 300D von 1958 nach wie vor ein Kraftprotz — aber ein ansehnlicher.

TECHNISCHE DATEN

Motor: V8, hängende Ventile, 6424 ccm (101,6 × 99) **1957** 375 SAE-PS, auf Wunsch 390 SAE-PS **1958** 380 SAE-PS; auf Wunsch 390 SAE-PS

Getriebe:	3-Gang-Schaltgetriebe; TorqueFlite-Dreigangautomatik
Fahrwerk, vorn:	Einzelradaufhängung, Drehstäbe, Teleskopstoßdämpfer
Fahrwerk, hinten:	Starrachse, Blattfedern, Teleskopstoßdämpfer
Bremsen:	vorne/hinten Trommelbremsen
Radstand (mm):	3200
Gewicht (kg):	Hardtop 1922-1954 Convertible 1993-2031
Höchstgeschwindigkeit (km/h):	208-240 (je nach Antriebsübersetzung)
Beschleunigung 0-96 km/h (s):	7,7-8,7 (laut Testergebnissen)

Produktionszahlen: 1957 Hardtop 1918 **Convertible** 484 **1958 Hardtop** 618 **Convertible** 191

Chrysler

1959 Chrysler 300E

Die fünfte Generation des Chrysler Muscle-Car behielt ihren prägnanten Trapezgrill und die glatten Seitenflächen mit dem traditionellen 300er Emblem und der Speerzierleiste bei, erhielt allerdings auch Heckleuchten, Heckstoßstange und Heckpartie im überladenen 1959er Look. Stilistisch bedeutete dies eine Verschlimmbesserung, zumal man munkelte, dem 300er seien die Zähne gezogen worden. Der Grund? Statt des Hemi tat jetzt der fast 50 kg leichtere V8-„wedgehead" mit keilförmigen Bremmräumen und gezähmter Nockenwelle, Hydrostößeln und (als Extra) Bendix-Einspritzung Dienst.

Auch alle Werbeschachzüge waren vergeblich. Offensichtlich hatte Chrysler (oder deren Werbeagentur) nach Ausrufung des Rennverbotes beschlossen, den 300E als schnelles Luxusgefährt zu verhätscheln. Die Zubehörliste la New Yorker wurde immer länger, wobei vor allem eine Chrysler-Erfindung auf dem Papier praktischer als in der Realität wirkte: die „swivel seats", die sich beim Öffnen der Türen zum Ausstieg hin drehten. An sich sinnvoll, doch meistens lief es darauf hinaus, daß man mit den Kleidern am Lenkrad hängenblieb — mit mehr oder weniger angenehmen Folgen, je nachdem, ob man selbst betroffen war oder nur zusah.

Daneben gab es den Auto Pilot (eine Art Tempomat), Klimaanlage, Radio und Heizung, elektrische Fensterheber und Sitzverstellung, getönte Scheiben, Highway Hi-Fi-Autoplattenspieler usw. Die hübschen, aber unpraktischen Radkappen des 300E imponierten durch ein schwarzes Mittelteil mit zahnradförmiger Attrappe um das rot, weiß und blaue 300er Emblem (das auch auf den Rücksitzen prangte). Das Porenmuster der Ledersitze verhieß bessere Atmung bei heißem Wetter. Begrenzt blieb die Lackpalette: Schwarz, Rot, Kupfer, Türkis-Grau und Hellbeige. Angesichts so unnützer Zutaten wie Riesenradkappen mit Schnellverschlußattrappen fragten sich natürlich viele, ob der 300E zum Papiertiger geworden war.

Mitnichten.

So schrieb z.B. Motor Trend im März 1959: „Leistungsmäßig überflügelt der 300E seinen Vorläufer deutlich. Der 300E bringt nun gut 1950 kg auf die Waage. Der große 380-PS-Motor (mit Verdichtung 10,1:1, verbessertem TorqueFlite-Getriebe und Antriebsübersetzung 3,31:1) wird mit diesen Pfunden spielend fertig." Die Werksangaben entsprechen praktisch genau den Testwerten. Beide geben die Beschleunigung auf 100 km/h mit knapp über 8 s, auf 90 mph (144 km/h) mit 17,6 s (beim 300D mit 20,6 s) an.

Pech war nur, daß diese Konzeptionslosigkeit des neuen 300E alte Käufer abschreckte, luxusverwöhnte Kunden aber auch nicht anzuziehen vermochte. Diese entschieden sich stattdessen für den New Yorker oder Saratoga. Auch die Finanzen spielten mit hinein: Alle Modelle des New Yorker waren $ 900 preisgünstiger als der 300E, das Saratoga-Hardtop gar $ 1300 billiger als das 300E Hardtop. In einem Jahr, da überall die Absatzzahlen anstiegen, erreichte die Fertigung des E den Tiefpunkt aller Modelle der 300er „Letter Series" bis 1963; selbst die stark gezähmten 300K und L von 1964/65 verkauften sich in wesentlich größeren Stückzahlen.

Im folgenden Jahr meldete sich die „Letter Series" mit dem 300F, Schalensitzen, und einer Version des 413er Motors mit Ram Induction, die angeblich 400 PS entwickelte, mit Macht zurück. Der 300G von 1961 setzte diesen Trend noch fort und trieb die Verkaufszahlen des 300 auf über 1600 Stück, das bisher beste Ergebnis.

Der Ruf des 300 war mittlerweile soweit gefestigt, daß die profitgierigen „Erbsenzähler" im Management ab 1962 eine neue Reihe von „Standard"-300ern (auch als Viertürer) statt des Windsor verordneten. Diesen fehlte die Individualität und die Leistungsfülle der „Letter Series", wodurch das Image schlagartig verwässert wurde. 1962 gab es auch einen 300H mit noch mehr PS als 300F und 300G, doch fielen die Verkaufszahlen wieder stark ab und erholten sich auch mit dem 300J von 1963 nicht wieder. Worauf die Erbsenzähler sogar die 300er Serie an die Kandare nahmen und die Leistung des 300K von 1964 auf 360 PS drosselten. Der letzte 300L von 1965 war optisch und technisch kaum mehr vom New Yorker zu unterscheiden, der genausoviel wog und auch mit der 360-PS-Maschine lieferbar war. Damit war das Ende der Fahnenstange erreicht, und es blieb nur eine schöne Erinnerung.

Der Chrysler 300E von 1959 war am geänderten Heck zu erkennen; der Kühlergrill wies nun waagerechte Leisten auf, ansonsten blieb die Frontpartie aber weitgehend gleich. Die Leistung ging trotz einer Hubraumvergrößerung von 6424 auf 6768 ccm um 10 PS auf 380 zurück. Rückläufig tendierten auch die Stückzahlen. Nur 140 Cabrios und 550 Hardtops (rechte Seite) erblickten das Licht der Welt. Der neugestaltete 300F von 1960 verkaufte sich bereits 1212mal.

TECHNISCHE DATEN

Motor:	V8, hängende Ventile, 6768 ccm (106,1 × 99) 380 SAE-PS
Getriebe:	3-Gang-Schaltgetriebe; TorqueFlite-Dreigangautomatik
Fahrwerk, vorn:	Einzelradaufhängung, Drehstäbe, Teleskopstoßdämpfer
Fahrwerk, hinten:	Starrachse, Blattfedern, Teleskopstoßdämpfer
Bremsen:	vorne/hinten Trommelbremsen
Radstand (mm):	3200
Gewicht (kg):	**Hardtop** 1947 **Convertible** 1974
Höchstgeschwindigkeit (km/h):	208
Beschleunigung 0-96 km/h (s):	8,0-9,0
Produktionszahlen:	**Hardtop** 550 **Convertible** 140

Continental

1956 – 57
Continental Mark II

1953 reifte bei der Ford Motor Company der Entschluß zum Bau des endgültigen Luxusautos, das alles andere in der US-Autoproduktion übertreffen sollte. Nur ein Name kam hierfür in Frage: „Continental", die Neuauflage jenes Grand Luxe-Lincoln, den Edsel Ford in den späten Dreißigern entworfen hatte. Seitdem der letzte Continental 1948 verkauft worden war, hatten Händler und Öffentlichkeit ständig nach einem Nachfolgemodell verlangt. Nun hatte Ford endlich ein Einsehen.

Der neue Continental Mark II von 1956/57 hob sich vom „Mark I" (der offiziell nie so hieß) in einem entscheidenden Punkt ab: Er war kein Lincoln, sondern debütierte vielmehr als Kind der „Continental Division" unter der Leitung von Bill Ford, dem jüngeren Bruder von Henry Ford II. Dieser neue Zweig der Ford Motor Company sollte nicht nur das Mark II Coupé, sondern auch eine Vielzahl extremer Luxusmodelle lancieren, die noch oberhalb des Lincoln und des Cadillac angesiedelt waren. Der Continental zielte also in die gleiche Richtung wie Rolls-Royce. Eine Zeitlang schien dies auch zu gelingen. Aber nicht lange.

Die Continental Division hatte 1953 als Special Product Operations begonnen, wo sich eine Starbesetzung von Designern und Konstrukteuren zusammengefunden hatte: Gordon Buehrig, John Reinhart, Bill Ford, Harley Copp. Letzterer entwarf ein neuartiges Fahrgestell, das zwischen Vorder- und Hinterachse betont tief lag. Dieser „cow belly frame", wie er bald hieß, ließ feudale Sitze zu, ohne daß das Dach besonders hoch ausgefallen wäre. Als Antrieb dienten Lincoln-V8-Motoren, die man aus der Fertigung handverlesen und feingewuchtet und mit der Multi-Drive-Dreigangautomatik gekoppelt hatte.

Zwar hofften die Ford-Hausdesigner, selbst letzte Hand an die Linienführung des Mark II anlegen zu können, doch zog die Special Products Division vor der Endfreigabe vier externe Berater hinzu: A.B. „Buzz" Grisinger/Rees Miller, Walter Buell Ford, Vince Gardner und George Walker. Jeder der vier arbeitete anhand gleicher Abmessungen eigene Entwürfe für Front-, Heck-, Seiten- und Dreiviertelansicht aus. Die Endversionen wurden auf eine einheitliche Größe gebracht und dunkelblau mit hellbeigem Interieur koloriert.

Letztlich erhielt Entwurf Nr. 2 des Haus-Designerteams von Special Products mit minimalen Änderungen für die Serie den Zuschlag. Auch die anderen hatten einfallsreiche Konzepte vorzuweisen. Walter

Der Continental wurde dank seines allseits bewunderten Stylings und der exzellenten Verarbeitung schon zu Lebzeiten zum Klassiker. Trotz anfänglich guter Verkaufserfolge war der Markt für ein $ 10 000 teures Auto 1956 jedoch nicht groß genug, um eine Fertigung in vertretbarem Rahmen aufrechterhalten zu können. Der Mark II starb deshalb bereits in seinem zweiten Jahr. Der Innenraum (oben) bestach durch exquisites Leder und teure Polsterstoffe.

Buell Ford schlug ein versenkbares Hardtop vor, das man später erprobte, aber wieder verwarf (dafür beim Ford Skyliner von 1957-59 erfolgreich einführte). George Walker zeigte u.a. einen Entwurf nach dem Muster des Continental von 1940: Eine lange, glatte Motorhaube, die in einem markanten zweigeteilten Kühlergrill auslief, der nach beiden Seiten elegant nach innen und wieder nach außen bis an die Scheinwerfer geschwungen war. „Die Preßwerkzeuge für derartige Formen wären wahrscheinlich kompliziert und sehr teuer geworden", erinnert sich John Reinhart, der gleichwohl fasziniert von Walkers Idee war.

Später gingen Gerüchte um, dieser Designerwettstreit sei eine Erfindung der PR-Abteilung gewesen und die Entscheidung für das Ford-eigene Team habe von vornherein festgestanden. Aber Reinhart betonte: „Absprachen gab es nicht. Wir setzten uns ganz einfach mit unbeanstandeten Entwürfen durch."

Der Sieg dieses Designs war nicht unverdient: ein langgestrecktes, klar gezeichnetes Coupé mit 5537 mm Gesamtlänge, schlichtem Preßblech-Kühlergrill, leichtem „Hüftschwung" an den Heckkotflügeln, der traditionellen, nach hinten geschlossenen Dachpartie des Continental und den Reserveradkonturen am Heck sowie eleganten Stoßstangen und sauber integrierten Schlußleuchten. Das einfache, fast spartanische Instrumentenbord orientierte sich an Flugzeug-Cockpits; gemasertes Leder und teure Polsterstoffe sorgten für gediegenes Ambiente. Der Mark II debütierte mit einem Listenpreis von $ 10 000, damals das teuerste Auto der USA, und fand in Europa wie in den USA ungeteilte Anerkennung. Pläne für ein Cabriolet und eine viertürige Limousine waren bereits weit gediehen, als sich das Unheil zusammenbraute.

Aus allerlei Gründen — dem immensen Preis und der verhaltenen Linienführung — verkaufte sich der Mark II nach Ansicht der Buchhaltung längst nicht gut genug. „Ein Kalkulator von Mercury wurde damit betraut, bei den Folgemodellen den Rotstift anzusetzen", erinnert sich Gordon Buehrig. „Eigentlich eine Schande — die ungeheure Stärke des Mark II war praktisch die Neubelebung des Konzepts des Duesenberg. Hinterher standen wir mit sehr viel weniger da — und nicht einmal dies blieb uns erhalten ... Der ganze Vorgang war für Bill Ford eine herbe persönliche Enttäuschung — und für uns in vielerlei Hinsicht ebenfalls."

TECHNISCHE DATEN

Motor: V8, hängende Ventile, 6030 ccm (101,6 × 92,9) **1956** 285 SAE-PS **1957** 300 SAE-PS

Getriebe:	Turbo-Drive-Dreigangautomatik
Fahrwerk, vorn:	Einzelradaufhängung, Schraubenfedern, Teleskopstoßdämpfer
Fahrwerk, hinten:	Starrachse, Blattfedern, Teleskopstoßdämpfer
Bremsen:	vorne/hinten Trommelbremsen
Radstand (mm):	3200
Gewicht (kg):	2180
Höchstgeschwindigkeit (km/h):	184
Beschleunigung 0-96 km/h (s):	12,0
Produktionszahlen:	**1956** 1325 **1957** 444

Continental

1958-59
Continental Mark III/IV

Als die Ford Motor Company beschloß, den Continental um $ 4000 zu verbilligen, die Modellpalette zu erweitern und rentabel zu gestalten, warf sie damit das Konzept eines amerikanischen Rolls-Royce oder eines modernen Duesenberg über Bord. Unter Beratung von Mercury-Managern wurde der „rationalisierte" Continental Mark III von 1958 in die riesige Lincoln-Einheitskarosserie gesteckt. Der Mark III besaß nun dieselben langen Kotflügel, riesigen Chrombänder und schrägstehenden Doppelscheinwerfer wie der Lincoln. Selbst der Motor war neu, nachdem Lincoln — und damit auch der Mark III — einen gewaltigen 7-Liter-V8 mit 375 PS erhalten hatte.

Statt des einzelnen Mark-II-Coupés gab es nun alle vier Karosserievarianten des 1958er Lincoln: viertürige Limousine, Hardtop, Cabriolet und Landau (viertürige Hardtop-Limousine). Preislich lag der Mark III zwischen $ 5825 für das Hardtop Coupé und $ 6283 für das Cabriolet — offensichtlich war er auf einen festen Verkaufspreis hin produziert worden, der rund $ 700 über dem Lincoln Premiere lag. Dies ging insoweit gut, als sich beide leidlich gut verkauften — in einem für die US-Autoindustrie an sich trüben Jahr. Spitzenreiter war das viertürige Landau-Hardtop, das fast 6000 Stück erreichte.

Anderswo lief es bei Ford weit weniger nach Wunsch. Der Edsel, der ebenfalls als eigene Marke lanciert worden war, fiel nach gutem Start auf die Nase und kam nur auf ein Drittel der erhofften Stückzahlen. Rasch packte man darauf Edsel und Continental zurück in die Lincoln-Mercury Division. James J. Nance, vormals Präsident von Studebaker-Packard, wurde als Präsident der Edsel Division mit der Abwicklung betraut, während Continental Mitte 1958 kurzerhand Lincoln-Mercury zugeschlagen wurde. Der Continental Mark IV rangierte damit 1959 wieder als Lincoln (wie auch alle zukünftigen Continentals).

Auch der Mark IV geriet teurer als der Premiere — und zwar durch die Bank um $ 1300 pro Modell. Neben den vier bekannten Varianten kamen zwei teure Repräsentations-Continentals hinzu: eine verlän-

1958 schnellten die Produktionszahlen des Continental steil in die Höhe, nachdem der glücklose Mark II vom 1958er Mark III auf Lincoln-Basis abgelöst worden war. Günstigere Preise und vier Karosserievarianten taten das übrige. Das Cabriolet 1958 (rechts, oben) war mit $ 6283 fast $ 4000 billiger als ein Mark II und übertraf die Gesamtproduktion des Mark II von 1956/57 mit Leichtigkeit. Der Mark IV von 1959, hier als Landau Hardtop Sedan für $ 6845 (oben und unten), wies einen nüchterneren Grill und akzentuierte seitliche Sicken auf. Der Lincoln von 1959 (rechte Seite, unten rechts) läßt die enge Verwandtschaft mit dem Continental von 1958-60 erkennen.

gerte Limousine mit Trennscheibe sowie ein entsprechender „Formal Sedan". Ähnliche Modelle waren bereits als Ableger des Mark II geplant gewesen. Sie kosteten mit $ 9208 bzw. $ 10 230 wesentlich mehr als die anderen Varianten, doch da sie in punkto Länge und Innenraum nichts besonderes zu bieten hatten, wurden nur wenige verkauft. Auch bei den normalen Versionen tendierten die Produktionszahlen rückläufig; nur die viertürigen Hardtops legten etwas zu. Sogar die PS-Zahlen des 7-Liter-V8 gingen als Folge des neu erwachten Verbrauchsbewußtseins der amerikanischen Käufer um ca. 10 % zurück.

Dem vereinfachten Continental sollte 1960 noch ein Modelljahr in diesem Gewand vergönnt sein, als mit dem Mark V eine unveränderte Palette mit sechs Modellen und weiter gedrosseltem V8 das Licht der Welt erblickte (die sich allerdings auch nicht besser und nicht schlechter als ihr Vorgänger verkauften). 1961 krempelte Lincoln-Mercury dann alles um und startete die erfolgreiche Reihe der viertürigen Continental-Limousinen und -Cabriolets. Repräsentations-Limousinen gab es nicht, entsprechende Aufträge wurden an Lehmann-Peterson vergeben, wo Sonderkarosserien mit längerem Radstand entstanden.

Der neue Continental hatte sich für Ford nicht in der 1953 erhofften Weise entwickelt. Aber 1961 ging dieses Konzept in eine neue Richtung — um 1968 schließlich zu einer weiteren „Luxus"-Serie des Continental Mark zu mutieren. Das Modell 1968 hieß verwirrenderweise wieder Mark III (statt Mark VI, der nächsten freien Nummer). Es hielt sich jedoch länger als der Mark III von 1958 und machte Cadillac in seiner Führungsstellung im Luxussektor erheblich zu schaffen.

TECHNISCHE DATEN

Motor: V8, hängende Ventile, 7046 ccm (109,2 × 93,9)
1958 375 SAE-PS **1959** 350 SAE-PS

Getriebe:	Turbo-Drive Dreigangautomatik
Fahrwerk, vorn:	Einzelradaufhängung, Schraubenfedern, Teleskopstoßdämpfer; auf Wunsch Luftfederung (nur in geringen Stückzahlen ausgeliefert)
Fahrwerk, hinten:	Starrachse, Schraubenfedern, Längslenker, Teleskopstoßdämpfer; auf Wunsch Luftfederung
Bremsen:	vorne/hinten Trommelbremsen
Radstand (mm):	3327
Gewicht (kg):	2270-2360
Höchstgeschwindigkeit (km/h):	176-185
Beschleunigung 0-96 km/h (s):	12,0

Produktionszahlen: 1958 Hardtop 4tür. 1283 **Hardtop Coupé** 2328 **Convertible Coupé** 3048 **Landau Hardtop Lim.** 5891 **1959 Repräsentations-Lim.** 49 **Formal Sedan** 78 **Lim. 4tür.** 955 **Hardtop Coupé** 1703 **Convertible Coupé** 2195 **Hardtop Lim.** 6146

1950-52 Crosley Hot Shot/ Super Sports

Powel Crosley jr., der Radio- und Kühlschrankmogul aus Cincinnati, war 1939 mit Träumen von einem amerikanischen Volkswagen in das Autogeschäft eingestiegen: Ein kleines, billiges Sparauto sollte jeder Familie ihren Zweitwagen bescheren. Die Vorkriegs-Crosleys waren niedlich anzusehen, dank Zweizylindermotoren, Seilzugbremsen und spartanischer Ausstattung jedoch arg primitiv, dafür aber nur $ 299 teuer. Crosley verkaufte sie nicht nur über Autohändler, sondern sogar in seinen Haushaltsgeräteläden.

Nach dem Krieg wollten die Crosleys wie „richtige" Autos auftreten: mit 70 cm längerem Radstand, besser (allerdings nicht wesentlich) ausgestattet und leistungsstärker, wofür man auf das Vierzylinder-„CoBra"-Aggregat mit obenliegender Nockenwelle zurückgriff, einen „kupfer-hartgelöteten" Blechmotor, der für Armeehubschrauber entwickelt worden war. Trotz der fast totsicher zu erwartenden Standfestigkeitsprobleme mit diesem Motor hielt sich Crosley im boomenden Nachkriegsmarkt recht wacker und setzte 1946 rund 5000, 1947 sogar über 19 000 Exemplare ab. In einem Anflug von Optimismus prophezeite Crosley daraufhin einen Jahresausstoß von 80 000 Stück. 1948 stiegen die Stückzahlen in der Tat – auf 28 374 -, doch dann war Schluß. Schon im Folgejahr brach der Crosley-Absatz angesichts des gesättigten Marktes und der neuen Modelle größerer, finanzstärkerer Konkurrenten um 75 % ein.

In seiner Not wandte sich Crosley 1949 speziellen Marktnischen zu. Zuerst gab es den vielseitigen „FarmORoad" als Kleinlieferwagen, dann (ausgerechnet!) einen Sportwagen. Hinter dem passenden Namen Hot Shot verbarg sich ein abgemagerter Roadster mit 10 cm längerem Radstand, aber mit gleicher Mechanik und demselben Fahrgestell wie die übrigen Modelle. Besonders interessant hieran war der rennwagenähnliche Aufbau mit tief ausgeschnittenen Seiten, einer rundlichen Nase mit separaten Scheinwerfern und einem Reserverad, das keck auf dem Stummelheck thronte.

Trotz seiner mageren 26 PS machte der Hot Shot seinem Namen alle Ehre, vor allem dank extremer Leichtbauweise und magerer Ausstattung. Er war zwar kein Rennwagen im Serientrim, aber doch erstaunlich spritzig. Ein typisches Exemplar kam in 20 Sekunden von 0 auf 100, legte die Viertelmeile aus dem Stand in 25 s mit 105 km/h zurück und erreichte 123 km/h Spitze. Zudem war der Crosley immer noch unverschämt billig: Listenpreis nur $ 849. Der kaum schnellere MG TC kostete doppelt so viel.

Inzwischen hatte Crosley den pannenanfälligen CoBra-Motor zugunsten des CIBA-Motors mit Graugußblock aufgegeben. Mit fünf Hauptlagern, Druckumlaufschmierung und einer Drehzahlgrenze von 10 000 U/min war er fürs Tuning wie geschaffen. Der Zubehörhandel lieferte auch schon bald eine Fülle preisgünstiger Tuning-Teile, mit denen die Beschleunigungszeiten sich halbierten und ehrliche 160 km/h erreicht wurden. Von Braje gab es beispielsweise eine Rennnockenwelle für $ 25, Krümmer für $ 28 und Doppelsaugrohre mit Amal-Motorradvergasern für $ 60. Vertex und H&C lieferten Hochleistungszündungen, und S.CO.T einen Rootskompressor, der die PS-Zahlen mehr als verdoppelte. Gott sei Dank verkraftete der CIBA-Motor diese kraftspendenden Extras klaglos.

Dies galt auch für das Fahrgestell des Hot Shot, das trotz der primitiven Federung für agiles Fahrverhalten und geradezu klettenhafte Straßenlage sorgte. Anders verhielt es sich mit den Bremsen. Alle Crosleys von 1949/50 besaßen an der Vorderachse Goodyear-Hawley-„Spot Discs" aus dem Flugzeugbau. Sie erwiesen sich als äußerst fading-beständig, doch fehlte es an einer vernünftigen Abdichtung, und sie blockierten durch Einwirkung von Streusalz und Straßenschmutz des öfteren. Die Umstellung auf Bendix-Trommelbremsen 1951/52 brachte Abhilfe und endlich Bremsvermögen, das mit der Leistung Schritt hielt.

Diese konnte ganz enorm sein. Die Sternstunde des Crosley schlug 1950, als einer der neuen Super Sports, im Prinzip ein Hot Shot mit richtigen Türen, den Index of Performance der 12 Stunden von Sebring gewann. Ein ähnliches Exemplar unter Briggs Cunningham hätte dies 1951 beinahe auch in Le Mans fertiggebracht, mußte jedoch durch Probleme mit der Elektrik aufgeben.

Crosley gab Ende 1952 auf – als Opfer rapide sinkender Absätze in einem Automarkt, in dem nur das Große als gut galt. Der Hot Shot kostete mittlerweile $ 952, der Super Sports hatte sich von $ 925 auf $ 1029 verteuert. Trotz allem waren die Preise also erstaunlich niedrig geblieben angesichts der Leistungsreserven und des „Freizeitwertes" dieser Wägelchen. Der Crosley hätte eigentlich weggehen müssen wie warme Semmeln, was wahrscheinlich auch der Fall gewesen wäre, wenn er von einem der großen Drei gebaut worden wäre.

Aber so kam es eben anders, und heute gehört der Crosley zu den „vergessenen" amerikanischen Sportwagen der ersten Nachkriegsjahre. Ein Jammer. Er war ein richtiger Riesentöter im wahrsten Sinne des Wortes (genau genommen ist er dies noch heute).

1949 war der Crosley Hot Shot der Sportwagen der USA. Mit 2159 mm Radstand und einem winzigen 721-ccm-Vierzylindermotörchen war er ein echter Straßenzwerg. Bei nur 450 kg Eigengewicht und dank umfangreicher Tuningteile ließ ein Hot Shot oder Super Sports (mit Türen) jedoch manche große Limousine alt aussehen. Ein Super Sports siegte sogar 1950 im Index of Performance bei den 12 Stunden von Sebring.

TECHNISCHE DATEN

Motor: Vierzylinder in Reihe, hängende Ventile, 721 ccm (63,5 × 57,1) 26,5 SAE-PS

Getriebe:	3-Gang-Schaltgetriebe
Fahrwerk, vorn:	Starrachse, Halbelliptik-Blattfedern
Fahrwerk, hinten:	Starrachse, Viertelelliptik-Blattfedern
Bremsen:	**1950** vorne/hinten Scheibenbremsen **1951/52** vorne/hinten Trommelbremsen
Radstand (mm):	2159
Gewicht (kg):	535-563
Höchstgeschwindigkeit (km/h):	128
Beschleunigung 0-96 km/h (s):	20,0
Produktionszahlen:	**1950** 742 **1951** 646 **1952** 358

Cunningham

1952-55 Cunningham

Briggs Swift Cunningham gäbe einen hervorragenden Stoff für die Drehbuchschreiber Hollywoods ab. Cunningham, Sohn eines Bankiers aus Cincinnati und Enkel des Proctor von Proctor & Gamble, gehörte zu den schillerndsten Erscheinungen der High Society. Er kannte die „richtigen" Leute (viele davon genauso reich wie er) und war ein Sportfanatiker, vor allem Golf, Fliegerei und Segeln — und Sportwagen. Nach seinem Beitritt zum frischgegründeten Sports Car Club of America in den ersten Nachkriegsjahren brachte er es 1948 in Watkins Glen schon zu einem zweiten Platz am Steuer seines „Bumerc", eines umgebauten Mercedes SSK mit Buick-Maschine.

Dann stieg Briggs erst richtig ein. Phil Walters und Bill Frick, die er in Watkins Glen kennengelernt hatte, wurden mitsamt ihrem kleinen Betrieb als Fahrer und Techniker verpflichtet, um ihren „Fordillac"-Zwitter 1950 bei den 24 Stunden von Le Mans an den Start bringen zu können. Da sich der Fordillac nicht qualifizieren konnte, versuchte es Briggs mit zwei Wagen mit dem neuen OHV-V8 von Cadillac, einem riesigen Gefährt mit Stromlinienkarosserie (das unter französischen Fans rasch den Spitznamen „Le Monstre" weghatte), sowie mit einem serienmäßige Coupé de Ville von 1950. Letzteres wurde Zehnter, ersteres Elfter in der Gesamtwertung.

Beflügelt von diesem Erfolg, ging Cunningham an die Entwicklung eigener Sport- und Rennwagen und gründete hierzu Ende desselben Jahres in West Palm Beach, Florida, seine eigene Sportwagenschmiede. „Wir wollen nicht zwei Typen bauen, eines für Rennen, eines als Tourer", erklärte er, „sondern ein Universalmodell, das sich für beide Zwecke eignet."

Der erste mit dem naheliegenden Kürzel C-1 war ein glattflächiger, niedriger Roadster, der wie eine Kreuzung aus frühen Ferrari Barchettas und den späteren Chrysler-Specials mit Ghia-Karosserie aussah. Als Antrieb diente der 5,4-Liter-Hemi von Chrysler, der in einem stabilen Rohrrahmen mit vorderer Einzelradaufhängung, DeDion-Hinterachse, langen 2667 mm Radstand und breiter Spur von 1473 mm vorne und hinten saß. Nur ein C-1 wurde fertiggestellt und für Straßenbetrieb (nach europäischen Maßstäben recht luxuriös) ausgerüstet.

Nächste Entwicklungsstufe war der C-2. Hiervon entstanden 3 Exemplare (Rennversionen unter dem Kürzel C-2R). Walters und Fitch brachten einen davon 1951 in Le Mans an den Start, mußten sich jedoch mit dem 18. Rang in der Gesamtwertung begnügen.

Ende des gleichen Jahres beschloß Cunningham die Auflage einer Straßenversion des C-2 in Kleinserie. Der daraus hervorgegangene C-3 wurde neben dem normalen Roadster als Coupé zu Grundpreisen von $ 9000 bzw. $ 8000 angeboten. Ebenfalls geplant war ein Rennpaket für $ 2915 mit Vierfachvergaserkrümmer, Zylinderköpfen mit ausgerundeten und polierten Kanälen, Ölkühler, Rennbremsanlage sowie Rennstoßecken und Renngrill. Als der Prototyp jedoch fertig war, waren allein die errechneten Fertigungskosten des C-3 auf $ 15 000 pro Stück geklettert.

So ging es also nicht; daher verpflichtete Cunningham Anfang 1952 die italienische Karosserieschmiede

TECHNISCHE DATEN

Motor: Chrysler-V8, hängende Ventile, 5426 ccm (96,7 × 92,2)
1952-53 220 SAE-PS **1953-55** 235 SAE-PS

Getriebe:	Cadillac 3-Gang-Schaltgetriebe; Chrysler-Halbautomatik
Fahrwerk, vorn:	obere und untere Dreiecksquerlenker, Schraubenfedern (Ford)
Fahrwerk, hinten:	Chrysler-Starrachse, Parallellenker, Schraubenfedern
Bremsen:	vorne/hinten Trommelbremsen (Mercury)
Radstand (mm):	2667/2717
Gewicht (kg):	ca. 1590
Höchstgeschwindigkeit (km/h):	192
Beschleunigung 0-96 km/h (s):	6,9-8,5
Produktionszahlen:	**Coupé** 18 **Cabriolet** 9

Der Sportwagenfanatiker Briggs Cunningham ging Anfang der 50er Jahre an die Schaffung eines für Rennen und Langstrecken gleichermaßen geeigneten Wagens. Der C-3 wurde von Michelotti entworfen und von Vignale in Italien auf einem Fahrgestell aus den Cunningham-Werken in Palm Beach montiert. Als Antrieb diente der Chrysler Hemi-V8. Das Ergebnis war ein amerikanischer „Gran Turismo", der es mit den Europäern allemal aufnehmen konnte. Durch Fertigungsschwierigkeiten blieb es aber bei minimalen Stückzahlen; nur 18 Coupés und 9 Cabriolets wurden gebaut.

Vignale für den Bau der C-3-Karosserien nach einem Entwurf von Giovanni Michelotti. Damit sank der geplante Grundpreis wieder auf $ 9000.

Heraus kam ein amerikanischer Gran Turismo, der es mit jedem europäischen Konkurrenten aufnehmen konnte. Der Leiterrohrrahmen des C-3 (mit modifiziertem Ford-Fahrwerk) entsprach beinahe exakt dem des C-2, nur die DeDion-Hinterachse war einer Chrysler-Starrachse mit Schraubenfedern und Parallellenkern gewichen. Die Bremsen bestanden aus einer Kombination von Mercury-Trommelbremsen mit 280 mm Durchmesser und Delco-Betätigungsmechanismus. Der Radstand wurde von anfänglichen 2667 mm um 5 cm gestreckt, so daß ein echter 2+2 entstand. Der V8 stammte von Chrysler Industrial und wurde mit den Cunningham-Krümmern für vier Zenith-Fallstromvergaser bestückt.

Innen und außen ähnelte der C-3 mehr als nur beiläufig anderen Michelotti- und Vignale-Kreationen, vor allem den ersten Ferraris. Die Karosserie trug unverkennbar die Handschrift von Vignale und darf als eine deren gelungeneren Schöpfungen jener Jahre gelten. Ledersitze und ein riesiger Tacho mit passendem Kombiinstrument (mit Zeituhr) und einem kleineren Drehzahlmesser dazwischen beherrschen den Innenraum. Das Gepäck mußte man ebenfalls im Innenraum verstauen, denn mit Reserverad und Benzintank war der Kofferraum schon weitgehend belegt.

Das erste C-3 Coupé, der Continental, wurde gerade rechtzeitig für die Fahrt des Cunningham-Teams nach Watkins Glen 1952 fertig. Anschließend war er bei diversen Autoshows zu sehen, während ein zweiter Wagen im Oktober auf dem Pariser Salon ausgestellt wurde.

Anfang 1953 kam eine „Serienfertigung" in Gang. Der Haken war nur, daß in Palm Beach ein Fahrgestell pro Woche fertig wurde, Vignale jedoch für die Komplettierung des Wagens beinahe zwei Monate benötigte. Im März war in Genf auch eine geplante Cabrio-Version zu sehen, während die Fertigung im Schneckentempo weiterlief. Bis zuletzt entstanden nur 9 Cabrios und 18 Coupés, erstere zum Listenpreis von exakt $ 11 422,50.

Dennoch wirkte der C-3 im Vergleich zu nahezu allen damaligen US-Autos bestechend klar und kompakt — eine stilistische Meisterleistung. Arthur Drexler, damals Direktor des New Yorker Museum of Modern Art, setzte das Coupé auf die Liste der 10 weltweit besten Designs. Für einige wenige begüterte Kenner wurde der C-3 zu einem sagenhaften Kauf und ging fast schneller weg, als Cunningham ihn fertigstellen konnte.

Bei niedrigerem Preis oder mit einer ausgefeilteren Mechanik wäre sogar Geld damit zu verdienen gewesen. Ein Cadillac, Lincoln oder Chrysler konnte doppelt soviele Insassen für den halben Preis befördern, und manch einer, der das nötige Kleingeld gehabt hätte, ließ den Cunningham wohl deshalb links liegen, weil er ja doch nur eine Amikiste in ausländischer Hülle war. Dabei war der C-3 sicher genauso gut wie ein Ferrari dieser Jahre — oder gar besser -, aber er war eben kein Italiener. Und obwohl der Chrysler Hemi vielleicht der beste Motor seiner Zeit war, besaß er eben nur eine einzige seitliche Nockenwelle mit Stößelstangen und Kipphebeln. Wer Anfang der 50er Jahre $ 12 000 für ein Auto ausgab, wollte einen echten Exoten, selbst wenn er unzuverlässig war.

Ein Jammer. Ihnen entging ein einzigartiges Auto.

1950-52
DeSoto

Hernando de Soto, um 1500 geboren, rangiert in den Geschichtsbüchern unter „ferner liefen", denn weder als brutaler Schlächter wie Cortez und Pizarro noch als kühner Visionär wie Columbus oder Ponce de Leon hat er sich einen Namen gemacht. Aber wenn Walter Chrysler seine Tochtermarke Ponce de Leon genannt hätte? Glücklicherweise entschied er sich für de Soto, ein Name, mit dem sich „Reisen, Abenteuer und Pioniergeist" verbinden sollten.

So hieß es jedenfalls 1928 in den Pressemitteilungen zur Premiere des DeSoto. Und wie der frühere Chrysler-Chefverkäufer Joseph W. Frazer erzählt, fiel die Wahl mehr per Zufall auf den Namen: „Ich hatte für das neue Basismodell den Namen Plymouth vorgeschlagen, DeSoto stammte dagegen von W. P. (Chrysler), der 'Plymouth' für einen so typisch amerikanischen Namen hielt, daß er sich aus dem nächstbesten Geschichtsbuch einen weiteren Namen suchte, der gut klang."

Die traditionsbetonte Stellung von DeSoto im Chrysler-Konzern war in etwa mit Mercury bei Ford und Oldsmobile bei GM zu vergleichen: als Bindeglied zwischen den Billigmarken (Dodge, Ford bzw. Pontiac) und den teureren Marken, deren Image nicht durch billigere Modelle verwässert werden durfte (Chrysler, Lincoln bzw. Buick). Meistens ging dies auch gut. Die DeSotos verkauften sich nie besser als Dodge oder Chrysler, brachten es in guten Jahren jedoch auf über 100 000 Exemplare, womit die Chrysler Corporation bis 1951 der zweitgrößte Autoproduzent der USA blieb.

Anders als Mercury oder Oldsmobile spielte DeSoto jedoch nie eine wichtige stilbildende Rolle innerhalb des Konzerns. Am markantesten war wohl das Modell 1942 mit seinen versenkten Scheinwerfern — diese galten nach dem Krieg, als alles, was vier Räder hatte, abzusetzen war, jedoch als zu teuer und überflüssig; daher ging DeSoto mit einem etwas geänderten „Wasserfall"-Kühlergrill, der beleuchteten Jungfrau als Haubenfigur und normalen Sealed-Beam-Scheinwerfern in den Kotflügeln in die Nachkriegszeit. Das Grundkonzept blieb auch bei den kantigen Modellen 1949 erhalten, nur thronte statt der Frauengestalt jetzt der Kopf von DeSoto auf der Motorhaube (unzweifelhaft ein Rückschritt!).

1950 erreichte der Ausstoß mit 133 854 Stück einen neuen Rekord. DeSoto wußte sich die günstige Absatzlage mit einem minimal gelifteten, aber preisgünstigen erweiterten Typenprogramm mit den beiden Modellreihen DeLuxe und Custom zunutze zu machen. Dazu gehörten nicht weniger als fünf „Sondermodelle": Vom Spitzenmodell Custom mit normalem Radstand von 3187 mm wurden zwei riesige Kombis (mit

Der Bestseller unter den DeSotos blieb die viertürige Limousine. Der hier abgebildete Custom von 1951 war mit einem Listenpreis von $ 2438 rund $ 200 teurer als der DeLuxe. Unter der Haube saß der altbewährte 3,8-Liter-Sechszylinder mit seitlich stehenden Ventilen, der 116 PS entwickelte. Angesichts eines Gewichts von 1670 kg blieben die Fahrleistungen behäbig.

Holz- bzw. Stahlkarosserie) aufgelegt; mit 35 cm längerem Radstand bot DeSoto daneben eine achtsitzige Limousine und die neue Suburban-Allzwecklimousine an. Diese wies wie der Kaiser Traveler und Vagabond eine umklappbare Rücksitzlehne auf (anders als der Kaiser jedoch keine Kombi-ähnliche Ladeklappe). Zwei Notsitze machten den Suburban zum echten Neunsitzer. In der DeLuxe-Reihe gab es hierfür dem Carry-All, eine Art Suburban mit normalem Radstand. Abgesehen von Carry-All, der sich 3900mal verkaufte, blieben die Modelle mit langem Radstand Randerscheinungen; alle Versionen zusammen kamen nur auf 1500 Stück. Die beliebtesten DeSotos waren die Limousinen und Coupés, die als DeLuxe schon für unter $ 2000 zu haben waren. Alle Modelle wurden mit dem Sechszylinder-Seitenventiler geliefert, der leistungsmäßig etwa in der Mitte zwischen Dodge und Chrysler lag.

Dank des Facelifting von 1951 wirkte der DeSoto etwas länger und niedriger und zeigte erstmals die typischen Zähne im Grill. Gleichzeitig entfiel der Woodie-Kombi und die Leistung stieg geringfügig an. Neben minimalen Änderungen an Zierteilen und Ausstattung, einem neuen Armaturenbrett mit Mahagonieinsätzen und großen Rundinstrumenten vor dem Fahrer blieb das Modell 1952 identisch. Gleichzeitig debütierte der Firedome, die DeSoto-Version des Chrysler Hemi-V8.

In mancher Hinsicht war der FireDome-Motor besser als der Firepower-Hemi von Chrysler. Trotz der niedrigen Verdichtung von 7,1:1 lag er mit der spezifischen Leistung (0,58 SAE-PS/ci) unter allen US-Herstellern an der Spitze. Sein „eminenter Durchzug über den gesamten Drehzahlbereich muß beeindrucken", konstatierte Motor Trend. „Das Drehmoment am Berg ist derart gut, daß es schwerfällt, nicht zu glauben, man sei im dritten Gang, während man tatsächlich im vierten Gang fährt (der DeSoto besaß damals noch Fluid Drive). ... Klopfneigungen waren nicht festzustellen, obwohl wir stets Normalbenzin tankten."

In diesen Zeiten der einsetzenden PS-Jagd brachte der Firedome den dringend notwendigen frischen Wind. Insgesamt wurden rund 45 000 Exemplare abgesetzt – 50 Prozent des DeSoto-Ausstoßes von 1952, und Ende 1953 wurden bereits doppelt soviele Firedomes wie Sechszylinder geliefert. Im Vergleich zur Konkurrenz verlor DeSoto dagegen an Boden, unter anderem aufgrund der Hemmnisse während des Koreakrieges. Wie seine Stallgefährten, galt auch der DeSoto als hochbeiniges, breites und unansehnliches Gefährt, das mit den glattflächigen, langgestreckten neuen Modellen von Ford und General Motors nicht Schritt halten konnte. Im gleichen Jahr verlor die Chrysler Corporation ihre Stellung als zweitgrößter Autohersteller der USA an Ford, nicht zuletzt eben aus Gründen des Stylings.

TECHNISCHE DATEN

Motor:	6 Zylinder in Reihe, stehende Ventile, **1950** 3877 ccm (87,4 × 107,9), 112 SAE-PS **1951-52** 4107 ccm (87,4 × 114,3), 116 SAE-PS **1952 FireDome** V8, hängende Ventile, 4524 ccm (92,2 × 84,8), 160 SAE-PS
Getriebe:	**DeLuxe** 3-Gang-Schaltgetriebe **Custom** auf Wunsch Overdrive oder Fluid Drive **Firedome** Tiptoe Shift Fluid Drive
Fahrwerk, vorn:	Einzelradaufhängung, Schraubenfedern, Teleskopstoßdämpfer
Fahrwerk, hinten:	Starrachse, Blattfedern, Teleskopstoßdämpfer
Bremsen:	vorne/hinten Trommelbremsen
Radstand (mm):	3187 **Achtsitzer und Suburban** 3543
Gewicht (kg):	1670-1998
Höchstgeschwindigkeit (km/h):	**6 Zyl.** 145 **V8** 160
Beschleunigung 0-96 km/h (s):	**6 Zyl.** 22,0 **V8** 16,0

Produktionszahlen: 1950 DeLuxe Club Coupé 10 704 **Lim. 4tür.** 18 489 **Carry-All** 3900 **Lim. 4tür./8-Sitzer** 235 **Fahrgestelle** 1 **1950 Custom Club Coupé** 18 302 **Sportsman Hardtop Coupé** 4600 **Conv. Coupé** 2900 **Lim. 4türig** 72 664 **Kombi 4tür. (Woodie)** 600 **Kombi 4tür. (Stahl)** 100 **Lim. 4tür./8-Sitzer** 734 **Suburban 4tür./9-Sitzer** 623 **Fahrgestelle** 2 **1951-52 DeLuxe Club Coupé** 6100 **Lim. 4tür.** 13 506 **Carry-All** 1700 **Lim. 4tür./8-Sitzer** 343 **1951-52 Custom Club Coupé** 19 000 **Sportsman Hardtop Coupé** 8750 **Conv. Coupé** 3950 **Lim. 4türig** 88 491 **Kombi 4tür.** 1440 **Lim. 4tür./8-Sitzer** 769 **Suburban 4tür./9-Sitzer** 600 **1952 Firedome Club Coupé** 5699 **Sportsman Hardtop Coupé** 3000 **Conv. Coupé** 850 **Lim. 4tür.** 35 651 **Kombi 4tür.** 550 **Lim. 4tür./8-Sitzer** 50

1950-52
DeSoto Sportsman

An Geschichten über die göttliche Eingebung, die angeblich zur Schaffung des „Hardtop Convertible" führte, mangelt es nicht. Bei Chrysler schrieb man das wegweisende Mopar-Modell von 1946, den Town & Country 1946 (Stückzahlen: 7!), gar einer Vision des Olymp zu. Dann erzählt man sich von Sarah Ragsdale, Gattin des Fertigungsleiters bei Buick, daß sie auf den Riviera kam, weil sie Cabrios liebte, nicht aber deren komplizierte Bedienung. Buick pries den Riviera als „ständig geschlossenes Convertible" – paradox, aber zutreffend!

Und so weiter, und so fort. Die wohl logischste These besagt, daß das Hardtop, das nach dem zweiten Weltkrieg einen ungeheuren Boom erlebte, einfach ein geglücktes Experiment war. Auf jeden Fall war es die wichtigste Neuerung im Karosseriebau seit dem Aufkommen der geschlossenen Limousine in den 20er Jahren. Zusammen mit der Klimaanlage ließ das Hardtop das Cabriolet beinahe völlig verschwinden – eine Zeitlang erreichten Hardtops sogar beinahe die Stückzahlen viertüriger Limousinen. 1956 liefen in den USA bereits 1,7 Millionen Hardtops vom Band (gegenüber nur 223 000 Cabrios) und stellten damit ein Fünftel der Jahresproduktion. Doch 1950, als sich DeSoto mit seinem treffend „Sportsman" genannten Hardtop an diesen Trend anhängte, hatte diese Karosserievariante erst einen winzigen Bruchteil des Marktes erobert.

Die Reihenfolge, in der die ersten Hardtops auftauchten, veranschaulicht, wer im Design in Detroit den Ton angab. General Motors rangierte erwartungsgemäß ganz vorn und bot 1949 bei drei seiner Marken ein Hardtop an, 1950 bei allen fünf. Bei Ford, wo man alle Hände voll zu tun hatte, um das Finanzchaos von Henry dem Ersten zu ordnen, ging es langsamer, und die Chrysler Corporation unter dem konservativen Präsidenten K.T. Keller agierte vorsichtig wie immer, obwohl man mit der Studie der Town & Country-Sportcoupés immerhin das Hardtop „erfunden" hatte (wahrscheinlich saß der Reinfall mit dem zukunftsweisenden Airflow in den 30er Jahren noch zu tief in den Knochen).

In die Serie übernahm Chrysler die Hardtops ein Jahr nach General Motors und unmittelbar vor Ford. Wie andere Mopar-Hardtops, war auch der DeSoto Sportsman hastig aus einer Cabrio-Karosserie mit Cabrio-ähnlichem Innenleben und festem Stahldach sowie einer hübschen, weit herumgezogenen Heckscheibe kombiniert worden.

Die Werbung für den DeSoto Sportsman lief wesentlich verhaltener als z.B. für den Chrysler Newport oder den Dodge Diplomat. In den Prospekten ist er neben den anderen Varianten zu sehen, ohne daß aber die durchgehend offenen Seitenfenster, die große Heckscheibe oder die luxuriöse Innenausstattung besonders erwähnt werden. Vielleicht blieb der Sportsman deswegen immer eine Randerscheinung. 1950 wurden nur 4600 Einheiten produziert, 1951-52 (als Chrysler keine separaten Jahresstatistiken veröffentlichte) ebenfalls nur 8750.

Der Firedome, der 1952 herauskam, lieferte nochmals 3000 Sportsman-Hardtops — und die nötige Leistung für ein (für die Verhältnisse von DeSoto) derart schickes Design. Von 0 auf 100 war er nun fast ein Drittel schneller, und zum ersten Mal in der Geschichte kam ein DeSoto fast auf 160 km/h. Der FireDome-V8 schluckte jedoch ziemlich heftig — 15 l/100 km/h Durchschnittsverbrauch waren einzukalkulieren — und der Fluid Drive war mittlerweile veraltet und für den V8 ungeeignet.

„Die 'Low'-Stufe kann man für nennenswerte Beschleunigung glatt vergessen", schrieb Walt Woron in Motor Trend. „Im ersten Gang gibt man Gas und innerhalb von Sekunden ist der Motor ausgedreht. Zum Hochschalten in den 2. Gang muß man ganz vom Gas herunter und lange warten, bis das Getriebe hochschaltet, womit die Vorteile des guten Durchzugs des FireDome-Motors wieder dahin sind. (Im zweiten Gang) dreht man den Motor wieder hoch und schaltet in die 'High'-Stufe. An der Kupplung des DeSoto sitzt eine starke Zusatzfeder, die bei unserem Testwagen wohl verstellt war. Der Effekt war dann, daß, wenn man beim Hochschalten in 'High' von der Kupplung ging und gleichzeitig Gas gab, das Kupplungspedal auf dem Bodenblech hängenblieb! Natürlich heulte der Motor wütend auf und nichts tat sich. Ging man vom Gas, bremste der Motor etwas ab und — ZACK — plötzlich kuppelte die Kupplung selbständig ein, worauf der Antrieb vernehmlich protestierte und die Kraft ohne Vorwarnung plötzlich auf die Räder übertragen wurde. Jetzt war man im dritten Gang, aber erst nach hartem Kampf."

1954 hatte DeSoto die passende Antwort hierfür — die Powerflite, das erste vollautomatische Getriebe von Chrysler.

TECHNISCHE DATEN

Motor: 6 Zylinder, stehende Ventile, **1950** 3877 ccm (87,4 × 107,9), 112 SAE-PS **1951-52** 4107 ccm (87,4 × 114,3), 116 SAE-PS
1952 FireDome V8, hängende Ventile, 4524 ccm (92,2 × 84,8), 160 SAE-PS

Getriebe:	Tiptoe Shift Fluid Drive
Fahrwerk, vorn:	Einzelradaufhängung, Schraubenfedern, Teleskopstoßdämpfer
Fahrwerk, hinten:	Starrachse, Blattfedern, Teleskopstoßdämpfer
Bremsen:	vorne/hinten Trommelbremsen
Radstand (mm):	3187
Gewicht (kg):	1688-1748
Höchstgeschwindigkeit (km/h):	6 Zyl. 145 **V8** 160
Beschleunigung 0-96 km/h (s):	6 Zyl. 20,0 **V8** 16,0

Produktionszahlen: 1950 4600 **1951-52 Custom** 8750 **1952 Firedome** 3000

Bis auf die Geschmacksverirrung der versenkbaren Scheinwerfer von 1942 blieb DeSoto bis weit in die Fünfziger ein typischer Erzkonservativer unter den Automarken. Um so überraschender mutet deshalb das erste DeSoto-Hardtop (unsere Bilder) von Mitte 1950 an (noch ehe Ford und fast alle Independents ein Hardtop zu bieten hatten). Es hieß Sportsman und besaß eine große dreiteilige Heckscheibe, eine Haubenfigur mit dem Kopf des Namensgebers und ein einladendes Interieur. Ansonsten DeSoto in Reinkultur: solide, haltbar und — im Nachhinein — von besonderem Reiz.

1953-54
DeSoto

Für die DeSoto Division glichen die Jahre 1953 und 1954 einem einzigen Wechselbad. 1953 überbot DeSoto um ein Haar seinen Produktionsrekord von 1950, stieß 133 000 Wagen aus, kletterte in der Produktionsleiter damit vom 13. auf den 11. Rang und fuhr Riesengewinne ein. 1954 fiel man dagegen — ironischerweise mit einem wesentlich besseren Auto — auf 76 580 Exemplare und auf den 12. Platz zurück. Dieser Rückgang war nicht zuletzt auf äußere Einflüsse zurückzuführen: die berüchtigte Verkaufsschlacht zwischen General Motors und Ford, die ihre Händler massenhaft mit nicht bestellten Wagen belieferten, nur um festgelegte Quoten zu erfüllen und den Konkurrenten zu überflügeln. Dieser Produktionskrieg spielte sich weitgehend zwischen Chevrolet und Ford ab, färbte jedoch auch auf die mittlere Preiskategorie von GM und Lincoln-Mercury ab. General Motors und Ford hatten darunter kaum zu leiden, wohl aber Chrysler und die Independents, deren kleinere Händler sich nicht die gleichen Rabatte wie die Großhändler leisten konnten, die ihre Autos oft sogar mit Verlust verkauften, nur um die brechend vollen Lager zu räumen.

Das Facelifting von 1953 stand dem DeSoto recht gut und ließ ihn niedriger und länger wirken, obwohl die Abmessungen sich kaum änderten. Auch der Radstand blieb der alte; die Gesamtlänge nahm dagegen um 12 cm, die Breite um 2,5 cm zu. Virgil Exner hatte die Motorhaube flacher gestaltet und den zähnefletschenden Grill glatt in die Frontpartie integriert, links und rechts mit Standleuchten eingerahmt und der Motorhaube ein V-Emblem für die neuen V8-Motoren spendiert. Der DeSoto 1953 besaß außerdem erstmals eine einteilige statt der zweiteiligen Windschutzscheibe — was zeigt, wie weit Chrysler im Design zurückgefallen war.

Die Tage des DeSoto-Sechszylinders waren jetzt definitiv gezählt, nachdem Händler berichteten, daß drei von vier Kunden V8-Motoren verlangten. DeSoto kam mit der Produktion der FireDome-Hemis kaum nach, weshalb das Verhältnis zwischen Firedome (mit kleinem „d") und Sechszylinder-Powermaster etwa bei zwei zu eins blieb. Vieles spricht dafür, daß DeSoto 1953 wesentlich mehr Autos hätte verkaufen können, wenn genug Motoren vorhanden gewesen wären.

Der V8 blieb gegenüber 1952 unverändert und leistete nach wie vor 160 PS (der größere Chrysler-Hemi dagegen 180 PS). Auch der Seitenventil-Sechszylinder blieb unverändert, doch hatte der Powermaster mitt-

Das Modellprogramm 1953 von DeSoto umfaßte den Powermaster-Sechszylinder und den Firedome-V8. Der V8 war auch als Convertible (unten) lieferbar, das $ 3314 kostete. Nur 1700 dieser Cabrios wurden gebaut. Der DeSoto 1954 zeigte geänderte Zierleisten und war ab Jahresmitte auch als luxuriöser Viertürer Firedome Coronado lieferbar (rechte Seite).

lerweile die DeLuxe- und Custom-Sechszylinder abgelöst. Der Powermaster bestach durch leisen, durchzugsstarken Lauf und geringen Verbrauch; unter 12 1/100 km waren nicht schlecht für ein derart großes Auto, doch war der Sechszylinder einfach nicht mehr gefragt.

Beide 1953er Baureihen umfaßten Limousine, Coupé, Kombi, Sportsman-Hardtop und die Limousine mit langem Radstand, letztere in minimalen Stückzahlen: 225 Powermaster und 200 Firedome. In der Firedome-Palette fand sich auch das einzige Cabriolet von DeSoto, das mit $ 3114 das teuerste aller Modelle mit normalem Radstand war. Wie üblich, verkaufte sich die viertürige Limousine am besten und kam im Modelljahr 1953 auf über 100 000 Einheiten.

Auch die Modelle 1954 blieben nahezu unverändert; nur an den runden Standleuchten und dem seitlichen Chromschriftzug waren sie zu erkennen. Die farbenfreudigere Innenausstattung erhielt neue Stoffe, Leder und Kunstleder, alle in hellen Pastelltönen; im geschmackvollen neuen Armaturenbrett saßen große, leicht ablesbare Rundinstrumente.

Am wichtigsten war jedoch die Powerflite, die neue Zweigangautomatik der Chrysler Corporation. Sie löste endlich den schwerfälligen Fluid Drive ab und war beim Powermaster-Sechszylinder und Firedome-V8 für mäßige $ 189 zu haben (die Fluid Drive-Halbautomatik kostete dagegen $ 237). Während des gesamten Modelljahres wurden alle DeSotos serienmäßig mit Dreigang-Lenkradschaltung bestückt, für $ 96 Aufpreis sogar mit Overdrive. Immer mehr wurden jedoch mit Powerflite bestellt, 1955 bereits 95 Prozent der ausgelieferten Wagen.

Eine gute neue Automatik war jedoch nicht die Hilfe, die DeSoto oder andere Chrysler-Modelle 1954 benötigten, auch nicht die beim V8 ohnehin extrem gute Leistung. Ebensowenig brachte das Frühjahrsmodell, die luxuriöse viertürige Coronado Firedome-Limousine, einen Aufschwung. Das Problem lag im Design, das noch immer altbacken wirkte, und im erwähnten Verkaufskrieg zwischen GM und Ford, der von Chrysler nicht zu kontrollieren war. Die Produktion ging im Kalenderjahr um fast die Hälfte zurück, und auch im Modelljahr, das die Stärke eines bestimmten Modells besser ausdrückt, um fatale 46 Prozent.

TECHNISCHE DATEN

Motoren:	**Powermaster** 6 Zylinder in Reihe, stehende Ventile, 4107 ccm (87,4 × 114,3), 116 SAE-PS **1953 FireDome** V8, hängende Ventile, 4524 ccm (92,2 × 84,8), 160 SAE-PS **1954** 170 SAE-PS
Getriebe:	**1953** 3-Gang-Schaltgetriebe; auf Wunsch Overdrive, Tip Toe Shift mit Fluid Drive sowie (nur V8) Fluid Torque Drive **1954** 3-Gang-Schaltgetriebe; auf Wunsch Overdrive und Powerflite
Fahrwerk, vorn:	Einzelradaufhängung, Schraubenfedern, Teleskopstoßdämpfer
Fahrwerk, hinten:	Starrachse, Blattfedern, Teleskopstoßdämpfer
Bremsen:	vorne/hinten Trommelbremsen
Radstand (mm):	3187 **8-Sitzer** 3543
Gewicht (kg):	1580-1955
Höchstgeschwindigkeit (km/h):	**Powermaster** 145 **Firedome** 160
Beschleunigung 0-96 km/h (s):	**Powermaster** 20,0 **Firedome** 13,0-14,0

Produktionszahlen: 1953 Powermaster Club Coupé 8063 **Sportsman Hardtop Coupé** 1470 **Lim. 4tür.** 33 644 **Kombi 4tür.** 500 **Lim. 4tür./8-Sitzer** 225 **Firedome Club Coupé** 14 591 **Sportsman Hardtop Coupé** 4700 **Convertible** 1700 **Lim. 4tür.** 64 211 **Kombi 4tür.** 1100 **Lim. 4tür./8-Sitzer** 200 **1954 Powermaster Club Coupé** 3499 **Sportsman Hardtop Coupé** 250 **Lim. 4tür.** 14 967 **Kombi 4tür.** 225 **Lim. 4tür./8-Sitzer** 263 **Firedome Club Coupé** 5762 **Sportsman Hardtop Coupé** 4382 **Convertible** 1025 **Lim. 4tür., einschl. Coronado** 45 095 **Kombi 4tür.** 946 **Lim. 4tür./8-Sitzer** 165 **Fahrgestell** 1

DeSoto

1955-56 DeSoto Fireflite

„Groucho, unser erster Gast heute abend ist ein Schweinezüchter aus Secaucus — er züchtet in seiner Freizeit Orchideen und hat sich ein Rezept namens 'Ham and Flowers' patentieren lassen."

Als sei's erst gestern gewesen: Da sitzen wir vor dem Fernseher mit der winzigen Bildröhre, und vor uns muß George Fenneman als „Straight Man" wieder einmal die Sticheleien von Groucho Marx in You Bet Your Life einstecken, jener Comedy-Quizshow, die jede Woche unter der Sponsorenschaft von DeSoto-Plymouth über die Mattscheibe flimmerte. Wir schreiben das Jahr 1955, die fünfziger Jahre erlebten ihre Blüte, Detroit schickte sich an, acht Millionen Pkws abzusetzen, und noch war der Volkswagen nur die belächelte Fahrmaschine einiger weniger Spinner.

Für Amerikaner, die sie noch miterlebt haben, verbinden sich mit der Fernsehshow von Groucho Marx vor allem die chromzähnefletschenden, zweifarbigen Schlitten mit Hemi-Motor, wie sie auf diesen Seiten zu sehen sind. Die Groucho-Marx-Show war die wohl beste Show, die DeSoto jemals sponsorte, und 1955 war für DeSoto mit einer Jahresproduktion von rund 130 000 Wagen ein besonders gutes Jahr. Als fest in der mittleren Preisklasse verankerter Marke, die preislich rund $ 500 über einem vergleichbaren Dodge und $ 500-1000 unter einem Chrysler rangierte, kam DeSoto im Marketingplan von Mopar eine Schlüsselrolle zu.

Der Powermaster-Sechszylinder war mittlerweile Geschichte. Antriebsquelle des DeSoto war nun der auf 4769 ccm aufgebohrte FireDome-V8. Zum neuen Spitzenmodell wurde der kühner gestaltete Fireflite, zu erkennen an den breiten Chromleisten, die von den Scheinwerfern aus nach hinten auseinanderliefen. Nur drei Fireflite-Modelle gehörten zum Programm: das Sportsman-Hardtop, die viertürige Limousine und das Convertible. Letzteres gehört zu den Seltenheiten der Nachkriegs-Amis: Nur 775 Stück wurden gebaut, übrigens auch nur 625 Stück des einfacheren Firedome-Cabriolets.

Für die Linienführung des DeSoto zeichnete Virgil Exner verantwortlich, doch entscheidender Ideenlieferant war Maury Baldwin. Über die typischen Grillzähne setzte Baldwin ein breites Haubenemblem, gestaltete die Seiten und das Heck jedoch relativ schnörkellos. Der Fireflite war auch einfarbig mit einfacher Seitenzierleiste lieferbar, 1955 — der Blütezeit der Zweifarbenlackierungen — entschieden sich jedoch fast alle Käufer für den riesigen Chrompfeil, mit dem die Seitenflächen und die hinteren Radläufe im Farbton des Dachs abgesetzt wurden. Die Farbkombinationen erinnerten mitunter an die farbenfrohen Paper-Mate-Stifte (wer besonders „in" sein wollte, besorgte sich einen Paper Mate in Wagenfarbe).

Wem der Zweifarbenlack immer noch nicht genug war, für den hielt DeSoto das Frühlings-Sondermodell des Fireflite-Viertürers bereit, den Coronado (auch er ein spanischer Eroberer aus den Geschichtsbüchern). Neben Dodge und Packard brachte der Coronado die Mode der Dreifarbenlackierungen auf; er wurde mit schwarzem Dach, türkisfarbenem Karosserierumpf und weißen Seitenstreifen mit passender Innenausstattung geliefert — ein typischer Vertreter seiner Zeit.

Die Leistung des Fireflite war gegenüber 1954 um 30 PS gestiegen — dank größerem Hubraum, größeren Ventilen, einer geänderten Nockenwelle und einem Vierfachvergaser. 1955 wanderte auch der Wählhebel der Powerflite ans Armaturenbrett und zielte als spitzer Stachel auf die Insassen — was Verkehrssicherheitsexperten heute den Angstschweiß auf die Stirn treiben würde. Der Chrysler-Hebel bestand aus leicht biegefähigem Stahl und sollte — wer hätte das gedacht — schon beim Aufprall eines geringen Gewichts brechen. Der Hebel war nach unten abgeknickt, damit er im richtigen Winkel bersten konnte. Freilich war damit kaum einer so recht zu überzeugen, für 1956 wartete Chrysler deshalb mit einer noch geschickteren Lösung auf: Drucktasten! Diese saßen links vom Lenkrad und funktionierten einwandfrei.

Der Fireflite 1956 war auf merkwürdige Weise geliftet worden; wo zuvor die Chromzähne lagen, saß nun ein Maschendrahtgrill. Auch die ersten Exnerschen Heckflossen waren zu sehen; noch erhoben sie sich dezent über die Heckkotflügel und boten am hinteren Ende Platz für die drei Heckleuchten. Auspuffrohrattrappen waren seitlich in die neuen Heckstoßstangen integriert, das normale Auspuffende saß wie gehabt unter dem Bodenblech. Im Innenraum hatten sich nur die Instrumente geändert, deren Zifferblätter goldene Buchstaben auf weißem Grund aufwiesen. Der größere Motor brachte stolze 255 PS auf.

Neu unter den Fireflites dieses Jahrgangs waren das viertürige Sportsman-Hardtop, das nur in geringen Stückzahlen verkauft wurde, und der Pacesetter, eine Replika des Pace Car der Indy 500 von 1956, von der 100 Stück aufgelegt wurden. Trotz leicht rückläufiger Gewinnentwicklung im Modelljahr 1956 erreichte DeSoto abermals über 100 000 Exemplare und schien fester denn je in der amerikanischen Autoszene etabliert.

Wie seine anderen Stallgefährten von Chrysler, war der DeSoto von 1955 eine völlige Neukonstruktion. Bisherige DeSotos waren solide, aber langweilig gewesen. Jetzt platzten sie förmlich vor lauter Farbenpracht und stilistischer Finessen. Der Fireflite kostete 1955 als Convertible $ 3151 (oben), als Sportsman-Hardtop $ 2939 (rechte Seite, oben). Daneben gab es die viertürige Limousine. Das Modell 1956 (unten) zeigte erste schüchterne Flossen.

TECHNISCHE DATEN

Motor: V8, hängende Ventile, **1955** 4769 ccm (94,5 × 84,8), 200 SAE-PS **1956** 5414 ccm (94,5 × 96,5), 255 SAE-PS

Getriebe:	**1955** 3-Gang-Schaltgetriebe; auf Wunsch Powerflite **1956** Powerflite serienmäßig
Fahrwerk, vorn:	Einzelradaufhängung, Schraubenfedern, Teleskopstoßdämpfer
Fahrwerk, hinten:	Starrachse, Blattfedern, Teleskopstoßdämpfer
Bremsen:	vorne/hinten Trommelbremsen
Radstand (mm):	3200
Gewicht (kg):	1766-1868
Höchstgeschwindigkeit (km/h):	**1955** 168 **1956** 184
Beschleunigung 0-96 km/h (s):	**1955** 12,0-13,0 **1956** 10,0-11,0

Produktionszahlen: 1955 Sportsman Hardtop Coupé 10 313 **Convertible** 775 **Lim. 4tür., einschl. Coronado** 26 637 **1956 Sportsman Hardtop Coupé** 8475 **Sportsman Hardtop Sedan** 3350 **Convertible** 1385 **Pacesetter Convertible** 100 **Lim. 4tür.** 18 207

1956
DeSoto Adventurer

Die Wirkung des Chrysler 300 auf die Absatzzahlen der gewöhnlicheren, „bürgerlichen" Chrysler blieb dem Management am Highland Park nicht verborgen. Ein derartiger Serien-Renner für die anderen Marken des Chrysler-Konzerns bot sich da natürlich an. 1956 entstand folgerichtig bei jeder Chrysler-Division in Kleinserie ein getuntes Sondermodell, der Plymouth Fury, das Dodge D-500-Tuningpaket für sämtliche Modelle und der $ 3728 teure DeSoto Adventurer Hardtop — einer der teuersten DeSotos bis dato. Nur wenige wurden davon produziert, doch zog diese markante, potente „Street Machine" so manchen Kauflustigen in die Ausstellungsräume der DeSoto-Plymouth-Händler, der dann eines der normalen Modelle bestellte. Heute erfreut sich der Adventurer sowohl bei Sammlern als auch bei Fans außerordentlicher Beliebtheit.

Der Name Adventurer war von Virgil Exner 1954 erstmals für einen der Show Cars verwendet worden, die er mit DeSoto-Mechanik bei Ghia nach seinen Plänen schneidern ließ. Der kompakte Adventurer, der wesentliche Anleihen vom K-310 bezog, dem Prototypen von 1951, der das biedere Chrysler-Image entscheidend umkrempeln sollte, war nur 4,82 m lang und saß auf einem verkürzten DeSoto-Fahrgestell mit 2820 mm Radstand. Er war also bei weitem das kleinste Showfahrzeug von Exner — der K-310 war über 60 cm länger. Dank des vergleichsweise langen Radstandes fanden 4 Insassen im Adventurer bequem Platz. Neben der altweißen Lackierung und schwarzen Ledersitzen erhielt dieses Coupé alle erdenklichen Instrumente und natürlich den DeSoto-Hemi-V8 mit 4,5 l Hubraum. Es war ein besonderer Favorit von Exner: „Ich besaß drei Jahre lang eins und hatte es stets bei mir zuhause stehen."

Später im gleichen Jahr baute Ghia den Adventurer II, der keine Stoßstangen besaß und damit von vorne fast wie eine Comicfigur dreinschaute. Er war fast vollständig bei Ghia entworfen worden und hatte z. B. eine versenkbare Heckscheibe, die in den Kofferraum abtauchte, der entsprechend den Dachkonturen modelliert war. Trotz des unveränderten Radstandes harmonierte das dezent gerundete Design gut mit der Gesamtlänge. Dieser Wagen tauchte vor einiger Zeit in Massachusetts in gutem Originalzustand wieder auf.

Rechtzeitig zur Frühlingssaison 1956 schickte DeSoto den „Serien"-Adventurer ins Rennen. Innerhalb von sechs Wochen nach der Premiere war die gesamte Fertigung von 996 Exemplaren ausverkauft. Unverkennbar blieben sie alle, mit ihrer eierschalenweißen Lackierung, kontrastierendem goldfarbenem Dach und Seitenflächen sowie den eloxierten Radkappen mit Speichenimitation. Das wirklich Besondere am Adventurer steckte jedoch unter der Haube.

Der Firedome von 1956 besaß noch das Dreigang-Schaltgetriebe, doch war dies höheren Leistungen nicht gewachsen. Der Adventurer erhielt wie auch der Fireflite also serienmäßig die Powerflite-Automatik. Der Motor, eine geringfügig aufgebohrte Version des 1956er Hemi mit ¾-Rennockenwelle, gab 320 PS ab: 65 mehr als der Fireflite, 90 mehr als der Firedome. Nach dem Vorbild anderer Chrysler-Hochleistungsmodelle arbeiteten auch im Adventurer härtere Federn und Stoßdämpfer, die für eine recht straffe Straßenlage sorgten — was wohl nicht allen DeSoto-Kunden gefallen haben dürfte. Für einen derart schweren Wagen geriet das Fahrverhalten damit jedoch einfach erstklassig — schließlich wog der Adventurer nur rund 45 kg weniger als der Chrysler 300B und war auch nur rund 5 cm kürzer.

Testfahrer Don MacDonald lieh sich damals den letzten noch nicht verkauften Adventurer aus, ein nagelneues Exemplar, das noch nicht einmal eingefahren war. In Daytona Beach wurde er mit 137 mph (219 km/h) gestoppt, später kam derselbe Wagen auf dem Chrysler-Testgelände in Chelsea, Michigan, sogar auf 144 mph (230 km/h). Überraschenderweise war der Adventurer kaum schneller als der 1956er Fireflite, was laut MacDonald am jungfräulichen Charakter des Testwagens lag: „Der geringe Unterschied bei der Beschleunigung im unteren Geschwindigkeitsbereich zwischen dem 56er Fireflite und Adventurer ist auf die ¾-Rennockenwelle zurückzuführen, die erst im oberen Drehzahlbereich richtig wirksam wird. Berücksichtigt man die Streuung der Serienexemplare, beschleunigt ein 56er Fireflite bis 65 km/h schneller als der Adventurer, doch sollte man dieses Spiel nicht bis 140 oder so treiben, sonst wird man klar distanziert." Die Zahlen sagen alles:

Der DeSoto Adventurer von 1956 wurde in Eierschalenweiß mit goldfarbenen Radkappen, Dachpartien und Seitenzierstreifen geliefert. Hauptanziehungspunkt war jedoch der 5,6-Liter-V8 mit 320 PS.

	Fireflite 55*	Fireflite 56	Adventurer 56
SAE-PS	200	255	320
0-48 km/h	4,3 s	4,0 s	4,0 s
0-96 km/h	12,1 s	10,9 s	10,5 s
1/4-Meile	18,9 s, 123 km/h	17,8 s, 125 km/h	17,5 s, 129 km/h
48-80 km/h	4,7 s	3,9 s	3,9 s
80-128 km/h	13,2 s	11,2 s	10,4 s
Spitze	188 km/h	174 km/h	230 km/h

* Schaltgetriebe, „Hi-Tork"-Differential

Die Fahrt mit einem Adventurer war also ein echtes Abenteuer. Wie der Chrysler 300 war er zuviel Auto für den Durchschnittsfahrer, doch bewies er, wie schnell und agil ein Schlitten aus Detroit sein konnte.

Technische Daten

Motor:	V8, hängende Ventile, 5594 ccm (96 × 96,5), 320 SAE-PS
Getriebe:	Powerflite-Automatikgetriebe
Fahrwerk, vorn:	Einzelradaufhängung, Schraubenfedern, Teleskopstoßdämpfer
Fahrwerk, hinten:	Starrachse, Blattfedern, Teleskopstoßdämpfer
Bremsen:	vorne/hinten Trommelbremsen
Radstand (mm):	3200
Gewicht (kg):	1756
Höchstgeschwindigkeit (km/h):	224-232
Beschleunigung 0-96 km/h (s):	10,0-11,0
Produktionszahlen:	996

DeSoto

1957-59
DeSoto Fireflite

Nach seiner Premiere 1956 hielt sich der Adventurer als „Production-Special" in extrem begrenzten Stückzahlen, während bis 1959 der Fireflite das eigentliche Spitzenmodell blieb. Ironischerweise erweiterte DeSoto seine Typenpalette just in dem Moment, als sein Markt langsam zusammenschrumpfte; 1957 kam der billigere Firesweep mit verkürztem Radstand hinzu, 1959 verteilten sich gar 18 verschiedene Modelle auf eine Gesamtproduktion von nur 45 000 Stück. Ein Gutteil der Probleme bei DeSoto Ende der 50er Jahre war also hausgemacht, vielleicht mußte die Firmenleitung von DeSoto aber einfach in tiefere Preisregionen vorstoßen, nachdem sich die Inflation allgemein anheizte und auch Chrysler eigene, billigere Modelle auf den Markt warf. Und natürlich rechnete noch niemand mit der Rezession von 1958, als Ende 1955 die DeSoto-Modelle für 1958 Gestalt annahmen.

1957 erreichte Chrysler seinen stilistischen Höhepunkt und war der Konkurrenz um Längen voraus, während General Motors alle Hände voll zu tun hatte, die Karosserievielfalt seiner Modelle einzudämmen und ihre in die Jahre gekommenen Modelle mit hastigen Faceliftings zu aktualisieren. Ein typischer Vertreter des Höhepunktes der Ära Exner war wohl der DeSoto 1957, ein heckflossenbewehrter Straßenkreuzer in neuem Gewand, der in drei Modellreihen mit unverändertem Radstand von 3200 mm geliefert wurde (nur der neue Firesweep maß lediglich 3099 mm). Mit dem Firesweep, der als viertürige Limousine bereits ab $ 2777 zu haben war, wollte DeSoto wieder in der Preisklasse unter $ 3000 Fuß fassen. Außerdem war er leichter als die größeren DeSotos und erhielt einen kleineren Motor.

Der Fireflite von 1957 erhielt einen 5,6-Liter-Motor mit 290 PS, der mit der überarbeiteten TorqueFlite-Automatik von Chrysler gekoppelt war. Das Karosserieprogramm umfaßte wie bisher die Sportsman Hardtop Coupés und Limousinen, ein Cabriolet sowie eine Viertürer-Limousine, zum ersten Mal kamen auch Fireflite-Kombis hinzu: der sechssitzige Shopper und der neunsitzige Explorer. Diese hübschen Station Wagons mit rückwärts stehenden Rücksitzbänken und neuartiger Reserveradhalterung im rechten Heckkotflügel stellten preislich neue Rekorde auf: Der Explorer war ab $ 4124 zu haben, meist betrug der

Der DeSoto Fireflite 1957 (unten rechts) trug eine völlig neue Karosserie, die ihn nach Meinung mancher Fachleute zum schönsten DeSoto aller Zeiten machte. 1958 wurden einige Details geändert und brachten u. a. einen verspielteren Kühlergrill und flachere Auspuffendrohre. Das Modell 1959 wurde energischer umgestaltet (unten); Hauptmerkmale waren ein massigerer Kühlergrill und geänderte Zweifarbenlackierungen. Die PS-Zahlen kletterten von 290 (1957) auf 305 (1958) und schließlich 1959 auf 325.

Endpreis jedoch an die $ 5000. Daß ganze 934 Stück aufgelegt wurden, zeigt, welche Resonanz derartige Preise in DeSoto-Käuferkreisen auslöste.

1957 wurde mit 117 000 Exemplaren im gesamten Modelljahr zum letzten guten Jahr für DeSoto. Dies reichte noch für einen 11. Platz in der Gesamtstatistik (nur 7000 hinter Chrysler), ein für DeSoto unerhört gutes Ergebnis. Doch 1958 versetzte die Rezession dem weitgehend unveränderten Typenprogramm den Todesstoß. Das Luxusmodell Fireflite, das 1957 alleine 28 000mal wegging, kam nun mit knapper Not noch auf 12 000 Einheiten.

Auf dem Papier hätte der 1958er Fireflite gar nicht besser ausfallen können. Die Karosserien behielten weitgehend die im Vorjahr so beliebte gestreckte Linienführung, und der neue 6-Liter-„Turboflash"-V8 erreichte die 100-km/h-Grenze in weniger als 8 Sekunden, 130 km/h in 13,5 Sekunden, und kam auf eine Höchstgeschwindigkeit von 185 km/h. Die Drehstabfederung, eine 1957 eingeführte Neuerung, sorgte für unerreicht gute Fahreigenschaften (nur andere Chrysler-Modelle konnten da mithalten). Schuld am Niedergang der Marke waren vielmehr die Rezession und die übertriebene Typenvielfalt.

Nun lassen sich die in Detroit gefällten Entscheidungen nicht von heute auf morgen umkehren, daher ging DeSoto mit der gleichen breiten Modellpalette wie 1958 ins Jahr 1959, u.a. mit sechs Fireflite-Versionen mit größeren und noch leistungsfähigeren Motoren. Obwohl sich praktisch die ganze Industrie 1959 erholte, baute DeSoto weniger Autos als im Vorjahr, so daß sein Schicksal besiegelt schien. Sinnigerweise kursierten die ersten Gerüchte über das bevorstehende Aus für DeSoto just zur gleichen Zeit, da man das 30jährige Firmenjubiläum und den zweimillionsten DeSoto feierte.

Wie General Manager John Wagstaff betonte, „bietet das Modell 1959 alles, was der Autofahrer überhaupt nur verlangen kann", und dieses Modell stehe „erst am Anfang einer glänzenden Karriere." Dem Modell 1960 stand das Facelifting recht gut, doch blieben nur noch der Fireflite und der Adventurer mit dem 3100-mm-Radstand des Chrysler Windsor und gezähmten Motoren im Programm. Das Modell 1961, das überhaupt keinen Modellnamen mehr aufwies und nur noch als Limousine und Hardtop lieferbar war, war gerade erst vorgestellt worden, als Chrysler die Automarke DeSoto kurzerhand sterben ließ. Die langgestreckten, eleganten Fireflites von 1957-59 (und die Handvoll des Sondermodells Adventurer) wurden damit zu den letzten überragenden DeSotos.

TECHNISCHE DATEN

Motor:	V8, hängende Ventile **1957** 5594 ccm (96 × 96,5), 290 SAE-PS **1958** 5916 ccm (104,9 × 85,8), 305 SAE-PS **1959** 6276 ccm (107,9 × 85,8), 325 SAE-PS; auf Wunsch 350 SAE-PS
Getriebe:	TorqueFlite Dreigangautomatik
Fahrwerk, vorn:	Einzelradaufhängung, Drehstabfedern, Teleskopstoßdämpfer
Fahrwerk, hinten:	Starrachse, Blattfedern, Teleskopstoßdämpfer
Bremsen:	vorne/hinten Trommelbremsen
Radstand (mm):	3200
Gewicht (kg):	1775-1949
Höchstgeschwindigkeit (km/h):	176-192
Beschleunigung 0-96 km/h (s):	7,0-9,0

Produktionszahlen: 1957 Sportsman Hardtop Coupé 7217 **Sportsman Hardtop Sedan** 6726 **Convertible** 1151 **Lim. 4tür.** 11 565 **Shopper Kombi 4tür./6-Sitzer** 837 **Explorer Kombi 4tür./9-Sitzer** 934 **1958 Sportsman Hardtop Coupé** 3284 **Sportsman Hardtop Sedan** 4192 **Convertible** 474 **Lim. 4tür.** 4192 **Shopper Kombi 4tür./6-Sitzer** 318 **Explorer Kombi 4tür./9-Sitzer** 609 **1959 Sportsman Hardtop Coupé** 1393 **Sportsman Hardtop Sedan** 2364 **Convertible** 186 **Lim. 4tür.** 4480 **Shopper Kombi 4tür./6-Sitzer** 271 **Explorer Kombi 4tür./9-Sitzer** 433

Dodge

1950-51
Dodge Wayfarer Sportabout

Dodge durchlief in den 50er Jahren dramatische Veränderungen, die innerhalb von nur vier Jahren aus einem braven Alltagsgefährt ein leistungsstarkes, elegantes Auto machen sollten. Doch als das neue Jahrzehnt eingeläutet wurde, hätte sich dies niemand auch nur im entferntesten träumen lassen.

K.T. Keller, Präsident der Chrysler Corporation und konsequenter Verfechter praktischer Automobile, hatte auch bei den brandneuen Nachkriegsmodellen von 1949 wieder auf Nüchternheit gesetzt: Neuer und eindrucksvoller als die Baujahre 1946-48 sollten sie werden, aber absolut zweckorientiert und ohne Modefirlefanz. Chrysler hatte damit den biedersten Jahrgang 1949 aller amerikanischen Hersteller zu bieten: geräumige, solide, aber zugleich hochbeinige und eckige Gebrauchsautos. Derweil wurden die Kunden zunehmend designbewußter, was sich zwar anfangs kaum in den Verkaufszahlen niederschlug, doch als der Nachholbedarf an Autos erst einmal gedeckt war und man den Kunden mehr Attraktivität bieten mußte, ließ die Nachfrage nach — und zwar so stark, daß Ford sogar an Chrysler vorbei auf den zweiten Platz der Herstellerstatistik zog.

Kellers erzkonservative Haltung war das Abbild der geradezu reaktionären Vorsicht, die bei Chrysler seit dem Reinfall mit dem radikal neuen Airflow in den 30er Jahren dominierte. Trotzdem fanden sich auch bei Chrysler ab und zu Lichtblicke, so z.B. den Town & Country-Woodie von 1941-42, die schicken Nachkriegs-Limousinen und -Cabriolets des Town & Country, den 1950 brandaktuellen Town & Country Newport-Hardtop. Durchweg waren dies jedoch kostspielige Modelle für begüterte Käufer, die nur in geringen Stückzahlen aufgelegt wurden. Wo aber gab es ein erschwingliches Auto mit sportlichem Flair als Ausgleich für langweilige Mechanik und biederes Styling?

Bei Dodge. Es kam erst mit der neuen Generation von 1949, gefiel jedoch spontan: die Wiedergeburt des Roadster für junge Leute. Dodge nannte ihn den Wayfarer.

Obwohl Dodge preislich lange Zeit oberhalb des Plymouth angesiedelt war, wollte man auch die billigere Klasse nicht vernachlässigen. Diese Funktion erfüllte der Wayfarer, der auch als Business Coupé und zweitürige Limousine mit einer Art Fließheck lieferbar war. Alle wiesen den kürzesten Radstand des Dodge auf — 2920 mm, also rund 10 cm länger als die kleinen Plymouth DeLuxe-Modelle. Die Massenmodelle von Dodge, der Meadowbrook und der Coronet, waren mit 3137 mm Radstand dagegen 13 cm länger als ihre Pendants von Plymouth.

Die Wayfarer-Modelle, bei deren Konzeption der Preis ein auschlaggebender Faktor war, gerieten mit weniger Chromzierat und einfacherer Innenausstattung spartanischer als andere 1949er Dodge-Modelle. Dies erklärt auch, warum beim $ 1727 teuren Roadster das Verdeck von Hand bedient werden mußte und nur Plexiglas-Steckscheiben mitgeliefert wurden. Wenigstens war das Verdeckgestell aus Alu leicht zu bedienen. Die Steckscheiben betrachtete man dagegen wohl als arg verkaufsschädigend, denn später im Modelljahr wurden sie durch Kurbel- und vordere Ausstellfenster ersetzt. Einige der 5420 Roadster des Modelljahres 1949 waren genau genommen also Cabriolets. Aber sei's drum...

Technisch hoben sich weder das Modell 1949 noch die Jahrgänge 1950-52 allzusehr vom ersten Nachkriegs-Dodge ab. Das Fahrgestell war konventionell konstruiert, ebenso der zähe, aber schwerfällige 3,8-Liter-Seitenventilmotor, der bereits seit Jahren in Diensten stand (und nun mit 103 PS immerhin 1 PS mehr leistete). Auch die Fluid Drive-Halbautomatik von Chrysler war serienmäßig lieferbar. Neu war die gegen Aufpreis angebotene Gyro Matic, bei der ein Drehmomentwandler statt der Flüssigkeitskupplung zwischengeschaltet war; durch Tritt auf das Kupplungspedal „schaltete" man die High- bzw. Low-Stufen. Leistung war in jenen Jahren also nicht gerade die starke Seite von Dodge. Neu waren auch die geklebten „Cyclebond"-Bremsbeläge und das Zünd-Anlaßschloß.

Zum Modelljahr 1950 wurden alle Chrysler-Modelle erheblich geliftet, ein überraschender Umstand für ein neues Modell in seiner zweiten Saison. Es mag auch als nachträgliche Korrektur zu verstehen sein, stand dem Dodge aber nicht schlecht. Wie seine Schwestermodelle, erhielt auch der Dodge ein gestreckteres Heck und eine breitere Front. Der offene Wayfarer hieß nun Sportabout, doch selbst Billigstpreise boten keinen Anreiz für diese allzu schlichte Modellreihe; die Stückzahlen des Cabriolet gingen prompt um fast die Hälfte zurück.

Noch gewagter fiel die Frontpartie des Modells 1951 aus. Auch die Preise zogen bei sämtlichen Modelle an; der Sportabout kostete nun $ 1924. Beides brachte keine Besserung der Absatzzahlen, das Cabriolet rutschte auf nur 1002 Stück ab. Wie zu erwarten, kehrte der Sportabout 1952 nicht wieder, dem Jahr, da die Chrysler-Palette völlig unverändert blieb und auch im Folgejahr durch neue Wayfarer-Modelle ergänzt wurde.

Im Nachhinein bleibt der offene Wayfarer als einmalige Abweichung von einer Konzernlinie, die fast immer auf Vernunft und Augenmaß basierte, und dies zu einer Zeit, als Käufer alles andere als vernünftig reagierten. Bei Sammlern gilt er als einer der wenigen Farbtupfer inmitten vieler grauer Mäuse im Chrysler-Stall. Also ein Vorbote brillanterer Dodge-Modelle späterer Jahre? Wohl kaum, aber der Gedanke hat was für sich.

TECHNISCHE DATEN

Motor: 6 Zylinder in Reihe, stehende Ventile, 3772 ccm (82,5 × 117,6), 103 SAE-PS

Getriebe:	Fluid Drive; auf Wunsch Gyro Matic Zweigang-Halbautomatik
Fahrwerk, vorn:	obere und untere Dreiecksquerlenker, Schraubenfedern
Fahrwerk, hinten:	Starrachse, Halbelliptik-Blattfedern
Bremsen:	vorne/hinten Trommelbremsen
Radstand (mm):	2920
Gewicht (kg):	1428-1441
Höchstgeschwindigkeit (km/h):	136
Beschleunigung 0-96 km/h (s):	24,5
Produktionszahlen:	**1950** 2903 **1951** 1002

Der Wayfarer-Roadster debütierte innerhalb der kleineren Dodge-Modelle 1949, doch schon bald ersetzte Dodge die Plexiglas-Steckscheiben durch normale Kurbelscheiben. Damit wurde er zu einem echten Cabriolet, das nun Sportabout hieß; Ende 1949 wurden bereits die ersten gebaut. Das Modell 1950 (unten) erhielt einen einfacheren, attraktiveren Kühlergrill und voll integrierte Heckleuchten. Der bewährte Seitenventil-Sechszylinder mit 3,8 Litern Hubraum (linke Seite) tuckerte weiterhin mit 103 PS dahin; am Armaturenbrett (oben) waren drei quadratische Instrumente nebeneinander vor dem Fahrer angeordnet.

1953-54 Dodge V8

Die Wandlung, die Chevrolet Mitte der 50er Jahre von der Familienkutsche zur Sportlimousine durchlief, ist allgemein bekannt; daß Dodge zwei Jahre zuvor eine ähnliche Metamorphose erlebte, weiß dagegen kaum noch jemand. Dies ereignete sich 1953 und war vor allem das Verdienst des legendären Hemi-V8.

Der Hemi-Motor, der seinen Namen hemisphärischen Brennräumen verdankte, hatte mit seiner Einführung im Chrysler 1951 neue Maßstäbe für die Motoren der US-Autos gesetzt. Daß er auch bei den preisgünstigeren Modellen der Chrysler Corporation Einzug halten sollte, durfte als sicher gelten. DeSoto erhielt 1952 einen kleineren Hemi, Dodge war in nächsten Jahr dran.

Obwohl der Hemi in der Fertigung weitaus kostspieliger als herkömmliche V8-Maschine mit keil- oder dachförmigen Brennräumen war, bot er etliche Vorteile. Vor allem konnte die Zündkerze genau mittig angeordnet werden, was einen günstigeren Verbrennungsverlauf und einen höheren thermischen Wirkungsgrad ergab. Außerdem konnten die Ventile vergrößert, weiter auseinandergelegt und damit die Zylinderfüllung verbessert werden. Weitere Pluspunkte waren glattere Ansaug- und Auslaßkanäle und Krümmerübergänge, größere Wasserkanäle und damit bessere Kühlwirkung sowie geringe Wärmebelastung des Kühlmittels, wodurch wiederum der Kühler kleiner gehalten werden konnte. Kurz, ein Motor mit deutlich mehr Dampf pro Kubikzentimeter.

Dampf konnte Dodge 1953 dringend gebrauchen. Neben unbestrittener extremer Langlebigkeit hatte Dodge einem chrom- und luxushungrigen Käuferpublikum jener Jahre wenig zu bieten. Die rückläufigen Absatzzahlen zeigten ebenfalls, daß eine Wende überfällig war. Die Entwicklungsteams arbeiteten denn auch mit Hochdruck an völlig neuen Modellen für 1955 und versuchten alles menschenmögliche, um dem Modell 1953-54 etwas mehr Pep einzuhauchen.

Die Arbeiten am Modell 1953 liefen etwa zur gleichen Zeit an, als L.L. „Tex" Colbert bei Chrysler K.T. Keller als Präsident ablöste. Keller hatte auf noch kleinere, noch praktischere Dodge- und Plymouth-Modelle gesetzt, Colbert kannte den Publikumsgeschmack jedoch besser. Das Modell 1953 wurde also zum Kompromiß: Es war zwar eleganter als die „Keller boxes" von 1949-52, doch im Vergleich zur Konkurrenz immer noch recht steif. Eine markantere Linie schien also angeraten, daher wurde Dodge ein kleiner Hemi-Motor spendiert, und nur Plymouth mußte bis 1955 mit den Sechszylindern auskommen.

1954 durfte Dodge das Starterfeld bei den 500 Meilen von Indianapolis in die erste Runde führen. Als Erinnerung wurden 701 Royal 500-Cabrios als Replikas des Pace Car (rechte Seite) gebaut. Wie auch das Cabriolet, kam das Hardtop von 1954 (unten) mit dem Unterbau des Plymouth in der Jahresmitte hinzu. Die viertürige Coronet-Limousine kostete $ 2220 und war das gefragteste Modell des Jahrgangs.

Dieser Schachzug war nicht ganz erfolgreich. Beide Marken konnten ihre Produktion wesentlich steigern, doch nur, weil der Koreakrieg zu Ende ging und damit auch die amtlich verordneten Fertigungsbeschränkungen für die amerikanische Autoindustrie. Schon im folgenden Jahr fiel Dodge auf den 8. Platz der Produktionsstatistik zurück und setzte kaum mehr halb so viele Autos ab.

Trotzdem war das Modell 1953 ein Schritt in die richtige Richtung. Der „Red Ram"-Hemi mit 4 Litern Hubraum und 140 PS hielt in einem neuen Coronet Eight Einzug: Club Coupé und viertürige Limousine mit 3022 mm Radstand, Convertible, Diplomat Hardtop-Coupé und ein zweitüriger Sierra-Kombi mit 27 mm kürzerem Radstand (mit Plymouth identisch). Selbst wenn das Dodge-Design – aus der Feder von Virgil Exner – nicht zu den Spitzenleistungen des Jahrgangs 1953 zu zählen ist, wirkt es doch recht ansehnlich, vor allem dank der einteiligen Windschutzscheibe und der durchgezogenen Gürtellinie, der Weiterentwicklung des Kühlergrills von 1951/52 sowie der niedrigeren Motorhaube (beim V8 mit flacher Lufthutze). Auch die weit öffnenden Türen und das „Road Action"-Fahrgestell mit Doppelkastenprofilen und geänderter Vorderachse wurden als Fortschritt gepriesen. Bei den Getrieben standen mit Gyro-Drive und Gyro-Torque zwei Halbautomatiken zur Wahl. Bei letzterer schaltete man nicht mehr mit dem Kupplungspedal, sondern durch Gaswegnehmen.

1954 brachte Detailverbesserungen und ein komplexeres Typenprogramm mit einem Quartett schicker Royal-V8-Versionen als Krönung. Ein fünfter Royal gesellte sich Mitte der Saison hinzu: Der 500 Convertible, eine Replika des Dodge, der bei den Indy 500 als Pace Car gelaufen war und für den man nun einen auf 150 PS getunten Hemi-Motor, Kelsey-Hayes-Chromspeichenräder, einen Continental Kit und zusätzliche Embleme aufbot. Dodge lieferte über das Händlernetz sogar eine Offenhauser-Ansaugspinne mit Vierfachvergaser; die Leistung wurde nie angegeben, dürfte jedoch höllisch gewesen sein. Neben dem Royal gab es den 150-PS-Hemi auch serienmäßig in zwei Coronet-Limousinen, die 140-PS-Version bei zwei Meadowbrooks.

Dodge verkaufte vom Royal 500 nur geringe Stückzahlen, doch hatte der Red Ram sein Potential bereits bewiesen. Danny Eames jagte ein 1953er Modell mit 102,6 mph (164 km/h) Rekordgeschwindigkeit über den El Mirage-Salzsee in Kalifornien, und ein Werksteam stellte im September 1953 in Bonneville 196 neue Geschwindigkeitsrekorde in der AAA-Stock-Car-Klasse auf. Genauso eindrucksvoll waren die Plätze 1-2-3-4-6-9, die der Dodge V8 in der Tourenwagenklasse 1954 bei der mörderischen Carrera Panamericana einfuhr. Daneben sicherte er sich sogar 1953 und 1954 den Klassensieg im Mobilgas Economy Run.

Damit war Dodge also zu einer ernst zu nehmenden Größe im PS-Geschäft geworden. Größeres und Besseres (im wahrsten Sinne des Wortes) stand jedoch noch bevor.

TECHNISCHE DATEN

Motor: V8, hängende Ventile, 3954 ccm (87,3 × 82,5) **1953** 140 SAE-PS **1954 Royal/Coronet** 150 SAE-PS **Meadowbrook** 140 SAE-PS

Getriebe: 3-Gang-Schaltgetriebe; auf Wunsch mit Overdrive **1953-54** auf Wunsch mit Gyro-Torque/Gyro-Drive-Halbautomatik **1954** auf Wunsch mit Powerflite-Zweigangautomatik

Fahrwerk, vorn:	obere und untere Dreiecksquerlenker, Schraubenfedern, Querstabilisator
Fahrwerk, hinten:	Starrachse, Halbelliptik-Blattfedern
Bremsen:	vorne/hinten Trommelbremsen
Radstand (mm):	2895; 3022
Gewicht (kg):	1510-1662
Höchstgeschwindigkeit (km/h):	über 170
Beschleunigung 0-96 km/h (s):	16,2

Produktionszahlen: 1953 Coronet Eight Club Coupé 32 439 **Lim. 4tür.** 124 059 **Convertible** 4100 **Diplomat Hardtop Coupé** 17 334 **Sierra Kombi 2tür.** 5400 **1954 Coronet V8 Club Coupé** 7998 **Lim. 4türig** 36 063 **Sport Hardtop Coupé** 100 **Convertible** 50 **Suburban Kombi 2tür.** 3100 **Sierra Kombi 4tür.** 988 **Royal V8 Club Coupé** 8900 **Lim. 4tür.** 50 050 **Sport Hardtop Coupé** 3852 **Convertible** 1299 **Fahrgestell** 1 **Royal 500 Conv.** 701

Dodge

1955-56 Dodge D-500

Nachdem der Dodge 1953-54 seine Leistungsfähigkeit unter Beweis stellen konnte, stand für 1955 das Design im Vordergrund. Nicht, daß man in punkto Leistung stagniert hätte: Das hätte sich kein Hersteller erlauben können, nachdem der PS-Wettlauf auf immer höheren Touren lief — nein, das Modell 1955 wurde nicht nur zum potentesten Dodge aller Zeiten, sondern gleichzeitig zu einem der schnellsten Typen der gesamten US-Produktion.

Zwar war dieser Dodge nicht neu, doch hob er sich von seinen Vorläufern deutlich ab — ganz im Zeichen der plötzlichen Kehrtwende zu betont schnellen, eleganten Modellen, wie sie typisch für die 1955er Chrysler waren. Dies bedeutete kühnere Linienführung, frischere Farbtöne, größere Motoren und meistens auch längere Fahrgestelle — bei Dodge betrug der Radstand nun 3048 mm, gegenüber 1953/54 waren das zwischen 3 und 13 cm mehr. Das gestraffte Typenprogramm umfaßte nur noch den Coronet-Sechszylinder und V8 sowie den Royal und den neuen Custom Royal (nur mit V8). Die Hardtops liefen unter dem Zusatz Lancer, ebenso das Custom Royal-Cabrio, das mit $ 2748 zum teuersten Modell wurde.

Während Virgil Exner die Linienführung aller 55er Modelle der Chrysler Corporation koordinierte, war dessen Assistent Maury Baldwin für die Feinarbeit am Dodge und Plymouth zuständig. Der „Forward Look" der neuen Chrysler-Generation trug in den Dodge-Werbetexten den markanten Namen „Flair-Fashion" und war gekennzeichnet durch eine aggressive Vorderfront mit zwei breiten waagerechten Streben, die von beiden Seiten in die geteilte Grillöffnung übergingen. Die Lufthutzenattrappe auf der Motorhaube lief nach hinten breitflächig zum Windlauf hin aus. Bei einigen Modellen ging sie in eine Zierleiste an der Gürtellinie über, die an der C-Säule schräg nach unten abfiel. Der Kontrastfarbton in diesem Bereich ließ die immer noch relativ hohe Karosserie niedriger erscheinen. Modelle, deren Zweifarbenlackierung entlang der Gürtellinie abgesetzt war, wirken demgegenüber wesentlich massiver. Neu waren auch die „New Horizon"-Panoramascheibe und beim Custom Royal Lancer winzige verchromte Heckflossen. Der Custom Royal war sogar in schillernden Dreifarbkombinationen lieferbar, bei denen Dach, Seitenflächen und Hauben unterschiedlich lackiert waren.

Der berühmte „Red Ram"-V8 war 1955 auf 4425 ccm angewachsen, war jedoch kein echter Hemi. Den bekam man erst im Custom Royal in Gestalt des 183 PS starken Super Red Ram. Die „Normalmotoren" besaßen dagegen sogenannte „polysphärische" Brennräume, deren Hauptunterschied darin bestand, daß Einlaß- und Auslaßventil einander nicht direkt gegenüberlagen, sondern diagonal versetzt waren; dadurch

Mit dem „Flair-Fashion"-Styling von 1955 streifte Dodge sein altjüngferliches Image endgültig ab. Spitzenmodell war der luxuriöse Custom Royal Lancer (auf dieser Seite), der als Cabriolet besonders gut zur Geltung kam. Nur 3302 Exemplare verließen das Werk. Das Modell 1956 (rechte Seite) zeigte verhaltene Heckflossen und geänderte Zweifarbkombinationen. Das D-500-Sonderpaket deutete auf den potenten V8-Hemi unter der Haube hin.

kam man mit einer einzigen Kipphebelwelle pro Zylinderbank aus und die Zündkerzen waren besser zugänglich. Durch den leichteren und einfacheren Ventiltrieb wog der Poly-Motor weniger und war auch billiger zu fertigen als der Hemi, „atmete" jedoch fast genauso frei. Auch die Leistung lag mit 175 SAE-PS kaum niedriger.

Gegen Aufpreis lieferte Dodge für den Hemi auch ein „Power Pack" mit Vierfachvergaser und Doppelrohrauspuff, das für runde 10 weitere PS gut war. Dieser Hemi trug offiziell die (langatmige) Bezeichnung „super-powered Super Red Ram", schon bald sprach man jedoch nur noch vom „D-500"-Paket.

1956 kehrte der D-500 mit einem Hemi-Motor wieder, der durch längeren Hub jetzt 5126 ccm Hubraum erreichte. Größere Ventile, mechanische Stößel, ein neues Nockenprofil und höhere Verdichtung (9,25:1) ergaben stolze 260 PS, fast das Doppelte der Leistung eines gerade zwei Jahre alten Dodge. Royal und Custom Royal wurden serienmäßig mit einer 218-PS-Version dieses Triebwerks mit Doppelvergaser bestückt. Der Coronet lief derweil mit einem auf 189 PS gebrachten Poly-Motor.

Das verhaltene Facelifting bescherte dem Modell 1956 höhere Heckkotflügel mit Flossen sowie die neuen viertürigen Lancer-Hardtops mit V8-Maschine für alle Modellreihen. Wie bei anderen Chrysler-Produkten wurde die Powerflite nun nicht mehr mit dem verchromten Hebelchen am Armaturenbrett, sondern mit den bald schon berüchtigten Drucktasten geschaltet.

1956 setzte man am Highland Park noch stärker auf leistungsbetonte Sondermodelle und stellte der neuen Version des Kraftpakets Chrysler 300 den Plymouth Fury und den DeSoto Adventurer zur Seite. Kaum bekannt ist die Dodge-Version hiervon, der Golden Lancer. Hierbei handelte es sich im Prinzip um ein Custom Royal-Hardtop mit D-500-Paket und Zweifarbenlackierung in Sapphire White und Gold Gallant Saddle, Armaturenbrett, Windschutzscheiben- und Türscheibenrahmen in Goldton sowie weiß/grau/schwarz abgesetzten Polstern. Die Stückzahlen sind nicht einmal in den Chrysler-Statistiken zu finden, dürften jedoch minimal gewesen sein.

Genauso rar war „La Femme", ein neues Ausstattungspaket für 1955, das u. a. Schirmhalterung, Makeup-Koffer und rosa-weißen Lack als gönnerhafte Reverenz an die Wünsche der typischen weiblichen Autokäufer jener Tage bot. Der 1956er La Femme war weitgehend ähnlich ausstaffiert, nur die Farbkombination lautete jetzt Regal Orchid/Misty Orchid. Dieses Paket war nur für das Custom Royal Hardtop-Coupé lieferbar (in Verbindung mit dem D-500-Paket) und verkaufte sich bis 1956 keine 1500mal (die Schätzungen schwanken zwischen 300 und 1100), bevor es in aller Stille gestrichen wurde.

Aber immerhin gab man sich Mühe bei Dodge; 1957 sogar noch mehr, nachdem das D-500-Paket nun für alle Modelle lieferbar war. Dazu mehr auf der nächsten Seite.

TECHNISCHE DATEN

Motor: V8, hängende Ventile, **1955** 4425 ccm (92,2 × 82,5), 193 SAE-PS **1956** 5126 ccm (92,2 × 96,5), 260 SAE-PS

Getriebe:	3-Gang-Schaltgetriebe; auf Wunsch Overdrive und PowerFlite-Zweigangautomatik
Fahrwerk, vorn:	obere und untere Dreiecksquerlenker, Schraubenfedern
Fahrwerk, hinten:	Starrachse, Halbelliptik-Blattfedern
Bremsen:	vorne/hinten Trommelbremsen
Radstand (mm):	3048
Gewicht (kg):	im Durchschnitt 1610
Höchstgeschwindigkeit (km/h):	184-192
Beschleunigung 0-96 km/h (s):	9,5-10,0
Produktionszahlen:	nicht bekannt

Dodge

1957-59 Dodge

Glitter, Zubehör und jede Menge PS galten im Detroit der 50er Jahre fast überall als Schlüssel zum Erfolg; auch die letzten drei Dodge-Jahrgänge waren typische Vertreter dieser Autophilosophie. Aus Gründen, auf die wir noch kommen, blieb den Modellen 1958 und 1959 der Erfolg versagt, doch das Modell 1957 durfte als bisher erfolgreichster Dodge gelten. Kein Wunder, war es doch nicht nur länger, niedriger, breiter, noch üppiger verchromt und farbenprächtiger, sondern vor allem schneller und durchzugstärker als alle bisherigen Dodge-Modelle. Fast 288 000 Käufer entschieden sich für dieses Modell, 37 000 mehr als 1956 — ein neuer Rekord, mit dem Dodge in der US-Produktionsstatistik vom 8. auf den 7. Platz vorstieß.

Wie seine Konzerngefährten, so wartete auch Dodge 1957 mit einem praktisch völlig neuen Modell auf. Sogar die Motoren waren durchweg geändert worden. Doch in der Styling-Welt geht es nicht immer gerecht zu. Fast alle Kritiker sind sich darin einig, daß Dodge stilistisch 1957 schlecht wegkam und das Endprodukt viel überladener als alle anderen Chrysler-Modelle geriet. Dodge bezeichnete die Linienführung als „Swept-Wing", doch sah wohl kein Flugzeug je so gekünstelt aus.

Wenig Widerspruch fand die radikal neue Karosseriesilhouette. Dodge erhielt natürlich auch die neue Drehstabfederung der Chrysler-Modelle 1957, die einen geänderten, viel niedrigeren Kastenrahmen mit tiefergelegtem Bodenblech erforderte — Hudson läßt grüßen -, so daß ohne Platzeinbußen im Innenraum die Karosserie niedriger gestaltet werden konnte. Die Dächer wurden bei den Limousinen um 8 cm, bei den Hardtops (die ohnehin nur 1,44 m hoch waren) gar um 12 cm gesenkt; gleichzeitig stellte man von 15- auf 14-Zoll-Räder um. Trotz 5 cm längerem Radstand blieb die Gesamtlänge von 5,38 m jedoch unverändert, während die Breite um 83 mm auf 1978 mm zunahm.

Das Motorenprogramm des 1957er Dodge unterstrich dessen Stellung als leistungsbetonter Chrysler-Ableger. Die Poly-V8-Motoren wurden aufgebohrt und waren mit 8,5:1 höher verdichtet, mit größeren Einlaßventilen und einer neuen Nockenwelle ausgerüstet, die günstigere Ventilöffnungszeiten verhieß. Die einfacheren Coronets und die mittlere Preisklasse des Royal erhielten eine 245-PS-Version mit Doppelvergaser. Das Spitzenmodell Custom Royal kam mit einem Vierfachvergaser auf 285 PS.

In punkto Durchzug blieb das D-500-Paket für den Hemi unerreicht. Es war jetzt für alle Modelle lieferbar und verwandelte sogar schlichte Coronets in rasante Straßenrenner. Dabei gab es sogar zwei Varianten des D-500: den höher verdichteten (9,25:1) 325er Motor (5,4 l) mit Vierfachvergaser und 310 PS sowie den neuen 354er (5,8 l) Super D-500 mit zwei Vierfachvergasern und 340 PS. Zu beiden lieferte Dodge straffere Stoßdämpfer, vordere Drehstäbe und hintere Blattfedern, die laut Fachpresse für „enge Tuchfühlung mit der Fahrbahn" sorgen sollten.

Obwohl das Modell 1957 größer als bisherige Dodge-Modelle war, blieb es vergleichsweise leicht und entfaltete mit den größeren Motoren folglich ungeheure Leistung. Ein typischer Normal-V8 kam in unter 10 Sekunden auf 100 km/h, während der D-500 ungleich schneller war. Die neue TorqueFlite-Dreigangautomatik half den Fahrleistungen dank ihres raschen, präzisen und dabei völlig ruckfreien Ansprechens zusätzlich auf die Sprünge. Von Anfang an bewies sie ihre unbedingte Robustheit, so daß nicht nur die Mehrzahl der Dodge-Fahrer, sondern sogar Drag-Racer daran Gefallen fanden.

Pech für Dodge war, daß das Modell 1958 weit weniger Käufer anzog, vor allem infolge der Rezession und des zunehmend negativen Images des Modells 1957 wegen schlampiger Verarbeitung und Rostanfälligkeit. PS-Fans trauerten darüber, daß der Hemi zugunsten einer neuen Generation kostengünstigerer V8 mit keilförmigen Brennräumen („wedgehead") abtreten mußte. Dennoch blieb Leistung im Überfluß. Der D-500 war auf 6 l gewachsen und kam mit Vierfachvergaser auf 325 PS, mit Bendix-Einspritzung gar auf 333. Stilistische Retuschen brachten Doppelscheinwerfer und die üblichen geänderten Chromteile. Ab Mitte der Saison kam ein feudales Custom Royal Regal Lancer Hardtop-Coupé (ein langer Name!) hinzu. Dennoch rutschte Dodge mit weniger als der Hälfte der Stückzahlen, einem Jahrzehnt-Rekordtief von 137 861 Einheiten, vom 8. auf den 9. Platz ab.

1959 ließen sich rund 18 500 Einheiten mehr absetzen, doch bestimmt nicht wegen des Designs, das mit seinen massiven „Brauen" über den Scheinwerfern, ausladenden Heckflossen und recht vulgären Heckleuchten noch schwerfälliger wirkte. Letztmalig war der betagte seitengesteuerte „Get-Away"-Sechszylinder zu finden, jetzt mit 3 PS weniger als 1957/58. Dem 6-Liter-„Wedgehead"-V8 waren zwei auf 6,3 l aufgebohrte Versionen des D-500 zur Seite gestellt worden, die 320-PS-Normalversion und der 345-PS-„Super", letzterer nach wie vor mit Benzineinspritzung. Grundmodell des V8 war der etwas stärkere 5416-ccm-„Wedgehead" mit 255 PS (statt den 252 PS des 1958er Poly-Motors mit 5326 ccm). Zu den neuen Extras, die auch andere Chrysler boten, zählten schwenkbare Vordersitze und ein automatisch abblendbarer Innenspiegel.

Erst etliche Jahre später sollten Styling und Verarbeitung des Dodge wieder echte Verkaufsargumente werden. Die Modelle 1957-59 können daher als Hoch- und Tiefpunkt der Marke in diesem Jahrzehnt gelten — und als Beweis, daß Erfolg in der Autoindustrie ein launischer Bundesgenosse ist.

TECHNISCHE DATEN

Motor: **1957** 6 Zylinder in Reihe, stehende Ventile, 3772 ccm (82,5 × 117,6), 138 SAE-PS; V8, hängende Ventile, 5326 ccm (93,7 × 96,5), 245/285/310/340 SAE-PS (Zweifach-/Vierfachvergaser/ D-500/Super D-500) **1958** 6 Zylinder in Reihe, stehende Ventile, 3772 ccm (82,5 × 117,6), 138 SAE-PS; V8, hängende Ventile, 5326 ccm (93,7 × 96,5), 252 SAE-PS; 5916 ccm (104,6 × 85,8), 305/320/333 SAE-PS (Basismodell/D-500/Super D-500 mit Benzineinspritzung) **1959** 6 Zylinder in Reihe, stehende Ventile, 3772 ccm (82,5 × 117,6), 135 SAE-PS; V8, hängende Ventile, 5342 ccm (100,3 × 84,0), 255 SAE-PS; 5916 ccm (104,6 × 85,8), 295/305 SAE-PS; 6276 ccm (107,9 × 85,8), 320/345 SAE-PS (Zweifach-/Vierfachvergaser)

Getriebe:	3-Gang-Schaltgetriebe; auf Wunsch Overdrive, 2-Gang-Powerflite, 3-Gang-TorqueFlite
Fahrwerk, vorn:	obere Dreiecksquerlenker, untere Querlenker, Längsdrehstäbe, Stabilisator
Fahrwerk, hinten:	Starrachse, Halbelliptik-Blattfedern
Bremsen:	vorne/hinten Trommelbremsen
Radstand (mm):	3098
Gewicht (kg):	1525-1831
Höchstgeschwindigkeit (km/h):	145-192
Beschleunigung 0-96 km/h (s):	8,0-14,5

Produktionszahlen: 1957 Coronet 6, V8 160 979 **Royal V8** 40 999 **Custom Royal V8** 55 149 **Station Wagon V8** 30 481 **1958 Coronet 6, V8** 77 388 **Royal V8** 15 165 **Custom Royal V8** 25 112 (einschl. 1163 Regal Lancer Hardtop 2tür.) **Station Wagon V8** 20 196 **1959 Coronet 6, V8** 96 782 **Royal V8** 14 807 **Custom Royal V8** 21 206 **Station Wagon V8** 23 590

Von den drei 1957 angebotenen Dodge-Cabriolets war der Coronet (rechte Seite, oben) mit $ 2842 am billigsten. Er wurde von einem 245 PS starken 5,4-Liter-V8 angetrieben. Das Modell 1958 war etwas geliftet worden. Der Coronet V8 war nun in vier Varianten lieferbar, u. a. als Lancer-Zweitürer für $ 2679 (Mitte). Umfassender fielen die Änderungen 1959 aus. Das Spitzenmodell, der viertürige Custom Royal Sedan (unten), hatte drei Seitenfenster und wurde für $ 3145 angeboten.

Dual-Ghia

1956-58 Dual-Ghia

Wie sich Leichtsinnige in Bereiche vorwagen, vor denen Klügere zurückschrecken, trauen sich auch Autofans mitunter Dinge zu, von denen Konzerne die Finger lassen. In den fünfziger Jahren fehlte es nicht an derartigen Versuchen. Zu den bemerkenswertesten dürfte der Dual-Ghia zählen, die Entwicklung von Eugene Casaroll und Chrysler, unter tätiger Mithilfe von Ghia in Italien.

Casaroll hatte Dual Motors, Inc., während des Krieges für die Produktion von Armeelastwagen mit Doppelmotor und Notstromaggregaten gegründet und besaß außerdem Auto Shippers, ein Autotransportunternehmen, das mit Chrysler und anderen Detroiter Herstellern zusammenarbeitete. Casaroll war extrem reich und ein echter Autofanatiker (er hatte mehrere „Auto Shippers Specials" bei den 500 Meilen von Indianapolis gesponsert) und träumte von einem sportlichen Touren-Viersitzer, der zuverlässige US-Technik mit europäischem Design und Verarbeitungsqualität vereinte. Damit landete er logischerweise bei den von Ghia produzierten Show Cars der frühen 50er Jahre, die Virgil Exner zur Imagepflege des eher betulichen Chrysler-Konzerns hatte produzieren lassen.

Darunter befand sich der Firearrow von 1953/54, ein Quartett von Viersitzern auf Dodge-Basis, das u. a. ein Coupé und ein Cabriolet umfaßte. Der erste, ein niedriger Roadster, fand bei den Auto-Shows derart großen Anklang, daß Chrysler bei Ghia ein zweites Exemplar in Auftrag gab. Die Pilotin und Rennfahrerin Betty Skelton führte den Firearrow Nr. 2 bei der Einweihung des neuen Chrysler-Testgeländes in Chelsea, Michigan, 1954 vor und jagte ihn mit einer Durchschnittsgeschwindigkeit von 144 mph (230 km/h) über den Rundkurs. Dieser Wagen sollte auf Casaroll eine ganz besondere Faszination ausüben.

Alle von Ghia gefertigten Exner-Specials waren für Chrysler reine Spielereien, doch als man verlauten ließ, daß der Firearrow nie in Serie gehen würde, sah Casaroll seine Stunde gekommen. Nachdem er die Fertigungsrechte erworben hatte, ging er mit Konstrukteur Paul Faragio daran, ihm Straßentauglichkeit beizubringen. Faragio, der aus Chrysler-Teilen unglaublichste Ergebnisse zu zaubern vermochte, hatte 1955 mehrere Prototypen fertiggestellt, und Ende des Jahres kündigte Casaroll die Serienauflage seines „Firebomb" für rund $ 5500 an. Weitere Entwicklungarbeiten verzögerten den Serienanlauf bis 1956. Mittlerweile waren Komponenten des neuen Dodge und eine geänderte Heckpartie mit Heckflossenansätzen hinzugekommen; das ganze hieß nun Dual-Ghia.

Casaroll sicherte sich für einen Großteil der Fertigung die Dienste von Ghia, nicht nur aufgrund deren Renommee als Karossiers der Extraklasse, sondern auch zur Kostensenkung und als Prestigegewinn. Giovanni Savonuzzi von Ghia kürzte für das Fahrgestell den Unterbau des Serien-Dodge 1956 um 5 Zoll, versteifte ihn und verschweißte diesen neu. Darüber stülpte man eine Cabrio-Karosserie, die statt des bei Ghia üblichen Aluminium aus Stahl bestand. Damit entstand ein für ein Cabrio ungewöhnlich verwindungssteifer Aufbau. Nach Ende der Arbeiten bei Ghia übernahm Dual Motors in Detroit die Montage des Antriebsstrangs und die Endmontage.

Technische Daten

Motor:	Dodge V8, hängende Ventile, 5126 ccm (92,2 × 96,5), 230/260/285 SAE-PS
Getriebe:	Chrysler Powerflite Zweigangautomatik
Fahrwerk, vorn:	obere und untere Dreiecksquerlenker, Schraubenfedern, Stabilisator
Fahrwerk, hinten:	Starrachse, Halbelliptik-Blattfedern
Bremsen:	vorne/hinten Trommelbremsen
Radstand (mm):	2921
Gewicht (kg):	ca. 1800
Höchstgeschwindigkeit (km/h):	über 190
Beschleunigung 0-96 km/h (s):	8,6

Produktionszahlen: 117 (102 Cabriolets, 2 Spezial-Hardtops und 13 Prototypen in unterschiedlicher Ausführung)

Eugene Casaroll fand so sehr Gefallen an den von Virgil Exner entworfenen Dodge Firearrow-Prototypen von 1953/54, daß er von Chrysler die Herstellungsrechte erwarb. Dieses teure, schnelle Modell wurde zu einem spontanen Erfolg bei Filmstars und der Society-Schickeria. Casaroll legte bei jedem Exemplar allerdings rund $ 4000 drauf und mußte nach 117 gebauten Fahrzeugen schweren Herzens aufgeben.

An Finessen mangelte es nicht. Kühlergrill, Radkappen, Scheibenrahmen, Türgriffe, sogar die Zierleistenklammern bestanden aus Messing. Die Sitze erinnerten an Edelmöbel, auch dank der aufwendigen Polsterfederung und des Connolly-Leders. Selbst versteckteste Winkel verschwanden unter einem dicken Bezug. Die Innenseite der Motorhaube war beispielsweise mit GFK-Isoliermaterial mit abgestepptem Lederbesatz belegt; der Kofferraum wurde in schwarzem Filz ausgeschlagen. Der Verdeckmechanismus war laut einem Tester „derart sorgfältig abgestimmt, daß er von einer einzigen Person in weniger als einer Minute geschlossen oder geöffnet werden kann." Kurz nach Produktionsbeginn wichen die schwerfälligen Fensterkurbeln (11 Umdrehungen) elektrischen Fensterhebern.

Weitere Zutaten für Innenraum und Außenteile kamen aus Chrysler-Serienmodellen. Der Antriebsstrang entstammte im wesentlichen dem schnellen 1956er Dodge D-500; der 5,2-Liter-Hemi V8 wurde mit einer Powerflite-Zweigangautomatik (mit Mittelschaltung statt der Chrysler-üblichen Drucktasten) gekoppelt. Die Leistung mit Vierfachvergaser betrug 230 PS. Mit mechanischen Stößeln, schärferer Nockenwelle, zwei Kipphebelwellen und doppelten Ventilfedern kitzelte man weitere 30 PS heraus, zwei Vierfachvergaser ergaben gar 285 PS. Serienmäßig gab es auch die Chrysler-„Coaxial"-Servolenkung, Imperial-Bremshilfe, verstärkte Federn und Stoßdämpfer sowie eine sportlichere Antriebsübersetzung von 3,54:1.

Der Dual-Ghia war damit also ein echter Wolf im Schafspelz: schnell auf den Geraden, präzise in Kurven und erstaunlich genügsam (15-18 l im Stadtverkehr, unter 12 l auf Langstrecken). Zugleich strahlte er Luxus in Reinkultur aus und bestach durch gediegene Wertarbeit. Ghia steckte in jede Karosserie rund 1300 Arbeitsstunden, Dual in die Endmontage nochmals 200.

Entsprechend gesalzen waren die Preise: Grundpreis $ 7741, dazu nochmals $ 100 für den stärkeren Motor. Schlauerweise plante Casaroll nur einen Jahresausstoß von 150 Stück und behielt sich den Verkauf selbst vor. Zu den Auserwählten zählten vorwiegend die Größen der High Society und aus Hollywood, u. a. Frank Sinatra, Sammy Davis Jr. und Eddie Fisher, die Songschreiber Hoagy Carmichael und David Rose sowie Filmstars wie Lucille Ball und Peter Lawford (Lawfords Dual-Ghia war im Vorspann der Fensehserie „Thin Man" von 1957/58 zu sehen). Etliche reiche und illustre Interessenten wurden abgewiesen, was den Status des Wagens nur noch steigerte, und Klatschkolumnisten zu dem bissigen Zitat veranlaßte, ein Rolls-Royce sei „das Statussymbol für alle, die nicht an einen Dual-Ghia herankommen."

Doch die Faszination war nicht von Dauer. Die lange Bauzeit bei Ghia drosselte den Absatz, und Casaroll, der sein Auto viel zu billig verkaufte, machte bei jedem Exemplar mindestens $ 4000 Verlust. Schlimmer noch: Chrysler stellte auf selbsttragende Karosserien um, würde also ab 1959 keine Fahrgestelle mehr liefern. Als einziger Ausweg blieb der Umstieg auf eine andere Konzeption, also wurde der offene Dual-Ghia nach 1958 zugunsten eines hübschen 2+2-Coupés aufgegeben. Dieses debütierte als L6.4 im August 1960, war jedoch noch erfolgloser. Eine dritte Modellgeneration kam über das Planungsstadium nicht hinaus, worauf Casaroll sich endgültig aus dem Autogeschäft zurückzog.

Edsel

1958 Edsel

Unzählige haarsträubende Mythen ranken sich um den nach dem Sohn von Henry Ford benannten Edsel, ein Wort, das heute als Synonym für einen katastrophalen Fehler gilt. Sicher verlor Ford durch den Edsel viel Geld, doch an die Substanz ging es wohl kaum, und gelernt hat Ford dabei ebenfalls allerhand.

Immerhin setzte Edsel im ersten Modelljahr 63 000 Exemplare ab — an sich nicht schlecht für eine nagelneue Automarke. Chrysler verkaufte z.B. vom Modell 1958 ebenfalls 63 000 Stück; DeSoto (50 000), Studebaker (45 000), Lincoln/Continental (30 000) und Imperial (16 000) übertraf der Edsel deutlich. Nur erreichte er eben nicht das gesteckte Ziel, denn Ford hatte für das erste Jahr mit 100 000 verkauften Wagen gerechnet.

Vielleicht aufgrund dieser Erwartungen (die bei der Konzeption des Edsel 1955 leicht zu erfüllen gewesen wären) existierten zuviele Varianten, die bei einem Gesamtvolumen von 60 000 Einheiten nicht zu rechtfertigen waren. Zwei verschiedene Fahrgestelle und Antriebsaggregate wurden zu vier Modellreihen (Ranger, Pacer, Corsair und Citation) und nicht weniger als 18 verschiedenen Typen kombiniert. In einem Jahr, das (was keiner vorhersehen konnte) mit einer gewaltigen Rezession und rückläufigen Absatzzahlen bei fast allen Autoproduzenten der USA zusammenfiel, war dies ein viel zu aufwendiges Programm.

Ein weiterer Faktor wurde bei Analysen der Edsel-Geschichte oft übersehen: Er war weder deutlich billiger noch deutlich teurer als der Mercury. Der kleinere Ranger und Pacer (die zwei Drittel aller verkauften Edsel ausmachen sollten) kosteten zwischen $ 2375 und $ 3247, die luxuriöseren, längeren Corsair- und Citation-Hardtops und Convertibles kamen auf $ 3346 und $ 3801 Grundpreis; der tatsächliche Verkaufspreis lag eher zwischen $ 2750 und $ 4500.

Die Preise des Mercury lagen fast gleich. Die Grundmodelle Monterey und Montclair, die kaum kürzer als die großen Edsel waren, gingen für Grundpreise zwischen $ 2721 und $ 3536 weg, die längere Park Lane lag bei $ 3944 bis $ 4118. Gleichzeitig brach Mercury mit dem preisgünstigeren Medalist ($ 2547-2617) in Edsel-Terrain ein. Insgesamt lagen die Endverkaufspreise des Mercury und Edsel also fast gleich (auch die direkte Konkurrenz zwischen Mercury und Edsel war kein Einzelfall; ähnliches war auch bei Buick/Oldsmobile/Pontiac sowie Chrysler/DeSoto/Dodge zu beobachten).

Das markanteste (und in Augen vieler zugleich ruinöseste) Merkmal des Edsel war sein gewichtiges, senkrechtes Kühlermittelteil, das bald allgemein „horsecollar" (wie die „Halskrausen" der Pferde) hieß oder gar noch schlimmere Spitznamen erhielt. Der Rest war eher alltäglich, bis auf die Drucktasten („Tele-Touch") in der Lenkradnabe des Automatik-Edsel. Verblüffenderweise kam der Edsel ohne modische Heckflossen aus (im Jahr 1958 eher ein Vorteil). Als Antriebsquelle dienten große V8-Maschinen: der 361er (6 Liter) im Ranger und Pacer, ein 410er (6,8 Liter) im Corsair und Citation. Diese Luxusmodelle waren üppig mit allen Extras ausgestattet, und das Citation-Cabrio lag preislich in Regionen, die zwei oder drei Jahre zuvor dem Lincoln vorbehalten waren.

Erst in letzter Minute erhielt der Edsel seinen Namen. Die Werbeagentur hatte über 6000 Varianten vorgelegt (darunter Ranger, Pacer, Corsair und Citation an vorderster Stelle). Ford-Chef Ernest R. Breech gefielen sie jedoch alle nicht, also wandte sich die PR-Abteilung in ihrer Not an die Dichterin Marianne Moore. Diese hatte absolut verblüffende Vorschläge zu bieten (z.B. „Mongoose Civique", „Turcotinga" und „Utopian Turtletop"), doch hatte man sich das so nun auch wieder nicht vorgestellt. Mit vielem Dank zog sich Ford höflich zurück.

Bei der endgültigen Namensfindung kam man dann unweigerlich auf Edsel. Ernest Breech wußte zwar, daß Henry Ford II dagegen war, den Wagen nach seinem Vater zu benennen, versprach aber Abhilfe. Er rief Ford junior an, erklärte ihm, daß der ganze Aufsichtsrat geschlossen für „Edsel" votiert habe, und erhielt schließlich die Zustimmung.

Insgesamt war der Edsel gar nicht so übel in einem Jahr, das so viele gräßliche Ausgeburten auf den Automarkt warf. Stilistisch konnte man zwar geteilter Meinung sein, doch immerhin war der Edsel anders, und Leistung bot er auf jeden Fall genug. Schlimmstenfalls könnte man ihm nachsagen, daß er für Spitzenzeiten geschaffen war, aber unglücklicherweise mitten in einer Talsohle auf den Markt geworfen wurde.

Der Edsel debütierte 1958 inmitten einer schweren Wirtschaftskrise und war damit fast von vornherein zum Scheitern verurteilt. Vom Spitzenmodell, dem Citation Convertible (rechte Seite), wurden ganze 930 Stück produziert, vom preisgünstigeren offenen Pacer (oben) auch nur 1876. Heute erinnert man sich an sie vor allem aufgrund ihres grotesken Grillmittelteils und der Schaltknöpfe für die Getriebeautomatik in der Lenkradnabe (ganz oben).

TECHNISCHE DATEN

Motor: V8, hängende Ventile **Ranger/Pacer** 5916 ccm (102,8 × 88,9), 303 SAE-PS **Corsair/Citation** 6719 ccm (106,7 × 94), 345 SAE-PS

Getriebe:	**Ranger/Pacer** 3-Gang-Schaltgetriebe; auf Wunsch mit Overdrive; Tele-Touch Dreigang-Automatik **Corsair/Citation** Tele-Touch-Automatik
Fahrwerk, vorn:	Einzelradaufhängung, Schraubenfedern, Teleskopstoßdämpfer
Fahrwerk, hinten:	Starrachse, Blattfedern, Teleskopstoßdämpfer
Bremsen:	vorne/hinten Trommelbremsen
Radstand (mm):	Kombis 2946 **Ranger/Pacer** 2997 **Corsair/Citation** 3149
Gewicht (kg):	1692-1957
Höchstgeschwindigkeit (km/h):	168-185
Beschleunigung 0-96 km/h (s):	9,0-11,0

Produktionszahlen: Ranger Lim. 2tür. 4615 **Lim. 4tür.** 6576 **Hardtop Coupé** 5546 **Hardtop Sedan** 3077 **Roundup Kombi 2tür.** 963 **Villager Kombi 2tür./6-Sitzer** 2294 **9-Sitzer** 978 **Pacer Lim. 4tür.** 6083 **Hardtop Coupé** 6139 **Hardtop Sedan** 4959 **Conv.** 1876 **Bermuda Kombi 4tür.** 1456 **9-Sitzer** 779 **Corsair Hardtop Coupé** 3312 **Hardtop Sedan** 5880 **Citation Hardtop Coupé** 2535 **Hardtop Sedan** 5112 **Conv.** 930

1959 Edsel

In aller Eile suchte Ford zum Modelljahr 1959 nach einer eigenen Marktnische für den Edsel. Der Radstand wurde auf 3048 mm vereinheitlicht, Pacer und Citation eingestellt und die Grundpreise auf $ 2700 bis $ 3100 begrenzt. Damit lag der Edsel deutlich unter dem Mercury (der in Größe und Preis entsprechend zugelegt hatte), war aber immer noch $ 500 teurer als vergleichbare Ford-Typen. Wäre diese Preispolitik bereits im Vorjahr eingeführt worden, hätte sich der Edsel vielleicht einen eigenen Käuferkreis erobern und überleben können.

Die geringe Preisspanne der 59er Baureihe zeigt bereits, wie weit Ford, Chevy und Plymouth in die Mittelklasse vorgedrungen waren. Die Spitzenmodelle, der Fairlane 500, Chevy Impala und Plymouth Sport Fury, waren genauso teuer wie ein vergleichbarer Edsel. Dem hatte Edsel nur „eine vierte Alternative" entgegenzusetzen, wie Motor Trend es formulierte: „Ein Auto, das sich äußerlich deutlich abhebt von den Luxusmodellen von Ford, Chevy und Plymouth (die ihren einfacheren Versionen doch weitgehend ähneln)."

Das Basismodell Ranger war als zwei- und viertüriges Hardtop und Limousine lieferbar, der Corsair als viertürige Limousine und Hardtop, Hardtop-Coupé und Cabriolet. Der viertürige Villager-Kombi wurde mit sechs oder neun Sitzplätzen geliefert.

Daß die Zielgruppe des Edsel unterhalb des Mercury lag, wurde auch durch die wesentlich kleineren Serien-V8-Motoren deutlich: Der Ranger kam auf 4785 ccm, der Corsair auf 5440 ccm. Der 6,8-Liter-Motor wurde ausgemustert, das 5916-ccm-Aggregat blieb auf Sonderbestellung lieferbar. Erstmals gab es im Ranger oder Villager auch einen Sechszylindermotor. Nach Ford-Angaben war dies die Reaktion auf Kundenwünsche; nur 5 % der Käufer hatten 1958 einen Edsel mit höher verdichtetem Sportmotor bestellt. Eine Sportnockenwelle brachte den neuen Motoren jedoch mehr Drehmoment im unteren Drehzahlbereich, geringere Steuerzeitenüberschneidung und günstigeren Verbrennungsverlauf. Nur der 361er Motor (6 Liter Hubraum) benötigte Superkraftstoff.

Zu den Motorvarianten gesellten sich noch verschiedene Getriebe und Antriebsübersetzungen. Neu war beim Modell 1959 die Mile-O-Matic-Zweigangautomatik ($ 41 billiger als die Dual-Range), die mit 25 % weniger Einzelteilen auskam und dank ihres Wandler- und Getriebegehäuses aus Aluminium gut 20 kg leichter war. Die Dual Power Drive-Dreigangautomatik wurde nur in Verbindung mit dem 361er Motor angeboten. Statt der Drucktasten in der Lenkradnabe finden wir nun einen normalen Lenksäulen-Wählhebel.

Viele Tester empfanden 1958 das Ranger/Pacer-Fahrwerk auf Ford-Basis als stramm und fahrsicher, das vom Mercury abgeleitete Corsair/Citation-Fahrwerk dagegen als schwammig und unpräzise in der Straßenlage. 1959 saß das gesamte Edsel-Programm auf einem Fahrgestell auf Ford-Basis mit geänderten Querträgern für den Edsel-Aufbau und nach außen gezogenen Längsträgern. Der offene Corsair erhielt eine zusätzliche X-Traverse als Versteifung, doch brauchte Ford davon nur wenige aufzulegen, da nur 1343 Cabrios entstanden — der seltenste aller 1959er Edsels.

Zumindest auf dem Papier wirkten die Änderungen logisch. Zwei Modelle — die Ranger-Limousinen — wurden zu den am meisten verkauften Edsels überhaupt; der Ranger-Viertürer kam als einziger auf über 10 000 Stück. Obwohl sie 13 cm kürzer als die großen Edsels von 1958 waren, boten sie mehr Platz im Innenraum; der umstrittene „Pferdegrill" wurde nun in den waagerechten Grill und die einteilige Stoßstange integriert. Das Bizarre von 1958 hatte sich verflüchtigt.

Aber es half alles nichts: Die Mischung stimmte dieses Jahr vielleicht, für Edsel kam sie jedoch zu spät. Wer 1958 den Edsel gräßlich fand, kaufte auch 1959 keinen, und wer einen Wagen in der Preisklasse des Edsel suchte, zahlte lieber etwas mehr für eine etablierte Marke wie Pontiac oder Dodge.

Ford erwog allen Ernstes, den Namen Edsel an einem Compact-Mercury fortleben zu lassen (dem späteren Comet). Mancher Liebhaber erkennt an den Rückleuchten und den profilierten Heckkotflügeln des Comet das Erbe des Edsel wieder. Letzten Endes war der Name Edsel jedoch schon zu arg ramponiert. Nachdem Ende 1959 noch einige 1960er Modelle auf Ford-Basis entstanden waren, durfte Edsel sanft entschlummern.

Der Edsel von 1959 war zurückhaltender gestylt und wurde nur in den beiden Modellreihen Ranger und Corsair angeboten. Das einzige Cabriolet war der $ 3072 teure Corsair, von dem nur 1343 Exemplare vom Band liefen. Er besaß einen 5440-ccm-V8 mit 225 PS; der 5916-ccm-Motor mit 303 PS war gegen Aufpreis lieferbar.

Technische Daten

Motor: Ranger/Villager V8, hängende Ventile, 4785 ccm (95,2 × 83,8), 200 SAE-PS; auf Wunsch 6 Zylinder in Reihe, hängende Ventile, 3654 ccm (91,9 × 91,4), 145 SAE-PS **Corsair** 5440 ccm (101,6 × 83,8), 225 SAE-PS (bei übrigen Modellen auf Wunsch); 5916 ccm (102,8 × 88,9), 303 SAE-PS (bei allen Modellen auf Wunsch)

Getriebe:	3-Gang-Schaltgetriebe; auf Wunsch mit Overdrive, Mile-O-Matic-Zweigangautomatik oder Dual-Range Mile-O-Matic Dreigangautomatik
Fahrwerk, vorn:	Einzelradaufhängung, Schraubenfedern, Teleskopstoßdämpfer
Fahrwerk, hinten:	Starrachse, Blattfedern, Teleskopstoßdämpfer
Bremsen:	vorne/hinten Trommelbremsen
Radstand (mm):	3048
Gewicht (kg):	1608-1783
Höchstgeschwindigkeit (km/h):	152-168
Beschleunigung 0-96 km/h (s):	11,0-16,0

Produktionszahlen: Ranger Hardtop Sedan. 2352 **Lim. 4tür.** 12 814 **Hardtop Coupé** 5474 **Lim. 2türig** 7778 **Corsair Hardtop Sedan** 1694 **Lim. 4tür.** 3301 **Hardtop Coupé** 2315 **Conv.** 1343 **Villager Kombi 4tür./6-Sitzer** 5687 **9-Sitzer** 2133

Edwards

1953-55
Edwards America

Während Eugene Casaroll in Detroit träumte (siehe Dual-Ghia), träumte Sterling H. Edwards in San Francisco. Beiden schwebte die gleiche Vision eines exklusiven Kleinserien-Luxusautos vor. Casaroll durfte auf die Unterstützung von Chrysler und die tätige Mithilfe eines der renommiertesten italienischen Karossiers zählen, Edwards konnte sich nur auf sein eigenes designerisches Talent und die Bauteile stützen, die er beschaffen konnte. Casaroll brachte es insgesamt auf 143 Dual-Ghias, Edwards nur auf sechs seiner Americas.

Die erste Edwards-Kreation war der Special von 1949, ein viersitziges Cabriolet mit Hardtop und einer Windschutzscheibe, die für Renneinsätze abgenommen werden konnte. Der Special ging auch an den Start — vor allem bei Rennen des West Coast Sports Car Club of America — und heimste etliche Erfolge ein.

Bei einem Gewicht von 1135 kg in Straßenversion oder knapp 900 kg im Renntrim kam das komplexe Fahrgestell aus Chrom-Molybdän-Rohren sowie Einzelradaufhängung und Scheibenbremsen vorne und hinten voll zur Geltung. Als Antriebsquelle diente der unvermeidliche Ford-V8-Seitenventiler, der auf 1999 ccm verkleinert worden war, um in der 2-Liter-Klasse starten zu können. Als Ausgleich für fehlenden Hubraum montierte Edwards Stromberg-Doppelvergaser, eine schärfere Nockenwelle und einen OHV-Spezialzylinderkopf, der mit 11,0:1 extrem hoch verdichtet war. Bei einer Leistung von 115 SAE-PS bei 5300 U/min kam der Special auf fast 250 km/h Höchstgeschwindigkeit.

1951 zeigte Edwards ein zweites, seriennäheres Experimentalmodell. Dabei kombinierte er das robuste Fahrgestell des kleinen Kaiser-Frazer Henry J mit dem potenten neuen Chrysler-Hemi V8 mit 5426 ccm und 180 PS. Eine leichte, sorgfältig montierte Glasfaserkarosserie glich das Gewichtsmanko des schweren

Technische Daten

Motor: V8, hängende Ventile, Oldsmobile 4977 ccm (95,2 × 87,4), 185 SAE-PS; Lincoln 5203 ccm (96,5 × 88,9), 205 SAE-PS; Cadillac 5424 ccm (96,5 × 92,2), 210 SAE-PS

Getriebe:	GM Hydra-Matic Viergang-Automatik
Fahrwerk, vorn:	obere und untere Dreieckslenker, Schraubenfedern
Fahrwerk, hinten:	Starrachse, Halbelliptik-Blattfedern
Bremsen:	vorne/hinten Trommelbremsen
Radstand (mm):	2717
Gewicht (kg):	ca. 1350
Höchstgeschwindigkeit (km/h):	ca. 185
Beschleunigung 0-96 km/h (s):	ca. 10,0
Produktionszahlen:	6

Der Edwards America war das Traumauto von Sterling H. Edwards aus San Francisco, der ein amerikanisches Luxus-Sportmodell auf die Räder stellen wollte. Das „Serienmodell" wurde auf dem Fahrgestell des Mercury Station Wagon aufgebaut und mit einem 205-PS-Lincoln- oder einem 210-PS-Cadillac-Motor ausgerüstet. Der geplante Preis von $ 4995 (damals schon ein Vermögen) war 1955 auf $ 7800 hochgeschnellt, als Edwards nach nur 6 fertiggestellten Exemplaren aufgab.

Henry-J-Fahrgestells aus und ergab in Verbindung mit dem Hemi-Motor ein extrem gutes Leistungsgewicht. Doch bei aller Leistungsfülle neigte dieser Edwards mächtig zum Übersteuern, überdies war das Fahrgestell nicht gerade verwindungssteif. Also stürzte sich Edwards wieder ans Zeichenbrett.

Das Endergebnis war sein „Serienmodell", der America. Er wurde Ende 1953 als offener Viersitzer mit hübscher, italienisch anmutender Karosserie präsentiert. Besondere Merkmale waren der große rechteckige Wabengrill, glatte Seitenflächen mit leichtem Kotflügelwulst vor dem Hinterrad und ein kantiges Heck mit den serienmäßigen Rückleuchten des Mercury 1952. Armaturenbrett und Lenkrad stammten vom Oldsmobile, die Sitze waren mit Leder bezogen.

Edwards behielt das Fahrgestell des Henry J für den ersten America bei, tauschte den Hemi jedoch gegen die Oldsmobile-Rocket-Maschine mit 5 Litern Hubraum und 185 PS aus. Eine Serienfertigung wurde ernstlich erwogen, wenn auch in kleinsten Stückzahlen, und dabei ein Verkaufspreis von $ 4995 anvisiert. Doch angesichts der winzigen Fertigungsstätten und der aufwendigen Handarbeit war selbst dieses Ziel zu hoch gesteckt, und es sollten nur noch fünf weitere Exemplare entstehen. Zwei wurden mit dem 5203-ccm-V8 von Lincoln (205 PS), die übrigen drei mit dem 1953er Cadillac-V8 mit 5424 ccm und 210 PS bestückt. All diese Exemplare saßen auf einem auf 2,71 m Radstand verkürzten Mercury Station Wagon-Fahrgestell, das sich als verwindungssteifer erwiesen hatte.

1955 kam Edwards nicht umhin, über $ 7800 für einen America zu verlangen, doch bekam man dafür immerhin elektrische Fensterheber, die GM-Hydra-Matic, Kelsey-Hayes-Drahtspeichenräder und andere Finessen. Letzten Endes war das Unterfangen jedoch kaum mehr als ein Hobby – noch dazu mit minimalem Budget. Nachdem Edwards noch ein attraktives abnehmbares Hardtop entwickelt hatte, warf er das Handtuch und wandte sich anderen Projekten zu.

El Morocco

1956-57
El Morocco

Custom Cars waren in den 50er Jahren in den USA der letzte Schrei. Ein gewisser Reuben Allender, ein millionenschwerer Detroiter Industrieller und überzeugter Autofanatiker, kam deshalb eines Tages auf die Idee, daß für einen Chevrolet mit Retuschen la Cadillac Eldorado, dem Traum fast jeden Autofahrers in den Staaten, doch ein Markt vorhanden sein müsse. Allender verfügte nicht nur über Geld im Überfluß, sondern auch über ein riesiges Lager mit Teilen aus Armeebeständen, auf das er zurückgreifen konnte. Auch die Platzfrage für die Umbauten war kein Problem. Selbst General Motors zog unverhofft mit, als der 1956er Chevy noch Cadillac-ähnlicher ausfiel als der 1955er, auf dem er an sich hatte aufbauen wollen.

Bei Creative Industries, einem freien Detroiter Styling- und Fertigungsstudio, das bereits die Experimentalfahrzeuge Ford Atmos und Packard Panther gebaut hatte, ließ Allender den ersten Prototypen fertigen. Das Ergebnis war ein dezent modifiziertes 1956er Bel Air Cabrio, das wie ein Eldorado Biarritz en miniature aussah. Den Fertigungsingenieur und Produktionsleiter fand Allender in dem 28 Jahre alten Cyril Olbrich, der bereits mit Werkzeugen für Fiberglas, dem neuen Wunderwerkstoff, experimentiert hatte. Nachdem ein befreundeter Chevrolet-Händler sich bereit erklärte, neue Bel Air-Cabrios für $ 50 über dem Einkaufspreis zu liefern, konnte im dritten Stock von Allenders Lager die Kleinserienfertigung der Caddy-Imitation zum Billigtarif losgehen.

Für seine Kreation verfiel Allender auf den Namen „El Morocco", was an den Eldorado erinnerte, jedoch nicht so sehr, daß ein Rechtsstreit mit Cadillac zu befürchten war. Er schaffte es sogar, diesen Namen als eigene Marke eintragen zu lassen (sehr zum Erstaunen etlicher Chevy-Manager, u.a. General Manager Don Cole). Technik und Innenausstattung blieben beim Umbau unverändert, doch die neue Außenhaut präsentierte sich in typischer Custom-Optik im Stil der Zeit, allerdings in handwerklich absolut profihafter Manier nach Olbrichs Vorgaben.

Viele Bauteile stammten aus Lagerbeständen von Allender. Die Stoßstangenpuffer entstanden aus GFK-verstärkten Scheinwerfertöpfen des 1937er Dodge-Lastwagens, das Haubenemblem war ein umgearbeiteter Hupenknopf von Kaiser-Frazer, die Türzierleisten stammten vom Armaturenbrett des 1955er Willys. Olbrich ließ Gußteile im Stil der Seitenzierleisten des Eldorado 1955/56 anfertigen, und die Radzierblenden aus dem Zubehörhandel ähnelten den „Sabre Spoke"-Radkappen von Cadillac. In erster Linie wurde natürlich das Heck umgestaltet. Die Chevrolet-Kotflügeloberkanten wurden gekappt, Glasfaser-

TECHNISCHE DATEN

Motoren: 1956 6 Zylinder in Reihe, hängende Ventile, 3858 ccm (90,4 × 100), 140 SAE-PS; V8, hängende Ventile, 4342 ccm (95,2 × 76,2), 162/170 SAE-PS **1957** 4637 ccm (98,7 × 76,2), 245 SAE-PS

Getriebe:	3-Gang-Schaltgetriebe; auf Wunsch Overdrive oder Powerglide/Turboglide-Zweigangautomatik
Fahrwerk, vorn:	obere und untere Dreiecksquerlenker, Schraubenfedern
Fahrwerk, hinten:	Starrachse, Halbelliptik-Blattfedern
Bremsen:	vorne/hinten Trommelbremsen
Radstand (mm):	2920
Gewicht (kg):	1480-1512
Höchstgeschwindigkeit (km/h):	145-192
Beschleunigung 0-96 km/h (s):	8,0-11,0

Produktionszahlen: 1956 Convertible 18 **Hardtop 2tür.** 2 **1957** ca. 16

Mitte der 50er Jahre träumten fast alle Amerikaner davon, eines Tages einen Cadillac zu besitzen. Für die meisten blieb es ein Wunschtraum, doch Reuben Allender wollte ihnen wenigstens etwas bieten, was ähnlich aussah — und zudem rund $ 10 000 billiger als der 1957er Eldorado Brougham war. Der serienmäßige Chevy von 1956-57 wurde dazu mit Heckflossen, Kühlergrill und Chrom im Cadillac-Look versehen, wodurch der 1957er wirklich wie ein „Baby"-Eldorado aussah. Sogar der Name sollte nach Cadillac klingen.

Heckflügel im Stil des Eldorado angeschraubt und mit Kunstharz glattflächig verspachtelt, so daß der Übergang unter der Lackierung nicht mehr zu sehen war.

Für $ 3250 (bzw. $ 3400 mit Continental Kit, wie ihn die meisten 1956er Modelle erhielten), erregte der El Morocco einiges Aufsehen. Dabei blieb es dann aber auch. Obwohl er nur halb so viel wie der Eldorado kostete, war er $ 1000 teurer als der serienmäßige offene Bel Air — damals viel Geld. Außerdem stiegen viele, die sich den Ersatz-Caddy hätten leisten können, gleich auf den echten Eldorado um. Daher fanden nur rund 20 El Morocco 1956 einen Abnehmer (2 Hardtops und 18 Convertible).

Nur 16 weitere Exemplare sollten noch auf Basis des 1957er Chevy mit einem 4,7-Liter-V8 und Vierfachvergaser, Powerglide, Radio und Heizung entstehen. Auch hier fielen die Umbauten, die sich wieder auf das Heck konzentrierten, sehr sauber aus; jetzt wurden sie allerdings aus Stahlblech an zwei- und viertürigen Two-Ten-Hardtops und Bel-Air-Convertibles vorgenommen. Der 1957er El Morocco lehnte sich nach wie vor an den Eldorado Biarritz/Seville an, wirkte von hinten jedoch eher wie der $ 13 000 teure Eldorado Brougham, vor allem dank ähnlicher Flossen, Stoßstange und seitlichen Chromeinsätzen. Wie zu erwarten, kam der Umbau am viertürigen Hardtop besonders gut zur Geltung. Die Flossen waren nun auf die Chevy-Heckkotflügel aufgeschweißt worden und auch Motorhaube und vordere Stoßbangen wurden leicht umgestaltet. Auf Motorhaube und Heckklappe saßen kleine „El Morocco"-Schriftzüge über dem V-Emblem von Chevy, ebenso auf einem Ledereinsatz in der Lenkradnabe; dort stand außerdem zu lesen: „Custom Built For ..." und dahinter der Name des Besitzers.

Überraschenderweise war der Preisunterschied zwischen Chevy und El Morocco 1957 wesentlich geringer. Der Hardtop kostete $ 2750 bis 2800, ca. $ 500 mehr als der serienmäßige Two-Ten, und das Convertible kostete nur $ 2950, kaum $ 500 mehr als der entsprechende Bel Air.

Doch es war zu spät. Allender hegte zwar Hoffnungen, den El Morocco über handverlesene Chevy-Händler vertreiben zu können, doch verlief der Plan im Sande, vielleicht mangels Unterstützung durch General Motors. Außerdem ließ sich in seinen Lagerhallen die Fertigung nie auf rentable Größen ausweiten, und die Nachfrage nach Mittelklassemodellen tendierte sowieso rückläufig.

Gott sei Dank haben einige El Moroccos bis heute überlebt — und sorgen nach wie vor für Verwirrung, wie von Allender beabsichtigt. Sie sind wohl die markantesten Varianten der „Classic Chevys" — auf jeden Fall die rarsten. Gleichzeitig erinnern sie daran, daß sich mit Kopien — von Rank Xerox und den Japanern einmal abgesehen — wohl kaum das große Geld machen läßt.

Ford

1950-51
Ford Crestliner

Der Rettungsanker der Ford Motor Company kam in Gestalt der klar gezeichneten Ford-Pontonmodelle von 1949-51. Henry Ford Sr., der nach dem dem frühen Tod seines Sohnes Edsel 1943 wieder die Geschicke seines Unternehmens in die Hand genommen hatte, war Ideen verhaftet geblieben, die früher großartig, mittlerweile jedoch überaltert waren. Unter diesem Druck geriet sein Konzern immer mehr ins Wanken. Ford war seinerzeit noch ein Familienunternehmen, und 1945 bestand die Familie dann auf einer Wachablösung: Der Enkel, Henry Ford II, kam ans Ruder. Noch vor dem Tod von Ford Senior im Jahre 1947 liefen die Rettungsaktionen auf vollen Touren.

„HF2", der 33 Jahre an der Konzernspitze bleiben sollte, verpflichtete eine Schar talentierter neuer Ingenieure, Manager, Designer und die sogenannten „Whiz Kids". Die bemerkenswertesten neuen Gesichter waren Robert S. McNamara und Ernest R. Breech. Unter verjüngter Führung wurde das Ford-Typenprogramm von Grund auf umgekrempelt. Das Ergebnis lag zum Modelljahr 1949 vor: ein hübscher neuer Lincoln, ein Mercury nach gleichem Konzept und der brandneue Ford.

Die Gestaltung des Modells 1949 war eine Gemeinschaftsentwicklung der Hausdesigner und etlicher Außenseiter, u.a. George Walker, später Chef der Styling-Abteilung in Dearborn. Unter seinen Mitarbeitern war ein gewisser Dick Caleal, ein Stylist, der seine Autos so hartnäckig an den Mann zu bringen versuchte, daß er bald als der „Teppichhändler" bekannt war. Bei der Aufgabe, an einem Entwurf von Walker mit feststehenden Abmessungen „den letzten Schliff" anzubringen, kam er mit der Front- und Heckpartie nicht so recht weiter und wandte sich an seinen Freund Robert E. Bourke, der damals gerade das Loewy-Team bei Studebaker managte. Bourke, der sich mit dem „Teppichhändler" gut verstand, wollte gerne helfen.

In nächtlichen Sitzungen im Hause von Caleal brüteten Caleal, Bourke und Bourkes Assistent Bob Koto ein glattflächiges Tonmodell mit markanter „Bullet Nose" aus, ähnlich der Propellernase des Studebaker. Das Tonmodell wurde sogar im heimischen Backofen gebrannt — der Ford 1949 stammte also gewissermaßen „aus dem Backofen von Dick Caleals Frau". Auf jeden Fall wurde es zu einem gelungenen Wurf. Walker präsentierte Caleals Kreation dem begeisterten Management bei Ford, das nahezu einstimmig grünes Licht gab. Schon im Modelljahr 1949 spien die Ford-Werke stolz 1,1, Millionen Autos aus (die höchste Zahl seit 1930), womit Chevrolet zum ersten Mal seit 1937 überflügelt werden konnte.

Wo Licht ist, ist jedoch auch Schatten. Ein Fragezeichen stand hinter dem neuen „Hardtop Convertible" von General Motors, das Cabriolet-Proportionen mit einem Stahldach und Seitenscheiben ohne B-Säule verband. Niemand wußte so, ob daraus ein Treffer oder ein Flop wurde, doch sicherheitshalber entwarf Ford aus vorhandenen Karosserien sportliche Zweitürer, die dem Hardtop möglichst nahe kommen sollten. Womit die Geburtsstunde des Crestliner schlug.

Markantes Erkennungszeichen dieses zweitürigen Sondermodells war die geschwungene, farblich abgesetzte Seitenfläche, den alten LeBaron-Aufbauten nicht unähnlich (Bob Gregorie, der an der Entwicklung beteiligt war, gestand gerne ein, daß ihn die kontrastierenden Seitenteile des LeBaron inspiriert hätten). Die Crestliner besaßen serienmäßig Fender Skirts (Radlaufverkleidungen), Zweifarbenlackierung und einen Kunstleder-Dachbezug, der den Eindruck eines Cabriolets vermitteln sollte. Wie das Cabriolet wurde auch der Crestliner ausschließlich mit dem V8 geliefert.

Die irren Zweifarbenlackierungen des Crestliner waren 1950 ihrer Zeit weit voraus, z.B. die Kombination von Blaßgrün und Schwarz. Die gediegene Innenausstattung paßte sich farblich an die Lackierung an. Auch große Radzierblenden und der Crestliner-Schriftzug in eloxiertem Goldton auf den Vorderkotflügeln gehörten dazu. Im Vergleich zum Ford Custom Tudor, der ab $ 1511 zu haben war, war der Crestliner $ 200 teurer (aber immer noch $ 250 billiger als das Cabrio), was für den gebotenen Luxus nicht viel war. 1950 setzte Ford über 17 000 Crestliner ab, mehr als die Konzernspitze erhofft hatte.

Obwohl 1951 ein echtes Hardtop erschien, blieb der Crestliner im Programm, um vorhandene Zierteile aufbrauchen zu können. Vom Modell 1951 verließen daher wesentlich weniger Exemplare das Werk. Das Facelifting von 1951 (doppelte Propellernasen, neues Armaturenbrett mit asymmetrischer Instrumentenanordnung) und die geringeren Stückzahlen machen den Crestliner von 1951 zu einem extrem gesuchten Sammlerstück. Aber versuchen Sie mal, einen zu finden...

Ford hatte 1950 noch kein Hardtop parat. Als schnelle Lösung blieb nur, die zweitürige Limousine optisch möglichst wie ein Hardtop erscheinen zu lassen. Das Ergebnis hieß Crestliner und bot als Blickfang ein Kunstlederdach, verspielte Zweifarbenlacke, goldene Schriftzüge und luxuriöses Innenleben. Die Absicht war leicht zu durchschauen, doch Sammler reißen sich heute darum — um das Modell 1950 (unten) und 1951 (oben) gleichermaßen.

TECHNISCHE DATEN

Motor:	V8, stehende Ventile, 3923 ccm (81 × 95,5), 100 SAE-PS
Getriebe:	**1950/51** 3-Gang-Schaltgetriebe, auf Wunsch mit Overdrive **1951** auf Wunsch mit 3-Gang Ford-O-Matic
Fahrwerk, vorn:	Einzelradaufhängung, Schraubenfedern, Teleskopstoßdämpfer
Fahrwerk, hinten:	Starrachse, Blattfedern, Teleskopstoßdämpfer
Bremsen:	vorne/hinten Trommelbremsen
Radstand (mm):	2895
Gewicht (kg):	1384-1391
Höchstgeschwindigkeit (km/h):	160
Beschleunigung 0-96 km/h (s):	14,0-16,0
Produktionszahlen:	**1950** 17 601 **1951** 8703

Ford

1951
Ford Victoria

Wäre der Ford von 1949 nicht zu einem Volltreffer geworden, hätte die Ford Motor Company ihr 50jähriges Firmenjubiläum 1953 vielleicht nicht erlebt. Doch das Modell 1949 war ein Erfolg – und der Hauptgrund, weshalb sich Ford 1952 wieder als zweitgrößter Autoproduzent der USA etablieren und die Chrysler Corporation mit ihrem allzu braven Typenprogramm überflügeln konnte.

1952 wurde ein zweites und letztes Mal das gelungene Design von 1949 überarbeitet, das nicht nur durch seine klare Linienführung, sondern auch als der erste Ford mit einem modernen Fahrgestell überzeugt hatte, einem Kastenrahmen mit Quertraversen und vorderer Einzelradaufhängung sowie – endlich! – einer leichteren Hinterachse mit Hotchkiss-Antrieb und Halbelliptik-Längsfedern. Radstand und Motoren waren vom Modell 1946-48 übernommen worden, dennoch wirkte das Modell 1949 niedriger, breiter und wesentlich geräumiger, obwohl es 2,5 cm kürzer war. Doch die Verarbeitung ließ sehr zu wünschen übrig, und der 20 cm nach vorne verlagerte Motor bereitete Probleme mit dem Fahrverhalten, die nicht sofort in den Griff zu bekommen waren. Beides war auf Änderungen der Modellpolitik in letzter Minute und die darauffolgende hektische Entwicklungsarbeit zurückzuführen, nachdem Ernest R. Breech der Firmenleitung klargemacht hatte, daß „dieses Unternehmen nach dem nächsten Ford beurteilt wird, den es herausbringt." Deshalb wurde das Modell 1949 in einer Rekordzeit von nur 19 Monaten vom Zeichenbrett aufs Montageband geworfen – und Breech sollte recht behalten.

Man muß Ford zugute halten, daß fast alle Kinderkrankheiten des Modells 1949 rasch ausgemerzt wurden, so daß es vom Modell 1950 nicht zu unrecht hieß: „50 Ways New, 50 Ways Finer". Verbessert hatten sich z.B. die Passung der Bleche, die Haltbarkeit der Polsterung, Details am betagten V8-Motor, neu war der Vorderachsstabilisator. Die subtilen stilistischen Änderungen stammten aus der Feder von Gilbert Spear.

1951 setzte sich die „Fehlersuche" fort: Nun gab es „Automatic Posture Control"-Sitze mit strafferen Federn, noch haltbarere Polster (allerdings blieben die Farben relativ düster), spritzwasserunempfindliche Zündung, Hochleistungs-Benzinpumpe, Hinterachsfedern mit variabler Kennung und „Viscous Control"-Stoßdämpfer vorne und hinten, sowie abermals ein neues Gesicht mit „Twin-Spinner"-Grill. Die beiden wichtigsten Neuerungen hielten jedoch als Reaktion auf neue Trends bei General Motors Einzug. Die eine

Ford war gegenüber Chevrolet 1950 in zwei wichtigen Bereichen ins Hintertreffen geraten – man konnte weder ein Hardtop noch ein Automatikgetriebe anbieten. Mit dem Victoria von 1951, der auf Wunsch mit Ford-O-Matic-Getriebe zu haben war, glich Ford diese Scharte auf elegante Weise aus. Auch die Kundenresonanz war entsprechend: Der Victoria verkaufte sich auf Anhieb besser als der Chevy Bel Air.

Technische Daten

Motor:	V8, stehende Ventile, 3923 ccm (81 × 95,5), 100 SAE-PS
Getriebe:	**1950/51** 3-Gang-Schaltgetriebe; auf Wunsch mit Overdrive und mit Ford-O-Matic-Dreigangautomatik
Fahrwerk, vorn:	obere und untere Dreiecksquerlenker, Schraubenfedern, Stabilisator
Fahrwerk, hinten:	Starrachse, Halbelliptik-Blattfedern
Bremsen:	vorne/hinten Trommelbremsen
Radstand (mm):	2895
Gewicht (kg):	1448
Höchstgeschwindigkeit (km/h):	152
Beschleunigung 0-96 km/h (s):	17,8 (Ford-O-Matic)
Produktionszahlen:	110 286

war die Ford-O-Matic, das erste vollautomatische Getriebe aus Dearborn, das für alle Modelle gegen $ 159 Aufpreis lieferbar war. Es kam zwar erst ein Jahr nach der Powerglide von Chevrolet heraus, hatte jedoch statt zwei Gängen deren drei zu bieten (allerdings mußte der 1. Gang von Hand eingelegt werde). Die Leistung wurde dadurch nicht besser (wie bei keiner Automatik jener Jahre, außer der Hydra-Matic von General Motors), doch Presse und Käufer reagierten überaus positiv.

Auch die zweite Neuerung von Ford kam mit einem Jahr Verspätung gegenüber Chevrolet: das Hardtop Coupé. Dies war jedoch kein Handicap, denn der am 28. Januar dieses Jahres vorgestellte Victoria wurde ein zündender Erfolg. Er brachte die Typenbezeichnung der Ford-Coupés der frühen 30er Jahre zurück und gehörte allein schon deshalb in das gehobene Programm des Custom V8. Bei einem Preis von $ 1925 lag der Victoria damit stolze $ 330 über dem Zwischenmodell Crestliner (siehe oben) und nur $ 44 unter dem Custom Convertible.

Mit seiner lichtdurchfluteten Dachpartie, die von keinem geringeren als Gordon Buehrig etworfen worden war, und dem luxuriösen Interieur im Cabrio-Stil konnte Ford den Victoria zu Recht als „Star der Boulevards" präsentieren. Und natürlich unterstrich die Ford-Werbung, daß der Victoria als einziger Vertreter seiner Klasse einen V8 zu bieten hatte. Womit sie recht hatte. Sowohl Plymouth, wo gerade der Cranbrook Belvedere herausgekommen war, als auch Chevrolet, die 1950 mit dem Bel Air den ersten Hardtop der unteren Preisklasse vorgestellt hatten (siehe oben), kamen noch mit Sechszylindermotoren daher.

Obwohl der Victoria genauso hastig wie das Modell 1949 herausgebracht worden war, verkaufte er sich wie die sprichwörtlichen warmen Semmeln – nicht nur, weil er neu war, sondern auch, weil er aus dem Hause Ford kam. Mit 110 286 Exemplaren übertraf er trotz seiner späten Premiere den Bel Air um fast 7000 Einheiten, den neuen Belverdere gar um 80 000. Auch der Crestliner hatte nunmehr ausgedient, nachdem vom Victoria nahezu die zehnfache Stückzahl abgesetzt wurde.

War er trotzdem ein Notbehelf? Ja, denn Ford hatte für 1952 bereits ein Hardtop geplant, wollte aber kein ganzes Jahr mehr verstreichen lassen, ohne dem Bel Air mehr als nur den Crestliner entgegensetzen zu können. Der Victoria 1951 bleibt also ein nur ein Jahr gebautes Sondermodell, eine typische Ausgeburt der aggressiven Modellpolitik der neuen Führungsgeneration bei Ford. Diese Mannschaft sollte Ford mit den völlig neugestalteten Modellen 1952 zu weiteren Höhenflügen verhelfen; darauf kommen wir im nächsten Kapitel zu sprechen.

1952-54 Ford

In gleicher Weise, wie der Ford-Jahrgang 1949 Dearborn vor dem Ruin gerettet hatte, konsolidierten die Modelle 1952-54 den Aufschwung der Marke nach dem Krieg. Vor allem Ford spielte hierbei, wie schon früher, eine tragende Rolle, während Mercury und Lincoln in ihren Marktsegmenten weit weniger Eindruck hinterließen.

Der „Big '52", der zweite neue Ford in nur drei Jahren, war niedriger, breiter und eine Idee länger als sein Vorläufer von 1949-51. Die eckige Linienführung ließ ihn sogar etwas kleiner erscheinen. Auf jeden Fall wirkte der „New Look" erfreulich sauber und ungekünstelt – und dies zu einer Zeit, da Chevy und Plymouth mit mühsam aufgemöbelten 1949er Modellen auskommen mußten. Markante Merkmale waren die zentrale Flugzeugnase im Kühlergrill und leichte Wölbungen über den hinteren Radläufen, die durch die Luftschachtattrappen an ihrer Vorderkante ungeheure Dynamik ausstrahlten. Die runden Hecklleuchten (die bald zum Markenzeichen von Ford werden sollten) schlossen das kantigere Heck ab. Der Tankstutzen saß hinter dem abklappbaren Kennzeichenträger. Zum ersten Mal nach dem Krieg durfte sich der Fahrer über eine ungeteilte Windschutzscheibe und die hängenden Kupplungs- und Bremspedale (die die stehende Pedalerie ablösten) freuen. Das Armaturenbrett behielt auch nach der Überarbeitung seine aufgeräumte Form.

Die drei Modellreihen (bisher zwei) umfaßten nun 11 Typen. Der Mainline und Customline lösten den DeLuxe und Custom (bei ungeändertem Typenprogramm) ab. Meistens tat in ihnen der erste Ford-Sechszylinder mit hängenden Ventilen Dienst, der mit 101 PS recht agil war (und bis 100 km/h angeblich sogar schneller als der V8 beschleunigte). Das Victoria Hardtop Coupé, ein neuer offener Sunliner und der viertürige Country Squire-Kombi krönten die neue Crestline-Palette. Diese Modelle erhielten den bewährten Seitenventil-V8, der trotz unveränderter Konstruktion 10 PS mehr leistete (wohl nur auf dem Papier). Der neue viertürige Customline Country Sedan (der ein Kombi war!) erhielt den V8-Motor und besaß (wie alle 52er Ford-Kombis) einen Ganzstahlaufbau.

Auch für das neue 1952er Fahrgestell rührte Ford fleißig die Werbetrommel. Der K-Rahmen mit fünf Querträgern an den Kastenlängsträgern sollte höhere Steifigkeit als der alte Leiterrahmen vermitteln. Am Heck saßen längere „Para-Flex"-Blattfedern mit anders angelenkten Stoßdämpfern, die für höhere Kurvenstabilität sorgen sollten. Geänderte Bremsmanschetten sollten für Unempfindlichkeit gegen Staub und Wasser sorgen. Und die „Hydra-Coil"-Federn an der Vorderachse verbesserten dem Vernehmen nach auch die Lenk- und Fahreigenschaften. Kurz, ein Bündel von Maßnahmen, das Ford zusammen mit dem tieferen Karosserieschwerpunkt und der breiteren Spur vorne und hinten unter dem Schlagwort „automatic ride control" vermarktete. Sogar das Mehrgewicht (beim Victoria Hardtop rund 45 kg, beim Convertible rund 30 kg) könnte sich da positiv ausgewirkt haben.

Der anhaltende Koreakrieg zog derweil 1952 zusätzliche amtlich verordnete Produktionsbeschränkungen nach sich. Der Ausstoß bei Ford ging dadurch von gut einer Million auf ca. 672 000 Einheiten zurück. Auch Spitzenreiter Chevrolet mußte Einbußen hinzunehmen.

Zum 50. Firmenjubiläum von Ford 1953 blieben die Pkw-Typen weitgehend unverändert, nur der Ausstoß schnellte nach oben. Der Produktionskrieg zwischen Ford und Chevrolet zwang den Händlern Autos auf, die sie nicht bestellt hatten, aber trotzdem losschlagen mußten. Dieser Versuch, Chevy um jeden Preis zu übertreffen, blieb auch nicht erfolglos. 1953 produzierte Ford fast 50 Prozent mehr Autos als 1952 und lag kaum 100 000 Stück hinter Chevrolet. 1954 erreichte dieser „Krieg" seinen Höhepunkt, zu leiden hatten darunter freilich weniger Ford oder Chevrolet, sondern vor allem Chrysler und die Independents.

1954 musterte Ford nach 22 Jahren endlich den Seitenventil-V8 zugunsten eines modernen OHV-Triebwerks aus, des letzten des Ende der 40er Jahre von Chefingenieur Harold Youngren entwickelten neuen Motoren-Triumvirats (die beiden anderen waren der Ford-Sechszylinder von 1952 und der Lincoln-V8). Trotz unverändertem Hubraum bot die Neukonstruktion Reserven für künftige Erweiterungen (der Seitenventiler war längst an seine Grenzen gestoßen), erreichte einen besseren Wirkungsgrad und dank der fünffach gelagerten Kurbelwelle auch höhere Zuverlässigkeit und Laufruhe. Mechanische Stößel, Druckschmierung der Kipphebelwellen, neue Ventilführungen und Dämpfungsspulen an den Ventilfedern sorgten für Laufruhe und geringen Ölverbrauch. Aufgrund des tiefen Kurbelgehäuses tauchte der V8 in Ford-Anzeigen auch bald als „Y-Block" auf.

Chevrolet und Plymouth sollten erst 1955 mit eigenen hochverdichteten V8-Motoren herauskommen. Und da die „Low-Priced Three" fast durchweg unverändert in das Modelljahr 1954 gingen, trug der Y-Block sicher entscheidend dazu bei, Ford wieder an die Spitze der Produktionsstatistik zu bringen. Auch wenn der Vorsprung vor Chevy nur minimal war (unter 23 000 Einheiten), erwies er sich immerhin als wichtiger moralischer Sieg und Symbol für den steilen Aufschwung von Ford in den letzten fünf Jahren.

Der neue 1952er Ford Crestline Sunliner (rechts, unten) kostete $ 2027 und fand 22 534 Abnehmer. Das Modell 1953 erhielt einen neuen Kühlergrill und üppigeren Chromzierat sowie letztmals auch den alten seitengesteuerten V8. Der Crestline Victoria (oben) kostete $ 1941 und kam auf stolze 128 302 Stück.

TECHNISCHE DATEN

Motor: 1952-53 6 Zylinder in Reihe, hängende Ventile, 3528 ccm (90,4 × 91,4), 101 SAE-PS; V8, stehende Ventile, 3923 ccm (81 × 95,5), 110 SAE-PS 1954 6 Zylinder in Reihe, hängende Ventile, 3654 ccm (91,9 × 91,4), 115 SAE-PS; V8, stehende Ventile, 3923 ccm (81 × 95,5), 130 SAE-PS

Getriebe:	3-Gang-Schaltgetriebe; auf Wunsch mit Overdrive und Ford-O-Matic Dreigangautomatik
Fahrwerk, vorn:	obere und untere Dreiecksquerlenker, Schraubenfedern
Fahrwerk, hinten:	Starrachse, Halbelliptik-Blattfedern
Bremsen:	vorne/hinten Trommelbremsen
Radstand (mm):	1952-53 2920 1954 2934
Gewicht (kg):	1377-1543
Höchstgeschwindigkeit (km/h):	145-160
Beschleunigung 0-96 km/h (s):	14,5-16,5

Produktionszahlen*: **1952 Mainline Lim. 2tür.** 79 931 **Business Coupé** 10 137 **Lim. 4tür.** 41 227 **Customline Lim. 2tür.** 175 762 **Club Coupé** 26 550 **Lim. 4tür.** 188 303 **Crestline Victoria Hardtop 2tür.** 77 320 **Sunliner Conv.** 22 534 **1953 Mainline Lim. 2tür.** 152 995 **Business Coupé** 16 280 **Lim. 4tür.** 69 463 **Customline Lim. 2tür.** 305 433 **Club Coupé** 43 999 **Lim. 4tür.** 374 743 **Crestline Victoria Hardtop 2tür.** 128 302 **Sunliner Conv.** 40 861 **1954 Mainline Lim. 2tür.** 123 329 **Business Coupé** 10 665 **Lim. 4tür.** 55 371 **Customline Lim. 2tür.** 293 375 **Club Coupé** 33 951 **Lim. 4tür.** 262 499 **Crestline Victoria Hardtop 2tür.** 95 464 **Lim. 4tür.** 99 677 **Sunliner Conv.** 36 685

* Produktionszahlen der Kombi-Modelle siehe „1952-59 Ford Station Wagons"; Angaben für Crestline ohne Skyliner Hardtop 2türig (siehe separate Beschreibung)

1952-59 Ford Station Wagons

Lange Jahre hindurch pries die Werbung Ford als „America's Wagonmaster" – nicht zu unrecht. Der „Woodie" des Model A von 1929 war der erste Serien-Kombi aus Werksproduktion und brach erstmals mit der Tradition, wonach der Autohersteller für seine Kombiwagen nur das Fahrgestell, nicht aber den Aufbau lieferte. Ford legte sogar Baumbestände als Rohstoffquelle an und richtete in Iron Mountain, Michigan, ein eigenes Werk für Kombikarosserien ein. Kein Wunder also, daß Ford bis zum 2. Weltkrieg mehr Station Wagons als alle anderen Hersteller produzierte und seine Stellung als Kombi-Lieferant Nr. 1 in den USA bis heute fast ununterbrochen behauptete.

Überraschend mutet dagegen an, daß Ford erst als letzter der „Low-Priced Three" die Holzaufbauten aufgab. Dearborns erste Ganzstahlkarosserien kamen erst 1952 heraus – drei Jahre nach Chevrolet und Plymouth. Dafür hatte Ford in diesem Jahr in anderer Hinsicht die Nase vorn: Zum zweiten Mal nach dem Krieg konnte man eine gänzlich neue Kombikarosserie präsentieren.

Ford hatte dieses Jahr mehr Kombis als Chevy und Plymouth zu bieten; man zeigte statt des einsamen Woodie-Zweitürers von 1949-51 nun in jeder Modellreihe einen praktischen Stahl-Wagon (mit der Ausstattung der entsprechenden Limousinen). Preisgünstigstes Modell war der zweitürige Ranch Wagon zum Einsteigerpreis von $ 1832 im Mainline-Programm. Danach kam der Country Sedan-Viertürer im Customline-Programm für $ 2060. Beide boten sechs Insassen Platz. Spitzenmodell war der Crestline Country Squire, ein Achtsitzer für $ 2816.

Letzterer hob sich von seinem Vorgänger von 1950-51 durch seine vier Türen und die Seitenverkleidungen ab, deren Beplankung wie echtes Holz wirken sollte. Damit folgte Ford dem Trend anderer Hersteller, Holzteile durch Abziehfolien zu imitieren. Chevy und Plymouth ließen diese Pseudo-Holzflächen 1954 verschwinden, nicht so jedoch Ford, wo man den Squire weiterhin im Holz-Look anbot. Obwohl natürlich niemand dies für Echtholz hielt, kam dieser traditionsbetonte Touch so gut an, daß auch die Konkurrenz in den 60er Jahren wieder darauf zurückkam.

Was wenige wissen: Die ersten Ganzstahlkombis waren teilweise von Gordon Buehrig konzipiert worden, der 1949 nach Dearborn gewechselt war. Natürlich waren sie nicht mit den legendären Auburn Speedster, Duesenberg Model J und Cord 310 zu vergleichen, die er in den 30er Jahren entworfen hatte, von

seinen anderen Ford-Jobs wie dem 1950er Crestliner, 1951er Victoria und dem unerreichten Continental Mark II von 1956 (siehe Beschreibung) ganz zu schweigen. Doch Buehrig leistete als Profi ganze Arbeit und verlieh den Kombis dieselbe attraktive Linie wie den anderen Ford-Modellen — womit sie sicher besser als die Konkurrenz von Chevy und Plymouth aussahen.

Da die Ford-Jahrgänge 1952-54 allerhand Neues zu bieten hatten (siehe oben) und Ganzstahlkombis generell an Popularität gewannen, kamen die 1952er Kombis von Ford auf ungeheure Stückzahlen — über 40 % mehr als 1951. Dieser Aufwärtstrend hielt weiter an, so daß 1955 die Kombis zur eigenständigen Modellreihe mit einem schicken neuen Custom Ranch Wagon und dem Country Sedan erhoben wurden. Wie die übrigen Modelle von 1955 erhielten auch die Kombis eine andere Linienführung und stärkere Motoren. Als Antwort auf den Chevy Nomad gesellte sich im Folgejahr der noble Parklane mit Fairlane-Ausstattung und meistens mit Zweifarbenlack hinzu (im übrigen wich er jedoch kaum vom Ranch Wagon ab).

Das neue Ford-Typenprogramm von 1957 umfaßte abermals fünf Kombis, aber nicht die gleichen. Der Parklane wurde wegen ungenügender Stückzahlen gestrichen, der Custom Ranch wurde zum Del Rio, und der sechssitzige Country Sedan kehrte nach einjähriger Pause zurück. Alle wiesen den 2,95-m-Radstand des Custom/Custom 300 auf. Neu waren auch die geänderte Heckklappenverriegelung, angedeutete hintere Panoramascheiben und eine markante Sicke quer über das Dach (etwa auf Höhe der B-Säule).

Da das Einfachmodell Country Sedan seit 1954 der meistgekaufte Ford-Kombi geblieben war, bot Ford 1958 mit dem viertürigen Sechssitzer Ranch Wagon eine noch preisgünstigere Version an. Für $ 2451 (nur $ 53 über dem billigsten Zweitürer) verkaufte er sich recht gut, doch der $ 100 teurere Country Sedan blieb die Nr. 1. 1959 kehrte das gleiche Programm mit 5 cm längerem Radstand wieder.

Als Nutzfahrzeuge, die nicht nur Lasten schleppen konnten, trugen die Ford-Station Wagons der 50er Jahre entscheidend zur Verbreitung einer Karosserieform bei, die noch heute als typisch amerikanisch gilt. Wie fast alle Kombis sind sie unter Sammlern weniger gefragt, doch gibt es wohl nichts Nostalgischeres und Praktischeres, um die Beute vom Teilemarkt nach Hause zu karren oder zusätzliche Gäste Samstag abends zum Cruising mitzunehmen.

TECHNISCHE DATEN

Motor: 1952-53 6 Zylinder in Reihe, hängende Ventile, 3528 ccm (90,4 × 91,4), 101 SAE-PS; V8, stehende Ventile, 3923 ccm (81 × 95,5), 110 SAE-PS **1954** 6 Zylinder in Reihe, hängende Ventile, 3654 ccm (91,9 × 91,4), 115 SAE-PS; V8, stehende Ventile, 3923 ccm (81 × 95,5), 130 SAE-PS **1955** 6 Zylinder in Reihe, hängende Ventile, 3654 ccm (91,9 × 91,4), 120 SAE-PS; V8, hängende Ventile, 4457 ccm (91,9 × 83,8), 162/182 SAE-PS (Zwei-/Vierfachvergaser) **1956** 6 Zylinder in Reihe, hängende Ventile, 3654 ccm (91,9 × 91,4), 137 SAE-PS; V8, hängende Ventile, 4457 ccm, 173 SAE-PS; 4785 ccm (95,2 × 83,8), 200/202 SAE-PS (Schaltgetriebe/Automatik); 5113 ccm (96,5 × 86,3), 215/225 SAE-PS (Schaltgetriebe/Automatik) **1957** 6 Zylinder in Reihe, 3654 ccm (91,9 × 91,4), 144 SAE-PS; V8, hängende Ventile, 4457 ccm, 190 SAE-PS; 4785 ccm, 212 SAE-PS; 5113 ccm, 245/270/285 ccm **1958** 6 Zylinder in Reihe, 3654 ccm, 145 SAE-PS; V8, hängende Ventile, 4785 ccm, 205 SAE-PS; 5440 ccm (101,6 × 8382), 300 SAE-PS; 5768 ccm (101,6 × 88,9), 300 SAE-PS **1959** 6 Zylinder in Reihe, 3654 ccm, 145 SAE-PS; V8, hängende Ventile, 4785 ccm, 200 SAE-PS; 5440 ccm, 300 SAE-PS; 5768 ccm, 300 SAE-PS

Getriebe:	3-Gang-Schaltgetriebe **1952-57** auf Wunsch mit Overdrive oder Ford-O-Matic Dreigangautomatik **1959** auf Wunsch mit Ford-O-Matic Zweigangautomatik **1958-59** auf Wunsch mit Dual-Range Cruise-O-Matic Dreigangautomatik
Fahrwerk, vorn:	obere und untere Dreiecksquerlenker, Schraubenfedern
Fahrwerk, hinten:	Starrachse, Halbelliptik-Blattfedern
Bremsen:	vorne/hinten Trommelbremsen
Radstand (mm):	**1952-53** 2920 **1954-56** 2934 **1957-58** 2946 **1959** 2997
Gewicht (kg):	1458-1728
Höchstgeschwindigkeit (km/h):	145-168
Beschleunigung 0-96 km/h (s):	10,5-18,0

Produktionszahlen*: 1952 Mainline Ranch Wagon 2tür. 32 566 Customline Country Sedan 4tür. 11 927 Crestline Country Squire 4tür./8-Sitzer 5426 **1953** Mainline Ranch Wagon 2tür. 66 976 Customline Country Sedan 4tür. 37 743 Crestline Country Squire 4tür./8-Sitzer 11 001 **1954** Mainline Ranch Wagon 2tür. 44 315 Customline Ranch Wagon 2tür. 36 086 Customline Country Sedan 4tür. 48 384 Crestline Country Squire 4tür./8-Sitzer 12 797 Ranch Wagon 2tür. 40 493 Custom Ranch Wagon 43 671 Country Sedan 4tür. 53 075 Country Sedan 4tür./8-Sitzer 53 209 Country Squire 4tür./8-Sitzer 19 011 **1956** Ranch Wagon 2tür. 48 348 Custom Ranch Wagon 2tür. 42 317 Parklane 2tür. 15 186 Country Sedan 4ütr./8-Sitzer 85 374 Country Squire 4tür./8-Sitzer 23 221 **1957** Ranch Wagon 2tür. 60 486 Del Rio Ranch Wagon 2tür. 46 105 Country Sedan 4tür. 137 251 Country Sedan 4tür./9-Sitzer 49 638 Country Squire 4tür./9-Sitzer 27 690 **1958** Ranch Wagon 2tür. 34 578 Del Rio Ranch Wagon 2tür. 12 687 Ranch Wagon 4tür. 32 854 Country Sedan 4tür. 68 772 Country Sedan 4tür./9-Sitzer 20 702 Country Squire 4tür./9-Sitzer 15 020 **1959** Ranch Wagon 2tür. 45 588 **Del Rio Ranch Wagon 2tür.** 8663 **Ranch Wagon 4tür.** 67 339 **Country Sedan 4tür.** 94 601 **Country Sedan 4tür./9-Sitzer** 28 811 **Country Squire 4tür./9-Sitzer** 24 336

* 6-Sitzer, soweit nicht anders angegeben

Ford gilt seit langem als König der Station-Wagon-Hersteller. Der neue Country Sedan von 1952 (linke Seite, unten) besaß erstmals eine Ganzstahlkarosserie. Das Modell 1955 (linke Seite, oben und Mitte) war im Prinzip ein durchgehend umgestaltetes 52er Modell, jedoch mit obengesteuertem V8. 1957 gab es unter anderem den Country Sedan (oben) für $ 2451 und den luxuriöseren Country Squire für $ 2684.

1954
Ford Skyliner

Es war in den 50er Jahren in den USA keine Seltenheit, daß Stilmerkmale futuristisch gezeichneter Traumautos aus Detroit wenige Jahre später an Serienmodellen auftauchten. Schon seit jeher dienten diese Show Cars dazu, die Reaktionen der Öffentlichkeit auf bestimmte Neuerungen vor Serienanlauf zu testen.

Neuerungen an der Dachpartie waren besonders beliebt; gerade bei Show Cars gehörten die bizarrsten Einfälle fast schon zur Regel. Nirgendwo sonst in Detroit waren sie so reichlicher als bei Ford zu finden, wo man offenbar besonderen Gefallen an von der Norm abweichenden Dächern fand, sei es aus Überzeugung, sei es, so formulierte es Packards James Nance, um „den gewissen Unterschied zu verkaufen". Ford verkaufte seine Kreationen auch — oder versuchte es zumindest — und zwar erstmals beim 1954er Crestline Skyliner, der zusammen mit dem Mercury Sun Valley desselben Jahrgangs zum erste Serienauto mit durchsichtigem Dach wurde.

Schon seit Ende der 30er Jahre, als neue Kunststoffe aufkamen, die sich auch für tragende Teile eigneten, hatten sich Designer an „Glasdächern" versucht. Bereits 1939 hatte John Tjaarda für Briggs ein 1939er Plymouth Convertible mit einem einteiligen Kunststoffdach versehen. Bis Ende des 2. Weltkriegs waren der Öffentlichkeit von allen Seiten „durchsichtige" Autos angekündigt worden, doch erst Ford brachte ein derartiges Modell in Serie heraus.

Wesentlichen Auftrieb erhielt die Idee des Skyliner (und des Sun Valley) wahrscheinlich durch Gordon Buehrig, der 1949 zu Ford gekommen war und dort den Crestliner und den Victoria von 1951 gezeichnet hatte. Er war auch an der Entwicklung der Ganzstahl-Kombis von Ford/Mercury für 1952 sowie später an der Karosserie des Continental Mark II von 1956 beteiligt. Buehrig hatte zuvor mit Raymond Loewy, einem führenden Verfechter transparenter Autodächer, bei Studebaker gearbeitet, war dann als freier Designer tätig gewesen und hatte den TASCO-Sportwagenprototyp entwickelt, dessen Dachteile aus transparentem Kunststoff in eigenen Scharnieren ruhten — eine Idee, die Buehrig sich patentieren ließ.

Ein direkter Vorläufer war der Ford XL-500, eine Studie von 1953, die ein durchsichtiges Kunststoffdach und eine in Manier der späteren Targadächer über den Fahrgastraum gezogene B-Säule aufwies. Dieses Konzept tauchte zwei Jahre später am Mystere-Experimentalfahrzeug erneut auf, wo die über die Wagenbreite gezogene B-Säule einziges tragendes Dachelement blieb.

Die Serienversionen der Ford-Glaskuppeln fielen erwartungsgemäß weit weniger radikal aus: Es handelte sich lediglich um normale Coupés ohne B-Säule, deren Dächer vor den B-Säulen Plexiglaseinsätze aufwiesen, die als Wärme- und Strahlenschutz dunkelgrün eingefärbt waren. Der Skyliner war als Sechszylinder mit $ 2164 um $ 109 teurer als der normale Crestline Victoria, entsprach bis auf die Plexiglaskuppel und einige Ausstattungsdetails aber der Version mit Stahldach.

Ford bescheinigte dem Skyliner vollmundig „freie Rundumsicht, strahlende lichte Helligkeit, ein ganz neues Konzept von Licht und Luxus... Sie fahren damit das ganze Jahr ‚wie im Freien', mit dem einzigartigen Gefühl, dem Trend immer voraus zu sein." Derartige Slogans waren nicht abwegig, aber auch nicht ganz richtig. Die grüne Tönung des Dachs verschaffte dem Innenraum ein geradezu galliges, bizarres Ambiente. Wie Walt Woron in Motor Trend sarkastisch anmerkte, „könnten da manche junge Dame Zweifel an ihrem Make-up beschleichen."

Ernstzunehmender waren freilich die Schweißausbrüche der Insassen. Tests in der Wüste ergaben zwar, daß die Temperaturen unter einem Hardtop mit normalem Stahldach nicht einmal 3C niedriger waren, doch kam es einem unter der Glaskuppel bei Sonnenschein wesentlich wärmer vor. Und da Klimaanlagen bei Mehrpreisen von über $ 600 noch als reiner Luxus galten, waren sie nur in wenigen Wagen zu finden. Der Skyliner hatte dafür eine Innenjalousie zu bieten, die unterhalb des Glasdachs am Dachhimmel angebracht war, doch bot dies nur teilweise Erleichterung.

Obwohl der Skyliner eine interessante Variante der 1954er Ford-Typen mit all deren Qualitäten (siehe obige Beschreibung) war, verkaufte er sich relativ schlecht. Nur 13 344 Exemplare konnten abgesetzt werden (vom normalen Victoria dagegen fast 95 500). Mercury ließ die Idee nach 1955 daher einschlafen, doch Ford hielt — mit schwindendem Erfolg — noch 1955/56 daran als Sonderversion des schicken Fairlane Crown Victoria (siehe Beschreibung) fest.

Immerhin hatte Dearborn versucht, seinen Kunden etwas ganz Besonderes zu bieten. Mit dem noch gewagteren Skyliner von 1957 wiederholte man diesen Versuch. Doch dazu kommen wir auf den nächsten Seiten.

TECHNISCHE DATEN

Motor: 1952-53 6 Zylinder in Reihe, hängende Ventile, 3654 ccm (91,9 × 91,4), 115 SAE-PS; V8, hängende Ventile, 3923 ccm (88,9 × 78,7), 130 SAE-PS

Getriebe:	3-Gang-Schaltgetriebe; auf Wunsch mit Overdrive und Ford-O-Matic Dreigangautomatik
Fahrwerk, vorn:	obere und untere Dreieckslenker, Schraubenfedern
Fahrwerk, hinten:	Starrachse, Halbelliptik-Blattfedern
Bremsen:	vorne/hinten Trommelbremsen
Radstand (mm):	2934
Gewicht (kg):	1482
Höchstgeschwindigkeit (km/h):	160
Beschleunigung 0-96 km/h (s):	14,5
Produktionszahlen:	13 344

Obwohl der Ford 1954 optisch kaum Neues bot, war er dank des OHV-V8 und der Kugelkopf-Vorderachse ein wesentlich besseres Auto. Das Spitzenmodell Crestline wurde in fünf Varianten angeboten, u. a. erstmals als Skyliner (siehe Fotos), im Prinzip ein Crestline Victoria Hardtop mit Plexiglasdach über den vorderen Sitzplätzen. Dieses Glasdach kostete $ 109 Aufpreis und wurde 13 344mal gekauft.

1955-56
Ford Crown Victoria

Die 1955er Chevys zählen eine riesige Anhängerschaft. Weit weniger gefragt ist dagegen der 1955er Ford. Eigentlich erstaunlich, denn in vielerlei Hinsicht übertraf Ford 1955 beinahe noch den Chevrolet. Er war zwar nicht durch und durch neu, bot aber doch attraktives neues Styling und die leistungsstärksten Motoren in der Geschichte von Ford. Und er war ein Verkaufsschlager, der Ford zu einer bisher unerreichten Jahresproduktion von über 1,4 Millionen Einheiten verhalf – weniger als Chevrolet, aber dennoch beeindruckend. Hohe Stückzahlen sind zwar noch kein Garant für ein Spitzenauto (weder damals noch heute), sie verdeutlichen aber, daß doch allerhand für den 1955er Ford sprach.

Ein Argument für den Ford von 1955 war mit Sicherheit die gründliche Überarbeitung der erfolgreichen Generation von 1952-54, die ihn fast als neues Modell erscheinen ließ – zumindest in den Augen der Allgemeinheit. Designer Frank Hershey hatte der Karosserie eine dynamische Linie verpaßt, die besonders auffiel durch die modische Panoramascheibe, den weit herumgezogenen Kühlergrill, breite Lampenringe, geschwungene Sicken über den Radausschnitten sowie durch die großen runden Rückleuchten mit angedeuteten Heckflossen. Die Typenpalette bestand nun aus vier Modellen, den bekannten Mainline- und Customline-Limousinen sowie den Kombis als eigene Typenreihe. Als neues Spitzenmodell löste der Fairlane (nach dem Ford-Familiensitz in Dearborn benannt) den Crestline ab. Der Fairlane war an den geschwungenen Chromleisten zu erkennen, die über den Scheinwerfern anfingen, an den A-Säulen in einem Knick nach unten verliefen und entlang der Seitenflächen auf halber Höhe bis zum Heck durchliefen.

Neben den beiden Limousinen, dem Sunliner Convertible und dem Victoria Hardtop Coupé umfaßte der 1955er Fairlane auch den neuen Crown Victoria, ein zweitüriges Hardtop mit flacherer Dachlinie, wie sie 1956 auch der normale Victoria bekommen sollte. Auffälliges Kennzeichen war das breite, etwas nach vorne geneigte Chromband, das statt der B-Säulen über das Dach gezogen war. Es vermittelte den Eindruck eines Überrollbügels, ohne allerdings diese Funktion zu erfüllen; deshalb verordnete Chefingenieur Harold T. Youngren, der übermäßige Verwindungsanfälligkeit befürchtete (auch andere Hardtops litten darunter), dem Crown Victoria den steiferen X-Form-Rahmen des Cabriolets. Damit wurde aus dem „Crown Vicky" ein außerordentlich solides Auto. Für $70 Aufpreis durfte sich der Besitzer sogar den Luxus eines verglasten Hardtops gönnen, bei dem eine 6 mm dicke Plexiglasfläche vor dem Chromband eingezogen war. Die grüne Tönung tauchte die Insassen in dieselbe bizarre Atmosphäre wie im 1954er Skyliner. Diesmal fand die Idee jedoch wesentlich weniger Abnehmer.

Der Crown Victoria war eine absonderliche Kreation: ein Hardtop mit einem dicken Chromband, das quer über das Dach lief und damit gerade die typischen durchgehenden Fensterflächen des Hardtop unterbrach. Doch seine Eleganz war unüberboten; sein Preis allerdings auch: $ 107 mehr als für einen regulären Victoria sowie weitere $ 70 für das Glasdach. Das Modell 1955 (unten und ganz oben) war ab $ 2202 zu haben; das Modell 1956 (oben und rechts) für $ 2337.

Technische Daten

Motoren: **1955** 6 Zylinder in Reihe, hängende Ventile, 3654 ccm (91,9 × 91,4), 120 SAE-PS; V8, hängende Ventile, 4457 ccm (91,9 × 83,8), 162/182 SAE-PS (Zwei-/Vierfachvergaser); 4785 ccm (95,2 × 83,8), 198/205 SAE-PS **1956** 6 Zylinder in Reihe, hängende Ventile, 3654 ccm (91,9 × 91,4), 137 SAE-PS; V8, hängende Ventile, 4785 ccm (95,2 × 83,8), 200/205 SAE-PS (Schaltgetriebe/Automatik); 5113 ccm (96,5 × 86,3), 215/225 SAE-PS (Zwei-/Vierfachvergaser)

Getriebe:	3-Gang-Schaltgetriebe; auf Wunsch mit Overdrive oder Ford-O-Matic Dreigangautomatik
Fahrwerk, vorn:	obere und untere Trapez-Dreiecksquerlenker, Schraubenfedern
Fahrwerk, hinten:	Starrachse, Halbelliptik-Blattfedern
Bremsen:	vorne/hinten Trommelbremsen
Radstand (mm):	2920
Gewicht (kg):	1493-1507
Höchstgeschwindigkeit (km/h):	152-168
Beschleunigung 0-96 km/h (s):	9,5-13,0

Produktionszahlen: 1955 Stahldach 33 165 **Glasdach** 1999 **1956 Stahldach** 9209 **Glasdach** 603

Im „PS-Rennen" hatte Ford gegenüber Chevy diesmal dank seiner größeren V8-Motoren, die vom 1954er X-Block abgeleitet worden waren, die Nase vorn. Die Grundausführung des 4,5-Liter-Motors leistete mit Doppelvergaser 162 PS, mit Vierfachvergaser und Doppelrohrauspuff 182 PS. Die 4,8-Liter-Maschine, die anfangs Mercury vorbehalten war, kam auf 198 PS bzw. in Polizeiausführung (diese Kleinserie hieß „Interceptor") gegen Ende des Modelljahres auf 205 PS. Am anderen Ende der Motorenpalette war der 3,7-Liter-Sechszylinder um 5 PS auf 120 PS angewachsen.

Zum Modelljahr 1956 setzte Ford zwei Schwerpunkte: Sicherheit und Leistung. Die Pkw-Modelle waren dezent überarbeitet worden und hatten nun ein weitmaschigeres Kühlergitter sowie breitere Parkleuchten aufzuweisen. Als neue Konkurrenz aus eigenem Hause für den Crown Victoria kam der Fairlane Town Victoria hinzu, ein viertüriges Hardtop, wie es auch fast alle anderen Hersteller 1956 im Programm hatten.

Auch die PS-Zahlen erreichten bei Ford neue Höhen (1956 ein allgemeiner Trend). Der 4,5-Liter kam im Mainline/Customline gegen Aufpreis auf 173 PS, der 4,8-Liter des Fairlane auf 200 PS. Neu war 1956 ein größerer 5113-ccm-Motor mit 215 PS mit Doppelvergaser oder 225 PS mit Vierfachvergaser (letzteres nur in Verbindung mit der Ford-O-Matic). Später kam sogar eine 245-PS-Variante mit zwei Vierfachvergasern für den Thunderbird hinzu, doch dürften auch einzelne geschlossene Modelle damit ausgerüstet worden sein. Parallel hierzu propagierte Ford seine „Lifeguard Design"-Sicherheitsausstattung: Lenkrad mit versenkter Nabe, Innenspiegel mit Sollbruchstelle sowie Sicherheits-Türschlösser, ferner gegen Aufpreis Sicherheitsgurte für die Vordersitze und Polsterungen an Armaturenbrett und Sonnenblenden. Das Publikum reagierte nur verhalten darauf, mit PS-Zahlen war dagegen immer noch das große Geld zu machen.

Nicht jedoch mit verspielten Dachgestaltungen. Der Absatz des Crown Victoria ging stärker als bei allen anderen 1956er Ford-Typen zurück. 1955 waren noch 35 164 verkauft worden (darunter nur 1999 mit freiem Blick nach oben), 1956 dagegen nur noch 9811 (einschließlich ganzer 603 „Glasdächer"). Damit wurde der Crown Victoria aus dem Rennen genommen, vor allem, weil Ford für 1957 eine noch faszinierendere Kreation zu bieten hatte: den neuen Skyliner mit versenkbarem Hardtop (darauf kommen wir später noch).

Heute steht der markante Crown Victoria bei den Fans des Ford von 1955/56 im Brennpunkt des Interesses. Das Angebot deckt die Nachfrage natürlich bei weitem nicht. Wer selbst einen besitzen möchte, muß beim nächsten USA-Trip viel Geduld und Geld für die Suche aufwenden und, sollte ein Angebot auftauchen, gleich zuschlagen. Denn manche Gelegenheit bietet sich einem nur einmal im Leben.

1955-57 Ford Thunderbird

Es geht die Sage, daß die Geburtsstunde des Thunderbird im Oktober 1951 schlug, als Louis Crusoe, General Manager bei Ford, mit Stylist George Walker den Pariser Autosalon besuchte. Die USA rissen sich in den ersten Nachkriegsjahren förmlich um europäische Sportwagen, und beide Ford-Leute waren begeistert vom dortigen Angebot, z.B. dem Jaguar XK 120 und dem neuen englisch-amerikanischen Nash-Healey. „Warum haben wir nichts Derartiges?", fragte Crusoe. „Haben wir doch", entgegnete Walker — und spurtete zum Telefon, um seine Crew in Dearborn an die Arbeit zu scheuchen.

Wie manche andere Legenden ist auch diese frei erfunden. Bei Ford hatte man schon früher mit Zweisitzern experimentiert, doch nie ernstlich an eine Serie gedacht, da Sportwagen damals nur lächerliche 0,27 % des Neuwagenmarktes in den USA ausmachten. Im Januar 1953 hatte Chevrolet allerdings einen Fehdehandschuh hingeworfen, den Ford einfach aufgreifen mußte: den Chevrolet Corvette. Kaum einen Monat danach arbeitete Ford bereits mit Volldampf an dem Auto, das unter dem Namen des Glücksbringers und Regengottes der Indianer in die Autogeschichte eingehen sollte.

Der Thunderbird, der als Holzmodell auf der Detroit Auto Show Anfang 1954 erstmals zu sehen war, debütierte als „Personal Car", nicht als reinrassiger Sportwagen. Sein Radstand entsprach dem der ersten Corvette, doch strahlte er vor allem Luxus und praktische Konzeption aus. Statt knarrender Glasfaserhaut und umständlichen Steckscheiben hatte er eine Stahlkarosserie mit handlichen Kurbelfenstern zu bieten. Statt eines schlecht sitzenden Verdecks bot ein sauber gearbeitetes Stoffdach mit elektrischer Betätigung oder ein abnehmbares Hardtop-Dach (oder beides) den nötigen Wetterschutz. Und statt des behäbigen Sechszylinders saß unter der Haube des T-Bird ein quirliger Mercury-V8.

Für die technische Seite, bei der ausgiebig auf Ford-Serienteile zurückgriff, war Bill Burnett zuständig. Das Design aus der Feder von Bill Boyer und Frank Hershey hätte nicht besser gelingen können: glatt und

Niemand wußte Mitte der fünfziger Jahre zu sagen, wie sich ein zweisitziger Sportwagen in den USA verkaufen würde. Doch Chevrolet hatte die Corvette, also brauchte Ford den Thunderbird. Das Modell 1955 (unten und rechts oben) sah wie ein typischer Ford aus und wurde als „Personal Car" angepriesen. In punkto Absatzzahlen übertraf er die 'Vette haushoch. Das Modell 1956 (rechts unten) besaß einen Continental Kit und mehr PS.

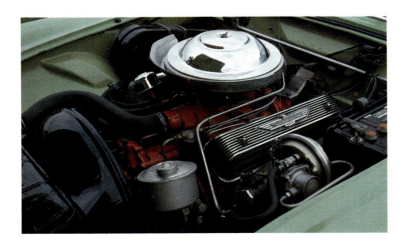

Ford

schlicht, doch typisch Ford. Viele entdeckten in den Proportionen des T-Bird mit langer Haube und kurzem Heck die klassischen Linien des Lincoln Continental der frühen 40er Jahre.

Europäisches Design und amerikanischer Komfort und Leistung machten den Thunderbird zu einer fast unschlagbaren Kombination. Rivale Chevrolet wurde in den Stückzahlen des Modelljahres um fast 24:1 überboten!

„Never change a winning team", weiß man auch in Detroit, also blieb der T-Bird für 1956 weitgehend gleich. Die wenigen Änderungen umfaßten einen wahlweise lieferbaren größeren 5,2-Liter-V8, ein außenliegendes Reserverad (und damit mehr Platz im Kofferraum), eine weichere Federung und auf Wunsch Bullaugen im Hardtop. Die Stückzahlen sanken geringfügig, übertrafen die Corvette jedoch immer noch um das Fünffache. Das Problem war nur, daß Ford auf wesentlich höhere Zahlen aus war und sich für die Zeit ab 1958 bereits auf einen Viersitzer festgelegt hatte.

Das Modell 1957 wurde also zum letzten zweisitzigen T-Bird — und vielleicht zum besten. Ein gelungenes Facelifting bescherte ihm wuchtigere Stoßstangen und Kühlergrill sowie ein längeres Heck (das Reserverad war wieder nach innen gewandert) mit zierlichen Heckflossenstummeln. Auch die Leistung legte zu und betrug beim 5,2-Liter-Motor mit 10:1 Verdichtung und Vierfachvergaser nun 285 PS. Daneben baute Ford sogar 208 aufgeladene Spezial-T-Birds mit Paxton-McCulloch-Kompressor und 300/340 PS — vor allem für Renneinsätze.

In Rennen war den frühen T-Birds freilich nur mäßiger Erfolg beschieden. Ein von Tom McCahill von Mechanix Illustrated gesponsorter 55er T-Bird sicherte sich den Sieg in der Seriensportwagenklasse bei den Daytona Speed Weeks, wobei Joe Ferguson mit einem Durchschnitt von 124,633 mph (199,4 km/h) in beiden Richtungen sämtliche Austin-Healey, Porsche und alle Jaguar XK 120 bis auf einen überbot. Chuck Daigh hielt sich 1956 mit einem von Pete DePaolo vorbereiteten Wagen noch besser und durchfuhr die Meile mit stehendem Start mit 88,779 mph (142 km/h); nur die von Zora Arkus-Duntov präparierte Corvette war mit 89,735 mph (143,5 km/h) schneller. 1957 kam Daigh auf 93,312 mph (149,29 km/h) und ein privat gemeldeter T-Bird erreichte über die fliegende Meile 146,282 mph (234,05 km/h) in einer Richtung, 138,775 mph (222 km/h) in beiden Richtungen. Bis dann die Automobile Manufacturers Association ihr berüchtigtes „Rennverbot" erließ — und die Entwicklung stoppte.

Doch der Thunderbird hatte sein Ziel erreicht. Auch wenn er kein echter Sportwagen war, konnte er doch gewaltige Leistung entwickeln. Daß er außerdem stilistische Finesse und Luxus ausstrahlte, macht ihn umso bemerkenswerter — und unvergeßlich. Durch das überlange Modelljahr 1957 kam der 1957er T-Bird auf die höchsten Stückzahlen — als erster amerikanischer Zweisitzer, der sich wirklich in großem Stil verkaufte.

Dies war ja auch Sinn der Übung gewesen. Indem der T-Bird bewies, daß auch Zweisitzer in den USA ein Verkaufserfolg werden konnten, bahnte er den vielen Sportwagen späterer Jahre aus den USA, Europa und Japan den Weg. Schon allein deswegen verdient er unsere Hochachtung. Und unsere Zuneigung ist den frühen T-Birds auch um ihrer selbst willen sicher.

TECHNISCHE DATEN

Motor: V8, hängende Ventile, **1955** 4785 ccm (95,2 × 83,8), 193/198 SAE-PS **1956** 4785 ccm (95,2 × 83,8), 202 SAE-PS; 5113 ccm (96,5 × 87,3), 215/225 SAE-PS (Overdrive/Automatik) **1957** 4785 ccm (95,2 × 83,8), 212 SAE-PS; 5113 ccm (96,5 × 87,3), 245/270/285 SAE-PS (300/340 SAE-PS mit Kompressor)

Getriebe: 1950/51	3-Gang-Schaltgetriebe; auf Wunsch mit Ford-O-Matic Dreigangautomatik
Fahrwerk, vorn:	obere und untere Dreiecksquerlenker, Schraubenfedern
Fahrwerk, hinten:	Starrachse, Halbelliptik-Blattfedern
Bremsen:	vorne/hinten Trommelbremsen
Radstand (mm):	2590
Gewicht (kg):	1352-1478
Höchstgeschwindigkeit (km/h):	168-200
Beschleunigung 0-96 km/h (s):	7,0-11,5
Produktionszahlen:	**1955** 16 155 **1956** 15 631 **1957** 21 380

Das Modell 1957 des Thunderbird (beide Seiten) war umfassend ummodelliert worden: neuer Grill, neue Stoßstangen, größere Schlußleuchten, Heckflossenansätze, ein größerer Kofferraum (mit innenliegendem Reserverad) und neues Armaturenbrett. Gegenüber 225 PS im Jahre 1956 hatte man nun die Wahl zwischen 212, 245, 270, 285 oder 300 Pferdchen, letztere mit Kompressor. 1957 baute Ford 21 380 T-Birds, das bisher beste Ergebnis, doch das Schicksal des Zweisitzers war besiegelt, denn für 1958 befand sich bereits ein Viersitzer in Planung.

Ford

1957-59 Ford Ranchero

Die Ford Motor Company beging ihr 50jähriges Firmenjubiläum in einer Atmosphäre grenzenlosen Optimismus. Das Modell 1949 hatte sich als Lebensretter des Unternehmens erwiesen, mit dem weitgehend neuen Modell 1952 war Ford wieder auf den zweiten Platz der US-Autoindustrie zurückgekehrt, also galt es 1953, Chevrolet von seinem Stammplatz als Nummer 1 zu verdrängen. Als General Motors im gleichen Jahr den Corvette-Zweisitzer vorstellte, begann Ford unverzüglich mit den Arbeiten an einer Gegenwaffe, dem Thunderbird. Sogar der glücklose Edsel, der 1955 geplant, aber mitten im Rezessionsjahr 1958 auf den Markt gekommen war, bildete Teil der Expansionspläne bei Ford.

Trotz seiner schmaleren Finanzdecke versuchte Ford, Chevrolet sogar mit Autos zu übertreffen, die nirgends sonst auf dem Markt waren, also in den „Marktnischen". Vor diesem Hintergrund entstanden die transparenten Hardtop-Dächer des Ford Skyliner und Mercury Sun Valley von 1954 und der 1956er Continental Mark II als attraktive Alternative zum Luxus-Cadillac.

Steigende Absatzzahlen bei Station Wagons und die zunehmende Popularität von Pickups mit Pkw-ähnlicher Linienführung verrieten eine weitere Marktnische: die Renaissance des Limousinen-Pickup aus der Vorkriegszeit. Mit der Ernennung von Robert S. McNamara zum General Manager der Ford Division erhielt diese Idee neue Impulse. Die Arbeiten am neuen Ford-Modell 1957 liefen bereits (teilweise als Einstimmung auf den kommenden Edsel), und für den profitorientierten McNamara bot sich ein Pickup als praktische Ergänzung an, vor allem, da er auf Basis der Kombis kostengünstig zu produzieren war.

Der neue Pickup sollte sich in Händler- und Kundenkreisen rasch als ähnlicher Blickfang wie der 1957er Skyliner mit seinem elektrisch versenkbaren Metalldach erweisen. Der Name Ranchero (ein Beispiel für den kurzen Flirt von Ford mit spanischen Modellnamen) verriet sein Grundkonzept: ein 2türiger Ranch Wagon mit dreisitzigem Führerhaus und offener Ladefläche statt des geschlossenen Kombiaufbaus. Der Radstand des Ranchero entsprach dem der Kombis von 1957.

Auch in Blech und Linienführung glich der Ranchero den anderen Modellen. Einziger Unterschied war der hintere Überhang am Dach des Ranchero. Innenausstattung und Zweifarbenlackierung (gegen Aufpreis) orientierten sich am Ranch Wagon und an den Custom- und Custom-300-Limousinen. Damit wurde der Ranch Wagon zum bisher nobelsten Pickup der USA: Ford nannte ihn gar „Amerikas ersten Arbeits- und Freizeit-Lkw".

Da der Aufbau des Ranchero sich an die Limousinen und Kombis anlehnte, waren natürlich auch ähnliche technische Neuerungen zu finden, u. a. der neue Rahmen mit weiter nach außen verlegten Längsträgern, längere hintere Längsblattfedern mit nach innen verlegten vorderen Aufnahmen, niedriger angesetzte Vorderachslenker, ein neuer Hypoid-Hinterachsantrieb, verbesserte Kugelumlauflenkung und 14-Zoll-Räder.

Der Ranchero wurde in Standard- und Custom-Ausführung mit der leistungsstärkeren 144-PS-Version des bekannten „Mileage Maker"-Sechszylinders angeboten. Den 4,5-Liter-V8 mit 190 PS gab es im Standard-Ranchero nur gegen Aufpreis, während der Custom auch mit dem 4,8-Liter-Motor mit 212 PS bestellt werden konnte. Gekoppelt waren all diese Motoren mit dem Dreigang-Schaltgetriebe, auf Wunsch auch mit Overdrive, oder mit der Ford-O-Matic. Wie die Pkws war auch der Ranchero mit Servolenkung und Bremshilfe und sogar mit elektrischer Sitzverstellung und elektrischen Fensterhebern zu haben.

Trotz seiner Pkw-ähnlichen Finessen blieb der Ranchero technisch ein Pickup-Halbtonner der Ford Truck Division. Bei Preisen ab $ 1920 bot er sich für alle, die einen Pkw wollten, aber einen Lieferwagen benötigten, sogar als verlockende Alternative zum F-100 an. Und nicht wenige Käufer – laut Ranchero: A Source Book genau 21705 – entschieden sich für diese Alternative. Auch 1958 blieb der Ranchero daher im Programm, abermals mit den gleichen Änderungen wie an den Pkws, die u. a. eine geänderte Frontpartie und etwas höhere Leistung einschlossen. Das Heck entsprach dem Jahrgang 1957. 1959 änderte sich etwas mehr, denn die Standard-Version entfiel. Der Custom wies nun den gleichen Radstand wie alle 1959er Ford-Modelle auf und besaß eine auf 2,10 m verlängerte Ladefläche. Gleichzeitig tauchte auch die erste Kopie als Konkurrent auf: der Chevy El Camino.

Wohl als Zeichen verschärften Profitstrebens ging der Ranchero 1960 in das Falcon-Typenprogramm ein. Dabei blieb es bis 1966, als er dem Mittelklassemodell Fairlane angegliedert wurde. Anfang der 70er Jahre – mittlerweile war er Teil des Nachfolgemodells Torino – geriet der Ranchero wesentlich größer und schwerer als sein Vorgänger aus den 50er Jahren. Die Verkaufszahlen, die nie berauschend, doch recht konstant gewesen waren, gingen stetig zurück, bis 1979 das Aus kam – womit ironischerweise das Feld der Pkw-Pickups dem Chevrolet El Camino und dem GMC Caballero (die 1987 ebenfalls abtraten) überlassen wurde. Ford hatte natürlich noch andere Nischen im Visier, doch ist dies ein Kapitel für sich.

TECHNISCHE DATEN

Motoren: **1957** 6 Zylinder in Reihe, 3654 ccm (91,9 × 91,4), 144 SAE-PS; V8, hängende Ventile, 4457 ccm (91,9 × 83,8), 190 SAE-PS; 4785 ccm (95,2 × 83,8), 206/212 SAE-PS **1958** 6 Zylinder in Reihe, 3654 ccm, 145 SAE-PS; V8, hängende Ventile, 4785 ccm (95,2 × 83,8), 205 SAE-PS; 5768 ccm (101,6 × 88,9), 300 SAE-PS **1959** 6 Zylinder in Reihe, 3654 ccm, 145 SAE-PS; V8, hängende Ventile, 4785 ccm, 200 SAE-PS; 5440 ccm (101,6 × 83,8), 300 SAE-PS; 5768 ccm, 300 SAE-PS

Getriebe:	3-Gang-Schaltgetriebe; auf Wunsch mit Overdrive, Ford-O-Matic Dreigangautomatik oder (1958-59) Cruise-O-Matic Dreigangautomatik
Fahrwerk, vorn:	obere und untere Trapez-Dreiecksquerlenker, Schraubenfedern
Fahrwerk, hinten:	Starrachse, Halbelliptik-Blattfedern
Bremsen:	vorne/hinten Trommelbremsen
Radstand (mm):	1957-58 2946 1959 3017
Gewicht (kg):	ca. 1590
Höchstgeschwindigkeit (km/h):	152-168
Beschleunigung 0-96 km/h (s):	9,5-12,5
Produktionszahlen:	1957 21705 1958 9950 1959 14169

Der Ranchero war im Prinzip ein zweitüriger Kombi, dem die hintere Dachpartie fehlte. Die Modelle 1957 (rechte Seite) und 1958 (diese Seite, ganz oben) ähnelten in der Ausstattung den Custom-300-Limousinen. Das hier abgebildete Modell 1959 (diese Seite, oben), das nach wie vor als Alltagsfahrzeug bewegt wird, wurde mit Galaxie-Zierleisten und nicht originalen Sitzen versehen.

1957-59 Ford Skyliner

1957 ging Ford aufs Ganze. Die neuen Modelle gerieten größer, farbenfroher, länger und noch leistungsstärker und umfaßten nun fünf Baureihen. Beim Spitzenmodell, dem neuen Fairlane 500, debütierte ein neuer Skyliner — nur hatte er im Gegensatz zum Jahrgang 1954 kein Plexiglasdach, sondern als erstes Großserienmodell ein elektrisch versenkbares Hardtop.

Pionierarbeit hierin hatte der Styling-Ingenieur Gilbert Spear geleistet, auf dessen Entwürfe hin William Clay Ford, der Chef der Special Products Division, bereits 2,2 Millionen Dollar Entwicklungskosten für den Continental Mark II lockergemacht hatte. Dieser war jedoch ohnehin extrem teuer, also ging das Projekt auf Ford über, jedoch nicht ohne zusätzliche 18 Millionen Dollar für Testprogramme. Da es bis zur neuen Ford-Generation von 1957 kaum mehr zwei Jahre waren, mußte auch der neue Skyliner in aller Eile zur Serienreife geführt werden.

Der Skyliner kam kurz nach den übrigen Modellen heraus und sah auf den ersten Blick kaum anders als der offene Sunliner aus, außer daß die Heckkotflügel rund 8 cm länger und etwas höher waren. Bedingt war dies durch den Platzbedarf für das versenkbare Hardtop — das zwar kürzer und kompakter als ein normales Hardtop, aber dennoch immens sperrig ausfiel — und dessen Mechanismus. Die Heckklappe war hinten angeschlagen (woanders wäre es nicht gegangen), das Hardtop klappte 25 cm hinter der Vorderkante ein, was beim Senkvorgang Platzgewinn bedeutete. Selbst am Fahrgestell des Convertible waren Änderungen notwendig: Die Längsträger rückten enger zusammen, so daß sich die Gelenke des Hardtops richtig zusammenlegen konnten. Erstaunlicherweise hatte die Beinfreiheit an den Rücksitzen kaum gelitten. Der Benzintank versperrte jedoch dringend benötigten Platz unter dem Bodenblech, also wanderte er hinter den Rücksitz — was „nebenbei" auch größere Unfallsicherheit bot. Unter dem Bodenblech saß nun das Reserverad.

Das „Nervensystem" des Skyliner umfaßte rund 180 m Kabel und nicht weniger als 10 Steuerrelais, acht Schalter, 10 Endlagenschalter, drei Antriebsmotoren und eine Sicherheitsschaltung, die in Getriebestellung „N" das System blockierte. Die Konstruktion war also kompliziert, doch weit weniger anfällig als allgemein behauptet.

Um kurz auf die Funktion einzugehen: Wenn man bei eingeschalteter Zündung (und möglichst bei laufendem Motor, um die Batterie zu schonen) einen Lenksäulenschalter betätigte, wurde über zwei (1957/58) bzw. drei Schalter (1959) ein Motor am Heck zugeschaltet, der über Doppelwellen an beiden Seiten die lange Heckklappe anhob. Sobald die Heckklappe ganz geöffnet war, schaltete ein zweiter Motor (hinter dem Rücksitz) zu, durch den die Heckablage auf Höhe der Heckpartie angehoben wurde. Darauf trat ein weiterer Motor in Aktion, der das Dach entriegelte, das dann durch zwei eigene Motoren in die gähnenden Abgründe des Hecks versenkt wurde. Das vordere Dachende klappte bei der Abwärtsbewegung mit Hilfe eines separaten Servomotors ein. Eine Kontrolleuchte am Armaturenbrett leuchtete währenddessen ununterbrochen; der Vorgang ließ sich auch jederzeit umkehren.

Die Skyliner-Werbung fragte nicht zu unrecht: „Wo bleibt beim ‚Hardtop Convertible' das Merkmal des Convertible, nämlich das offene Dach?" Offensichtlich fragten sich zahlreiche Kunden ähnliches und blätterten die $ 2942 für das Modell 1957 hin, obwohl die Konzeption eher als Gag anmutete und der Skyliner damit bei weitem der teuerste Ford war. Der offene Sunliner war demgegenüber für ganze $ 437 weniger zu haben und obendrein viel praktischer. Bei versenktem Dach blieb im Skyliner praktisch kein Kofferraum mehr, bei geschlossenem Dach faßte er ebenfalls nur rund 184 Liter, und zugänglich war er nur von den Seiten her. Schlimmer noch: Der Preis stieg jedes Jahr gewaltig an, weit stärker als bei den übrigen Typen.

Die Streichung des Skyliner wurde letztendlich von Ford-Chef McNamara verordnet, der statt „Spielereien" auf sachlichere, rentablere Ford-Modelle setzte. Nachdem für 1960 die nächste Überarbeitung und das neue Compact-Modell Falcon ins Haus standen, durfte der Skyliner gerade noch zwei Jahre verbleiben. Die Modelle 1958 und 1959 durchliefen die gleichen stilistischen und technischen Änderungen wie ihre Basismodelle, verkauften sich mit nur 14 713 bzw. 12 915 Exemplaren jedoch noch schlechter. Die ganze Zeit blieb der Skyliner der einzige Ford mit serienmäßigem V8: 1957 mit 4,5 l und 190 PS, 1958/59 mit der 4,8-Liter-Maschine mit 200 bzw. 205 PS.

In Sammlerkreisen gilt der Skyliner-„Retractable" als Paradebeispiel für die Zeiten, als uns die Werbung weismachen wollte, in Dingen wie Hula-Hoop-Reifen, Zweifarben-Kugelschreibern und Kühlschranktüren, die sich von links und rechts öffnen ließen, liege das Glück der Welt. Heute sind Mikrowellenherde, Nobel-Turnschuhe und Videorecorder an ihre Stelle getreten, also haben wir uns trotz aller gesellschaftlichen Fortschritte in den letzten 30 Jahren vielleicht gar nicht so sehr weiterentwickelt.

Der Skyliner war ein technisches Kleinod: ein „Hardtop Convertible", das sich wirklich öffnen ließ. Es war jedoch kompliziert und teuer, daher blieb auch der Absatz bescheiden. Das Modell 1957 (rechte Seite, oben) zeigt, wie sich das Stahldach absenkt. Das Modell 1958 (unterstes Bild auf dieser Seite) wurde wie alle anderen Modelle überarbeitet, ebenso das Modell 1959 (rechte Seite, unten).

Technische Daten

Motoren: V8, hängende Ventile, **1957** 4457 ccm (91,9 × 83,8), 190 SAE-PS; 4785 ccm (95,2 × 83,8), 212 SAE-PS; 5113 ccm (96,5 × 87,3), 245 SAE-PS **1958** 4785 ccm, 205 SAE-PS; 5440 ccm (101,6 × 83,8), 265 SAE-PS; 5768 ccm (101,6 × 88,9), 300 SAE-PS **1959** 4785 ccm, 200 SAE-PS; 5440 ccm, 225 SAE-PS; 5768 ccm, 300 SAE-PS

Getriebe:	3-Gang-Schaltgetriebe; auf Wunsch mit Overdrive, Ford-O-Matic Dreigangautomatik **1958-59** Cruise-O-Matic Dreigangautomatik
Fahrwerk, vorn:	obere und untere Trapez-Dreiecksquerlenker, Schraubenfedern
Fahrwerk, hinten:	Starrachse, Halbelliptik-Blattfedern
Bremsen:	vorne/hinten Trommelbremsen
Radstand (mm):	3017
Gewicht (kg):	1778-1847
Höchstgeschwindigkeit (km/h):	160-168
Beschleunigung 0-96 km/h (s):	9,5-12,0
Produktionszahlen:	**1957** 20 766 **1958** 14 713 **1959** 12 915

Ford

1958-59
Ford Thunderbird

Im Laufe der Jahre sieht man manche Dinge anders. Der Thunderbird von 1958-60 ist dafür ein gutes Beispiel. Bei einer ganzen Generation von Autofans war der „Squarebird" als grotesker Auswuchs des Kommerz verschrien, der am vorzeitigen Ende des klassischen Zweisitzers schuld war und die noch viel aufgeblaseneren T-Birds der 60er und 70er Jahre hervorbrachte. Gott sei Dank ist der Vorreiter der „personal luxury cars" heute als herausragende Meisterleistung anerkannt. Wie Richard M. Langworth in seinem Buch The Thunderbird Story anführt, „geht das Gerede von der Aufgabe des Sportwagens zugunsten des verhaßten Rücksitzes am Kern der Sache vorbei. Der Thunderbird von 1958 hat vielleicht den entscheidendsten Durchbruch im amerikanischen Automarkt des ganzen Jahrzehnts eingeleitet."

Zweifel an den Absatzchancen des Ford-Zweisitzers kamen bereits im Dezember 1954 auf, als die Serie gerade erst anlief. Robert S. McNamara, der im Jahr darauf Chef der Ford Division wurde, hatte da seinen Entschluß bereits gefaßt. Wie der langjährige Ford-Designer Bill Boyer in Collectible Automobile erzählt, „war der Erfolg dieses Wagens durchaus nicht sicher. Bei Ford wollte man ihn vor allem deshalb fallenlassen, weil er nicht genug einbrachte – es war einfach nicht nachzuweisen, daß er nach den finanziellen Zielvorgaben des Konzerns schwarze Zahlen geschrieben hätte." Doch McNamara war überzeugt, daß ein Viersitzer das große Geld bringen würde, und machte sich dafür stark. „Er erkannte beizeiten, daß das Image des Thunderbird in geradezu unbezahlbarem Maße abfärben würde – ein für McNamara völlig untypischer Vorgang, da er normalerweise in Gelddingen extrem vorsichtig war. Daß er sich so für den Thunderbird einsetzte, verblüffte alle", bemerkte Boyer. Doch damit rettete McNamara die Schlacht.

Anders als normalerweise üblich, steckte Boyers Styling-Studio – nicht die Konstruktionsabteilung – den Rahmen für den neuen Viersitzer ab. Der Radstand wurde auf 2870 mm (gegenüber 2590 mm beim Zweisitzer) gestreckt und zum ersten Male nach dem Krieg setzte Dearborn auf selbsttragende Karosserien, um die angestrebte geduckte Karosserielinie verwirklichen zu können. Die geringere Bodenfreiheit (147 mm) bedingte einen hohen Kardantunnel, der jedoch gleichzeitig das Rückgrat des Karosserie bildete. Boyer machte aus dieser Not eine Tugend, indem er darauf eine Konsole mit den Schaltern für die Fensterheber, die Defroster- und Heizungsschalter sowie den Radiolautsprecher anordnete. Die massive Spritzwand sorgte für zusätzliche Steifigkeit, ebenso die verstärkten Heck-

TECHNISCHE DATEN

Motor: V8, hängende Ventile **1958-59** 5768 ccm (101,6 × 88,9), 300 SAE-PS; 7046 ccm (109,2 × 94), 350 SAE-PS (Produktion 1958 fraglich)

Getriebe:	3-Gang-Schaltgetriebe; auf Wunsch mit Overdrive oder Dual-Range Ford-O-Matic Dreigangautomatik
Fahrwerk, vorn:	obere und untere Dreiecksquerlenker, Schraubenfedern
Fahrwerk, hinten:	**1958** Starrachse, Längslenker, Schraubenfedern **1959** Starrachse, Halbelliptik-Blattfedern
Bremsen:	vorne/hinten Trommelbremsen
Radstand (mm):	2870
Gewicht (kg):	1758-1789
Höchstgeschwindigkeit (km/h):	175
Beschleunigung 0-96 km/h (s):	9,9

Produktionszahlen*: 1958 Hardtop 2tür. 35 758 **Conv.** 2134 **Hardtop 2tür.** 57 195 **Conv.** 10 261

Der 2sitzige T-Bird verkaufte sich 1955-57 meilenweit besser als die Corvette, doch erhoffte sich Ford von einem viersitzigen T-Bird noch höhere Absatzzahlen. Das Modell 1958 (links) erschloß einen neuen Markt des „personal luxury car". Trotz höherer Preise fand er auf Anhieb noch mehr Anklang als der Zweisitzer, wurde daher auch 1959 (oben) kaum geändert. Vom Modell 1959 gingen mehr Exemplare weg als von allen Ford- und Chevy-Zweisitzern von 1955-57 zusammen — sehr zur Freude der Geldzähler bei Ford.

und Seitenwände und die 15 cm tiefen Längsträger, zwischen denen das abgesenkte Bodenblech lag.

Auch die Schraubenfederung an beiden Achsen war neu. Vorne war sie konventionell ausgelegt, hinten war jedoch ein komplizierter Längslenker für die auf Wunsch lieferbare Ford-Aire-Luftfederung vorgesehen, die dann jedoch in letzter Minute gestrichen wurde (ein kluger Entschluß, nachdem Luftfederungen allenthalben Probleme bereiteten). Die Modelle 1959/60 erhielten wieder herkömmliche Blattfedern.

Als Antrieb diente eine 5,8-Liter-Version des neuen 1958er Ford-V8 der FE-Serie mit 300 PS Nennleistung. Das serienmäßige Dreiganggetriebe war gegen Aufpreis mit Overdrive lieferbar, doch entschieden sich die meisten Käufer für die neue Dual-Range Cruise-O-Matic Dreigangautomatik.

Das Modell 1958, das als Cabriolet und Hardtop lieferbar war (letzteres zum ersten Mal beim T-Bird), wurde zum durchschlagenden Erfolg. Tester Tom McCahill bezeichnete ihn merkwürdigerweise als „recht lebhafte Limousine, die in 9,9 Sekunden von 0 auf 60 mph kommt." Auch der sportliche Luxus und der lockere, aber doch nicht zu legere Charakter des Hardtop fanden beim Käufer Anklang. Ford kam mit der Fertigung gar nicht mehr nach, stieß aber vom 1958er Modell immerhin mehr als doppelt soviele Exemplare wie vom letzten Zweisitzer aus. McNamara hatte seine Genugtuung.

Trotz des fast revolutionären Charakters des viersitzigen T-Bird stellte Ford nur 5 Millionen Dollar für Entwurf und Konstruktion sowie weitere 2 Millionen für die Modellpflege bis 1960 bereit. Galoppierende Kosten für das Convertible fraßen letzteren Posten jedoch großenteils auf, daher blieb das Modell 1959 weitgehend gleich. Abgesehen von Retuschen an Zierteilen und den erwähnten Änderungen an der Hinterradfederung war lediglich der gegen Aufpreis lieferbare 430er V8 (7,1 l) aus dem Lincoln neu sowie gegen Ende der Saison das serienmäßige vollautomatische Verdeck des Convertible. Das Modell 1960 beschloß diese Generation mit drei einzelnen Rückleuchten, einem verschnörkelteren Grill, einer reichhaltigeren Serienausstattung und dem als Extra lieferbaren Stahlschiebedach des Hardtop (dem ersten in der US-Nachkriegsproduktion).

Trotz der minimalen Modifikationen verkaufte sich der T-Bird weiterhin sagenhaft: über 67 000mal im Jahr 1959 und fast 91 000mal im Jahr 1960. Letztere Rekordzahl sollte der T-Bird erst 1977 überbieten.

Damit hat sich der „Squarebird" ohne Frage als Klassiker der US-Cars der 50er Jahre qualifiziert. Fragt sich nur, warum wir das erst so spät erkannt haben.

Ford

1959
Ford Galaxie

Daß Detroit mehr auf Show-Effekte als auf Substanz setzte, war ein in den 50er Jahren weitverbreiteter (und mitunter auch noch heute geäußerter) Vorwurf. Natürlich brachte dieses Jahrzehnt mehr als genug „brandneue" Modelle hervor, die in Wahrheit alte Hüte waren, „bahnbrechende Neuerungen", die sich als oberflächliche Spielereien entpuppten, und stilistischer Firlefanz im Gewand designerischer Pioniertaten. Man fragt jedoch zu Recht, ob all dies wirklich so schlecht war, nachdem fast alle derartigen Endprodukte den Händlern in den USA förmlich aus den Händen gerissen wurden. Wenn die Amerikaner schon darauf hereinfielen, dann wohl oft, weil sie es partout nicht anders wollten.

Die Ford Motor Company, die beim Design ja ganz besonders auf Meinungsumfragen setzt, bekommt stets ein Gutteil dieser Kritik ab, vor allem seit dem Flop des Edsel. Dieses Konzept bescherte Ford jedoch mindestens genausoviele Erfolge. Der Ford und Mercury von 1955, der Lincoln 1956, der Ford 1957 und vor allem der viersitzige Thunderbird 1958 (siehe oben) waren die gezielten Antworten des Werks auf die Wünsche der Autokäufer – die sich diese Wünsche auch prompt einiges kosten ließen.

Noch größere Marketing-Triumphe sollte Ford in den 60er Jahren feiern (z.B. mit dem Riesenerfolg des Mustang), nicht zu vergessen ist jedoch auch eine begeistert aufgenommene Neuerung von 1959: der erste Galaxie. Dieser war in aller Eile im Sog des Erfolgs des „Squarebird" herausgekommen, dessen verhalten gestylte Dachpartie ein durchschlagender Erfolg war. Natürlich war 1959, als die Käufer den Erfolg des T-Bird bestätigten, keine Zeit mehr, die Massenmodelle von Ford zu ändern, doch rechneten sich die Experten bei Ford mit einer ähnlichen Dachpartie am Fairlane 500 Sedan und Hardtop ähnliche Erfolge aus. Womit sie auch recht behielten.

Als letztes Modell der 1957 vorgestellten Ford-Generation wurde das Modell 1959 so radikal wie keines seiner Vorgänger umgestaltet – vielleicht, weil Ford wußte, daß für 1959 ein neuer Chevy zu erwarten war. Die bisherigen kürzeren Modelle erhielten den 3017-mm-Radstand des Fairlane/Fairlane 500. Unter den neuen Außenblechen verbarg sich das ebenfalls geänderte Gerippe des Jahrgangs 1957/58, das die Autos größer und kantiger aussehen ließ. Ford pries sie denn auch in aller Bescheidenheit als „The World's Most Beautifully Proportioned Cars" an.

Über diese Behauptung läßt sich streiten. Auf jeden Fall wirkte der 1959er Ford neben dem „Fledermaus"-Chevy von 1959 geradezu sachlich-nüchtern, konnte aber immerhin bei der Brüsseler Welt-

Technische Daten

Motoren: 6 Zylinder in Reihe, 3654 ccm (91,9 × 91,4), 145 SAE-PS; V8, hängende Ventile, 4785 ccm (95,2 × 83,8), 200 SAE-PS; 5440 ccm (101,6 × 83,8), 300 SAE-PS; 5768 ccm (101,6 × 88,9), 300 SAE-PS

Getriebe:	3-Gang-Schaltgetriebe; auf Wunsch mit Overdrive, Ford-O-Matic Zweigangautomatik oder Dual-Range Cruise-O-Matic Dreigangautomatik
Fahrwerk, vorn:	obere und untere Trapez-Dreiecksquerlenker, Schraubenfedern
Fahrwerk, hinten	Starrachse, Halbelliptik-Blattfedern
Bremsen:	vorne/hinten Trommelbremsen
Radstand (mm):	3017
Gewicht (kg):	1532-1843
Höchstgeschwindigkeit (km/h):	152-175
Beschleunigung 0-96 km/h (s):	10,0-18,0

Produktionszahlen: Town Sedan 4tür. 183 108 **Club Sedan 2tür.** 52 848 **Club Victoria Hardtop 2tür.** 121 869 **Town Victoria Hardtop 4tür.** 47 728 **Sunliner Convertible** 45 868 **Skyliner „Retractable" (versenkbares Hardtop) 2tür.** 12 915

Der Galaxie debütierte erst nach den anderen 1959er Modellen von Ford und wurde rasch zum Hit. Die preisgekrönte Linie wirkte neben den Riesenflossen des Chevy von 1959 geradezu verhalten, dennoch kam Ford auf annähernd dieselben Stückzahlen wie Chevy und produzierte 464 000 Galaxies, davon 45 868 Sunliner-Cabriolets.

ausstellung 1958 eine Goldmedaille für sein Design einheimsen. Es hätte auch anders kommen können: Für 1959 waren geradezu gräßliche Entwürfe im Gespräch, grotesk modellierte Formen mit gigantischen runden Rückleuchten, umgekehrt geneigten Heckscheiben in der Art des 1957er Mercury Turnpike Cruiser und — man lese und staune — „Fledermaus"-Heckflossen (wenn auch verhaltener als die Chevy-Flossen). Glücklicherweise regierte bei Ford genug Vernunft, um diese Auswüchse auszusondern.

Auch technisch war der 1959er Ford vernünftig gehalten: Der steifere Rahmen mit weiter auseinanderliegenden Längsträgern ergab mehr Platz im Innenraum; die Motoren wurden zur Verbrauchssenkung etwas gedrosselt (nach der Rezession 1958 ein wichtiges Verkaufsargument); die neue Zweigang-Ford-O-Matic war leichter und bestand aus 105 Teilen weniger; und ein neuer Vorderachsstabilisator sowie Hinterradfedern mit variabler Kennung brachten immerhin eine weichere Straßenlage, auch wenn sie für das Fahrverhalten keine Besserung bedeuteten. Langfristig bezahlt machten sich die aluminiumbeschichteten Auspuffschalldämpfer, Hauptstrom-Ölfilter, durch die die Ölwechselintervalle auf 6000 km anwuchsen, und eine „Diamond Lustre"-Lackierung, die angeblich nie nachgewachst werden mußte.

Daß ein neues Spitzenmodell mit Dachpartie la Thunderbird auf den Markt kam, war nicht umstritten, wohl aber dessen Name. Ford ersann zuerst neue Variationen seiner bekannten Typennamen, u. a. Townliner, Crown 500 und sogar Thunderstar, dann fiel die Wahl jedoch auf Galaxie (trotz der im Englischen inkorrekten Schreibweise vielleicht in Anlehnung an die Raumfahrtambitionen der USA).

Aber egal — der große Ford im „Thunderbird-Look" verkaufte sich mit über 464 000 Exemplaren trotz seiner verspäteten Einführung hervorragend. Diese Stückzahl täuscht allerdings etwas, denn der Fairlane 500 Sunliner und Skyliner wurden durch bloßes Auswechseln des Heckschriftzugs ebenfalls zu Galaxies (obwohl auf der Heckklappe aller 1959er Galaxies noch „Fairlane 500" zu lesen stand). Doch selbst wenn man diese beiden Cabriolets dem Fairlane 500 zurechnet, gingen vom Galaxie immer noch dreimal soviele Exemplare weg. Mit über 405 000 Einheiten machten seine vier geschlossenen Varianten über 27 Prozent der Ford-Jahresproduktion von 1959 aus.

Dies sowie die gegenüber 1957/58 deutlich bessere Fertigungsqualität brachten Ford im Kalenderjahr 1959 noch vor Chevy an die Spitze der Produktionsrangliste, auch wenn Chevy im Modelljahr mit rund 12 000 Einheiten die Nase vorn behielt. Doch der Galaxie hatte einen starken Einstand gegeben und sollte während des gesamten nächsten Jahrzehnts das Spitzenmodell bei Ford und ein Verkaufs-Dauerbrenner bleiben. 1962 erhielt auch der kleine Falcon eine ähnliche Dachlinie und erwies sich als ähnlich begehrt. Womit wieder bewiesen wäre, daß zu jedem Erfolgsrezept die richtigen Zutaten gehören.

Frazer

1950 Frazer Manhattan Convertible

Joseph Washington Frazer, Sproß der Washingtons aus Virginia und der Frazers aus Schottland, wurde mit dem sprichwörtlichen silbernen Löffel im Mund geboren; den spuckte er jedoch schon früh aus und ging in die Autoindustrie. Nach seinen Lehrjahren in Händlerkreisen von Packard und General Motors trat er 1924 in Walter Chryslers Konzern ein und war 1928 Namensgeber und Geburtshelfer des Plymouth, des neuen Basismodells von Chrysler. Später verschaffte Frazer dem Willys-Overland-Konzern mit dem Americar und dem Jeep neuen Aufschwung. Im Krieg kam Frazer mit einigen Teilhabern bei den darniederliegenden Graham-Paige Motors ans Ruder, die er schon bald mit Henry Kaiser zur Kaiser-Frazer Corporation zusammenlegte.

Der Kaiser-Frazer schlug auf dem autohungrigen US-Markt der Nachkriegszeit wie eine Bombe ein und verkaufte sich auf Anhieb besser als alle anderen Independents. 1948 stand K-F in der Produktionsstatistik bereits auf Platz 8, produzierte über 180 000 Wagen (davon rund 50 000 Frazer) und schien sich als vierte Größe unter den „Big Four" Detroits etabliert zu haben. 1949 kam jedoch die Krise, als Kaiser sich zur Finanzierung seines Kompaktmodells Henry J und eines neuen großen Modells verschulden mußte. Im Frühjahr schied Frazer aus der Geschäftsleitung aus, und K-F ließ den Frazer als Automarke auslaufen, sobald man dies ohne Gesichtsverlust bewerkstelligen konnte.

Der gediegenste aller Frazer war der Manhattan Convertible, der auf der Karosserie der viertürigen Limousine basierte (eine andere gab's bei K-F nicht) und von den Ingenieuren John Widman und Ralph Isbrandt „auf Teufel komm raus" versteift worden war. Wie Isbrandt erzählte, „bestanden Anweisungen, die Limousinenkarosserien auf keinen Fall zu versteifen — also auch keine X-Traverse. Sogar Türsäulen und Spritzwand blieben gegenüber der Limousine unverändert. Der erste Prototyp schlingerte wie ein Schiff in schwerer See. Schließlich konnte ich Edgar Kaiser, Präsident bei K-F, überzeugen, daß GM, Ford, Chrysler und die anderen ihre Convertibles auch nicht zum Spaß mit X-Traversen und anderen Trägern versteiften."

Kaiser-Frazer war bis zum Erscheinen des offenen Lincoln 1961 der einzige amerikanische Hersteller, der eine Art Cabrio-Limousine herausbrachte. Beim offenen viertürigen Frazer Manhattan von 1949/50 waren die Scheibenrahmen nicht versenkbar — ein seltenes Merkmal, das ihn heute zu einem gefragten Sammlerauto macht.

Technische Daten

Motor: 6 Zylinder in Reihe, stehende Ventile, 3707 ccm (84 × 111,2), 112 SAE-PS

Getriebe:	3-Gang-Schaltgetriebe; auf Wunsch mit Overdrive
Fahrwerk, vorn:	Einzelradaufhängung, Schraubenfedern, Teleskopstoßdämpfer
Fahrwerk, hinten:	Starrachse, Blattfedern, Teleskopstoßdämpfer
Bremsen:	vorne/hinten Trommelbremsen
Radstand (mm):	3136
Gewicht (kg):	1692
Höchstgeschwindigkeit (km/h):	145
Beschleunigung 0–96 km/h (s):	22,0
Produktionszahlen:	70 (geschätzt; 1949–50)

Erst danach war eine sinnvolle Arbeit möglich." Isbrandt besorgte sich gar ein Packard-Vorkriegscabrio als Muster. „Ich wollte ihren Tricks auf die Schliche kommen und diese dann auf unseren Wagen übertragen." In Serienversion, nach grundlegender Überarbeitung, erwies sich das Convertible als recht solide gebaut.

Kopfzerbrechen bereitete den Designern auch die Verbindung der Türsäulen mit dem Dach. Offene Viertürer der Vorkriegszeit wiesen Stahlsäulen auf, doch Designer A. B. „Buzz" Grisinger kam auf eine elegantere Lösung: Zwischen den vorderen und hinteren Seitenscheiben saß eine schmale Glasscheibe mit Metalleinfassung. Sie blieb (zusammen mit den Rahmen der Seitenscheiben) auch bei offenem Verdeck stehen und sorgte für gute Sichtverhältnisse.

Die fantastischen Polster- und Farbkombinationen des Manhattan sind das Werk von Carleton Spencer, Spezialist für Innenausstattungen bei K-F. Kaum ein US-Auto dieser Zeit (oder einer anderen) wurde luxuriöser ausgestattet: fein gemasertes, teures Leder und Polsterstoffe, die für feinste Möbel gerade gut genug gewesen wären, wurden hier mit außerordentlicher Sorgfalt verarbeitet und mit schillernden Lackierungen kombiniert, die den Frazer zu einem Blickfang ersten Ranges machten. Einen Hauch von Luxus vermittelten auch der üppig verchromte Wabengrill und großen Rückleuchten.

Unter der Haube saß leider nach wie vor der müde Sechszylinder mit seitlich stehenden Ventilen, der als Industriemotor entwickelt und später z. B. als Stationäraggregat und in Gabelstaplern Dienst getan hatte. Dem Design und Luxus des Manhattan Convertible (und dessen hohem Preis von $3295) wurde der Sechszylinder nie gerecht.

Obwohl Joe Frazer vor seinem Ausscheiden aus der Geschäftsleitung dem Cabrio seinen Segen gegeben hatte („wir versprachen uns guten Absatz, weil hier nicht die Konkurrenz der viertürigen Limousinen zu fürchten war"), hielt er ihn später für eine gute, aber in der Ausführung mißratene Idee. Sein Neffe, Hickman Price jr., sah darin gar nur eine gigantische Geldverschwendung, denn die Mittel wären nach seiner Ansicht in dem 4,8-Liter-V8 besser angelegt gewesen, den K-F im Versuch laufen hatte, aber nie in Serie gehen ließ. Auf den Hinweis, daß die Manhattan-Convertibles extrem selten waren, pflegte Price zu erwidern: „Zweifellos – das versteinerte Ei eines Dodo auch."

Selten ist dieser Frazer allerdings – und ein für seine Zeit faszinierendes Auto. Insgesamt stellte K-F 253 viertürige Cabrios her. Davon entfielen 124 auf das Modell 1949, ca. 70 waren Frazer, der Rest Kaiser. Einige hiervon wurden mit neuen Fahrgestellnummern in das Modelljahr 1950 übernommen. Die übrigen wurden mit geänderten Zierteilen versehen und als 1951er Frazer abgesetzt.

1951 Frazer

Das „Modelljahr" 1950 dauerte bei Kaiser-Frazer nur von November 1949 bis März 1950, als die neuen 1951er Modelle ihren Einstand gaben. Die Frazer von 1950 waren nichts anderes als Vorjahresmodelle mit neuen Fahrgestellnummern, die von der riesigen Überproduktion übriggeblieben war, die zwar finanziert, deren Kosten aber nicht amortisiert worden waren. Der Frazer 1951 – das letzte Modell der Marke – wurde jedoch ein gelungener Wurf, den Dutch Darrin erdacht und der begabte Hausdesigner Herb Weissinger vollendet hatte. An Modellen als Arbeitsgrundlage fehlte es nicht: Limousinen, Convertibles, Lagerbestände des Kaiser Virginian Hardtop, sowie die „Utility Cars" Kaiser Vagabond und Traveler – alles in allem rund 10 000 Rohkarosserien, die als 1951er Frazer ausgegeben wurden.

Das normale Frazer-Programm umfaßte die Limousinen und die „Utility"-Modelle (Allzwecklimousinen), letztere unter dem Namen Frazer Vagabond. Spitzenmodelle waren der Frazer Manhattan Convertible und Hardtop, die jeweils in minimalen Stückzahlen entstanden. Die Fahrgestellnummern lassen auf 152 Hardtops und 131 Convertibles schließen, doch halten Experten des K-F-Clubs dies für etwas hochgegriffen. Von den 10 000 Standard-Modellen waren etwa ein Drittel Vagabonds, der Rest Limousinen.

Aus dem 1951er Frazer trotz seiner alten Karosserie ein neues Modell zu machen, setzte Einfallsreichtum voraus. Schockierend waren freilich einige der Gedankenspiele. Ein Vorschlag sah vor, die neue 1951er Kaiser-Rohkarosserie mit den alten Kotflügeln und Hauben zu kombinieren – ein Sherman-Panzer wäre da noch hübscher. Da es jedoch wichtiger war, Rohkarosserien anstatt Kotflügeln und Hauben aufzubrauchen, verfiel man auf das umgekehrte Rezept.

Dutch Darrin, Design-Berater bei K-F, wollte auch die hinteren Türen mit seinem charakteristischen „Darrin-Knick" umgestalten, doch hätte dies 20 000 neue Türen erfordert und war somit jenseits aller finanziellen Möglichkeiten. Also liftete Weissinger lediglich die Kotflügel und verbreiterte die Heckscheibe etwas. Direkt hinter den Türen zauberte Weissinger auch den Darrin-„Knick" ins Blech. Der Kühlergrill fiel betont massiv aus; auf ihm thronte das beleuchtete Frazer-Emblem. Wohl das eleganteste Detail des ganzen Autos war jedoch die Haubenfigur: ein stilisierter Ritter. Ursprünglich war der Speer des Ritters transparent (und ließ sich bei Nacht beleuchten), doch als immer mehr Haubenfiguren Langfingern zum Opfer fielen, bot die Ersatzteilabteilung einen verchromten Metallspeer als Ersatz an.

Der Manhattan 1951, „der Stolz von Willow Run", war als Hardtop mit oder ohne gepolsterte Dachbespannung lieferbar (allerdings ist bisher nur ein einziges Exemplar mit intakter Polsterung aufgetaucht). Wie bisher, bestach das Interieur durch gediegenes Leder oder Leder/Stoff-Kombinationen, „nach Vorgaben von K-F aus Spezialgarn gewoben", z.B. aus Bedford-Cord oder Kapwolle; auch durchgefärbtes Leder und strapazierfähiges Kunstleder war oft anzutreffen.

Die Verwendung der alten Rohkarosserien brachte dem 1951er Frazer einige Vorteile: bessere Marshall-Sitzfedern statt Zickzack-Polsterträgern, längerer Radstand als beim Kaiser, ein riesiger 765-l-Kofferraum (gegenüber den 538 l des Kaiser). „Ein Frazer ist zwar nicht das billigste Auto, dafür steckt in ihm ein geradezu revolutionärer Gegenwert", tönten die Pressemitteilungen. Dieses Jahr nahm Frazer die Cadillac-, Lincoln- und Chrysler-Käuferkreise ins Visier, die etwas besonderes suchten und denen es egal war, ob für Frazer das Aus bevorstand (wie allenthalben gemunkelt wurde). Preislich bewegte man sich ebenfalls annähernd im Cadillac-Terrain: Der Manhattan war ab $ 3075 zu haben, die Sedans und Vagabonds ab ca. $ 2400. Wer $ 115 mehr ausgab, kam in den Genuß der ersten Automatik von K-F, einer Hydra-Matic von General Motors. Der Sechszylindermotor blieb bis auf Details, die immerhin 3 zusätzliche PS brachten, unverändert. Untermotorisiert war er damit jedoch auf jeden Fall.

Kurioserweise – und wohl zur peinlichen Überraschung der Kaiser-Manager, die den Frazer einstellen wollten – erlebte der 1951er Frazer einen regelrechten Boom. Die Händler bestellten über 55 000 Stück – über das Fünffache der lieferbaren Stückzahl. Eine Ironie des Schicksals, vor allem aufgrund dessen, daß bald der 1951er Kaiser, nicht der Frazer, wieder zum Ladenhüter werden sollte, nachdem er in viel zu großen Stückzahlen produziert worden war!

Als die letzten Frazer abtraten, befand sich Joseph W. Frazer bereits in der Zuschauerrolle. Er sollte jedoch noch 20 Jahre leben – lange genug, um seine Autos zu Sammlerwagen avancieren zu sehen (was ihn ungeheuer freute). Bei einem Interview kurz vor seinem Tod betonte er, daß er der einzige noch lebende Mensch sei, „dessen Name auf 100 000 Autos steht."

1950 wollte keiner den Frazer geschenkt haben. 1951, als nur 10 000 Stück aufgelegt wurden, orderten die Händler 55 000 Stück! Siebzig Prozent der Fertigung von 1951 entfielen auf die viertürige Limousine (oben), für die $ 2359 zu bezahlen waren. Interessanter war der luxuriöse Manhattan Hardtop Sedan (rechte Seite, oben). Er schlug mit $ 3075 zu Buche, doch verließen nur 152 Exemplare das Werk in Willow Run. Besser erging es dem viertürigen Vagabond „Utility Sedan" für $ 2399, von dem 3000 Einheiten gebaut wurden und der mit seiner Heckklappe als Vorläufer der heutigen Fünftürer gelten kann.

Technische Daten

Motor: 6 Zylinder in Reihe, stehende Ventile, 3707 ccm (84 × 111,2), 115 SAE-PS

Getriebe:	3-Gang-Schaltgetriebe; auf Wunsch mit Overdrive oder Hydra-Matic
Fahrwerk, vorn:	Einzelradaufhängung, Schraubenfedern, Teleskopstoßdämpfer
Fahrwerk, hinten:	Starrachse, Blattfedern, Teleskopstoßdämpfer
Bremsen:	vorne/hinten Trommelbremsen
Radstand (mm):	3136
Gewicht (kg):	1556-1785
Höchstgeschwindigkeit (km/h):	145
Beschleunigung 0-96 km/h (s):	22,0

Produktionszahlen: Lim. 4tür. 6900* **Vagabond Utility Sedan 4tür.** 3000* **Manhattan Hardtop Sedan** 152 **Manhattan Convertible Sedan** 131

*geschätzte Aufschlüsselung der Gesamtproduktion von 9931 viertürigen Limousinen und Vagabonds

Gaylord

1955-57 Gaylord

Jim und Ed Gaylord konnten über ein Millionenvermögen verfügen: Ihr Vater hatte die Haarklammer erfunden, ein unschuldiges kleines Metallding, dessen Wert auch mit mehreren Ölquellen kaum aufzuwiegen gewesen wäre. Die Brüder Gaylord, die in den späten 30er Jahren heranwuchsen, durften sich also jede Laune erlauben. Oft lief dies auf ein schnelles Auto hinaus, vom 1949er Cadillac V8, der laut Ed Gaylord einen Jaguar glatt abhängen konnte, bis hin zur Creme europäischer Sportwagen. Doch waren Jim und Ed Gaylord nicht die üblichen reichen Bengel, sondern geborene Ingenieure, die es sich zum Ziel setzten, alles nur mögliche über Autos zu lernen. 1954 beschlossen sie den Bau des „endgültigen Sportwagens" – und wer die beiden kannte, mußte ihnen durchaus Erfolgschancen einräumen.

Der Gaylord sollte Spitzenleistung mit dem Verarbeitungsniveau der Luxusklasse vereinen, vor allem völlige Windgeräusch- und Vibrationsfreiheit. Um diese scheinbar gegensätzlichen Ziele zu verwirklichen, scheuten die Gaylords keine Kosten, daher auch der anvisierte Verkaufspreis von $ 10 000 (Jim Gaylord erkannte rasch, daß man damit nicht hinkäme, also hob er den Preis kurzerhand auf $ 17 500 an).

Der Rahmen bestand aus Chrommolybdänrohren mit Kastenträgern und einer stabilen Stahlblech-Bodengruppe. Die Rohrinnenseiten waren gegen Rostansatz behandelt und versiegelt, so daß Kondensation keinerlei Angriffspunkt fand. Das Fahrwerk sah nur auf den ersten Blick konventionell aus. Die Querlenker der vorderen Einzelradaufhängung liefen in überdimensionierten Gummibuchsen und boten laut Jim Gaylord „maximalen Auslenkweg". Dies sorgte für enorme Einfederwege, doch relativ geringe Bewegung an den Anlenkpunkten. Das Fahrwerk erhielt eine Molybdändisulfid-Dauerschmierung; zehn Jahre, bevor der allgemeine Trend soweit war, hatten die Gaylords also bereits ein wartungsfreies Fahrwerk vorzuweisen.

Sorgfalt im Detail ließ auch die variable Servolenkung (die über einen Knopf am Armaturenbrett eingeregelt werden konnte) erkennen, ebenso die überarbeitete Hydra-Matic (die in allen Gängen erst bei Erreichen der Maximaldrehzahl schaltete, sofern man nicht von Hand eingriff), eine Kriechsicherung sowie die Sicherheitsinstrumente mit kombinierten Analoganzeigen und Kontrolleuchten. Anfangs wurde ein Chrysler 5,5-Liter-Hemi montiert, doch überzeugte Ed Cole die beiden, daß der 6-Liter-Motor des 1956er Cadillac leichter und laufruhiger sei.

Technische Daten

Motor:	V8, hängende Ventile, 5981 ccm (101,6 × 92,2), 305 SAE-PS
Getriebe:	umgebaute 4-Gang-Hydra-Matic mit Kriechsperre
Fahrwerk, vorn:	Einzelradaufhängung, Schraubenfedern, Teleskopstoßdämpfer
Fahrwerk, hinten:	Starrachse, Blattfedern, Teleskopstoßdämpfer
Bremsen:	vorne/hinten Trommelbremsen
Radstand (mm):	2540
Gewicht (kg):	1810
Höchstgeschwindigkeit (km/h):	200
Beschleunigung 0–96 km/h (s):	9,0
Produktionszahlen:	2, sowie 1 Prototyp

Der Gaylord sollte Leistung und Luxus der Spitzenklasse in sich vereinigen. Das Design von Brooks Stevens Associates sollte als „modernes Auto mit klassischen Akzenten" gegensätzliche Ziele erfüllen. Originell waren auch das im Kofferraum versenkbare Hardtop (rechts) und das Reserverad, das sich beim Herausgleiten aus seinem Staufach senkrecht auf die Fahrbahn stellte. Leider entstanden nur drei Exemplare, davon ein Prototyp.

Das Design, das von Brooks Stevens Associates stammte, konnte mit dem technischen Niveau dagegen nicht mithalten, vor allem wegen der widersprüchlichen Zielvorgabe eines „modernen Autos mit klassischen Akzenten." Die Gaylords hatten sich beispielsweise auf P-100-Scheinwerfer versteift, allerdings sah der Wagen damit wie eine bösartige vierbeinige Eule aus, also verwarf man die Idee. Auch die „offenen Radkästen" der Vorkriegsjahre sollten wiederaufleben. Der erste Prototyp war entsprechend gestaltet, doch litt die Karosserie unter dem Dauerbeschuß durch Straßenschmutz ganz erheblich. Stattdessen gestaltete man die Radläufe in üblicher Manier und montierte die Sabre-Spoke-Radzierblenden des Eldorado mit speziellen „G"-Zeichen. Die Türlinie, die bei Stevens „Washingstons Kutschtür" hieß, sah hinreißend aus mit ihrem nach oben gezogenen Ausschnitt, der der Form des elfenbeinfarbenen Einsatzes folgte (auch letzteres eine Erinnerung an Vorkriegskarosserien).

Noch nie dagewesen waren auch das im Heck versenkbare Hardtop und der Reservereifen, der aus einem separaten Fach heraus aufrecht stehend auf der Straße landete, so daß er gleich an die gewünschte Stelle gerollt werden konnte. Für das versenkbare Hardtop — wesentlich einfacher als beim späteren Ford Skyliner aufgebaut — war nur ein einziger Antriebsmotor notwendig, und die Bewegung konnte in jeder Stellung umgeschaltet werden. Als der Präsident von General Motors das Verdeck des Gaylord auf dem Pariser Salon 1955 entdeckte, wurde er gegenüber seinen Ingenieuren sehr deutlich: „Und Ihr Idioten behauptet, das geht nicht; wie haben es dann diese beiden Kasper geschafft?"

Der Gaylord war 1955/56 bei zahlreichen Ausstellungen in Europa und den USA zu sehen, und alles, was Rang und Namen hatte, orderte ihn; dennoch verzögerte sich das Projekt, stagnierte und zerfiel allmählich; letztendlich entstanden nur ein Fahrgestell für Ausstellungen und drei komplette Autos. Die Karosserien, die bei Spohn in Ravensburg (Prototyp) bzw. Luftschiffbau Zeppelin gebaut wurden, bereiteten in punkto Verarbeitung und Paßgenauigkeit immense Probleme. Mitten während eines Prozesses gegen das Zeppelin-Werk wegen Nichterfüllung des Vertrags erlitt Jim Gaylord einen schweren Nervenzusammenbruch, worauf ihn seine Familie bewog, das Projekt einschlafen zu lassen.

Der Prototyp mit den offenen Radläufen wurde verschrottet, ein „Serienexemplar" verschwand in Europa — vielleicht existiert es dort noch irgendwo. Der dritte Wagen steht als Geschenk der Gaylords zusammen mit einem superb ausgeführten Ausstellungs-Fahrgestell im Early American Museum in Silver Springs, Florida — als Denkmal an zwei begabte junge Leute und als Meilenstein der Automobiltechnik.

1951-54
Henry J

Der Leidensweg der Kaiser-Frazer Corporation begann 1949, nach zweijähriger Erfolgsperiode. Bei den Big Three standen die ersten brandneuen Nachkriegsmodelle vor der Tür, nur Kaiser hatte für 1949 nichts Neues zu bieten. Die Frage war also: Zog sich der Wunderkonzern der Nachkriegsjahre zurück — oder stürzte er sich voll ins feindliche Feuer? Der Aufsichtsrat wurde mittlerweile von Kaiser-Leuten kontrolliert, und für Henry Kaiser gab es nur eine Antwort: „Ein Kaiser steckt nie zurück."

Also lieh sich das Unternehmen 44 Millionen Dollar aus dem Wiederaufbaufonds, um damit den Lagerbestand aufzustocken, den 1951er Kaiser zu produzieren und — damit kam das Darlehen überhaupt zustande — um einen „Volkswagen" zu bauen. Wie Henry Kaiser versicherte: „Es soll ein zweites Model T werden — ein Auto für den einfachen Mann; ein Neuwagen, den sich alle leisten können, die bisher immer auf Gebrauchtwagen angewiesen waren." Nun fragt sich der geneigte Leser natürlich, wie denn dieses Wunderauto heißen sollte. Nach einem landesweiten „Wettbewerb", als dessen Gewinner derjenige galt, der den bereits feststehenden Namen erriet, wurde das neue Auto des einfachen Mannes also Henry J getauft. Eine wahrhaft einfache Namensfindung!

Howard A. „Dutch" Darrin, seit jeher Design-Berater bei K-F (und während der gesamten Zeit der Alpträume der Hausstilisten), hatte bereits die Grundzüge des verblüffenden 1951er Frazer entworfen. Die kleinere Karosserie des Henry J sollte sich stilistisch daran anlehnen. In seinem Studio in Kalifornien hatte Darrin bereits einen Prototypen auf die Räder gestellt, in dem die Rundungen des Kaiser auf geschickte Weise kombiniert waren. Doch Henry Kaiser, der nach neuen Ideen suchte, entschied sich stattdessen für einen Entwurf von American Metal Products, einem Zulieferer von Rahmen und Federn für Autositze.

Darrin versuchte nun, die Linienführung des AMP-Entwurfs zu verfeinern, mußte jedoch letztendlich vor der Tücke des Objekts kapitulieren. Zwei Details des 51er Kaiser hielten sich jedoch: der „Hüftschwung" hinter den Türen und der „Herzchenknick" in der Heckscheibe. Diverse designerische Elemente des Henry J stammten von Herb Weissinger, z.B. die niedlichen Heckflossen und der freischwebende Kühlergrill. Das Endergebnis machte alles in allem einen recht passablen Eindruck. Rückblickend kommt Weissinger sogar ein größeres Verdienst als Darrin zu (wo Darrin sicher nicht widersprechen würde).

Der Henry J wurde von den seitengesteuerten Vier- und Sechszylindern von Willys angetrieben, die hierfür genau die richtigen Motoren waren. Der Vierzylinder war geradezu unglaublich sparsam (6 l/100 km waren bei idealen Bedingungen keine Seltenheit), während der Sechszylinder mit einer Beschleunigung von 0 auf 100 in 14 Sekunden für flotten Durchzug sorgte. Trotz seines kurzen Radstandes bot der Henry J Platz für vier Insassen und reichlich Gepäck. Doch die ersten Modelle waren arg spartanisch ausgestattet, hatten teilweise noch nicht einmal eine separate Heckklappe, Sonnenblenden oder Handschuhfachdeckel. Dennoch waren sie fast so teuer wie ein Chevrolet, lediglich der völlig abgespeckte Vierzylinder war rund $ 200 billiger.

Kurzzeitig verkaufte sich der Henry J sehr gut — aber wirklich nur sehr kurz. Vom ersten Jahrgang 1951 gingen 82 000 Stück weg, doch war damit die Nachfrage offenbar bereits gesättigt. 1952 ging der Absatz rapide zurück. Ende des Modelljahres waren noch einige 1951er übriggeblieben; nach Tradition des Hauses wurden sie ins Folgejahr übernommen und wurden zu 1952er Henry J „Vagabonds", die am Vagabond-Schriftzug (aus Kaiser-Lagervorräten), Haubenemblem aus schwarzem Kunststoff und Chrom, sowie am Continental Kit zu erkennen waren.

Der „echte" 1952er Henry J zeigte einen massiveren Kühlergrill und in die Heckflossen integrierte Heckleuchten. Er besaß auch einen eigenen Namen: Corsair (ein Name, den Edsel einige Jahre später erfolglos wiederzubeleben versuchte). Der Corsair wurde serienmäßig mit dem Vierzylinder, der DeLuxe mit dem Sechszylinder ausgerüstet. Die Innenausstattung wirkte durchweg freundlich, bestand allerdings aus billigen Materialien — außer bei einigen Henry J mit hübschen Ledersitzen oder exotisch gemustertem Kunstleder aus der Werkstatt von Polsterspezialist Carleton Spencer. Die Modelle 1953 und 1954 blieben gleich, wobei als Modell 1954 abermals Lagerbestände der auslaufenden Serie abgesetzt wurden.

Manche Autohistoriker äußerten die Ansicht, daß die USA 1950 noch nicht reif für einen „Compact" waren. Dies stimmt zwar teilweise, doch vergessen sie den Nash Rambler, der sich Jahr für Jahr in steigenden Zahlen verkaufte und später sogar den Platz des Nash bei American Motors einnahm. Doch der Rambler steckte in einem feschen Gewand als Kombi oder Cabrio. Der Henry J wirkte dagegen wie ein armer Verwandter. Nash wußte, daß man auf unterster Preisebene nicht mit den Big Three würde mithalten können, also brachte man eine Luxusausgabe heraus, die sich eine eigene Marktnische erobern konnte. Kaiser wurde dagegen das Opfer eines unmöglichen Traums: die Großen zu schlagen.

Der Henry J sorgte 1951 für einigen Wirbel, geriet dann aber rasch in Vergessenheit. Im ersten Jahr entstanden fast 82 000 Einheiten, wesentlich mehr als vom Rambler. Doch selbst dabei blieben noch 7000 Stück übrig, die mit einem Continental Kit, einer Haubenfigur aus schwarzem Kunststoff und Chrom sowie einem Vagabond-Schriftzug zum Modell 1952 wurden. Wie andere Henry J, hatte auch der normale Vagabond vier Zylinder, der DeLuxe sechs Zylinder. Dafür waren $ 1407 bzw. $ 1552 hinzublättern.

Technische Daten

Motoren: Standard 4 Zylinder in Reihe, stehende Ventile, 2199 ccm (79 × 111 mm), 68 SAE-PS
DeLuxe/Corsair DeLuxe 6 Zylinder in Reihe, stehende Ventile, 2638 ccm (79,5 × 89 mm), 80 SAE-PS

Getriebe:	3-Gang-Schaltgetriebe; auf Wunsch mit Overdrive
Fahrwerk, vorn:	Einzelradaufhängung, Schraubenfedern, Teleskopstoßdämpfer
Fahrwerk, hinten:	Starrachse, Blattfedern, Teleskopstoßdämpfer
Bremsen:	vorne/hinten Trommelbremsen
Radstand (mm):	2540
Gewicht (kg):	1041-1112
Höchstgeschwindigkeit (km/h):	**4 Zyl.** 125 **6 Zyl.** 140
Beschleunigung 0-96 km/h (s):	**4 Zyl.** 25,0 **6 Zyl.** 14,0-15,0

Produktionszahlen: 1951 81942 **1952 Vagabond** 7017 **1952 Corsair** ca. 16 500 **1953** 16 672 **1954** 1123

Hudson

1950
Hudson Commodore

1950 stand der Commodore unangefochten an der Spitze des Hudson-Programms. Er besaß den längsten Radstand, wurde von einem großen Sechszylinder oder einem seidenweichen Reihenachtzylinder angetrieben, war luxuriöser als das Parallelmodell Super ausgestattet und verkaufte sich von allen Modellen des Hauses mit Abstand am besten. Trotz des höheren Preises fanden mehr als doppelt soviele Commodore wie Super einen Abnehmer. Basisversion dieser Modellreihe war das Commodore Six Club Coupé für $ 2257, Spitzenmodell der Commodore Eight Brougham (Convertible) für $ 2893. Mit Zubehör, Mehrausstattung und präparierter Mechanik kostete ein Brougham meist um die $ 3300, etwa genausoviel wie ein Buick Roadmaster. Rund 1100 der 3322 Hudson-Cabrios des Modelljahres 1950 waren Commodore.

Die selbsttragende „Monobuilt"-Karosserie des Commodore darf zu den genialsten Konstruktionen der frühen Nachkriegszeit gerechnet werden. Mit seiner niedrigen, langgestreckten Form lag der Hudson förmlich auf dem Asphalt und bot dank des tiefen Schwerpunkts unübertroffene Fahrstabilität. Federführend bei der Entwicklung dieser Karosserie (die auf das Jahr 1940 zurückgeht) war Frank Spring, ein langjähriger Hudson-Mann und einer der talentiertesten Designer der 40er Jahre. Die aerodynamische Grundform der „Step-Down"-Linie war während des Krieges an 1:4- und 1:8-Ton- und Gipsmodellen erprobt worden. Wie sich ein Mitarbeiter von Springs Team später erinnerte: „Die Form wurde sozusagen aus dem Vollen geschnitzt. Man nimmt ein Stück Seife, schneidet Kotflügel, Hauben und Dach zu — fertig!"

Wie bei allen Hudson seit 1932 gefiel die selbsttragende Karosserie durch hohe Stabilität, Verwindungssteifigkeit und nebengeräuschfreie Verarbeitung. Die Bezeichnung „Step-Down" geht auf das abgesenkte Bodenblech zurück, das tiefer als die seitlichen Längsträger lag. Der Hudson war damit das sicherste Auto seiner Zeit, vielleicht sogar aller Zeiten. Auch das Unterstatement seiner Linienführung strahlte Klasse aus. Der Rumpf wirkte betont nüchtern, nur die Sicke auf halber Höhe lockerte die glatten Seitenteile etwas auf. Der tiefliegende Kühlergrill betonte die Breite des Wagens, die Hecklleuchten waren nicht zur Zierde, sondern betont praxisgerecht gestaltet. Das flache Armaturenbrett saß fast senkrecht vor dem Fahrer und enthielt einen großen Tacho (mit 10-mph-Einteilungen in einstelligen Zahlen), eine Zeituhr sowie Kontrollleuchten für Ladestrom und Öldruck und die Tank- und Kühlwassertemperaturanzeigen.

Der Motor des Commodore Eight ging zwar auf den „Greater Eight" von 1932 zurück, war im Laufe der Zeit jedoch überarbeitet worden und von 101 auf 128 PS erstarkt. Als er 1952 abtrat, galt er längst als laufruhiges und zuverlässiges Triebwerk, nicht zuletzt aufgrund der fünffach gelagerten Kurbelwelle und des groß dimensionierten Wassermantels. Er dürfte zu den besten je konstruierten Reihenachtzylindern zählen. Mehr Interesse versprach jedoch der wahlweise lieferbare Sechszylinder, der im Commodore für $ 84 weniger zu haben war. Entgegen der Faustregel der US-Autoindustrie, wonach technische und stilistische Neuerungen nie im gleichen Jahr erfolgen sollten, hatte Hudson diesen seitengesteuerten 4,3-Liter-Motor 1948 zusammen mit der Step-Down-Karosserie eingeführt. 1950 bot der Sechszylinder 123 PS, nur 5 PS weniger als der Achtzylinder (manche behaupten, seine Leistung sei bewußt niedrig beziffert worden, um den Achter nicht zu übertrumpfen). Obwohl er nur vier Hauptlager besaß, überzeugte auch er durch Laufruhe und Standvermögen. 1951 wurde daraus der denkwürdige Hornet-Motor.

In diesen Jahren vor dem Automatik-Boom bot Hudson zum serienmäßigen Dreiganggetriebe drei Alternativen an: mechanischen Overdrive ($ 95), Drive-Master ($ 105) und Supermatic ($ 199). Der Drive-Master war eine Halbautomatik, durch die Kuppeln und Schalten überflüssig wurden: Man schaltete einfach auf „High", beschleunigte in „Low" und ging vom Gas, sobald „High" geschaltet werden sollte (bzw. konstant bei 22 mph bzw. 35 km/h, indem man einen Knopf am Armaturenbrett drückte). Bei der Supermatic kam noch ein weiterer Schnellgang hinzu.

Eine Schwachstelle im Hudson-Konzept sollte sich später allerdings als tödlich erweisen: Die attraktive Step-Down-Karosserie war innerhalb des damals obligatorischen jährlichen Modellwechsels nur schwer zu modernisieren, eine neue Karosserie war sogar fast unmöglich. Auch für zusätzliche Karosserievarianten war die Kapitaldecke einfach zu dünn — daß kein Kombi lieferbar war, bereitete den Hudson-Händlern Anfang der 50er Jahre zunehmend Probleme. Hudson hatte lediglich Zwei- und Viertürer zu bieten — und das Cabriolet, das vom Coupé abgeleitet worden war. Daher behielt der offene Hudson auch das typische breite Querblech über der Windschutzscheibe (eigentlich ein Rest des Coupédachs), um Werkzeugkosten zu sparen. Die Hudson-Werbung machte aus der Not eine Tugend und verwies zu Recht darauf, daß diese im Falle eines Überschlags mehr Sicherheit biete — obwohl es fast unmöglich war, den tiefliegenden Step-Down umzukippen. In dieser Hinsicht bot er also wirklich doppelte Sicherheit.

Die ersten neuen Nachkriegs-Hudson erschienen 1948 mit der berühmten „Step-Down"-Karosserie. 1950 umfaßte das Spitzenmodell Commodore sechs Ausführungen (drei Sechs-, drei Achtzylinder) für $ 2257 bis $ 2893. Unser Bild zeigt das zweitürige Six Club Coupé für $ 2257.

Technische Daten

Motoren: Six 6 Zylinder in Reihe, stehende Ventile, 4286 ccm (90,4 × 111,2), 123 SAE-PS **Eight** 8 Zylinder in Reihe, stehende Ventile, 4165 ccm (76,2 × 114,3), 128 SAE-PS

Getriebe:	3-Gang-Schaltgetriebe; auf Wunsch mit Overdrive, Drive-Master oder Supermatic-Halbautomatik
Fahrwerk, vorn:	Einzelradaufhängung, Schraubenfedern, Teleskopstoßdämpfer
Fahrwerk, hinten:	Starrachse, Blattfedern, Teleskopstoßdämpfer
Bremsen:	vorne/hinten Trommelbremsen
Radstand (mm):	3150
Gewicht (kg):	1648-1750
Höchstgeschwindigkeit (km/h):	135-144
Beschleunigung 0-96 km/h (s):	15,0-18,0 (je nach Getriebe)

Produktionszahlen: Commodore Six 24 605 **Eight** 16 731 (Aufschlüsselung der Hudson-Produktionszahlen nach Karosserievarianten liegen nicht vor; nach Schätzungen des Autors enthielten die 3322 Hudson-Convertibles von 1950 ca. 700 Commodore Six und 425 Commodore Eight-Convertibles. Mindestens 75 % der Commodore-Fertigung dürften auf die viertürigen Limousinen entfallen sein.)

1951–53 Hudson Hornet

Eines Abends wurde ein PR-Mitarbeiter von Hudson, als er noch zu später Stunde im Werk zu tun hatte, von einem Wachmann angesprochen: „Da unten sitzt jemand namens Marshall Teague. Er wartet schon seit Stunden und will unbedingt zur Konstruktionsabteilung." Der PR-Mann nahm sich des Unbekannten an: „Wir setzten uns abends noch zusammen. Am nächsten Tag besorgte ich ihm aus der Konstruktionsabteilung ein paar Krümmer. Bob Roberts, der Werbeleiter bei Hudson, suchte gerade nach neuen Publicity-Einfällen und fand Gefallen an den Ideen von Marshall Teague. Mit einem Mal war die Werbeabteilung Feuer und Flamme, und ich bereiste bald Stock-Car-Rennen im ganzen Land. Und plötzlich stellten sich auch die Siege ein . . ."

Hudson war nie im Rennsport aufgefallen, auch wenn man schon früher Siege bei Einzelveranstaltungen herausfahren konnte. Doch vier Jahre nacheinander, von 1951 bis 1954, war Hudson die Größe in den Stock-Car-Rennen der USA: 11 Siege 1951 (und nur deshalb Zweiter hinter Oldsmobile, weil man erst nach Saisonbeginn eingestiegen war), 27 Siege 1952/53 — ein unschlagbarer Rekord, der ihn trotz einer Flut von Konkurrenten mit V8-Maschinen zum NASCAR-Champion machte. Und dabei wurden all diese Erfolge — sehr zur Verblüffung von Hot-Rod-Fans und Auto-Experten in allen Teilen der USA — mit einem seitengesteuerten Sechszylinder errungen, der nach Meinung von Detroit längst überholt war.

Während alle Welt auf V8-Motoren mit hängenden Ventilen umstellte, wirkte der Hornet-Motor wie ein Anachronismus. Mit 308 ci (5,1 l) Hubraum und als einziger großer Sechszylinder der US-Produktion legte er beredtes Zeugnis von der konservativen Technik bei Hudson ab — und vom Optimismus eines Marshall Teague. Dabei sprach einiges für den Sechszylinder, der als gemächlich drehender Drosselmotor die bewährte Langlebigkeit der schon 30 oder 40 Jahre alten Super- und Special-Six-Motoren der Marke fortsetzte. Schon nach seiner Premiere 1948, als der Hubraum noch 262 ci (4,3 l) betrug, bewies er bald, daß er in punkto Lebensdauer niemand zu fürchten brauchte. Dank der dicken Zylinderwände war eine Aufweitung auf 5,1 Liter kein Problem. Doch warum kein V8? „Für Sechszylindermotoren besaß Hudson alle Fertigungsanlagen", sagt der ehemalige Chefingenieur Stuart Baits, „der V8 war damals noch nicht so dominant und die Kostenfrage war ein gewichtiger Faktor."

Das große Plus des H-145-Motors des Hornet war sein Drehmoment, das 30 % höher als beim 4,3-Liter-Super-Six lag. Auch 18 % höhere Leistung, 15 km/h höhere Endgeschwindigkeit und 1 oder 2 Sekunden

Der Hornet profilierte sich in den NASCAR-Rennen vor allem dank seines leistungsstarken, wenn auch antiquierten Sechszylinders und seines niedrigen Schwerpunktes. Für das Hollywood Hardtop 1951 (unten) waren $ 2869 hinzublättern, viele Kunden entschieden sich jedoch für die $ 2568 teure Viertürer-Limousine (oben). Das Modell 1952 wurde in Details geliftet, die viertürige Limousine (rechte Seite, oben) kostete nun jedoch $ 2769. 1953 fiel der Grill schlichter aus; das Club Coupé (rechte Seite, unten) kam auf $ 2466. Mit Twin-H-Power war der Hornet-Motor für 160 PS gut.

weniger von 0 auf 80 km/h konnten sich sehen lassen. Im Hornet sank das Leistungsgewicht des Hudson von bereits guten 12 kg/PS auf nur 11,2 kg/PS. Zusammen mit der extrem stabilen Step-Down-Karosserie bürgte dies für überragende Fahreigenschaften, auch wenn die Beschleunigung nicht gerade atemberaubend war. Gerade die Fahreigenschaften des Hudson sowie das Können von Fahrern wie Teague, Herb Thomas, Dick Rathman, Al Keller und Frank Mundy verhalfen Hudson zu seiner Siegesserie.

Der Hornet löste den Super Eight ab, womit der Commodore 1951 als einziger Achtzylinder übrigblieb. In allen Ausführungen (beide Modelle waren als Limousinen, Coupés, Hollywood-Hardtops und Convertibles zu haben) wurde der Hornet genau zum gleichen Preis wie der Commodore Eight angeboten, vom Grundpreis von $2543 für das Coupé bis zu $3099 für das Convertible bzw. „Brougham", wie es bei Hudson hieß. Das Hardtop Hollywood, das auch beim Commodore Six und Super Six zu haben war, sollte die wesentliche stilistische Neuerung des Jahres werden – zwar relativ lange nach der Konkurrenz, aber immerhin noch ein Jahr vor Nash und Studebaker.

1952-53 schrie der Step-Down förmlich nach einem Facelifting, doch mehr als diverse neue Chromteile konnte sich Hudson nicht leisten, nachdem fast alle Finanzmittel im Jet, dem neuen Kompaktmodell, steckten. Verbessert hatte sich jedoch der Hornet-Motor. Der H-145 wurde in Serienversion mit nur 145 PS/3800 U/min angegeben, doch brachten Tuning-Künstler wie Teague auch Hornets, denen von der AAA bzw. NASCAR Serien-Trim bescheinigt wurde, auf fast 180 km/h. Das Werk lieferte dazu leistungssteigernde Nachrüstsätze, eine Art Vorläufer des im nächsten Jahrzehnt geläufigen „factory race equipment". Die Twin H-Power von 1953 umfaßte Doppelvergaser und Doppelrohr-Ansaugspinnen (erstmals beim Sechszylinder), womit der Motor richtig frei „atmen" konnte und echte 160 PS entwickelte. Der Rennmotor 7-X, der gegen Ende desselben Jahres hinzukam, wurde um 5 mm aufgebohrt, erhielt eine Spezialnockenwelle und einen Spezialzylinderkopf, größere Ventile, höhere Verdichtung, das Twin-H-Power-Paket und spezielle Saugrohre. Die Leistung wurde auf 170 bis 210 SAE-PS geschätzt, wobei auch letztere Zahl nicht abwegig erscheint.

Marshall Teague beendete die AAA-Saison 1952 1000 Punkte vor dem nächsten Konkurrenten und gewann 12 von 13 Rennen der AAA-Stock Car-Klasse. Auch auf Langstrecken-Zuverlässigkeitsrennen schlug sich der Hornet wacker. Im November 1951 kam Teague auf der mörderischen, 3000 km langen Carrera Panamericana, die großenteils über unbefestigte Straßen von Guatemala bis nach Texas führte, auf einen sechsten Rang in der Gesamtwertung. In vielen schnellen Kurven behielt der Hornet sogar vor den Ferraris die Nase vorn – unter dem bewundernden „Caramba!" der Zuschauer.

TECHNISCHE DATEN

Motoren: Six 6 Zylinder in Reihe, stehende Ventile **1951-53** 5047 ccm (96,7 × 114,3), 145 SAE-PS **1953** 160 SAE-PS mit Twin-H-Power-Paket **Rennmotor 7-X** 5588 ccm (101,8 × 114,3), ca. 200 SAE-PS

Getriebe:	3-Gang-Schaltgetriebe; auf Wunsch mit Overdrive oder Hydra-Matic **1951** auf Wunsch mit Drive-Master-Halbautomatik
Fahrwerk, vorn:	Einzelradaufhängung, Schraubenfedern, Teleskopstoßdämpfer
Fahrwerk, hinten:	Starrachse, Blattfedern, Teleskopstoßdämpfer
Bremsen:	vorne/hinten Trommelbremsen
Radstand (mm):	3150
Gewicht (kg):	1600-1716
Höchstgeschwindigkeit (km/h):	160-168; 176-184 (getunt)
Beschleunigung 0-96 km/h (s):	14,0; 11,0-12,0 (getunt)

Produktionszahlen: 1951 43656 **1952** 35921 **1953** 27 208 (Aufschlüsselung der Produktionszahlen nach Karosserievarianten liegt nicht vor. Geschätzte Stückzahlen: Hollywood Hardtop Coupé 2100, 2200, 900 (1951/52/53); Convertible Coupé 500, 350 und 100.)

Hudson

1953-54 Hudson Jet

Es gibt wenige allgemeingültige Regeln in der Autobranche, anhand derer sich Erfolg oder Mißerfolg eines Modells vorhersagen lassen. In einer idealen Welt würden sich die Absatzzahlen genau nach technischer und designerischer Qualität richten. Nun leben wir jedoch nicht in einer idealen Welt, und König Kunde bleibt der große Unsicherheitsfaktor. Wer behauptet, die Industrie „diktiere" den Geschmack, war nicht zu Zeiten des Edsel bei Ford, in den siebziger Jahren bei Chrysler oder Ende der achtziger Jahre bei General Motors — oder bei Hudson, als der Jet zu seinem kurzen, ruhmlosen Höhenflug ansetzte.

Roy D. Chapin, Chef von American Motors und seinerzeit Verkaufsleiter bei Hudson, betonte noch lange Zeit danach, daß der Jet ein Erfolg im Compact-Sektor hätte werden müssen. „Die Händler flehten regelrecht nach einem derartigen Modell. Auf den ersten Zeichnungen wirkte er nicht übel, doch das fertige Auto sah nicht wie die Zeichnungen aus. Es war hochbeinig, schmal und hatte die Rundungen an den falschen Stellen. Doch von der Idee her war es ein exzellentes Auto."

Als Hudson-Präsident Ed Barit grünes Licht für den Jet gab, ließ er sich von der Händlernachfrage nach einem „Sparmodell" leiten (mit einem flüchtigen Blick auf den Rambler und den Henry J). Doch der Absatz des Henry J tendierte nach 1951 bereits stark rückläufig, und der Rambler setzte ganz auf Marktnischen — als Cabrio, Kombi oder Hardtop — und galt somit eher als Luxus-Zweitwagen. Und von den Importen kam selbst der meistgekaufte Kleinwagen, der englische Austin, 1952 auf ganze 4490 Einheiten. „Compacts" waren zwar in aller Munde, doch hätte Barit auffallen müssen, daß die Big Three keinerlei Ambitionen in dieser Richtung hegten. Es wäre auch schwer gewesen (oder gar unmöglich, wie sich noch zeigen sollte), die Preise von Ford, Chevy und Plymouth mit einem Mini-Hudson zu unterbieten.

Tatsache ist, daß Barit den ersten Prototyp von Frank Spring — ein nettes, klar gezeichnetes Modell — verwarf und sich stattdessen am brandaktuellen 1952er Ford orientierte, der ihn stark beeindruckte. Außerdem wollte Barit die Innenabmessungen des Fiat 1400 beibehalten, der eine ähnliche selbsttragende Karosserie wie Hudson aufwies. Zudem verlangte er extrem hohe Sitze, wodurch die Gürtellinie des Jet

TECHNISCHE DATEN

Motoren:	6 Zylinder in Reihe, stehende Ventile, 3310 ccm (76,2 × 114,3), 104 SAE-PS; 106 SAE-PS (Sonderversion mit höher verdichtetem Zylinderkopf); 114 SAE-PS (Twin H-Power)
Getriebe:	3-Gang-Schaltgetriebe; auf Wunsch mit Overdrive oder Hydra-Matic
Fahrwerk, vorn:	Einzelradaufhängung, Schraubenfedern, Teleskopstoßdämpfer
Fahrwerk, hinten:	Starrachse, Blattfedern, Teleskopstoßdämpfer
Bremsen:	vorne/hinten Trommelbremsen
Radstand (mm):	2667
Gewicht (kg):	1200-1250
Höchstgeschwindigkeit (km/h):	135-152
Beschleunigung 0-96 km/h (s):	14,0-20,0
Produktionszahlen:	**1953** 21 143 **1954** 14 224

sogar noch höher als bei den großen Hudsons lag. Da der Jet zudem relativ schmal war, wirkte er geradezu abstoßend auf den Publikumsgeschmack der 50er Jahre.

Noch verschärft wurden die stilistischen Probleme durch die Konstruktion nach alter Hudson-Tradition, die aus dem Jet beinahe einen Panzer machte. Mit 1225 kg wog er mehr als der Rambler, Henry J oder Aero-Willys. Immerhin tat dies der Leistung keinen Abbruch, denn der 3,4-Liter-Sechszylinder (ein Commodore-Eight-Motor, dem man zwei Zylinder amputiert hatte) kam als extremer Langhuber mit hoch verdichtetem Aluzylinderkopf und Twin H-Power-Paket auf 114 PS. Damit beschleunigte er in rund 14 s auf 100 km/h – deutlich zügiger als seine Rivalen. Dieser technische Luxus wurde allerdings teuer erkauft, denn selbst die spartanischste Version des Hudson Jet war mit einem Grundpreis von $ 1858 rund $ 250 teurer als ein Chevy.

Derartige Preise (der besser ausgestattete Super Jet war ab rund $ 2000 zu haben) sollten sich bald verheerend auswirken: Im ganzen Jahr 1953 gingen nur gut 20 000 Jet weg. Während die Gesamtproduktion gegenüber 1953 gleich blieb, fuhr Hudson bei 193 Millionen Dollar Umsatz immerhin 10,4 Millionen Verlust ein – die größten Verluste der Firmengeschichte. Roy Chapin hält den Jet denn auch für „den Grund, der den Niedergang verursachte oder zumindest beschleunigte." Im Folgejahr ließ sich Barit auf den Zusammenschluß mit Nash ein, und 1956 sah der Hudson schon wie ein Nash mit anderem Markenemblem aus. Eine der Forderungen, die Nash-Präsident George W. Mason beim Zusammenschluß stellte, war die Einstellung des Jet, die auch – nachdem die restlichen Karosserieteile 1954 verbaut waren – nicht lange auf sich warten ließ.

Der einfache Jet wurde als viertürige Limousine geliefert, der luxuriösere Super Jet als Viertürer oder Club Sedan. Der größte Jet hob sich durch bessere Ausstattung und ein farbenfrohes, allerdings auch chromüberladenes Armaturenbrett ab. Die Kombination von zweifarbigem Kammgarn und Wolltuch-Polsterung (mit Annehmlichkeiten wie Kleiderhaken und Taschen in den Rückenlehnen der Vordersitze) hieß bei Hudson „Salon Lounge Interior" und strahlte z. B. im Vergleich zum Henry J in der Tat Luxus in Reinkultur aus. 1954 kamen ein teurerer Jet-Liner ($ 2050) und ein abgemagerter „Family Club"-Zweitürer ($ 1621) hinzu, doch selbst der Family Club blieb immer noch kostspieliger als die billigsten Modelle der großen „Low-priced Three".

Der harmonische Entwurf eines kleinen Hudson von Frank Spring mußte den Vorgaben von Präsident Ed Barit weichen, der hohe Sitze verlangte. Damit wurde das fertige Auto viel hochbeiniger als geplant. Doch es bot durch Twin H-Power und einen höher verdichteten Zylinderkopf mit 114 PS recht zügige Fahrleistungen.

1954 Hudson Hornet

Ende 1953, als der Verkaufskrieg zwischen Ford und General Motors voll entbrannt war, kam die Vorstellung des neuen Hudson denkbar ungelegen. Es fiel schon gar nicht mehr auf, daß Hudson noch immer, im siebten Jahr nacheinander, seine Karosserie von 1948 beibehielt. Die Aufmerksamkeit der US-Autoszene konzentrierte sich auf andere Bereiche, obwohl sich der Hornet (diesmal nur mit knappem Vorsprung) abermals die NASCAR-Meisterschaft sicherte. Dabei war das Modell 1954 ein wahrhaft heroischer Versuch, die in die Jahre gekommene Karosserie aufzufrischen.

Die Frontpartie wurde radikal aufgeräumt. Die dicken Chromleisten wichen einem einfachen, unaufdringlichen Kühlergrill (teilweise aus rostfreiem Stahl), auf dessen waagerechtem Mittelstück das Hudson-Emblem thronte. Von vorne wirkte der Hudson alles in allem niedrig und breit. Auch die Seitenflächen machten mit ihren geschickt angeordneten Zierleisten einen nüchternen und vorteilhaften, obgleich nicht wirklich andersartigen Eindruck. Große, dreieckige Rückleuchten, die auch von der Seite gut zu sehen waren, saßen oben in den Heckkotflügeln, die geradlinig nach hinten verlängert worden waren und somit die markanteste Änderung der Hudson-Karosserie bewirkten — immerhin sah der Fahrer zum ersten Mal in einem Step-Down beim Rückwärtsfahren das Wagenheck.

Der Innenraum erhielt neue Kunstleder- und Stoffpolster und vor allem ein neues Armaturenbrett (nach wie vor jedoch mit den typischen Hudson-Ziffern im Tacho). Alle Instrumente und Schalter lagen griffgünstig vor dem Fahrer. Die verlängerten hinteren Seitenscheiben sorgten für bessere Rundumsicht, und die Windschutzscheibe war endlich einteilig. Wie in der Presse zu lesen war: „Der Antiquitäten-Look gehört der Vergangenheit an."

Technisch durfte dieser letzte „Fabulous Hornet" als die Krönung gelten — da er der letzte Step-Down bleiben sollte, als bester Hudson überhaupt. Einige Details des 7-X-Motors übernahm man in die Serie, z. B. die schärfere Nockenwelle und den 7,5:1 verdichteten Aluzylinderkopf, die im Serien-Hornet für 160 PS gut waren, mit Twin H-Power gar für 170. Servolenkung und Bremshilfe waren gegen Aufpreis lieferbar.

Für den 1952 abgetretenen Commodore kam Mitte des Modelljahres 1954 der neue Hornet Special. Er lag preislich etwa $ 150 unter dem Hornet, hatte mit diesem Radstand und Motor gemeinsam, war jedoch etwas leichter. Mit Twin H-Power wurde der Special also zum bisher rasantesten Hornet. Er war als Zwei- und Viertürer sowie als Club Coupé lieferbar und bot eine luxuriöse Kammgarnpolsterung mit „Plastic Hide"-Kunstleder.

Doch das Zeitalter des V8 war angebrochen, und so dünnte der Käuferstrom in die Hudson-Händlerschaufenster weiter aus. Wilbur Shaw wußte in Popular Science allerhand Positives über den alten Seitenventil-Sechszylinder zu sagen, z. B. daß der Hornet bei der PS-Zahl pro Cubic Inch immer noch an dritter Stelle der US-Produktion lag – nur die Lincoln- und Cadillac-V8 hatten besseres zu bieten, der Chrysler-Hemi schnitt dagegen schlechter ab.

Beim Autokunden verfingen derartige Fakten jedoch nicht. Als Hudson zum 30. 4. 1954 die Bücher als eigenständiges Unternehmen abschloß, hatte man bei Umsätzen von nur $ 28 700 000 seit 1. Januar bereits $ 6 000 000 Verlust gemacht. Im April war es dann amtlich: Hudson fusionierte mit der Nash-Kelvinator Corporation.

Gerüchte über den Zusammenschluß von Hudson und Nash waren bereits in den Monaten zuvor durchgesickert (und dürften den Absatz kaum angekurbelt haben, da Vermutungen zufolge Hudson bei dieser Vereinigung den kürzeren ziehen würde). Am 1. Mai 1954 hatte die Hudson Motor Car Company aufgehört zu existieren. Ab nun lag die Zukunft der Automarke, die seit 1909 Teil der amerikanischen Autoszene gewesen war, in den Händen der American Motors Corporation.

Im Hudson Hornet fanden ehrgeizige Ambitionen und der leistungsstärkste Sechszylinder seiner Zeit zusammen. Er gilt heute als Meilenstein der Autogeschichte, dessen Status als einer der besten US-Cars der 50er Jahre unbestritten ist. Wohl mehr als irgendein anderer „Independent" zeigte Hudson, was sich mit begrenztem Budget auch aus älteren Konstruktionen herausholen ließ. Auf jeden Fall war der Step-Down-Karosserie und dem Hornet-Sechszylinder – die beide auf das Jahr 1948 zurückgingen – ein erstaunlich langes Leben beschieden. Und wie einmal zu lesen war, dürfen die heutigen Hudson-Besitzer „es genießen, hinter dem Steuer eines ungeschlagen abgetretenen Champion zu sitzen, mit allem Respekt, der einem Jack Dempsey oder Joe Louis gebührt."

TECHNISCHE DATEN

Motoren:	6 Zylinder in Reihe, stehende Ventile, 5047 ccm (96,7 × 114,3), 160 SAE-PS; 170 SAE-PS mit Twin H-Power (gegen Aufpreis)
Getriebe:	3-Gang-Schaltgetriebe; auf Wunsch mit Overdrive oder Hydra-Matic
Fahrwerk, vorn:	Einzelradaufhängung, Schraubenfedern, Teleskopstoßdämpfer
Fahrwerk, hinten:	Starrachse, Blattfedern, Teleskopstoßdämpfer
Bremsen:	vorne/hinten Trommelbremsen
Radstand (mm):	3150
Gewicht (kg):	1591-1725
Höchstgeschwindigkeit (km/h):	168-175
Beschleunigung 0-96 km/h (s):	12,0
Produktionszahlen:	24 833

1954 steckte Hudson bereits bis zum Hals in Schwierigkeiten. Der 1953 vorgestellte kleine Hudson Jet war zum Flop geworden. Der große Hudson war seit 1954 nicht nennenswert modernisiert worden. Bei der angespannten Finanzlage reichte es bei Hudson nur für ein verhaltenes Facelifting mit vereinfachtem Kühlergrill, geänderten Hauben und höheren Heckkotflügeln mit dreieckigen Rückleuchten. Das Hornet-Cabrio war für $ 3288 zu haben, das Hollywood Hardtop für $ 2988. Sie sollten die letzten „echten" Hudsons werden.

Hudson

1954-55
Hudson Italia

Wer in den fünfziger Jahren in der Autoszene der USA etwas auf sich hielt, kam nicht ohne Kleinserien-„Sportmodell" aus. Was für Chevy die Corvette war und für Ford der Thunderbird, war für Kaiser der Darrin, für Nash der Nash-Healey — und für Hudson der Italia. Unterschiede bestanden dennoch: Der Italia bot vier statt nur zwei Insassen Platz und war nicht nur als Sportwagen gedacht, sondern als Initialzünder einer neuen Hudson-Generation.

Wie bei den erwähnten Modellen stammte auch der Unterbau des Italia „von der Stange", in diesem Fall aus Kostengründen vom Jet. Eine Rolle spielte dies allerdings nicht mehr, denn nach dem Zusammenschluß von Hudson und Nash gehörte die Zukunft bei American Motors den Nash-Konstruktionen. Nur 26 Hudson Italias (einschließlich Prototyp) wurden ausgeliefert.

Der Verkauf wurde Roy D. Chapin jr. übertragen, dem späteren Aufsichtsratsvorsitzenden von AMC: „Losgeworden bin ich sie alle", wußte er zu berichten. Auf die Feststellung, daß die 26 Italias angeblich ihre Entstehungskosten wieder eingebracht hätten, grinste er nur: „Woraus man sieht, was für ein guter Verkäufer ich war — aber ehrlich, daran glaube ich nicht. Die Entwicklungskosten des Italia (manche Quellen sprechen von $ 28 000) klingen mir gerade eben nach dem Budget unserer Rennabteilung."

Der Italia war der Traum des langjährigen Hudson-Designers Frank Spring und soll gar eine Art Trostpflaster für die Enttäuschung gewesen sein, die Spring mit dem Jet erlebt hatte. Wie Chapin ausführte: „Ein weiterer Grund war, daß sich Hudson-Präsident Edward Barit vom Sinn eines moderneren Firmenimages überzeugen ließ. Der alte Step-down war schon zu lange in Produktion; Hudson hatte frischen Wind bitter nötig."

Frischen Wind brachte der Italia zweifellos; der Radstand war gegenüber den großen Modellen um 25 cm verkürzt worden, erhalten geblieben waren dagegen deren niedriger Schwerpunkt und beinahe eherne Langlebigkeit. Bemerkenswert waren die Panorama-Windschutzscheibe, Luftschächte (zur Bremsenkühlung) in den Kotflügeln, bis ins Dach gezogene Türen, die bequemen Einstieg verhießen, und die erste umfassende Innenraumbelüftung (so daß man sogar ohne Ausstellfenster auskam). Im Innenraum fielen die für damalige Zeiten anatomisch unerhört gelungenen Vordersitze auf, die sich weit verstellen ließen und deren Rückenlehne sinnvoll geteilt war.

Und natürlich stammte der Italia aus Italien — angesichts der Faszination, die Pinin Farina und Konsorten damals weltweit ausstrahlten, ein dickes Plus. Der Italia, der bei Touring aus Alublech geformt wurde, entstand, wie sich der Sohn von Ed Barit erinnerte, „in einem winzigen Betrieb in einer schmalen Gasse Turins auf einer Art Fertigungsstraße, die sich durch mehrere baufällige Gebäude dahinzog." Eben typisch italienisch!

Nach seiner Premiere im August 1953 machte der Italia die Runde bei Autoausstellungen und Hudson-Händlern und fand allenthalben wohlwollende Beachtung. Bis auf die verspielten Rückleuchten, die in drei Auspuff-ähnliche Attrappen integriert waren, und die bizarre Dreiecksform der vorderen Stoßstange wirkte er sauber und mit ungewöhnlicher Detaillösungen, esoterisch, verblüffend und beinahe im Flugzeug-Look gestylt; kurz, mit nichts anderem auf dem Markt vergleichbar. Hudson orderte eine „Serie" von 25 Exemplaren, die für $ 4350 ab New York Abnehmer finden sollten. Bei diesem Preis (ein Cadillac war 1954 ab $ 3838 zu haben) verflog die Begeisterung rasch, und es gingen laut Werksunterlagen nur 19 Bestellungen ein. Manche Hudson-Sammler halten dies lediglich für die erste Belieferung, denn viele Interessenten, die einen Italia bestellen wollten, wurden von den Händlern abgewiesen, da diese ihn nur für ein Einzelstück hielten.

Neben dem hohen Preis schadete die mäßige Leistung (trotz Alukarosserie wog der Italia rund 1230 kg) dem Ruf des Italia nachhaltig. Doch versprach sich Hudson vom Italia ohnehin keinen größeren Verkaufserfolg; er sollte lediglich einen Vorgeschmack auf künftige Hudson-Pkws vermitteln. Einer hiervon, der X-161 (der 161. Prototyp von Frank Spring) geriet zu einem attraktiven Viertürer mit Hornet-Motor und guter, wenn auch nicht atemberaubender Leistung. Hinterher ist man zwar immer klüger, doch hätte Hudson nach Ansicht vieler 1953 den X-161 statt des Jet bringen sollen und wäre damit auf wesentlich höhere Verkaufszahlen gekommen.

Roy Chapin bringt den Italia und den X-161 auf folgenden Nenner: „Heute wirkt er natürlich überholt — doch eine Meisterleistung des Autodesigns bleibt er auf jeden Fall. Nur hatte er die gleichen Schwierigkeiten wie andere Hudsons. Seine Fertigung war ungemein teuer. Ein angemessener Verkaufspreis ließ sich damit nicht durchsetzen — vor allem, wenn man bedenkt, daß unter der Haube nur ein Sechszylinder steckte."

Technische Daten

Motoren: 6 Zylinder in Reihe, stehende Ventile, 3310 ccm (76,2 × 114,3), 106 SAE-PS; Sonderausführung: 114 SAE-PS

Getriebe:	3-Gang-Schaltgetriebe
Fahrwerk, vorn:	Einzelradaufhängung, Schraubenfedern, Teleskopstoßdämpfer
Fahrwerk, hinten:	Starrachse, Blattfedern, Teleskopstoßdämpfer
Bremsen:	vorne/hinten Trommelbremsen
Radstand (mm):	2667
Gewicht (kg):	1230
Höchstgeschwindigkeit (km/h):	144
Beschleunigung 0-96 km/h (s):	14,0-15,0

Produktionszahlen: 1954 20 1955 5 (sowie 1 Prototyp, und 1 Prototyp des viertürigen X-161, der heute noch existiert)

Der Italia kam zu spät, um Hudson retten zu können, doch ist er eine interessante Kreation. Er wurde von Hudson-Designer Frank Spring entworfen und bei Carrozzeria Touring in Italien mit der Mechanik des Jet gebaut. Nur 26 Exemplare wurden fertiggestellt.

1955
Hudson Hornet

Nachdem Hudson sich mit Nash-Kelvinator zu American Motors zusammengetan hatte, wurde das Hudson-Werk an der Jefferson Avenue in Detroit stillgelegt, womit das Aus für den Step-Down unabänderlich geworden war. Damit starben auch der Hudson Jet und alle Zukunftspläne von Hudson in Gestalt des Italia und X-161. Eine der Vorbedingungen von George Mason, dem Chef von Nash, war die Einstellung des Jet gewesen, in dem er nur eine unnötige Konkurrenz des Nash Rambler sah, der bereits viel besser auf dem Markt Fuß gefaßt hatte. Von 1955 bis 1957, gewissermaßen als Ausgleich für den Verlust des Jet, verkaufte das Hudson-Händlernetz Rambler (und den Kleinwagen Metropolitan) mit Hudson-Emblem; nach 1957 verschwanden die Marken Nash und Hudson dann endgültig und der Rambler und Metropolitan durften fortan alleine für das Wohl der American Motors sorgen.

1955 hatte sich der Rambler jedoch noch nicht das unbedingte Vertrauen der Konzernspitze erworben, also sahen die anfänglichen Marketing-Pläne von AMC die Fortsetzung der Nash- und Hudson-Modelle vor. Nachdem das Werk in der Jefferson Avenue nicht mehr zur Debatte stand, blieb nur ein zum Hudson umgestylter Nash übrig. Die erste Ausgabe dieses Zwitters von 1955 sah sogar recht ansehnlich aus und behielt auch einige typische Hudson-Merkmale bei.

Der 1955er Hudson war von Edmund E. Anderson von Nash gestaltet worden, der ihm u. a. einen teuer wirkenden Wabengrill und eine extrem breite Panoramascheibe verpaßte, so daß der Hudson nun endlich richtig up to date wirkte. Durch die wie gehabt in den Kotflügeln sitzenden Scheinwerfer und die normalen Radausschnitte wirkte er auch seriöser und konventioneller als der 1955er Nash mit seinen innenliegenden Scheinwerfern und teilverkleideten Rädern.

Anderson und AMC wollten bestimmte Hudson-Merkmale beibehalten, um so die Hudson-Käuferschaft bei der Stange zu halten. Das berühmte Hudson-Zeichen mit dem weißen Dreieck war kaum zu übersehen, und auch das Armaturenbrett ähnelte dem letzten „echten" Hudson von 1954. Sogar die Hudson-Sechszylindermotoren waren im Programm geblieben, u. a. der 308er Hornet, der mit Twin H-Power auf 170 PS kam.

Nach der Fusion mit Nash zu American Motors im Jahre 1954 wurde aus dem großen Nash in aller Eile ein 1955er Hudson gebastelt. Obwohl das Konzept wohl niemanden täuschen konnte, war dieser Nash immerhin als Hudson zu erkennen (vor allem von vorne); auch der bewährte 5,1-Liter-Sechszylinder des Hornet war (neben einem V8 von Packard) noch im Angebot. Der Viertürer wurde als Super oder Custom, das Hollywood-Hardtop nur als Custom geliefert. Böse Zungen sprachen bald vom „Hash".

Das Hudson-Programm 1955 umfaßte den untermotorisierten Wasp mit kurzem Radstand und den Hornet mit 3,08 m Radstand. Letzterer entsprach dem großen Nash Ambassador und war mit einem Packard-V8 sowie mit dem 1952-54 in zahllosen Stock-Car-Rennen bewährten Seitenventil-Sechszylinder lieferbar. Der Hornet Six und V8 stand als Viertürer in zwei Ausstattungsvarianten (Super und Custom) sowie als zweitüriges Hollywood-Hardtop zur Wahl.

Eine ironische Begleiterscheinung der Fusion von Nash und Hudson muß die alten Hudson-Leute besonders erbost haben: Da hatte man nun endlich die seit 1951/52 so dringend benötigte neue Karosserie — und dann kam sie ausgerechnet von jenem anderen Vorreiter der selbsttragenden Karosserie aus Kenosha, Wisconsin, dessen Erzeugnisse Hudson in der Vergangenheit oft als zu leicht, zu hoch und zu schwerfällig abgetan hatte. Unter langjährigen Hudson-Anhängern hieß dieses Konglomerat aus Hudson- und Nash-Zutaten denn auch bald „Hash" — ein sicher nicht zufälliges, aber auf jeden Fall zutreffendes Wortspiel.

Der Hash war kein „Stock car champion", wie die Werbung verhieß. Von Marshall Teague, dem erfolgreichsten aller Hudson-Piloten, erzählt man sich, wie er mit einem 1955er Hudson eine Runde drehte und beim nächsten Boxenstop schwor, sich nie wieder in einen neuen Hudson zu setzen. Im direkten Vergleich mit anderen 1955er Modellen schnitt der Hudson dagegen gar nicht schlecht ab. Der Hornet bestach noch immer durch ausgewogene Straßenlage, Fahrkomfort und Leistung, er war solide verarbeitet und bot einen reellen Gegenwert (die Verkaufspreises lagen meistens bei $ 3000 bis $ 3200). Von Nash erbte er Liegesitze, Radio mit zwei Lautsprechern, den V8-Motor, die unübertroffene „Weather Eye"-Heizungs- und Lüftungsanlage und die breiteste Windschutzscheibe aller US-Modelle. Die Publikumsresonanz blieb nicht aus. Inklusive der kaum getarnten Rambler mit Hudson-Emblem setzte Hudson im Modelljahr über 45 000 Exemplare ab (davon 13 130 Hornets), während es 1954 nur 32 000 gewesen waren.

TECHNISCHE DATEN

Motoren: 6 Zylinder in Reihe, stehende Ventile, 5047 ccm (96,7 × 114,3), 160 SAE-PS, 170 SAE-PS (mit Twin H-Power); V8, hängende Ventile, 5237 ccm (96,7 × 88,9), 208 SAE-PS

Getriebe:	3-Gang-Schaltgetriebe; auf Wunsch mit Overdrive oder Hydra-Matic
Fahrwerk, vorn:	Einzelradaufhängung, Schraubenfedern, Teleskopstoßdämpfer
Fahrwerk, hinten:	Starrachse, Schraubenfedern, Teleskopstoßdämpfer
Bremsen:	vorne/hinten Trommelbremsen
Radstand (mm):	3081
Gewicht (kg):	1583-1756
Höchstgeschwindigkeit (km/h):	160-176
Beschleunigung 0-96 km/h (s):	11,0-13,0

Produktionszahlen: Hornet Six Lim. 4tür. 5357 **Hardtop Coupé** 1640 **V8 Lim. 4tür.** 4449 **Hardtop Coupé** 1770

1956-57 Hudson

Der anfängliche Verkaufserfolg des Hudson im Nash-Gewand sollte nicht über 1955 hinaus andauern. Schon im Modelljahr 1956 ging der Absatz des Hornet und Wasp um runde 50 Prozent auf ca. 10 000 Exemplare zurück. Die Hauptschuld daran trug das Design; selbst für die Mitte der fünfziger Jahre wirkte es auf viele Interessenten allzu garstig – egal, wie gut die Autos darunter blieben.

Oft hackt man deswegen auf Designer Ed Anderson herum, doch wie beim 1958er Packard von Duncan McRae und dem 1959er Chevrolet von Clare MacKichan spielten hier zahlreiche Faktoren (z.B. das Vertriebsmanagement) mit hinein, die nicht vom Designer zu vertreten sind. Als die 1956er Hudsons Ende 1954 entworfen worden waren, galt es in Detroit als gesichertes Wissen, daß man mit Chrom Autos verkaufen konnte, mit eloxiertem Gold noch mehr, und daß Heckflossen, „Dollargrinsen" und radikale Zwei- oder Dreifarbenlacke die Eintrittskarte zu ungeahntem Wohlstand bedeuten.

Anderson hatte noch mit anderen Tücken zu kämpfen, so z.B. mit dem lächerlich geringen Design-Budget. Also verpaßte er der Karosserie kurzerhand die einfachsten Dekorationsmittel, die greifbar waren: winzige Hutzen über den Scheinwerfern, einen billigeren Kühlergrill statt des massiven Wabenmusters von 1955, und das „V-Line-Styling", ein V-Motiv, das auf die V8-Motoren anspielen sollte. Diese V-Embleme garnierten denn auch die ganze Frontpartie und sogar die Seitenflanken. Insgesamt wirkte der 1957er Hudson einfach zu überladen. Auch an den mehrfarbigen Pastellackierungen kam AMC nicht vorbei; so gehörte der Hudson 1956 zu den ersten dreifarbigen Autos (nachdem Dodge, Packard und DeSoto 1955 diesen Modegag aufgebracht hatten).

Der kürzere Wasp blieb auch 1956 im Programm, jedoch nur noch in Gestalt einer viertürigen Limousine für $ 2214. Der große Hornet stand also weitgehend allein da, bis auf den Hornet Special, der im März die Modelle mit Packard-V8 ablöste. Wegen seines späten Serienstarts gehört der Special heute zu den seltensten „Hash"-Modellen.

Das Modell 1956 war kaum in die Händlerschaufenster gekommen, als George Romney, der nach dem Tod von George Mason Ende 1954 die Zügel in die Hand genommen hatte, das Ende aller großen Modelle verordnete und fortan ganz auf den Rambler setzte (Romney zu Fragen der Automobilgeschichte festzunageln, ist ungefähr so schwierig wie hinter seine Position zum Vietnam-Krieg zu kommen, als er für die Präsidentschaft kandidierte. Auf die Frage, wann es für die großen Hudsons kein Zurück mehr gab, entgegnete Romney: „Als ich das beschlossen hatte.").

Der Hudson von 1957, der letzte Jahrgang, dürfte jedoch schon vor seiner Auslieferung an die Händler am Ende gewesen sein. Auf jeden Fall entstanden nur noch wenige. Rambler war bei steigenden Verkaufszahlen zu einer eigenen Marke gekürt worden, und die Hudson-Händler wurden rasch zu „AMC"-Vertretungen umorganisiert. Der Wasp fiel ganz weg und der Hornet war nur noch als Limousine oder Hardtop im Super- oder Custom-Gewand lieferbar. Das „V-Line-Styling" nahm neue Formen an: Jetzt wuchsen den Autos vorne und hinten Flossen, und auf dem Kühlergrill prangte ein riesiges vergoldetes V-Emblem. Als Antriebsquelle diente der neue 327er AMC-V8 mit 5,4 l Hubraum, eine Kreation von Dave Potter, der bereits bei Kaiser-Frazer an einem V8 gearbeitet hatte. Bei K-F durfte Potters Motor zu einem potenten Paket reifen, für die rund 1680 kg Gewicht des 1957er Hudson waren die 255 PS des 327ers allerdings zu wenig. Von 0 auf 100 war er langsamer als der alte Hornet-Sechszylinder und auch fast der gesamten Konkurrenz unterlegen.

Außerdem ist der „Hash" wohl kaum ein ehrliches Auto zu nennen. Dem „Badge-Engineering" haftet immer etwas Gezwungenes an, egal ob bei Hudson oder bei Bentley. Genausowenig war er jedoch das Fiasko, als das er manchmal hingestellt wird, oder gar der „Edsel von AMC", wie ein Hudson-Fan einmal anmerkte.

Der 1955er Hudson, der noch zu Lebzeiten von AMC-Chef George Mason entwickelt wurde, war der ernstgemeinte Versuch, die Marke Hudson am Leben zu erhalten. Mit dem Modell 1957 sollten dagegen (eher halbherzig) noch schnell die Werkzeugkosten amortisiert werden, bevor Hudson und Nash auf dem Müllhaufen der Geschichte landeten. Das Modell 1956 geriet folgerichtig zur Kreuzung aus beiden Extremen.

In gewisser Weise nimmt das Schicksal des stolzen Namens Hudson die heutige Not bei General Motors vorweg: Ein dümmliches Management versucht, ein und dasselbe Auto unter verschiedenen Namen einem Käuferpublikum anzudrehen, das viel schlauer ist als man meint. Auf die letzten Hudsons paßt also der Ausspruch Churchills zur India Bill von 1935: „Eine riesenhafte Flickschusterei... ohne System, ohne Überzeugung, ohne Linie und ohne Verstand... ein abstruses Schandwerk, von Pygmäen zusammengestümpert."

Hudson zeigte auch zum Modelljahr 1956 die 1955 von Nash übernommene Karosserie, jetzt jedoch mit einem Facelifting, das in den Anzeigen als „V-Line Styling" rangierte. Einige Modelle besaßen einen V8, der viertürige Hornet Custom (rechte Seite) dagegen immer noch den potenten 5,1-Liter-Sechszylinder, der mit Twin H-Power 175 PS abgab. Das Modell 1957 (oben) erhielt nochmals etwas andere Zierleisten und war durchwegs mit dem 327er V8 von AMC bestückt, der 255 PS abgab. Nach 1957 war Hudson tot.

TECHNISCHE DATEN

Motoren: 6 Zylinder in Reihe, stehende Ventile **1956 Wasp** 3310 ccm (76,2 × 120,6), 120 SAE-PS/130 SAE-PS (Sonderausstattung) **1956 Hornet** 5047 ccm (96,7 × 114,3), 165 SAE-PS/175 SAE-PS (Sonderausstattung); V8, hängende Ventile, 5237 ccm (96,7 × 88,9), 208 SAE-PS (bis 3/56), 4096 ccm (88,9 × 82,55), 190 SAE-PS (ab 3/56) **1957** 5359 ccm (101,6 × 82,5), 255 SAE-PS

Getriebe:	3-Gang-Schaltgetriebe; auf Wunsch mit Overdrive oder Hydra-Matic
Fahrwerk, vorn:	Einzelradaufhängung, Schraubenfedern, Teleskopstoßdämpfer
Fahrwerk, hinten:	Starrachse, Schraubenfedern, Teleskopstoßdämpfer
Bremsen:	vorne/hinten Trommelbremsen
Radstand (mm):	Wasp 2903 Hornet 3081
Gewicht (kg):	Wasp 1478 Hornet 1574-1737
Höchstgeschwindigkeit (km/h):	Wasp 152 Hornet 160-176
Beschleunigung 0-96 km/h (s):	Wasp 18,0 **1956 Hornet** 12,0-14,0 **1957 Hornet** 15,0

Produktionszahlen: 1956 Wasp 2519 **Hornet Special Sedan** 1528 **Hollywood Hardtop** 229 **Hornet Six Sedan** 3022 **Hollywood Hardtop** 358 **Hornet V8 Sedan** 1962 **Hollywood Hardtop** 1053 **1957** 3876*

* Modellaufschlüsselungen im AMC-Archiv nicht vorhanden

Imperial

1955 - 56 Imperial

Die attraktiven Imperials von 1955/56 aus der Feder von Virgil Exner dürfen zu den Beispielen für zeitloses Fifties-Styling zählen — allein schon, weil ihnen die Heckflossen fehlen (im Falle der 1956er Modelle zumindest beinahe). Heute gelten Heckflossen als typisches Produkt jener Zeit und lassen ein Auto genauso schnell veralten, wie sie ihm damals modische Aktualität verliehen.

1955 wurde Imperial als separate Marke lanciert, nachdem Chrysler nach einen Konkurrenten für Cadillac und Lincoln suchte. Bis 1975 blieb er als eigene Marke erhalten, wurde dann eingestellt, in den achtziger Jahren für einige Jahre wiederbelebt und soll nun erneut erscheinen. Die ganze Zeit über vermochte Imperial allerdings sein Chrysler-Image nicht abzuschütteln. Obwohl viele Imperials schön gezeichnet und luxuriös ausgestattet waren, haftete ihnen doch das Flair der Mittelklasse an, das sie im Luxuswagenmarkt um wichtige Verkaufschancen brachte.

Der 1955er Imperial orientierte sich am K-310, einem Show Car von 1951, und an den von Virgil Exner gezeichneten Parade Phaetons, deren erster auf dem auf 3,74 m Radstand verlängerten Fahrgestell eines 1952er Crown Imperial entstand. Insgesamt baute man drei Phaetons für Paraden in New York, Detroit und Los Angeles. Sie wurden später modernisiert und dienten als Vorlage für die Serienausführung des Imperial 1955. Laut Virgil Exner jr. betrieben sein Vater und die Chrysler-Designer einen regelrechten „Ideenklau" an den Parade Cars, aus denen sie das Modell 1955 bastelten. Die Seitenzierleisten und hochgezogenen Heckkotflügel des 1955er Imperial glichen denen der Phaetons; auch die großen Radausschnitte und die geteilten Wabengrills verrieten Exners Handschrift. Vom K-310 stammten die visierförmigen Rückleuchten, die Vogelfigur auf der Motorhaube sowie die Grundidee des Wabengrills.

Der Imperial erhielt einen Radstand von 3302 mm und war übrigens nicht als Cabriolet lieferbar, auch wenn ein fahrfertiger Prototyp zu Studienzwecken fertiggestellt wurde. Der Firepower-Hemi leistete nun 15 PS mehr als 1954, wozu man die Verdichtung erhöht und die Vierfachvergaser mit Unterdruckregelung der 2. Stufe geändert hatte. Diese Drosselklappen öffneten sich, sobald die Drosselklappen der 1. Stufe mehr als halb geöffnet waren. Der Doppelrohrauspuff, der in den Enden der hinteren Stoßstangen mündete, war serienmäßig, ebenso die Powerflite-Automatik, die über einen Hebel am Armaturenbrett bedient wurde. Neben der Imperial-Limousine und dem Newport-Hardtop befand sich der Crown Imperial mit verlängertem Radstand als normale oder Repräsentationslimousine (mit Trennscheibe) im Programm. Doch hatte Cadillac den Markt für Repräsentationslimousinen fest unter Kontrolle und so verließen keine 200 Crown Imperial das Werk.

Die einzige nennenswerte stilistische Änderung für 1956 waren die Heckflossen, die sich in sanftem Schwung ab der Karosseriemitte nach oben zogen. Wie Chrysler lieferte auch Imperial ein viertüriges Hardtop, doch lief es jetzt zur Unterscheidung vom Chrysler Newport Hardtop als „Southampton".

Das geräumige Interieur des Imperial war in feinstem Leder und einem Spezialstoff mit dem schönen Namen „Imperial Eagle Faille" gehalten. Die Polster waren jeweils auf die Lackierung abgestimmt. Bei der Powerflite verschwand der Hebel vom Armaturenbrett und wurde durch Drucktasten links neben dem Lenkrad unter das Armaturenbrett ersetzt. Auch das Modell 1956 besaß die hochgesetzten Schlußleuchten auf den Heckkotflügeln, doch lag der Tankeinfüllstutzen jetzt nicht mehr unter dem Schlußlicht, sondern am hinteren Ende des rechten Heckkotflügels. „Der Imperial ist mit voller Absicht konservativ", betonte sein Hersteller, „Doch diese gediegene Reife setzt neue Akzente im Design, die den Imperial als individuelle Kreation von anderen Autotypen des In- und Auslandes abheben... Der Imperial soll einen betont geschmackvollen Stil ausstrahlen und die perfekte Ergänzung zu anderen erlesenen Objekten seines Besitzers bilden, für den dieser Wagen geschaffen wurde."

Der Crown Imperial hielt sich auch 1956 an der Spitze; im folgenden Jahr sollte seine Produktion zu Ghia nach Turin verlegt werden. Wie zuvor wurde der Crown als Achtsitzer oder Repräsentationslimousine (mit Klimaanlage als einzigem nennenswertem Extra) angeboten. Merkwürdig mutet für den Designbewußten Exner an, daß der Crown die Heckkotflügel von 1955 behalten durfte, nun aber mit Anbau-Heckflossen ausgestattet wurde. Auch dieses Jahr entstanden nur wenige Crown Imperials.

Chrysler startete den Imperial 1955 als eigene Marke. Obwohl seine Grundkarosserie dem Chrysler glich, besaß er einen 10 cm längeren Radstand und weitgehend eigene Blechteile. Das zweitürige Newport Hardtop (oben) schlug mit $ 4720 zu Buche, die viertürige Limousine (rechte Seite, oben) mit $ 4483. 1956 wurde sein Radstand auf 3378 mm verlängert und am Heck wuchsen dezente Flossen. Der vergrößerte 354er Hemi-V8 kam nun auf 280 PS. Die viertürige Limousine (rechte Seite, unten) für $ 4832 war bei weitem die gefragteste Version und bestritt alleine zwei Drittel der Jahresfertigung.

TECHNISCHE DATEN

Motoren:	V8, hängende Ventile, **1955** 5426 ccm (96,7 × 92,2), 250 SAE-PS **1956** 5801 ccm (100 × 92,2), 280 SAE-PS
Getriebe:	Powerflite
Fahrwerk, vorn:	Einzelradaufhängung, Schraubenfedern, Teleskopstoßdämpfer
Fahrwerk, hinten:	Starrachse, Blattfedern, Teleskopstoßdämpfer
Bremsen:	vorne/hinten Trommelbremsen
Radstand (mm):	3302 **Crown Imperial** 3797
Gewicht (kg):	2068-2125 **Crown Imperial** 2335-2363
Höchstgeschwindigkeit (km/h):	184
Beschleunigung 0-96 km/h (s):	11,0-12,0

Produktionszahlen: 1955 Lim. 4tür. 7840 **Newport Hardtop 2tür.** 3418 **Fahrgestell** 1 **Prototyp-Convertible** 1 **Lim. 4tür./8-Sitzer** 45 **Repräsentations-Lim.** 127 **1956 Lim. 4tür.** 6821 **Southampton Hardtop Sedan** 1543 **Southampton Hardtop 2tür.** 2094 **Lim. 4tür./8-Sitzer** 51 **Repräsentations-Lim.** 175

1957-59 Imperial

Wie alle anderen Chrysler-Produkte präsentierte sich auch der Imperial 1957 im „Forward Look" von Virgil Exner, mit dem Chrysler vorübergehend General Motors als führende Kraft im Autodesign ablöste. Der Imperial wartete mit riesigen Heckflossen und einem breiten, komplexen Kühlergrill auf; außerdem war keines der Außenbleche mehr mit dem Chrysler identisch – der Imperial hatte eine völlig eigene Karosserie, wirkten allerdings wesentlich verspielter als der Chrysler (wohl Exners bestes Design in jenem Jahr).

Um Lincoln in den Stückzahlen endlich zu überflügeln und sich unmittelbar hinter Cadillac zu etablieren, schickte der Imperial mit Crown und LeBaron zwei neue Modelle ins Rennen, letzteres in Anlehnung an den berühmten Karossier, dessen Namensrechte Chrysler seit den 30er Jahren hielt. Der Crown, der noch gediegener als der normale Imperial ausgestattet war, stand als Limousine, zwei- und viertüriges Hardtop und als Convertible zur Wahl (als erster offener Imperial seit 1953). Beide neuen Modelle waren wesentlich teurer als der normale Imperial, demzufolge war der LeBaron auch als Konkurrenz zum Cadillac Sixty Special gedacht (ohne daß sein Radstand verlängert worden wäre).

Ab 1957 enstanden die langen Crown-Imperial-Limousinen bei Ghia in Turin, da angesichts der erwarteten Stückzahlen Chrysler die nötigen Fertigungskapazitäten in Detroit nicht mehr vorhalten konnte. Im Vergleich zu den projektierten Werkzeugkosten von 3,3 Millionen Dollar in den USA setzte Ghia die Werkzeuge für den Crown Imperial mit nur $ 15 000 an, sofern Chrysler die „Bausätze" nach Italien anliefere. Ausgangspunkt der Ghia-Repräsentationslimousinen war ein halbfertiger zweitüriger Hardtop-Aufbau auf dem Convertible-Fahrgestell, der mit unveränderten Außenblechen angeliefert wurde. Ghia trennte sie auseinander, verlängerte den Radstand um 52 cm, gestaltete die Partie oberhalb der Gürtellinie um, montierte die luxuriöse Innenausstattung und glättete die Außenhaut mit fast 70 kg Zinn. Der Aufbau eines einzigen Exemplars dauerte einen Monat, und aufgrund anfänglicher Verzögerungen begann die Auslieferung erst spät in der Saison 1957. Die Preise des Crown Imperial begannen bei astronomischen $ 15 075 – auf viele Jahre hinaus die höchste Summe für ein amerikanisches „Serienmodell".

Nicht nur die Außenhaut, auch die Technik war in etlichen wichtigen Punkten neu. Die TorqueFlite-Dreigangautomatik mit Drucktastenbetätigung löste die Zweigang-Powerflite ab, Drehstäbe an der Vorderachse verschafften dem Imperial die besten Fahreigenschaften seiner Klasse, und der auf 6,5 l (392 ci) vergrößerte V8 entwickelte mehr PS und Drehmoment als je zuvor. Der durch diese Neuerungen erhoffte Erfolg blieb nicht aus: Der Absatz kletterte 1957 auf 37 593 Einheiten, womit Imperial die Stückzahlen des Lincoln knapp überflügelte. Nie mehr sollte sich der Imperial später in derartigen Mengen verkaufen, und so sollte dies das einzige Jahr bleiben, in welchem mehr Imperials als Lincolns in den Handel kamen (wobei übrigens Cadillac das Vierfache dieser beiden Marken verkaufte).

Mit minimalen äußerlichen Änderungen ging man ins Jahr 1958, in dem der Absatz gut anlief, doch infolge der Wirtschaftsflaute rasch nachließ. Immerhin gab es neue Polsterstoffe, z. B. im Imperial (nach wie vor ohne Modellnamen) den „Diamond Glow"-Jacquard und Vinyl, im Crown den „Crown Pattern"-Jacquard mit Vinyl kombiniert, sowie feinstes Wolltuch im LeBaron.

Bis auf geringfügige Änderungen der Ausstattung, ein leicht geändertes Kühlergitter und runde statt rechteckigen Parkleuchten glich der „Triumphant 1958 Imperial" dem Modell 1957. Doch steckten unter dem Blech zwei Chrysler-Neuerungen: der erste Tempomat (Cruise Control) und die erste elektromagnetische Türverriegelung eines US-Modells. Neu waren auch die „Captive Air"-Reifen – serienmäßig 9,50 × 14, auf Wunsch 11,00 × 14 Zoll (letztere die weltweit fettesten Pkw-Reifen). Mittlerweile entwickelte der 6,5-Liter-V8 gar 345 PS (außer im Crown Imperial, für den Ghia noch reichlich 325-PS-Maschinen auf Lager hatte).

1959 erhielt der Imperial einen aggressiven Kühlergrill mit Zähnen la DeSoto, blieb im übrigen jedoch weitgehend gleich. Neu war dagegen der Motor: Statt des Hemi hatte man auf kostengünstigere keilförmige Brennräume umgestellt, die bei 6768 ccm Hubraum für 350 PS gut waren. Auf Wunsch war der Imperial nun – dem Trend der Konkurrenz folgend – mit einer Hinterachsfederung mit Niveauausgleich zu haben, bei der ein Kompressor und nylonverstärkte Gummiluftfedern für die nötige Regelung sorgten.

Nur 16 000 Exemplare fanden im trüben Jahr 1958 einen Abnehmer – kaum die Hälfte des Ausstoßes von 1957. 1959 kam man ebenfalls nur auf gut 17 000 Einheiten. Doch war der Imperial ein ungleich besseres Auto, als die Absatzzahlen vermuten lassen.

1955 wurde der Imperial zur eigenständigen Marke, erhielt jedoch erst 1957 (oben) eine eigene Karosserie. Markantes Merkmal waren wie bei allen Chrysler dieses Jahrgangs die hohen Heckflossen. 1959 blieb sein Blechkleid gleich, doch grinste er nun mit einem Kühlergrill in die Welt, dessen Zähne direkt von einem 1954er Chevy zu stammen schienen. Für das Crown Southampton Coupé (rechts) waren $ 5388 lockerzumachen.

TECHNISCHE DATEN

Motor:	V8, hängende Ventile, **1957 1957-59 Crown Imperial** 6424 ccm (101,6 × 99), 325 SAE-PS **1958** 345 SAE-PS **1959** 6768 ccm (106,1 × 95,2), 350 SAE-PS
Getriebe:	TorqueFlite-Dreigangautomatik
Fahrwerk, vorn:	Einzelradaufhängung, Drehstäbe, Teleskopstoßdämpfer
Fahrwerk, hinten:	Starrachse, Blattfedern, Teleskopstoßdämpfer **1959** auf Wunsch Hinterradfederung mit automatischem Niveauausgleich
Bremsen:	vorne/hinten Trommelbremsen
Radstand (mm):	3276 **Crown Imperial** 3797
Gewicht (kg):	2106-2224
Höchstgeschwindigkeit (km/h):	184
Beschleunigung 0-96 km/h (s):	12,0

Produktionszahlen: 1957 Lim. 4tür. 5654 **Hardtop Sedan** 7527 **Hardtop Coupé** 4885 **Crown Lim. 4tür.** 3642 **Hardtop Sedan** 7843 **Hardtop Coupé** 4199 **Conv.** 1167 **LeBaron Lim. 4tür.** 1729 **Hardtop Sedan** 911 **Crown Imperial Repräsentations-Lim.** 36 **1958 Lim. 4tür.** 1926 **Hardtop Sedan** 3336 **Hardtop Coupé** 1801 **Crown Lim. 4tür.** 1240 **Hardtop Sedan** 4146 **Hardtop Coupé** 1939 **Conv.** 675 **LeBaron Lim. 4tür.** 501 **Hardtop Sedan** 538 **Crown Imperial Repräsentations-Lim.** 31 **1959 Lim. 4tür.** 2071 **Hardtop Sedan** 3984 **Hardtop Coupé** 1743 **Crown Lim. 4tür.** 1335 **Hardtop Sedan** 4714 **Hardtop Coupé** 1728 **Conv.** 555 **LeBaron Lim. 4tür.** 510 **Hardtop Sedan** 622 **Crown Imperial Repräsentations-Lim.** 7

1950 Kaiser Virginian

Eines der Vemächtnisse von Kaiser-Frazer an die amerikanische Autoindustrie war der Kaiser Virginian, ein neuartiges Hardtop, das auf den einzigartigen Cabriolets von K-F basierte und laut Prospekt „The Southern Spirit of Pride and Importance" verkörpern sollte (übrigens waren die prunkvollen, großformatigen Werbebreitseiten von Kaiser seinerzeit einen Preis der Werbeindustrie wert und werden heute hoch gehandelt).

„Hardtop Convertibles" waren nicht neu – das erste feste Dach auf einer offenen Karosserie dürfte mindestens auf das Kissel „All Year Top" von 1915-21 zurückgehen, während das erste Hardtop im heutigen Sinn 1946 bei Chrysler als Prototyp entstand, als auf sieben serienmäßige Town & Country-Convertibles „zu Studienzwecken" Stahldächer der Club Coupés aufgeschraubt wurden. 1948 legte General Motors dann letzte Hand an das Cadillac Coupé de Ville, den Oldsmobile Holiday sowie den Buick Riviera. Doch das Chrysler-Hardtop ging nie in Serie, und auch die GM-Hardtops debütierten erst Mitte 1949, der Virginian kam dagegen schon am 23. Februar diesen Jahres heraus. Obendrein hatte er – für den Verkauf besonders wichtig – vier Türen.

Der Virginian war denkbar einfach aufgebaut. Ob er ein echtes Hardtop war, ist umstritten, denn die feststehenden Seitenfensterrahmen und das kleine Glasfenster zwischen beiden Türscheiben verhinderten durchgehend offene Seitenpartien. Wie beim Town & Country saß auch beim Virginian auf der Cabrio-Karosserie ein Metalldach, das leichter als Limousinendächer war und durch Sicken versteift wurde, die Cabrio-Verdecksspriegeln ähneln sollten. Um den Cabrio-Look perfekt zu machen, wurde das Stahldach mit wattiertem Nylon oder Baumwolltuch bespannt. Ein lackiertes Dach stand als Sonderausführung in Preislisten, doch ist noch kein überlebendes Exemplar in dieser Ausführung aufgetaucht. Übrigens prangten auf den Seitenflanken des Virginian bereits „Hardtop"-Schriftzüge, noch ehe sich der Name eingebürgert hatte.

Diese „Blaublüter unter den Autos" waren für K-F-Polsterexperte Carleton Spencer natürlich ein gefundenes Fressen, und so entstanden die fantastischsten Polster- und Farbkombinationen – nach Werksunterlagen mindestens 54. In den ersten Monaten legte Spencer in geringen Stückzahlen sogar einen „Custom Virginian" auf, der durch die Kombination von Stockholm- und Volta-Stoff mit „Imperial Crush"-Boden- und Türverkleidungen im Schafsfell-Look auffiel. Der Custom Virginian war $ 200 teurer als die Standard-Version. Spencer gibt die Stückzahlen dieser Ausführung mit unter 100 an.

In Verkäufer-Leitfäden wurden die Händler vor allem auf die hervorragende Rundumsicht des Virginian hingewiesen, die vor allem der dreiteiligen Heckscheibe (mit 1,85 m × 43 cm Glasfläche) zu verdanken war. Von der Seite besaß er scheinbar „eine einzige, von der Spritzwand bis zum Heck durchgehende Scheibe. Der Virginian bietet die volle Steifigkeit einer herkömmlichen Limousine. Die tragende Funktion des Stahldachs wird noch verstärkt durch spezielle Streben hinter der vorderen Sitzbank sowie durch Heckverstrebungen." Unterhalb der Gürtellinie entsprach er den übrigen Kaiser-Modellen, außer daß die Unterkante der Scheibenausschnitte verchromt war und sich eine breite Schwellerchromleiste entlang der gesamten Seitenpartie erstreckte. Ein Luxus-Touch waren auch die verchromten, außenliegenden Heckklappenscharniere.

Bei einem Grundpreis von $ 2995 (bei minimalen Preisschwankungen) bzw. $ 3195 für den Custom Virginian schlug ihm durch den Cadillac, Packard und Lincoln ein scharfer Wind entgegen, zumal sein schmalbrüstiger Sechszylinder (ursprünglich ein Industriemotor) deren großen Achtzylindern unterlegen war. Durch Lederpolsterung verteuerte sich der Virginian nochmals um $ 400, durch Overdrive um $ 100 und durch elektrische Fensterheber um $ 75. Das Potential dieser faszinierenden neuen Karosserieform, das auch die Großen Drei bald erkannten, verpuffte bei Kaiser-Frazer also wirkungslos. 1949-50 entstanden nur knapp über 900 Virginians. Was 1949 noch auf Halde stand, wurde kurzerhand mit neuen Fahrgestellnummern zum Modell 1950 erklärt; insgesamt entstanden 1949 etwa sechs- bis siebenmal soviele Exemplare wie 1950. Da insgesamt ca. 1200 Virginian-Karosserien produziert wurden, waren selbst nach Ernennung zum „Modell 1950" noch nicht alle Lagerbestände abgebaut. Weitere 152 wurden daher zu 1951er Frazer Manhattan-Hardtops (siehe separate Beschreibung).

Der Kaiser Virginian darf als erstes Serien-Hardtop gelten – er war jedoch kein echtes Hardtop, denn die gläserne B-Säule zwischen den Türen konnte nicht versenkt werden. 1950 wurden nur noch umgestrickte 1949er Exemplare verkauft. Das abgebildete Exemplar steht im Kissel Car Museum in Hartford, Wisconsin.

TECHNISCHE DATEN

Motor: 6 Zylinder in Reihe, stehende Ventile, 3707 ccm (84 × 111,2), 112 SAE-PS

Getriebe:	3-Gang-Schaltgetriebe; auf Wunsch mit Overdrive
Fahrwerk, vorn:	Einzelradaufhängung, Schraubenfedern, Teleskopstoßdämpfer
Fahrwerk, hinten:	Starrachse, Blattfedern, Teleskopstoßdämpfer
Bremsen:	vorne/hinten Trommelbremsen
Radstand (mm):	3136
Gewicht (kg):	1608
Höchstgeschwindigkeit (km/h):	145
Beschleunigung 0-96 km/h (s):	20,0
Produktionszahlen:	ca. 950 (einschließlich Modell 1949)

1951-53 Kaiser Dragon

Der Kaiser Dragon war die Schöpfung von Carleton Spencer, dem genialen Designer, der Polsterstoffe als Design-Element in der Autoindustrie etablierte und die trostlosen braunen und grauen Streifenmuster ein für allemal vergessen ließ. Die ersten Dragon-Modelle, die im November 1950 herauskamen, hoben sich nur durch ihre Ausstattung ab, nämlich durch das „Dragon"-Kunstleder, das Spencer für den Traveler entwickelt hatte.

Dieses Modell war theoretisch in acht Ein- und Zweifarbtönen lieferbar, wurde jedoch allgemein als „Golden Dragon" bekannt, vor allem, da die häufigste Variante in Arenagelb lackiert und auf zweiseitigen Farbanzeigen in der gesamten US-Presse zu sehen war. Auf Sitzpolstern, Heckablage und Armaturenbrett finden wir den für Spencer typischen, 7 cm breit abgesteppten Kunstlederbezug, dazu glattes Kunstleder auf Sitzseitenflanken, Rückseite der Vordersitze und Türverkleidungen, ferner dicht gewobene Bodenteppiche. Damit (und mit der Hydra-Matic, die beim Dragon anscheinend serienmäßig war) kletterte der Preis auf $ 2400 (der kaum billigere DeLuxe kostete derweil in Deutschland DM 14950,-) und hatte damit die Regionen eines Buick Super Riviera oder Packard 200 erreicht – nicht billig, aber auch nicht übertrieben für eine derart opulente Ausstattung.

Im Februar 1951 feierte eine neue Dragon-Reihe Premiere, die neue Polster, „Dinosaur"-Kunstleder, ein farblich passend bezogenes Dach und zwei herausnehmbare Armlehnen (im Prinzip gepolsterte Holzklötze) aufwies. Diese drei Modelle (sowie ein vierter Nachzügler vom April '51) liefen je nach Ausstattung und Lackierung unter eigenen Namen: Silver (grauer Lack/scharlachrote Polster), Emerald (Lack und Polster in Cape Verde-Grün), Golden (Lack in Arenagelb/schwarze Polster) und Jade (Lack in Tropical-Grün/strohfarbene Polster). Der Jade Dragon, die seltenste Variante, erhielt strohfarbenes „Tropical"-Kunstleder, das durch seine eingeprägte Maserung wie gewobenes Stroh aussah.

Im Modelljahr 1952 wurde der Dragon offiziell nicht mehr geführt, Spencer schaffte jedoch einige 1952er Manhattans beiseite und stattete sie als Probefahrzeuge oder für VIPs mit Dragon-Polstern aus. Daraus erwuchs dann die exotischste Kreation, das 1953er Kaiser Dragon „Hardtop", eine viertürige

Für den 1953er Kaiser „Hardtop" Dragon waren $ 3924 hinzublättern, nur $ 71 weniger als für ein Cadillac Coupé de Ville. Der abgebildete Dragon stand 1953 auf der Chicago Auto Show und war dann auf verschiedenen Ausstellungen zu sehen; 30 Jahre später stand er 1983 wieder auf der Chicago Auto Show, doch leider diesmal nicht auf dem Kaiser-Stand.

Limousine, deren Dach mit gepolstertem „Bambu Vinyl" bezogen war und für das sich Spencer seine wildesten Interieurs aufgespart hatte.

Alles am Dragon von 1953 (erstmals ein eigenständiges Modell) stammte von Spencer, außer den Sitzpolstereinlagen in „Laguna"-Stoff, die von seiner freien Mitarbeiterin Marie Nichols entworfen worden waren. Bei einem Preis von fast $ 4000 (und noch immer mit dem schwachen Sechszylinder der übrigen Kaiser-Modelle unter der Haube) hielt sich die Nachfrage natürlich in Grenzen: Nur maximal 1277 Exemplare wurden ausgeliefert.

Doch allein vom Ansehen war der Dragon schon sensationell. Fast alle Flächen waren mit „Bambu"-Kunstleder ausgekleidet, sogar Kofferraumwände, Heckablage und Handschuhfachwände. Dies bot einen netten Kontrast zu den Stoffeinlagen in den Sitzpolstern. Der „Calpoint"-Langflorteppich glich dem Bodenteppich des Kaiser-Darrin. Im Dragon wurden zudem rund 90 kg zusätzliche Geräuschdämmittel verarbeitet, so daß er deutlich leiser und schwerer als andere Kaiser (die ohnehin kaum laut zu nennen sind) wirkte. Ein besonderer Gag war die Verwendung von 14karätigem Gold für die Haubenfigur, die Haubenembleme, Schriftzüge auf Heckklappe und Kotflügeln und sogar für das Kofferdeckelschloß. Serienmäßig bekam man außerdem Servolenkung, Hydra-Matic, getönte Scheiben mit dunklerem oberem Windschutzscheibenbereich, Weißwandreifen, Radio mit Hecklautsprecher, Heizung und Defroster sowie Scheibenwaschanlage und abklappbare Mittelarmlehnen.

Geschmackvoll wirkten auch die Lack- und Polsterfarbkombinationen: Onyx (Schwarz) oder Stardust-Elfenbein mit schwarz-beigem Lagunastoff und schwarzem Bambu-Kunstleder; Maroon Velvet-Braunmetallic mit rotbraun-beigem Laguna-Stoff oder rotbraunem Kunstlederpolster und „gebleichtem" Kunstleder-Dachbezug. Ein weiterer Dragon wurde mit weißem Segeltuch-Dachbezug (statt Kunstleder) sowie Lackierung in „Frosted-Holly"-Grün und grünem Bambu-Kunstlederpolster mit weißen Kunstledereinsätzen in „Bouclé"-Muster ausgeliefert.

Noch aufsehenerregendere Ausstattungen fanden sich an einigen Show-Dragons, darunter ein Dutzend Exemplare mit eloxierten Chromspeichenfelgen (verchromte Speichenfelgen waren für alle 1953er Kaiser für $ 270 Aufpreis lieferbar), türkisfarbener Lackierung mit Bouclé-Kunstlederdach und Polsterung in Rostrot. Für vereinzelte Dragon-Bestellungen wurde sogar ein normaler Deluxe abgezweigt und entsprechend dem in Prospekten abgebildeten Dragon (elfenbein mit grünen Kunstlederpolstern, eine Variante, die es an sich nicht gab) ausgestattet.

Technische Daten

Motor:	6 Zylinder in Reihe, stehende Ventile, 3707 ccm (84 × 111,2), 115 SAE-PS **1953** 118 SAE-PS
Getriebe:	4-Gang-Hydramatic
Fahrwerk, vorn:	Einzelradaufhängung, Schraubenfedern, Teleskopstoßdämpfer
Fahrwerk, hinten:	Starrachse, Blattfedern, Teleskopstoßdämpfer
Bremsen:	vorne/hinten Trommelbremsen
Radstand (mm):	3010
Gewicht (kg):	1507
Höchstgeschwindigkeit (km/h):	145
Beschleunigung 0-96 km/h (s):	15,0

Produktionszahlen: 1277 (maximale Stückzahl, da einige Fahrgestellnummern möglicherweise übersprungen wurden)

Kaiser

1951-53
Kaiser Traveler

Henry J. Kaiser kam pro Stunde auf etwa 100 Einfälle, von denen im Schnitt einer gut war. Über diesen einen guten Einfall lohnte es sich jedoch nachzudenken. Im 2. Weltkrieg hatte Kaiser z.B. die Fertigungsstraße der Victory- und Liberty-Schiffe aus dem Boden gestampft, die allein aufgrund ihres gigantischen Ausstoßes die Gefahr der U-Boote bannte; einer seiner Einfälle nach dem Krieg brachte den Kaiser Traveler hervor, den ersten Fünftürer.

Unglaublich, aber wahr ist die folgende Geschichte: Henry Kaiser entwarf den Traveler, indem er die Umrisse der quergeteilten Heckklappe im Staub auf der Karosserie einer Kaiser-Limousine aufzeichnete. An sich war die Idee bestechend einfach: Um Heckblech und Heckscheibe wird eine Öffnung herausgetrennt, man schlägt die eine Hälfte mit Scharnieren oben an, die andere Hälfte unten, so daß sie sich in der Mitte öffnen lassen — voil: ein neues Allzweckauto. Ganz so einfach ging's jedoch nicht: 200 Detailänderungen waren nötig, ehe aus der Limousine der Traveler wurde. Die höhere Zuladung erforderte stärkere Federn und Stoßdämpfer, die Kabelbäume mußten auf dem Bodenblech anders verlegt werden, die Halterung des Heckkennzeichens wurde geändert und Versteifungen waren an allen Ecken und Enden notwendig, um die Verwindungssteifigkeit wiederherzustellen.

Die Ausführung im Detail überzeugte voll und ganz. Harvey Anscheutz, Chef der Karosserieabteilung bei K-F, brütete drei Wochen lang über den Straßenverkehrsgesetzen aller 48 Bundesstaaten und konstruierte eine beleuchtete Kennzeichenhalterung, die bei geöffneter Heckklappe nach unten wegklappte, ohne gegen Vorschriften über Lesbarkeit und Beleuchtung des Nummernschildes zu verstoßen. Die Heckklappen ließen sich mit einem großen T-Griff bequem öffnen; ein stabiles Sicherungsseil hielt die untere Klappe in ihrer Lage. Die geöffnete untere Heckklappe hing an stabilen Ketten, die zum Schutz gegen Klappergeräusche mit Kunstleder umhüllt waren. Außerdem entwarf Anscheutz einen umklappbaren Rücksitz, bei dem die Sitzbank nach vorne gegen die Vordersitze klappte und die Lehne flach umgelegt wurde, so daß eine noch längere Ladefläche zur Verfügung stand. Diese Klappsitzkonstruktion ist noch heute in Kombis anzutreffen.

Der 1949 vorgestellte Kaiser Traveler darf als Urahne der heutigen Fünftürer gelten. Der Traveler von 1951 erhielt die gleiche attraktive neue Karosserie wie die übrigen Modelle. Er war als viertürige Limousine (unten) für $ 2317 (Special) bzw. $ 2433 (DeLuxe) lieferbar. Der Zweitürer (rechts) belief sich auf $ 2265 bzw. $ 2380.

Technische Daten

Motor: 6 Zylinder in Reihe, stehende Ventile, 3707 ccm (84 × 111,2)
1951-52 115 SAE-PS **1953** 118 SAE-PS

Getriebe:	3-Gang-Schaltgetriebe; auf Wunsch mit Overdrive und Hydra-Matic
Fahrwerk, vorn:	Einzelradaufhängung, Schraubenfedern, Teleskopstoßdämpfer
Fahrwerk, hinten:	Starrachse, Blattfedern, Teleskopstoßdämpfer
Bremsen:	vorne/hinten Trommelbremsen
Radstand (mm):	3010
Gewicht (kg):	1457-1530
Höchstgeschwindigkeit (km/h):	152
Beschleunigung 0-96 km/h (s):	15,0-16,0

Produktionszahlen: (geschätzt) **1951 Special Lim. 2tür.** 1500 **Lim. 4tür.** 2000 **Deluxe Lim. 2tür.** 1000 **Lim. 4tür.** 1000 **1952 Virginian Traveler** in obigen Zahlen enthalten **Deluxe Lim. 2tür.** vermutlich nur wenige hundert **1953 Deluxe Lim. 4tür.** ca. 1000 **Manhattan Lim. 4tür.** nur wenige Exemplare

Einige Lösungen waren dagegen eher improvisiert: Beim Modell 1949/50 war kein separates Reserveradfach unter dem Bodenblech vorhanden, also schweißte man die linke hintere Tür zu und montierte das Reserverad an der Türinnenseite (zu allem Überfluß saß außen am Türblech eine Türgriffattrappe, was manchen Fahrgast gehörig frustriert haben dürfte). Beim gekonnt überarbeiteten Modell 1951 wurde diesem Mißstand jedoch rasch abgeholfen.

Der Kaiser Traveler wurde 1951 als Special und Deluxe (mit zwei und vier Türen) angeboten. Nur wenige Zweitürer kamen zur Auslieferung; nachdem Restbestände der 51er Produktion als 1952er „Virginian Travelers" abgesetzt worden waren, stellte Kaiser nur noch Viertürer her. Diese wurden bis 1953 fast durchweg als einfachere Ausführungen geliefert, auch luxuriösere „Manhattan Traveler" standen 1952/53 offiziell im Programm; mindestens ein überlebendes Exemplar ist inzwischen aufgetaucht. Zwar war man vor 1951 auf erstaunlich hohe Stückzahlen gekommen, doch diese neueren Traveler fanden weniger Anklang, vielleicht weil die neue Karosserie die Zuladungsmöglichkeiten beschränkte. Nur wenige tausend Exemplare wurden 1951 bis 1953 abgesetzt.

Im Vergleich zum nüchternen Station Wagon, der Ende der 40er Jahre oft noch klobig und Lkw-ähnlich wirkte und viel Holz im Aufbau hatte, kam der Traveler einer Revolution gleich und trug wohl mehr zur Verbreitung der zivilisierten Ganzstahlkombis bei, als viele wahrhaben wollen. General Motors und Ford erwarben Travelers und zerlegten sie bis zur letzten Schraube, um zu sehen, ob die offenkundigen Vorteile nicht durch konstruktive Schwächen erkauft worden waren. „Sie waren ziemlich gut", gab ein GM-Ingenieur gegenüber dem Verfasser zu. Sehr viel später entstand aus dem Traveler-Konzept der heutige Fünftürer mit großer Heckklappe (wenn auch mit anderen Grundideen). Ein Problem bekam K-F nie in den Griff: die Abdichtung der Heckklappenhälften zueinander und zur Karosserie. Die Gummi- und Dichtungstechnik war damals eben noch längst nicht so weit entwickelt, Leckstellen waren beim Traveler daher an der Tagesordnung.

Eine eher nebensächliche Neuerung war die Kunstlederpolsterung, die beim Deluxe 1951-53 und beim Manhattan 1953 abgesteppt und mit spezieller Maserung versehen war. Carleton Spencer, Polsterspezialist bei K-F, entwickelte zusammen mit Spezialfirmen ein Verfahren zur Niederdruck-Kaltprägung des strapazierfähigen Kunstleders. Das glatte Kunstleder wurde erwärmt und in eine mit gekühlten Prägematrizen bestückte Maschine eingezogen. Beim Aufsetzen der Matrizen auf dem Kunstleder wurde die Maserung durch den Wärmeübergang sofort fest eingeprägt. Diese Polster liefen als „Dragon"- oder „Dinosaur"-Kunstleder, damit — wie Spencer sagte — „niemand sie mit Krokodil- oder Echsenleder verwechseln konnte."

Kaiser

1954 Kaiser Darrin

1952 hatte Designer Howard „Dutch" Darrin die Nase voll von Kaiser-Frazer. Er war zurückgetreten, nachdem sein Entwurf für den 1947er Kaiser und Frazer von externen Mitarbeitern verwässert worden war. Dann war er 1948 zurückgekehrt und hatte die brillante Kaiser-Generation der Jahre 1951-55 entworfen (siehe vorherige Seiten), um dann erneut das Handtuch zu werfen, als für das Kompaktmodell des Henry J abermals ein anderer Entwurf übernommen wurde.

Das Fahrgestell des Henry J hatte es Darrin jedoch angetan. Der Radstand von 2,54 m bot sich nach Darrins Meinung förmlich für ein Spezialcabrio an, das er „ohne Kenntnis und Zustimmung von Kaiser, sondern ganz aus eigener Tasche" aufbauen wollte. In den Studios von Darrin in Kalifornien entstand ein bildschön gezeichneter Zweisitzer mit Schiebetüren – eine Idee, die sich Darrin 1946 hatte patentieren lassen -, einem Cabrioverdeck mit drei Stellungen nach Art der Landaulets und funktionsfähigen Sturmstangen sowie einer Kunstharzkarosserie. Die Proportionen waren hervorragend geraten und wirkten bestechend – bis auf den muschelförmigen Kühlergrill, der nach den Worten des rivalisierenden K-F-Stylisten Bob Robillard „aussah, als wollte er einen gleich abküssen."

Eines Tages erschien Henry J. Kaiser in Darrins Studio und machte Darrin prompt zur Schnecke, weil er sich an der heiligen Kuh, dem Henry J, vergriffen habe: „Was soll das? Wir bauen doch keine Sportwagen!" Erst Kaisers Ehefrau konnte wieder Frieden stiften: „Henry, dieser Wagen sieht doch himmlisch aus. Ich glaube nicht, daß irgend jemand keine Sportwagen bauen wollte, nachdem er dieses Auto gesehen hat." Langsam wurde Kaiser weich. Und als seine Jasager eines Tages beisammen saßen, um den Wagen per Abstimmung nach dem Firmenchef zu nennen, verkündete er – mit einem Augenzwinkern in Darrins Richtung -, daß seine Stimme noch ausstünde: „Ich stimme dafür, daß er Kaiser Darrin heißen soll. Punktum!"

Aus praktischen Erwägungen flossen diverse Änderungen in die Serienversion ein. Nur eine davon brachte Darrin auf die Palme: die geänderten Vorderkotflügel, durch die die Scheinwerfer in die gesetzlich vorgeschriebene Höhe wanderten. Im Zuge weiterer Änderungen wurden Verdeck- und Heckklappe getrennt (am Prototyp saß eine riesige, hinten angeschlagene Klappe), eine einteilige (statt einer geteilten) Windschutzscheibe montiert, ein professionelleres Interieur mit abgestepptem Kunstleder (die Lederausstattung des Prototypen war gegen Aufpreis lieferbar) und ein geändertes Armaturenbrett eingeführt, bei dem die Instrumente vor dem Fahrer zusammengefaßt waren (und nicht über das ganze Instrumentenbord verteilt lagen). Erst zum zweiten Mal in der US-Autogeschichte gab es auch Sicherheitsgurte, nachdem Nash die Gurte 1951 wieder abgeschafft hatte, da die Käufer mutmaßten, ein Nash sei „nicht sicher". Außerdem entschied sich K-F für eine obengesteuerte Willys-Version des Sechszylinders aus dem Henry J mit einem einzigen Vergaser (statt deren drei) und 10 PS mehr als in Serienversion. Glaspar, Pionier im GFK-Formenbau für Boote und Autobausätze wie dem Woodill Wildfire, wurde als Lieferant der Rohkarosserien angeheuert.

„Der Sportwagen, auf den die Welt gewartet hat", war bereits 1952 vorgestellt worden, doch bis zur Auslieferung der Serienversion wurde es 1954, denn immer wieder kam es zu Verzögerungen – infolge des allgemeinen Niedergangs bei K-F, des Verkaufs des Werks Willow Run und der Verlagerung der Kaiser-Fertigung nach Toledo, Ohio. Der Darrin wurde jedoch im Werk Jackson, Michigan, gebaut, das für Spezialmodelle von K-F vorbehalten war; in Jackson waren z.B. auch die letzten 1951er Frazer Manhattan entstanden.

Mit $ 3668 war der Darrin annähernd so teuer wie ein Cadillac oder Lincoln, selbst wenn er Drehzahlmesser, elektrische Scheibenwischer, Weißwandreifen und das einzigartige Verdeck aufzuweisen hatte. Mit nur 90 PS waren keine berauschenden Fahrleistungen zu erzielen; von der Corvette wurde man also beispielsweise klar distanziert. Die Versionen mit Kompressor konnten allerdings durchaus mit den schnellsten Produkten der Saison 1954 mithalten. Die Schiebetüren funktionierten nie so recht; Klemm- und Klapperneigungen waren ihnen mit dem damaligen Stand der Technik nicht abzugewöhnen. Erst heute restaurierte Exemplare zeigen sich hier viel besser. Das Prinzip der Schiebetür war auf dem Papier effektiver als in der Praxis: Sie ließ sich nicht ganz zurückschieben, der Ein- und Ausstieg war also ein akrobatischer Akt.

Noch bevor 500 Darrins vom Band gelaufen waren, hatte sich Kaiser-Willys (wie man mittlerweile firmierte) aus dem US-Automarkt zurückgezogen. Darrin sicherte sich einige Restexemplare, baute 300 PS starke Cadillac V8-Maschinen ein und verkaufte sie für je $ 4350. Ab und zu tauchte auch ein Darrin in Rennen auf, nur einmal jedoch mit Erfolg: mit Laura Cunningham (der Ehefrau von Briggs Cunningham) am Steuer. Erstaunlich viele – annähernd 400 – dürften noch existieren. Hätte ein anderer Hersteller statt Kaiser-Willys seine Fertigung übernommen, wäre dem Darrin womöglich eine wesentlich strahlendere Zukunft beschieden gewesen.

Designer Dutch Darrin erlebte bei Kaiser-Frazer Höhen und Tiefen, doch faszinierte ihn das Fahrgestell des Henry J immerhin so sehr, daß er darauf einen Sportwagen aufbaute, der mit Schiebetüren, drei Verdeckstellungen, hübschen Proportionen und dem bizarren „Kußmund"-Kühlergrill aufwartete. Der kleine Willys-Sechszylinder war dem Darrin jedoch kaum angemessen, und sein Preis erreichte gar Cadillac-Höhen. Nachdem Kaiser bereits in den Seilen hing, waren auch die Tage des Darrin gezählt – nur 435 Exemplare wurden gebaut.

TECHNISCHE DATEN

Motor: 6 Zylinder in Reihe, hängende Ventile, 2638 ccm (79,5 × 88,9), 90 SAE-PS (mit Kompressor ca. 125 SAE-PS, mit Cadillac-Motor 304 SAE-PS)

Getriebe:	3-Gang-Schaltgetriebe; auf Wunsch mit Overdrive
Fahrwerk, vorn:	Einzelradaufhängung, Schraubenfedern, Teleskopstoßdämpfer
Fahrwerk, hinten:	Starrachse, Blattfedern, Teleskopstoßdämpfer
Bremsen:	vorne/hinten Trommelbremsen
Radstand (mm):	2540
Gewicht (kg):	985
Höchstgeschwindigkeit (km/h):	6 Zylinder 152-160 V8 216
Beschleunigung 0-96 km/h (s):	6 Zylinder 15,0 V8 10,0

Produktionszahlen: 435; ferner sieben Prototypen mit geteilter Frontscheibe (einer hiervon ist inzwischen wieder aufgetaucht)

Kaiser

1954-55
Kaiser Manhattan

Als 1975 ein vielbeachtetes Buch über die Geschichte von Kaiser-Frazer erschien, stand in einer Rezension in Car and Driver (die von einem besonders schlauen Freund des Verfassers stammte) zu lesen: „Ein tolles Buch über ein langweiliges Auto". Prompt ging ein erboster Leserbrief vom Kaiser Frazer Owners Club ein, worin dem Rezensenten geraten wurde, doch „am Auspuffrohr eines Kaiser einmal tief durchzuatmen". Alles in allem durchaus zum Schmunzeln, aber schließlich liest man Car and Driver ja zur Unterhaltung – und andere Autozeitungen als Informationsquelle.

Unter verständigeren und weltoffeneren Autofans ist schon lange unbestritten, daß K-F zwar Tausende relativ biederer Autos produzierte, daß die Marke aber dank ihres exzentrischen Gebarens (und mit Hilfe einiger der besten Designer und Ingenieure) auch für absolut fantastische Modelle gut war. Von Sportwagen auf Basis des Henry J wie dem Excalibur J (der auf Straßenrennpisten jeden Jaguar XK 120 das Fürchten lehrte) bis zum genialen „Hatchback"-Traveler und dem viertürigen Virginian Hardtop fehlte es Kaiser-Frazer wahrlich nicht an Ideen. Die wichtigsten K-F-Modelle für die Autoindustrie dürften jedoch die bahnbrechenden Kaiser-Limousinen von 1951-55 sein – und die besten davon die Kaiser Manhattan von 1954-55.

Howard Darrin hatte die Grundform 1948 entworfen. Unter Verweis auf eine Klausel in seinem ursprünglichen Vertrag für den Entwurf der ersten K-F-Modelle bestand er bei der Präsentation im Werk Willow Run sodann darauf, ein Tonmodell im Maßstab 1:1 für das Nachfolgemodell vorlegen zu dürfen. K-F stellte Darrin den jungen Stylisten Duncan MacRae zur Seite, und das Ergebnis stellt beiden ein gutes Zeugnis aus. Der 1951er Kaiser hob sich von den Allerweltsmodellen von General Motors, Ford und Chrysler wirklich nachhaltig ab: mit riesigen Glasflächen, der niedrigsten Gürtellinie aller US-Modelle, einem für die Außenabmessungen riesigen Innenraum und bildhübscher Linienführung, die durch Formen und nicht durch Chrom überzeugen wollte (in der Geschichte der US-Autos seit Menschengedenken zum ersten Mal).

Bei gelungenen Grundformen ist auch eine Modernisierung kein Problem, so auch beim radikalsten Facelifting des 51er Kaiser im Jahre 1954, als Edgar Kaiser (der sich gern als Designer versuchte) seine

Das große Handicap von Kaiser war 1954-55 das Fehlen eines V8 und eines Hardtop. Zum Ausgleich des ersten Schwachpunktes wurde der ehrwürdige 3,8-Liter-Sechszylinder mit einem Kompressor auf 140 PS gebracht, letzteres Manko sollten bestechende Innenausstattungen überspielen. Das Modell 1955 (rechts) unterschied sich vom Modell 1954 (links) nur durch die Hutze (mit mehr „Flossen") auf der Motorhaube.

Mitarbeiter eine Art zivilen Show-Car nach dem Vorbild des Buick XP-300 entwerfen ließ. A.B. „Buzz" Grisinger gestaltete die Frontpartie — einen konkaven Grill mit senkrechten Leisten und ovalen Scheinwerfer- und Standlichteinfassungen. Neue Stoßstangen waren bei der angespannten Finanzlage nicht drin, also verfiel Grisinger auf die Idee, die Stoßstangenhörner des Modells 1951 nach außen zu neigen.

Auch der Wegfall der Haubenfigur und des Markenemblems bedeutete einen Bruch mit der Detroiter Tradition; stattdessen saß auf der Haube eine einfache Lufthutze mit einem Gitter in der Art des Kühlergrills. Die Heckscheibe war jetzt noch breiter, womit Kaiser in punkto Sichtverhältnisse meilenweit vor der Konkurrenz lag. Auch die neuartigen „Safety-Glo"-Heckleuchten waren Grisingers Idee: An diese großen, rundlichen Leuchteinheiten schloß sich noch ein Leuchtenstreifen auf der Kotflügeloberkante an. Bob Robillard und Herb Weissinger hatten derweil den Innenraum nach Vorbild eines Flugzeug-Cockpits umgestaltet, in dem Heizung und Lüftung mit Kipphebeln betätigt wurden und die Lenksäule einem Flugzeugsteuer glich. Und nicht nur das Armaturenbrett war aus Sicherheitsgründen gepolstert, sondern auch die Rücken der Vordersitze (zum Schutz der Fondpassagiere). Für die Polster entwarf schließlich Carleton Spencer noch luxuriöse Kombinationen aus „Bouclé"-Kunstleder und „La Mar"-Stoff mit farblich abgestimmten „Ziegenhaarfaser"-Bodenteppich.

Etwas mehr Leistung konnte der Manhattan dringend gebrauchen, wozu man auf einen Paxton-Kompressor zurückgriff, der fast 20 % mehr PS brachte. Sinnvoll war die Auslegung des Kompressors: Bei mittleren Geschwindigkeiten lief er leer mit, bei stärkerem Gasgeben stieg der Ladedruck dann von 0,1 auf 0,35 bar an. Erstmals kam damit ein Kaiser innerhalb von weniger als 15 Sekunden von 0 auf 100 und auf fast 160 km/h Höchstgeschwindigkeit. Damit lag er zwar noch hinter dem Hudson Hornet, doch war er 1954 immerhin der zweitschnellste große Sechszylinder der US-Produktion.

Inzwischen lief die Kaiser-Produktion jedoch langsam aus (sie war ja bereits von Willow Run in das Willys-Werk nach Toledo, Ohio, verlegt worden), so daß nur noch wenige 1954er Manhattan einen Käufer fanden. Einige davon wurden als Modell 1955 übernommen (und waren an einer etwas anderen Lufthutze mit einer höheren „Mittelflosse" und vier seitlichen „Flossen" zu erkennen). Rund tausend weitere Wagen gingen nach Argentinien, wo sie zum Grundstein für den Kaiser „Carabela" wurden. Ohne Kompressor, im übrigen jedoch unverändert, überdauerte der Kaiser dort bis 1962. Ein gutes Design altert eben nicht so schnell.

TECHNISCHE DATEN

Motor: 6 Zylinder in Reihe, stehende Ventile, 3707 ccm (84 × 111,2), 140 SAE-PS

Getriebe:	3-Gang-Schaltgetriebe; auf Wunsch mit Overdrive oder Hydra-Matic
Fahrwerk, vorn:	Einzelradaufhängung, Schraubenfedern, Teleskopstoßdämpfer
Fahrwerk, hinten:	Starrachse, Blattfedern, Teleskopstoßdämpfer
Bremsen:	vorne/hinten Trommelbremsen
Radstand (mm):	3010
Gewicht (kg):	1708-1785
Höchstgeschwindigkeit (km/h):	152-157
Beschleunigung 0-96 km/h (s):	14,5-16,0

Produktionszahlen: 1954 4110, ca. 3850 Viertürer, 250 Zweitürer **1955 Lim. 4tür.** 226 sowie 1021 für Export nach Argentinien **Lim. 2tür.** 44

183

Lincoln

1950-51
Lincoln Cosmopolitan

Der Lincoln von 1950-51 setzte das Grundkonzept von 1949 fort, das als eine der wenigen Ford-Neuschöpfungen nach dem Krieg weitgehend unverändert in Serie gegangen war. Die eine wesentliche Änderung, ein kürzerer Radstand beim Basismodell und beim neuen Spitzenmodell Cosmopolitan, ergab sich aus dem Beschluß von August 1946, vier Fahrgestelle (statt bisher sechs) für alle Ford-Produkte zu verwenden.

Dem fiel u. a. eine zweite Continental-Generation mit dem ursprünglich für den Cosmopolitan vorgesehenen Radstand von 3,25 m zum Opfer. Bob Gregorie, Mitte der 40er Jahre Chef des Ford-Stylings, erinnert sich an „verschiedene Zeichnungen und 1:1-Modelle des Cosmopolitan, bei denen das Reserverad außen auf dem Heck saß, allerdings wirkte dies viel zu schwerfällig für einen Continental." Wahrscheinlich war er auch nicht mit dem Herzen bei der Sache. Edsel Ford, mit dem er den 1939er Prototyp des Lincoln Continental entwickelt hatte, war 1943 gestorben.

Gregorie hatte Dearborn Anfang der 40er Jahre verlassen, kam nur kurz zurück und kündigte bald wieder, nachdem die Konzernleitung seinen Entwurf für den 1949er Ford zugunsten des Designs von George Walker und Dick Caleal verworfen hatte. Doch die sanften Rundungen der „Badewanne", die Gregorie während des Kriegs entwickelt hatte, lebten im 1949er Lincoln (und Mercury) weiter und kamen im Cosmopolitan am unverfälschtesten zur Geltung.

An den eingezogenen Scheinwerfern und Heckleuchten waren alle 1949er Lincolns sofort zu erkennen; darüber hinaus wartete der Cosmopolitan jedoch auch mit Scheibeneinfassungen aus rostfreiem Stahl, großen verchromten „Augenbrauen" über den vorderen Radläufen und einer markanten einteiligen Windschutzscheibe auf (die bei den kleineren Modellen noch zweigeteilt war). Der Innenraum war in gediegenem Leder und Bedford-Cordstoff gehalten, am Armaturenbrett waren Rund- und Rechteckinstrumente kombiniert.

Beide 1949er Lincoln-Modellreihen umfaßten ein Convertible, ein Fastback-Coupé und eine viertürige Stufenheck-Limousine (mit hinten angeschlagenen hinteren Türen). Der Cosmopolitan war außerdem als viertüriges Fastback mit dem bizarren Namen „Town Sedan" lieferbar, doch waren die Käufer der „Torpedo"-Linien überdrüssig, so daß der Town Sedan bereits 1950 wegfiel. Die Preise des Cosmopolitan waren mittlerweile deutlich höher geklettert und reichten von $ 3186 für das Coupé bis zu $ 3948 für das Convertible — was einem Endpreis von $ 3500 bis $ 4300 entsprach.

Das Modell 1949 war nicht nur der erste wirklich neue Lincoln seit dem wegweisenden Zephyr von 1936, sondern auch die erste Rahmenkonstruktion seit dem Sondermodell „K-Series" von 1939. Zum ersten Mal seit 17 Jahren gab es auch wieder einen V8. Dieses Triebwerk war konventionell als Langhuber mit seitlich stehenden Ventilen konzipiert und entwickelte 152 PS aus 5,5 Litern Hubraum. Obwohl er ein weit höheres Drehmoment als der alte V12 entwickelte, verschwieg die Werbung natürlich, daß er von den F7/F8-Lkws abgeleitet worden war. Beim Serienanlauf im Januar 1948 konnten immerhin noch 21 Detailverbesserungen eingebracht werden, die Leerlauf, Ventil- und Nockenwellenlebensdauer und Haltbarkeit des Zylinderkopfes verbessern sollten. Damit wurde aus dem Lincoln-Motor ein standfestes, kultiviertes und zuverlässiges Aggregat, das sich für ein Luxusauto geradezu anbot.

Das Fahrgestell des 1949er Lincoln war für seine Zeit revolutionär: K-Traversen zur Versteifung, dicke Längsträger, eine halbschwebende Hotchkiss-Hinterachse und Ford-Einzelradaufhängung mit Schraubenfedern an der Vorderachse. Nicht verborgen blieb der höhere Fahrkomfort, der den Modellen von GM und Chrysler mindestens ebenbürtig, wenn nicht gar überlegen war. Weniger Beachtung fand die präzisere Straßenlage, war aber zusammen mit dem niedrigeren Schwerpunkt, der durch das tieferliegende Fahrgestell und die geduckte Karosserie ermöglicht wurde, durchaus willkommen.

Dank dieser Fortschritte erreichte Lincoln 1949 einen Rekordausstoß von rund 73 500 Einheiten — fast dreimal soviel wie der bisherige Bestwert (was teilweise durch das lange Modelljahr begünstigt wurde). Der Cosmopolitan machte knapp die Hälfte hiervon aus — recht verblüffend, wenn man bedenkt, daß er den luxuriösen Zephyr Custom der Vorkriegszeit ersetzen sollte.

Trotz weitgehend unverändertem Konzept standen die Karten für dieses Erfolgsmodell in den nächsten beiden Jahren nicht mehr so gut. Bis auf zwei neue Hardtops, den Lido und Capri (siehe nächste Beschreibung), war 1950 vor allem ein neues Armaturenbrett vom Reißbrett des Ex-Karossiers Tom Hibbard zu verzeichnen. Vor allem das breite Kombiinstrument hinter Glas (das bis 1957 erhalten blieb) konnte überzeugen. 1951 wurden Chrom und Ausstattung noch eingehender überarbeitet und die Radlauf-„Augenbrauen" des Cosmopolitan gestrichen. Minimale Eingriffe am Motor brachten 2 zusätzliche PS. Dennoch sackte die Produktion 1950/51 auf 28 200 bzw. 32 600 ab. Noch immer entfiel die Hälfte davon auf den Cosmopolitan, dessen Coupés und Cabrios schon längst extrem selten geworden sind und von Sammlern deswegen hoch gehandelt werden.

Der Cosmopolitan wurde im Rahmen des komplett neuen Typenprogramms ab 1952 zum billigeren Modell. Die glatt gerundeten „Badewannen" bleiben jedoch alleine schon wegen der neuen Cosmopolitan-Repräsentationslimousinen in Erinnerung, die 1950 ans Weiße Haus gingen. Eine davon blieb bis 1963 unter den Präsidenten Truman, Eisenhower und Kennedy im Dienst — mehr kann ein echter Kosmopolit wohl nicht erreichen.

TECHNISCHE DATEN

Motor: V8, stehende Ventile, 5518 ccm (88,9 × 111,2) **1950** 152 SAE-PS **1951** 154 SAE-PS

Getriebe:	3-Gang-Schaltgetriebe; auf Wunsch mit Overdrive und GM Hydra-Matic Viergangautomatik
Fahrwerk, vorn:	obere und untere Dreiecksquerlenker, Schraubenfedern
Fahrwerk, hinten:	Starrachse, Halbelliptik-Blattfedern
Bremsen:	vorne/hinten Trommelbremsen
Radstand (mm):	3175
Gewicht (kg):	1984-2105
Höchstgeschwindigkeit (km/h):	152-160
Beschleunigung 0-96 km/h (s):	15,0

Produktionszahlen: 1950 Coupé* 1824 **Sport Sedan 4tür.** 8341 **Conv.** 536 **1951 Coupé** 2727 **Sport Sedan 4tür.** 12 229 **Conv.** 829

* einschließlich Normal- und Cosmopolitan-Capris

Entweder haßt man die „Badewannen"-Karosserie des Lincoln 1949-51 oder man liebt sie — im Gedächtnis bleibt sie auf jeden Fall. An dem hier abgebildeten 1950er Cosmopolitan Sport Sedan war alles extrem: der Preis von $ 3240, das Eigengewicht von 2000 kg, die 3175 mm Radstand. Der 152 PS starke 5,5-Liter-V8 mit stehenden Ventilen bot nur mäßige Beschleunigung, dafür aber eherne Langlebigkeit.

Lincoln

1950-51 Lincoln Lido/Capri

Trotz des mit dem Modell 1949 erzielten Riesenfortschritts hatte Ford noch eine Menge nachzuholen. Natürlich konnte man jetzt Pontonkarosserien und ein modernes Fahrwerk mit Einzelradaufhängung vorne und Halbfedern hinten vorweisen, doch nach langjähriger technischer Stagnation mußte Dearborn immer noch mit Seitenventilmotoren auskommen, während die Konkurrenz bereits auf potentere OHV-Konstruktionen umgestellt hatte. Auch das als Verkaufsargument – vor allem in der Preiskategorie des Lincoln – dringend benötigte Automatikgetriebe fehlte noch immer.

Zwar sollten diese Schwachpunkte nach und nach ausgemerzt werden, doch etwas anderes fehlte 1949 noch immer: ein „Hardtop Convertible". General Motors hatte mit dem Buick Riviera, Cadillac Coupé de Ville und Oldsmobile Holiday im gleichen Jahr für gewaltiges Aufsehen gesorgt. Trotz bescheidener Stückzahlen – nur 9499 – bedurfte es keiner hellseherischen Fähigkeiten, um ihnen einen steilen Aufwärtstrend zu prophezeien. Dieser stellte sich auch prompt ein, nachdem die preisgünstigen Chevy- und Pontiac-Hardtops sowie ein neues Trio von Chrysler hinzukamen, wo man 1946 an Hardtops getüftelt hatte.

Ford, 1949 finanziell noch schwer angeschlagen, konnte unmöglich sofort kontern. Da jedoch im ersten Nachkriegs-Ford der Schlüssel zur Zukunft der Marke lag, erhielt er auch das erste Hardtop, das 1951 als Custom Victoria V8 erschien (siehe oben). Mittlerweile hatte Ford sein komplettes Typenprogramm für 1952 fertig, das auch Mercury- und Lincoln-Hardtops umfaßte, doch weder 1949 noch 1950/51 blieb hierfür Zeit oder Geld.

Eine rasche Antwort schien dennoch unabdingbar, also griff Ford zur einzig möglichen Lösung: Coupés im Hardtop-Look mußten her. So erschien zur Saison 1950 ein Quartett von Sondermodellen: Ford Crestliner, Mercury Monterey und Lincoln Lido und Capri. Die letzteren dürften unter Sammlern am begehrtesten sein, da sie nicht nur am meisten Luxus boten, sondern auch am seltensten zu finden sind.

Wie der Crestliner und der Monterey besaßen die Pseudo-Hardtops von Lincoln die Mechanik ihrer Stallgefährten, waren jedoch an den Kunstleder-Dachbezügen leicht zu erkennen. Auch optisch machten sie etwas mehr her, hatten sie doch verchromte Regenrinnen, Schwellerblenden und zwei Außenspiegel sowie ein goldfarbenes Cosmopolitan-Haubenemblem (beim Lido) und verchromte Zierleisten über den vorderen und hinteren Radläufen (beim Capri). Spezielle Türverkleidungen und hochwertige Leder- und Cordpolster verschaffen auch dem Innenraum ein besonders gediegenes Flair.

Wie Ford und Mercury versuchte auch Lincoln das Fehlen eines echten Hardtop 1950/51 mit Hilfe normaler Zweitürer mit Kunstlederdach und üppigerer Innenausstattung zu kompensieren. Die Abbildungen zeigen einen 1951er Lido (unten), einen der letzten 1951er Lidos mit geänderten Seitenzierleisten (oben) und einen 1951er Cosmopolitan Capri (gegenüberliegende Seite).

Der Hauptunterschied lag in den Abmessungen. Der kleinere Lido besaß die Rohkarosserie des Mercury, allerdings war der Radstand vor der Spritzwand um 7,5 cm gestreckt worden. Der Capri debütierte als Luxusausgabe des größeren Cosmopolitan-Coupés. Dies war auch an den Preisen abzulesen. Mit $ 2721 war der Lido $ 192 teurer als das normale Coupé, der Capri lag mit $ 3350 gar $ 221 über dem normalen Cosmopolitan-Coupé. Wie zu erwarten, war der knapp 120 kg leichtere Lido schneller als der Capri (wenn auch nur geringfügig).

Auch in Ermangelung eines Automatikgetriebes setzte Dearborn auf den einzig möglichen Ausweg: Beschaffung eines Fremdgetriebes. Nachdem Packard die Ultramatic nicht herausrückte, sicherte man sich die Hydra-Matic von GM, die ohnehin besser war. Im Lincoln war sie ab Juni 1949 lieferbar und blieb bis 1954 im Programm.

Durch den zwar laufruhigen und zuverlässigen, aber schwächeren Seitenventil-V8 waren die „Badewannen"-Lincolns den OHV-Motoren des Cadillac, Olds 88 und dem Chrysler-Hemi unterlegen. Dennoch waren sie für echte 160 km/h gut und zeigten phänomenale Langstreckentauglichkeit. Johnny Mantz brachte eine serienmäßige Limousine beispielsweise bei der Carrera Panamericana 1950 auf den 11. Platz, erreichte auf einigen Abschnitten einen Durchschnitt von 145 km/h und lag sogar um 11 1/2 Minuten vor dem gefürchteten Olds 88 von Herschel McGriff.

Den Absatzzahlen des Lido und Capri nützte dies wenig (vor allem wegen der hohen Preise und des späten Debüts am 5. Juli 1950), ebensowenig dem Lincoln-Absatz insgesamt, der 1950 kaum die Hälfte der Vorjahreszahlen erreichte. Dennoch waren die Pseudo-Hardtops auch 1951 wieder im Programm vertreten, diesmal mit den gleichen stilistischen und technischen Änderungen wie die übrigen Lincolns. Hierzu zählten längere, eckigere Heckkotflügel am Lido, Wegfall der Radlauf-„Augenbrauen" am Capri und ein zusätzlicher Schriftzug an beiden Modellen. Auch jetzt hielt sich die Nachfrage in Grenzen.

Die genauen Stückzahlen sind allerdings nicht zu ermitteln, denn Lincoln faßte die Stückzahlen des Lido und Capri mit denen der normalen Lincoln-Coupés zusammen. Es dürften jedoch nicht mehr als 2000 Lidos und 1000 Capris pro Jahr vom Band gelaufen sein; damit sind sie zwar nicht die seltensten Modelle der US-Produktion, aber auf jeden Fall schon längst zu Liebhaberwagen avanciert.

TECHNISCHE DATEN

Motor:	V8, stehende Ventile, 5518 ccm (88,9 × 111,2) **1950** 152 SAE-PS **1951** 154 SAE-PS
Getriebe:	3-Gang-Schaltgetriebe; auf Wunsch mit Overdrive und GM Hydra-Matic Viergangautomatik
Fahrwerk, vorn:	obere und untere Dreiecksquerlenker, Schraubenfedern
Fahrwerk, hinten:	Starrachse, Halbelliptik-Blattfedern
Bremsen:	vorne/hinten Trommelbremsen
Radstand (mm):	3175
Gewicht (kg):	1860–1990
Höchstgeschwindigkeit (km/h):	152–160
Beschleunigung 0–96 km/h (s):	15,0
Produktionszahlen*:	**1950** 7592 **1951** 7209

Lincoln

1952-55 Lincoln

Als 1950 ein Reporter Ford-Chefingenieur Harold Youngren befragte, wann mit einem neuen Lincoln zu rechnen sei, erhielt er zur Antwort: „Bald, so Gott will."

Youngrens Stoßgebet wurde 1952 erhört. Nicht schlecht sah er aus, der neue Lincoln, den George Walker zusammen mit Bill Schmidt und Don DeLaRossa entworfen hatte: mit den Rundungen an den richtigen Stellen und einer sachlichen Linie – zu sachlich für chromdürstende US-Autokäufer, wie manchmal zu hören war. Die Motorhaube lag nun tiefer als die Vorderkotflügel (was exzellente Rundumsicht ergab), und auch die Heckkotflügel sahen durch ihre nach vorne geneigte Lufthutzenattrappe (à la Ford) recht ansprechend aus. An neuen Details mangelte es ebenfalls nicht, so z.B. Schwenksitze (gegen Aufpreis) und serienmäßige Klimaanlage. Stoff- und Lederpolster, Verarbeitung und Paßgenauigkeit blieben nach wie vor makellos.

Alle 1952er Lincolns hatten einen Radstand von 3124 mm, offensichtlich ein Kompromiß der bisher gebräuchlichen Radstände. Der Cosmopolitan galt nun als Standardmodell, der Capri (das bisherige Cosmo-Luxuscoupé – siehe oben) dagegen als Luxusmodell. Beide gab es auch als Hardtop ohne B-Säule (erstmals bei Lincoln), das sich 10000mal verkaufte. Das Convertible war dagegen nur als Capri zu haben und zugleich mit $ 4045 die teuerste Variante. Preisgünstigstes Angebot war die Cosmopolitan-Limousine für $ 3517.

Auch in der Mechanik hatte sich allerhand getan, angefangen bei der neuen Kugelkopf-Vorderachse mit Drehgelenken statt der üblichen Achsschenkelbolzen und Buchsen (womit die ungefederten Massen merklich schrumpften), die erstaunlich gute Fahreigenschaften bescherte. Wie in Motor Trend zu lesen war: „Übermäßige Neigungsbewegungen bei scharfen Rechtskurven sind nicht festzustellen, und man kommt sich in Kurven auch nicht gerade wie auf einem Schwamm vor." Neu waren auch die Kugelumlauflenkung und vergrößerte Bremstrommeln – die ersten guten Bremsen an einem Lincoln seit Menschengedenken – sowie verbesserte Karosserielager und reichlich Geräuschdämmaterial.

Die Krönung war jedoch der neue V8, der erste OHV-Motor bei Lincoln und in vielerlei Hinsicht der Konkurrenz voraus. Die Kurbelwelle besaß beispielsweise acht statt der üblichen sechs Ausgleichsgewichte, die Ventildurchmesser waren aus Leistungsgründen vergrößert worden. Neu war auch das über die Kurbelwellenachse heruntergezogene Kurbelgehäuse, durch das Wellenschwingungen weitgehend abgebaut wurden.

Wie der OHV-V8 von GM, jedoch im Gegensatz zu seinem seitengesteuerten Vorläufer, war der neue Lincoln-Motor als Kurzhuber ausgelegt. Mit 5203 ccm Hubraum kam er mit dem normalen Vierfach-

Lincoln ging mit einer neuen Karosserie und einem obengesteuerten V8 mit 160 PS in das Jahr 1952. Das Spitzenmodell, das Capri Hardtop, ging für $ 3518 weg. 1955 war Lincoln länger geworden und mit 225 PS noch stärker motorisiert. Auch der Preis des Capri-Hardtop war auf $ 3910 geklettert.

Technische Daten

Motor: 1952-54 V8, hängende Ventile, 5203 ccm (96,5 × 88,9) **1952** 160 SAE-PS **1953-54** 205 SAE-PS **1955** 5588 ccm (100 × 88,9), 225 SAE-PS

Getriebe:	**1952-54** Hydra-Matic-Viergangautomatik (General Motors) **1955** Turbo-Drive-Dreigangautomatik
Fahrwerk, vorn:	obere und untere Dreiecksquerlenker, Schraubenfedern
Fahrwerk, hinten:	Starrachse, Halbelliptik-Blattfedern
Bremsen:	vorne/hinten Trommelbremsen
Radstand (mm):	3124
Gewicht (kg):	1873-2004
Höchstgeschwindigkeit (km/h):	168-175
Beschleunigung 0-96 km/h (s):	11,0-13,0

Produktionszahlen: 1952 Cosmopolitan Sport Coupé Hardtop 2tür. 4545 **Lim. 4tür.** 15 854 (einschl. Capri 4tür.) **Capri Sport Coupé Hardtop 2tür.** 5681 **Lim. 4tür.** siehe Cosmopolitan Lim. 4tür. **Conv.** 1191 **1953** Cosmopolitan Sport Coupé Hardtop 2tür. 6562 **Lim. 4tür.** 7560 **Capri Sport Coupé Hardtop 2tür.** 12 916 **Lim. 4tür.** 11 352 **Conv.** 2372 **1954** Cosmopolitan Sport Coupé Hardtop 2tür. 2994 **Lim. 4tür.** 4447 **Capri Sport Coupé Hardtop 2tür.** 14 003 **Lim. 4tür.** 13 598 **Conv.** 1951 **1955** Custom Sport Coupé Hardtop 2tür. 1362 **Lim. 4tür.** 2187 **Capri Sport Coupé Hardtop 2tür.** 11 462 **Lim. 4tür.** 10 724 **Conv.** 1487

vergaser und einer Verdichtung von 7,5:1 auf 160 PS. Als einziges Getriebe war nach wie vor die Viergang-Hydra-Matic von General Motors lieferbar.

Diese schnelle, fahrsichere Kombination schien wie geschaffen für Renneinsätze; schon für die Carrera Panamericana 1952 verwandelte ihn Tuning-As Clay Smith mit Hilfe etlicher spezieller „Export"-Teile in ein absolutes Spitzenfahrzeug. Die ersten sechs Plätze gingen an teure europäische Sportmodelle, doch danach kamen drei von Smith betreute Lincoln und ein Privatfahrzeug, die sich die neue „American-Stock"-Klasse sicherten. Den schnellsten Lincoln fuhr Stock-Car-Champion Chuck Stevenson.

Dies war jedoch wohl kaum der entscheidende Faktor für den Aufschwung des 52er Lincoln, der ein extrem gutes Jahr erlebte, das ja andernorts noch weitgehend im Zeichen der Materialrationierung stand. Lincoln war außer Willys der einzige Hersteller, dessen Absatz im Kalenderjahr anstieg; man kam bis auf 5000 Einheiten an Cadillac heran. Die Produktionszahlen gingen zwar gegenüber 1951 um ebensoviel zurück, doch kam das Modell 1952 erst im Januar zur Auslieferung und war im September schon passé.

Design und Fahrwerk wurden 1953 kaum überarbeitet, der Motor dafür umso intensiver: höhere Verdichtung, größere Einlaßventile, optimierte Krümmer, schärfere Nockenwelle usw. – kurz, 45 PS mehr. Obwohl Lincoln mehr „Seriennähe" verordnet wurde, erlebte man in Mexiko abermals einen vollen Erfolg, als Stevenson, Walt Faulkner, Jack McGrath und Johnny Mantz den 1. bis 4. Platz ihrer Klasse und den 6. bis 9. Platz in der Gesamtwertung gegen ein Starterfeld belegten, das mit allem vom Chrysler bis zum Henry J besetzt war. 1954 änderte sich die Mechanik kaum, dafür sah der Lincoln dank eines größeren Kühlergrills und mehr Chrom viel imponierender drein. Bei der 5. und letzten Carrera sicherte sich Lincoln zum dritten Mal nacheinander den Klassensieg, wobei Faulkner direkt hinter Privatfahrer Ray Crawford und noch hinter einem Pulk Sportwagen in der International Stock Class ins Ziel kam. Leider war Clay Smith inzwischen tot, und trotz des fähigen Ersatzmanns Bill Stroppe hatte das Werkteam es gegen die härtere Konkurrenz wesentlich schwerer. Von den 14 gemeldeten Wagen (davon die Hälfte vom Werk) kamen nur vier ins Ziel, darunter 2 Privatfahrer. Für Lincoln kam es vielleicht gerade recht, daß die legendäre Carrera Panamericana im gleichen Jahr ihr Ende gefunden hatte.

Auch der Verkaufskrieg von 1955 ging an Lincoln nicht spurlos vorbei, vor allem, weil der „aufgefrischte" 54er nicht so neu wie der 55er Cadillac war. Ein Spitzenauto war er freilich immer noch – und dank des auf 5588 ccm aufgebohrten Motors mit 225 PS (freilich 25 PS weniger als die Konkurrenz) auch eines der stärksten. Ein weiterer wichtiger Faktor in diesem Jahr war der verspätete Einzug der Lincoln-eigenen Automatik, der Dreigang-Turbo-Drive, die die Hydra-Matic ablöste. Das Modellprogramm blieb unverändert, doch hieß das Grundmodell jetzt Custom. Annähernd gleich blieb das Gewicht (eines der wenigen 1955er Modelle, das nicht wesentlich schwerer wurde), ebenso die Preise.

Trotz all dieser Pluspunkte und der Rennerfolge ging der Absatz bei Lincoln 1955 gegenüber dem Vorjahr zurück (ansonsten nur noch bei Hudson, Willys und Kaiser, die ohnehin in den letzten Zügen lagen). Doch sollte sich dies bald bessern: 1956 meldete sich Lincoln mit einem größeren und modischeren Modell zur Stelle. Dazu kommen wir auf der nächsten Seite.

1956-57 Lincoln

Größere Autos waren in den USA der 50er Jahre fast immer gleichbedeutend mit höheren Stückzahlen, allerdings nicht immer mit besseren Autos, wie wir alle (zu unserem Leidwesen) noch feststellen sollten. Nehmen wir zum Beispiel den Lincoln von 1956/57, der sich nach vier Jahren mäßig groß dimensionierter Karosserien, die sich eben auch nur mäßig gut verkauften, zu geradezu gigantischen Abmessungen aufblähte und damit die zweithöchste Jahresproduktion in der Firmengeschichte erreichte. Diesem Aufschwung folgten jedoch unglücklicherweise weitere Exzesse auf dem Fuß, und erst nach fünf vollen Jahren fand Lincoln wieder zum verhaltenen Luxus der Jahre 1952-55 zurück (als angesichts der Marktkonstellation ohnehin keine andere Wahl mehr blieb).

„Unverkennbar Lincoln", so sollte das Modell 1956 wirken, doch um Spuren des Modells 1955 zu erkennen, mußte man schon zweimal hinsehen. Verschwunden waren der kürzere Radstand, das dezente Styling, die flach gewölbte Windschutzscheibe und der erst ein Jahr alte 341er V8. Stattdessen war der Radstand um 7,5 cm gewachsen, der 368er V8 (6030 ccm) erreichte 285 PS (60 PS mehr als 1955) und die Karosserie mit Panoramascheibe war noch länger (18 cm), flacher und breiter (7,5 cm). Die Modellreihen entsprachen dem Vorjahr, nur hieß das Basismodell jetzt Capri und das Topmodell Premiere.

Die Grundzüge der Linienführung des 1956er Lincoln stammten von Bill Schmidt, der kurz danach zu Packard wechselte (wo bereits „Endzeitstimmung" herrschte). Auch dieser Jahrgang 1956 gefiel durch seine relativ dezente und unaufdringliche Linie. Nicht Glamour, sondern Größe war der Hauptunterschied zum Jahrgang 1955. Details und Proportionen der Außenhaut waren geschickt gestaltet worden und harmonierten mit den größeren Proportionen extrem gut. Wie zum Beweis errang der 1956er Lincoln einen Preis des Industrial Designers Institute für herausragendes Design.

Bestimmte Details, z.B. die Form der Seitenflanken und Heckkotflügel, waren bereits am Mercury-Show Car XM-800 von 1954 aufgetaucht. Besonderer Blickfang waren der schnörkellose, aber massive zweistöckige Kühlergrill, die Scheinwerfer in tiefen Einfassungen sowie kühn emporragende Rückleuchten über einer Grillattrappe, die dem Kühlergrill ähnelte. Der Zweifarben-Kontrastfarbton beschränkte sich nach wie vor auf das Dach. Am Armaturenbrett fand man die seit 1950 bekannte Aufteilung mit rechteckigem Kombiinstrument über und Schaltern neben und vor der Lenksäule. Insgesamt bot Lincoln 17 Farbtöne, 35 Zweifarbkombinationen sowie 29 Polstervarianten an.

Beim größeren Lincoln-V8 von 1956 hatten sich nicht nur die Bohrung und der Hub geändert. Block, Nockenwelle und Ölpumpe waren nagelneu, ebenso der Frischlufteinlaß neben dem Kühlergrill. Die

Der 1956er Lincoln war ringsum größer, steckte aber in einem so geschickt gestalteten Blechkleid, daß er sogar einen Preis des amerikanischen Industrial Designers Institute für herausragende designerische Leistungen einheimste. Das viertürige Spitzenmodell Premiere (oben) belief sich auf $ 4601. 1957 erhielt der Serien-Lincoln ähnliche Heckflossen wie schon die Futura-Studie von 1954. Das Premiere-Hardtop, das stolze 2020 kg auf die Waage brachte, schlug mit ebenso stolzen $ 5149 zu Buche.

Kompression stieg von 8,5 : 1 auf 9,0 : 1 an, die elektrische Anlage wurde von 6 Volt auf 12 Volt umgestellt.

Obwohl der Lincoln in punkto Prestige im Schatten des ansehnlichen und $ 10 000 teuren neuen Continental Mark II stand, hatte er eines der wenigen neuen Modelle im Modelljahr 1956 sowie ein neues viertüriges „Landau"-Hardtop in allen Modellreihen zu bieten. Trotz allgemein rückläufiger Verkaufszahlen konnte sich Lincoln daher verbessern. Im Kalenderjahr gingen beinahe 50 000 Exemplare weg, im Modelljahr beinahe doppelt soviel (ebenfalls 50 000) wie zuvor; damit verbesserte sich Lincoln in der Statistik um zwei Plätze auf den 14. Platz.

Für den zweiten Jahrgang des neuen Modells hatte man relativ bescheidene Retuschen erwartet, doch schlug Lincoln 1957 mit einem abenteuerlichen „Hecklifting" zu. Riesige, schrägstehende Heckflossen und übereinander angeordnete Doppelscheinwerfer (zusammen mit Nash und dem Cadillac Eldorado Brougham die ersten Doppelscheinwerfer der US-Autoproduktion) verliehen dem Lincoln ein bizarres Äußeres. Eine Verdichtungserhöhung auf 10:1 setzte abermals 15 PS frei, die über das als Extra lieferbare „Directed Power"-Sperrdifferential noch sicherer auf die Straßen kamen.

Lincoln hatte 1956 bereits zwei Drittel des Ausstoßes von Cadillac erreicht; dieses Niveau sollte auch die neue 1957er Linie halten, zumal sich der Kreis der Luxusauto-Käufer vergrößert haben müßte, nachdem die großen Packards abgetreten waren. Neu waren zudem Extras wie elektrische Fensterheber und Türverriegelung, in sechs Stellungen verstellbare Sitze, Tankreserve-Warnleuchte, Abblendautomatik, von innen verstellbare Türspiegel und eine leistungsfähigere Klimaanlage. Doch das Modell 1957 verfehlte sein Ziel. Die Produktion sank um rund 9000 auf 41 123 Einheiten, während Cadillac auf über 150 000 Stück kam. Lincoln stand zwar besser als Anfang der 50er Jahre da, doch längst noch nicht gut genug.

Die zumindest scheinbar naheliegendste Lösung war ein noch größerer Lincoln für 1958 sowie ein weniger exklusiver Continental auf demselben Unterbau. Beide befanden sich bereits seit 1955 bei Ford in der Produktplanung. 1957 lagen die Dinge nach Erinnerungen eines Lincoln-Managers folgendermaßen: „Wir konnten nur genauso weitermachen und den Händlern für das kommende Jahr ein konkurrenzfähigeres Modell versprechen. Die Entscheidung, den Continental zu vereinfachen, ist leichter verständlich, wenn man sich vor Augen hält, daß Lincoln den Cadillac einfach nicht in den Griff bekam." Mag sein, aber wie Dearborn noch feststellen sollte, war 1958 ein größeres Auto mit Sicherheit kein besseres.

TECHNISCHE DATEN

Motor:	V8, hängende Ventile, 6030 ccm (101,6 × 92,9) **1956** 285 SAE-PS **1957** 300 SAE-PS
Getriebe:	Turbo-Drive-Dreigangautomatik
Fahrwerk, vorn:	obere und untere Dreiecksquerlenker, Schraubenfedern
Fahrwerk, hinten:	Starrachse, Halbelliptik-Blattfedern
Bremsen:	vorne/hinten Trommelbremsen
Radstand (mm):	3200
Gewicht (kg):	1954-2123
Höchstgeschwindigkeit (km/h):	168-176
Beschleunigung 0-96 km/h (s):	10,8-11,5

Produktionszahlen: 1956 Capri Hardtop 2tür. 4355 **Lim. 4tür.** 4436 **Premiere Hardtop 2tür.** 19 619 **Lim. 4tür.** 19 465 **Conv.** 2447 **1957 Capri Landau Hardtop 4tür.** 1451 **Lim. 4tür.** 1476 **Hardtop 2tür.** 2973 **Premiere Landau Hardtop 4tür.** 11 223 **Lim. 4tür.** 5139 **Hardtop 2tür.** 15 185 **Conv.** 3676

1958-59 Lincoln

Wer die formschönen Lincoln-Modelle von 1952-55 kennt, mag kaum glauben, daß das Modell 1958 aus demselben Stall kam. In einem Artikel wurde es als das „größte, schwerste und neueste Mammut" bezeichnet — eine durchaus treffende Beschreibung. Der Radstand war auf immerhin 3,33 m gestreckt worden, runde 13 cm mehr als im Vorjahr. Die Gesamtlänge war gar um 27 cm auf 5,70 m gewachsen, die Höhe war um 10 cm auf 1,43 m geschrumpft, dafür hatte sich die Spur vorne und hinten um 2,5 cm verbreitert. Überaschenderweise war der 58er Lincoln schmäler (wenn auch nur ganze 5 mm). Runde 135 kg mehr durfte er dafür mitschleppen.

Das Design unterstrich das gewichtige Äußere natürlich erst recht. Die kantigen Konturen wurden besonders betont durch die schrägstehenden Doppelscheinwerfer in ihren ovalen Einfassungen und die Kotflügel, denen ein Witzbold ob ihrer ausgefallenen Formgebung um die Radläufe „Dellen ab Werk" bescheinigte. Wenigstens waren die steilen Flossen des Jahrgangs 1957 auf bescheidene Stummel geschrumpft.

Genauso radikal wie die aufgeblähte Verpackung war auch die selbsttragende Karosseriestruktur (beim Lincoln die erste seit 10 Jahren), die Ford-Chefkonstrukteur Earle S. MacPherson als gewichtsdrosselnde Maßnahme verordnet hatte. Damals wußte noch keiner, ob eine selbsttragende Karosserie für ein derart großes Auto praktikabel sei. Anfangs war sie es nicht. Die ersten Prototypen waren derart verwindungsanfällig, daß sie so aufwendig versteift werden mußten, daß die bei selbsttragender Bauweise an sich möglichen Gewichtseinsparungen wieder dahin waren.

Verbesserungen gab es dennoch. Hinten saßen Schrauben- statt Halbfedern (u.a., um eine projektierte Luftfederung unterbringen zu können, die wegen technischer Probleme jedoch nie das Serienstadium erreichte — allerdings sollen laut einer Quelle mindestens 2 Prozent der Lincolns mit Luftfederung ausgerüstet worden sein). Ein neuer 7046-ccm-V8 mit üppigen 375 PS (bei einer Verdichtung von 10,5:1) und eine um 41 Prozent größere Bremsbelagfläche sorgten für Antrieb und Verzögerung des Mehrgewichts. Eine etwas längere Hinterachsübersetzung sollte pro forma den Verbrauch (rund 23 l/100 km im Stadtverkehr!) drosseln. Die Turbo-Drive-Automatik von Lincoln wurde für das Drehmoment von stolzen 67 mkg verstärkt.

Wenn „größer" gleich „besser" wäre, gäbe es kein besseres Auto als den Lincoln von 1958-60. Mit 5,70 m Länge und 3,33 m Radstand entwickelte sich der Lincoln zum falschen Auto zur falschen Zeit — ein völliger Fehlgriff für das rezessionsgebeutelte Jahr 1958. Das Modell 1958 (auf dieser Seite) hatte flache Heckflossen und schrägstehende Doppelscheinwerfer. 1959 wurden die Scheinwerfer in den Kühlergrill integriert. Das Modell 1959 (rechts) wies außerdem neue Heckleuchten und längere Sicken hinter den Vorderrädern auf.

Als einzige Modelländerung war das Premiere Convertible in das erweiterte Typenprogramm des Continental Mark II aufgenommen worden (siehe oben). Capri und Premiere blieben damit jeweils als Limousine und zwei Hardtops lieferbar (mit normalen Panorama-Heckscheiben statt der umgekehrt geneigten, versenkbaren Heckscheibe des Conti mit dem immensen Dachüberhang). Inflationsbedingt lagen die Preise ca. $ 200 höher als 1957 — zwischen $ 4803 für das Capri Hardtop Coupé und $ 5090 für einen der viertürigen Premiere.

Entgegen aller Logik fuhren sich diese Lincolns durchaus nicht wie schwerfällige Dinosaurier. Angesichts der Beschleunigung (etwa wie 1957) befand ein Tester, daß „wohl kaum ein anderes zweieinhalb Tonnen schweres Auto so gut in den Kurven liegt, so unempfindlich gegen Bodenwellen ist oder bei höheren Geschwindigkeiten mehr Fahrsicherheit bietet." Womit wieder einmal eine Legende widerlegt wäre.

Angeblich war der größere Innenraum die Ursache für das Wachstum des Lincoln, der 1958er Cadillac bot jedoch vorne noch 10 cm mehr Fußraum. Zwar hatte der Lincoln wesentlich mehr Breite zu bieten, doch darf man sich fragen, wieso eine fast 30 cm längere Karosserie nur rund 2,5 cm mehr Beinfreiheit auf den Rücksitzen ergibt.

Nichtsdestotrotz war das Käuferpublikum vom 1958er Lincoln nicht sonderlich fasziniert. Der Ausstoß sank von über 41 000 auf knapp über 17 000 Einheiten ab (die 12 550 Continental Mark III nicht eingerechnet). Maßgeblich bedingt war dies durch die einschneidende Rezession, doch auch der Continental dürfte dem einfacheren Lincoln etliche Käufer weggeangelt haben. Auch Cadillac hatte Einbußen hinzunehmen (wie fast alle US-Produzenten), doch weit weniger als Lincoln, d. h. Lincoln verlor gegenüber der Konkurrenz an Boden.

Zum Glück hatte man in Dearborn bereits erkannt, daß diese Riesenschiffe genauso verfehlt waren wie der Edsel; deshalb lief bald die Entwicklung des weit durchdachteren Continental von 1961 an. Einstweilen mußte man sich jedoch mit dem gleichen Rezept behelfen, also kam 1959 eine Neuauflage mit Detailänderungen und einem niedriger verdichteten und auf 350 PS gedrosselten V8. Trotz steigenden Wohlstandes im ganzen Land blieb der Absatz schleppend: Kaum 16 000 Lincolns verließen das Werk. Auch 1960 setzte sich der Trend fort; jetzt schlug Lincoln sogar nur 13 734 Normalversionen und rund 11 000 Continentals los.

Damit war die Talsohle jedoch überwunden; mit den kleineren, klarer gezeichneten 61er Modellen und deren Nachfolgern sollte sich die Lage rasch bessern.

TECHNISCHE DATEN

Motor: V8, hängende Ventile, 7066 ccm (109,2 × 93,9) **1958** 375 SAE-PS **1959** 350 SAE-PS

Getriebe:	Turbo-Drive-Dreigangautomatik
Fahrwerk, vorn:	obere und untere Dreiecksquerlenker, Schraubenfedern
Fahrwerk, hinten:	Starrachse, Schraubenfedern, Längslenker
Bremsen:	vorne/hinten Trommelbremsen
Radstand (mm):	3327
Gewicht (kg):	2150-2218
Höchstgeschwindigkeit (km/h):	168-175
Beschleunigung 0-96 km/h (s):	8,7-10,5

Produktionszahlen: 1958 Capri Lim. 4tür. 1184 **Landau Hardtop 4tür.** 3084 **Hardtop 2tür.** 2591 **Premiere Lim. 4tür.** 1660 **Landau Hardtop 4tür.** 5572 **Hardtop 2tür.** 3043 **1959 Capri Lim. 4tür.** 1312 **Landau Hardtop 4tür.** 4417 **Hardtop 2tür.** 2200 **Premiere Lim. 4tür.** 1282 **Landau Hardtop 4tür.** 4606 **Hardtop 2tür.** 1963

1950-51 Mercury

Bei Autoliebhabern hat der Mercury von 1949-51 schon seit langem einen Ehrenplatz — und zwar gar nicht so sehr wegen seiner Tugenden im Serienzustand, sondern vielmehr als Custom Car. „Bathtub"-Mercurys mit gechopptem Dach, Fenderskirts und tiefergelegter Karosserie gehörten schon in den 50er Jahren zum Straßenalltag der USA. Die Karosserielinie kam diesem Trend sehr entgegen: schnörkellos, rundlich und massiv — kurz, das perfekte Objekt für angehende Autokünstler. Und natürlich geriet der Custom-Mercury, seit ihn Leinwandidol James Dean in Denn sie wissen nicht, was sie tun fuhr, zum Kultobjekt einer ganzen Generation. Noch kein Mercury hatte sich in den Träumen der Jugend derart fest verankert — und er sollte auch auf lange Zeit der letzte seiner Art bleiben.

In gewisser Weise war der Mercury von 1949-51 eine Zufallsgeburt. Die ursprünglichen Pläne von Ford für die Nachkriegsära sahen zwei separate Mercury-Modellreihen mit 3,05 und 3,12 m Radstand vor. Unterhalb hiervon war Ford mit einem „Compact" mit 2,54 m Radstand und einer normalen Version mit 3,00 m Radstand angesiedelt. Das Spitzentrio umfaßte drei Lincolns: das Normalmodell (3,17 m), den teureren Cosmopolitan/Custom (3,25 m) sowie einen neuen Continental (3,35 m Radstand).

Dann trat Ernest R. Breech, 1945 als rechte Hand von Henry Ford II verpflichtet, auf den Plan. Breech befand den neuen „Bathtub"("Badewanne")-Ford für zu massiv, den „Compact" im boomenden US-Nachkriegsmarkt für entbehrlich (er wurde dann von der französischen Ford-Filiale als „Vedette" auf den Markt gebracht) und einen neuen Continental für fragwürdig (angesichts begrenzter Geldmittel und mäßiger Absatzchancen). Er „empfahl" dem Ausschuß bei Ford also, die beiden Mercurys zu einem Billig-Lincoln zu kombinieren, den einstigen Standard-Ford zum Mercury zu ernennen und schleunigst einen Ford mit kürzerem 2,89-m-Radstand zu entwickeln. Der Ausschuß war selbstverständlich einverstanden.

So erschien der erste Nachkriegs-Mercury 1949 mit 3,00 m Radstand und einer Grundkarosserie, die mit der des kleineren Lincoln (der einen 7 cm längeren Radstand hatte) identisch war. Die Karosserielinie war von Styling-Chef Bob Gregorie bereits während des Krieges entworfen worden. Unter der Haube werkelte eine langhubigere Variante des von Hot-Roddern verehrten, altehrwürdigen seitengesteuerten Ford-/Mercury-V8, der gegenüber 1946-48 etwas mehr Hubraum und 10 PS mehr zu bieten hatte. Wie andere Ford-Produkte zum Modelljahr 1949 erhielt auch der Mercury erstmals eine vordere Einzelradaufhängung und eine „offene" Hotchkiss-Hinterachse an Halbelliptik-Längsblattfedern. Vier Karosserievarianten waren wie bisher in einer einzigen Modellreihe lieferbar: Coupé, zweitüriger „Woodie", Convertible und viertüriger Sport Sedan mit hinten angeschlagenen hinteren Türen.

Mit 301319 Exemplaren überbot der 49er Mercury alle bisherigen Produktionsrekorde, vor allem begünstigt durch die stilistische Verwandtschaft mit dem Lincoln und echten 160 km/h Höchstgeschwindigkeit. Das Modell 1950 entsprach — wie zu erwarten — weitgehend dem Modell 1949. Lediglich an größeren Park-

Obwohl 1950 insgesamt 293 658 Mercurys entstanden, blieben zwei Modelle seit jeher relativ rar: Das Cabriolet für $2412 (rechte Seite) wurde nur 8341mal produziert. Vom Monterey (unten) mit Kunstleder- oder Segeltuch-Dachbezug verließen sogar nur 5059 Exemplare das Werk. Mit Segeltuchdach kostete der Monterey $ 2146, mit Kunstlederdach $ 2157.

Mercury

leuchten, „Mercury"-Haubenbuchstaben in einem breiten Chromband und einteiligen (statt dreigeteilten) Heckscheiben bei Coupé und Limousine waren sie zu erkennen. Im Innenraum fiel das neue Armaturenbrett in Stil des Lincoln auf.

Gleichzeitig feierten zwei neue Coupés Premiere: eine Billigversion für $1875, die gegen billigere Dodge- und Pontiac-Modelle antreten sollte, und der Monterey mit Segeltuch- oder Kunstleder-Dachbezug für $2146 bzw. $2157. Letzterer war eines von vier neuen Modellen, die Dearborn gegen die neuen Hardtops von Chevrolet, Pontiac, Chrysler, DeSoto und Dodge ins Rennen schickte. Wie der Lincoln Lido und Capri (siehe oben) wartete auch der Monterey mit einem luxuriösen Interieur auf, das echte Cabriolet-Atmosphäre vermitteln sollte. Beim Monterey bekam der Käufer sicher noch mehr fürs Geld als bei den Lincoln-Varianten, dennoch blieb die Nachfrage verhalten: 5050 Exemplare waren es 1950, 7471 im Jahre 1951.

Mit der Tradition des „Serien-Hotrod", die dem Mercury anhaftete, hatte das schwerere Modell 1949 auf den Stock-Car-Pisten seine liebe Not. Erst das Modell 1950 brachte den alten Schwung, auch bei der ersten Carrera Panamericana, wo fünf von elf gestarteten Mercurys ins Ziel kamen. 1950 lief ein Mercury bei den 500 Meilen von Indianapolis als Pace Car, während ein mit Overdrive ausgerüsteter Sport Sedan die Grand Sweepstakes des Mobilgas Economy Run für sich entschied und dabei auf den 1201 km von Los Angeles bis zum Grand Canyon mit durchschnittlich 8,9 l auf 100 km auskam.

Ein echtes Mercury-Hardtop war erst für die neue Ford-Palette von 1952 zu erwarten, also wurde das Modell 1951 als letzter „Badewannen"-Mercury aufgelegt. Das „Spar-Coupé" wurde gestrichen, dafür gab es nun u. a. wieder den Monterey, der einen zähnebewehrten konvexen Grill und längere, eckigere Heckkotflügel aufwies. Minimale Eingriffe am Motor brachten 2 PS mehr, die große Sensation war jedoch die erste Mercury-Automatik. Diese Merc-O-Matic, ein Dreigang-Wandlergetriebe aus der Entwicklung von Borg-Warner, ähnelte der ebenfalls neuen Ford-O-Matic und war für $159 Aufpreis (etwa $70 mehr als der nach wie vor angebotene Overdrive) zu haben. Auf Anhieb fand diese Automatik begeisterte Aufnahme bei den Käufern.

Nachdem Mercury 1950 mit fast 294 000 Einheiten Neunter in der Produktionsstatistik geworden war, stieß die Marke 1951 mit fast 310 400 (abermals ein Rekordergebnis) auf den 6. Rang vor. Und obwohl bereits größere (wenn auch nicht immer bessere) Dinge vor der Tür standen, hatten sich die „Badewannen"-Mercs ihren Platz in der Autogeschichte erobert. Wie alle Custom Cars liegen sie heute wieder voll im Trend. Gott sei Dank sind auch etliche im Originalzustand erhalten geblieben — als Erinnerung an einen der markantesten US-Cars der fünfziger Jahre.

TECHNISCHE DATEN

Motor: V8, hängende Ventile, 7066 ccm (109,2 × 93,9) **1958** 375 SAE-PS **1959** 350 SAE-PS

Getriebe:	Turbo-Drive-Dreigangautomatik
Fahrwerk, vorn:	obere und untere Dreiecksquerlenker, Schraubenfedern
Fahrwerk, hinten:	Starrachse, Schraubenfedern, Längslenker
Bremsen:	vorne/hinten Trommelbremsen
Radstand (mm):	3327
Gewicht (kg):	2150-2218
Höchstgeschwindigkeit (km/h):	168-175
Beschleunigung 0-96 km/h (s):	8,7-10,5

Produktionszahlen: 1958 Capri Lim. 4tür. 1184 **Landau Hardtop 4tür.** 3084 **Hardtop 2tür.** 2591 **Premiere Lim. 4tür.** 1660 **Landau Hardtop 4tür.** 5572 **Hardtop 2tür.** 3043 **1959 Capri Lim. 4tür.** 1312 **Landau Hardtop 4tür.** 4417 **Hardtop 2tür.** 2200 **Premiere Lim. 4tür.** 1282 **Landau Hardtop 4tür.** 4606 **Hardtop 2tür.** 1963

Der Mercury von 1951 hatte einen neuen Kühlergrill, eckigere Heckkotflügel, senkrecht stehende Rückleuchten und eine größere Heckscheibe. Das billigste Modell war mit $ 2530 der „Woodie"-Kombi (unten), von dem nur 3812 Exemplare entstanden. Weit besser verkaufte sich das $ 1947 teure Coupé (rechts, oben) mit 135 000 Exemplaren. Über die Hälfte der Gesamtproduktion entfiel mit 157 648 Stück jedoch auf den Sport Sedan (rechts, unten), der in den USA genau $ 2000, in Deutschland DM 16 800,- (wo die Inlandsproduktion erst im Herbst 1951 mit dem nochmals rund DM 3000,- teureren Mercedes 300 etwas Vergleichbares aufzuweisen hatte) kostete.

Mercury

1952-54 Mercury

Nach seinem Auftritt als „verkleinerter Lincoln" in den Jahren 1949-51 gab sich Mercury mittlerweile wieder als „vergrößerter Ford" (wie meistens in seiner 50jährigen Firmengeschichte), woran man auch gut tat. Der Lincoln wirkte 1952 noch mehr wie ein Mercury, und beide lehnten sie sich an den modernisierten Ford an.

Gemeinsames Merkmal aller drei Marken war die relativ eckige Karosserie mit einteiliger Windschutzscheibe und Ponton-Kotflügeln, an deren Seite die nach vorne geneigte Lufthutzenattrappe prangte. Als Besonderheit hatte der Mercury ein „Bulldoggengesicht" mit wuchtig vorstehenden Stoßstangenhörnern unter der rechteckigen Grillöffnung. Am Heck saßen üppig verchromte Heckleuchten schräg nach vorne geneigt über der einteiligen Stoßstange.

Der Radstand von 3 Metern war gleich geblieben, der Kastenrahmen ohne X-Traverse war leichter gebaut. Auch das Fahrwerk glich dem Vorgänger, Verbesserungen gab es lediglich an Stabilisatorbefestigung, hinteren Stoßdämpfern und Lenkung. Noch immer tat der seitengesteuerte V8 mit 4,2 l Hubraum (wie schon 1949) Dienst, dank höherer Verdichtung und eines überarbeiteten Vergasers kam er nun jedoch auf 125 statt 112 PS. Zu den weiteren technischen Neuerungen zählten ein kleinerer 72-l-Tank mit Einfüllstutzen hinter dem Kennzeichenhalter (wie beim Ford) sowie geänderte Antriebsübersetzungen für das serienmäßige Schaltgetriebe und den Overdrive. Die Merc-O-Matic war nach wie vor gegen Aufpreis lieferbar.

Außer mit einer neuen Karosserie wartete Mercury vor allem mit einem erweiterten Typenprogramm auf, das acht Modelle in fünf Varianten (eine mehr als beim „Badewannen"-Mercury) umfaßte. Der Monterey, 1950-51 noch ein Coupé-Sondermodell, wurde nun zum regulären Modell, das 1952 auch als Cabriolet und viertürige Luxus-Limousine lieferbar war. Bei allen anderen Modellen saß am Heckkotflügel der „Mercury"-Schriftzug (statt „Monterey"); hie und da wird allerdings behauptet, dies seien offiziell die „Custom"-Modelle gewesen. Der Monterey blieb jedenfalls die teurere Luxusversion (bis 1954). Die Preisspanne reichte von $ 1987 für die einfache zweitürige Limousine bis zu $ 2570 für den achtsitzigen Station Wagon.

Auf den Monterey entfiel ein Großteil der Mercury-Fertigung von 1951, die infolge der durch den Koreakrieg bedingten Drosselungen rund 40 % unter dem Vorjahresstand lag. Dieser Einbruch sollte jedoch nicht von Dauer sein; schon 1953 setzte Mercury (wie auch die anderen US-Autoproduzenten) zu einem Höhenflug auf über 300 000 Einheiten an.

Wie Ford und Lincoln stellte auch Mercury 1952 eine neue Karosserie vor. Ihre „Familienähnlichkeit" war unverkennbar, der Mercury hob sich jedoch besonders durch seine „Bulldoggenschnauze", die dick verchromten Rückleuchten und sein erstes Hardtop ab. Das Modell 1952 (ganz oben) hatte keine Chromleisten an den Vorderkotflügeln. Beim Modell 1953 (oben und unten) lief die Chromleiste geradlinig von vorne bis hinten durch. 1954 kamen abermals ein neuer Grill und neue Rückleuchten hinzu — ferner der erste moderne OHV-V8 von Mercury.

Das Modell 1953 blieb weitgehend unverändert, nur die Typenpalette wurde in zwei echte Parallelmodelle gegliedert. Die Grundausführung (ein Hardtop-Coupé und zwei Limousinen) hieß nun eindeutig Custom, mußte jedoch immer noch ohne eigenen Schriftzug auskommen. Der 1952 so beliebte Monterey war nun auch als achtsitziger Kombi lieferbar (der Sechssitzer war ausgelaufen) und bot eine besonders hübsche Innenausstattung: hochwertiges Wolltuch in den Limousinen, Leder und Kunstleder in den übrigen Versionen. Das Hardtop wurde ab Werk zweifarbig geliefert, wobei das Dach stets in Kontrastfarbe abgesetzt war.

Zu den stilistischen Änderungen des Jahrgangs 1953 zählten kleine „Zähne" in der oberen Kühlergrillöffnung sowie neue, weiter vorstehende Stoßstangenhörner, durchgehende Seitenzierleisten und drei verchromte „Windfangleisten" an den Wölbungen der Heckkotflügel. Dem Lincoln ähnlich, besaßen die Limousinen und Hardtops einteilige, weit herumgezogene Heckscheiben. Vom Vorläufermodell übernommen wurde das Armaturenbrett im Cockpit-Look mit halbrundem Tacho über einem langgestreckten Einsatz mit einer waagerechten Schalterleiste für Scheinwerfer, Scheibenwischer und Heizung/Defroster.

1954 begann bei Mercury — genau wie bei Ford — ein neues Kapitel, als der alte Seitenventil-V8 zugunsten des neuen Y-Blocks mit hängenden Ventilen aufgegeben wurde. Entsprechend dessen gehobenem Status war er für den Mercury auf 4195 ccm aufgebohrt worden und kam damit auf 161 PS (im Ford nur auf 130). Neu war auch die Kugelkopf-Vorderachse, die dem Merc eine präzisere Straßenlage bescherte. Als Ergänzung des Typenprogramms feierte das obligatorische Schwestermodell des Ford Skyliner (mit Glasdach) seinen Einstand, der Monterey Sun Valley (siehe separate Beschreibung). Optisch änderte sich 1954 nicht viel: In den neu modellierten Heckkotflügeln saßen senkrechte, verrippte Rückleuchten, die vordere Stoßstange bestand aus zwei übereinanderliegenden waagerechten Leisten, deren obere zwischen zwei torpedoähnlichen Hörnern saß — womit das Modell 1954 zum bestaussehenden Mercury dieser Jahre avancierte.

Ein Bestseller wurde er jedoch nicht, denn der Ausstoß ging auf ca. 259 300 Exemplare zurück. Doch bei Mercury hatte man bereits große Pläne für das nächste Jahr, das zum Spitzenjahr werden sollte und den imposanten neuen „Big M" brachte.

TECHNISCHE DATEN

Motor:	**1952-54** V8, stehende Ventile, 4185 ccm (81 × 101,6), 125 SAE-PS **1954** V8, hängende Ventile, 4195 ccm (91,9 × 78,7), 161 SAE-PS
Getriebe:	3-Gang-Schaltgetriebe; auf Wunsch mit Overdrive oder Merc-O-Matic-Dreigangautomatik
Fahrwerk, vorn:	obere und untere Dreiecksquerlenker, Schraubenfedern, Stabilisator
Fahrwerk, hinten:	Starrachse, Halbelliptik-Blattfedern
Bremsen:	vorne/hinten Trommelbremsen
Radstand (mm):	2997
Gewicht (kg):	1515-1695
Höchstgeschwindigkeit (km/h):	152-160
Beschleunigung 0-96 km/h (s):	14,0-15,0

Produktionszahlen: 1952 Lim. 2tür. 25 812 **Lim. 4tür.** 83 475, einschl. Monterey Lim. 4tür. **Kombi 4tür.** 2487 **Sport Coupé Hardtop 2tür.** 30 599 **Monterey Hardtop 2tür.** 24 453 **Conv.** 5261 **1953 Custom Lim. 2tür.** 50 183 **Lim. 4tür.** 59 794 **Sport Coupé Hardtop 2tür.** 39 547 **Monterey Hardtop 2tür.** 76 119 **Lim. 4tür.** 64 038 **Conv.** 8463 **Kombi 4tür.** 7719 **1954 Custom Lim. 2tür.** 37 146 **Lim. 4tür.** 32 687 **Sport Coupé Hardtop 2tür.** 15 234 **Monterey Hardtop 2tür.** 79 533 **Sun Valley Hardtop 2tür.** 9761 **Lim. 4tür.** 65 995 **Conv.** 7293 **Kombi 4tür.** 11 656

Mercury

1954
Mercury Sun Valley

„Das Herz der Großstadt glänzt im Schein der nächtlichen Sterne aus Neon und Lichtbändern. Ein atemberaubender Anblick... Sie sind umgeben von Lichtermeer und Farbenfülle. Zugleich wird der gleißend helle Lichtschein gedämpft durch die Tönung des Kunststoffdachs.... Ihr Blick wandert nach oben zur Ampel. Die Ampel schaltet auf Grün und Sie setzen Ihre wundersame Reise fort – in einer einzigartig entspannten Atmosphäre."

Diese blumige Beschreibung stammt aus einem Prospekt des Mercury Monterey Sun Valley von 1954. Zusammen mit seinem Schwestermodell von Ford, dem Crestline Skyliner, war der Sun Valley das erste Serienauto mit einem durchsichtigen Dach. Zusammen wurden von diesen „Glasdächern" 1954 immerhin 23 000 Exemplare abgesetzt. Und obwohl der Ford sich besser verkaufte als der Mercury, kommt es gerade im Sun Valley in seiner besten, unverfälschtesten Form zur Geltung.

Nicht daß die Idee an sich neu gewesen wäre. Schon Ende der 30er Jahre, als man Kunststoff nicht nur für Zierteile, sondern auch als tragendes, belastbares Material entdeckte, waren „Glasdächer" erdacht worden. 1939 rüstete John Tjaarda für die Karosseriefirma Briggs erstmals einen Pkw damit aus, als er einem Plymouth-Cabriolet ein einteiliges Kunststoffdach überstülpte. Bei Ford entstanden nach dem Krieg – lange vor dem Sun Valley – z.B. die Show Cars X-100 und XL-500, letzterer 1953 mit durchsichtiger Dachpartie, die durch einen nach vorne geneigten Überrollbügel zweigeteilt wurde. Noch 1956, als die letzten Serien-Skyliner das Werk verließen, stellte Ford den Lincoln Futura mit Kunststoff-Cockpit aus.

Mercury rührte für den Sun Valley kräftig die Werbetrommel: „Freie Rundumsicht, eine neuartige freundliche Atmosphäre, riesige Sichtflächen, ein ganz neues Konzept von Licht und Luxus... Sie fahren damit das ganze Jahr in allem Komfort ‚wie im Freien'... mit dem einzigartigen Gefühl, dem Trend immer voraus zu sein." Ganz von der Hand zu weisen waren derartige Sprüche – mit gewissen Einschränkungen – sogar nicht einmal.

Das größte Problem war die Wärmeeinstrahlung. Um sie in Grenzen zu halten, mußte der Plexiglasteil grün eingefärbt werden (wie bei Sonnenbrillen) – nur in Anzeigen wurde ein ungetöntes Dach gezeigt, damit die Innenausstattung voll zur Geltung kam. Das gefiltert in den Innenraum einfallende Licht wirkte also recht bizarr, wie Motor Trend anmerkte: „Manche junge Dame könnten da Zweifel an ihrem Makeup beschleichen und sie könnte genausogut auf grünen Lippenstift umsteigen." Und obwohl in Versuchen in Wüstenregionen nachgewiesen wurde, daß zwischen der Temperatur im Innenraum des Sun Valley-Dachs und eines normalen Hardtops keine 3 Grad Unterschied herrschten, bot Mercury für den Hochsommer eine unter dem Dach eingehängte Jalousie an. Klimaanlagen gab es zwar 1954 ebenfalls schon, doch kosteten sie ein Heidengeld, waren also in kaum einem Sun Valley zu finden.

1954 wurde der Sun Valley in nur zwei Farbkombinationen geliefert: gelb oder minzgrün, jeweils mit dunkelgrünem Dach kombiniert. Die Polster waren in gelbem und dunkelgrünem Kunstleder (bestimmt nicht sehr komfortabel) oder aber in weißem Stoff mit grünem Kunstleder gehalten. Auf den Vorderkotflügeln prangte ein goldfarbener „Sun-Valley"-Schriftzug. Relativ teuer war der Sun Valley obendrein – 1954 kostete er immerhin $ 2582, der Ford Skyliner dagegen nur $ 2150 bis $ 2250.

Das Glasdach alleine hätte aus dem Sun Valley bestenfalls eine Kuriosität gemacht, doch der 1954er Mercury war alles in allem ein herausragender Jahrgang. Die Ford-Linienführung von 1952-54 war geradezu zurückhaltend zu nennen: straff, ungekünstelt, ohne Chromexzesse, harmonisch durchgezeichnet und vor allem funktionsgerecht. Noch sachlicher fiel das Modell 1954 aus, vor allem vorne und hinten. Die hübschen, in die Kotflügel integrierten Rückleuchten waren auch von der Seite leicht zu sehen und waren ähnlich wie bei modernen Mercedes-Modellen verrippt (was Straßenschmutz besser abhielt). Vorne saß ein einfacher Kühlergrill mit einem einzelnen waagerechten Element unter einer flachen Motorhaube mit einer Pseudo-Lufthutze (vermutlich das einzige unpraktische Detail). Am aufgeräumten Armaturenbrett fielen die Kippschalter nach Art eines Flugzeugcockpits auf.

1954 debütierte auch der brandneue obengesteuerte Mercury-V8, dessen Hubraum fast dem seines seitengesteuerten Vorläufers entsprach. Während jedoch der alte Motor ein ausgesprochener Langhuber war, lief der neue V8 mit überquadratischer Auslegung und entwickelte deutlich mehr PS. Sein neuer Vierfachvergaser wies eine Ansaugunterdruckkammer statt des mechanischen Gestänges zu den beiden hinteren Lufttrichtern sowie Doppelschwimmer und eine konzentrische Schwimmerkammer auf. Zu den weiteren technischen Feinheiten zählten die bei Mercury erste Kugelkopf-Vorderachse, nur vier Schmierstellen und noch bessere Geräuschdämmung als je zuvor. Der Clou blieb jedoch das durchsichtige Dach. An Glasflächen hatte man bei keinem 54er Mercury gespart, die Verglasung des Sun Valley übertraf aber alle anderen US-Modelle, auch den 1954er Kaiser, der aber natürlich ein normales Stahldach aufwies.

1955 sollte erneut ein Sun Valley herauskommen, doch war die (ohnehin begrenzte) Nachfrage bereits gestillt, daher verkaufte er sich nur noch 1787mal. Aber egal: Das Original blieb unerreicht.

Technische Daten

Motor:	V8, hängende Ventile, 4195 ccm (91,9 × 78,7), 161 SAE-PS
Getriebe:	3-Gang-Schaltgetriebe; auf Wunsch mit Overdrive oder Merc-O-Matic-Dreigangautomatik
Fahrwerk, vorn:	Einzelradaufhängung, Schraubenfedern, Teleskopstoßdämpfer
Fahrwerk, hinten:	Starrachse, Blattfedern, Teleskopstoßdämpfer
Bremsen:	vorne/hinten Trommelbremsen
Radstand (mm):	2997
Gewicht (kg):	1606
Höchstgeschwindigkeit (km/h):	160
Beschleunigung 0-96 km/h (s):	14,0-15,0
Produktionszahlen:	9761

Das geschickt modernisierte Mercury-Programm von 1954 umfaßte erstmals eine Kugelkopf-Vorderachse und einen neuen OHV-V8 sowie ein neues Modell, den Sun Valley. Wie der Ford Skyliner von 1954 hatte er ein transparentes Kunststoffdach aufzuweisen. Damals war er kein sonderlicher Renner (nur 9761 Exemplare wurden verkauft), heute ist er unter Sammlern jedoch heiß begehrt.

Mercury

1955-56 Mercury

1955 fanden in den USA mehr Neuwagen als je zuvor einen Käufer – ein Boom, der allenfalls mit den ersten Jahren nach dem zweiten Weltkrieg zu vergleichen war. Fast alle Autohersteller bauten bei ihrer Planung für die Endfünfziger also auf dem Jahr 1955 auf – ganz besonders Ford. Speziell im mittleren Preissegment versprach man sich gewaltige Absätze – Grund genug für das im Aufwind befindliche Dearborn, neue „Divisions" nach der Art von General Motors in Leben zu rufen. Lincoln-Mercury wurde daher geteilt und neue „Divisions" für den noblen Continental Mark II und ab Ende 1957 für das Mittelklassemodell Edsel eingerichtet.

Expansion war auch das Kennzeichen des Ford-Modelljahrgangs 1955, vor allem beim Mercury, der nicht nur wie ein Sieger auftrat, sondern auch einer war. Wie beim Ford war die Karosserie von 1952-54 radikal überarbeitet und mit größeren, leistungsstärkeren V8-Maschinen bestückt worden. Doch auch länger wurde der Mercury und hatte nun den längsten Radstand seit 1942 aufzuweisen. Damit kam Mercury im Kalenderjahr auf stolze 435 000 Exemplare, mehr als 100 000 über der bisherigen Bestmarke. Auch der Ausstoß im Modelljahr 1955 war mit fast 330 000 Stück um rund 70 000 gestiegen, was allerdings nach wie vor nur für den 7. Platz der Statistik ausreichte. Einziger Makel war der Sun Valley mit Dachverglasung, von dem nur 1787 Stück abgesetzt wurden und der deshalb ersatzlos gestrichen wurde.

Gewissermaßen als Abbild des unbändigen Optimismus der Konzernspitze bei Ford und Mercury war das Modell 1955 länger, niedriger, breiter und schneller. Das Modellangebot gewann überdies an Breite: Die drei Modellreihen (eine mehr als 1954) zählten nun 14 Typen zu Preisen zwischen $ 2700 und $ 4000. Innerhalb der Autoindustrie, die Rekordumsätze tätigte, hatte Mercury genau das richtige Rezept erwischt.

Spitzenmodell war der neue Montclair, der als Convertible und in zwei Hardtop-Varianten lieferbar war (normales Hardtop und Sun Valley). Wie bei allen 1955er Modellen lehnte sich sein Kühlergrill an das Vorjahresmodell an, zum Unterschied zu den Normalmodellen lief jedoch unter den Seitenscheiben ein abgesetzter Streifen im Farbton des Daches nach hinten. Hieran schlossen sich der Monterey als Limousine, Hardtop und Kombi sowie das Standardmodell Custom (mit den gleichen Karosserievarianten sowie einem Zweitürer als Einsteigermodell) an. Alle Modelle besaßen – wie auch der Ford – neue Panoramascheiben und einen „gewichtigeren" Karosserierumpf. Zur Saisonmitte kam eine neue Montclair-Limousine mit gestreckterer Dachpartie im Hardtop-Look hinzu (genaugenommen ein Vorläufer der späteren Hardtop-Limousinen). Motor Trend war davon immerhin so beeindruckt, daß der Mercury zur bestaussehenden amerikanischen Limousine gekürt wurde.

Wie schon der Ford erhielt auch der Mercury-V8 zur Saison 1954 eine größere Bohrung sowie einen längeren Hub und kam nun auf 4785 ccm. Im Custom und Monterey leistete der V8 bei 7,6:1 Verdichtung 188 PS. Serienmäßig im Montclair und gegen Aufpreis bei den übrigen Modellen war daneben die höher

TECHNISCHE DATEN

Motor:	V8, hängende Ventile **1955** 4785 ccm (95,2 × 83,8), 188/198 SAE-PS **1956** 5113 ccm (96,5 × 86,3), 210/215/225/260 SAE-PS
Getriebe:	3-Gang-Schaltgetriebe; auf Wunsch mit Overdrive und Merc-O-Matic-Dreigangautomatik
Fahrwerk, vorn:	obere und untere Dreiecksquerlenker, Schraubenfedern, Stabilisator
Fahrwerk, hinten:	Starrachse, Halbelliptik-Blattfedern
Bremsen:	vorne/hinten Trommelbremsen
Radstand (mm):	3022
Gewicht (kg):	1540-1762
Höchstgeschwindigkeit (km/h):	168-175
Beschleunigung 0-96 km/h (s):	10,0-12,5

Produktionszahlen: 1955 Custom Hardtop 2tür. 7040 **Lim. 2tür.** 31 295 **Lim. 4tür.** 21 219 **Kombi 4tür.** 14 134 **Monterey Hardtop 2tür.** 69 093 **Lim. 4tür.** 70 392 **Kombi 4tür.** 11 968 **Montclair Lim. 4tür.** 20 624 **Hardtop 2tür.** 71 588 **Sun Valley Hardtop 2tür.** 1787 **Convertible** 10 668 **Medalist Phaeton Hardtop 4tür.** 6685 **Sport Coupé Hardtop 2tür.** 11 892 **Lim. 2tür.** 20 582 **Lim. 4tür.** 6653 **Custom Phaeton Hardtop 4tür.** 12 187 **Sport Coupé Hardtop 2tür.** 20 857 **Lim. 2tür.** 16 343 **Lim. 4tür.** 15 860 **Convertible** 2311 **Kombi 4tür.** 17 770 **Monterey Phaeton Hardtop 4tür.** 10 726 **Sport Sedan 4tür.** 11 765 **Sport Coupé Hardtop 2tür.** 42 863 **Lim. 4tür.** 26 735 **Kombi 4tür.** 13 280 **Montclair Phaeton Hardtop 4tür.** 23 493 **Sport Sedan 4tür.** 9617 **Sport Coupé Hardtop 2tür.** 50 562 **Convertible** 7762

1955 geriet der Mercury noch „gewichtiger". Das neue Spitzenmodell Montclair war als zweitüriges Hardtop (links) mit 71588 produzierten Exemplaren das meistgefragte Modell des Jahrgangs. 1956 gab es vier Mercury-Baureihen, davon zwei mit Convertibles. Der preisgünstigere offene Custom (oben) kostete $ 2712, verkaufte sich jedoch nur 2311mal.

verdichtete Version mit 198 PS und Merc-O-Matic zu haben. Obendrein fanden Mercury-Käufer größere Bremsen und serienmäßig schlauchlose Reifen vor.

Alles in allem gilt der Mercury von 1955 als einer der gelungensten Mercs aller Zeiten, in mancher Hinsicht vielleicht als der beste. 1956 hätte es genauso weitergehen dürfen. Doch die Stückzahlen des Mercury fielen deutlich ab (die der meisten anderen Marken gegenüber dem Rekord-Vorjahr allerdings auch). Im Kalenderjahr 1956 entstanden noch rund 250 000 Exemplare, ein Minus von rund 180 000. Im Modelljahr ging die Produktion dagegen um kaum 1000 Einheiten zurück, was jedoch immer noch gerade für den 7. Platz reichte.

Neu waren 1956 das breite „M" auf der Haube, eine noch aggressivere Schnauze, stärker ausgewölbte Heckkotflügel und Z-förmige Seitenzierleisten am Custom, Monterey und Montclair. Auch jetzt konnte der Streifen unterhalb der Seitenfenster im Farbton des Dachs abgesetzt werden, daneben war jedoch auch eine normale Zweifarbenlackierung im Programm. Als Billigmodell kam der Medalist neu hinzu, der das Mercury-Programm nach unten abrundete. Infolge der verschärften Inflation lag der Preis des Medalist jedoch noch über dem des Custom vom Vorjahr. Auf jeden Fall war er nicht soviel billiger als der Custom, um über die spartanische Ausstattung (z.B. fehlende Z-Zierleisten) hinwegtrösten zu können. Nur ca. 46 000 Medalists verließen das Werk, während die drei anderen Modellreihen auf mindestens die doppelte Anzahl kamen.

Mercury folgte Ford dieses Jahr auch bei der Premiere der viertürigen Hardtops. Diese Variante namens Phaeton, die Mitte des Modelljahres herauskam, war in allen vier Modellreihen zu haben. Die Stückzahlen entwickelten sich scheinbar analog zum Preis; beim Montclair lagen sie am höchsten, beim Medalist am niedrigsten. Im Custom-Programm war nun ein zweites Cabriolet zu finden. Mit $ 2712 fand es jedoch längst nicht die Resonanz des offenen Montclair für $ 2900.

Bei gleicher Leistung und gleichem Hubraum wie Ford bot Mercury dieses Jahr drei Versionen des auf 5,2 l vergrößerten V8 an: im Medalist und Schaltgetriebe-Custom mit Doppelvergaser und 210 PS, im Monterey und Automatik-Custom mit Vierfachvergaser und 215 PS sowie im Montclair und Automatik-Monterey mit Vierfachvergaser und 225 PS. Gegen Ende der Saison kam noch ein 260 PS starker Ableger mit zwei Vierfachvergasern und höherer Verdichtung von 9,7:1 hinzu.

Dieser Trend war logischerweise durch den allgemeinen Run nach immer mehr PS bedingt. In Kingman, Arizona, stellte Mercury zwanzig neue Weltrekorde in den von der NASCAR gesponserten Speed Trials auf. Auch bei den Grand Nationals in Daytona holte sich Mercury den Klassensieg. Bei allen Änderungen und trotz der überwältigenden Dominanz des Lincoln in der Carrera Panamericana behauptete sich der Mercury als eines der schärfsten Modelle aus Detroiter Produktion. Schon 1957 sollte es obendrein zu einem der pompösesten werden.

1957-58 Mercury

1957, als die Sowjets als erste einen Satelliten ins All schickten, beglückte Ford die Menschheit mit dem Mercury Turnpike Cruiser. Radikalere Sozialkritiker der USA behaupten, letzteres erkläre ersteres. Sie machten noch ganz andere Dinge dafür verantwortlich, doch als Paradebeispiel einer irregeleiteten Technik ist der 1957er Mercury schwerlich zu überbieten. Wie Tom McCahill, der Veteran unter den amerikanischen Autotestern, es ausdrückte: „Der Turnpike Cruiser ist das Design des Raumschiffzeitalters für die Fortbewegung auf der Erde."

Einen gewissen Ruhm erwarb sich der Turnpike Cruiser als überladenste Version des 1957er Mercury, der aussah, als komme er von einem anderen Planeten. Mit 8 cm mehr Radstand als 1955/56 — dem längsten Radstand in der Geschichte des Mercury — war dieser „Big M" in der Tat extrem groß geraten. Die Kombis kamen auf annähernd 2 Tonnen Eigengewicht. „Er plärrt es förmlich heraus: Ich bin niedriger, länger und breiter", stand in einer Zeitschrift zu lesen. So war es denn auch: 12,5 cm niedriger, 7,5 cm länger und 7,5 cm breiter. Trotz der geringeren Höhe bot er hinten 5 cm und vorne 10 cm mehr Kopffreiheit, vor allem dank des tiefen Bodenblechs zwischen weiter auseinanderliegenden Längsträgern.

Mehr Pfunde verlangen nach mehr PS. Serienmäßig war ein 5,2-Liter-V8 (mit 20 PS mehr als 1956) vorgesehen; beim neuen Turnpike Cruiser gab es gar den auf 290 SAE-PS gedrosselten Lincoln-Sechsliter serienmäßig (bei den anderen Modellen gegen Aufpreis).

A propos: Custom und Medalist waren abgetreten, dafür gab es neben dem Monterey und Montclair noch eine eigene Kombipalette mit nicht weniger als sechs Modellen, alle mit Hardtopdach und Endpreisen um $5000. Spitzenmodell war der feudale Colony-Park-Viertürer (Grundpreis $3700) mit Holzbeplankung; danach kamen die zwei- und viertürigen Voyager mit der Ausstattung des Montclair. Der Commuter-Trim im Monterey-Trim (der preisgünstigste Kombi) war als neunsitziger Viertürer und als sechssitziger Zwei- und Viertürer im Programm.

Das Design (aus der Feder von Don DeLaRossa) wirkte hektisch, um es vorsichtig zu formulieren: Irre „Brauen" über den Scheinwerfern, Stoßstangen aus zwei massiven Ovalen, ein riesiges konkaves Geschoß auf beiden Heckkotflügeln, das in keilförmigen Rückleuchten auslief. Noch gekünstelter sah der Turnpike Cruiser aus (als dessen Vorbote der als „bahnbrechendes Dream-Car-Design" gefeierte 1956er XM Turnpike Cruiser Show Car gelten darf). Im Turnpike steckte — so dachte jedenfalls Ford — alles, was das Herz des US-Autokäufers begehrte: Doppelscheinwerfer (soweit in den Bundesstaaten zulässig), eine umgekehrt geneigte und zwecks Durchzug versenkbare Heckscheibe sowie nach vorne gerichtete Lufteinlaßöffnungen vor den A-Säulen mit hochragenden Radioantennen. Letztere beiden Neuerungen galten für die zwei- und viertürigen Hardtops; Mitte des Modelljahres kam noch ein Convertible Cruiser hinzu, dessen Aufkleber ihn als Replika des Mercury auswiesen, der 1957 bei den 500 Meilen von Indianapolis als Pace Car laufen durfte.

Der Innenraum des Cruiser, mit „Monitor Control Panel" mit Drehzahlmesser und Anzeige der Durchschnittsgeschwindigkeit (in runden Gummigehäusen) sowie Drucktasten für die serienmäßige Merc-O-Matic (nach dem Vorbild des Chrysler von 1956) wirkte ähnlich futuristisch. Die Käufer des Turnpike Cruiser erhielten sogar eine Karte mit allen Highway-Mautstellen ("Turnpikes") der USA nach dem Stand von 1957. Als Favorit entpuppte sich jedoch die als Extra lieferbare elektrische Sitzverstellung „Seat-O-Matic" mit 49 Sitzpositionen.

Trotz aller Blickfang-Extras und einer erstaunlich guten Leistung und Straßenlage verkaufte sich der Turnpike Cruiser mehr schlecht als recht. Insgesamt ging die Mercury-Produktion von fast 328 000 Exemplaren im Jahre 1956 auf knapp über 286 000 im Jahr 1957 zurück — ein böser Ausrutscher im Vergleich zur Konkurrenz der US-Mittelklasse (vor allem Chrysler). Daß Mercury damit vom 7. auf den 9. Platz der Produktionsstatistik abrutschte, war die logische Folge.

Wie sich zeigen sollte, leitete der Cruiser ein noch viel negativeres Jahr 1958 ein, in dem sich Mercury bei abermals 40 % geringerem Ausstoß gerade noch auf Rang 8 halten konnte (mit nur knapp über 153 000 Exemplaren). Ohne Convertible wurde der Cruiser zu einer Variante des Montclair und trat den Status als Spitzenmodell Mitte des Modelljahres an den neuen Park Lane ab (als Cabrio, Hardtop-Coupé und einer Hardtop-Limousine mit längerem Radstand und 7-Liter-Lincoln-V8 (und Preisen zwischen $3870 und über $4000). Montclair und Monterey erhielten einen neuen 6,3-Liter-Big-Block-Motor und waren an diversen Detailretuschen als Modell 1959 zu erkennen. Als Konkurrenz zum 1958 lancierten Edsel aus dem eigenen Stall erwies sich das wieder eingeführte Billigmodell Medalist mit 235 PS starkem 5,2-Liter-Motor. Auch diesem Modell blieb stückzahlenmäßig jedoch der Erfolg versagt. Selbst der Ausstoß der sechs Kombis war noch geringer als 1957.

Um es auf einen Nenner zu bringen: Dem Mittelklasse-Automarkt der USA entschwand 1958 förmlich der Boden unter den Füßen. Doch leichte Schläge auf den Hinterkopf erhöhen bekanntlich das Denkvermögen — so auch bei Mercury, wo man so schnell wie möglich die Ladenhüter aus dem Programm nahm und vor allem die Entwicklung eines Ablegers des bei Ford geplanten Compact-Modells vorantrieb. Innerhalb von zwei Jahren waren beide Ziele erreicht.

Ein Mercury Convertible Cruiser (rechte Seite, oben) lief als Pace Car bei den Indy 500 von 1957. Er war $4103 teuer und gehörte zu den drei Modellen des Turnpike Cruiser, der auch als viertüriges Hardtop (unten) für $3849 zu haben war. Dessen einfachere Variante, das Monterey Hardtop, kostete in diesem Jahr in Deutschland DM 21 705.

TECHNISCHE DATEN

Motor: V8, hängende Ventile **1957** 5113 ccm (96,5 × 87,3), 255 SAE-PS; 6030 ccm (101,6 × 92,9), 290 SAE-PS **1958** 5113 ccm (96,5 × 87,3), 235 SAE-PS; 6276 ccm (109,2 × 83,8), 312/330 SAE-PS; 7046 ccm (109,2 × 93,9), 360/400 SAE-PS

Getriebe:	3-Gang-Schaltgetriebe; auf Wunsch mit Overdrive und Merc-O-Matic/Multi-Matic-Dreigangautomatik
Fahrwerk, vorn:	obere und untere Dreiecksquerlenker, Schraubenfedern
Fahrwerk, hinten:	Starrachse, Halbelliptik-Blattfedern
Bremsen:	vorne/hinten Trommelbremsen
Radstand (mm):	3098 **1958** Parklane 3175
Gewicht (kg):	1757-2090
Höchstgeschwindigkeit (km/h):	160 — über 185
Beschleunigung 0-96 km/h (s):	8,5-13,0

Produktionszahlen: 1957 Monterey Phaeton Hardtop 4tür. 22 475 **Lim. 4tür.** 53 839 **Phaeton Hardtop 2tür.** 42 199 **Lim. 2tür.** 33 982 **Phaeton Conv.** 5033 **Montclair Phaeton Hardtop 4tür.** 21 567 **Lim. 4tür.** 19 836 **Phaeton Hardtop 2tür.** 30 111 **Phaeton Conv.** 4248 **Turnpike Cruiser Hardtop 2tür.** 7291 **Hardtop 4tür.** 8305 **Convertible Cruiser** 1265 **Commuter Kombi 2tür.** 4885 **Commuter Kombi 4tür.** 11 990 **Commuter Kombi 4tür./9-Sitzer** 5752 **Voyager Kombi 2tür.** 2283 **Voyager Kombi 4tür.** 3716 **Colony Park Kombi 4tür./9-Sitzer** 7386 **1958 Medalist Lim. 2tür.** 7750 **Lim. 4tür.** 10 982 **Monterey Phaeton Hardtop 4tür.** 26 909 **Lim. 4tür.** 28 892 **Phaeton Hardtop 2tür.** 13 693 **Lim. 4tür.** 28 892 **Phaeton Hardtop 2tür.** 13 693 **Lim. 2tür.** 10 526 **Conv.** 2292 **Montclair Phaeton Hardtop 4tür.** 3609 **Lim. 4tür.** 4801 **Phaeton Hardtop 2tür.** 5012 **Conv.** 844 **Turnpike Cruiser Hardtop 4tür.** 2864 **Hardtop 2tür.** 3543 **Park Lane Phaeton Hardtop 4tür.** 5241 **Phaeton Hardtop 2tür.** 3158 **Convertible** 853 **Commuter Kombi 2tür.** 1912 **Commuter Kombi 4tür.** 8601 **Commuter Kombi 4tür./9Sitzer** 4227 **Voyager Kombi 2tür.** 568 **Voyager Kombi 4tür.** 2520 **Colony Park Kombi 4tür./9Sitzer** 4474

1959 Mercury

Hält man sich vor Augen, daß die Entwicklungszeit neuer Automodelle in Detroit 3 bis 4 Jahre beträgt, wird deutlich, daß der 1959er Mercury bereits 1956/57, in den Boom-Jahren der US-Mittelklasse, entstand. Ungeachtet der Rahmenbedingungen fiel das Modell 1959 also größer als je zuvor aus. Irgendwer bei Mercury muß jedoch erkannt haben, daß man mit dem Jahrgang 1957/58 übertrieben hatte, denn das Modell 1959 schien nüchterner und sachlicher.

Größer wirkte es dagegen auf jeden Fall. Zum zweiten Mal innerhalb von nur 2 Jahren wies der Mercury eine eigene neue Karosserie auf (die größeren Edsel-Modelle von 1958, außer den Kombis, erhielten die Rohkarosserie des Mercury von 1957-58). Das tiefliegende „cow-belly"-Fahrgestell wurde mittschiffs um 15 cm verbreitert und auch im Radstand um 10 cm (beim Park Lane um 7,5 cm) verlängert.

Der Park Lane, der wie 1958 in drei Karosserievarianten im Programm stand, war mit Endpreisen um $ 5000 offensichtlich nicht so recht nach Laune der Autokäufer, denn nur rund 12 000 erstanden einen solchen (darunter nur 1254, die sich für das Convertible entschieden). Der Monterey blieb unverändert, der Montclair wurde nach dem Abgang des Convertible und des glücklosen Turnpike Cruiser dagegen auf drei Versionen zusammengestrichen. Kombis blieben nun noch vier. Auch der billige Medalist verschwand wieder, da der in die Lincoln-Mercury-Division integrierte Edsel nun als Einsteigermodell fungieren sollte.

Markant blieb das Styling des 59er Jahrgangs von „Big M" allemal: Frontpartien wie aus einem Stück, raketenähnliche Sicken, die von den A-Säulen nach hinten bis zu den keilförmigen Rückleuchten liefen, und darunter die Grillattrappe am Heck. Die riesige Panoramascheibe hatte im Vergleich zum Modell 1957/58 eine um 60 % größere Fläche, weshalb die Scheibenwischer von 30 auf 40 cm verlängert wurden und nun (mit das erste Mal bei einem amerikanischen Auto) parallel liefen. Die Heckscheibe der Hardtops wurde noch größer als die Frontscheibe und war in gleicher Manier in Panoramaform um die Ecken gezogen. Bei den Limousinen saßen die Panorama-Heckscheiben unter einem gewaltigen Dachüberhang.

„Space-Planned Interior" war das Schlagwort für den Innenraum der größeren 1959er Karosserien. Das neue, nicht minder imposante Armaturenbrett lag weiter vorne, was den Insassen mehr Bein- und Bewegungsfreiheit verschaffte. Zusätzlich unterstrichen wurde die tatsächliche oder vorgetäuschte Größe auch durch den niedrigeren Kardantunnel, schmalere Türschweller (wodurch der hintere Fußraum fast 10 cm Breite gewann), breitere Vordertüren und die riesige Windschutzscheibe mit ihren weniger stark gewinkelten Scheibensäulen.

Der Park Lane war das Flaggschiff des Mercury-Programms von 1959. Das abgebildete zweitürige Hardtop war 1960 kg schwer, hatte einen 7,1-Liter-V8 und stand mit $ 3955 in den Preislisten ($ 137 mehr als für einen Buick Electra). Die Nachfrage blieb bei diesen Preisen verhalten; nur 4060 zweitürige Hardtops fanden einen Abnehmer.

Technische Daten

Motor: V8, hängende Ventile, 5113 ccm (96,5 × 87,3), 210/280 SAE-PS; 6276 ccm (109,2 ×83,8), 280/322 SAE-PS; 7046 ccm (109,2 ×93,9), 345 SAE-PS

Getriebe:	3-Gang-Schaltgetriebe; auf Wunsch mit Overdrive oder Merc-O-Matic (beim Montclair serienmäßig) oder Multi-Drive Merc-O-Matic-Dreigangautomatik (beim Park Lane serienmäßig)
Fahrwerk, vorn:	obere und untere Dreiecksquerlenker, Schraubenfedern
Fahrwerk, hinten:	Starrachse, Halbelliptik-Blattfedern
Bremsen:	vorne/hinten Trommelbremsen
Radstand (mm):	3200 **Park Lane** 3251
Gewicht (kg):	1803-2109
Höchstgeschwindigkeit (km/h):	152-175
Beschleunigung 0-96 km/h (s):	9,5-11,5

Produktionszahlen: Monterey Hardtop 4tür. 11 355 **Lim. 4tür.** 45 370 **Hardtop 2tür.** 17 232 **Lim. 2tür.** 12 694 **Conv.** 4426 **Montclair Hardtop 4tür.** 6713 **Lim. 4tür.** 9514 **Hardtop 2tür.** 7375 **Park Lane Hardtop 4tür.** 7206 **Hardtop 2tür.** 4060 **Convertible** 1254 **Commuter Kombi 2tür.** 1051 **Commuter Kombi 4tür.** 15 122 **Voyager Kombi 4tür.** 2496 **Colony Park Kombi 4tür.** 5929

Vom breiteren Fahrgestell einmal abgesehen, änderte sich technisch am zwanzigsten Mercury-Jahrgang nicht viel. Die Motoren blieben weitgehend gleich, als Folge der Rezession von 1958 liefen sie jedoch aus Verbrauchsgründen mit niedrigerer Verdichtung. Zumindest vorübergehend war der PS-Wettlauf also eingestellt worden. Der Monterey erhielt einen V8 mit 5,2 l Hubraum bzw. (als Extra) mit 6,3 l, der Park Lane bekam den um 15 PS gedrosselten 7,1-Liter-Lincoln-Motor, der Commuter-Kombi kam mit 6,3 l Hubraum auf 280 PS, die übrigen Kombis erreichten serienmäßig 322 PS. Das Automatikgetriebe wurde nun wieder mit Lenkradschaltung bedient, nachdem man nach nur 2 Jahren vom Gag der Drucktasten abgekommen war (anders als Chrysler, wo sie sich noch 6 Jahre hielten). Am Fahrwerk waren die Blattfedern der Hinterachse verbreitert und verlängert worden und die vorderen Dreieckslenker etwas nach unten angestellt, um dem Eintauchen beim scharfen Bremsen entgegenzuwirken.

Das Spitzenmodell war übrigens ein letzter Überrest der ursprünglichen Modellplanung von Jack Reith aus dem Jahr 1955, als ein „Über-Mercury" als Konkurrenz zum Chrysler und Buick Roadmaster geplant war. Die zwischenzeitlichen Ereignisse hatten diese Pläne allerdings zu Makulatur werden lassen. Noch schlimmer war aber, daß 1959 die Produktion gegenüber den ohnehin dürftigen Stückzahlen von 1958 um weitere ca. 4000 Einheiten absackte, obwohl der Gesamttrend der Wirtschaft wieder aufwärts zeigte. Bei weniger als 150 000 Exemplaren waren eigene Karosserien und Fahrgestelle für den Mercury — von einem „Super-Modell" gar nicht zu reden — einfach nicht zu rechtfertigen.

Nach einer überarbeiteten Neuauflage für 1960 (und nach dem Abgang des Edsel Ende 1959) wurde aus dem Big M daher wieder ein vergrößerter Ford. Mittlerweile war auch das preisgünstige Compact-Modell Comet eingezogen, das zum wichtigen Standbein des Konzerns bis zur Wiederbelebung des Mittelklassemarktes ab etwa 1962 werden sollte.

Mit dem Versuch, die fünf Marken von General Motors nachzuahmen, hatte sich Ford 1957/58 also kräftig übernommen. Hätte man diesen Schachzug drei Jahre früher oder später gewagt, als der Mittelklassemarkt gefestigt dastand, so würde der Edsel — und vielleicht sogar ein „Über-Mercury" — heute noch leben. Aber wie sagte doch Filmzar Samuel Goldwyn einst: „Prognosen sind immer gefährlich — vor allem Prognosen für die Zukunft!"

Muntz

1951-54
Muntz Jet

Der Muntz Jet war eines jener vielen „auf Sparflamme" entwickelten Autos, die im Autoboom der späten 40er und frühen 50er Jahre das Licht der Welt erblickten, als fast jeder mit Ideen und etwas Geld meinte, im Autogeschäft sei das große Geld zu verdienen. In diesem Fall stammten die Ideen von Earl „Madman" Muntz, dem vor Energie sprühenden Radio- und Fernsehhersteller, dessen aggressive Werbung ihn Anfang der 50er Jahre zum größten — um nicht zu sagen schillerndsten — Gebrauchtwagenhändler im südlichen Kalifornien gemacht hatte („Ich wollte die Autos sogar verschenken, aber meine bessere Hälfte ließ mich nicht. Ver-RÜCKT!!").

Begonnen hatte alles 1948, als Frank Kurtis, seit Ende der 20er Jahre als Konstrukteur potenter Rennwagen (z.B. vieler Midgets) bekannt, sich dem Bau eines straßentauglichen Sportwagens zuwandte. Der Kurtis Sport, der daraus entstand, überzeugte durch seine selbsttragende Pontonkarosserie mit nur 10 Außenblechen, die bis auf die Glasfaser-Motorhaube und -Heckklappe aus Aluminium bestanden. Der Wagen wirkte recht rundlich, dank des knappen Radstandes von 2,54 m jedoch durchaus ansehnlich. Als besonderes Sicherheitsmerkmal hatte er eine um die gesamte Karosserie laufende Gummipufferleiste und einen großen Kühlergrill mit kombinierter Stoßstange aufzuweisen, die in Gummidämpfern gelagert waren (ein Vorreiter der so verhaßten Sicherheitsstoßfänger der 70er Jahre). Vor dem riesigen Lenkrad auf seiner axial verstellbaren Lenksäule waren alle nur erdenklichen Instrumente zusammengefaßt. Primitiv wirkten die Plexiglas-Steckscheiben, dafür gab's als Ergänzung zum obligatorischen Stoffverdeck ein abnehmbares Stahldach.

Wie die Innenausstattung, so bestanden auch Fahrwerk und Antriebsstrang des Kurtis vorwiegend aus zugekauften Teilen. Nur Feder- und Dämpferkennung wurden von Kurtis im Hinblick auf optimale Straßenlage und Fahrverhalten extra abgestimmt. Beim Motor ließ sich fast jeder Kundenwunsch erfüllen, meistens saß unter der Haube jedoch ein seitengesteuerter Ford-V8 mit Edelbrock-Krümmern. Auch als Bausatz konnte der Sport geordert werden — je nach Ausstattungsniveau zu Preisen von $ 1495 bis $ 3495.

Durch sein geringes Eigengewicht entwickelte der Sport auch mit dem Seitenventiler ansehnliche Fahrleistungen; vor allem Wendigkeit und Agilität fanden ein positives Echo. Doch Kurtis-Kraft operierte in extrem kleinem Maßstab und produzierte weitgehend in Handarbeit — und sehr langsam, so daß die Stückzahlen genauso dürftig wie der Gewinn waren. Nach nur 36 Exemplaren (bis 1950) veräußerte Kurtis daher seinen Betrieb in Glendale (Kalifornien) für $ 200 000 an den „Madman".

Earl „Madman" Muntz übernahm den Kurtis-Sportwagen, gestaltete ihn um und verlagerte die Fertigung von Kalifornien nach Illinois. Dort produzierte er fast 500 Jets. Mit ihrem Lincoln- oder Cadillac-V8 waren sie für ihre Zeit recht schnell — und luxuriös obendrein. Bei jedem gebauten Auto legte Muntz allerdings runde $ 1000 drauf, weshalb er sich 1954 aus dem Autobusiness zurückzog.

Technische Daten

Motor: Cadillac-V8, hängende Ventile, 5424 ccm (96,5 × 92,2), 160 SAE-PS; Lincoln-V8, stehende Ventile, 5518 ccm (88,9 × 111,2), 154 SAE-PS; Lincoln-V8, hängende Ventile, 5203 ccm (96,5 × 88,9), 160 SAE-PS

Getriebe:	GM-Hydra-Matic (4 Gänge); auf Wunsch mit Borg-Warner-Dreigang-Schaltgetriebe mit Overdrive
Fahrwerk, vorn:	obere und untere Dreiecksquerlenker, Schraubenfedern
Fahrwerk, hinten:	Starrachse, Halbelliptik-Blattfedern
Bremsen:	vorne/hinten Trommelbremsen
Radstand (mm):	2870; 2946
Gewicht (kg):	ca. 1720
Höchstgeschwindigkeit (km/h):	173 *
Beschleunigung 0-96 km/h (s):	12,3 *
Produktionszahlen:	ca. 490

* mit Lincoln V8 mit seitlich stehenden Ventilen und Hydra-Matic, der anscheinend in den meisten Exemplaren verwendeten Antriebskombination

Muntz ging nun daran, den Sport attraktiver zu gestalten, und verpaßte der unveränderten Grundkarosserie einen 33 cm längeren Radstand, Rücksitze und weitere Extras. Damit kletterte auch das Gewicht in neue Höhen, weshalb nun der neue 160-PS-V8 mit hängenden Ventilen von Cadillac statt des Ford-Seitenventilers unter die Haube kam. Das Resultat durfte für sich den Titel des ersten amerikanischen Hochleistungs-Luxusautos für Individualisten beanspruchen. Muntz nannte ihn kurz den „Jet".

Im ehemaligen Kurtis-Werk stellte Muntz noch 28 Jets auf die Räder, bevor er mit Sack und Pack in seinen Heimatort Evanstown, Illinois (nördlich von Chicago), umzog und die Konstruktion in etlichen Punkten umgestaltete. Die Aluminiumkarosserie — „Sie bekam schon allein vom Dranlehnen Dellen", erinnerte er sich 1985 in Collectible Automobile — wich einer Stahlkarosserie mit abermals 5 cm längerem Radstand. Merkwürdigerweise gab er zugleich den OHV-Motor von Cadillac zugunsten des Lincoln-Seitenventilers auf, der jedoch immerhin mechanische Stößel aus der Ford-Lkw-Version (statt Hydrostößeln) erhielt. Serienmäßig wurde nun die GM-Hydra-Matic montiert, daneben gab's auf Wunsch auch ein Borg-Warner-Dreiganggetriebe mit Overdrive.

„Wir steckten $75 000 in die Werkzeuge für dieses Auto", erinnerte sich Muntz. Doch auf jedes Exemplar entfielen alleine nochmals $2000 Lohnkosten, da die Karosseriebleche extrem genau montiert, verzinnt und sorgfältigst nachgearbeitet werden mußten. „Heute würden allein die Lohnkosten für eine derartige Karre 20 Riesen verschlingen!", betonte er 1985. Auch so waren die Kosten schon hoch genug. „Bevor wir 1954 Schluß machten, verlor ich $400 000 bei der ganzen Sache" — also rund $1000 pro Wagen. „Die Fertigung kostete $6500 pro Stück, aber für den Preis waren sie nicht zu vekaufen. Für $5500 riß man sie mir förmlich aus den Händen, aber das ließ sich finanziell unmöglich durchhalten!"

Die Wagen aus Evanstown gerieten rund 180 kg schwerer als die Jets aus Glendale, waren dafür jedoch haltbarer. Schnell liefen beide Versionen. Sicherheitsgurte und gepolstertes Armaturenbrett gab es ebenfalls serienmäßig — Jahre bevor Ford Sicherheit zum Verkaufsargument machte -, und voller Stolz verwies der „Madman" auch auf den robusten Kastenrahmen des Jet. „Das Ding war wie ein Panzer gebaut", erzählte Muntz. „Hätten wir weitergemacht, hätten wir ihn sicher leichter gestaltet. Wenn ein Muntz jemals in einem Schrottautorennen gefahren wäre, hätte er wohl alles in Grund und Boden gerammt." Gegen Ende der Fertigung stieg Muntz auf Glasfaser-Kotflügel und den neuen obengesteuerten V8 von Lincoln um.

Selbst Earl Muntz kennt die Stückzahlen nicht ganz genau, die Schätzungen belaufen sich jedoch auf rund 490 Jets, wovon mindestens 49 überlebt haben. Unbeeindruckt von seinem relativen Fehlschlag im Autogeschäft stürzte sich Muntz gleich wieder auf die Produktion — und Vermarktung — von Radios und Fernsehern, optimistisch, erfolgreich und „ver-RÜCKT" wie eh und je. Später sollte er Pionierarbeit bei der Einführung der Stereocassetten und des Großformat-Fernsehens leisten. „Meine Arbeit ist mein Hobby, meine Liebe und mein Leben", verkündete er einmal. Leider ging dieses schillernde Leben Ende 1987 zu Ende, und wir sind damit wieder um ein Original ärmer.

1950-51
Nash Ambassador

In regelmäßigen Abständen wird in den Medien wieder einmal das Thema der ach so kitschigen fünfziger Jahre aufgewärmt. Und wenn dazu noch Dokumentaraufnahmen aus den USA jener Jahre zu sehen sind, kommt — während sich der Sprecher über die Auswüchse der damaligen Autos ausläßt — unweigerlich der Kameraschwenk über die Drive-In-Restaurants mit ihren Parkplätzen, auf denen es nur so von den Buckeln der Nash Airflytes wimmelt.

War der Airflyte wirklich so schlimm? Und wieso parken dann in den Drive-Ins soviele davon? Die Antworten: „Mit Sicherheit nicht" und „Das erfahren Sie gleich."

Nash-Kelvinator, der Hersteller, ging konsequent eigene Wege — als kompromißloser Freidenker. Nash bot 1951 den ersten Nachkriegs-Sportwagen der USA an, schon 1950 das erste moderne Kompaktmodell und 1954 den ersten „Subcompact". George Mason, der Chef von Nash und der einzige Spitzenmanager der Independents, der über die eigene Nasenspitze hinaus zu sehen vermochte, versuchte alle Independents an einen Tisch zu bringen, bevor sie einzeln untergingen. Und der Airflyte — er war zwar nicht das einzige betont rundliche US-Auto jener Jahre, aber er war radikal anders. Zum einen hatte er eine wirklich aerodynamische Form zu bieten. Zum anderen konnte Nash als einziger Independent einen Motor mit hängenden Ventilen vorweisen. Und drittens setzte Nash (mit Ausnahme von Hudson) als einziger auf selbsttragende Karosserien. All dies ließ bereits künftige Trends erahnen — die ironischerweise erst lange nach dem Abtritt von Nash von der Autoszene Wirklichkeit werden sollten.

Entworfen wurde der Airflyte von Nils Erik Wahlberg unter Mitarbeit von Holden Koto und Ted Pietsch. Kurz nach der Premiere des neuen Nash trat Wahlberg, der bereits 1916 zu Nash gekommen war, in den Ruhestand — mit einem wahrhaft futuristischen Werk.

Man stelle sich vor: Niemand — aber auch wirklich niemand — hatte 1950 derart radikale Formen zu bieten; die „Big Three" nicht, und noch nicht einmal Studebaker. Niemand zeigte ein derart ehrliches Auto.

Der Nash galt 1949-51 als windschlüpfrigstes Auto auf den Straßen der USA. Spitzenmodell war 1950 der viertürige Ambassador Custom (auf dieser Seite) für $ 2223. Er wurde von einem 112 PS starken OHV-Sechszylinder angetrieben. Das Modell 1951 besaß senkrechte Kühlergrilleisten und eckigere Heckkotflügel. Der Statesman Super (rechte Seite) für $ 1955 (in Deutschland DM 14 300,-) hatte einen gut 20 cm kürzeren Radstand und wurde von einem kleineren seitengesteuerten Sechszylinder mit 85 PS angetrieben.

Technische Daten

Motor: 6 Zylinder in Reihe, hängende Ventile, 3850 ccm (85,8 × 111,2) **1950** 112 SAE-PS **1951** 115 SAE-PS

Getriebe:	3-Gang-Schaltgetriebe; auf Wunsch mit Overdrive oder Hydra-Matic-Viergangautomatik
Fahrwerk, vorn:	Einzelradaufhängung, Schraubenfedern, Teleskopstoßdämpfer
Fahrwerk, hinten:	Starrachse, Schraubenfedern, Teleskopstoßdämpfer
Bremsen:	vorne/hinten Trommelbremsen
Radstand (mm):	3073
Gewicht (kg):	1526–1608
Höchstgeschwindigkeit (km/h):	152
Beschleunigung 0–96 km/h (s):	18,0–20,0

Produktionszahlen: Aufschlüsselung der Stückzahlen liegt nicht vor; von den 171 782 (1950) bzw. 205 307 (1951) Exemplaren entfielen ca. 20 % auf den Ambassador.

Sein Styling war nicht um seiner selbst willen entstanden. Die aerodynamischen Pluspunkte waren nicht wegzudiskutieren: Sein Luftwiderstandsbeiwert war rund ein Drittel günstiger als der des ähnlich gestalteten, aber alles andere als windschnittigen 1950er Packard. Und wer außer Nash bot 1950 schon Sicherheitsgurte an?

Und dann war da noch das Uniscope, eine neuartige Vorrichtung auf der Lenksäule, in der alle Instrumente und fast alle Schalter und Hebel zusammengefaßt waren. Lediglich das Radio paßte nicht in das Uniscope und verblieb am Armaturenbrett. Doch selbst das Radio allein störte anscheinend, weshalb es hinter einem Klappfach verschwand, um das Auge des auf Ästhetik erpichten Nash-Besitzers nicht zu stören.

Daneben wartete der Airflyte bereits mit gewölbter einteiliger Windschutzscheibe auf, als viele andere Marken noch flache, zweigeteilte Scheiben hatten. Außerdem ließen sich die Lehnen der Vordersitze bei allen Airflytes zu Liegesitzen umklappen (Luftmatratzen gab es als Zubehör). Die Sitze und die „Weather-Eye"-Frischluftheizung und -Lüftungsanlage machten den Nash Airflyte zum wohnlichsten Langstreckenauto der USA. Dank der Liegesitze war der Nash auch das einzige US-Modell, das sich regelrecht in ein Mini-Schlafzimmer verwandeln ließ — was seine Beliebtheit in US-Autokinos hinreichend erklären dürfte.

1950/51 lieferte Nash den Airflyte in zwei Modellreihen, dem Statesman und dem Ambassador mit kurzem bzw. langem Radstand und kleineren oder größeren Sechszylindermotoren. Der kürzere, gedrungene Statesman war mit seinem schwächeren Motor für US-Verhältnisse eindeutig untermotorisiert, der längere Ambassador wirkte dagegen besser proportioniert und konnte bei Bedarf den ganzen Tag mit 145 km/h Dauergeschwindigkeit dahingleiten. Die Preise lagen 1951 zwischen knapp über $ 2300 und ca. $ 2700 für den teuersten Ambassador. Stilistisch änderte sich nicht viel; das Modell 1951 ist vor allem an den höheren Heckkotflügeln und den senkrechten Leisten im Kühlergrill zu erkennen.

Der Airflyte verkaufte sich besser als alle anderen Modelle in der Geschichte der Marke Nash. Im ersten Jahr, 1949, kam er (inklusive aller billigeren Varianten) auf 135 000 Einheiten und damit auf einen unverhofft guten 10. Rang in der Statistik. 1950 und 1951 kletterte der Ausstoß auf das höchsten Niveau, das ein Nash je erreichte: 172 000 bzw. 205 000 Exemplare (darunter 1951 übrigens auch 30 Exemplare, die der Nash-Importeur in Koblenz an deutsche Käufer ausliefern durfte, die in den Wiederaufbaujahren bereits wieder zahlungskräftig genug waren). Zwar befand sich darunter in steigender Zahl der kleine Rambler, immerhin bewies dies aber, daß ein heute so oft verlachtes Auto seinerzeit, als es neu war, durchaus begehrt und seiner Zeit voraus sein konnte.

Nash

1950-52
Nash Rambler

Ein kleines, erschwingliches Auto für all diejenigen zu bauen, die sich bisher nie einen Neuwagen leisten konnten, war seit den zwanziger Jahren, nachdem das Ford Model T endgültig eingestellt wurde, der ständige „American Dream". Noch vor Ende des Jahrzehnts hatte Nash den Ajax präsentiert, Hudson den Essex, Willys den Whippet, Chrysler den Plymouth und Studebaker den Erskine. Nur dem Plymouth war dauerhafter Erfolg beschieden, auch wenn Hudson mit dem Essex einige Jahre lang eine starke Stütze hatte. Alle anderen erlagen schon bald der übermächtigen Konkurrenz von Ford und Chevrolet, die allein schon aufgrund ihres massenhaften Ausstoßes größere Autos fürs gleiche Geld anbieten konnten.

Nach dem 2. Weltkrieg belebte sich dieser Traum aufs neue, obgleich er im Nachhinein verfrüht kam. Wie heute bekannt, verwarfen Chrysler, Ford und General Motors rundweg alle Pläne zum Bau eines „Volksautos". Zwei unabhängige US-Produzenten versuchten es trotzdem – Kaiser mit dem Henry J und Hudson mit dem Jet – und erlitten kläglich Schiffbruch. Ein anderer Independent schaffte jedoch das scheinbar Unmögliche. Und wer? Natürlich kein anderer als Nash.

Wie Tom McCahill, das Original unter den amerikanischen Autotestern, in Mechanix Illustrated schrieb, war Nash nach dem Krieg „umtriebiger als eine Maus in einem Sack hungriger Katzen" – man denke nur an den Nash-Healey, den Zusammenschluß zu American Motors, das Kleinwagenprojekt, aus dem der Nash Metropolitan wurde, an die radikalen Airflyte-Limousinen und an den Nash Rambler. Obwohl der Rambler sich in seinem Einstandsjahr keine 10 000mal verkaufte, sollte auf ihn nach und nach ein immer größerer Anteil der Nash-Fertigung entfallen, bis er ab Mitte der 50er Jahre American Motors ernstlich als vierte Kraft im US-Automarkt ins Gespräch brachte. Dies ging soweit, daß AMC 1958 seine „normalen" Autos schon ganz vergessen hatte und fortan ausschließlich auf den Rambler setzte.

George Mason, der Präsident von Nash, war cleverer als die Chefs aller anderen Independents zusammen. Als einziger erkannte er, daß sein relativ kleines Unternehmen den direkten Preiskampf mit den großen Drei nie würde durchstehen können und daß jeder Nash-Kleinwagen letzten Endes so teuer wie ein Chevy käme. Ein düsterer, spartanischer Kleinwagen (nach US-Maßstäben) wie z.B. der Henry J hätte also von vornherein keine Chance. In diesem Sinne war Mason ein Bruder im Geiste von Joseph W. Frazer (von Kaiser-Frazer), der den „Henry J voll angezogen herausbringen – und hinterher entkleiden wollte."

TECHNISCHE DATEN

Motor: 6 Zylinder in Reihe, stehende Ventile, 2835 ccm (79,5 ×95,2) 82 SAE-PS

Getriebe:	3-Gang-Schaltgetriebe; auf Wunsch mit Overdrive
Fahrwerk, vorn:	Einzelradaufhängung, Schraubenfedern, Teleskopstoßdämpfer
Fahrwerk, hinten:	Starrachse, Blattfedern, Teleskopstoßdämpfer
Bremsen:	vorne/hinten Trommelbremsen
Radstand (mm):	2540
Gewicht (kg):	1098-1142
Höchstgeschwindigkeit (km/h):	136
Beschleunigung 0-96 km/h (s):	19,0

Produktionszahlen: 1950 9330; Stückzahlen für weitere Modelljahre liegen nicht vor

Mason entschied sich da für eine andere Strategie – für einen Kleinwagen, der nicht nur in punkto Größe aus dem Rahmen des Üblichen fiel. Entgegen allen Regeln althergebrachter Logik brachte er seinen Rambler nicht als billige zwei- oder viertürige Limousine heraus, sondern als Convertible und hübsch anzuschauenden Ganzstahlkombi. 1951 kam sogar ein Hardtop hinzu. Eine geniale Taktik, die hundertprozentig aufging.

Im nachhinein erscheint uns dies nur logisch – damals waren derartige Überlegungen freilich alles andere als naheliegend. Das billigste Cabrio auf dem US-Markt war 1950 (wenn man den Willys Jeepster einmal ausklammerte) der Chevrolet für ca. $ 1850. Der billigste Kombi, der Plymouth Suburban, war etwa gleich teuer. Mason unterbot beide – der Rambler kostete sowohl als Kombi wie als Convertible exakt $ 1808 (in Deutschland betrug der Preis des offenen Rambler DM 13 900,-). Damals waren 50 Dollar natürlich wesentlich mehr Geld als heute, doch hatte Nash noch mehr zu bieten. Erstens war der Rambler brandneu, während die Konkurrenz nur gelifftete 1949er Jahrgänge vorzuweisen hatte. Der Rambler besaß eine selbsttragende Karosserie, die Nash als klapperfrei und wesentlich stabiler als herkömmliche Fahrgestellaufbauten anzupreisen verstand. Und das fantastische „Weather Eye", die Heizung und Lüftung im Nash, war allen Konkurrenzversionen eindeutig überlegen.

Nun würden Chevrolet und Plymouth bei ca. 9000 verkauften Exemplaren kaum mit den Achseln zucken (vom Plymouth gingen allein 20 000 Suburbans weg), und auch der Henry J kam in seinem ersten Jahr auf die achtfache Stückzahl. Doch nach und nach (parallel zum Niedergang des Henry J) erwarb sich der Rambler eine große und loyale Anhängerschar. Er überzeugte durch solide Verarbeitung, Langlebigkeit und durch sein fähiges Händlernetz (wohl die beste Händlerorganisation aller Independents). 1955 entfiel bereits der Löwenanteil der Stückzahlen von Nash/Hudson auf den Rambler.

Obgleich er sich stilistisch an den ebenfalls neuen Airflyte anlehnte, war der kleine Rambler eigentlich das glatte Gegenteil der riesigen Badewannenautos. Sein Radstand betrug nur 2,54 m, sein Gewicht nur gut 1100 kg. Und trotz des kleinen Sechszylinders mit 82 PS kam er in 19 Sekunden von 0 auf 100 und schluckte bei verhaltener Fahrweise noch nicht einmal 8 l auf 100 km. 130 km/h Dauergeschwindigkeit waren auch über Stunden hinweg kein Problem (und allein darin übertraf er den Henry J schon deutlich).

Nash-Präsident George W. Mason präsentierte am 14. April 1950 sein Kompaktmodell Rambler als Custom Convertible Landau für $ 1808 (linke Seite). Auffallend waren die feststehenden Scheibenrahmen über den Seitenscheiben. Am 23. Juni kam ein kleiner zweitüriger Kombi hinzu. Im Juni 1951 war das Programm mit dem Custom Country Club Hardtop (diese Seite) vorerst komplett.

Nash

1951-55 Nash-Healey

Ein ungleicheres Paar als George Mason und Donald Healey ist kaum vorstellbar. „Big George" verdiente sich seine Sporen im Haushaltsgerätegeschäft, kam nach der Kelvinator-Übernahme vor dem Krieg zu Nash und löste 1945 Charles W. Nash als Präsident ab. Donald Healey, der ewig lächelnde Brite aus Cornwall, war vom Amateurmechaniker zum Rallyefahrer aufgestiegen und träumte vom Bau eines eigenen „endgültigen" Sportwagens. Nach dem Krieg zog Healey sogar eine Kleinserie eigener Limousinen und Sportwagen mit 2,5-Liter-Riley-Motoren auf. Etwa 500 Limousinen, Roadster, Cabrios und Coupés verließen 1946-51 seine Werkshallen, darunter rund 25 % Silverstones, leichte, schnelle Zweisitzer mit freistehenden Kotflügeln, die in Europa in zahlreichen Wettbewerben brillierten.

Mason und Healey liefen einander auf der „Queen Elizabeth" während der Überfahrt in die USA über den Weg, setzten sich zusammen und brüteten eine Idee aus. Wie wäre es mit einem Zweisitzer auf Nash-Basis und mit dem großen Ambassador-Sechszylinder? Ihre Kreation wurde zu einem der ersten anglo-amerikanischen Zwitter. Der modern konzipierte, robuste Ambassador-Motor mit hängenden Ventilen sprach auf eine „Frisur" positiv an, also verpaßte ihm Healey zwei SU-Vergaser, eine schärfere Nockenwelle und einen 8,0:1 verdichteten Alu-Zylinderkopf. Damit entwickelte das Triebwerk 125 PS bei 4000 U/min. Das Nash-Dreiganggetriebe kombinierte Healey mit Borg-Warner-Overdrive, dengelte dazu eine Rennwagenkarosserie und meldete den Wagen zur Mille Miglia, wo er in seiner Klasse immerhin auf Platz 9 kam. In Le Mans liefen ebenfalls zwei Healeys, wovon einer auf Platz 4 kam. Im Jahr darauf erreichte der einzige Nash-Healey den sechsten Platz im Gesamtklassement und den vierten Platz in seiner Klasse.

Für das Serien-Sportmodell fertigte Panelcraft Ltd. in England nach Vorgabe des Roadsters die Karosserien. Den Rest besorgte Healeys Betrieb in Warwickshire. Kühlergrill, Stoßstangen und Scheinwerfer kennzeichneten die Frontpartie unzweifelhaft als Nash, ebenso die Nash-Embleme. Mitte 1950 wurden die ersten Exemplare fertig, im Herbst war der Wagen in London und Paris zu sehen, im Februar 1951 auch in Chicago. Mittlerweile lieferte Healey wöchentlich bereits 10 Exemplare in die USA. Für den Preis von $4063 (1951) — doppelt soviel wie für einen Ambassador — erhielt der Käufer u.a. ein verstellbares Lenkrad und Ledersitze. 1951 verkaufte Nash 104 Healeys — nicht viel, aber für Publicity allemal gut, da Nash damit Jahre vor Ford, GM und den anderen Independents einen echten Sportwagen vorzuweisen hatte.

Die glatte Alukarosserie des Healey mit seiner zweiteiligen, flachen Windschutzscheibe gefiel Mason nicht übermäßig, also zog er Pinin Farina hinzu, der bereits am neuen 1952er Nash Airflyte mitgewirkt hatte, und ließ das italienisches Flair auf den Healey übertragen. Der neue Nash-Healey präsentierte sich nun mit innenliegenden Scheinwerfern und einem zweiteiligen Kühlergrill. Dieser gefiel Mason derart gut, daß er seine Designer für den großen Nash des Modelljahrs 1955 etwas ähnliches entwerfen ließ. Die Farina-Karosserie besaß außerdem eine gewölbte, einteilige Windschutzscheibe sowie leicht ausgebuchtete Heckkotflügel, die die glatten Seitenflächen etwas auflockerten. Die Karosserie, die jetzt aus Stahlblech bestand, war billiger, leichter zu reparieren und dank sorgfältiger Konstruktion kaum schwerer. Obwohl das Modell 1952 wesentlich teurer wurde (mittlerweile $5688), kletterte der Jahresausstoß auf 150 Exemplare.

Auch 1952 finden wir den Nash-Healey wieder in den Starterlisten der Mille Miglia und in Le Mans. Bei den „Mille" schied das Coupé mit Donald Healey und dessen Sohn Geoff durch Unfall aus, doch Johnson/McKenzie kamen auf Platz 4 ihrer Klasse und Platz 7 im Gesamtklassement. In Le Mans schlug jedoch die Sternstunde des Nash-Healey. Healey meldete zwei Wagen, einen offenen 1951er für Johnson/Wisdom und den Prototyp von 1950 unter Veyron und Giraud-Cabantous. Aus taktischen Gründen fuhren die Healeys relativ verhalten, in der Hoffnung, daß die stärkeren Teams in den Führungspositionen ausfielen. Veyron mußte aufgeben, doch Johnson/Wisdom arbeiteten sich immer weiter vor, nachdem alle Talbot, Aston Martin und Jaguar vor ihnen nacheinander kapitulierten. Nur zwei Mercedes hielten durch, womit der Nash-Healey auf dem dritten Platz des Gesamtklassement landete und dabei Rundenschnitte von über 145 km/h und einen Gesamtverbrauch von knapp 15 l/100 km erreichte.

1953 setzte Nash 162 Healeys ab, darunter erstmals ein längeres Coupé, das „Le Mans" hieß — zum Andenken an die Erfolge von 1952 — und wohl der schönste aller Nash-Healeys war. Das Cabriolet wurde 1954 nicht mehr angeboten, dafür aber das Coupé überarbeitet: Eine dreiteilige Panorama-Heckscheibe und geänderte hintere Seitenscheiben ließen eine neue Dachpartie entstehen. Insgesamt 90 Coupés wurden produziert, davon einige Restexemplare als Modell 1955.

Der Nash-Healey kam nie an Stückzahlen heran, die eine Weiterentwicklung gerechtfertigt hätten. Für jeden Dollar, den das Modell einbrachte, dürfte Nash zwei weitere verloren haben. Vielleicht wäre er erfolgreicher gewesen, wenn er über spezielle Sportwagenhändler und zu günstigeren Preisen angeboten worden wäre.

Von den 506 produzierten Nash-Healeys existiert heute noch über die Hälfte, vorwiegend dank eines extrem aktiven Nash-Healey-Clubs. Schönheit ist zwar Geschmackssache, doch nach Ansicht vieler wirkt der 1951er Nash-Healey reiner und sauberer, wenn auch glatter als sein Nachfolger. Die Stahlkarosserie von Pinin Farina ist dafür leichter zu restaurieren (allerdings auch rostanfälliger). Wenn wir die Karosserieunterschiede außer acht lassen, so überzeugte der Nash-Healey als geradliniger, einfacher und reinrassiger Sportwagen, der sich auf Straße und Rennpiste gleichermaßen mit Bravour schlug — ein Denkmal für die Weitsicht des allzufrüh verstorbenen George Mason und den überragenden Verstand von Donald Healey in allen Fragen des Rennsports.

Der Nash-Healey, eines der ersten anglo-amerikanischen Modelle auf dem US-Markt, entsprang den Ideen des englischen Rennsportwagenkonstrukteurs Donald Healey und des Nash-Präsidenten George Mason, die sich auf einer Atlantikpassage kennengelernt hatten. Der Healey wurde in England mit dem Motor des Nash Ambassador und anderen Nash-Teilen gebaut. 1953 waren sowohl ein Roadster (oben) als auch das Le-Mans-Coupé (rechts, unten) im Programm; allerdings entstanden in diesem Jahr nur 162 Exemplare. Insgesamt wurden 506 Nash-Healeys fertiggestellt.

TECHNISCHE DATEN

Motor: 6 Zylinder in Reihe, hängende Ventile **1951** 3850 ccm (85,8 × 111,2) 125 SAE-PS **1952-55** 4138 ccm (88,9 × 111,2), 135 SAE-PS

Getriebe:	3-Gang-Schaltgetriebe; auf Wunsch mit Overdrive
Fahrwerk, vorn:	Einzelradaufhängung, Schraubenfedern, Teleskopstoßdämpfer
Fahrwerk, hinten:	Starrachse, Blattfedern, Teleskopstoßdämpfer
Bremsen:	vorne/hinten Trommelbremsen
Radstand (mm):	**Conv.** 2590 **Coupé** 2743
Gewicht (kg):	**1951** 1221 **1952-55 Conv.** 1248 **Coupé** 1357
Höchstgeschwindigkeit (km/h):	163-168
Beschleunigung 0-96 km/h (s):	11,0-12,0
Produktionszahlen:	**1951** 104 **1952** 150 **1953** 162 **1954-55** 90

Nash

1952-54 Nash

Wie Packard, Lincoln, Mercury und sein späterer Partner Hudson setzte Nash bei seiner ersten Nachkriegsgeneration auf den „Badewannen"-Look, doch der 1949er Airflyte mit seiner großen, rundlichen und etwas schwerfälligen Karosserie veraltete genauso rasch wie die Konkurrenzmodelle. 1951 war er so überholt wie Schnee von gestern. Stil galt eben alles in jenen Jahren des Aufschwungs in den USA.

Mehr noch galten stilistische Einflüsse aus Europa. Mit einer Woge von Importmodellen bekamen auch die Autokäufer in den USA mit, daß Autos auch ohne bizarre Blechformen und tonnenweise Chrom attraktiv aussehen konnten. Die Zusammenarbeit von Studebaker mit dem aus Frankreich stammenden Raymond Loewy, die von Weltenbummler Dutch Darrin gezeichneten Vorkriegs-Packards und Nachkriegs-Kaiser und vor allem die damals aktuellen ersten Chrysler-Show-Cars, die Virgil Exner bei Ghia in Italien hatte bauen lassen, waren für viele Amerikaner das Schlüsselerlebnis in Sachen europäisches Styling.

George Mason, der ewig zigarrenkauende Präsident von Nash-Kelvinator, dachte ebenfalls international und hatte 1951 zusammen mit Donald Healey einen sportlichen Zweisitzer ausgebrütet. Daß Mason auch designerische Hilfestellung bei einem europäischen Karossier suchen würde, mutete da als logische Konsequenz an.

Diese Hilfe fand er in Turin bei Giovan Battista „Pinin" Farina, der zwei Prototypen eines komplett überarbeiteten großen Nash für das Modelljahr 1952 lieferte (der kleinere Rambler war seit 1950 kaum geändert worden). Trotz der in Anzeigen und auf den Autos (durch diskrete Pininfarina-Embleme) herausgestrichenen „Italian Connection" stammte die Form des Serien-Nash allerdings weitgehend von Nash-Designer Edmund A. Anderson. Nur der quadratische Kühlergrill mit seinen senkrechten Leisten, die bis zu den umgekehrt geneigten C-Säulen herumgezogene Panorama-Heckscheibe und die auch auf vielen Ferraris jener Jahre zu findenden PF-Embleme blieben vom Entwurf Pinin Farinas übrig. Farina schien ganz zufrieden damit, daß ihm der Entwurf von Anderson überall zugeschrieben wurde (wahrscheinlich zum Mißfallen von Anderson), doch insgeheim dürfte er sich vom fertigen Produkt eher distanziert haben, nicht zuletzt aufgrund der kastenförmigen, allzu glatten Formen und der typischen teilverkleideten Räder, die seit Ende 1948 das Markenzeichen jedes Nash (außer des Nash-Healey) waren. Letztere waren von Mason diktiert worden, der aus unerfindlichen Gründen Gefallen daran fand. Den Käufern gefielen sie weniger, denn sie bedeuteten mühsame Reifenwechsel und meilenweite Wendekreise.

Trotz allem sah der „Farina-Nash" 1952 recht ansehnlich aus; vor allem seine dezente Linie und das geräumige Innere fanden Anklang, nachdem sich schon sonst nichts Aufregendes anhaftete. Wie bisher standen die Modellreihen Statesman und Ambassador zur Wahl, die jeweils als Super- und Custom-Limousinen sowie als Coupé lieferbar waren. Letzteres war jetzt als Custom ohne B-Säule unter dem schönen Namen Country Club im Programm — womit also auch der große Nash auf den Hardtop-Zug aufgesprungen war. Der Radstand des Statesman war bereits vorher verkürzt worden, doch war die Karosserie nun 6 cm länger, womit die kleineren Modelle im neuen Gewand längst nicht mehr so gedrungen wirkten. Der Ambassador wurde kaum merklich länger.

Nach dem Krieg hatte Nash seine Reihenachtzylinder eingestellt und sich auf langhubige Sechszylinder konzentriert. Diese Motoren blieben weiter im Dienst, beim Statesman wurde jedoch der Hub verlängert, wodurch Hubraum und Leistung (um ganze 3 PS) zunahmen. Der aufgebohrte OHV-Sechszylinder des Ambassador kam dagegen immerhin auf 5 PS mehr. Daß damit leistungsmäßig keine Bäume auszureißen waren, versteht sich von selbst, doch die Stärke des Nash war ohnehin Komfort auf Langstrecken, u.a. dank des „Weather-Eye" und der vorderen Liegesitze (für Väter mit Töchtern im Teenager-Alter ein Grund mehr zur Sorge). Neu waren 1952 auch das praktische Ablagenetz über der Windschutzscheibe, ein fast übertrieben symmetrisches Armaturenbrett und der Tankeinfüllstutzen hinter der rechten Schlußleuchte, ein Gag, den man wohl bei Cadillac abgeguckt hatte.

Wie bei anderen US-Autoproduzenten ging auch bei Nash der Ausstoß 1952 stark zurück (durch staatliche Beschränkungen infolge des Koreakriegs); dennoch konnte Nash seinen 10. Platz in der Produktionsstatistik behaupten. Die Stückzahlen blieben jedoch auch danach rückläufig (anders als bei fast allen Konkurrenten) und fielen 1954 sogar unter 100 000. Der Produktionswettlauf zwischen Ford und Chevrolet war daran nicht unschuldig, ebenso jedoch der Mangel an Neuem bei Nash — vor allem fehlte ein V8 für den nun bevorstehenden PS-Wettlauf.

Nash versuchte sein möglichstes, verpaßte dem 1953er Statesman einen überarbeiteten „Powerflyte"-Sechszylinder mit 12 PS mehr und blies den „Super Jetfire" des Ambassador mit zwei Vergasern zum „Dual Jetfire" mit 140 PS auf. Im nächsten Jahr kamen ein hübscher „freischwebender" Kühlergrill mit konkaven Leisten sowie ein „Continental Kit" für den Custom-Hardtop und -Viertürer hinzu.

Doch die Neuerungen waren zu mager und kamen zu spät. Im April 1954 hatte der vorausschauende Mason schon die Fusion mit Hudson zu American Motors unter Dach und Fach, womit er seinen Traum, die vier großen Independents zu einem schlagkräftigen Gegner der Großen Drei zusammenzufassen, zumindest zur Hälfte verwirklicht hatte. Doch starb Mason im Oktober desselben Jahres, noch bevor Studebaker und Packard mit eingegliedert werden konnten (sie schlossen sich dann selbst zusammen). Sein Nachfolger George Romney setzte schon bald ganz auf Compact-Modelle, um die Zukunft von AMC zu sichern. Die Farina-Karosserien waren damit zwar noch nicht erledigt, doch die Tage von Nash waren gezählt.

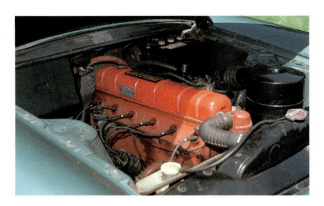

1952 zeigte Nash eine völlig neue Karosserie, die zumindest teilweise von Pinin Farina entworfen (und mit entsprechenden Emblemen verziert) worden war. Der Nash sah nun wesentlich kantiger aus, doch Kühlergrill und Radverkleidungen wiesen ihn unverwechselbar als Nash aus. Der abgebildete Ambassador Super schlug mit $ 2557 zu Buche. Sein 4,2-Liter-Sechszylinder kam auf 120 PS — genug für äußerst komfortable Langstreckenreisen.

TECHNISCHE DATEN

Motoren: **Statesman** 6 Zylinder in Reihe, stehende Ventile, 3203 ccm (79,5 × 107,9) **1952** 88 SAE-PS **1953** 100 SAE-PS **1954** 110 SAE-PS **Ambassador** 6 Zylinder in Reihe, hängende Ventile, 4138 ccm (88,9 × 111,2) **1952-53** 120 SAE-PS **1954** 130 SAE-PS **1953-54** 140 SAE-PS („Le Mans Dual Jetfire"-Sonderversion mit 2 Vergasern)

Getriebe:	3-Gang-Schaltgetriebe; auf Wunsch mit Overdrive oder GM Dual Range Hydra-Matic
Fahrwerk, vorn:	obere und untere Dreiecksquerlenker, Schraubenfedern
Fahrwerk, hinten:	Starrachse **Statesman** Halbelliptik-Blattfedern **Ambassador** Schraubenfedern
Bremsen:	vorne/hinten Trommelbremsen
Radstand (mm):	**Statesman** 2903 **Ambassador** 3081
Gewicht (kg):	1373-1623
Höchstgeschwindigkeit (km/h):	136-152
Beschleunigung 0-96 km/h (s):	14,0-17,0

Produktionszahlen: 1952 154 291* **1953** 121 793* **1954** 91 121*
* einschließlich Rambler und Nash-Healey

1953-55
Nash Rambler

Während der neue Nash zum Modelljahr 1952 ein neues Blechkleid erhielt, blieb beim Rambler und seiner rundlichen Karosserie alles beim alten. Erst 1953 bekam auch der Rambler ein moderneres Gewand —auch dies dem Vernehmen nach eine Schöpfung von Pinin Farina, was jedoch stark übertrieben sein dürfte, denn Nash-Designer Ed Anderson (dem alle Schuld an den schwülstigen Auswüchsen des Nash jener Jahre zugeschoben wird, während Farina den Ruhm einheimsen durfte) war mit Sicherheit federführend daran beteiligt. Nash hoffte auf die Signalwirkung des renommierten Namens Farina, Tatsache bleibt jedoch, daß sich dessen Einfluß stets in Grenzen hielt.

Der harmonisch gestylte und mit seinen verkleideten Vorderrädern unverkennbar als Nash herausgeputzte Rambler blieb auch 1953 in vier Modellen lieferbar: zwei Kombis, einem Convertible und einem Hardtop. Im dritten Jahr in Folge schossen die Stückzahlen in die Höhe und schon 1954 wurde er zum meistproduzierten Nash. Insgesamt standen als DeLuxe, Super und Custom immerhin 10 Varianten in den Katalogen, die die Big Three preislich eindeutig unterboten (der Deluxe-Zweitürer kostete ganze $ 1550) und auch in der teuersten Version nur auf $ 2050 kamen (für den Custom Cross Country-Station Wagon). Nash schuf sich so (analog zum Rat von Joseph W. Frazer für den Henry J) mit dem Convertible und dem Kombi eine eigene Marktnische, baute das Programm aus und brachte erst danach als Preisbrecher einen einfachen Zweitürer. Diese zwei- und viertürigen Limousinen kamen sogar erst 1954 hinzu.

Ein weiterer Pluspunkt des Rambler war die gegen Aufpreis ($ 179) lieferbare Hydra-Matic von General Motors. Damit ist übrigens auch die Legende widerlegt, daß General Motors bestrebt gewesen sei, die Independents auszurotten — denn wenn GM je durch einen Independent bedroht war, dann durch den Nash Rambler.

Die ganze Zeit hindurch blieb der Rambler jedoch dem Originalkonzept von George Mason treu. Außer in punkto Benzinverbrauch konnte man ihn nach US-Maßstäben eigentlich nicht als Kleinwagen bezeichnen. „Wenn darunter billige, zweckorientierte und kompakte Autos zu verstehen sind, bei denen

Der 1953er Nash Rambler wurde äußerlich mehr dem großen Nash von 1952 angeglichen; 1954 kamen viertürige Limousinen und Kombis mit verlängertem Radstand hinzu. Das abgebildete Modell 1955 ist an den waagerechten und senkrechten Streben im Kühlergrill und an den größeren Vorderradausschnitten zu erkennen. Auffällig auch die Nash- und Hudson-Embleme im Kühlergrill.

Technische Daten

Motor: 6 Zylinder in Reihe, stehende Ventile **1953/Schaltgetriebe, 1954/Schaltgetriebe 2tür.** 3016 ccm (79,5 × 101,6), 85 SAE-PS **1953/Automatik, 1954/Automatik 2tür./4tür., 1955** 3203 ccm (79,5 × 107,9), 90 SAE-PS **1955 „Flottenmodelle"** 100 SAE-PS

Getriebe:	3-Gang-Schaltgetriebe; auf Wunsch mit Overdrive oder Hydra-Matic
Fahrwerk, vorn:	Einzelradaufhängung, Schraubenfedern, Teleskopstoßdämpfer
Fahrwerk, hinten:	Starrachse, Blattfedern, Teleskopstoßdämpfer
Bremsen:	vorne/hinten Trommelbremsen
Radstand (mm):	2540 **1954-55 4tür.** 2743
Gewicht (kg):	1090-1225
Höchstgeschwindigkeit (km/h):	136
Beschleunigung 0-96 km/h (s):	Schaltgetriebe 18,0-19,0 Automatik 22,0-25,0
Produktionszahlen:	**1953** ca. 90 000 **1954** 70 000 **1955** 100 000

Komfort, Leistung und Ausstattung zugunsten eines niedrigen Preises geopfert wurden", schrieb Motor Trend, „dann fällt der Rambler nicht in diese Kategorie. Er ist zwar leicht und wiegt nur 1200 kg, doch ist das Gewicht nur einer der Faktoren, die Straßenlage, Komfort und Fahrsicherheit bestimmen. Mit modernen Fahrwerken bieten auch kleinere Modelle eine gute Straßenlage mit minimalen Abstrichen am Komfort."

Genau hierin lag der Schlüssel zum Erfolg des Rambler. Er wirkte in Fahrverhalten und Komfort wie ein „Großer", während der Henry J und sogar der Hudson Jet gerade in diesem Bereich schlecht abschnitten. Der Henry J lag unruhig und hart auf der Fahrbahn und bot nicht allzuviel Platz – erwachsene Fondpassagiere saßen beengt und mußten unter dem Fließheck die Köpfe einziehen. Der Hudson Jet erreichte zwar mit Sicherheit genau so gute Fahrleistungen wie der Rambler, doch war er im Innenraum kleiner und sah vor allem absolut häßlich aus.

Auch 1955 bot Rambler ein umfangreiches Modellprogramm – nunmehr 12 Varianten an der Zahl, darunter drei „Flotten"-Modelle zu unverschämt niedrigem Preis, die vor allem die Nachfrage bei Großabnehmern anheizen sollten (was sie auch taten). Die viertürigen Limousinen und die Automatik-Versionen erhielten 1954 einen etwas größeren Motor, ebenso 1955, als die Leistung beider Motoren etwas angehoben wurde. Die Flotten-Modelle wurden übrigens durchweg mit dem stärkeren Motor ausgerüstet.

Als das Modell 1955 zur Auslieferung kam, war George Mason leider nicht mehr da. Mit seinem Tod im Oktober 1954 starben auch die Pläne für einen übergreifenden Zusammenschluß der Independents (Nash, Hudson, Packard und Studebaker). Doch Mason hatte sein Haus gut bestellt und konnte wenigstens die Fusion mit Hudson durchziehen. Zwar traten Studebaker und Packard American Motors dann doch nicht bei, doch Masons Nachfolger George Romney spielte die „Rambler"-Karte in der Folgezeit gekonnt aus. Als 1958 die Wirtschaftsrezession einsetzte, merkte Amerika, daß die Compact-Modelle, die die großen Konzerne unentwegt ankündigten, beim AMC-Händler an der Ecke bereits zu haben waren. In diesem Jahr schossen die Verkaufszahlen des Rambler auf 185 000 hoch – und ein Ende war nicht in Sicht. 1961 belegte der Rambler in der Verkaufsstatistik bereits Platz 3.

George Mason wäre stolz darauf gewesen.

Nash

1954-59
Nash Metropolitan

Etwa um 1952, nachdem der Rambler sich einen Stammplatz in den Herzen der amerikanischen Autokäufer erobert hatte, muß George Mason, dem es an Marketing-Ideen nie mangelte, folgender Einfall gekommen sein: „Wenn der Rambler so gut ankommt, müßte ein noch kleineres Auto ja auch ankommen. Und vor allem haben die Big Three auch hier nichts zu bieten!"

Niemand sonst mochte sich in der US-Autoindustrie in jenen Jahren mit Kleinwagen anfreunden, doch genau deshalb dachte Mason umso eingehender darüber nach. Mit dem Boom nach dem 2. Weltkrieg hatte sich der Lebensstil des Durchschnitts-Amerikaners drastisch gewandt. Man wollte nun nicht mehr in den Großstädten hausen, vielmehr ging der Trend zu riesigen Neubausiedlungen in den Vororten. Diese Bevölkerungswanderung in die Vororte war ein maßgeblicher Faktor für den Erfolg der Kombiwagen und weitgehend auch des Rambler. Der Rambler wollte nicht so sehr als extremes Billigauto erscheinen, sondern als handliches Zweitwägelchen für die übrigen Familienmitglieder, wenn Daddy den großen Wagen für die Fahrt ins Büro benötigte. Nachdem der Rambler reißenden Absatz fand, konnte man fast davon ausgehen, daß ein noch kleineres Modell für das Verkehrsgewühl, das auch vor vielen Vororten nicht haltmachte, genau recht käme. Damit schlug die Stunde des Metropolitan.

Die Anfänge des Metropolitan gehen auf die ersten Nachkriegsjahre zurück, als Mason und Nash-Ingenieur Meade F. Moore sich einen Prototyp eines freien Mitarbeiters namens Bill Flajole vorführen ließen. Dieser Prototyp NXI (Nash eXperimental International) basierte auf dem Fahrwerk des Fiat 500 und war im Prinzip der Urvater der „Weltmodelle" (wie z.B. des Ford Escort). Mason erwog eine Fertigung in Europa, auch um Nash ein Standbein auf den expandierenden Automärkten Europas zu verschaffen. Nach Erzählungen früherer Mitarbeiter glaubte Mason sogar, dieses Modell ließe sich in Europa besser als in den USA absetzen. George Romney, damals rechte Hand von Mason, zeigte den NXI 1950 an verschiedenen Orten, um die Reaktion der amerikanischen Öffentlichkeit zu testen.

Die Reaktionen fielen positiv aus, doch Mason blieb zurückhaltend. Wohl als einziger Chef der amerikanischen Independents ließ er sich von der Euphorie der ersten Nachkriegsjahre, in denen alles wegging, was vier Räder hatte, nicht anstecken. Der NXI mußte also warten, solange Mason den größeren Rambler lancierte. Schlug der Rambler ein, könnte man es mit dem Winzling ebenfalls versuchen. Der Rambler schlug ein.

Ende 1953 wurde es ernst mit dem Metropolitan. Die Karosserien, ein Cabriolet und ein Hardtop-Coupé, sollten in England bei Fisher & Ludlow in Birmingham gebaut werden. Dann gingen die Karosserien zu Austin nach Longbridge, wo sie mit dem 42-PS-Vierzylinder des Austin A40 bestückt wurden. Die Karosserie sollte jedoch durch und durch amerikanisch und im typischen Nash-Stil gestaltet sein. Dies galt auch für die leuchtenden Zweifarbenlackierungen des Metropolitan, die einen Stilisten an „italienisches Speiseeis" erinnerten. Anvisiert wurde ein Preis unter $ 1500.

George Mason hatte an alles gedacht. Durch Auslagerung der Produktion nach Europa hielt er das Werk Kenosha für größere Serien, z.B. für den Rambler, frei; durch „artverwandtes" Design blieb die Familienzugehörigkeit des Metropolitan unverkennbar (auch wenn dies seine Absatzchancen in Europa drastisch schmälerte). Und vor allem: Sollte das ganze zum Flop werden, war ein Ausstieg ohne allzugroße Verluste möglich.

Doch der kleine zweisitzige Metropolitan wurde ebenfalls zum Renner. Er war — wie der Rambler — sauber verarbeitet und wurde in aparten Farben und Ausführungen angeboten. Für viele war dies mindestens genauso Kaufanreiz wie die sagenhafte Sparsamkeit (unter idealen Bedingungen kaum 6 l/100 km). Schon im ersten Jahr verkaufte er sich fast 13 000mal, und auch in den Folgejahren blieben die Stückzahlen so hoch, daß der Met fast 10 Jahre lang rentabel in Produktion bleiben durfte.

Mitte 1956 trat der Metropolitan 1500 an dessen Stelle, der nun einen größeren 1500-ccm-Motor, mehr PS, eine größere Kupplung und einen ovalen Kühlergrill mit Nash- oder Hudson-Emblem aufzuweisen hatte. Die Pseudo-Lufthutze auf der alten Motorhaube wich einer glatten Ausführung. Im Vergleich zum ersten Metropolitan war der 1500 für Dauergeschwindigkeiten von 130 (statt 110-115) km/h gut, allerdings mit etwas höherem Verbrauch. Pendler waren dennoch zufrieden, denn das ältere Modell hatte sich auf den amerikanischen Highways doch arg ins Zeug legen müssen.

Nach der Einstellung der Marken Nash und Hudson 1957 wurde der Metropolitan kurzerhand unter eigenem Namen weitergeführt. Mit dem Boom kleinerer Autos nach der Rezession von 1958 schoß der Absatz des Metropolitan 1959 auf die Rekordhöhe von 22 000 Stück. Nach dem Erscheinen der Compacts der Großen Drei und zunehmenden Importen aus Europa sanken die Stückzahlen jedoch schlagartig ab und tendierten 1962 fast gegen Null. Insgesamt hatte sich der Metropolitan für eine derartige Randerscheinung jedoch mit Bravour geschlagen.

Der quirlige kleine Metropolitan wurde in England gebaut, war jedoch unverkennbar ein Nash. Die erste Generation (oben) mit 42-PS-Vierzylinder von Austin lief von 1954 bis Mitte 1956. Dann erhielt der Metropolitan einige Karosserieretuschen und neue Zweifarbenkombinationen sowie einen stärkeren 52-PS-Motor (unten).

TECHNISCHE DATEN

Motor:	4 Zylinder in Reihe, hängende Ventile **1953-56** 1200 ccm (65 × 88,9), 42 SAE-PS **1956-59** 1489 ccm (73 × 88,9), 52 SAE-PS
Getriebe:	3-Gang-Schaltgetriebe
Fahrwerk, vorn:	Einzelradaufhängung, Schraubenfedern, Teleskopstoßdämpfer
Fahrwerk, hinten:	Starrachse, Blattfedern, Teleskopstoßdämpfer
Bremsen:	vorne/hinten Trommelbremsen
Radstand (mm):	2159
Gewicht (kg): Cabriolet	818-833 **Coupé** 836-851
Höchstgeschwindigkeit (km/h):	**1953-56** 112 **1956-59** 1500 130
Beschleunigung 0-96 km/h (s):	**1953-56** 27,0 **1956-59** 1500 22,0
Produktionszahlen:	**1953-54** 13095 **1955** 6096 **1956** 9068 **1957** 15 317 **1958** 13 128 **1959** 22 309

1955-57
Nash Ambassador

Praktisch alle einigermaßen gut geführten Independents durchliefen nach dem Krieg mindestens zwei radikale Karosseriemodernisierungen. Bei Nash waren dies der Airflyte von 1949-51 sowie die „Pinin-Farina"-Karosserie von 1952-54, anfangs eines der am saubersten gezeichneten Autos seiner Zeit.

Wie wenig Pinin Farina tatsächlich mit den Nash-Autos zu tun hatte, wurde vor rund 10 Jahren von John Conde enthüllt, seinerzeit PR-Manager bei American Motors. Farina war lediglich verpflichtet, jährlich zwei Prototypen zu liefern, mit denen Nash nach Gutdünken verfahren durfte. Die Karosserie von 1952-57 stammte weitgehend aus der Feder von Hausstilist Edmund A. Anderson, der zwei Farina-Details übernahm: die umgekehrt geneigte C-Säule und den Ferrari-ähnlichen Kühlergrill mit seinen senkrechten Leisten. Der Rest stammte von Anderson: die halb verkleideten Vorderräder (ein Spleen von Chef George Mason), ausgeprägte Sicken unter der Gürtellinie (wie aus dem Flugzeugbau bekannt), hohe Motorhaube und Heckklappe sowie hübsche, nach drei Seiten sichtbare Rückleuchten. Natürlich wurde die Beziehung zu Pinin Farina in den Anzeigen gewaltig herausgestrichen, und seitdem darf Farina den Ruhm der Nachwelt (oder deren Tadel) einheimsen.

Nun sollte man ein Auto aber immer in seinem zeitlichen Umfeld beurteilen, und da macht der „Farina"-Nash keine schlechte Figur. Sein massiver Karosserierumpf war durchaus kein Einzelfall im damaligen US-Autopanorama. Dagegen wußte er durch erfreulich wenig Chromschnickschnack, hervorragende Rundumsicht und die bekannten Pluspunkte des Airflyte zu überzeugen: Liegesitze, Weather-Eye-Frischluftheizung und -Lüftung sowie selbsttragende Karosserie. Das Spitzenmodell Ambassador bot außerdem Polsterstoffe in Designerqualität und eine Haubenfigur, die von George Petty von „Esquire" entworfen worden war, sehr zur Erbitterung von Pettys Fans später aber durch eine Nullachtfuffzehn-Figur im Raketen-Look ersetzt wurde.

Darüber hinaus hatte der Ambassador 1955-57 sogar einen V8 aufzuweisen, denn dank eines Abkommens mit Packard erhielt Nash 1955 und auch noch 1956 den 5,3-Liter-V8 des Clipper, ab Mitte 1956 dann einen eigenen V8 aus AMC-Fertigung. Beide Motoren waren als Drosselmotoren ausgelegt, so daß der Ambassador V8 nach wie vor keine Beschleunigungswunder vollbrachte. Auf Langstrecken fuhr er sich

Neuwagenkäufern wurde 1957 der Nash als „Travel King" schmackhaft gemacht. Nur wenige stiegen darauf jedoch ein, trotz des guten Rufs, den Nash sich als bequemes Langstreckenauto erworben hatte. Zwei Ambassador Custom-Modelle mit 5,3-Liter-V8 und 255 PS standen zur Wahl: die viertürige Limousine (unten) für $ 2763 sowie das Country Club-Hardtop (rechte Seite) für $ 2847.

jedoch sagenhaft ruhig und bot auch im mittleren Bereich besseren Durchzug als die Sechszylinder (die nach 1956 verschwanden).

1955 erhielt der Ambassador erstmals innenliegende Scheinwerfer (unmittelbar neben dem großen Farina-Kühlergrill). Dieses Detail geht wohl auf die Retuschen zurück, die Farina 1952 beim Nash-Healey einfließen ließ. In den Kotflügeln saßen nun nur noch die Standleuchten (damit man sich mit der Wagenbreite nicht verschätzte). Die Käufer stiegen darauf jedoch nicht so recht ein, weshalb die Scheinwerfer 1956 wieder nach außen wanderten. Das Modell 1956 war auch an bizarren, farblich abgesetzten Seitenstreifen und riesigen roten Rückleuchten zu erkennen, die über dem schmalen, senkrechten Rückfahrscheinwerfer thronten.

Der Ambassador von 1955-57 war nur in zwei Varianten im Programm: als viertürige Limousine und als zweitüriges Country-Club-Hardtop. Viel Auswahl hatten die Käufer also nicht, weshalb sich das Modell 1956 nur rund 7500mal verkaufte, davon zwei Drittel mit dem später eingeführten V8 von AMC ("Ambassador Special"), der für $2350 bis $2550 zu haben war und damit deutlich billiger als der alte V8 ausfiel. Den Absatz vermochte aber auch er nicht mehr anzukurbeln.

1957 war es für George Romney bereits beschlossene Sache, ab sofort ganz auf „Compacts" zu setzen. 1957 wurde für Nash also zum Schwanengesang. Jetzt war nur noch der Ambassador im Programm – mit den beiden bekannten Karosserien in zwei Ausstattungsstufen, die alle den 5,4-Liter-V8 von AMC erhielten (der dank einer kräftigen PS-Spritze nun erstmals richtig zur Sache ging). Senkrechte Doppelscheinwerfer (bis auf den exklusiven Cadillac Eldorado Brougham die ersten Doppelscheinwerfer an einem US-Serienauto) verschafften der mittlerweile 5 Jahre alten Karosserie ein neues Aussehen. Auch neue (nach Ansicht mancher Fachleute arg grelle) Zweifarbenlacke, Standleuchten oben auf den Vorderkotflügeln und voll ausgeschnittene vordere Radläufe sollten Modernität ausstrahlen. Oft war am Ambassador auch ein Continental Kit zu finden.

Der Entschluß, die Marken Nash und Hudson auszurangieren, fiel genaugenommen erst nach Romneys Entschluß, nur noch Compacts zu produzieren. Rambler (der bereits vor Nash und Hudson erstmals in den Annalen der Autohistorie auftauchte) war mittlerweile eine akzeptierte Marke, die auf eigenen Füßen stehen konnte. Ein größerer Rambler für 1958, der ursprünglich noch mit Nash- oder Hudson-Emblemen geliefert werden sollte, wurde folgerichtig als „Rambler Ambassador" angekündigt. Für zwei renommierte Namen, die zusammen auf fast ein Jahrhundert Autogeschichte zurückblicken konnten, war es dennoch ein trauriger Abgang.

TECHNISCHE DATEN

Motor: **1955-56** 6 Zylinder in Reihe, hängende Ventile, 4138 ccm (88,9 × 111,2), 130 SAE-PS, gegen Aufpreis 140 SAE-PS; V8, hängende Ventile, 5237 ccm (96,7 × 88,9), 208 SAE-PS **1956** 5359 ccm (101,6 × 82,5), 190 SAE-PS **1957** 255 SAE-PS

Getriebe:	3-Gang-Schaltgetriebe; auf Wunsch mit Overdrive oder Hydra-Matic-Viergangautomatik
Fahrwerk, vorn:	Einzelradaufhängung, Schraubenfedern, Teleskopstoßdämpfer
Fahrwerk, hinten:	Starrachse, Schraubenfedern, Teleskopstoßdämpfer
Bremsen:	vorne/hinten Trommelbremsen
Radstand (mm):	3081
Gewicht (kg):	1542-1746
Höchstgeschwindigkeit (km/h):	**6 Zyl.** 144 **V8** 160-168
Beschleunigung 0-96 km/h (s):	**6 Zyl.** 16,0-18,0 **V8** 12,0-16,0
Produktionszahlen:	**1955** 15000* **1956** 7500* **1957** 5000*

* geschätzte Zahlen; genaue Stückzahlen liegen nicht vor

Oldsmobile

1950
Oldsmobile 88

Der erste Oldsmobile 88 darf für sich den Ruhm als erster „Muscle Car" der USA in Anspruch nehmen. Er wurde zu einem spontanen Volltreffer und gab das Startsignal zum „PS-Wettrennen" der fünziger Jahre. Obwohl er erst in letzter Minute präsentiert wurde, verkaufte er sich bereits im ersten Jahr (1949) über 99 000mal. Für das Folgemodell 1950 gingen bereits über eine Viertelmillion Bestellungen ein. Genauso rasch sicherte sich der Olds 88 auf den Rennpisten einen Sieg nach dem anderen, so daß Oldsmobile bald den Ruf einer betont leistungsstarken Marke weghatte, was ihren fast beständigen Verkaufserfolg während dieses Jahrzehnts weitgehend erklärt.

Wie viele andere gute Ideen war auch das Konzept des 88 bestechend einfach. Oldsmobile hatte neben Cadillac 1949 den ersten hochverdichteten und obengesteuerten V8 der US-Autoindustrie herausgebracht. Anfangs war der neue 5-Liter-„Rocket" dem größeren Oldsmobile 98 mit dem „C-Body" vorbehalten, der – ebenfalls parallel zu Cadillac – im Vorjahr bei General Motors die erste neue Modellgeneration nach dem Krieg begründet hatte. Nachdem 1949 auch die kleineren A- und B-Bodies den neuen „Look" verpaßt erhielten, kam Olds-Chef Sherrod Skinner auf den brillanten Einfall, den kompakten, 135 PS starken V8 in die leichtere Karosserie des Oldsmobile 76 (in Chevy-Größe) zu packen, der normalerweise noch mit dem 150-PS-Sechszylinder auskommen mußte. Voil – Volldampf garantiert!

Für eine Klientel, die brave Sechszylindermotoren mit stehenden Ventilen und langsamlaufende Reihenachtzylinder gewohnt war, kam dies einer Offenbarung gleich. Mit einem rund 150-220 kg geringeren Gewicht als ein 98 erreichte ein normaler 88 ein Leistungsgewicht von 10,2 kg/PS, was nach Maßstäben der Spätfünfziger vielleicht nicht atemberaubend war, den Olds 88 aber Anfang des Jahrzehnts zu einem der schnellsten Serienwagen der USA machte. Zudem bot der 88 für nur $ 2143 für das normale Fließheck-Club-Coupé mehr Power fürs Geld als alle Konkurrenzprodukte.

Auch der neue Rocket-V8-Motor war ein echtes Schmuckstück, entfaltete immenses Drehmoment, hatte eine robuste, neunfach gelagerte Kurbelwelle, war nach modernsten Gesichtspunkten überquadratisch ausgelegt und garantierte extreme Steifigkeit. Die anfängliche Serienverdichtung von bescheidenen 7,5:1 ließ sich klaglos auf 12,0:1 hochschrauben – ein für einen amerikanischen „Alltagsmotor" phänomenaler Wert.

Für Stock-Car-Rennen bot sich die neue „Rakete" von Oldsmobile also geradezu an; schon 1949 sicherte sie sich den Sieg in sechs der neun NASCAR Grand-National-Läufe und verhalf Rod Byron zum Fahrertitel. Im nächsten Jahr stellte ein 88 in Daytona einen neuen Klassenrekord mit einem Schnitt von 100,28 mph (160,44 km/h) in beiden Richtungen auf. Im gleichen Jahr errang ein 88 einen Klassensieg bei der ersten Carrera Panamericana und plazierte sich damit vor Größen wie Alfa Romeo, Cadillac und Lincoln. Auf den Rundkursen gewann der 88 im Jahr 1950 zehn von neunzehn Läufen und 1950 zwanzig von 41 Rennen. Auch 1952-54 stellte der 88 seine Potenz und Ausdauer unter Beweis, auch wenn ihn der erstaunlich starke Hudson Hornet mit seinem Sechszylindermotor noch überflügelte. Noch 1959 fuhr ein Modell 1950 mit dem Spitznamen „Roarin' Relic" immer wieder Siege in der Modified-Klasse der Stock-Car-Rennen ein.

Derartige Erfolge sollten sich für Oldsmobile, nachdem der Nachkriegs-Autoboom 1950 seinen Zenith überschritten hatte, natürlich doppelt bezahlt machen. 1950 baute Olds fast 408 000 Fahrzeuge – ein Ergebnis, das (vor allem wegen des Koreakriegs) erst 1955 überboten wurde. Nachdem Olds 1951 auf den 8. Rang der Herstellerstatistik abgesackt war, kletterte die Marke 1952/53 auf den sechsten Rang und kam 1954 gar auf Platz 4.

Das Modelljahr 1950 brachte unwesentliche Retuschen an der „Futuramic 88"-Modellreihe, die um ein Hardtop-Coupé ohne B-Säule (aus der Feder von Harley Earl), den Holiday, erweitert wurde. Die Standardbzw. Deluxe-Versionen kosteten $ 2162 bzw. $ 2267. Der viertürige Town Sedan verschwand im gleichen Jahr, womit Oldsmobile schon wesentlich vor Chevy und anderen Herstellern die Fließheck-Limousinen sterben ließ.

Im übrigen blieb das Programm für 1950 gegenüber den 1949er Versionen unverändert: Convertible, Club Coupé, zwei- und viertürige Stufenhecklimousinen. Außer dem Convertible waren alle Varianten in Standard- oder Deluxe-Trim zu haben, wobei der Deluxe durch die Bank $ 78 teurer war. Preismäßig war der Oldsmobile in jedem Falle interessant: von $ 1904 für den einfachen Club Sedan (etwa $ 375 mehr als für einen zweitürigen Ford V8) bis zu $ 2662 für den Deluxe-Kombi.

A propos: 1950 sollte bis 1957 der letzte Jahrgang werden, in dem sich im Oldsmobile-Programm ein Kombi fand. Das Modell 1950 war (wie andere General-Motors-Modelle) mit Pseudo-Holzbeplankung versehen, führte allerdings im Oldsmobile-Programm ein Schattendasein: Nur ca. 2900 88er und ganze 368 Sechszylinder-76er fanden einen Abnehmer. Die Series 76 befand sich sowieso auf dem absteigenden Ast, denn der 88 bot für kaum $ 170 rundum bessere Leistungswerte. Erst 1964 feierte der Sechszylindermotor bei Oldsmobile ein Comeback – und auch dann nur in einem Compact-Einsteigermodell.

In den kommenden Jahren sollte noch mancher schnelle Oldsmobile das Licht der Welt erblicken, doch der 88 war der erste und damit ein ganz besonderes Auto. Er darf sich heute zu Recht als Urvater aller Muscle Cars feiern lassen.

Schon dank des Rocket-V8-Motors, der hier mit einer betont leichten Karosserie kombiniert war, ist dem Olds 88 von 1950 der Status des ersten „Muscle Car" nicht abzusprechen. Das Convertible war zwar etwas schwerer und teurer (1700 kg und $ 2294) als andere 88er, lief aber trotzdem höllisch gut – und sah auch genausogut aus!

TECHNISCHE DATEN

Motor:	V8, hängende Ventile, 4977 ccm (95,2 ×87,3), 135 SAE-PS
Getriebe:	3-Gang-Schaltgetriebe; auf Wunsch mit „Whirlaway" Hydra-Matic-Viergangautomatik
Fahrwerk, vorn:	obere und untere Dreiecksquerlenker, Schraubenfedern
Fahrwerk, hinten:	Starrachse, Schraubenfedern
Bremsen:	vorne/hinten Trommelbremsen
Radstand (mm):	3035
Gewicht (kg):	1560-1716
Höchstgeschwindigkeit (km/h):	155
Beschleunigung 0-96 km/h (s):	12,0-13,5

Produktionszahlen: Club Sedan 2türig 14705 Deluxe Club Sedan 2türig 16 388 Club Coupé 10 684 Deluxe Club Coupé 10 772 Conv. 9127 Holiday Hardtop 2tür. 1366 Deluxe Holiday Hardtop 2türig 11316 Lim. 4tür. 40 301 Deluxe Lim. 4tür. 100 810 Lim. 2tür. 23 889 Deluxe Lim. 2tür. 26 672 Kombi 4tür. 1830 Deluxe Kombi 4tür. 552

Oldsmobile

1950-53
Oldsmobile 98

Vor und unmittelbar nach dem zweiten Weltkrieg galt Oldsmobile – wie auch Pontiac – als Anbieter seriöser Familienautos mit Sechs- oder Achtzylindermotoren. Oldsmobile, in der General-Motors-Hierarchie eine Stufe über Pontiac angesiedelt, hatte jedoch einen Trumpf zu bieten, der Pontiac fehlte: Ein Renommee für innovative Technik, das nicht zuletzt auf der vollautomatischen Hydra-Matic gründete, die man 1939 herausgebracht hatte.

1946/47 lag Oldsmobile in der US-Herstellerstatistik auf dem siebten Platz. Bis 1948 kam man mit den aufgewärmten Vorkriegsmodellen auf über 200 000 Exemplare. Stilistisch lehnte sich der Jahrgang 1946/47 eng an die alten Modelle von 1942 an, doch war wenigstens der überladene Kühlergrill einem einfacheren Design mit vier Querleisten gewichen.

Im Februar 1948 kam jedoch ein denkwürdiges neues Modell hinzu: der „Futuramic" 98. Neben dem ebenfalls neuen Cadillac läutete er die Epoche der ersten Nachkriegsmodelle von General Motors ein. Maßgeblich inspiriert worden war sein Design (aus der Feder von Harley Earl) durch den Lockheed P-38 der Kriegsjahre. Der gekonnt gezeichnete 98 stand als Limousine, Club Sedan (Fließheck-Limousine) und Convertible in Standard- und Deluxe-Version (Convertible nur in Deluxe) in den Katalogen – zu Preisen zwischen $ 2078 und $ 2624. Die Baureihen 66, 68, 76 und 78 von 1948 blieben derweil im Gewand von 1946/47. Bei der Käuferschaft fand der neue Futuramic begeisterte Aufnahme. Bis zum Ende des Modelljahres waren bereits 60 000 Stück abgesetzt worden.

Die nächste Sensation kam 1949 in Gestalt des Rocket-V8, der als einer der ersten beiden hoch verdichteten amerikanischen V8 mit hängenden Ventilen zu einem echten Meilenstein der Motorentechnik werden sollte. Der zweite dieser Motoren stammte von Cadillac. Beide GM-Divisionen standen in punkto Technik im ständigen Wettstreit; schon bald erhöhte Cadillac den Hubraum seines V8 von 5063 auf 5424 ccm, um sich von den 4977 ccm des Oldsmobile klar zu distanzieren.

1949 blieben bei Oldsmobile nur noch drei statt fünf Modellreihen im Programm: der Sechszylinder-Futuramic 76, ein neuer Futuramic 88 und der Futuramic 98. Der 88, ein echter Hot Rod mit dem großen V8 in der kleineren Olds-Karosserie, bewies schon bald seine Qualitäten auf den Rennstrecken. Das Luxusmodell 98 war in sechs Varianten zu haben: als Club Sedan und Viertürer-Limousine, dito mit Deluxe-Ausstattung, ferner als Convertible (nur Deluxe) und als Holiday, einem neuen Oldsmobile-Hardtop. Die Käuferschaft war's offensichtlich zufrieden, denn 93 478 Exemplare gingen auf Anhieb weg.

„Oldsmobile Rockets Ahead" verkündeten die Prospekte für das Modelljahr 1950. Und in der Tat fand der Rocket immer weitere Verbreitung, denn das Holiday-Hardtop war nun in allen drei Modellreihen lieferbar. Vom 98, der stilistisch in etlichen Details umgestaltet worden war, waren nun neun Varianten zu

1950 hatte Oldsmobile in der Series 98 noch Fließhecks im Programm, z. B. den Club Sedan (rechte Seite) für $ 2225 in Standardversion oder $ 2319 in Deluxe-Version. Es entstanden jedoch nur 11 989 Exemplare, weshalb diese Version nach 1950 verschwand. Das Holiday-Hardtop von 1951 (unten) kostete als Deluxe $ 2882, in Standardversion $ 2545, und brachte 1751 kg auf die Waage.

TECHNISCHE DATEN

Motor: V8, hängende Ventile, 4977 ccm (95,2 × 87,3) **1950-51** 135 SAE-PS **1952** 160 SAE-PS **1953** 165 SAE-PS

Getriebe:	3-Gang-Schaltgetriebe; auf Wunsch mit Hydra-Matic
Fahrwerk, vorn:	obere und untere Dreiecksquerlenker, Schraubenfedern
Fahrwerk, hinten:	Starrachse, Schraubenfedern
Bremsen:	vorne/hinten Trommelbremsen
Radstand (mm):	**1950-51** 3100 **1952-53** 3150
Gewicht (kg):	1673-1884
Höchstgeschwindigkeit (km/h):	152-168
Beschleunigung 0-96 km/h (s):	12,5-13,5

Produktionszahlen: 1950 Club Sedan 2270 Holiday Hardtop Coupé 317 Town Sedan 255 Lim. 4tür. 7499 Deluxe Club Sedan 9719 Holiday Hardtop Coupé 7946 Town Sedan 1523 Limousine 4tür. 72 766 Conv. 3925 **1951** Holiday Hardtop Coupé 3914 Deluxe Limousine 4tür. 78 122 Holiday Hardtop Coupé 14012 Conv. 4468 **1952** Lim. 4tür. 58 550 Holiday Hardtop Coupé 14 150 Conv. 3544 **1953** Lim. 4tür. 64 431 Holiday Hardtop Coupé 27 920 Conv. 7521

haben. Die höheren, glattflächigen Heckkotflügel waren ebenso neu wie die im Bereich der hinteren Türen und der Heckscheibe eckiger gehaltene Dachpartie der viertürigen Stufenheckversionen. Wie für viele andere Marken, so verlief auch für Oldsmobile das Jahr 1950 außerordentlich gut. Der Ausstoß im Modelljahr schnellte auf 480 060 Einheiten hoch, wovon 106 220 auf den 98 entfielen; damit erreichte Oldsmobile den sechsten Rang der Produktionsstatistik.

Neu zum Modelljahr 1951 war der Super 88, der zwischen dem 88 und 98 rangierte. Diese blieben 1951 bis auf eine gestraffte Modellpalette weitgehend unverändert. Die Fließhecklimousinen waren nun endgültig verschwunden, ebenso die einfachen 98er mit Ausnahme des Holiday. Damit blieben noch drei Deluxe-98er: viertürige Limousine, Convertible und Holiday. Die Fertigungszahlen sanken (in einem Jahr genereller Abwärtsentwicklung) auf 285 615 Stück, womit Olds auf Platz 7 zurückfiel. Der 98 konnte mit 100 516 Einheiten seine Stellung jedoch annähernd halten.

Der große Oldsmobile von 1952 war an den seitlichen „Ninety-Eight"-Schriftzügen zu erkennen. Die hinteren Seitenzierleisten ähnelten denen des 1951er Super 88, ebenso die des Deluxe 88. Insgesamt wirkte der Ninety-Eight mit seinem 5 cm längeren Radstand etwas „gewichtiger". Erstmals seit 1949 hatte man auch die Leistung des 5-Liter-Rocket erhöht (beim 88 auf 145 PS, beim Super 88/98 mittels eines Quadri-Jet-Vergasers auf 160 PS). Die neue Servolenkung wurde zu einem begehrten Extra, dank dessen nun „Einparken mit einem Finger" selbst für zarte Damenhände kein Problem mehr war. Zwei weitere Extras durfte man getrost als Gag bezeichnen: das „Autronic Eye", eine automatische Abblendvorrichtung, sowie eine Zeituhr in der Lenkradnabe (mit Aufziehautomatik). Wie einige frühere 98er wurden auch der Holiday und das Convertible serienmäßig mit elektrohydraulischen Fensterhebern und Sitzverstellung bestückt. Amtliche Beschränkungen drückten die Produktion 1952 weiter in den Keller. Olds kam nur 213 490 Einheiten, die den 98er (Deluxe gab's nicht mehr) auf 76 244. Dennoch eroberte sich Oldsmobile in der Produktionsstatistik den 6. Platz zurück.

Das Jahr 1953 ging Oldsmobile mit einer neuen „Schnauze" und (gegen Aufpreis) Servolenkung und Klimaanlage an. Neu waren auch ein üppig verchromtes Armaturenbrett und diverse Ausstattungsvarianten für die drei 98er – Limousine, Convertible und Holiday -, die nun $2786, $3229 bzw. $3022 kosteten. Später kam noch das limitierte Fiesta-Cabriolet hinzu, ein Nobelmodell für $5717, das nur für ein Jahr im Programm blieb. Übers gesamte Modelljahr brachte Oldsmobile es auf 334 462 Einheiten; auch der 98 landete wieder im sechsstelligen Bereich: bei genau 100 330 (den Fiesta mitgerechnet).

Größere Ereignisse warfen jedoch bereits ihre Schatten voraus. Mit neuen Karosserien und noch mehr PS kletterte Olds 1954 auf Platz 6 und später sogar auf Platz 3. Der Ninety-Eight hatte entscheidenden Anteil an diesem Höhenflug; nicht zuletzt deshalb kann man – im Gegensatz zu fast allen anderen Typenbezeichnungen der 50er Jahre – noch heute einen 98 kaufen!

Oldsmobile

1953
Oldsmobile Fiesta

Nobelautos sollen kein Geld einbringen, sondern nur Schlagzeilen. Am Oldsmobile Fiesta wird dies ganz besonders deutlich. Von allen drei offenen Sondermodellen, die General Motors in diesem Jahr aufbot, war ihm der geringste Erfolg beschieden – er kam nur auf 458 produzierte Exemplare, der Buick Skylark hingegen auf 1690 und der Cadillac Eldorado auf 532. Der hohe Preis galt lange Zeit als Hauptgrund hierfür. Natürlich war er mit $ 5717 nicht billig, doch der Skylark war mit $ 5000 auch nicht gerade ein Preisknüller und der Cadillac Eldorado kam gar auf stolze $ 7750 (siehe oben). Letzterer überdauerte mit reichhaltigerer Serienausstattung und gewaltigen Preisabstrichen die beiden Mitstreiter jedoch mühelos, denn der Skylark verschwand nach 1954, der Fiesta bereits nach 1953.

Dennoch erfüllte der Fiesta sein Hauptziel als Blickfang für ein Oldsmobile-Typenprogramm, das am Ende des dreijährigen Reifezyklus angelangt war. An ihm fanden sich auch Details des neuen Modells 1954, der Grundlage für die gewinnträchtigsten Jahre für Oldsmobile in dieser Dekade.

Analog zum Eldorado und Skylark steckte auch im Fiesta das große Serien-Cabriolet – in diesem Fall der lange Olds Ninety-Eight – mit reichlich Luxus-Extras. Fiesta und Eldorado hatten sogar eine niedrigere Version der Panoramascheibe aufzuweisen, die 1954 an allen Buicks, Caddies und Olds einzog. An letzteren verringerte sich die Wagenhöhe durch die niedrigere Scheibe und die rahmenlosen Ausstellfenster im Vergleich zum normalen Ninety-Eight-Cabrio um 7,5 cm – eine einfache Methode, um eine ältliche, schwerfällige Karosserie aktueller aussehen zu lassen. Aus denselben Gründen hatte auch der Fiesta – wie seine Konzerngefährten – den typischen, von Harley Earl oft verwendeten Knick in der Gürtellinie aufzuweisen.

In punkto Mechanik entwickelte der Fiesta – anders als Eldorado und Skylark – etwas mehr Pep als seine Serienbrüder – dank des Olds-Rocket-V8 mit höherer Verdichtung und 170 PS (fünf mehr als beim 1953er Super 88 und Ninety-Eight). Bei nur 458 gebauten Exemplaren waren derartige Eingriffe zwar ein Luxus, doch damals konnte sich GM das noch leisten (zumindest eher als heute).

Ansonsten ähnelte der Fiesta dem normalen offenen Ninety-Eight, mit Ausnahme des obligatorischen Schriftzugs und einer markanten Heckklappen-Chromleiste, die nach unten in einem Heckklappengriff auslief. Unterschiedlich waren auch spezielle Radzierblenden mit dreiflügeligen „Spinners", die sich bei den Eignern von „Custom Cars" rasch zunehmender Beliebtheit erfreuten und von zahlreichen Zulieferern kopiert wurden.

Wie Oldsmobile-Historiker Dennis Casteele anführt, debütierte der Fiesta bereits 1952 als Show Car und ging dann Mitte 1953 in Kleinserie. Er dürfte also von Anfang an als limitierter „Köder" gedacht gewesen

Mit dem Trio teurer Luxus-Cabrios, das 1953 debütierte, zeigte GM, wer designerisch den Ton angab. Der Oldsmobile Fiesta lag mit $ 5717 volle $ 2000 über dem teuersten Serienmodell, dem Ninety-Eight. Er war zwar ein seltener Vogel – es wurden nur 458 Stück gebaut -, bereitete aber die amerikanische Öffentlichkeit auf die neue Oldsmobile-Generation von 1954 vor, an der sich u. a. die Panoramascheibe und die Zweifarbenlackierung an den Seitenflächen wiederfanden.

Technische Daten

Motor:	V8, hängende Ventile, 4977 ccm (95,2 ×87,3), 170 SAE-PS
Getriebe:	Hydra-Matic-Viergangautomatik
Fahrwerk, vorn:	obere und untere Dreiecksquerlenker, Schraubenfedern
Fahrwerk, hinten:	Starrachse, Halbelliptik-Blattfedern
Bremsen:	vorne/hinten Trommelbremsen
Radstand (mm):	3150
Gewicht (kg):	2022
Höchstgeschwindigkeit (km/h):	über 150
Beschleunigung 0-96 km/h (s):	14,5
Produktionszahlen:	458

sein, der das Käufervolk in die Oldsmobile-Ausstellungsräume lockte, wo die normalen 1953er Typen standen, die sich vom Jahrgang 1952 nur in Nuancen unterschieden.

Da der einzige echte Unterschied zu anderen Olds-Typen in der Panoramascheibe lag, versuchte der Fiesta durch besonders farbenprächtige und luxuriöse Aufmachung zu überzeugen. In der Werbung war er fast immer zweifarbig abgebildet, z.B. in Noel/Nilgrün und Surf/Teal-Blau; fast alle ausgelieferten Exemplare dürften in diesen Farben lackiert gewesen sein, obwohl auch Schwarz oder Weiß (einfarbig) in den Preislisten verzeichnet war. Während bei anderen zweifarbigen Olds das Dach farblich abgesetzt war, zog sich die Kontrastfarbe beim Fiesta oberhalb der L-förmigen Seitenzierleisten über das ganze Heck, wodurch eine hübsch anzusehende „hecklastige" Optik, ähnlich dem Modell 1954, entstand. Die Innenausstattung bestach durch edles Leder in Elfenbein mit kontrastierenden Polsterteilen in Schwarz, Hellgrün oder Hellblau. Das Verdeck wurde in Schwarz oder „natural orlon" (hellbeige) geliefert.

Greller als das Instrumentenbord des Oldsmobile von 1953 hätte auch keine Jukebox ausfallen können, und kaum ein Auto bot mehr Serienzubehör als der Fiesta. Neben dem Lederinterieur, dem Rocket-Motor und der obligatorischen Hydra-Matic erhielten die Käufer Servolenkung, Bremshilfe, ein „Super Deluxe"-Radio, Heizung mit Defroster, Reifen mit breiter Weißwand (was in den frühen 50er Jahren ohnehin Pflicht war), Rückfahrscheinwerfer, ein verchromtes Auspuffendstück und die „Autronic-Eye"-Abblendautomatik.

Keine der damaligen Autozeitschriften bekam Gelegenheit zu einem Test des Fiesta, was angesichts der späten Premiere und der geringen Stückzahl auch nicht verwundert. Auf jeden Fall dürfte er der langsamste 1953er Olds gewesen sein, denn er wog rund 140 kg mehr als das Ninety-Eight-Convertible —nicht wenig für die mageren 5 zusätzlichen PS.

Der Fiesta hielt sich zwar nicht lange, doch immerhin tauchte sein Name an den neuen Oldsmobile-Kombis von 1957 wieder auf. Dieses ganz spezielle 1953er Cabriolet nimmt bei Autosammlern aber einen besonderen Platz ein, denn es ist ein Paradebeispiel für die weniger sorgenvolle Zeit, als Detroit seine Träume noch alljährlich Wirklichkeit werden ließ und man diese Träume manchmal sogar kaufen konnte. Wer zu jung ist, um sich daran zu erinnern, hat Pech gehabt. Solche Zeiten kommen nicht wieder.

1954-56 Oldsmobile

Die „Classic Chevys" und die zweisitzigen T-Birds haben schon lange ihre treue Anhängerschar, doch wo stecken die Fans des Oldsmobile von 1954-56? Nun, es gibt schon einige. Auf ihre eigene Art sind diese Oldsmobiles mindestens genauso erinnerungswürdig — und zudem wohl das beste Erzeugnis, das in den fünfziger Jahren aus Lansing kam: laufruhig und robust in bester Olds-Tradition, imponierend im Stil der Zeit, ohne jedoch pompös zu wirken, und erstaunlich gut manövrierbar. Auf jeden Fall zählen sie zu den beliebtesten Oldsmobiles des Jahrzehnts. Man bedenke nur, daß Oldsmobile 1954 vom 6. auf den 5. Platz der Herstellerstatistik vorrückte und 1955 mit 583 179 Einheiten gar auf den vierten Platz kletterte — ein Rekord, der für das nächste Jahrzehnt Bestand haben sollte.

Anders als heute wußte Mitte der fünfziger Jahre jeder, wo Oldsmobile stand (auch General Motors). Das überarbeitete Modell 1954 war in der Tat weitgehend neu, aber dennoch ein typischer Oldsmobile. Die Verwandtschaft zum Jahrgang 1951-53 war unverkennbar, die neue Linie wirkte jedoch glatter und kantiger und auf angenehme Weise modern. Die Motorhaube schloß auf annähernd gleicher Höhe wie die Kotflügel ab, alle Modelle besaßen nun eine Panoramascheibe und auch eine niedrigere Gürtellinie, wodurch sich die Rundumsicht weiter verbesserte.

Der große Ninety-Eight erhielt — wie zuvor — den C-Body von GM, der mittlere Super 88 und der einfache 88 (letzterer nun ohne „Deluxe") den B-Body. Die neue X-Traverse im Unterbau bedeutete einen 5 cm längeren Radstand, geringere Bauhöhe und niedrigeren Schwerpunkt. Neue vordere Schraubenfedern und anders angeordnete Federn und Stoßdämpfer an der Hinterachse wirkten sich positiv auf die Straßenlage aus. Der aufgebohrte Rocket-V8 mit höherer Verdichtung (8,25:1) war jetzt im normalen 88er für 170 PS (mit Doppelvergaser) gut, im Super 88 und Ninety-Eight gar für 185 PS (mit Vierfachvergaser). Diese Mehrleistung kam gerade recht, denn das Eigengewicht war ebenfalls um 40-50 kg angestiegen. Servolenkung, Bremskraftverstärker und Klimaanlage (als Extra) wurden gleichfalls überarbeitet.

Ein Modell entfiel im Modelljahr 1954 — der Fiesta. Dafür kamen zwei Neulinge hinzu, das einfache Holiday 88 Hardtop und der Ninety-Eight Deluxe Holiday, so daß mittlerweile elf Modelle zur Wahl standen. Die Preise stiegen lediglich um $ 10 bis $ 25 an. Mit $ 3249 war das Ninety-Eight-Cabriolet erneut das teuerste Modell; es erhielt nun den Zusatz „Starfire", den man sich von einem Show Car von 1953 geborgt hatte. Neu als Zubehör waren u.a. hydraulische Fensterheber und Sitzversteller für den viertürigen Ninety-Eight, elektrische Fensterheber und Vierwege-Sitzversteller für die übrigen Modelle sowie Drahtspeichen-Radzierblenden, Radio mit Sendersuchlauf und — man höre und staune — ein gepolstertes Armaturenbrett.

„Uncle Tom" McCahill bescheinigte diesem neuen Super 88 „geradezu halsbrecherischen Durchzug", mit dem er schon in Serientrim „dem Buick Century den Garaus macht". Offiziell wurden alle Modelle

Der Oldsmobile 1954 wies eine neue Panoramascheibe, einen größeren V8 und durch die Bank einen 5 cm längeren Radstand auf. Das zweitürige Ninety-Eight Holiday Hardtop (oben und unten) kostete $ 3042, der offene Ninety-Eight Starfire (rechte Seite, oben) $ 3249. Der Jahrgang 1955 erhielt einen neuen Kühlergrill und geänderte Zweifarbenkombinationen. Für das Super 88 Convertible (rechte Seite, unten) waren $ 2894 hinzulegen.

Oldsmobile

(außer dem Ninety-Eight) serienmäßig mit Dreigang-Schaltgetriebe geliefert, doch verließ die Mehrzahl der 54er Olds das Werk mit Hydra-Matic, die Motor Trend als „eines der am weichsten schaltenden Getriebe" pries, die man je getestet habe.

Mit diesem Programm hatte Oldsmobile auch für das Boom-Jahr 1955 alle Trümpfe in der Hand und konnte sich mit geringen Weiterentwicklungen begnügen. Die Retuschen betrafen z.B. eine neue Vorderstoßstange, die in der Mitte in ein Oval entsprechend der Rundung des Kühlergrills überging, und kühn geschwungene Seitenzierleisten, die sich für extreme Zweifarbenkombinationen anboten. Mitte des Modelljahres durfte sich Oldsmobile zusammen mit Buick als erste Marke mit einem viertürigen Hardtop feiern lassen.

Die eigentlichen Neuigkeiten waren jedoch noch mehr PS: 185 PS beim einfachen 88 und 202 PS beim Super 88 und Ninety-Eight. Olds montierte hierzu eine schärfere Nockenwelle, größere und verstärkte Auslaßventile, Zylinderköpfe mit neuen Brennraumformen, kältere Zündkerzen und steigerte die Verdichtung auf 8,5:1. Motor Trend bezeichnete den 88 demzufolge als „Familien-Hot-Rod, eine der gelungensten Kombinationen von Leistung, langer Lebensdauer und Stil". Auch die Straßenlage war durch geänderte Stoßdämpfer an der Vorderachse, einen neuen Stabilisator und neu abgestimmte Schraubenfedern aufgewertet worden.

1956 setzte Oldsmobile erneut auf dieses Erfolgsrezept, allerdings gingen die Stückzahlen deutlich zurück (wie auch bei vielen anderen US-Herstellern). Bei fast 485 500 Einheiten war der Rückfall auf den 5. Platz der Statistik für Oldsmobile aber leicht zu verkraften. Neuerliche Eingriffe in die Mechanik — geänderte Vergaser, neuer Ansaugkrümmer, größere Auslaßventile und noch höhere Verdichtung (9,25:1) — schraubten die Motorleistung auf unerhörte 230 bzw. 240 PS hoch; für nur $15 Mehrpreis bekam man zudem die Hydra-Matic-Variante „Jetaway", die mit einer zweiten Flüssigkeitskupplung noch weichere Schaltvorgänge ermöglichte. Äußerlich war das Modelljahr 1956 an einem noch größeren Kühlergrill-„Mund" (wie er bereits am Cutlass-Show-Car von 1954 zu sehen war) und einfacheren Seitenzierleisten zu erkennen. Man mußte jedoch aufmerksam hinsehen, denn der 1956er Super 88 kam in nur 11 s von 0 auf 100 km/h!

Obwohl der Oldsmobile 1956 nicht mehr auf Rennerfolge setzte, war er dennoch ein ernst zu nehmender Kraftprotz geblieben. Das brandneue Modell 1957 versprach (zu Recht) noch mehr Leistung, doch erste Schatten waren ebenfalls unübersehbar; es kam der überladene 1958er Jahrgang — und plötzlich schien Oldsmobile von allen guten Geistern verlassen zu sein. Was war geschehen? Nun, das erfahren Sie auf den nächsten Seiten.

Der 1955er Oldsmobile Ninety-Eight (unten) war am Zweifarbenlack zu erkennen, der von der Windschutzscheibe aus farblich abgesetzt war. Für den viertürigen Ninety-Eight waren $ 2833 zu bezahlen. 1956 gab es einen neuen Kühlergrill. Die Zweifarbenlackierungen des Ninety-Eight, z. B. am Starfire (rechte Seite, oben), waren anders gehalten als beim 88/Super 88, z. B. hier am Super 88 Cabriolet (unten).

TECHNISCHE DATEN

Motor:	V8, hängende Ventile, 5314 ccm (98,4 × 87,3) **1954** 170/185 SAE-PS **1955** 185/202 SAE-PS **1956** 230/240 SAE-PS
Getriebe:	3-Gang-Schaltgetriebe; **1956** auf Wunsch mit Hydra-Matic oder Jetaway Hydra-Matic
Fahrwerk, vorn:	obere und untere Dreiecksquerlenker, Schraubenfedern
Fahrwerk, hinten:	Starrachse, Halbelliptik-Blattfedern
Bremsen:	vorne/hinten Trommelbremsen
Radstand (mm):	88/Super 88 3100 98 3200
Gewicht (kg):	1675-1963
Höchstgeschwindigkeit (km/h):	152-168
Beschleunigung 0-96 km/h (s):	11,9-13,5

Produktionszahlen: **1954 88** Limousine 4tür. 29 028 Lim. 2tür. 18 013 Holiday Hardtop 2tür. 25 820 **Super 88** Lim. 4tür. 111 236 Lim. 2tür. 27 882 Conv. 6452 Holiday Hardtop 2tür. 42 155 **98** Deluxe Lim. 4tür. 47 972 Holiday Hardtop 2tür. 8865 Deluxe Holiday Hardtop 2tür. 29 688 Starfire Conv. 6800 **1955 88** Limousine 4tür. 57 777 Lim. 2tür. 37 507 Holiday Hardtop 4tür. 41 310 Holiday Hardtop 2tür. 85 767 **Super 88** Lim. 4tür. 111 316 Lim. 2tür. 11 950 Conv. 9007 Deluxe Holiday Hardtop 4tür. 47 385 Deluxe Holiday Hardtop 2tür. 62 534 **98** Lim. 4tür. 39 847 Starfire Conv. 9149 Deluxe Holiday Hardtop 4tür. 31 267 Deluxe Holiday Hardtop 2tür. 38 363 **1956 88** Lim. 4tür. 57 092 Lim. 2tür. 31 949 Holiday Hardtop 4tür. 52 239 Holiday Hardtop 2tür. 74 739 **Super 88** Lim. 4tür. 59 728 Limousine 2tür. 5465 Conv. 9561 Holiday Hardtop 4tür. 61 192 Holiday Hardtop 2tür. 43 054 **98** Lim. 4tür. 20 105 Starfire Conv. 8581 Holiday Hardtop 4tür. 42 320 Holiday Hardtop 2tür. 19 433

1957-58 Oldsmobile

Oldsmobile schien —wie auch Buick — 1957/58 auf Irrwege geraten zu sein. Die Gründe hierfür sind im Nachhinein unschwer zu erraten. Nach den Boom-Jahren von 1954-56 vertraute das Management bei General Motors quasi blind darauf, daß mit „noch mehr Auto" im gleichen Stil noch höhere Stückzahlen und damit noch höhere Gewinne einzufahren seien. Die Planung für 1957/58 fiel demzufolge bequem — um nicht zu sagen selbstgefällig —aus.

„Mehr Auto" war der 1957er Oldsmobile mit Sicherheit. Dieser als der am radikalsten erneuerte Oldsmobile seit 20 Jahren angekündigte Jahrgang geriet etwas länger, deutlich niedriger und sogar etwas breiter als das Modell 1956. Der Radstand blieb unverändert, doch saßen darauf nun die B- und C-Einheitskarosserien (mit dem Buick identisch). Auch am Unterbau gab es Neues: einen tiefen „cowbelly"-Kastenrahmen mit weit auseinanderliegenden Längsträgern sowie die erste Kugelkopf-Vorderachse bei Oldsmobile. Das Mehrgewicht von 100-140 kg wurde durch den auf 6081 ccm erweiterten Hubraum des Rocket-V8 ausgeglichen, der 277 PS entwickelte. Übrigens tat erstmals seit 1951 nun wieder der gleiche Motor in allen Modellen Dienst.

Das Styling des 1957er Oldsmobile wirkte für ein 57er Modell von General Motors relativ nüchtern, behielt aber dennoch typische Olds-Merkmale. Der „Grillmund" von 1956, der sich nun über die ganze Wagenbreite erstreckte, verlor sein senkrechtes Mittelteil und hatte statt der tief eingezogenen waagerechten Leisten jetzt ein engmaschiges Drahtgitter aufzuweisen. Die geschwungenen Seitenzierleisten liefen nun — wie schon 1954 — nach hinten geradlinig aus. Die hochsitzenden „Raketen"-Rückleuchten (seit 1953 ein Markenzeichen von Oldsmobile) wichen halbovalen Leuchten mit Schirmen in Heckflossen-Manier. Die Heckscheiben von Limousine und Hardtop waren wie beim Buick dreigeteilt, wobei die kleineren Seitenteile weit um die Ecken herumgezogen waren. Im Dach (und bei einigen Modellen auch in den Trennleisten der Heckscheibe) waren markante Sicken in Längsrichtung eingeprägt; die Meinungen hierüber waren zwar geteilt, aber ein markantes Äußeres konnte man dem Oldsmobile nicht absprechen.

Erstmals seit 1950 fand sich auch wieder ein Kombi im Programm, d.h. gleich deren drei, allesamt Viertürer im Stil des Buick: ein Kombi mit normalen B-Säulen als einfacher 88 sowie Versionen des 88 und Super 88 ohne B-Säulen. Sie trugen alle den Namen Fiesta (wie das kurzlebige Edel-Cabrio von 1953), verkauften sich aber ziemlich schlecht. Sogar das Convertible fand noch mehr Abnehmer.

88 und Super 88 trugen nun den Namenszusatz „Golden Rocket" —eigentlich reiner Blödsinn, denn das 50. Firmenjubiläum von Oldsmobile lag bereits 10 Jahre zurück. Die vier Topmodelle des Ninety-Eight hießen zusätzlich „Starfire", ein Name, der seit 1954 dem teuersten Luxus-Cabriolet vorbehalten gewesen war.

Die technischen Neuerungen von 1957 liefen unter dem Kürzel J-2: ein Dreivergaser-Umrüstsatz mit speziellem Saugrohr, einer Verdichtung von 10,0:1 (serienmäßig 9,5:1) sowie neuem Luftfilter, Vergasergestänge und Kopfdichtungen. Analog zum Kraftpaket D-500 von Dodge war auch das J-2-Paket für alle Modelle lieferbar (werks- oder händlerseitig), sogar für den leichtesten und einfachsten zweitürigen 88 —für den PS-Freaks ohnehin das Kraftpaket. Der Preis? Lächerliche $ 83, ein Bruchteil dessen, was die Konkurrenz für Einspritzanlagen oder Kompressoren verlangte. Im punkto Leistungsgewinn war das J-2 also ein echtes Schnäppchen, mit dem man in knapp über 9 Sekunden auf 100 km/h kam. Die NASCAR schob zwar bald einen Riegel vor, doch hatte der alte Stock-Car-Hase Lee Petty in Daytona, wo er mit fast 145 mph (232 km/h) durch den Sand schoß, zuvor noch gezeigt, was in diesem Kraftpaket steckte.

In Verkaufszahlen ließen sich diese Erfolge leider kaum ummünzen, und so verlor Olds 1957 weiter an Boden, hielt sich zwar noch auf Platz 5 der Herstellerstatistik, fiel jedoch bei den Stückzahlen um 25 % auf 384 390 Einheiten zurück. Der normale 88er verkaufte sich dieses Jahr erstmals besser als der Super 88 (und zwar gleich um 40 000 Einheiten) —ein Vorbote der aufziehenden landesweiten Wirtschaftsrezession.

Während die Talsohle der Rezession anhielt, lief es auch bei Oldsmobile immer schlechter; das Modell 1958 —Dynamic 88, Super 88 und Ninety-Eight —kam da im denkbar ungünstigen Moment. Diese chromüberladenen Geschmacksverirrungen seien hier mehr der Vollständigkeit halber erwähnt, denn „herausragend" konnte man sie eigentlich nie nennen —eher das Gegenteil. Wie auch der ähnlich gekünstelte Buick „B-58", so galt der Oldsmobile von 1958 lange als Paradebeispiel für alle unerfreulichen Exzesse in Detroit der 50er Jahre. Den Vogel schoß der damalige Ford-Designer Alex Tremulis ab (der sich schon in den 40er Jahren durch seine Arbeiten am Tucker ewigen Ruhm erworben hatte), als er die vier Seitenzierleisten an den Heckkotflügeln des Olds auf einem Foto mit Notenschlüssel und Noten zu einer richtigen Partitur karikierte.

Erstaunlicherweise brachte der Jahrgang 1958 kaum mehr Gewicht als der 1957er auf die Waage, sondern wirkte nur optisch gewichtiger. In den Listen hielt sich auch noch das J-2-Paket, doch der Schwerpunkt lag nun bei Glanz und Gags, z.B. „New-Matic Ride", einer Luftfederung, die sich als genauso unzuverlässig wie andere Fabrikate —und als genauso kurzlebig —erwies.

Erst 1959 faßte Oldsmobile wieder Fuß. Das Modell 1958 erfreut sich dagegen in letzter Zeit zunehmender Beliebtheit bei jüngeren Fans, die ihre gräßlichen Formen auf ähnliche Weise wie die himmelstrebenden Heckflossen des 1959er Cadillac als nostalgischen Kitsch der Endfünfziger zu schätzen wissen. Dies macht aus dem Oldsmobile zwar noch kein herausragendes Auto, aber besser als nichts ist es allemal.

Trotz reichlichen Chromschmucks wirkte der neue Oldsmobile von 1957 recht zurückhaltend und war an Kühlergrill, Seitenzierleisten und Heckleuchten als typischer Olds zu erkennen. Alle Kombis trugen den Namen Fiesta (wie das 1953er Luxus-Cabrio). Die Fiestas in der Modellreihe des Golden Rocket 88 waren mit oder ohne B-Säule lieferbar; am besten verkaufte sich das Spitzenmodell, der viertürige Golden Rocket Super 88 Hardtop für $ 3541.

TECHNISCHE DATEN

Motor:	V8, hängende Ventile, 6081 ccm (101,6 × 93,73) **1957** 277 SAE-PS **J-2** 300 SAE-PS **1958 88** 265 SAE-PS **Super 88 und 98** 305 SAE-PS **J-2** 312 SAE-PS
Getriebe:	**88 und Super 88** 3-Gang-Schaltgetriebe; auf Wunsch mit Jetaway Hydra-Matic **98** Jetaway Hydra-Matic
Fahrwerk, vorn:	obere und untere Dreiecksquerlenker, Schraubenfedern
Fahrwerk, hinten:	Starrachse, Halbelliptik-Blattfedern
Bremsen:	vorne/hinten Trommelbremsen
Radstand (mm):	**88 und Super 88** 3100 **98** 3200
Gewicht (kg):	1790-1968
Höchstgeschwindigkeit (km/h):	160-184
Beschleunigung 0-96 km/h (s):	9,2-10,5

Produktionszahlen: 1957 Golden Rocket 88 Lim. 2tür. 18 477 **Holiday Hardtop 2tür.** 49 187 **Holiday Hardtop 4tür.** 33 830 **Conv.** 6423 **Lim. 4tür.** 53 923 **Fiesta Kombi 4tür.** 5052 **Fiesta Hardtop-Kombi 4tür.** 5767 **Golden Rocket Super 88 Holiday Hardtop 2tür.** 31 155 **Holiday Hardtop 4tür.** 39 162 **Conv.** 7128 **Lim. 4tür.** 42 691 **Fiesta Hardtop Kombi 4tür.** 8981 **Lim. 2tür.** 2983 **Starfire 98 Holiday Hardtop 2tür.** 17 971 **Holiday Hardtop 4tür.** 32 099 **Conv.** 8278 **Lim. 4tür.** 21 525 **1958 Dynamic 88 Lim. 2tür.** 11 833 **Holiday Hardtop 2tür.** 53 036 **Holiday Hardtop 4tür.** 28 241 **Conv.** 4456 **Lim. 4tür.** 60 429 **Fiesta Kombi 4tür.** 3249 **Fiesta Hardtop-Kombi 4tür.** 3323 **Super 88 Holiday Hardtop 2tür.** 18 653 **Holiday Hardtop 4tür.** 27 521 **Conv.** 3799 **Lim. 4tür.** 33 844 **Fiesta Kombi 4tür.** 5175 **98 Holiday Hardtop 2tür.** 11 012 **Holiday Hardtop 4tür.** 27 603 **Conv.** 5605 **Lim. 4tür.** 16 595

Oldsmobile

1959 Oldsmobile

Wäre 1959 ein Preis für das am deutlichsten verbesserte Styling verliehen worden, hätte Oldsmobile ihn ohne Diskussion gewonnen. Zwar konnte es nach den Chromexzessen von 1958 fast nur besser kommen, doch das Modell 1959 war eindeutig ein Fortschritt — dank einer markanten und zugleich wesentlich klareren Linienführung. Dieser „Linear Look", wie er in den Anzeigen hieß, erntete bei Kritikern und Käufern gleichermaßen Lob statt (wie im Vorjahr) Tadel.

Das Anzeigenmotto war so falsch nicht. Das Modell 1959 sah nicht nur länger, niedriger und breiter aus, sondern war es auch. Trotz eines nur geringfügig längeren Radstandes waren der Dynamic 88 und der Super 88 über 25 cm, der noble Ninety-Eight über 15 cm länger. Unter der weit ausgebuchteten Karosserie war die Spur vorne und hinten auf 1,55 m gewachsen. Zudem hatte die Gesamthöhe um 4 cm verringert, womit auch der Schwerpunkt tiefer lag und das Fahrverhalten trotz des Mehrgewichts positiv beeinflußt wurde.

Stilistisch wurden die neuen Maße durch den ewig breiten Kühlergrill mit den weit auseinandergerückten Doppelscheinwerfern sowie die flache, unendlich lange Motorhaube und die profilierte Heckpartie betont, die Heckflossen vortäuschen sollte, obwohl die Kotflügel geradlinig nach hinten durchliefen. Die breitere Panorama-Windschutzscheibe war nach Art des Hauses sogar bis ins Dach hochgezogen, dafür standen die Fenstersäulen nun wieder etwas senkrechter als noch 1957/58. Das viertürige Hardtop (mit dem schönen Namen Holiday SportSedan) wirkte noch „linearer" als die übrigen Modelle — nicht zuletzt wegen der flachen Dachpartie, die knapp über der neu gestalteten Panorama-Heckscheibe abschloß. Das zweitürige Hardtop (das auf den Namen SceniCoupe hörte) wies eine kürzere Dachpartie mit weit hochgezogener Heckscheibe auf, die wie die Windschutzscheibe bis ins Dach lief.

Unter diesem Gewand verbarg sich das nagelneue „Glide-Ride"-Fahrgestell mit Kastenlängsträgern und einer langen X-Traverse mit kurzem Mitteltunnel. Auf einer großen Rechteckkonstruktion hinter der Hinterachse ruhte das Heck der Karosserie, die von der Spritzwand nach hinten selbsttragend aufgebaut war. Die Räder wurden wie bisher hinten an der blattgefederten Starrachse und vorne an übereinanderliegenden Dreieckslenkern geführt. Auch jetzt war wieder auf Wunsch eine Luftfederung lieferbar, doch erwies sie sich als genauso unzuverlässig wie seit eh und je.

Auch 1959 stützte sich Oldsmobile weiter auf seinen bewährten und leistungsstarken Rocket-V8 (noch immer im Prinzip mit dem 10 Jahre zuvor eingeführten Block). Der leichtere Dynamic 88 behielt die 6081-ccm-Version, die 270 bzw. (als Extra) 300 PS abgab. Super 88 und Ninety-Eight erhielten dagegen einen aufgebohrten 6,5-Liter-Motor mit 315 PS. Die Verdichtung lag durch die Bank bei 9,75:1. Offiziell gab es nach wie vor auch das Schaltgetriebe, doch die Hydra-Matic, die beim Ninety-Eight serienmäßig, bei den anderen Modellen gegen Aufpreis montiert wurde, fand weitaus mehr Anklang bei der Käuferschaft.

Mit $4366 blieb das Ninety-Eight Convertible die teuerste aller 15 Oldsmobile-Varianten von 1959. Der zweitürige Dynamic war als Einsteigermodell bereits für $2837 zu haben. Die viertürigen Limousinen hießen nun Celebrity und setzten die (noch heute lebendige) Tradition von Oldsmobile fort, Modellnamen zu endlosen Zungenbrechern aneinanderzuketten. Die Fiesta-Kombis waren nur noch in zwei Varianten als Dynamic und Super 88 (mit B-Säulen) mit moderner versenkbarer Heckscheibe (statt der querteilten Heckklappe des Jahrgangs 1957/58) im Programm. Abkurbeln mußte man die Scheibe allerdings von Hand (sofern nicht elektrische Fensterheber geordert wurden). Aufpreis mußte auch für die im Verhältnis 1/3·2/3 geteilte Rücksitzlehne gezahlt werden. Der Dynamic Fiesta (auch dies ein merkwürdiger Modellname) verkaufte sich etwas besser als sein Vorgänger, die Nachfrage nach dem Super Fiesta (dito) blieb jedoch unverändert gering. Als neue Spielerei hielten elektrische Ausstellfenster Einzug, dazu gab es auf Wunsch Schwenksitze mit sechs Sitzstellungen, gepolstertes Armaturenbrett, Klimaanlage, eine überarbeitete „Roto-Matic"-Servolenkung sowie ein neues „Trans-portable"-Mittelwellenradio, das mit einem Handgriff ausgebaut werden konnte.

Zwar lag die Rennzeit des Oldsmobile lange zurück, doch sorgte Lee Petty in der NASCAR-Saison 1959 ein letztes Mal für Furore, als er bei den ersten Daytona 500 auf dem damals neuen International Speedway im Februar 1959 sein Dynamic SceniCoupe praktisch millimetergenau gleichauf mit dem Thunderbird von Johnny Beauchamp durchs Ziel brachte. Petty posierte bereits als Sieger, doch nach Auswertung der Fotos erklärten die Zeitnehmer vier Tage später Beauchamp zum Gewinner.

Für Olds verlief das Jahr 1959 — wie auch für Buick — eher durchwachsen. Der etwas höhere Ausstoß von 383 000 Exemplaren konnte den Rutsch vom 4. auf den 6. Platz der Herstellerstatistik nicht verhindern. Noch 1958 war Olds vom 5. auf den 4. Platz vorgestoßen, also war an den Chromschlitten vielleicht doch was dran.

Trotzdem hatte Oldsmobile mit dem Modell 1959 gerade rechtzeitig das Sprungbrett zu noch weiteren Höhenflügen in den sechziger Jahren geschaffen. Wer sagt da, daß sich Geschmack nicht verkauft?

Der 1959er Olds Ninety-Eight wurde (wie der Super 88) von einem 6,5-Liter-V8 mit 315 PS angetrieben (oben). Damals am wenigsten gefragt, heute jedoch heiß begehrt sind der Ninety-Eight als Scenic Hardtop-Coupé für $ 4086 (rechte Seite, oben) sowie das Convertible (unten) für $ 4366: Von ihnen gingen nur 13 669 bzw. 7514 Exemplare weg. Viertürige Limousinen und Hardtops waren 1959 gefragter.

Technische Daten

Motor: V8, hängende Ventile **Dynamic 88** 6081 ccm (101,6 ×93,7), 270 SAE-PS; auf Wunsch 300 SAE-PS **Super 88 und 98** 6456 ccm (104,9 ×93,7), 315 SAE-PS

Getriebe:	**88 und Super 88** 3-Gang-Schaltgetriebe; auf Wunsch mit Jetaway Hydra-Matic **98** Jetaway Hydra-Matic
Fahrwerk, vorn:	obere und untere Dreiecksquerlenker, Schraubenfedern
Fahrwerk, hinten:	Starrachse, Halbelliptik-Blattfedern
Bremsen:	vorne/hinten Trommelbremsen
Radstand (mm):	Dynamic und Super 88 3124 **98** 3208
Gewicht (kg):	1833-2035
Höchstgeschwindigkeit (km/h):	175-184
Beschleunigung 0-96 km/h (s):	9,5-11,5

Produktionszahlen: Dynamic 88 Lim. 2tür. 16 123 **Celebrity Lim. 4tür.** 70 995 **Fiesta Kombi 4tür.** 11 298 **SceniCoupe Hardtop 2tür.** 38 488 **Holiday SportSedan Hardtop 4tür.** 48 707 **Conv.** 8491 **Super 88 Celebrity Lim. 4tür.** 37 024 **Fiesta Kombi 4tür.** 7015 **SceniCoupe Hardtop 2tür.** 20 259 **Holiday SportSedan Hardtop 4tür.** 38 467 **Conv.** 4895 **98 Celebrity Lim. 4tür.** 23 106 **SceniCoupe Hardtop 2tür.** 13 669 **Holiday SportSedan Hardtop 4tür.** 36 813 **Conv.** 7514

Packard

1950 Packard

1950 schlug die letzte Stunde der ersten Packard-Nachkriegsgeneration, die wegen ihres unvorteilhaften Äußeren mittlerweile selbst unter Fans der Marke abfällig als „schwangerer Elefant" tituliert wird. Dennoch darf dieser Packard durchaus als herausragendes Auto gelten – nicht nur wegen seines prestigeträchtigen Namens, sondern als letzter Packard, der wirklich massenhaft verkauft wurde. Der Höhepunkt war mit dem ersten Modell von 1948/49 erreicht, das es auf einen Rekordausstoß von 208 499 Stück brachte. Nie wieder sollte Packard in den Folgejahren derartige Höhen erreichen.

Im Rückblick liegen die Gründe hierfür auf der Hand: Packard hatte seine angestammte Rolle als reine Luxusmarke bewußt aufgegeben. Seit der Depression hatte Packard dem Gott der Massenfertigung gehuldigt, für Massenautos waren jedoch billigere Modelle notwendig. Tragischerweise hielt man sogar nach der Depression daran fest und verschleuderte das Luxus-Image der Marke damit regelrecht. Hauptnutznießer dieser Entwicklung war logischerweise Cadillac.

Streng genommen waren die „Elefanten" natürlich nicht neu. Zwar gab es zwei neue Motoren und ein geändertes Typenprogramm (teilweise mit neuem Radstand), doch Karosserie und Fahrgestell lehnten sich eng an die Modelle 1946/47 an, die die Tradition des Vorkriegs-Clipper fortsetzten. Dieser Clipper von 1941 war von keinem geringeren als Dutch Darrin gezeichnet und von Packard-Chefstylist Werner Gubitz zur Serienreife verfeinert worden. Geschwungene Kotflügel, verdeckte Trittbretter, Fließheck und weiche Konturen wiesen den Clipper als radikale Neuerung inmitten der betont hochbeinigen Linien traditioneller Packards aus. Dieser neue Look kam jedoch so gut an, daß er schon 1942 an fast allen Modellen zu finden war.

Ungeachtet seiner Schönheit wirkte der Clipper in der Nachkriegswelt schon bald überholt. Packard arbeitete bereits an einem umfassenden Facelifting. Dieses lehnte sich an die letzten Version des Phantom an, eines offenen Einzelstücks mit Landaulet-Dach, das 1941 für Design-Vizepräsident Ed Macauley, Sohn des legendären Alvan Macauley (damals bereits in den Siebzigern, aber immer noch im Konzernvorsitz aktiv), gebaut worden war. Ed Macauley wurde wiederholt mit Edsel Ford verglichen. Beide beeindruckten durch ihre ruhige, vornehme Art und ihre für Detroiter Verhältnisse hochentwickelte Sensibilität und ihr Stilgefühl. Beim Facelifting von 1948 muß das ästhetische Empfinden Ed Macauley allerdings im Stich gelassen haben, denn das Ergebnis darf bestenfalls als zweifelhaft bezeichnet werden. Die Seitenflächen wurden nach Vorgabe der Konzernleitung glatt gestaltet, um den Eindruck von Ponton-Kotflügeln zu erwecken, doch brachte dies nur fast 100 überflüssige Kilo und ein plumpes Äußeres (und die dicksten Türen aller US-Autos) – daher auch die Bezeichnung „schwangerer Elefant".

Technische Daten

Motor: 8 Zylinder in Reihe, stehende Ventile, **Eight/DeLuxe Eight** 4719 ccm (88,9 × 95,2), 135 SAE-PS **Super/Super DeLuxe Eight** 5358 ccm (88,9 × 107,9), 150 SAE-PS **Custom Eight** 5834 ccm (88,9 × 117,6), 160 SAE-PS

Getriebe:	3-Gang-Schaltgetriebe; auf Wunsch mit Overdrive oder Ultramatic Drive
Fahrwerk, vorn:	obere und untere Dreiecksquerlenker, Schraubenfedern
Fahrwerk, hinten:	Starrachse, Halbelliptik-Blattfedern
Bremsen:	vorne/hinten Trommelbremsen
Radstand (mm):	**Standard Eight** 3048 **Super/Super DeLuxe/Custom Eight** 3225 **Custom-Eight-Fahrgestell** 3760
Gewicht (kg):	1707-2092
Höchstgeschwindigkeit (km/h):	136-152
Beschleunigung 0-96 km/h (s):	20,0-25,0

Produktionszahlen: Eight 36 471* **Super Eight** 5128, darunter 600 Convertibles **Custom Eight Lim. 4tür.** 707 **Custom Eight Conv.** 77 **Custom-Eight-Fahrgestelle** 244

* Station Sedans wurden im Kalenderjahr 1950 nicht produziert; von 472 gebauten Exemplaren von 1949 wurden ca. 150 als Modell 1950 mit neuen Fahrgestellnummern versehen.

Nach 1950 gab Packard die Badewannenform seiner „schwangeren Elefanten" auf; die vollendetste Form des Modells 1950 dürfte jedoch im Custom Eight stecken, der als Convertible oder viertürige Limousine geliefert wurde und mit einem 5,9-Liter-Reihenachtzylinder mit 160 PS bestückt war. Die abgebildete Limousine kostete $ 3975 und lief in nur 707 Exemplaren vom Band.

Das Modell 1948 war vielleicht kein stilistisches Meisterwerk, aber in punkto Ausgereiftheit, Komfort, Straßenlage und Verarbeitung ein echter Packard. Erstmals seit 1937 gab es keinen Sechszylinder im Packard-Programm, das jetzt mit dem Standard, DeLuxe und Super Eight auf dem alten 3,04-m-Radstand begann und durch ein Fahrgestell mit 3,58 m Radstand für siebensitzige Limousinen und Repräsentationslimousinen des Modells Super abgerundet wurde. Der Super wurde von einem neuen 5,4-Liter-Motor mit seitlich stehenden Ventilen und extrem unterquadratischer Auslegung, fünffach gelagerter Kurbelwelle und einer Nennleistung von 145 PS angetrieben. Im kleineren Eight saß ein „quadratischerer" 4,7-l-Motor mit 130 PS. Spitzenmodell blieb der Custom Eight, der an seinem Wabengrill zu erkennen war (die anderen Modelle wiesen lediglich waagerechte Grillstreben auf) und vom bekannten und bewährten 5834-ccm-Reihenachtzylinder mit 160 PS (fünf PS weniger als bisher) angetrieben wurde. Das Modellangebot umfaßte ein Convertible Coupé und zwei Fließhecklimousinen mit 3,22 m Radstand sowie die obligatorischen Siebensitzer und Repräsentationslimousinen mit 3,76 m Radstand.

Ein verblüffender Newcomer hatte sich jedoch eingeschlichen: der Station Sedan. Er war nur als Standard Eight lieferbar und zugleich der erste Packard-Kombi seit 1941 und einer der letzten Woodies aus Detroit. Tragend waren die Holzteile freilich nur im Bereich der Heckklappe (wie bei manchen Konkurrenten, aber ganz im Gegensatz zu früheren Modellen). Ed Macauley hatte sich beim Management persönlich für den Station Sedan stark gemacht, da dieser nach seinen Aussagen wenig Spezialwerkzeug benötige. An Türen und Fensterrahmen saß echte Baumrinde aus Birkenholz, allerdings war sie nur aufgeschraubt. Die „Mahagoni-Einsätze" waren in Wahrheit lackierte Stahlbleche mit brauner Grundlackschicht, darauf aufgetragener dunklerer „Maserung" und Klarlacküberzug.

Das Modell 1948 wurde auch 1949 ohne nennenswerte Änderungen (bis auf 5 zusätzliche PS für die beiden kleinsten Motoren) weitergebaut. Im Mai kam eine neue „Second Series" hinzu, die vor allem an zusätzlichen seitlichen Zierleisten zu erkennen war. Gleichzeitig kam als neues Modell der Super DeLuxe Eight mit dem Wabengrill des Custom heraus; die Custom-Modelle mit langem Radstand wurden eingestellt. Gerade rechtzeitig zum 50jährigen Jubiläum der Marke gesellte sich die Ultramatic hinzu, die einzige Automatik, die ein Independent ohne die Hilfe von Getriebeproduzenten zuwege gebracht hatte. In ihr war ein Drehmomentwandler mit einer Mehrscheiben-Lamellenkupplung und Kupplung für den direkten Gang kombiniert worden. Die Ultramatic arbeitete ruckfreier als die GM-Hydra-Matic, beschleunigte jedoch recht behäbig und war auch längst nicht so zuverlässig.

Packard übernahm die „Twenty-Third Series" von Mitte 1949 auch in das Jahr 1950, ging danach jedoch auf die modernere, aber rasch veraltende Karosserielinie aus der Feder von John Rinehart über. Und obwohl Packard noch etliche interessante Nachkriegsmodelle herausbringen sollte, lagen die besten Jahre bereits hinter der Marke. Rückblickend läßt sich der „Elefanten"-Jahrgang also als Anfang vom Ende einer der renommiertesten Marken der USA bezeichnen — ein Grund mehr, warum er bei Sammlern und Fans heute heiß begehrt ist.

1951-53 Packard Mayfair

Das Hardtop und der Ganzstahl-Kombiwagen hatten sich rasch als die beiden wesentlichsten Neuerungen in der US-Autoindustrie der Nachkriegszeit etabliert und sich bis Mitte der 50er Jahre bereits ein Drittel der Neuzulassungen in den USA gesichert. Star war natürlich das schicke Hardtop, das bald für alle US-Produzenten zum obligatorischen Modellangebot gehörte. Manche Hardtops wirkten wie gekonnte Neukonstruktionen, andere wie zweitürige Limousinen, denen man lediglich die B-Fenstersäule gekappt hatte.

Der Packard Mayfair fiel in die letztere Kategorie und kann allein schon aufgrund seiner vielen Kompromisse nicht recht überzeugen. Packard setzte ihn auf das kürzere Fahrgestell der kleineren Modelle, vermarktete ihn (und das parallel dazu lancierte Convertible) aber als Prestige-Modell. Hierzu erhielt es den Typencode „250", Zähne im Kühlergrill (wie die „Großen"), einen 5,4-Liter-Motor, große Radzierblenden und eine Pelikan-Haubenfigur. Dies konnte allerdings nicht darüber hinwegtäuschen, daß der Mayfair bei einem Preis von $3200 bis $3400 eher eine Konkurrenz für den Buick, Chrysler und Mercury als für den Cadillac, Imperial und Lincoln war. Das abbröckelnde Nobelimage des Packard ließ sich mit ihm also nicht aufpolieren und für die Stückzahlen der Mittelklasse-Packards brachte er auch nicht viel.

Dies soll nicht heißen, daß er kein ansehnliches Auto war. Die beschriebene Luxusausstattung und die pfostenlosen Seitenfensterflächen machten ihn zu einem sportlichen Packard der gehobenen Klasse. Auch der Name Mayfair schien passend, erinnerte er doch an den noblen Londoner Vorort oder englische Karosserieschneider. Dank der harmonischen Linienführung wirkte er auch keineswegs so zusammengestoppelt wie z.B. der Hudson Hollywood oder der DeSoto Sportsman. Die Innenausstattung bestach – in typischem Hardtop-Stil – mit hinreißenden Kombinationen aus Nylon, Kunstleder und echtem Leder in passendem Farbton zur Lackierung. Bodenteppiche und verchromte Spriegel am Dachhimmel (nach Art der Cabriolet-Verdecke) vermittelten gleichermaßen Cabriolet-Flair. Solange man den Mayfair nicht gerade mit dem Cadillac Coupé de Ville verglich, war er durchaus ein attraktives Angebot.

Auf jeden Fall verkaufte sich der Mayfair nicht sonderlich gut – ob wegen des Cadillac oder wegen seiner eigentlichen Konkurrenten, sei dahingestellt. Einzelstückzahlen wurden von Packard nie veröffentlicht, nach Auswertung der Fahrgestellnummern kommt der amerikanische Packard Club jedoch auf mindestens 1258 Exemplare im Jahr 1951 und 3959 im Jahr 1952. Die Zahlen für 1951 dürften höher liegen, da nur 79 % der Fertigung von 1951 erfaßt werden konnten; die Fahrgestellnummern von 1952 decken dagegen 95 % aller Wagen ab.

1953 gab Packard auch die Mayfair-Stückzahlen bekannt: 5150 Einheiten, der bis dato höchste Wert. Dieser Aufschwung war vermutlich darauf zurückzuführen, daß Packard den 53er auch ohne Preisaufschlag wie ein größeres Modell zu gestalten verstand. Die Heckleuchten saßen nun in dicken Chromgehäusen, Seitenflanken und hintere Radlaufverkleidungen wurden mit durchgehenden Chromleisten aufgelockert. Die Innenausstattung war in sechs Varianten aus Nylon, Leder oder Nylon-Leder-Kombinationen lieferbar, dazu gab es für komfortbewußte Fahrer Extras wie die Easamatic-Bremshilfe, Servolenkung, elektrische Sitzverstellung, elektrisch versenkbare Antenne, Dreikanalradio, Sitzheizung, hydraulische Fensterheber und Klimaanlage. Und wer noch mehr Luxus wollte, durfte den Mayfair mit verchromten Drahtspeichenrädern und „Continental Kit" mit Scheiben- oder Speichenrad ordern. Sogar „Porthole"-Attrappen auf den Kotflügeln waren als (nutzloses) Extra zu haben – Packard-Fans vergleichen sie übrigens gerne mit Flaschenöffnern. Damit ließ sich der Grundpreis von $3278 für einen 1953er Mayfair mühelos auf fast $5000 hochtreiben. Das Endergebnis blieb aber trotz allen Zubehörs immer ein Mayfair und kein Coupé de Ville. Dieses Manko war nicht wegzudiskutieren, zumal Cadillac – dies sei der Vollständigkeit halber erwähnt – in diesem Jahr 14 550 Coupé de Ville ausstieß.

Mit seinen Stückzahlen konnte Packard kaum überleben – zumindest nicht als Independent und auch nur schwerlich als Rädchen im Getriebe eines großen Konzerns. 1953 produzierte Packard insgesamt zwar zwei Drittel des Jahresausstoßes von Cadillac – ein durchaus achtenswertes Ergebnis –, doch schon im Folgejahr fiel die Marke auf ein Drittel der Cadillac-Stückzahlen zurück. 1954 hieß das Hardtop „Pacific", wurde mit noch mehr Luxus-Extras garniert, doch verließen kaum 1200 Exemplare das Werk. Erst 1955 stellte Packard mit dem 400 ein echtes Luxus-Hardtop vor.

Packard stellte sein erstes Hardtop zusammen mit seinem ersten 1951er „Contour-Styled"-Programm vor. Es saß auf dem kürzeren Limousinen-Fahrgestell, wurde aber mit dem Luxus der größeren Modelle garniert und ähnelte diesen auch optisch mit den „Zähnen" im Kühlergrill und den „Flaschenöffnern". Der 1951er Mayfair (rechte Seite, oben) war an den Packard-Buchstaben auf der Motorhaube zu erkennen, während der weitgehend unveränderte 1952er (Mitte und unten) stattdessen ein Packard-Wappen auf dem Kühlergrill aufwies. Neu im Innenraum war das „Tele-Glance"-Armaturenbrett. Die Preise begannen 1951 bei $ 3234, 1952 bei $ 3318.

TECHNISCHE DATEN

Motor: 8 Zylinder in Reihe, stehende Ventile, 5358 ccm (88,9 × 107,9) **1951-52** 150/155 SAE-PS **1953** 180 SAE-PS

Getriebe:	3-Gang-Schaltgetriebe; auf Wunsch mit Overdrive oder Ultramatic
Fahrwerk, vorn:	obere und untere Dreiecksquerlenker, Schraubenfedern, Teleskopstoßdämpfer
Fahrwerk, hinten:	Starrachse, Blattfedern, Teleskopstoßdämpfer
Bremsen:	vorne/hinten Trommelbremsen
Radstand (mm):	3100
Gewicht (kg):	1728-1773
Höchstgeschwindigkeit (km/h):	144
Beschleunigung 0-96 km/h (s):	15,0
Produktionszahlen:	**1951** 1500* **1952** 4000* **1953** 5150

* geschätzt

Packard

1951-54
Packard Patrician

Der Packard Patrician, der erste Packard seit zehn Jahren, der einen eigenen „Namen" (statt Zahlen oder Ausstattungsbeschreibungen) aufwies, wurde passenderweise nach dem römischen Adelsstand benannt. In seinen ersten Jahren stand dahinter noch der Code „400", der zwei Bedeutungen hatte: Der Patrician stand damit eine Stufe über den wesentlich weniger luxuriösen 300er und 200er Modellen und spielte zugleich auf die „oberen 400 Familien" der USA vor den Depressionsjahren an. Schon in den 20er Jahren waren in Packard-Anzeigen die Namen 400 Prominenter zu lesen gewesen, die alle einen Packard fuhren.

Die neue Karosserie des Patrician war von John M. Reinhardt entworfen worden, dem die schwere Aufgabe zufiel, die „schwangeren Elefanten" von 1948-50 vergessen zu lassen und Packard endgültig in die Neuzeit zu führen. Reinhart setzte dabei auf großzügige Verglasung (mit einteiliger, gewölbter Windschutzscheibe), konventionelle Gestaltung von Kühlergrill und Motorhaube und eine Pontonkarosserie, bei der die Kotflügel mit den Hauben auf gleicher Höhe abschlossen (vielleicht zum ersten Mal an einem Großserienmodell aus Detroit).

Im Luxusautobereich hatte der Packard 1951 das einzige neue Design zu bieten und hinterließ sicher einen besseren Eindruck als der Chrysler Imperial mit seiner allzu technikbetonten Karosserie und der schieläugige Lincoln. Im Vergleich zum Erzrivalen Cadillac wirkte er freilich nach wie vor arg bieder, denn trotz seiner vier Jahre alten Karosserie strahlte der Cadillac 1951 Pomp und Prunk aus. Auch die Innenausstattung des Patrician wirkte auf Luxusautokäufer nicht gerade einladend. Seine dicken Wollstoffpolster und Bodenteppiche ließen zwar qualitativ keine Wünsche offen, doch fehlte es an Farbe; manch einer klagte zudem über die harte Sitzfederung.

Unter der Haube des Patrician saß nach wie vor ein Reihenachtzylinder, während Cadillac und Imperial bereits moderne V8 aufzuweisen hatten und auch Lincoln 1952 nachzog. Dafür gab es im Patrician serienmäßig eine seidenweiche Ultramatic, im Cadillac und Lincoln saßen dagegen die ruckelnde Hydra-Matic und im Imperial die veraltete Fluid Drive, die noch nicht ganz ohne Kupplung auskam. Insgesamt wäre dem Patrician in diesem Quartett also ein solider zweiter Platz hinter dem Cadillac zuzuerkennen; dennoch

Packard stellte 1951 den Patrician 400 als Luxuslimousine vor. Das abgebildete Modell 1953 (ohne 400er Code) unterschied sich nur in Details vom Modell 1951, doch kletterte immerhin die Leistung des Reihenachtzylinders von 155 auf 180 PS. Packard produzierte in diesem Jahr 7456 Patricians für $ 3740 pro Stück.

Technische Daten

Motor: 8 Zylinder in Reihe, stehende Ventile, **1951/52** 5358 ccm (88,9 × 107,9), 155 SAE-PS **1953** 180 SAE-PS **1954** 5883 ccm (90,4 × 114,3), 212 SAE-PS

Getriebe:	Ultramatic
Fahrwerk, vorn:	Einzelradaufhängung, Schraubenfedern, Teleskopstoßdämpfer
Fahrwerk, hinten:	Starrachse, Blattfedern, Teleskopstoßdämpfer
Bremsen:	vorne/hinten Trommelbremsen
Radstand (mm):	3225 **1953/54 Langlimousine** 3874
Gewicht (kg):	1861-2143
Höchstgeschwindigkeit (km/h):	152
Beschleunigung 0-96 km/h (s):	16,0-18,0

Produktionszahlen: 1951 Lim. 4tür. 9001 **1952 Lim. 4tür.** 3975 **1953 Lim. 4tür.** 7456 **Derham Formal Sedan** 25 (aus fertigen Patricians aufgebaut) **Executive Lim. 4tür./8-Sitzer** 100 **Corporation Limousine 8-Sitzer** 50 **1954 Lim. 4tür.** 2760 **Executive Lim. 4tür./8-Sitzer** 65 **Corporation Limousine** 35

verkaufte er sich im Modelljahr 1951 keine 10 000mal — die geringste Produktion aller vier Konkurrenten und gerade 8 Prozent des Nobelwagenmarktes.

Hier spielten verschiedene Faktoren mit hinein. Erstens wirkte die Linienführung des Patrician nicht nur relativ konservativ, sondern lehnte sich (wie schon früher) allzu eng an die Mittelklassemodelle an, die bereits früher das Luxusautoimage des Packard untergraben hatten und auch Anfang der 50er Jahre nicht wenige Käufer von Nobelwagen abschreckten. Zweitens wirkte das Interieur des Patrician im Vergleich zur Konkurrenz grau und fade. Drittens lag der Patrician mit einem Grundpreis von $3600 rund $300 über dem Cadillac Sixty-Two und Lincoln Cosmopolitan. Für $300 über diesen $3600 konnte der Käufer schon einen langen Cadillac Sixty Special mit Fleetwood-Emblem erstehen (was sicher viele taten). Auch der betagte Reihenachtzylinder war dem Packard-Image nicht gerade zuträglich — diesem sagenhaft laufruhigen Triebwerk ging leider der kräftige Durchzug des Cadillac- oder Imperial-V8 völlig ab.

Packard warb 1952 mit dem Slogan „Finer For You in Fifty-Two" für den Patrician und ließ von Modeexpertin Dorothy Draper das Interieur aufmöbeln. Die dabei entstanden Farbkombinationen der Stoffpolster wirkten gefällig, aber immer noch nicht kräftig genug. Als einzige Änderung an der Technik kam ein Bremskraftverstärker hinzu — eine wichtige, aber sicher nicht revolutionäre Neuerung. Während Lincoln einen eigenen V8 mit hängenden Ventilen brachte und Cadillac noch mehr PS und Glamour als je zuvor hervorzauberte, gingen die Stückzahlen des Patrician dratisch zurück. Packard trieb die Leistung 1953 mit einem Vierfachvergaser auf angeblich 180 PS und 1954 mit einem größeren Motor auf 212 PS — doch mittlerweile überlebten Reihenachtzylinder lediglich noch bei Pontiac und Packard.

Auch daß 1953 und 1954 ein durchgreifendes Restyling ausblieb, brachte keine positiven Impulse, ebensowenig die Rückkehr zu den Langlimousinen 1953, als eine Repräsentationslimousine und ein „Formal Sedan" (der nur 1954 „Patrician" hieß) angeboten wurden. Diese Modelle sahen zwar hübsch und gediegen aus, waren für den Cadillac Seventy-Five jedoch keine ernsthafte Konkurrenz. Daß der Patrician Klimaanlage und Dreikanalradio bot, bemerkten die wenigsten. Weit wichtiger in den Augen der Autoklientel war die brandneue, längere, niedrigere, breitere und noch eindrucksvollere Cadillac-Karosserie. Der Absatz des Patrician, der 1953 wieder angezogen hatte, fiel 1954 abermals ab. Es war also Zeit für Änderungen — die 1955 auch kamen.

Packard

1953-54
Packard Caribbean

Der Caribbean, das Grand-Luxe-Cabrio von Packard, entstand aus dem Experimentalmodell Pan American, das Richard Arbib, ein Designer bei Henney, dem Karossier für Packard-Sonderaufbauten, entworfen hatte. Arbib trennte aus dem Karosserierumpf eines normalen 1952er Packard 250 Convertible ringsherum einen Streifen heraus (nach der Art des „Sectioning" im Custom-Bau) und erreichte damit eine extrem niedrige Gürtellinie. Genau dies hatte John Reinhart, der Designer der Serienmodelle, bereits jahrelang angestrebt. „Das Problem war, daß wir sehr lange daran festhalten mußten", erzählte Reinhart über seinen Entwurf des originalen 1951er Packard mit seinem „Contour-Styling", „wir versuchten zwar alles, um ihn zu modernisieren, doch die hohe Gürtellinie, die das Management vorgeschrieben hatte, erwies sich von Anfang an als Hindernis. Bald hieß er bei uns nur noch 'high pockets'."

Packard-Stylist Dick Teague entwarf den Serien-Caribbean auf Basis des Pan American, erhielt jedoch nicht die Mittel, um ihn auf ähnliche Weise tieferzulegen. Er konnte also nur Details des Pan American übernehmen: die breite Hutze auf der Haube (statt einer Kühlerfigur), Drahtspeichenräder in großen Radausschnitten, ein langgestrecktes Heck und den Continental Kit. Mit $ 5210 lag er um $ 1724 über dem normalen Packard-Cabrio — genug, um ein nagelneues 1953er Chevy 210 Club Coupé zu erstehen! Der Caribbean wurde bei Mitchell-Bentley in Ionia, Michigan, im Auftrag produziert; Packard lieferte dort serienmäßige 1953er Convertible-Rohkarosserien an und ließ sie zum Caribbean veredeln. Der Caribbean, der nur als Cabriolet lieferbar war, konnte theoretisch mit Schaltgetriebe oder Overdrive geordert werden, doch saß in fast allen Exemplaren die Ultramatic. Merkwürdig (vor allem angesichts des Preises) mutet an, daß das Modell 1953 nicht den neunfach gelagerten Reihenachtzylinder der großen Modelle, sondern den kleineren fünffach gelagerten Motor erhielt. Erst 1954, als der neunfach gelagerte Motor auf 5,9 l gewachsen war und 212 PS entwickelte, bekam ihn auch der Caribbean.

Man sagt, Packard sei mit dem Caribbean nie aufs Geldverdienen aus gewesen, sondern habe ihn nur als Blickfang in den Schaufenstern der Packard-Händler verstanden. Im Briefwechsel der Konzernspitze wimmelt es jedoch von Vermerken über die Marktchancen des Modells; der Preis von $ 5200 wurde also zweifellos mit einem Seitenblick auf den Cadillac Eldorado festgelegt. Der noch ausgefeiltere Eldorado war rund $ 2500 teurer und wurde vom Caribbean in den Stückzahlen um fast das Doppelte übertroffen. Packard hätte sicher nichts dagegen gehabt, hätte sich der Caribbean eine ähnlich rentable Marktnische wie der Eldorado erobern können. Leider sollte es dazu nicht kommen.

Hätte sich die Entwicklung nach den Vorstellungen von Packard-Präsident James Nance vollzogen, wäre der 1954er Caribbean Teil eines durchgreifend gelifteten und erweiterten Packard-Nobelprogramms geworden. Er hätte dann ein längeres Fahrgestell und den neuen V8 mit hängenden Ventilen erhalten. Leider wurde nichts rechtzeitig fertig, also wartete Packard 1954 lieber ab — was genau der falsche Schritt war. In einem Jahr allgemeinen Absatzrückganges setzten Ford und Chevrolet mit ihrem Verkaufskrieg Chrysler und den Independents gehörig die Daumenschrauben an. Packard hatte unter den erzwungenen Preisnachlässen der Konkurrenz arg zu leiden und konnte nur noch ein Drittel des Ausstoßes von 1953 absetzen. Der Caribbean verzeichnete weniger drastische Einbußen, doch lagen seine Stückzahlen ohnehin sehr niedrig.

Das Modell 1954 unterschied sich nicht nur durch seinen laufruhigeren, stärkeren Motor vom 1953er Jahrgang. Viele Caribbeans wurden mit Zweifarbenlackierungen ausgeliefert, bei denen Heck und oberer Bereich der Heckkotflügel farblich abgesetzt waren. Die Hinterradausschnitte waren nun flacher, verdeckten die Räder also teilweise. Elektrische Fenster- und Sitzverstellung, Radio, Heizung und Gear-Start-Ultramatic waren serienmäßig vorhanden. „Mehr Luxus als im neuen Caribbean gibt es nicht", trumpfte Packard auf. „Sie können wählen zwischen bezaubernden, perfekt gearbeiteten Zweifarbenkombinationen aus echtem Leder, deren Farben und Polster auf die Außenlackierung ideal abgestimmt sind....Diese Autos sind für alle gedacht, die nicht mit der Masse mitschwimmen wollen. Look und Leistung bilden eine Klasse für sich. Ihre Individualität rührt nicht zuletzt daher, daß sie wirklich nach Maß gebaut werden. Das Auto Ihrer Wahl ist Ihr Auto, das sich von allen anderen Autos auf der Straße nachhaltig abhebt." Bei nur 400 produzierten Exemplaren, die sich auf die gesamten USA verteilten, dürfte letztere Aussage mit Sicherheit nicht verkehrt gewesen sein.

Der 1953er Caribbean (rechte Seite, oben) wurde als Serien-Cabriolet mit Lufthutze auf der Motorhaube, größeren Radausschnitten, Continental Kit usw. veredelt. Beim Modell 1954 (unten) waren die Hinterräder teilweise verkleidet und neue Zweifarbenlackierungen eingeführt worden. Das Modell 1953 ging für $ 5210 weg, das Modell 1954 für $ 6100. Hiervon wurden 750 bzw. 400 Exemplare produziert.

Technische Daten

Motor: 8 Zylinder in Reihe, stehende Ventile **1953** 5358 ccm (88,9 × 107,9), 180 SAE-PS **1954** 5883 ccm (90,4 × 114,3), 212 SAE-PS

Getriebe:	3-Gang-Schaltgetriebe; auf Wunsch Overdrive und Ultramatic **1954** Gear-Start Ultramatic
Fahrwerk, vorn:	Einzelradaufhängung, Schraubenfedern, Teleskopstoßdämpfer
Fahrwerk, hinten:	Starrachse, Blattfedern, Teleskopstoßdämpfer
Bremsen:	vorne/hinten Trommelbremsen
Radstand (mm):	3100
Gewicht (kg):	**1953** 1936 **1954** 2115
Höchstgeschwindigkeit (km/h):	160-168
Beschleunigung 0-96 km/h (s):	14,0
Produktionszahlen:	**1953** 750 **1954** 400

Packard

1953-54
Packard Clipper

Als das überalterte Packard-Management Mitte 1952 dem Zauberer der Elektrobranche, James J. Nance, die Geschicke des Hauses Packard anvertraute, geschah dies in der Hoffnung, die Geschäftspraktiken der Firma würden nun den benötigten frischen Wind erhalten. Nance enttäuschte durchaus nicht. Er kehrte mit eisernem Besen, schickte leitende Mitarbeiter, die noch jenseits des Pensionsalters auf ihren Sesseln verharrt hatten, umgehend in den Ruhestand, heuerte eine dynamische neue Führungcrew (großenteils von außerhalb der Autoindustrie) an und wußte sein Team mit markigen Reden in Schwung zu halten. Doch vor allem war er voller Pläne für neue technische und designerische Entwicklungen für eine Marke, deren ursprüngliches Image und Daseinszweck verlorengegangen waren. Er traf vielleicht nicht immer die richtige Entscheidung, doch ohne ihn wären die Packards von 1955/56 wohl kaum je entstanden.

Einer der Glaubenssätze von Nance war, daß die billigeren Packard-Modelle (die es mindestens seit dem Packard Six von 1937 gegeben hatte) von den traditionellen Luxusmodellen abgekoppelt werden müßten. Vor der Nance-Ära hatte Packard hierzu verschiedene Zahlencodes verwendet: 200, 250, 300, 400. Solche Zahlenspiele verwirrten jedoch nur und wurden auch nicht einheitlich gehandhabt (der sportliche Mayfair 250 war beispielsweise besser ausgestattet als der 300), d.h. die Ziele von Nance ließen sich damit nicht verwirklichen.

Also führte Nance statt des 200 zum Modelljahr 1953 den Clipper ein, ein aus früheren Jahren bekannter Name, der seit jeher für die preisgünstigeren Packards stand. Endziel war, den Clipper zu einer eigenen Marke zu entwickeln, was 1956 auch gelang. Dagegen erhoben sich allerdings die energischen Proteste der Packard-Händler, denen es idiotisch vorkam, den immer noch geachteten Namen Packard einfach wegzuwerfen. „Auf kurze Sicht hatten sie recht", erzählte Nance dem Autor, „langfristig überreichten wir damit aber Cadillac den Nobelautomarkt geradezu auf einem silbernen Tablett."

Der 1953er Clipper war in Standard- und DeLuxe-Version als Viertürer und Club Sedan (Zweitürer) lieferbar. Im Standard-Programm gab es zudem das schicke Sportster-Coupé (mit normalen B-Säulen), das $114 teurer als das DeLuxe Club Coupé war. Mit seiner Zweifarbenlackierung und farbenprächtiger Innenausstattung wirkte der Sportster wie ein Ersatz-Hardtop und ähnelte darin dem Ford Crestliner (siehe Beschreibung), nur war er nicht ganz so geschickt gestaltet. Der Sportster war ab $2805 zu haben, der normale Clipper bereits ab $2554. Die beiden Modellreihen unterschieden sich nur in Ausstattungsnuancen: Der DeLuxe war an verchromten Scheibeneinfassungen, dickeren Stoßstangenhörnern und einem luxuriöseren Interieur zu erkennen.

Auf dem US-Automarkt nahm der Clipper unmittelbar die Mittelklasse aufs Korn, die mit Oldsmobile, DeSoto, Pontiac und Mercury schon heiß umkämpft war (seinerzeit wohl der am dichtesten bevölkerte Teil des Automarktes). Nance landete jedoch einigen Erfolg – ganz zu seiner Genugtuung. Im Modelljahr 1952 hatte Packard nur 60 000 Autos (davon 45 000 200er) gebaut, 1953 dagegen bereits 90 000 (davon fast 65 000 Clipper), was einer Steigerung um über 40 % im mittleren Preissegment entspricht.

1954 kam eine ehrgeizigere Modellpalette mit dem Clipper Special, DeLuxe und Super sowie einem neuen Panama-Hardtop hinzu. Der DeLuxe war wie bereits im Vorjahr mit einem etwas leistungsstärkeren Reihenachtzylinder bestückt worden. Die Preise blieben weitgehend gleich; der einfachere Special war als Einsteigermodell schon für $2554 zu haben. Der Clipper Super zielte auf die gehobene Mittelklasse des Chrysler und Buick; der Panama war hier ab $3125 lieferbar. 120 weitere Clipper-Fahrgestelle wurden für Sonderaufbauten an Henney geliefert. Die Linienführung ähnelte dem Modell 1953, doch war der neue Jahrgang an den hochgesetzten Rückleuchten zu erkennen, die Designer Dick Teague (der sie selbst entworfen hatte) bald als „sore thumb" ("wunder Daumen") bezeichnete.

Schade, daß sich der Erfolg von 1953 nicht wiederholen ließ. Der Produktionskrieg zwischen Ford und Chevrolet wirkte sich auf die Independents verheerend aus, da diese auf ihre Autos nicht die gleichen Preisnachlässe wie die Großen gewähren konnten. Zudem bestand die Käuferschaft immer energischer auf V8-Motoren, doch mußte der Clipper – wie auch die großen Packards – noch immer mit dem altmodischen Reihenachtzylinder auskommen. Die überarbeitete „Gear-Start-Ultramatic" war ein echter Fortschritt gegenüber der Original-Automatik von Packard, doch eine Ausgleich für die verlorene Kundschaft, die zu den V8-Modellen der Konkurrenz abwanderte, konnte sie nie schaffen. Die Stückzahlen des Clipper gingen drastisch zurück und erreichten nur noch gut 23 000 Exemplare. Mit dem energisch überarbeiteten 1955er Clipper lagen jedoch schon die Pläne für neue Taten in der Schublade.

Packard war gezwungen, das Jahr 1954 auszusitzen, bis das neue Modell mit V8-Motor im Modelljahr 1955 debütierte. Der billigere Clipper war 1954 einstweilen noch in drei Nuancen lieferbar (mit dem Super als Spitzenmodell). Die abgebildete viertürige Limousine stand mit $2815 in den Preislisten und war mit dem mittleren 5,4-l-Reihenachtzylinder mit 165 PS ausgerüstet. Insgesamt 6270 Exemplare entstanden hiervon.

TECHNISCHE DATEN

Motor: 8 Zylinder in Reihe, stehende Ventile, **1953 Standard und 1954 Special** 4719 ccm (88,9 × 95,2), 150 SAE-PS **1953 DeLuxe** 5358 ccm (88,9 × 107,9), 160 SAE-PS **1954 DeLuxe und Super** 165 SAE-PS

Getriebe:	3-Gang-Schaltgetriebe; auf Wunsch mit Overdrive oder Ultramatic
Fahrwerk, vorn:	Einzelradaufhängung, Schraubenfedern, Teleskopstoßdämpfer
Fahrwerk, hinten:	Starrachse, Blattfedern, Teleskopstoßdämpfer
Bremsen:	vorne/hinten Trommelbremsen
Radstand (mm):	3100
Gewicht (kg):	1628-1702
Höchstgeschwindigkeit (km/h):	144-152
Beschleunigung 0-96 km/h (s):	15,0-17,0

Produktionszahlen: 1953 Standard Lim. 4tür. 23 126 **Club Sedan** 6370 **Sportster** 3672 **DeLuxe Lim. 4tür.** 26 027 **Club Sedan** 4678 **Sonderaufbauten** 380 **1954 Special Lim. 4tür.** 970 **Club Sedan** 912 **DeLuxe Lim. 4tür.** 7610 **Club Sedan** 1470 **Sportster** 1336 **Super Lim. 4tür.** 6270 **Club Sedan** 887 **Panama Hardtop 2tür.** 3618 **Sonderaufbauten** 120

Packard

1955-56 Packard Caribbean

Der letzte Caribbean darf als luxuriösester Nobel-Packard seit dem Custom Eight von 1948-50 gelten, der noch direkt von den fantastischen Packards der „goldenen" Zwanziger und Dreißiger abstammte. Sicher war mit einem Grundpreis von $6000 (ein Hauch unter dem Cadillac Eldorado) kein Riesengeschäft zu machen, doch dafür sollte er beweisen, daß Packard noch immer Luxus in Reinkultur anzubieten vermochte. Tragisch war nur, daß dieses Auto von einem Unternehmen produziert wurde, das am Rande der finanziellen Katastrophe stand, keine Freunde bei den Banken und Versicherern mehr hatte, die damals eine wichtige Stütze der Autoproduzenten waren, und schon bald auf dem Müllhaufen der Autogeschichte landen sollte — trotz ehrgeiziger Pläne mit einer noch kühneren Flotte für das Modelljahr 1957.

1955 setzte Packard alles in die Produktion eines extrem eindrucksvollen Caribbean, denn alle langgehegten Wünsche waren wahr geworden: ein V8, Torsion-Level-Federung, Twin-Ultramatic Drive und ein aufsehenerregendes Facelifting aus der Feder von Dick Teague. Auch das Problem der beiden Vorjahre, daß für das Cabriolet nur das kürzere Fahrgestell zur Verfügung stand, wurde gelöst, indem Packard auf Kunststoffwerkzeuge für die Karosserie mit 13 cm längerem Radstand umstellte. Dieses Verfahren erforderte nur die halbe Zeit und war 60 % billiger als herkömmliche Stahlwerkzeuge; damit konnte Packard nun sowohl ein 400 Hardtop mit langem Radstand als auch das Caribbean-Convertible in Serie gehen lassen.

Der 1955er Caribbean bestach nicht nur durch den massiven Wabengrill, Dreifarbenlack, ein funkelndes Armaturenbrett und komfortable Ledersitze, sondern hatte außerdem Ultramatic, Torsion-Level-Federung, Doppelantennen/-auspuff/-lufthutzen (auf der Motorhaube), Radio, Heizung und alle nur erdenklichen Servos zu bieten. Aufpreis kosteten lediglich die Drahtspeichenräder ($325), getönte ($32) oder mit Tönungsstreifen versehene Scheiben ($45) sowie Klimaanlage. Natürlich saß unter der Haube des Flaggschiffs auch der stärkste V8 des Hauses mit 275 PS, zwei Rochester-Vierfachvergasern 4GC mit progressiver Gestängekopplung (vier Vergasertrichter waren stets in Aktion, die anderen vier wurden bei Bedarf zugeschaltet). Damit soff der Caribbean zwar 20-24 l/100 km, doch wer sich ein solches Auto leisten konnte, für den war der Verbrauch ohnehin zweitrangig.

TECHNISCHE DATEN

Motor: V8, hängende Ventile, **1955** 5768 ccm (101,6 × 88,9), 275 SAE-PS **1956** 6128 ccm (104,9 × 88,9), 310 SAE-PS

Getriebe:	Twin-Ultramatic
Fahrwerk, vorn:	Einzelradaufhängung, Längsdrehstäbe
Fahrwerk, hinten:	Starrachse, Längsdrehstäbe
Bremsen:	vorne/hinten Trommelbremsen
Radstand (mm):	3225
Gewicht (kg):	2084-2252
Höchstgeschwindigkeit (km/h):	192
Beschleunigung 0-96 km/h (s):	11,0-12,0

Produktionszahlen: 1955 Conv. 500 **1956 Conv.** 276 **Hardtop Coupé** 263

Packard behauptete zwar, die Stückzahlen würden gezielt auf 500 begrenzt, doch (zumindest) James Nance hätte einen Arm für höhere Stückzahlen gegeben, denn die 500 Exemplare waren innerhalb von nur 4 Monaten nach der Premiere ausverkauft. Nance drängte seine Händler in Rundschreiben förmlich dazu, enttäuschten Kunden den 400 anzudienen, den sie dann für 1956er Caribbeans in Zahlung geben könnten: „Manche Kaufabschlüsse lassen sich sicher erzielen, indem z.B. der 400 mit Doppelantennen im Stil des Caribbean ausgerüstet wird." Einige Händler rüsteten die Vierhunderter sogar noch radikaler um und bestellten hierzu kurzerhand Hauben, Seitenzierleisten, Ledersitze und Schriftzüge vom Caribbean.

Im Rückblick dürfte Packard wohl eine einmalige Chance ausgelassen haben, als man nicht mehr als 500 Caribbeans produzierte. Anders als das Modell 1953/54, das von Mitchell-Bentley aufwendig umgebaut wurde, war der 1955er im Prinzip eine Ausstattungsvariante, die — wenn auch als Convertible — neben anderen Packards im Werk in der Conner Avenue vom Band lief. Speziell war bei den Blechteilen vor allem die Motorhaube; die Löcher für die Schriftzüge konnte man mit einer Schablone selbst bohren. Ersatzteile mußten ohnehin am Lager gehalten werden; warum war man mit dem Ausstoß des Caribbean dann so zurückhaltend? Vor allem bei einem Verkaufsmenschen wie James Nance ist die Entscheidung schwer nachzuvollziehen. Cadillac verkaufte beispielsweise 3950 Eldorados und stockte seine Fertigung in der Folgezeit zügig auf.

Eldorado und Caribbean waren 1956 auch als Hardtop lieferbar, doch mittlerweile verkaufte Cadillac die zehnfachen Mengen des Packard. Dies lag natürlich auch an den Lieferproblemen bei Packard im Jahr 1955 sowie an der Angst der Öffentlichkeit, daß Packard bald ganz verschwinden würde (wie ja bereits in früheren Kapiteln angesprochen). Schade war es dennoch, denn der Caribbean von 1956 mit stolzen 310 PS im 6,2-Liter-V8 war die bisher beste Version.

Das Facelifting brachte einen neuen Kühlergrill, Kotflügel mit tief eingezogenen Scheinwerfern und Änderungen an Ausstattung und Zierleisten. Neu war vor allem das Interieur mit elektronischen Drucktasten für die Twin-Ultramatic und beidseitig verwendbaren Sitzpolstern. Erstere erwiesen sich bald als störungsanfällig (weit weniger betriebssicher als die mechanischen Drucktasten von Chrysler), letztere waren absolut brillant. Die Polster waren auf der einen Seite mit Jacquard-Stoff, auf der anderen mit Leder bezogen. Warum dieser geniale Einfall, der bei starken Temperaturunterschieden so unerhört praktisch war, in der Ära der Sitzbänke nicht öfters aufgegriffen wurde, bleibt ein Rätsel.

Der 1955er Caribbean erhielt den längeren Radstand der großen Packards und wurde in ein ganz neues Gewand gepackt. Das Modell 1955 (linke Seite) kostete $ 5932 und wurde in 500 Exemplaren produziert. Das Modell 1956 (rechte Seite) wurde in Details geändert und war nun $ 5995 teuer; daneben gab es für $ 5495 ein Hardtop. Hiervon wurden 276 bzw. 263 Exemplare hergestellt.

Packard

1955 Packard Clipper/ 1956 Clipper

1956 wurde der Clipper zur eigenständigen Automarke gekürt – in Stil, Marketing und „offiziellen" Industriebilanzen vom Packard abgesondert. Er wurde genau wie der Packard in zahllosen Punkten geändert – allerdings immer mit einem Augenmerk darauf, ihn optisch vom Patrician und 400 möglichst deutlich abzuheben. Die Produktplanung arbeitete derweil daran, die beiden Modellreihen preislich möglichst weit zu trennen. Packard hielt seine Preise von 1954 also auch 1955, der Clipper wurde dagegen um rund $100 verbilligt – und dies trotz neuer Karosserien, V8-Motoren und (in einigen Varianten) sogar der Torsion-Level-Federung.

Das Designer-Team um Bill Schmidt vollbrachte wahre Wunder bei der Modernisierung der ältlichen Karosserie des Clipper und schaffte es sogar, ihn anders als den Packard aussehen zu lassen. So erhielt der Clipper u.a. einen einfacheren Grill und mußte ohne die eloxierten Aluleisten an den Seitenflächen auskommen. Die Zweifarbenlackierungen wirkten besonders radikal: Der Farbton der Motorhaube und Vorderkotflügel lief auf den Türen nach unten und erstreckte sich entlang der unteren Bereiche der Heckkotflügel bis zum Heck. Einfarbige Clipper sehen – mit den Augen unserer Zeit betrachtet – irgendwie besser aus, doch 1955, als die Zweifarbenlacke der letzte Schrei waren, hatte Packard damit immerhin etwas Neues zu bieten. Die „Daumen"-Rückleuchten von Dick Teague waren wie schon 1954 zu finden, nur saßen darunter jetzt noch Rückfahrscheinwerfer.

Der Torsion-Level Clipper Custom wurde als viertürige Limousine und Constellation-Hardtop Coupé (der frühere Pacific) angeboten; der Club Sedan war gestrichen worden. Preisgünstiger (und anfangs mit herkömmlicher Federung ausgerüstet) waren DeLuxe, Super Sedan und das Super Panama Hardtop. Unter deren Hauben saß ein kleinerer 225-PS-V8, während der Custom eine gedrosselte 245-PS-Version des 5,8-Liter-Motors erhielt. Der Custom verkaufte sich trotz seines höheren Preises übrigens besser; vor allem seine Torsion-Level-Federung hinterließ nachhaltigen Eindruck, denn solch exotische Technik hatte man in der Mittelklasse nicht erwartet. Aufgrund des regen Interesses führte Packard sie Mitte 1955 sogar auf Wunsch beim Super und 1956 bei allen Clipper-Modellen serienmäßig ein (auf Wunsch konnte der DeLuxe auch mit herkömmlicher Federung ausgerüstet werden).

TECHNISCHE DATEN

Motor: V8, hängende Ventile, **1955 DeLuxe und Super** 5237 ccm (96,7 × 88,9), 225 SAE-PS **1955 Custom** 5768 ccm (101,6 × 88,9), 245 SAE-PS **1956 DeLuxe und Super** 5768 ccm, 240 SAE-PS **1956 Custom** 275 SAE-PS

Getriebe:	3-Gang-Schaltgetriebe; auf Wunsch Overdrive oder Twin-Ultramatic
Fahrwerk, vorn:	**1955 DeLuxe und Super** Schraubenfedern, Teleskopstoßdämpfer **Custom** Einzelradaufhängung, Längsdrehstäbe, Teleskopstoßdämpfer (beim Super als Extra) **1956** Drehstäbe (DeLuxe auf Wunsch auch mit normaler Federung)
Fahrwerk, hinten:	**1955 DeLuxe und Super** Starrachse, Blattfedern, Teleskopstoßdämpfer **Custom** Starrachse, Längsdrehstäbe (beim Super als Extra) **1956** Drehstäbe (DeLuxe auf Wunsch auch mit normaler Federung)
Bremsen:	vorne/hinten Trommelbremsen
Radstand (mm):	3100
Gewicht (kg):	1667-1759
Höchstgeschwindigkeit (km/h):	160-175
Beschleunigung 0-96 km/h (s):	10,0-14,0

Produktionszahlen: 1955 DeLuxe Lim. 4tür. 8039 **Super Lim. 4tür.** 7979 **Super Panama Hardtop 2tür.** 7016 **Custom Lim. 4tür.** 8708 **Custom Constellation Hardtop Coupé** 6672 **1956 DeLuxe Lim. 4tür.** 5715 **Super Lim. 4tür.** 5173 **Super Hardtop Coupé** 3999 **Custom Lim. 4tür.** 2129 **Super Constellation Hardtop Coupé** 1466

Das Clipper Custom Constellation Hardtop von 1955 (linke Seite) war an einem Kühlergrill mit senkrechten Leisten, den hochgesetzten Rückleuchten, markanten Seitenzierleisten und Zweifarbkombinationen zu erkennen. Der Jahrgang 1956 (auf dieser Seite) besaß einen Grill mit waagerechten Leisten, neue Rückleuchten und dezentere Farbzusammenstellungen. Der Listenpreis betrug 1955 $ 3076, 1956 schon $ 3164.

Diese attraktiven Limousinen und Hardtops verkauften sich im Modelljahr fast 40 000mal — nicht schlecht für ein Typenprogramm ohne Kombi, Coupé und viertüriges Hardtop. Auf jeden Fall übertraf diese Zahl den Clipper-Absatz von 1954 bei weitem. Damit hielt das Packard-Management den Clipper für würdig, auf eigenen Füßen zu stehen, und brachte den gelifteten 1956er Clipper ohne irgendwelche Packard-Zeichen an den Außenblechen heraus — worauf sich ein Sturm der Entrüstung beim Packard-Händlernetz erhob und man zähneknirschend einen winzigen Schriftzug am Heck anbrachte.

Das Clipper-Modellprogramm 1956 war das getreuliche Abbild der fünf 1955er Modelle; lediglich das Super-Hardtop hieß nun nicht mehr „Panama" und alle Modelle erhielten den neuen 5,8-Liter-V8. Auch stilistisch beschränkte man sich auf Retuschen des Vorjahresmodells; der Kühlergrill erhielt waagerechte statt senkrechten Leisten, die Zweifarbenkombinationen wurden durch einen einfacheren seitlichen Streifen in Farbe des Dachs abgelöst. Für das Heck entwarf Dick Teague höhere, schrägstehende Rückleuchten über waagerechten Rückfahrscheinwerfern. Die Preise hielten sich in etwa, doch auch der Clipper litt unter den Schwächen aller Packards: Qualitätsmängel, Macken an der Ultramatic, anfällige Torsion-Level-Motoren — und unter einer Öffentlichkeit, die für Packard in naher Zukunft das Aus erwartete. Überhaupt tendierten die Absatzzahlen in den USA nach dem Rekordjahr 1955 wieder rückläufig. Im Modelljahr 1956 blieben die Stückzahlen daher unter 20 000. 1957 sollte nochmals ein Clipper erscheinen, nun allerdings als getreuliches Abbild des Studebaker President.

Der Clipper lief neben den Packards im Werk in der Conner Avenue in Detroit vom Band, wohin man 1955 die Fertigung verlegt hatte, nachdem Briggs, das langjährige Karosseriewerk von Packard, 1954 von Chrysler aufgekauft worden war. Packard hatte seit den Zeiten des Vorkriegs-Clipper, den Briggs baute, keine eigenen Karosserien mehr gefertigt. Packard-Präsident Nance hielt hierfür das moderne, einstöckige Werk in der Conner Avenue für besser geeignet als das alte Packard-Werk am East Grand Boulevard. Leider reichte die Kapazität an der Conner Avenue hinten und vorne nicht, so daß Produktionsengpässe nicht ausblieben; zudem kam es schon durch Anlaufschwierigkeiten des neuen Werks zu Qualitätsproblemen.

Im Nachhinein betrachtet, hätte Nance wohl besser daran getan, die Karosseriefertigung wieder an den Grand Boulevard zu verlegen. Doch hinterher ist man immer schlauer, und 1954 bot sich die Conner Avenue förmlich an. Nach 1956 spielte es freilich keine Rolle mehr, denn da standen in beiden Werken bereits die Räder still.

Packard

1955-56
Packard Patrician/Four Hundred/Executive

Der Packard von 1955-56 war zwar alles andere als nagelneu, doch hatte er eines der radikalsten Faceliftings der 50er Jahre hinter sich. Er brach in noch nie dagewesener Weise mit gewohnten Praktiken — sowohl designerisch als auch in technischer Hinsicht. Wer James Nance als Totengräber von Packard verteufelt, sollte überlegen, was wohl das alte Management, das Nance ablöste, 1955 zu bieten gehabt hätte: vermutlich eine einzige Clipper-Limousine für $2300 mit — wie ein Packard-Historiker einmal schrieb — der Welt letztem Reihenachtzylinder unter der Haube.

Die neuen Modelle entstanden in Teamarbeit — aber von einem Team mit hochkarätiger Besetzung, das nicht nur einen neuen V8-Motor, sondern auch eine neue Twin Ultramatic und die „Torsion-Level"-Radaufhängung hervorbrachte.

An eben dieser letzten Neuerung knüpfte Packard mit seinem Werbeslogan von 1955 an: „Let the Ride Decide". Drehstabfedern waren schon früher erprobt, jedoch noch nie in Längsrichtung an allen vier Rädern montiert worden. Sie boten fast ideale Straßenlage sowie besten Fahrkomfort und glitten sogar über

Der Packard von 1955 wirkte komplett neu, steckte jedoch in der drastisch umgestalteten Karosserie von 1951-54. Neu waren beim großen Packard auch der 260 PS starke 5,8-Liter-V8 und die „Torsion-Level"-Federung. Der abgebildete zweitürige Packard Four Hundred Hardtop schlug mit $ 3930 zu Buche und wurde in 7206 Einheiten produziert.

Technische Daten

Motor: V8, hängende Ventile **1955** 5768 ccm (101,6 × 88,9), 260 SAE-PS **1956 Executive** 275 SAE-PS **1956 Patrician und Four Hundred** 6128 ccm (104,9 × 88,9), 290 SAE-PS

Getriebe:	Twin-Ultramatic
Fahrwerk, vorn:	Einzelradaufhängung, Längsdrehstabfedern
Fahrwerk, hinten:	Starrachse, Längsdrehstabfedern
Bremsen:	vorne/hinten Trommelbremsen
Radstand (mm):	3225 **1956 Executive** 3100
Gewicht (kg):	1836-1940
Höchstgeschwindigkeit (km/h):	184
Beschleunigung 0-96 km/h (s):	10,5-11,5

Produktionszahlen: 1955 Patrician Lim. 4tür. 9127 **Four Hundred Hardtop Coupé** 7206 **1956 Executive Lim. 4tür.** 1784 **Hardtop Coupé** 1031 **Patrician Lim. 4tür.** 3775 **Four Hundred Hardtop 2tür.** 3224

Eisenbahnschwellen praktisch erschütterungsfrei hinweg. Manche Packard-Fans sind mit Recht stolz darauf, daß diese Federung auch 35 Jahre später noch einwandfrei dämpft.

Der neue V8, ein bemerkenswert robustes Aggregat, hatte mit Ausnahme des Chrysler 300 die höchste Leistung aller amerikanischen V8 aufzuweisen. 1956 wurde der Packard-V8 sogar auf 6,2 l vergrößert und war nun im Studebaker Golden Hawk, in Drag-Rennen und sogar im Bootsbau zu finden. Umstrittener war dagegen die Twin-Ultramatic, deren Name von der Kombination von Anfahrgang und Drehmomentwandler herrührt, die die Leistungsfülle des V8 bewältigen sollte.

Mit der Twin-Ultramatic fuhr der Wagen in „Low" an und schaltete dann über eine Bandbremse und Kupplungen in „High"; bei mittlerer Dauergeschwindigkeit sperrte der Drehmomentwandler (wie in den achtziger Jahren ebenfalls üblich). Seine Schwachstelle war das komplizierte Gestänge für den Schaltvorgang von „Low" in „High". Sofern es nicht richtig eingestellt war – was für markenfreie Werkstätten und Do-it-yourselfer echte Probleme bereitete, als die Packard-Werkstätten nach und nach ausstarben –, verschmorten die „High"-Kupplungen häufig. Bei mittleren Drehzahlen reagierte die Twin-Ultramatic außerdem zu langsam, wodurch sich der Motor heftig verschluckte.

Hartgesottene Packard-Fans schwören allerdings auf die Twin-Ultramatic, zugute zu halten ist ihr überdies, daß sie wesentlich besser funktioniert hätte, wenn ihr das gleiche Maß an Werksunterstützung zuteil geworden wäre wie der TorqueFlite oder der Hydra-Matic. Ein renommierter Packard-Historiker faßt dies wie folgt zusammen: „Bei richtiger Einstellung, richtiger Fahrweise und richtiger Wartung gehört sie zu den besten ihrer Art. Doch wer in einem dieser Bereiche sündigte, bekam dies unweigerlich in Gestalt von Pannen zu spüren."

Das Styling des 1955er Packard, das immerhin auf die bejahrten 1951er Karosserien von John Reinhart zurückging, stellt dem Designer-Team um Bill Schmidt, vor allem aber Dick Teague, ein hervorragendes

Packard

Zeugnis aus. Ein imposanter Wabengrill im Look der Mittfünfziger, tief in die Kotflügel versenkte Scheinwerfer, seitliche Chromzierstreifen, die die hohe Gürtellinie auflockerten, riesige „Cathedral"-Rückleuchten und Doppelendrohre sowie eine Panoramascheibe – all dies traf exakt den Nerv der Autokäufer jener Zeit. Vor allem aber gab es zur Patrician-Limousine jetzt auch ein standesgemäßes Hardtop, den Four Hundred – eine alte Packard-Bezeichnung, die nun erstmals ausgeschrieben wurde.

Leistung, aparte Linienführung, eine wahrhaft revolutionäre Federung und Luxus brachten auch Packard 1955 ein gewisses Maß an Erfolg. Die Stückzahlen erreichten fast das Doppelte des Vorjahresniveaus, worauf man 1956 ein mäßig geliftetes Modell nachschob. Neben dem Patrician und Four Hundred – und dem Clipper als eigenständige Marke – gab es nun noch einen billigeren „Executive" als Limousine und Hardtop auf dem Fahrgestell des Clipper zu kaufen, der ca. $700 billiger als die Flaggschiffe war und sich durch die Rückleuchten des Clipper verriet.

Leider hatte der Aufschwung von 1955 nicht ausgereicht, um Packard neues Leben einzuhauchen. Nach wie vor lag der Ausstoß deutlich unter dem fast aller Jahre vor 1954. Rufschädigende Mängel an Hinterachsen, Torsion-Level-Motoren, Twin-Ultramatic und an der Verarbeitung im allgemeinen taten ein übriges. Die Finanzmittel für Nachfolgemodelle blieben aus, Nance trat zurück und Studebaker-Packard unterzeichneten ein Abkommen mit dem Flugzeugunternehmen Curtiss-Wright. Zukünftige Packards sollten nur noch als Luxus-Studebaker fungieren; das Modell 1956 war also das letzte große Packard-Luxusmodell.

1956 lancierte Packard den Clipper als eigene Marke und verpaßte den größeren Modellen einen geänderten Kühlergrill, eine Vorderstoßstange mit weiter auseinanderliegenden Hörnern und tiefer in die Kotflügel eingezogene Scheinwerfer. Das Four Hundred Hardtop (rechte Seite, oben) und die Patrician-Limousine (unten) besaßen einen 290 PS starken 6,2-Liter-V8. Der preisgünstigere Executive (auf dieser Seite), der als Hardtop oder viertürige Limousine im Programm war, erhielt ein kürzeres Fahrgestell und den 275 PS starken 5,8-Liter-Motor.

Packard

1957 Packard Clipper / 1958 Packard

Nachdem für den neuen 1957er Packard, den Mittelklasse-Clipper und den Studebaker kein Geld mehr in der Kasse war, warf James Nance als Chef von Studebaker-Packard das Handtuch. Daraufhin stieg die Curtiss-Wright-Corporation ein, nicht zuletzt auf Initiative von deren Präsident Roy Hurley, der es Detroit zeigen wollte. Verschiedentlich war zu lesen, Hurley habe sich Studebaker-Packard geangelt, um mit deren Verlusten die Besteuerung der gewinnträchtigen Curtiss-Wright-Corporation in den Keller zu drücken. Dies mag kurzfristig ein Anreiz gewesen sein, doch langfristig hatte Hurley ernsthaft vor, S-P wieder zu schwarzen Zahlen zu verhelfen. Als eine Möglichkeit hierzu erschien ihm der Verkauf der Packard-Werke in Michigan und die Konzentration der Fertigung im Studebaker-Werk in South Bend, Indiana.

Zum Modellwechsel 1957 war alles perfekt, nur einen Haken hatte die Sache: Ein Passus in den Verträgen der Packard-Händler garantierte diesen ein Packard-Modell, solange S-P existierte. Ohne die Werke am Grand Boulevard oder an der Conner Avenue war ein großer Packard nicht mehr möglich; ohnehin hatte Packard seit Jahren nach einem neuen Modell geschrien, die für 1957 geplante Generation war praktisch vom Tisch. Die Lösung? Natürlich ein Studebaker mit Packard-Emblemen. Heraus kam der 1957er Packard Clipper, bei dem Dick Teague an der Rohkarosserie des Studebaker President geschickt die Illusion eines Packard vortäuschte.

Angesichts dieser Konstellation konnte sich das Ergebnis durchaus sehen lassen. Teague bastelte die markanten 56er Rückleuchten ans Heck, verpaßte den Seitenflanken einige Zierstreifen und entwarf einen Kühlergrill und ein Armaturenbrett im Stil des Jahrgangs 1956. Die Polster erreichten zwar nicht den früheren Packard-Standard, fielen aber so luxuriös aus, wie es unter den Umständen nur ging. Zwei Karosserien standen im Programm: der viertürige Town Sedan und der kürzere zweitürige Country Sedan-Kombi, da diese Karosserien ohnehin die besten Absatzchancen versprachen. Ein Hardtop wäre ebenfalls nützlich gewesen, doch — man glaubt es kaum! — Studebaker hatte außer dem Hawk gerade kein Hardtop im Programm.

Mit dem Verkauf des Motorenwerks Utica war auch der Packard-V8 dahin, dafür steuerte South Bend seinen gelungenen 289er Small-Block-V8 bei, der mit Kompressor im 1957er fast die gleiche Leistung wie

Technische Daten

Motor: V8, hängende Ventile, 4736 ccm (90,4 × 92,2) **1957** 275 SAE-PS **1958** 210 SAE-PS, 225 SAE-PS (auf Wunsch)

Getriebe:	3-Gang-Schaltgetriebe, Overdrive und „Flight-O-Matic" auf Wunsch
Fahrwerk, vorn:	Einzelradaufhängung, Schraubenfedern, Teleskopstoßdämpfer
Fahrwerk, hinten:	Starrachse, Blattfedern, Teleskopstoßdämpfer
Bremsen:	vorne/hinten Trommelbremsen
Radstand (mm):	4tür. Lim. 3060 4tür. Kombi und Hardtop 2959
Gewicht (kg):	1760-1825
Höchstgeschwindigkeit (km/h):	**1957** 192 **1958** 168
Beschleunigung 0-96 km/h (s):	**1957** 9,0-10,0 **1958** 11,0-12,0

Produktionszahlen: 1957 Town Sedan 4tür. 3940 **Country Sedan 4tür. Kombi** 869 **1958 Sedan 4tür.** 1200 **Wagon 4tür.** 159 **Hardtop Coupé** 657

Der Packard Clipper von 1957 (linke Seite) basierte erkennbar auf dem Studebaker President Classic von 1956, doch die Packard-„Anleihen" standen ihm erstaunlich gut. Die Neuauflage von 1958 (oben) mit ihren überstehenden Doppelscheinwerfern und Doppelheckflossen geriet dagegen entsetzlich — ein trauriges Ende einer großen Autofirma. Insgesamt entstanden in diesen zwei Jahren noch 7431 „Packardbaker".

die alten 1956er Packards erreichte. Die Grundpreise lagen bei $3212 für die Limousine und $3384 für den Kombi (ca. $700 über dem vergleichbaren Studebaker President). Mit einem Radstand von 3,06 m war der Clipper Town Sedan sogar 4 cm kürzer als das Vorjahresmodell, wog zudem 180 kg weniger und strahlte irgendwie nicht mehr den „Gehalt" eines Packard aus.

Das größte Problem des neuen Packard war jedoch sein Name. Auf den ersten Blick war er als Studebaker zu erkennen. Alte Packard-Kunden stiegen schon nach flüchtigem Hinsehen auf Cadillac oder Lincoln um, langjährigen Studebaker-Kunden war er zu teuer. So hübsch dieses Modell also war, es half nichts: Kaum 5000 Stück gingen vom Modell 1957 weg.

Nun galt das ganze Augenmerk dem Jahrgang 1958. Mittlerweile führten die Packard-Händler parallel auch den Studebaker im Programm, doch die Hoffnungen auf einen Luxus-Packard waren noch nicht tot. Harold Churchill, Präsident von S-P, beschloß die Fortsetzung des Verwirrspiels. Für 1958 war ein Studebaker-Hardtop geplant, also wurde der 1958er Packard (ohne „Clipper") wie gehabt als Limousine und Kombi, dazu aber auch als zweitüriges Hardtop angeboten (außerdem als Packard-Version des Studebaker Hawk — siehe nächste Seite). Die Preise lagen weiterhin bei knapp über $3000.

Die wenig beneidenswerte Aufgabe, den 1958er Packard zu entwerfen, fiel Duncan McRae zu, der vor dem Problem stand, mit der Entwicklung der Konkurrenz irgendwie Schritt halten zu müssen. Außer für das neue Hardtop waren jedoch keine Mittel für neue Werkzeuge vorhanden. Also griff MacRae zu angeschweißten Heckflossen, die so hastig entworfen wurden, daß sie nach hinten sogar in einer Art Doppelflosse ausliefen. Doppelscheinwerfer waren der letzte Schrei, also bekam der 58er Packard häßliche ausgebuchtete Lampentöpfe, die den nötigen Platz boten. Goldene Seitenstreifen (auch diese ein beliebter Gag jener Jahre) unterstrichen das bizarre Äußere nur noch. Limousine, Kombi und Hardtop mußten ohne Kompressor auskommen, hatten also das gleiche Triebwerk wie der Studebaker President.

Das Ergebnis war vorhersehbar — ein stilistischer Offenbarungseid und ein trauriges Ende für einen noblen Namen. Nur 2622 Exemplare des 1958er Jahrgangs (einschließlich Hawk) fanden einen Abnehmer. Der bizarre und mit $3600 viel zu teure Kombi blieb die größte Seltenheit mit nur 159 gebauten Exemplaren.

So konnte es also nicht weitergehen. Nachdem S-P 1959 ganz auf das Compact-Modell Lark setzte und die Händlerverpflichtungen von Studebaker erfüllt waren, kam das Aus für die Marke Packard. Der Name tauchte an einigen Export-Lastwagen nochmals kurz auf, verschwand 1962 aber endgültig aus dem Firmennamen.

1958 Packard Hawk

Der bizarrste und interessanteste Packard dürfte mit Sicherheit der Hawk gewesen sein, das kompressorgetriebene, $ 4000 teure Spitzenmodell, das von Duncan McRae auf Basis des Studebaker Golden Hawk entworfen worden war. Die Innenausstattung des Packard Hawk war — wie auch beim luxuriösen Golden Hawk 400 — ganz in Leder gehalten. Als dessen markantestes Merkmal galt zweifellos die Frontpartie mit ihrem breiten Maul, das einen angrinste wie ein überdimensionierter Staubsauger und ewig in Erinnerung blieb. Zu den weiteren Besonderheiten gehörten die Kunstleder-Armstützen an den Unterkanten der Seitenfenster, die Reserveradkonturen auf der Heckklappe und die vergoldeten Einlagen in den Heckkotflügeln. Die bei anderen 58er Packards als so überaus wichtig empfundenen Doppelscheinwerfer wußte McRae zu umgehen. Das Styling war aber nicht allein McRae zuzuschreiben. Roy Hurley, Vorsitzender von Studebaker-Packard, traf ein Gutteil der Schuld; ohne ihn hätte es womöglich gar keinen Packard Hawk gegeben.

„Mr. Hurley hatte bei einer seiner Europareisen einen Ferrari und einen Mercedes 300 SL gesehen", erinnerte sich McRae, „und wollte unbedingt einen speziellen Hawk im gleichen Stil haben. Was dabei herauskam, hieß bei uns bald 'Hurley Hawk' — ein Musterbeispiel einer falschen Idee, noch dazu überteuert, nicht konkurrenzfähig und überdekoriert. Gemeinsam mit den anderen 1958er Packards also ein enttäuschender Abgesang — noch dazu als kaum getarnter Studebaker."

Die Faszination, die Ferrari, Mercedes und ähnliche Marken auf Hurley ausübten, erklärt den breiten Grill des Packard. In ähnlicher Weise kommt die Vorstellung, die Duncan McRae vom Packard-Erbe hatte, in den Sicken in der Motorhaube zum Ausdruck, die die Form der seit dem Model L von 1904 am Packard anzutreffenden Motorhauben ausdrücken sollte. McRae, der auch ein begeisterter Flieger war, zeichnete auch für die Kunstleder-Armlehnen an den Fensterrahmen verantwortlich (er will sie den Flugzeugen der Vorkriegszeit nachempfunden haben). Die Goldeinlagen an den Heckflossen und die Reserverad-Einprägung in der Heckklappe (die manchen Designer an einen Toilettendeckel erinnerte) sollten den Packard Hawk lediglich vom Studebaker abheben, der mindestens $ 700 billiger war.

Zur Ehrenrettung von Roy Hurley ist zu sagen, daß er alles versuchte, um dem Packard ein eigenständiges Image abseits vom Studebaker zu erhalten, und immer noch Hoffnungen auf einen lebensfähigen Luxus-Packard hegte. Hurley hatte auch den Vertrag zwischen Studebaker-Packard und Mercedes-Benz unter Dach und Fach gebracht, wonach S-P Mercedes importierte und über seine Händler vertrieb; offenkundig war dies jedoch nur als Aufhänger für den Nobelautomarkt eines künftigen Packard gedacht.

Ein Schreiben von Hurley an Harold Churchill, Präsident bei S-P, vermittelt hierzu einigen Aufschluß: „Wenn wir vorsichtig agieren und einen herkömmlichen Stil (für den auf dem Studebaker basierenden Packard von 1958) wählen, gilt er garantiert überall als Studebaker und wird ein Reinfall — und ich glaube nicht, daß Packard dies noch ein weiteres Jahr überleben würde. ... Maßnahmen, aus denen die Öffentlichkeit den Eindruck gewinnen könnte, daß Studebaker-Packard am Ende ist und nur noch Autos importiert, sind unbedingt zu vermeiden. Der neue Packard wäre die beste Antwort an die Adresse derartiger Skeptiker." Pech war nur, daß Packard als Grundlage eben nur Studebaker-Modelle hatte, die auch in noch so aufgemotztem Zustand als solche zu erkennen waren.

Der Innenraum des hervorragend verarbeiteten Packard Hawk war in hellbeigem Leder gehalten; vor dem Fahrer lag das Metall-Armaturenbrett mit sportlichen Instrumenten mit schwarzen Zifferblättern und weißer Beschriftung. Die Flight-O-Matic-Getriebeautomatik und der aufgeladene 289er Motor waren serienmäßig und sorgten für energischen Durchzug. Dazu kam der Packard Hawk in den Genuß verschiedener Verbesserungen am Fahrwerk — in Gestalt neuer Kennungen für die Vorderachsfedern, neuer Stoßdämpferventile und asymmetrischer, nach hinten verlängerter Blattfedern. Diese Neuerungen beseitigten die lästige Übersteuerungsneigung des 1957er (Studebaker) Hawk. Nach Ansicht fast aller Tester lag das Modell 1958 wesentlich besser als das Modell 1957.

Der Packard Hawk bleibt ein Kuriosum — der wirklich letzte Versuch, den Namen Packard am Leben zu erhalten, der jedoch genauso schnell wieder aufgegeben wurde, wie er begonnen worden war. Es überrascht nicht, daß die Stückzahlen sehr gering blieben; die überlebenden Hawks gehören aufgrund ihrer Seltenheit zu den gesuchtesten Modellen des Jahrgangs 1957/58, der unter Fans zutreffend als „Packardbaker" bekannt ist.

Der Packard Hawk verdankt seine Existenz dem Bestreben von Packard-Präsident Roy Hurley, eine US-Version des Ferrari und Mercedes 300 SL zu schaffen. Der Hawk sah zwar keinem der beiden ähnlich, doch seine Leistungsdaten konnten sich sehen lassen; in nur acht Sekunden beschleunigte der 275 PS starke Kompressor-V8 auf 100 km/h.

TECHNISCHE DATEN

Motor:	V8, hängende Ventile, 4736 ccm (90,4 ×92,2), 275 SAE-PS
Getriebe:	3-Gang-Flight-O-Matic
Fahrwerk, vorn:	Einzelradaufhängung, Schraubenfedern, Teleskopstoßdämpfer
Fahrwerk, hinten:	Starrachse, Blattfedern, Teleskopstoßdämpfer
Bremsen:	vorne/hinten Trommelbremsen
Radstand (mm):	3060
Gewicht (kg):	1571
Höchstgeschwindigkeit (km/h):	200
Beschleunigung 0-96 km/h (s):	8,0-9,0
Produktionszahlen:	588

Plymouth

1951-52 Plymouth Belvedere

Plymouth darf für sich den zweifelhaften Ruhm beanspruchen, als letzte Marke der Chrysler Corporation ein Hardtop präsentiert zu haben. Sein Cranbrook Belvedere kam ein Jahr nach den pfostenlosen Modellen von Dodge, DeSoto und Chrysler heraus — und nach dem sportlichen 1950er Chevy Styleline DeLuxe Bel Air. Sogar bei Ford, wo man genug andere Sorgen hatte, war man Plymouth mit dem Custom V-8 Victoria im Modelljahr 1951 um drei Monate zuvorgekommen.

Für eine Marke, die so lange das drittmeist verkaufte Auto der USA war, mutet dies seltsam an, spiegelt jedoch die gütige Vernachlässigung wieder, die ihr in den letzten Jahren der Ära K.T. Keller widerfuhr. Keller, der nach dem Tod von Walter Chrysler 1940 die Geschicke des Konzerns in die Hand genommen hatte, war ein betont praktisch veranlagter Mensch; unter seiner Ägide entstanden daher durch die Bank konventionelle und wenig aufregende Autos. Auch Plymouth bildete da keine Ausnahme.

Der ehrwürdige seitengesteuerte Sechszylinder von Plymouth war zwar 1942 von 3299 auf 3569 ccm vergrößert worden, hatte sich im übrigen aber seit seiner letztmaligen Überarbeitung 1934 kaum verändert. Mit 95 PS (bis Anfang 1949; danach 97 PS) konnte er gerade eben mit dem „Stovebolt Six" von Chevrolet mithalten, nicht aber mit dem seitengesteuerten Ford-V8, dem langjährigen Maßstab der unteren Preisklasse. Doch während Ford und Chevy 1949 aufsehenerregende neue Karosserien zu bieten hatten, wirkte der „New Look" bei Plymouth wie die typische „Keller box": geräumig, aber hochbeinig — und das zu einer Zeit, als die Klientel nach langgestreckten, zigarrenähnlichen Linien verlangte. Diese Verkennung der Trends sollte Chrysler teuer zu stehen kommen. 1952 war Ford an Plymouth auf Platz 2 der Statistik gezogen, 1954 fiel Plymouth hinter Buick und Oldsmobile gar auf den fünften Rang zurück.

Auch anderweitig war Plymouth im Nachteil. Chevy und Ford kamen dem zunehmenden Trend der Käufer zu Automatikgetrieben rasch nach — 1950 bzw. 1951 -, Plymouth dagegen erst Ende 1954. Außerdem verlor Plymouth im boomenden Automarkt der späten Vierziger manche Kunden an Dodge (wo Keller Anfang der dreißiger Jahre Vertriebsleiter gewesen war), das bei der Zuteilung der knappen Rohstoffe bevorzugt wurde, wodurch die Stückzahlen bei Plymouth künstlich gedrosselt wurden.

Sogar bei den Händlern zog Plymouth den kürzeren. In Collectible Automobile erinnerte sich ein ehemaliger Dodge-Plymouth-Händler, daß „wir für Plymouth als Einsteigermodell eine Riesenwerbung betrieben. Doch nebenan saßen die Chrysler- und DeSoto-Händler, die ebenfalls die Plymouth-Vertretung innehatten und unseren Preis deswegen immer wieder unterboten, um selbst Verkäufe zu landen. Also wurden unsere Leute angewiesen, Interessenten vor allem mit dem Dodge zu ködern." Da dieses Spiel bei Chrysler- und DeSoto-Händlern genauso lief, blieben die Plymouth-Absatzzahlen auf der Strecke.

Daß Plymouth als letzter der unteren Preisklasse ein Hardtop herausbrachte, verwundert auch deswegen, weil Chrysler schon drei Jahre vor den ersten GM-Serienmodellen von 1949 sieben Town-&-Country-Hardtops als Prototyp gebaut hatte. Doch aus Gründen, die bis heute unerfindlich scheinen, hielt Chrysler diese auf Anhieb erfolgversprechende Neuerung zurück und durfte dafür 1950/51 hinterherhecheln.

Der Belvedere ließ jedoch erahnen, daß sich bei Plymouth (und überhaupt bei Chrysler) einiges änderte. 1950 wechselte Keller in den Vorstand und der energische L.L. „Tex" Colbert kam als Präsident ans Ruder. Diese und andere personelle Veränderungen sollten sich zwar erst nach einigen Jahren in den Chrysler-Erzeugnissen niederschlagen, doch immerhin durfte der Belvedere als sportlichster Plymouth seit langem gelten. Natürlich wurde er nur in der gehobenen Modellreihe Cranbrook (früher Special DeLuxe) angeboten und wies die gestraffte Linienführung der übrigen Modelle auf, die sie etwas „gewichtiger" als das Modell 1949/50 wirken ließ. Der Belvedere debütierte erst relativ spät — am 31. März -, verschaffte dem Modellprogramm aber dennoch den so dringend notwendigen frischen Wind.

Darüber hinaus gab es 1951 wenig Neues zu berichten, ebenso 1952: Nur die größeren „Plymouth"-Haubenbuchstaben und die geänderte Kennzeichenleuchte verrieten den neuen Jahrgang. Der Belvedere erhielt aber immerhin neue Zweifarbenlackierungen, bei denen der Farbton des Dachs sich entlang abwärts geschwungener Seitenzierleisten auf der Heckpartie fortsetzte.

Spätere Plymouth-Hardtops lagen preislich etwa gleichauf mit vergleichbaren viertürigen Limousinen (wie auch bei anderen Marken), nur beim ersten Belvedere hatte man kräftig hingelangt. Mit $ 2114 war er fast $ 300 teurer als der viertürige Cranbrook und nur $ 109 billiger als das Cabriolet. Dies mag den relativ geringen Ausstoß von 51 266 Belvederes in den Jahren 1951/52 erklären (Chrysler gab die Stückzahlen für diese beiden Jahre nicht getrennt an), womit man weit hinter den 187 606 Ford Victoria und 177 890 Chevy Bel Air lag. Bessere Zeiten kündigten sich zwar an, doch bis dahin sollten noch einige Jahre vergehen.

Chevy hatte 1950 ein Hardtop zu bieten, Ford einige Monate nach Beginn des Modelljahres 1951. Plymouth konnte erst am 31. März 1951 mitziehen. Es lief offiziell als Cranbrook Belvedere (oben) und war für $ 2222 zu haben. Der 1952er Plymouth war das exakte Abbild des Jahrgangs 1951, der Belvedere (rechte Seite) hatte immerhin eine gefällige Zweifarbenlackierung aufzuweisen, bei der sich der Farbton des Dachs auf der Heckpartie fortsetzte.

TECHNISCHE DATEN

Motor:	6 Zylinder in Reihe, stehende Ventile, 3569 ccm (82,5 × 111,2), 97 SAE-PS
Getriebe:	3-Gang-Schaltgetriebe; auf Wunsch mit Overdrive
Fahrwerk, vorn:	obere und untere Dreiecksquerlenker, Schraubenfedern
Fahrwerk, hinten:	Starrachse, Halbelliptik-Blattfedern
Bremsen:	vorne/hinten Trommelbremsen
Radstand (mm):	3010
Gewicht (kg):	1410-1445
Höchstgeschwindigkeit (km/h):	128-135
Beschleunigung 0-96 km/h (s):	15,0
Produktionszahlen:	51 266

Plymouth

1953-54
Plymouth Belvedere

Durch nichts verkauften sich Autos in den 50er Jahren in den USA so gut wie durch ihr Styling (übrigens auch heute noch). Zwar spielte die Leistung im Verlauf des Jahrzehnts eine immer wichtigere Rolle, vor allem nach 1954, doch ansprechendes Styling war für den Fortbestand einer Marke —und noch mehr für schwarze Zahlen —unabdingbare Voraussetzung. Nicht wenige Marken gingen wegen überholter oder allzu unkonventioneller Linienführung ein — man denke nur an Kaiser-Frazer, Nash, Hudson, Studebaker-Packard —und natürlich Edsel.

1953 sah auch bei Plymouth die Absatzentwicklung alles andere als rosig aus, nicht zuletzt als Folge der jahrelang propagierten biederen Fortbewegungsmittel, die nicht in den nach Leistung und Chrom lechzenden Markt paßten. 1955 sollte Plymouth allerdings —wie auch Chevrolet —eine nachhaltige Wandlung durchlaufen, nach der die Marke mit einem Mal hochaktuelles Styling und einen neuen V8-Motor präsentierte. Sogar in jenen stürmischen Jahren, als der jährliche Modellwechsel einem Ritual mit festem Datum im Kalender glich, war eine Automarke aber nicht von heute auf morgen umzukrempeln, also beschränkten sich beide Marken 1953/54 auf Übergangsmodelle —im Prinzip das alte Gewand, aber mit etwas mehr Power und viel mehr für's Auge.

Plymouth hatte eine stilistische Erneuerung 1953 bitter nötig. Im Vergleich zu Chevrolet und Ford, die mit dem Modelljahrgang 1949 endgültig in die Moderne (und damit in der Käufergunst nach oben) gesprungen waren, wirkte der Plymouth noch immer wie ein Alte-Leute-Auto, das sich dementsprechend nur mäßig verkaufte. Doch mittlerweile regiert Virgil Exner bei Chrysler als König des Styling; das Modelljahr 1953 stand erstmals ganz in seinem Zeichen. Für Plymouth kam dies gerade recht, denn Neues gab es sonst wenig, nachdem der V8, den Chrysler und DeSoto 1951/52 und Dodge 1953 erhalten hatten, noch immer ausstand.

Dennoch hegte Plymouth im Jahr seines 25. Firmenjubiläums kühne Erwartungen —das Ergebnis fiel allerdings durchwachsen aus. Der kleinere Concord (mitsamt seinem altbackenen Fließheck) war gestrichen worden, so daß nur noch zwei Modellreihen blieben, der Cambridge mit 2,97 m Radstand und der Cranbrook mit 2,89 m Radstand. Exner verpaßte ihnen Ponton-Kotflügel, eine glattere Schnauze, ein flacheres Heck, die obligatorische einteilige Windschutzscheibe sowie (beim Belvedere-Hardtop) modische schrägge-

TECHNISCHE DATEN

Motor:	6 Zylinder in Reihe, stehende Ventile **1953 —Anfang 1954** 3569 ccm (82,5 × 111,2), 100 SAE-PS **Ende 1954** 3772 ccm (82,5 × 117,6), 110 SAE-PS
Getriebe:	3-Gang-Schaltgetriebe; auf Wunsch mit Overdrive **1953 —Anfang 1954** auf Wunsch mit Hy-Drive-Halbautomatik **Ende 1954** auf Wunsch mit Powerflite-Zweigangautomatik
Fahrwerk, vorn:	obere und untere Dreiecksquerlenker, Schraubenfedern
Fahrwerk, hinten:	Starrachse, Halbelliptik-Blattfedern
Bremsen:	vorne/hinten Trommelbremsen
Radstand (mm):	2896
Gewicht (kg):	1311-1485
Höchstgeschwindigkeit (km/h):	128-144
Beschleunigung 0-96 km/h (s):	15,0-16,0

Produktionszahlen: 1953 Hardtop Coupé 35 185 **1954** Lim. 4tür. 106 601 Sport Coupé Hardtop 2tür. 25 592 **Conv.** 6900 Suburban Kombi 2tür. 9241 Fahrgestelle 2031

Der Plymouth wirkte 1953 noch kompakter. Das Cranbrook Belvedere Hardtop (unten) verkaufte sich für $ 2064 immerhin 35 185mal. 1954 gab es schon vier Belvedere-Varianten. Die viertürige Limousine für $ 1953 (rechte Seite, oben) war mit 106 601 Exemplaren der Verkaufsschlager, das Cabriolet für $ 2301 und mit nur 6900 Stück dagegen das exklusivste Modell.

262

stellte C-Säulen. Obwohl der Radstand nur 2,5 cm kürzer als der des Ford und Chevrolet war, wirkte die neue Karosserie gedrungen, fast schon untersetzt.

Schlimmer war aber, daß die Technik die alte blieb. Die höhere Verdichtung verhalf dem alten Sechszylinder zu 100 statt 97 PS – auch dies keine atemberaubende Neuerung. Dazu gab es eine neue Getriebevariante, die Hy-Drive. Doch statt einer Vollautomatik, wie sie Chevy und Ford seit zwei, drei Jahren zu bieten hatten, verbarg sich dahinter nur eine Halbautomatik nach dem Vorbild der großen Chrysler-Modelle. In der „High"-Stufe beschleunigte sie – na ja, relativ ruhig; wollte man wirklich vom Fleck kommen, mußte man im zweiten Gang anfahren (dem oberen Gang in „Low") und dann durch Gaswegnehmen in „High" hochschalten.

1953 verkaufte Plymouth fast zwei Drittel Autos mehr, doch auch nur, weil 1952 die Rationierungen infolge des Koreakriegs den Ausstoß auf ca. 396 000 Stück gedrückt hatten. Doch selbst mit 650 500 Einheiten blieb Chryslers Massenauto weit hinter Ford und Chevrolet zurück, von denen jeweils gut 1,2 Millionen vom Band rollten. Obendrein rückte Buick dem angestammten dritten Platz des Plymouth gefährlich dicht auf den Pelz.

Die minimal überarbeiteten 1954er Modelle waren da als Gegenwehr nicht das rechte Mittel. Der Name Belvedere fand sich nun außer am noblen Hardtop auch an der gesamten gehobeneren Modellreihe. Darunter waren der Mittelklasse-Savoy und das Billigmodell Plaza angesiedelt (also wieder drei Modellreihen). Der Belvedere war (außer am Suburban-Kombi) an kleinen Chromflossen auf den Heckkotflügeln zu erkennen (ein erster Vorbote künftiger „Großtaten"). Seinem Werbeslogan „Hy Style" wurde der Jahrgang 1954 bei Plymouth jedenfalls kaum gerecht. Der Haken blieb die mangelnde Größe; zwar waren alle 1954er Plymouth (außer den Kombis) rund 13 cm länger als das Vorjahresmodell, doch damit fehlten immer noch 13 cm zum 1954er Ford. Dieser Unterschied machte sich alles andere als positiv bemerkbar.

Abermals hatte sich an der Technik wenig getan. Ab Mitte der Saison war die Chrysler-Vollautomatik, die PowerFlite, gegen Aufpreis zu haben; zugleich wurde der Sechszylinder durch längeren Hub auf 110 PS gebracht. Beides war zu wenig, um die Konkurrenz einholen zu können. Chevy pumpte seinen Sechszylinder auf 115/125 PS auf, Ford hatte einen neuen V8 mit hängenden Ventilen und 130 PS zu bieten, und beide waren schon jahrelang mit Automatiken im Geschäft. Die Folge war eine rasante Talfahrt in den Produktionszahlen, die Plymouth hinter Buick und Oldsmobile auf Platz 5 zurückfallen ließ.

Doch der Neubeginn stand unmittelbar bevor. Mit dem brandneuen 1955er Jahrgang sollten für Plymouth vier der besten (und verkaufsträchtigsten) Jahre seiner Firmengeschichte anbrechen.

1955-56 Plymouth

Die historische Wandlung der Chrysler Corporation von hausbackenem Styling und müder Mechanik zu scharfen Autos im aktuellsten Stil begann 1950 mit dem Einstieg von „Tex" Colbert als Präsident des Konzerns und von Virgil Exner als Chefdesigner. Den Höhepunkt erreichte dieser Wandlungsprozess mit dem brandneuen Typenprogramm für das Modelljahr 1955. Alle fünf Chrysler-Marken (auch der jetzt eigenständige Imperial) sahen gut aus, waren solide verarbeitet und liefen wie der Teufel. Doch den Preis für die deutlichste Verbesserung hätte Plymouth mit mindestens demselben Recht wie der ebenfalls völlig gewandelte Chevrolet dieses Modelljahres beanspruchen können.

Der „Forward Look" von 1955, den Maury Baldwin unter Exners Ägide entworfen hatte, präsentierte sich mit harmonischen, ungekünstelten Proportionen und deutlich besseren Fahrleistungen als seine Vorgänger – kurz, der bis dato faszinierendste Plymouth aller Zeiten. Der Radstand nahm nur um 2,5 cm zu und entspach damit dem des Chevy und Ford. Die Höhe war dagegen um 4 cm reduziert, die Gesamtlänge um volle 26 cm auf 5,17 m gestreckt worden. Kantige Vorderkotflügel, ausladende „Schirme" über den Scheinwerfern, eine weit herumgezogene Frontscheibe und größere Glasflächen ringsum, harmonisch eingepaßte Heckkotflügel und (gegen Aufpreis) eine „Sportone"-Zweifarbenlackierung sollten den 1955er Plymouth laut Werbung zu einem „einzigartigen neuen Auto für alle Junggebliebenen" machen.

Der zweite Knüller von Plymouth in diesem Modelljahr war sein erster V8-Motor – der „Hy-Fire", ein modernes, unterquadratisches Triebwerk mit polysphärischen Brennräumen und Aluminiumkolben. Er wurde in 61 % der Gesamtproduktion verbaut, und wären da nicht die Lieferengpässe gewesen, wäre dieser Anteil noch wesentlich höher ausgefallen. Drei Versionen des V8 standen zur Wahl: ein 4-Liter-Aggregat mit 157 PS, eine aufgebohrte 4,3-Liter-Version mit 167 PS sowie derselbe Motor mit „Power Pak" (Vierfachvergaser und Doppelrohrauspuff) mit 177 Pferdchen. Sogar der alte PowerFlow-Sechszylinder kam dank der höheren Verdichtung von 7,4:1 auf 117 PS. Als Getriebe bekam man das Dreigang-Lenkradschaltgetriebe, dazu auf Wunsch einen Overdrive oder die vollautomatische PowerFlite. Letztere, die nun über ein dünnes Hebelchen am Armaturenbrett (rechts neben dem Lenkrad) geschaltet wurde, kam in 46 % der Produktion zum Einbau.

Die Straßenlage, schon früher eine der Stärken des Plymouth, wurde 1955 durch breitere Hinterachs-Blattfedern und vordere Schraubenfedern (um die Stoßdämpfer) weiter aufgewertet. Motor Trend bezeichnete den Plymouth gar als das „fahrfreundlichste Auto des Jahrgangs 1955". Klimaanlage, Servolenkung, Bremshilfe, elektrische Fenster- und Vordersitzbedienung waren in den Zubehörlisten zu finden, hängende Pedale und schlauchlose Reifen gehörten zum Serienumfang.

Die drei Modellreihen von 1954 blieben erhalten, nur die Karosserievarianten änderten sich. Jetzt gab es in allen Modellreihen ein Club Coupé und eine viertürige Limousine, ferner das Plaza-Business-Coupé für ganze $ 1639 sowie zwei- und viertürige Suburban-Kombis. Das Top-Modell Belvedere war auch als Convertible, Sport Coupé Hardtop und viertüriger Suburban zu haben. Bis auf das Business Coupé waren alle Varianten auch mit V8-Maschine lieferbar (das beim $ 2478 teuren Cabrio serienmäßig war).

Im Rekordjahr 1955 schlug sich Plymouth mit diesem Aufgebot mit Bravour. Der Ausstoß im Modelljahr schnellte von knapp über 463 000 auf stolze 705 455 Einheiten hoch – ein Zuwachs von 52 %, der Plymouth an Oldsmobile vorbei auf den vierten Platz (immer noch hinter Buick) der Produktionsstatistik beförderte.

Auch 1956 behauptete sich Plymouth trotz landesweit einbrechender Absatzzahlen auf Platz 4 (bei 39 Prozent geringerem Ausstoß). Ein etwas umgestalteter Kühlergrill und neue Seitenzierleisten sowie höhere Heckkotflügel (die den „Forward Look" wohl in neue Höhen führen sollten, der 1955er Karosserie aber nicht sichtbar standen) verrieten den neuen Jahrgang. Neu war das viertürige Hardtop (eine Karosserieform, die GM im Vorjahr erstmals gezeigt hatte), das im Belvedere-Programm „Sport Sedan" hieß; der Savoy war nun auch als Sport Coupé Hardtop zu haben. Die Kombis wurden in eine eigene Suburban-Modellreihe ausgegliedert und umfaßten den DeLuxe, Custom und Sport (entsprechend den Ausstattungsstufen des Plaza, Savoy und Belvedere).

Technisch neu war die Umstellung von 6- auf 12-Volt-Elektrik und die umstrittene PowerFlite-Drucktastenautomatik (vier Tasten links vor dem Fahrer), die die nächsten neun Jahre die Chrysler-Produkte zieren sollte. Im Zubehörkatalog fand sich gar ein besonderer (aber wenig gefragter) Gag: der Chrysler/RCA-„Highway Hi Fi"-Autoplattenspieler.

Ganz im Zeichen der davongaloppierenden PS-Zahlen erhielt auch der 1956er Plymouth mehr Pferde unter die Haube. Der alte Sechszylinder kam dank noch höherer Verdichtung auf 125/131 PS; der V8 des einfacheren Plaza/Savoy wurde auf 4424 ccm aufgebohrt und mit Doppelvergaser auf 180 PS gebracht. Belvedere und Suburban erhielten einen neuen 4539-ccm-Hy-Fire mit 187 PS (Serie) bzw. 200 PS (PowerPak).

Doch für 1956 hatte Plymouth noch eine schärfere Nummer zu bieten: eine rasante Hardtop-Sonderserie, die schon beim ersten Auftritt in Daytona das Alte-Leute-Image ein für allemal vergessen ließ. Der Name war Programm: Fury – und darauf kommen wir in unserem nächsten Kapitel.

Nach kümmerlichen Absatzzahlen 1954 platzte Plymouth 1955 mit einer völlig neuen Karosserie und einem ebenso neuen V8-Motor auf den Markt. 52 Prozent mehr verkaufte Exemplare verdeutlichten, daß die Käufer daran Gefallen fanden. Das Spitzenmodell Belvedere war auch als Cabriolet (das einzige von Plymouth) zu haben (rechte Seite, oben), das 8473mal gebaut wurde und für $ 2351 wegging. Das Facelifting von 1956 betraf eigentlich mehr das Heck. Der Belvedere Club Sedan (oben) kostete $ 2008, das zweitürige Hardtop (rechte Seite, unten) dagegen $ 2214.

Technische Daten

Motor: **1955** 6 Zylinder in Reihe, stehende Ventile, 3772 ccm (82,5 × 117,6), 117 SAE-PS; V8, hängende Ventile, 3949 ccm (87,3 × 82,5), 157 SAE-PS; 4261 ccm (90,4 × 82,5), 167/177 SAE-PS (Serie/PowerPak) **1956** 6 Zylinder in Reihe, stehende Ventile, 3772 ccm (82,5 × 117,6), 125/131 SAE-PS; V8, hängende Ventile, 4424 ccm (92,2 × 82,5), 180 SAE-PS; 4539 ccm (95,2 × 79,5), 187/200 SAE-PS (Serie/PowerPak)

Getriebe:	3-Gang-Schaltgetriebe; auf Wunsch mit Overdrive oder PowerFlite-Zweigangautomatik
Fahrwerk, vorn:	obere und untere Dreiecksquerlenker, Schraubenfedern
Fahrwerk, hinten:	Starrachse, Halbelliptik-Blattfedern
Bremsen:	vorne/hinten Trommelbremsen
Radstand (mm):	2921
Gewicht (kg):	1373-1595
Höchstgeschwindigkeit (km/h):	128-152
Beschleunigung 0-96 km/h (s):	12,0-14,5

Produktionszahlen: 1955 Plaza Lim. 4tür. 84 156 **Club Coupé** 53 610 **Suburban Kombi 2tür.** 31 788 **Suburban Kombi 4tür.** 15 422 **Business Coupé** 4882 **Savoy Lim. 4tür.** 162 741 **Club Coupé** 74 880 **Belvedere Lim. 4tür.** 160 984 **Club Coupé** 41 645 **Sport Coupé Hardtop 2tür.** 47 375 **Conv.** 8473 **Suburban Kombi 4tür.** 18 488 **1956 Plaza Business Coupé** 3728 **Lim. 4tür.** 60 197 **Club Sedan** 43 022 **Savoy Lim. 4tür.** 151 762 **Club Sedan** 57 927 **Sport Coupé Hardtop 2tür.** 16 473 **Belvedere Lim. 4tür.** 84 218 **Sport Sedan Hardtop 4tür.** 17 515 **Sport Coupé Hardtop 2tür.** 24 723 **Conv.** 6735 **DeLuxe Suburban Kombi 2tür.** 23 866 **Custom Suburban Kombi 2tür.** 9489 **Custom Suburban Kombi 4tür.** 33 333 **Sport Suburban Kombi 4tür.** 15 104

1956 Plymouth Fury

Auf der Chicago Automobile Show debütierte am 10. Januar 1956 ein aufsehenerregender neuer Plymouth – der Fury, eines von vier Hochleistungs-Sondermodellen aus dem Hause Chrysler. Seine Hardtop-Karosserie entsprach der des normalen Savoy und Belvedere, doch der Lack in Eierschalenweiß (die Serienausführung) und der seitliche Zierstreifen aus goldfarben eloxiertem Aluminium ließ keinen Zweifel daran, daß man etwas Besonderes vor sich hatte. Auch das Mittelteil des Kühlergrills und die Speichen-Radkappen (im Stil der „Sabre-Spoke"-Radkappen von Cadillac) waren golden eloxiert (diese Radkappen tauchten übrigens auch am DeSoto Adventurer von 1956 auf, nur waren beim Fury die Mittelteile blank, beim DeSoto mit einem „DeS" verziert).

Der Innenraum des Fury war mit Kunstledersitzen und schwarzen Stoffeinsätzen farblich auf den Lack abgestimmt. Das Armaturenbrett ähnelte dem normalen Modell 1956, lediglich der Drehzahlmesser rechts neben dem Tachometer war neu. Diese noble Innenausstattung stand dem 1956er Hardtop mit seinen Flossenstummeln außerordentlich gut. Die eigentliche Sensation bekam man jedoch erst beim Tritt auf das Gaspedal zu spüren.

Bei der Suche nach mehr Leistung für den Fury hatten die Techniker nicht einfach einen vorhandenen V8 (wie bei Ford oder Chevy üblich) aufgemotzt. Daß der serienmäßige 4,6-Liter-V8 mit seinen polysphärischen Brennräumen mehr Hubraum benötigte, war klar, nachdem man sich gegen Kompressoren und die damit verbundenen Risiken eines vorzeitigen Motoren-Exitus entschieden hatte. Überraschenderweise verzichtete Plymouth auch auf einen Hemi aus dem Programm der anderen Chrysler Divisions – ob freiwillig oder weil die Konzernschwestern nicht mitzogen, ist allerdings nicht überliefert.

Die Wahl fiel auf einen Motor von jenseits der Grenze, auf den 5-Liter-V8 mit polysphärischen Brennräumen aus dem kanadischen Chrysler Windsor/Dodge Royal. Damit tat man einen guten Griff, denn dieser Motor lag exakt an der oberen Hubraumgrenze für Klasse 5 der „National Association for Stock Car Auto Racing" (NASCAR).

Diesem Block spendierten die Konstrukteure eine schärfere Nockenwelle, mechanische Stößel, Domkolben, einen Vierfachvergaser, strömungsgünstigere Auspuffkrümmer und 9,25:1 verdichtete Köpfe. Das Ergebnis: 240 SAE-PS, also rund 0,8 PS/Cubic Inch. Das Tempo des PS-Wettlaufes jener Jahre läßt sich daraus ablesen, daß Chevrolet schon im nächsten Jahr mit einem Einspritzmotor das magische PS pro Cubic Inch erreichte, übrigens auch der Chrysler 300B schon 1956 mit den höher verdichteten Köpfen (genauso DeSoto).

Um diese Leistungsfülle zu bändigen, kam der Fury mit verstärkten Federn und Stoßdämpfern sowie riesigen Dodge-Bremsen mit 280 mm Durchmesser, 7,10 × 15-Bereifung und einem vorderen Querstabilisator daher. Über ein verstärktes Dreigang-Schaltgetriebe gelangten die PS auf die Räder. Auf Wunsch war aber auch die PowerFlite-Zweigangautomatik mit Drucktastenbetätigung lieferbar. Das Fahrgestell verlieh dem Fury eine betont niedrige, geduckte Optik, die sich von der relativ hohen Karosserielinie normaler Modelle nachhaltig abhob.

Wer daran zweifelte, daß der Fury den Staub aus dem Gebälk von Plymouth zu blasen vermochte, brauchte nur die Zeitungen aufzuschlagen. Noch am Tag, da der neue Fury in Chicago debütierte, fuhr ein Vorserien-Prototyp mit Phil Walters am Steuer in Daytona Beach alles in Grund und Boden. Walters, der gerade erst seinen Cunningham (mit Chrysler-Motor) über die Rennpisten gehetzt hatte, legte die Meile mit fliegendem Start mit 124 mph (198 km/h) zurück und kam in einer Richtung sogar auf ein Maximum von 124, 611 mph (199,37 km/h). Die Meile mit stehendem Start durchflog er mit 82,54 mph (132 km/h) – eine hervorragende Leistung für ein praktisch serienidentisches Modell, das fast 1660 kg auf die Waage brachte.

Gerade als der Fury dazu ansetzte, im Februar seine Klasse bei den Daytona Speed Weeks an sich zu reißen, entschied die NASCAR, daß er noch nicht die vorgeschriebenen 90 Tage in Produktion gewesen sei, um in der „Stock"-Klasse (Serienklasse) starten zu können. Plymouth ließ ihn daraufhin als Werks-Experimentalfahrzeug laufen, baute eine schärfere Nockenwelle, neue, 9,8:1 verdichtete Köpfe und einen Chrysler-Ansaugkrümmer mit zwei Vierfachvergasern ein. Mit dieser Ladung schoß der Fury mit 143,596 mph (229,75 km/h) durchs Ziel – ein Mercury war zwar noch schneller, doch Aufsehen erregte der Fury damit allemal.

Trotz des Listenpreises von $ 2866 verkaufte sich der Fury für ein Sondermodell nicht schlecht. Im Straßentrim war er annähernd so schnell wie auf der Rennstrecke und sorgte allenthalben für Verblüffung ob seiner Schnelligkeit und Wendigkeit. Schade nur, daß er nicht als Convertible zu haben war (zumindest ein Sammler hat sich jedoch inzwischen sein eigenes Cabrio aus einem Schrott-Fury aufgebaut!).

Bei der Chicago Auto Show im Januar 1956 stieg Plymouth mit dem Fury in den Hochleistungssektor ein. Im Prinzip handelte es sich dabei um ein zweitüriges Belvedere-Hardtop mit speziellen goldenen Seitenstreifen, Speichenradkappen und Grillteilen. Der 5-Liter-V8 mit 240 PS und polysphärischen Brennräumen sorgte für Beschleunigungszeiten um 9 Sekunden von 0 auf 100.

TECHNISCHE DATEN

Motor:	V8, hängende Ventile, 4965 ccm (97,0 × 84,0), 240 SAE-PS
Getriebe:	3-Gang-Schaltgetriebe; auf Wunsch mit PowerFlite-Zweigangautomatik
Fahrwerk, vorn:	Einzelradaufhängung, Schraubenfedern, Teleskopstoßdämpfer
Fahrwerk, hinten:	Starrachse, Blattfedern, Teleskopstoßdämpfer
Bremsen:	vorne/hinten Trommelbremsen
Radstand (mm):	2921
Gewicht (kg):	1657
Höchstgeschwindigkeit (km/h):	192
Beschleunigung 0-96 km/h (s):	9,0
Produktionszahlen:	4485

1957-58 Plymouth Fury

Zum Modelljahr 1957 wurde das gesamte Chrysler-Programm unter der Leitung von Virgil Exner für 300 Millionen Dollar komplett überarbeitet. „Ex" verstand es, eine derart radikal neue Linie herbeizuzaubern, daß sich Chrysler kurzfristig sogar vor General Motors als Trendsetter im Autodesign der USA etablierte. Am modernsten wirkte zweifellos der 1957er Plymouth, dessen Werbung prompt lauthals hinausposaunte: „Suddenly It's 1960!" Und wie zur Bestätigung des neuen Images unterstrich der Fury abermals sein Renommee als faszinierendstes aller Plymouth-Modelle.

Eine gewagt niedrige Gürtellinie, riesige Glasflächen, Kotflügel, die exakt auf Höhe der Hauben abschlossen, und hoch aufragende, aber geschickt einmodellierte Heckflossen —dies waren die markantesten Details der neuen Karosserien. Sogar aerodynamischen Nutzen vermittelten die Flossen, indem sie die Spurstabilität verbesserten —allerdings nur bei sehr hoher Geschwindigkeit, so daß selbst Fury-Fahrer dies kaum bemerkt haben dürften.

Auch der 1957er Fury war nur als Hardtop im Programm und ebenfalls wieder elfenbein mit goldenen Seitenstreifen lackiert. Er debütierte erst nach den übrigen Modellen und lief nur in begrenzten Stückzahlen vom Band —was allerdings nicht ins Gewicht fiel, da Plymouth Anfang des Modelljahres 1957 nicht einmal mit den Bestellungen der normalen Modelle nachkam. Auf der neuen Karosserie mit der harmonisch abfallenden Dachpartie kamen die Fury-Extras besonders gut zur Geltung. Die golden eloxierten Radkappen waren verschwunden, dafür waren nun die Grillstäbe vergoldet. Die dicken Stoßstangenecken, die bei einfacheren Modellen als Extra geordert werden mußten, waren beim Fury serienmäßig, der damit nochmals 4 cm Länge gewann. Der Radstand des Fury (und der übrigen Modellgefährten) war um 7,5 cm verlängert worden; zugleich war er verblüffende 14 cm niedriger als das Modell 1956. Als Bereifung diente nun die Größe 8,00 × 14.

Wie 1956 konnten auch jetzt allerlei Extras dazubestellt werden: „Full-Time"-Servolenkung, Bremshilfe, Klimaanlage, elektrische Sitz- und Fensterbetätigung und (ohne daß hierfür viel Werbung gemacht wurde) Sicherheitsgurte (vom Händler auf Bestellung montiert). Zur Serienausstattung des Fury zählten u.a. ein zweifarbiges Lenkrad, mehrstufige Scheibenwischer, Polsterung auf Armaturenbrett und Sonnenblenden, Schaumgummi-Sitzpolster sowie eine „sekundengenaue" Zeituhr.

Das Modell 1957 war sogar noch eine Idee schneller, da der Motor sich sogar auf 5,2 l (318 ci) entfalten durfte. Dieser 318er sollte in Mopar-Kreisen bald Berühmtheit erlangen, ebenso die übrigen Tuning-Tricks: zwei Vierfachvergaser, hochverdichtete Zylinderköpfe, Domkolben, Doppelrohr-Auspuffanlage mit noch geringerer Stauwirkung, schärfere Nockenwelle sowie verstärkte Ventilfedern. Dieser „V-800" brachte stolze 44,9 mkg Drehmoment auf die Räder. Übrigens konnte der V-800 für jeden Plymouth geordert werden — vom luxuriösen Belvedere bis zum einfachen Plaza, der damit zu einem echten Wolf im Schafspelz wurde und an Ampelrennen für manche roten Gesichter sorgte.

Noch aus zwei anderen Gründen verdient der 1957er Fury Erwähnung. Zum einen wegen der neuen TorqueFlite-Dreigangautomatik von Chrysler, die sich als beste Automatik der USA erweisen sollte. Über die Drucktastenbedienung erfolgte die Kraftübertragung nach wie vor auf die 3,36:1 übersetzte Hinterachse, doch sowohl für das serienmäßige Dreiganggetriebe als auch für die Hinterachse standen noch andere Übersetzungen zur Wahl.

Die zweite Neuerung verbarg sich in der Drehstab-Vorderradaufhängung, dank derer die Chrysler-Modelle in punkto Straßenlage unerreichte Qualitäten entfalteten. Mühelose hohe Dauergeschwindigkeiten, sicheres Fahrverhalten auf unebener Fahrbahn und ungeahnte Präzision galten als besondere Pluspunkte. „Der Fury zieht mit Volldampf durch alle Kurven und kann von einem Könner beliebig in Drift versetzt werden", berichtete Tester Joe Wherry. „Das einzige Manko war das mangelnde Rückstellvermögen der Servolenkung, doch die direkte Lenkungsübersetzung (knapp 3,5 Lenkraddrehungen von Anschlag zu Anschlag) macht Lenkkorrekturen kinderleicht."

Der Ausstoß im Modelljahr 1957 schoß bei Plymouth um über 200 000 Einheiten auf 762 231 Stück hoch. Auch das Modell 1958 setzte —wie bei den anderen Plymouth-Typen— die Tradition von 1957 fort. Nach wie vor war der Fury an seiner typischen Lackierung und dem golden eloxierten Kühlergrill (dessen Farbton sich im Steinschlaggitter unter der Stoßstange fortsetzte) zu erkennen. Neu waren dagegen die Doppelscheinwerfer und die Rückleuchten im „Lollipop"-Look sowie die Radkappen (von den Standardmodellen übernommen, jedoch mit goldenem Mittelteil). Der V-800-Motor entsprach der 1957er Version, als neues Extra gab es dazu jedoch den „Golden Commando", einen 350ci-V8, der mit Einspritzanlage auf 315 PS kam.

Schade, daß 1958 zum letzten Jahr für den Spezial-Fury wurde. Die Wirtschaftsrezession warf die Produktion nicht nur beim Fury, sondern bei Plymouth insgesamt weit zurück. 1959 kam stattdessen eine eigene „normale" Fury-Modellreihe, die den Belvedere als Spitzenmodell ablöste und zu der sich der Sport Fury (als Hardtop und Convertible) als eigentlicher Nachfolger des Originals von 1956-58 gesellte. Ein weiterer Grund für den Abgang des „scharfen" Fury lag in der Entscheidung der Auto Manufacturers Association von 1957, offene Werksunterstützung von und Werbung mit Rennerfolgen zu untersagen. Der Name Fury sollte zwar bis ins Zeitalter der Fronttriebler überleben, doch das Original von 1956-58 rangiert bei Sammlern heute unangefochten an der Spitze.

Der 1957er Plymouth war mit keinem seiner Vorläufer vergleichbar. Prompt tönte die Werbung: „Suddenly It's 1960!" Diesen Eindruck erweckte der Plymouth durchaus — von seinen Scheinwerferüberhängen bis zu den steilen Heckflossen. Der 1957er Fury (siehe Fotos) war — wie schon 1956 — der teuerste Plymouth (S 2925) — und der schnellste. Von den übrigen 1957er Plymouths hob er sich durch goldene Kühlergrill-leisten, goldene Seitenleisten, serienmäßige Stoßstangen-Seitenteile und elfenbeinfarbene Lackierung ab. Als Kraftquelle diente ein 5,3-Liter-V8-Motor, der mit zwei Vierfachvergasern saftige 290 PS entwickelte.

TECHNISCHE DATEN

Motor: V8, hängende Ventile **1957-58** 5205 ccm (99,3 × 84,0), 290 SAE-PS **1958** auf Wunsch 5735 ccm (103,1 × 85,8), 305 SAE-PS (Benzineinspritzung: 315 SAE-PS)

Getriebe:	3-Gang-Schaltgetriebe; auf Wunsch mit TorqueFlite-Dreigangautomatik
Fahrwerk, vorn:	Einzelradaufhängung, Drehstabfedern
Fahrwerk, hinten:	Starrachse, Blattfedern, Teleskopstoßdämpfer
Bremsen:	vorne/hinten Trommelbremsen
Radstand (mm):	2997
Gewicht (kg):	**1957** 1632 **1958** 1594
Höchstgeschwindigkeit (km/h):	5,3-l-V8 192 5,8-l-V8 200
Beschleunigung 0-96 km/h (s):	5,3-l-V8 8,0-9,0 5,8-l-V8 7,0-8,0
Produktionszahlen:	**1957** 7438 **1958** 5303

Plymouth

1959 Plymouth Sport Fury

Das Spiel mit Modellnamen ist in Detroit seit langem an der Tagesordnung – und sorgt nicht selten für Verwirrung bei der Käuferschaft. Oft brachten die Hersteller alte Modelle im neuen Gewand, um von vergangenem Ruhm zu zehren, oder sie versuchten, alte Autos mit neuen Namen neu aussehen zu lassen.

In den 50er Jahren kam eine spezielle und heute noch übliche Variante auf, die „Unterwanderungstaktik". Ein neuer Name wird für das Spitzenmodell eingeführt und wandert durch Wegfall älterer oder weniger renommierter Namen dann immer weiter nach unten. Beispiele hierfür gibt es genug: Bel Air und Impala bei Chevrolet, Fairlane und Galaxie bei Ford usw.

Auch die Chrysler Corporation brachte es zu wahrer Meisterschaft hierin und entwickelte mit dem 1959er Plymouth Sport Fury eine neue Variante. Wie bereits erwähnt, begann der Fury seine Laufbahn 1956 als rasantes Hardtop-Sondermodell und behielt auch die beiden nächsten Jahre diese Rolle bei. Er verkaufte sich zwar nie in Riesenstückzahlen, doch verlieh er der gesamten Plymouth-Palette ein leistungsbetontes Image, das die Absatzzahlen gehörig anheizte. Daß die Marketing-Abteilung da nicht widerstehen konnte, dieses Image weiter auszuschlachten, ist klar.

Zum Modelljahr 1959 prangte der Name Fury also an allen Spitzenmodellen (außer dem Suburban-Kombi), der Plaza wurde eingestellt und Belvedere und Savoy wanderten eine Stufe nach unten. Doch wie sollte dann das Sondermodell heißen? Da dem Fury von 1956-58 Sportlichkeit nicht abzusprechen war, bot sich für den 1959er der Name „Sport Fury" an. Erstmals war nun dieses Spitzenmodell als Convertible sowie als das bekannte Hardtop Coupé zu haben. Merkwürdigerweise gab es von den normalen Furys jedoch keine offene Version, sondern nur zwei verschiedene Hardtops und eine viertürige Limousine.

Trotz aller Namensspiele war der neue 1959er Fury weit weniger exklusiv als seine Vorgänger. Hatten sich vom Jahrgang 1956-58 gerade 4500 bis 7500 Exemplare pro Jahr verkauft, so waren es jetzt allein vom Sport Fury fast 24 000, vom normalen Fury gar annähernd 65 000. Genau hierauf war die Verkaufsabteilung ja auch aus gewesen; nicht zuletzt deshalb stand Plymouth 1959 wieder auf dem dritten Platz der Statistik – obwohl sich der Gesamtausstoß gerade eben um 15 000 Stück erhöhte, während Chevy über 300 000 und Ford fast eine halbe Million Exemplare zulegten.

Daß Plymouth wieder auf Platz 3 stand, war seinem erfolgreichen Jahrgang 1957 zu verdanken. Damit es dabei blieb, wurde die Marke nach geringeren Variationen 1958 zum letzten Jahr des Dreijahreszyklus

Technische Daten

Motor:	V8, hängende Ventile, 5205 ccm (99,3 ×84,0), 260 SAE-PS; 5916 ccm (104,6 ×85,8), 305 SAE-PS
Getriebe:	3-Gang-Schaltgetriebe; auf Wunsch mit Overdrive oder Torqueflite-Dreigangautomatik
Fahrwerk, vorn:	Längslenker, Längsdrehstabfedern
Fahrwerk, hinten:	Starrachse, Halbelliptik-Blattfedern
Bremsen:	vorne/hinten Trommelbremsen
Radstand (mm):	2997
Gewicht (kg):	1578-1666
Höchstgeschwindigkeit (km/h):	144-176
Beschleunigung 0-96 km/h (s):	10,5-14,0
Produktionszahlen:	Hardtop 2tür. 17 867 **Conv.** 5990

1959 gewaltig umgestaltet. In punkto Facelifting geriet der Jahrgang 1959 sicher nicht schlecht, doch auch nicht super —nur anders. Erstaunlicherweise fehlte der Schriftzug „Sport Fury" völlig —nur ein großes kreisrundes Emblem über der Leiste aus eloxiertem Aluminium an den Heckflanken verriet die Identität.

Chrysler-Chefdesigner Virgil Exner hatte eine Schwäche für Stilelemente klassischer Automobile an modernen Modellen. Sein erster Einfall hierzu war in den Plymouth-Zubehörlisten zu finden: ein Heckklappenaufsatz, der ein außenliegendes Reserverad vortäuschen sollte, aber eher wie ein Mülleimerdeckel aussah. Noch weitere Gags waren 1959 bei Chrysler zu haben, für den Plymouth z.B. eine elektronische Abblendvorrichtung, automatisch abblendender Rückspiegel (damals kein Erfolg, in den 80er Jahren dafür der letzte Schrei) sowie (für Cabrios und Hardtops) Schalen-Einzelsitze, die beim Öffnen der Tür nach außen schwenkten.

Technisch war Plymouth 1959 ein typischer Vertreter seiner Zeit. Der betagte „PowerFlow"-Sechszylinder mit seitlich stehenden Ventilen ackerte im letzten Jahr seiner Existenz praktisch unverändert vor sich hin. An V8-Motoren gab es die seit 1957 aus dem Fury bekannte 318er Maschine (5205 ccm) mit 230 PS in der Serienversion des V-800 oder 260 PS mit dem als Extra lieferbaren „Superpak" mit Vierfachvergaser und Doppelrohrauspuff. Der aufgebohrte „Golden-Commando"-Motor kam nun auf 5916 ccm, die Leistung blieb bei unveränderter Verdichtung von 10,0:1 jedoch bei 305 PS. Die Einspritzversion, die 1958 für mehr Ärger als Freude gesorgt hatte, gab es nicht mehr. Verspätet schloß sich Plymouth nun auch dem Trend zur Luftfederung an und bot diese 1959 für die Hinterachse an. Hierzu hatte man hinten Luftfederbälge und leichtere Blattfedern sowie vorne eine andere Drehstabgeometrie verwendet. Die Stückzahlen sind nicht bekannt, dürften aber minimal gewesen sein.

Genauso minimal war nach 1959 etwa sechs Jahre lang auch die Bedeutung der Marke Plymouth. Mit den neuen „Unibody"-Karosserien von 1960 begannen die finsteren Jahre nichtssagenden Stylings, mißlungener kleinerer Karosserien, schlampiger Verarbeitung, halbherziger Korrekturen und enttäuschender Verkaufszahlen. Erst in den 70er Jahren schaffte Plymouth (kurzfristig) die Rückkehr auf den dritten Platz der Statistik. Der Sport Fury hielt sich etwas besser: Nach vorübergehender Einstellung wurde er 1962 als jugendlichster Sproß der großen Plymouth-Modelle erneut lanciert und blieb bis 1971 erhalten, als Chrysler wieder mit dem Namenslotto begann.

Der Fury wanderte 1959 in der Hierarchie eine Stufe nach unten, um Platz für den neuen Sport Fury zu machen, der in zwei Sportversionen vorgesehen war: als Hardtop für $ 2927 und als Cabriolet für $ 3215. Der 260 PS starke 5,3-l-V8 sorgte für lebhaften Durchzug; noch mehr Leistung bot das auf 305 PS gebrachte 6-Liter-Triebwerk.

Pontiac

1950-52
Pontiac Catalina

Wer nach 1960 geboren wurde, dem mag dies unglaublich vorkommen, doch gar nicht so lange vor dieser Zeit galten Hardtops noch als echte Exoten. Dies war um 1949, als General Motors der Hardtop-Idee mit drei relativ preisgünstigen „Hardtop Coupés" zum Durchbruch verhalf.

Aus Imagegründen sahen die Produktplaner natürlich entsprechend exotische Namen vor; Buick schaffte mit dem Riviera die Verbindung zu den Küsten Frankreichs und Italiens, Cadillac setzte mit dem Coupé de Ville ebenfalls auf den französischen Touch, während Oldsmobile mit dem Holiday zwar bodenständiger blieb, dafür aber das Wesen des Hardtop exakt erfaßte.

1949 hatte General Motors auch die erste Nachkriegsgeneration mit aktualisierten Versionen der A- und B-Bodies des 1948 neu lancierten Cadillac und Olds 98 aufgefrischt. Diese Aktualisierung betraf vor allem Chevrolet und Pontiac, denen die neue Linie recht gut stand. Genauso gut lief auch die Produktion, die Rekordhöhen erreichte (welche 1950 nochmals überboten wurden), nicht zuletzt dank der neuen Hardtops.

Während Chevrolet jedoch als einziges Hardtop den Styleline DeLuxe Bel Air (siehe separate Beschreibung) ins Rennen schickte, präsentierte Pontiac gleich vier Catalinas (nach der Insel 26 Meilen vor der Küste Südkaliforniens benannt — übrigens spielt auch „Bel Air" auf die gleiche Gegend an, nämlich das Nobelviertel von Beverly Hills). Diese Varianten erklären sich aus der DeLuxe- und Super-Ausstattung sowie den Sechs- und Achtzylindermotoren (alle als Ableger der Chieftain-Stufenheckkarosserien). Daneben lieferte Pontiac den Streamliner Six und Eight als normale und DeLuxe-Fließhecklimousine und — als Kuriosum — als Station Wagon.

Übrigens entstand mindestens ein 1949er Catalina. Er war zwar nur als Show Car gedacht, nahm mit seinem modischen, dreigeteilten Heckfenster jedoch die Dachpartie der Serienversion bereits vorweg.

Das erfolgreiche 1949er Pontiac-Porgramm wurde — wie bei Chevrolet — zum Modelljahr 1950 nur stilistisch retuschiert, denn die technische Konzeption erwies sich — obwohl sie noch aus Vorkriegszeiten stammte — als solide genug, um bis 1952 mit geringer Weiterentwicklung Dienst zu tun. Das Modell 1950 wies einen mit mehr Zähnen bewehrten Kühlergrill auf, die Modelle 1950/51 außerdem eine waagerechte Trennleiste mit V-förmigem Mittelteil und großem Pontiac-Wappen.

Die „Silver-Streak"-Hauben- und Heckklappenschriftzüge, die man seit den 30er Jahren am Pontiac antraf, blieben nach wie vor erhalten, ebenso der gestrenge Blick des Häuptlings Pontiac auf der Motorhaube. Wie alle Haubenfiguren jener Zeit leuchtete auch er bei eingeschalteten Scheinwerfern.

Eine verwirrende Namensliste kennzeichnete die 1951er Typen von Pontiac: Streamliner, Chieftain, Six, Eight, Standard, DeLuxe, Super. Abgebildet ist ein Chieftain Eight Super DeLuxe Catalina, der für $ 2271 zu haben war. Eine Besonderheit des Super DeLuxe war die Zweifarbenlackierung in Sapphire-Blau und Malibu-Elfenbein. Der Reihenachtzylinder war für 122 PS gut.

Technische Daten

Motor: 6 Zylinder in Reihe, stehende Ventile, 3920 ccm (90,4 × 101,6) **1950** 90 SAE-PS **1951** 96/100 SAE-PS **1952** 100/102 SAE-PS; 8 Zylinder in Reihe, stehende Ventile, 4396 ccm (85,8 × 95,2) **1950** 108 SAE-PS **1951** 116/120 SAE-PS **1952** 118/122 SAE-PS

Getriebe:	3-Gang-Schaltgetriebe; auf Wunsch mit Hydra-Matic-Viergangautomatik
Fahrwerk, vorn:	obere und untere Dreiecksquerlenker, Schraubenfedern
Fahrwerk, hinten:	Starrachse, Halbelliptik-Blattfedern
Bremsen:	vorne/hinten Trommelbremsen
Radstand (mm):	3048
Gewicht (kg):	1573-1622
Höchstgeschwindigkeit (km/h):	128-152
Beschleunigung 0-96 km/h (s):	13,0-15,5
Produktionszahlen:	nicht bekannt

Aufsehenerregende Modenamen waren seinerzeit Pflicht, so auch bei Pontiac. Die „Vision-Aire"-Innenräume bestachen durch ihre großen Glasflächen mit der vergrößerten „Safe-T-View"-Windschutzscheibe (die zwar leicht gewölbt, aber immer noch zweigeteilt war). Daneben pries die Werbung den „Carry-More"-Kofferraum, die „Easy-Access"-Türen, den „Finger-Tip"-Anlasserschalter am Armaturenbrett und die „Tru-Arc-Safety"-Lenkung (die aber schwerfälliger als bei älteren Modellen wirkte).

Als wichtigste technische Neuerungen von 1949 sind der auf 3,05 m vereinheitlichte Radstand aller Modelle sowie schmälere Kastenprofile des X-Traversen-Rahmens zu nennen, ferner Teleskopstoßdämpfer vorne und hinten (mit dem „Travelux-Ride"-Fahrgefühl!). Die alten seitengesteuerten Sechs- und Achtzylinder saßen weiter unter der Haube der Pontiacs, wo sie so laufruhig und robust wie eh und je ihren Dienst versahen. 1950 leisteten sie 90 bzw. 108 PS, 1951 schon 96 bzw. 116 PS. Auf Wunsch erhielt man einen höher verdichteten Zylinderkopf, der für vier weitere PS gut war. 1952 lag die Leistung bei 100/102 bzw. 118/122 PS.

Als zusätzliches Plus in der Käufergunst erwies sich die als Extra lieferbare Hydra-Matic. Sie wurde 1948 erstmals für $ 185 angeboten, kostete 1950 nur noch $ 159 und wurde in 78 % aller Pontiacs verbaut. Die Fließheckversionen fanden nur noch geringen Zuspruch, worauf Pontiac 1952 den Streamliner umgehend einstellte und die Kombis in die Chieftain-Palette übernahm.

Der Catalina war ein Fall für sich. Er verkaufte sich – wie andere Hardtops – von Anfang an sehr gut und verzeichnete stetig steigende Produktionszahlen, obwohl er keine $ 100 billiger als echte Cabrios war. Die Fertigungszahlen der einzelnen Karosserievarianten sind nicht überliefert, doch etwa zwei Drittel der damals verkauften Catalinas waren mit Achtzylindermotor ausgerüstet. Die Käufer verlangten also Hardtops mit möglichst viel Leistung und zugleich einem Maximum an Luxus.

Luxus gab es reichlich. Der Pontiac war getreu dem Vorbild anderer GM-Hardtops mit Kunstleder und Leder ausgestattet. Glänzende waagerechte Streifen am Dachhimmel vermittelten noch mehr „Cabrio-Feeling", wie Harley Earl, der legendäre Chefdesigner bei General Motors, es bereits andernorts erprobt hatte.

Alles in allem repräsentiert der Catalina ein elegantes Symbol für die Wandlung, die Pontiac nach dem Krieg vom „Super-Chevy" hin zu einem luxuriöseren Modell mit eigener Note vollzog. Dieser Trend sollte sich in der Folgezeit als genauso gewinnträchtig wie Hardtops und Automatikgetriebe erweisen.

1953-54 Pontiac

Die Zeit bleibt nie stehen, doch im Detroit der 50er schien sie ganz besonders schnell zu verfliegen. So zum Beispiel bei Pontiac. Deren erfolgreiches 1949er Design wirkte 1953 schon relativ betagt – vom Reihenachtzylinder aus den 30er Jahren ganz zu schweigen, der im Zeitalter hoch verdichteter V8-Motoren wie ein Anachronismus ersten Ranges wirkte. Doch auch ein Pontiac-V8 stand vor der Tür; ebenso das dazugehörige neue Automodell. Bei beiden dauerte es jedoch noch einige Zeit bis zur Serienreife, also konnte man nur die vorhandenen Modelle verjüngen und das Beste hoffen.

Natürlich wirken derartige Analysen im Nachhinein sonnenklar, doch läßt sich damit freilich die Zukunft niemals ganz erfassen, sondern allenfalls die jüngere Vergangenheit präzise deuten. In Anbetracht der Entwicklungszeiten in Detroit schlug die Geburtsstunde des Modells 1953 schon 1950/51, als angesichts des abebbenden Nachkriegsbooms größere, eindrucksvollere und luxuriösere Typen ein Muß waren. Auch mehr Leistung war Pflicht, doch die Entwicklung des V8, an dem Pontiac seit den späten Vierzigern arbeitete, gab Probleme auf, weshalb der neue Motor 1953 noch nicht serienreif wurde.

Vorübergehend genügte aber auch eine attraktive neue Verpackung. Der 5 cm längere Radstand war nun an identischen, etwas längeren und niedrigeren Cheftain-Sechs- und -Achtzylindern mit neuem Blechkleid im „Uni-Steel"-Look zu finden. Dieser neue Look umfaßte u.a. eine neue, einteilige Windschutzscheibe, eine Panorama-Heckscheibe (die es bisher nur beim Catalina-Hardtop gegeben hatte), versetzte Seitenzierleisten, einen wuchtigeren Kühlergrill und (außer bei den Kombis) neue Heckkotflügel, die in kurzen Flossenstummeln links und rechts an der rundlicheren Heckklappe ausliefen.

Das Typenprogramm blieb in etwa gleich, nur der teurere Catalina hieß jetzt Custom statt Super. Die Kombis, die bereits seit 1949 eine Ganzstahlkarosserie hatten, wurden nach wie vor mit Abziehfolien im Pseudo-Holzlook angeboten.

Neu an der Technik war das „Curve-Control"-Fahrwerk mit geänderter Geometrie, neu abgestimmten Federn und Stoßdämpfern (für Straßenlage im „Comfort-Master"-Feeling ...). Ebenfalls neu waren das „Key-Quick"-Zündanlaßschloß (statt des Anlasserdruckknopfes am Armaturenbrett), eine größere Lichtmaschine sowie ein größerer Benzintank und eine Ölpumpe mit höherem Fördervolumen. Servolenkung

Der Pontiac wurde 1953 (als Übergangslösung bis zur Einführung der neuen Generation von 1955) umfassend geliftet. Der Radstand wurde bei allen Modellen um 5 cm gestreckt, was sich auch im „gewichtigeren" Styling des Jahrgangs 1953 niederschlug. Zu den 26 Modellen im Typenprogramm zählten u. a. der DeLuxe-Chieftain-Kombi (oben), das Chieftain-Cabrio (unten) und das Chieftain Catalina Hardtop (rechte Seite). Alle Chieftains waren mit Sechs- oder Achtzylindermotor lieferbar.

Technische Daten

Motor: **1953-54** 6 Zylinder in Reihe, stehende Ventile, 3920 ccm (90,4 × 101,6), 115/118 SAE-PS (Schaltgetriebe/Automatik); 8 Zylinder in Reihe, stehende Ventile, 4396 ccm (85,8 × 95,2) **1953** 118/122 SAE-PS (Schaltgetriebe/Automatik) **1954** 122/127 SAE-PS (Schaltgetriebe/Automatik)

Getriebe:	3-Gang-Schaltgetriebe; auf Wunsch mit Overdrive oder Dual-Range-Hydra-Matic
Fahrwerk, vorn:	obere und untere Dreiecksquerlenker, Schraubenfedern
Fahrwerk, hinten:	Starrachse, Halbelliptik-Blattfedern
Bremsen:	vorne/hinten Trommelbremsen
Radstand (mm):	3100 **1954 Star Chief** 3150
Gewicht (kg):	1573-1714
Höchstgeschwindigkeit (km/h):	144-168
Beschleunigung 0-96 km/h (s):	12,5-14,5

Produktionszahlen: 1953 Chieftain Six 38 914 **Chieftain Eight** 379 705 **1954 Chieftain Six** 22 670 **Chieftain Eight** 149 986 **Star Chief** 115 088

Pontiac

und das „Autronic Eye", die Abblendautomatik von General Motors, standen neu in den Zubehörlisten. Die Hydra-Matic (in „Dual-Range"-Version) fand sich in 71 Prozent des Jahrgangs 1953, und dies trotz eines Großfeuers im Spätsommer im Hydra-Matic-Werk, das Pontiac rund 30 000 verkaufte Exemplare kostete und die Marke zwang, in rund 18 500 Wagen stattdessen die Chevrolet-Powerglide zu montieren.

Angesichts dieser Bedingungen und des Endes des Koreakriegs mit seinen amtlich verordneten Produktionseinschränkungen konnte es für Pontiac nur gut laufen. Nicht zuletzt dank stabiler Preise im Bereich von $ 2000 bis $ 2750 setzte Pontiac mit fast 419 000 Einheiten 1953 über 50 Prozent mehr ab und kam auf das zweitbeste Produktionsergebnis seiner Firmengeschichte.

Arg spürbar wurde das Fehlen eines V8 jedoch 1954, als Pontiac außer Packard der einzige amerikanische Autoproduzent war, der sich noch mit seitengesteuerten Reihenachtzylindern abgab. Nachdem Pontiac seit 1948 stets Platz 5 der Produktionsstatistik gehalten hatte, rutschte man nun mit nur noch 288 000 Einheiten auf Platz 6 ab.

Natürlich waren die Pontiac-Motoren alles andere als schlecht, doch am höheren Wagengewicht hatte der Achter (und der Sechser, der ebenfalls weitgehend unverändert blieb, noch mehr) schwer zu schleppen. Ähnlich massiv geriet auch das neue Spitzenmodell, der Star Chief. Er brachte auf dem bis dato längsten Pontiac-Radstand von 3,15 m runde 1680 kg auf die Waage, wurde daher sinnvollerweise auch nur mit dem Achtzylindermotor geliefert. Damit bot er die Abmessungen und Größe eines Oldsmobile für etwas weniger Geld ($ 2300 bis $ 2600) und wurde zu einem schönen Erfolg. Seine vier Modelle kamen immerhin auf rund 115 000 Exemplare (dazu 150 000 Chieftain-Achtzylinder und nur 23 000 Sechszylinder). Eine Detailüberarbeitung der 1953er Karosserien bescherte allen Modellen neue Seitenzierleisten und eine schmale Hutze im Mittelteil des Kühlergrills. Neu war der Star Chief Catalina, womit nunmehr fünf Pontiac-Hardtops im Programm standen.

Auch im Rückblick gelten die Jahre 1953/54 als Übergangsphase bei Pontiac – und zwar als eine sehr wichtige. Gleich dem Chevrolet bereitete sich Pontiac auf eine radikale Kehrtwende vor, die in punkto Leistung eine neue Ära einläutete und zugleich einige der denkwürdigsten Autos der USA hervorbrachte. Wie es im Sprichwort heißt: Zuerst muß man krabbeln lernen, bevor man rennen kann. Mit dem Modell 1955 war Pontiac losgerannt – und rennt heute noch.

1954 debütierte bei Pontiac das neue Spitzenmodell Star Chief. Sein Radstand war mit 3,15 m um 5 cm länger als bei den übrigen Pontiacs; als Antriebsquelle diente stets der Achtzylindermotor. Das abgebildete Custom Catalina Hardtop kostete $ 2557 (nur $ 73 weniger als die offene Version). Insgesamt verließen im ersten Jahr 115 088 Star Chiefs das Werk.

1955-56 Pontiac

Was über die erstaunliche Wandlung von Chevrolet im Jahr 1955 gesagt wurde (siehe oben), gilt weitgehend auch für den ähnlich tiefgreifend geänderten Pontiac – nur fielen bei letzterem die Änderungen allein wegen seines vergleichsweise geringeren Ausstoßes mehr ins Gewicht. Natürlich versuchten beide Marken ihre Produktion durch diese Änderungen zu steigern – wobei die Methoden weitgehend die gleichen waren: ein neuer V8 in einem moderneren Fahrgestell und einer eindrucksvolleren, farbenprächtigeren Karosserie.

Als Modell der Unterklasse schlug Chevy natürlich besser ein als sein Stallgefährte der unteren Mittelklasse. Doch dürfte Pontiac mit dem Ausstoß von 553 000 Einheiten, ein Rekord, den die Marke erst 1963 überbieten sollte, auch nicht unzufrieden gewesen sein.

Häufig zog Pontiac bei den Trends von Chevrolet nach. So auch mit der Karosserie von 1955. Die Dachpartie mit der modischen Panorama-Windschutzscheibe war durch den neuen A-Body des Chevy vorgegeben, doch unterhalb der Gürtellinie zeichnete Designer Paul Gillan dem Pontiac eine ganz eigene Hülle. Der Ergebnis war recht hübsch anzusehen, bis auf die etwas unglücklich geratene, platte Schnauze. Wie Tester Tom McCahill, nie um einen treffenden Ausspruch verlegen, anmerkte, sah er aus, als sei er „bei der Geburt auf die Nase gefallen."

Pontiac behielt (wie auch Chevy) seinen Radstand bei, durch die neue Karosserie und die 7 cm geringere Höhe wirkte das Modell 1955 jedoch wesentlich schlanker, obwohl es geringfügig breiter und nur einen Hauch länger als der Jahrgang 1954 war. Der Star Chief war sogar 8,7 cm kürzer!

Das Typenprogramm wurde von 22 auf 13 Varianten zusammengestrichen. Das Basismodell hieß nun Chieftain 860 und wurde als zwei- und viersitzige Limousine und Kombi angeboten. Das mittlere Modell Chieftain 870 hatte statt des zweitürigen Kombis (eine neue Karosserievariante bei Pontiac) das Catalina-Hardtop anzubieten. Das Spitzenmodell hieß nach wie vor Star Chief und war als viertürige Normal- und Custom-Limousine, als Catalina-Hardtop, Convertible sowie als Safari (ein Luxuskombi im Stil des Chevy Bel Air Nomad, mit dem kürzeren Chieftain-Fahrgestell – siehe nächste Seite) lieferbar.

Der zweite große Knüller von Pontiac zum Modelljahr 1955 war die moderne obengesteuerte V8-Maschine. Die ersten Versuche mit diesem „Strato-Streak" waren schon 1946 gelaufen. Durch Probleme bei der Entwicklung hatte sich die für 1953 geplante Serieneinführung jedoch um 2 Jahre verzögert.

Das Warten hatte sich aber gelohnt. Einige Details, z.B. die Kugelpfannen der Kipphebellagerungen, fanden sich auch im 1955er Chevy-V8 wieder. Das Besondere am neuen 4,8-Liter-V8 von Pontiac war jedoch der gegenüber dem linken Block etwas nach vorne verlegte rechte Zylinderblock, der Einbaulage und Antrieb des Verteilers vereinfachte. Zu den weiteren Feinheiten zählten u.a. auch die „Spritzventilkühlung", ein Schwingungsdämpfer, kegelige Ventilführungen, präzisionsbearbeitete Brennräume und – nach gewohnter GM-Praxis – hydraulische Stößel.

Der Strato-Streak-V8, der annähernd 5 Millionen Erprobungs-Kilometer hinter sich hatte, gab in Serienversion 180 PS, mit dem gegen $35 Aufpreis lieferbaren Vierfachvergaser sogar 200 PS ab – was gegenüber den alten seitengesteuerten Sechs- und Achtzylindern eine Mehrleistung von 52 bzw. 41 Prozent bedeutete. Daran gekoppelt war nach wie vor das Dreigang-Lenkradschaltgetriebe oder (gegen Aufpreis) die Hydra-Matic, die mittlerweile schon für über 90 % der ausgelieferten Wagen geordert wurde.

Genau wie Chevy überarbeitete auch Pontiac sein Fahrgestell zum Modelljahr 1955. Die Straßenlage (wenn auch nicht der Fahrkomfort) gewann durch den niedrigeren Schwerpunkt und die tieferliegenden, außerhalb der Längsträger (statt innerhalb) montierten Hinterradfedern. Neu waren auch die geänderte Vorderachsgeometrie, größere Bremsen, 12-Volt-Elektrik, serienmäßig schlauchlose Reifen sowie Detailverbesserungen an Extras wie Klimaanlage und Servolenkung. Für $40 konnte man nun auch elektrische Fensterheber bestellen.

Kurz, 1955 wurde zu einem klassischen Jahrgang für Pontiac – gegen den die kaum überarbeiteten 1956er fast schon wieder abfielen. An positiven Neuerungen mangelte es dennoch nicht. Jede Typenreihe erhielt ein eigenes viertüriges Catalina-Hardtop (das sich recht gut verkaufte), eine einfachere „Strato-Flight"-Hydra-Matic, die weicher schaltete, und den auf 5,2 l aufgebohrten V8, der im Chieftain nun 205 PS, im Star Chief 227 PS entwickelte. Pontiac bot auch bereits eine 5687-ccm-Version dieses Motors mit längerem Hub und stolzen 285 PS für alle an, „die Rennen bestreiten wollen oder einen echten Hochleistungswagen verlangen." Klagen über die „harte" Federung des Modells 1955 zogen leider eine weichere Stoßdämpferabstimmung nach sich, die dem Fahrverhalten (genau wie die leichtgängigere Servolenkung) eher abträglich war.

Während der Ausstoß mit knapp 405 500 Einheiten 1956 in der Produktionsstatistik nur für Platz 6 reichte, lief in diesem Jahr der sechsmillionste Pontiac vom Band; schon bald sollte Pontiac bereits auf Platz 3 der Statistik stehen. In nur zwei kurzen Jahren hatte Pontiac also den Grundstein für künftige Großtaten gelegt. Davon zehren die Fans der Marke noch heute.

Pontiac präsentierte sich 1955 mit einer nagelneuen Karosserie und einem V8-Motor mit hängenden Ventilen. Das Spitzenmodell Star Chief war u.a. als Cabriolet für $2691 (oben) lieferbar, von dem 19 762 Exemplare vom Band liefen. Der 1956er Pontiac wies einen geänderten Kühlergrill auf; der Catalina der mittleren Modellreihe Chieftain 870 verkaufte sich 24 744mal zum Stückpreis von $2840.

TECHNISCHE DATEN

Motor:	V8, hängende Ventile **1955** 4707 ccm (95,2 × 82,5), 180/200 SAE-PS (Zweifach-/Vierfachvergaser) **1956** 5188 ccm (100 × 82,5), 205/227 SAE-PS (Chieftain/Star Chief); 5687 ccm (100 × 90,4), 285 SAE-PS (Rennmotor als Sonderversion; nur begrenzt lieferbar)
Getriebe:	3-Gang-Schaltgetriebe **1955-56** auf Wunsch mit mit Dual-Range Hydra-Matic **1956 Star Chief** auf Wunsch mit Strato-Flight Hydra-Matic
Fahrwerk, vorn:	obere und untere Dreiecksquerlenker, Schraubenfedern
Fahrwerk, hinten:	Starrachse, Halbelliptik-Blattfedern
Bremsen:	vorne/hinten Trommelbremsen
Radstand (mm):	**Chieftain** 3100 **Star Chief** 3150
Gewicht (kg):	1578-1724
Höchstgeschwindigkeit (km/h):	160-184
Beschleunigung 0-96 km/h (s):	12,0-14,0

Produktionszahlen: 1955 Chieftain 860 Lim. 4tür. 65 155 **Lim. 2tür.** 58 654 **Kombi 4tür.** 6091 **Kombi 2tür.** 8620 **Chieftain 870 Lim. 4tür.** 91 187 **Lim. 2tür.** 28 950 **Catalina Hardtop 2tür.** 72 608 **Kombi 4tür.** 19 439 **Star Chief Lim. 4tür.** 44 800 **Conv.** 19 762 **Custom Lim. 4tür.** 35 153 **Custom Catalina Hardtop 2tür.** 99 629 **1956 Chieftain 860 Lim. 4tür.** 41 987 **Lim. 2tür.** 41 908 **Catalina Hardtop 2tür.** 46 335 **Catalina Hardtop 4tür.** 35 201 **Kombi 4tür.** 12 702 **Kombi 2tür.** 6099 **Chieftain 870 Lim. 4tür.** 22 082 **Catalina Hardtop 2tür.** 27 744 **Catalina Hardtop 4tür.** 25 372 **Kombi 4tür.** 21 674 **Star Chief Lim. 4tür.** 18 346 **Conv.** 13 510 **Custom Catalina Hardtop 2tür.** 43 392 **Custom Catalina Hardtop 4tür.** 48 035

Pontiac

1955-57
Pontiac Safari

Der erste Safari von 1955-57 ließ sich leichthin als „Nomad von Pontiac" abtun, gerecht wird man damit freilich keinem der beiden attraktiven Kombis. Beide stammen zwar konstruktiv aus demselben Stall, doch unterschied sich der Pontiac hinreichend vom Chevy (siehe separate Beschreibung), um sich als eigenständiges, vielleicht sogar noch gesuchteres Modell zu etablieren, da noch weniger Safaris gebaut wurden und also auch weniger überlebt haben.

Die Ursprünge gehen auf die 1954er Corvette Nomad zurück, eine von drei Studien auf Basis des neuen Kunstharz-Sportwagens, die für die GM-Motorama im selben Jahr entwickelt worden waren. Dieser Kombi bestand aus einem serienmäßigen 1953er Chevrolet-Kombi-Fahrgestell, dem Karosserierumpf der Corvette und einer Kombi-Dachpartie im Hardtop-Look – eine gelungene Kombination zweier Karosserievarianten, auf die damals in den USA ein Drittel aller Neuwagenzulassungen entfielen. Der neue Kombi sah ungemein attraktiv aus mit seinen breiten, schräggestellten B-Säulen, dünnen, ebenfalls nach vorne geneigten C-Säulen, umlaufender seitlicher Verglasung und Sicken in Querrichtung in der Dachpartie. Dieses Design vom Reißbrett von Carl Renner beeindruckte Chefdesigner Harley Earl dermaßen, daß er sofort dessen Übernahme in die neuen 1955er Pkw-Modelle veranlaßte – womit die Geburtsstunde des Bel Air Nomad schlug.

Anfänglich war dieser zweitürige Kombi nur als Chevy vorgesehen, bis Pontiac Wind von der Sache bekam und auf einem eigenen Ableger bestand. Da beide den gleichen A-Body verwendeten, war dies an sich kein Problem. Doch „Chevrolet gefiel dies überhaupt nicht", erinnerte sich Renner. „Chevrolet beharrte ständig auf Exklusivitätsrechten. Doch die Konzernspitze war für einen Pontiac Nomad, also bekam Pontiac ihn auch."

Trotz äußerlicher Ähnlichkeiten hatte der Safari hinter der Spritzwand kaum mehr etwas mit den übrigen 1955er Pontiacs gemein, dafür erhielt er aber Innenradkästen, Scheiben, Türen, Dach und Heckklappe des Nomad. Der Antriebsstrang kam natürlich von Pontiac, ebenso ein Großteil der sonstigen Außenteile, z.B. Heckleuchten, diverse Zierleisten, Armaturenbrett und Frontpartie. Fahrgestell und Bodenblech wurden vom einfachen Chieftain 860 Kombi-Zweitürer übernommen; dadurch erhielt der Safari einen 18 cm längeren Radstand als der Nomad, war aber immer noch 5 cm kürzer als die übrigen Versionen des Star Chief, zu dem der Safari in der Typenhierarchie natürlich zählte.

Der 1956er Pontiac Safari wurde offiziell als Star Chief Custom geführt (trotz des 5 cm kürzeren Radstands als bei anderen Star Chiefs). Er erhielt auch die Ausstattung des Star Chief; preislich übertraf er sie jedoch alle. Vielleicht wurden deshalb in diesem Jahr nur 4042 Stück hergestellt.

Technische Daten

Motor: V8, hängende Ventile **1955** 4707 ccm (95,2 × 82,5), 180/200 SAE-PS (Zweifach-/Vierfachvergaser) **1956** 5188 ccm (100 × 82,5), 227 SAE-PS; 5687 ccm (100 × 90,4), 285 SAE-PS (Rennmotor als Sonderversion; ob er im Safari montiert wurde, ist fraglich) **1957** 5687 ccm (100 × 90,4), 270/290/320 SAE-PS (Doppel-/Vierfachvergaser/3 Doppelvergaser „Tri Power")

Getriebe: 1955	Dual-Range Hydra-Matic
1956-57	Strato-Flight Hydra-Matic
Fahrwerk, vorn:	obere und untere Dreiecksquerlenker, Schraubenfedern
Fahrwerk, hinten:	Starrachse, Halbelliptik-Blattfedern
Bremsen:	vorne/hinten Trommelbremsen
Radstand (mm):	3100
Gewicht (kg):	1650-1703
Höchstgeschwindigkeit (km/h):	160-184
Beschleunigung 0-96 km/h (s):	10,5-12,5
Produktionszahlen:	**1955** 3076 **1956** 4042 **1957** 1292

„Natürlich" ergibt sich daraus, daß der Safari als größerer, teurerer, komfortabler und stärkerer Nomad gedacht war. V8-Maschine und Hydra-Matic waren im Grundpreis von $3047 also bereits inbegriffen; mit ein paar Extras ließ sich der Preis aber auch leicht auf $4000 hochtreiben. Der Nomad kostete demgegenüber mit V8-Motor nur $2571 (und konnte auch mit Sechszylindermotor bestellt werden, was allerdings kaum verlangt wurde). Damit lag der Safari unter den Kombis preislich schon ziemlich weit oben, was —wie beim Nomad —seiner Verbreitung genauso entgegengestanden haben dürfte wie der relativ geringe Nutzwert als Kombi.

Der Safari strotzte ja schon geradezu vor Luxus (noch mehr als der Nomad) und hatte serienmäßig Ledersitze und Bodenteppiche auf der Ladefläche (statt Kunstlederpolstern und Linoleum-Bodenbelag) zu bieten. Größe und Mehrgewicht machten die Vorteile des stärkeren V8 zunichte, also fielen die Fahrleistungen des Safari nicht besser als bei einem ähnlich ausgestatteten Nomad aus. Wie die Tabelle zeigt, fuhr er aber auch so recht flott.

Um bei den Unterschieden zu bleiben: Der Rücksitz des Safari wurde anfangs auf andere Weise als beim Nomad zusammengeklappt, war breiter und komfortabler, doch nach 1955 glich er sich auch hierin dem Nomad an. Die Panoramascheiben entsprachen natürlich denen des Nomad, leider auch dessen Neigung zu Wassereinbrüchen an der Heckklappe. Von anderen Pontiacs stammte das recht straff gefederte Fahrgestell, das aber kaum eine nennenswert bessere Straßenlage brachte. Ein Tester schrieb über den Safari sogar, daß er „irgendwie immer woanders hin will, nur nicht dorthin, wohin ihn der Fahrer lenkt." Dank größerer Bremsen verzögerte der Safari dafür besser —zumindest bis 1956. Die Umstellung von 15- auf 14-Zoll-Räder hatte leider zur Folge, daß die Bremsen des Modells 1957 Extremsituationen nicht mehr gewachsen waren.

Ein letzter, naheliegender Vergleich: In der äußerlichen und technischen Weiterentwicklung lehnten sich Safari und Nomad an ihre Stallgefährten an; beide verloren nach 1957 ihre Seele, als Pontiac das Image des Safari verwässerte, da nun auch alle normalen Kombis diesen Namen erhielten. Chevy wartete damit beim Nomad wenigstens noch ein Jahr.

Es ist ein Jammer, daß diese beiden anziehenden Kombis so früh sterben mußten und nicht in größeren Stückzahlen produziert wurden. Nachdem der Safari lange Jahre im Schatten des Nomad stand —und oft als Ersatzteilträger für die Restaurierung eines Nomad herhalten mußte -, findet er jetzt auch bei Sammlern seine Freunde. Seine Anhänger vertreten sogar die These, daß er als größerer und prunkvoller Pontiac das ursprüngliche Konzept des Nomad besser vertritt als der Chevrolet. Darüber ließe sich zwar streiten, doch sein Status als eines der faszinierendsten US-Autos der 50er Jahre dürfte unbestritten sein.

1957 Pontiac Bonneville

Die Geschichte wiederholt sich mitunter mit umgekehrten Vorzeichen. Nehmen wir als Beispiel das einstmals berühmte „Silver-Streak"-Dekor von Pontiac. „Big Bill" Knudsen, General Manager von Pontiac, hatte die markanten Chromstreifen auf Anraten von Designer Virgil Exner auf den Hauben des Modells 1935 anbringen lassen, um den Absatz anzukurbeln. 20 Jahre lang blieben sie ein Markenzeichen von Pontiac, bis sie sein Sohn entfernen ließ — aus denselben Gründen.

„Wir mußten das Indianer-Image loswerden", erinnerte sich Semon E. „Bunkie" Knudsen 1978. „Nicht der typische Indianer, sondern Häuptling Pontiac war in den Augen der Öffentlichkeit fest mit den zweckbetonten Familienkisten verknüpft gewesen, seit es Pontiacs gibt."

Das Image des Pontiac konnte eine Verjüngungskur also gebrauchen, als „Bunkie" Mitte 1956 den Job seines Vaters übernahm, und so ging er unverzüglich ans Werk. Die neue Karosserie und der neue V8 hatten bereits den Aufwärtskurs der Marke eingeleitet, und 1956 gab es noch mehr Chrom, Hubraum und PS. An der Karosserie ließ sich 1957 nicht viel machen (außer die „Hosenträger" auf der Motorhaube zu entfernen, wozu die Preßwerkzeuge geringfügig geändert werden mußten). Wohl aber ließ sich mit mehr PS unter der Haube das Markenimage entscheidend verjüngen.

Mit Elliot M. „Pete" Estes, später Präsident von General Motors, sicherte sich Knudsen bald einen neuen Chefingenieur und ließ ihn an der Vergaseranlage und an höherer Verdichtung tüfteln. Im Modelljahr 1957 erschien mit dem Tri-Power-Paket eines der ersten Ergebnisse seiner Arbeit — drei Doppelvergaser, die auf einer neuen 5,7-Liter-Version des 1955er Pontiac-V8 thronten. Der von den Rennen in Daytona Beach bekannte Smokey Yunick übernahm sodann die Rennvorbereitung; bei den Speed Weeks im gleichen Jahr lief ein von Knudsen gesponserter Wagen bereits mit einer Rekordgeschwindigkeit von 131,747 mph (210,8 km/h). Als die AMA Anfang 1957 ihr „Anti-Racing"-Verdikt verhängte, ließ Knudsen die Pontiac-Rennaktivitäten heimlich weiterlaufen und behielt Yunick für weitere Tuning-Aufgaben (später in Zusammenarbeit mit Tuner Ray Nichols).

Noch einen weiteren Trumpf hatte Knudsen 1958 zu bieten: Ein rasantes Sondermodell, das leistungsbegeisterte Autofans in die Ausstellungsräume der Pontiac-Händler locken sollte. Im Februar 1957 gab es seinen Einstand unter der Bezeichnung „Bonneville" (nach den Salzseen in Utah, dem bevorzugten Treffpunkt für Geschwindigkeits-Weltrekordfahrten).

Knudsen nannte den Bonneville später „das Auto, mit dem ich bei der Öffentlichkeit das Image in Bewegung bringen wollte. Das gelang auch."

Der Bonneville, der zum Preis von $ 5782 angekündigt wurde (als der Star Chief Convertible gerade $ 3105 kostete), war vorwiegend „für Händler" bestimmt und debütierte als bisher kostspieligster und potentester Pontiac. Und als der luxuriösester. Er wurde als Cabriolet innerhalb der Star-Chief-Modelle angeboten und bot serienmäßig die Strato-Flight-Hydra-Matic, Servolenkung, Bremshilfe, Heizung/Defroster und zahlreiche Extras, die bei billigeren Modellen nur gegen Aufpreis zu haben waren. Unter letzteren befanden sich unter anderem das „Wonderbar"-Radio mit Sendersuchlauf, eine elektrische Antenne, elektrische Sitzverstellung mit acht Sitzstellungen, elektrische Fenster- und Verdeckbetätigung. Auch die Innenausstattung mit Lederpolstern und Luxus-Bodenteppichen war nur vom Feinsten.

Äußerlich hob sich der Bonneville durch eloxierte Aluminium-Steinschlagecken an den hinteren Unterkanten der Heckkotflügel ab, ferner durch kurze Zierstäbe auf den Vorderkotflügeln, verchromte Einsätze in den speerähnlichen Seitenzierleisten, die bei allen 1957er Modellen zu finden waren, sowie spezielle Radkappen mit Schnellverschlußattrappen. Das Endergebnis wirkte länger und niedriger als die übrigen 1957er Pontiacs.

Die Hauptattraktion des Bonneville war in großen Chrombuchstaben auf den Vorderkotflügeln zu lesen: „Fuel Injection". Der 5,7-Liter-V8 war mittels einer neuen, von GM entwickelten Rochester-Einspritzanlage, an der Harry Barr und Corvette-Zauberer Zora Arkus-Duntov maßgeblich beteiligt waren, auf 310 PS getrieben worden. Sie ähnelte der bei Chevrolet im gleichen Jahr als Extra eingeführten Ramjet-Anlage (neben Rambler der einzige US-Hersteller, der an einem Serienmodell Benzineinspritzung bot), war jedoch sorgfältiger abgestimmt und mehr auf hohes Drehmoment bei niedrigen Drehzahlen als auf hohe Leistung im oberen Drehzahlbereich ausgelegt. Separate Kraftstoff- und Luftmengenmesser saßen hier auf einem speziellen Stutzen anstelle des Vergasers und Ansaugkrümmers. Der Kraftstoff wurde direkt in die einzelnen Kanäle eingespritzt, also könnte man nach heutigem Verständnis von einer mechanischen „Saugrohreinspritzung" sprechen.

Dennoch beschleunigte der schwere Bonneville nicht einmal ganz so schnell wie ein leichterer Chieftain-Zweitürer mit Tri-Power. Eine Zeitschrift stoppte ihn über die Viertelmeile mit stehendem Start mit 18 Sekunden — schnell, aber nicht atemberaubend.

Doch darauf kam es nicht mehr an, denn der 1957er Bonneville war vorwiegend für Werbezwecke gedacht. Deswegen entstanden auch nur 630 Exemplare hiervon. Doch für die Pontiac-Verkaufszahlen brachte er genau den erwünschten Auschwung.

„Alten Leuten kann man ein Junge-Leute-Auto verkaufen", sagte „Bunkie" Knudsen einmal. „Aber junge Käufer können Sie mit einem Alte-Leute-Auto niemals ködern." Dank des 1957er Bonneville hatte dies Pontiac aber auf Jahre hinaus nicht mehr nötig.

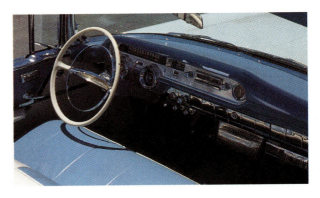

Der 1957er Bonneville war zur Imagepflege von Pontiac bei jüngeren Käufern gedacht. Mit $ 5877 ($ 2677 mehr als für einen offenen Star Chief) war er wohl für die meisten jungen Autokäufer der USA unerschwinglich — und für deren Eltern vermutlich auch! Doch mit 310 PS und Benzineinspritzung hinterließ der Bonneville nachhaltigen Eindruck und ließ das „Oma"-Image des Pontiac ein für allemal vergessen.

Technische Daten

Motor:	V8, hängende Ventile, 5687 ccm (100 × 90,4), 310 SAE-PS
Getriebe:	Viergangautomatik Strato-Flight Hydra-Matic
Fahrwerk, vorn:	obere und untere Dreiecksquerlenker, Schraubenfedern
Fahrwerk, hinten:	Starrachse, Halbelliptik-Blattfedern
Bremsen:	vorne/hinten Trommelbremsen
Radstand (mm):	3150
Gewicht (kg):	1945
Höchstgeschwindigkeit (km/h):	über 200
Beschleunigung 0-96 km/h (s):	8,1
Produktionszahlen:	630

Pontiac

1958
Pontiac Bonneville

Mit dem Einstandsmodell des Bonneville von 1957 hatte sich Häuptling Pontiac einen Ruf als wahrhaft heißer Renner erworben, genau wie Pontiac-Häuptling Bunkie Knudsen dies geplant hatte. Doch kaum fünf Monate, nachdem der neue Cabrio-Flitzer von Pontiac die Massen in Daytona begeistert hatte, schloß die Automobile Manufacturers Association ihr „Gentlemens Agreement" ab, wonach Rennunterstützung durch die Hersteller und werbliche Nutzung von Rennerfolgen ab sofort zu unterbleiben hatten. Plötzlich schien das Lebensziel des Bonneville wie ausgelöscht.

Doch nicht für Bunkie, der dieses Ziel ohnehin bereits erreicht sah. Die Aufgabe lautete nun, das mit dem 57er Bonneville neu erwachte Publikumsinteresse an der Marke Pontiac aufrechtzuerhalten; die Pläne für 1958 spielten ihm da alle Trümpfe zu.

Der 1958er Pontiac war zwar nicht durchweg von Knudsen oder Chefingenieur Pete Estes beeinflußt worden, doch war er um den neuen X-Traversen-Rahmen la Cadillac von Grund auf neu konzipiert worden. Dieser Unterbau, der bis 1960 beibehalten wurde, sollte höhere Steifigkeit vermitteln und erleichterte zudem die Umstellung von Hinterachs-Halbelliptikfedern auf Schraubenfedern, die die Straßenlage verbessern sollten (extrem gering war dagegen die Stabilität bei einem seitlichen Aufprall). Radstand und vordere Dreieckslenker-Einzelradaufhängung blieben unverändert, doch im Interesse besseren Fahrverhaltens wurde der Bonneville auf dem kürzeren Fahrgestell des Chieftain aufgebaut; außerdem war er nun auch als Hardtop zu haben. Die Ausstattung blieb nach wie vor erstklassig, ein Großteil des Zubehörs war dagegen nur noch als Extra zu haben, wodurch der Grundpreis um $ 2300 sank.

Die beeindruckendste Neuerung am 1958er Pontiac war ebenfalls nur als Extra zu haben: die „Ever-Level"-Luftfederung (nach dem Vorbild der Cadillac-Federung am 1957er Eldorado Brougham), für die durch die Bank $ 175 mehr hingeblättert werden mußten. Bei diesem Preis hielt sich die Nachfrage allerdings in Grenzen; obendrein entpuppte sich die Luftfederung als derart störanfällig, daß Pontiac sie nach nur einem Jahr wieder fallenließ (ungefähr genauso schnell wie andere Hersteller auch).

Eine offene Unterstützung des Rennbetriebs war ja nun „out" (offiziell hielt sich GM noch an das Verbot, nachdem die Konkurrenz schon wieder auf den Rennpisten mitmischte), doch Leistung war noch immer oberstes Gebot. Alle 1958er Pontiacs erhielten daher einen auf 6064 ccm aufgebohrten V8, den „Tempest", der gleich in sechs Varianten im Programm stand. Fast alle Bonnevilles waren mit der Vierfachvergaserversion mit Verdichtung 10,0:1 und 285 PS (mit Hydra-Matic) bestückt. Die Einspritzversion war noch lieferbar – und immer noch mit Problemen behaftet; aufgrund des saftigen Aufpreises von $ 500 entschieden sich nur 400 Käufer für die Einspritzung, bevor sie im Lauf des Modelljahres verschwand.

Für Bleifußfanatiker blieb der 300 PS starke Tri-Power-Motor also erste Wahl – und war mit $ 93,50 erstaunlich preisgünstig. Motor Trend stoppte die Beschleunigung von 0 auf 60 mph mit glaubwürdigen 8,2 Sekunden, die Viertelmeile mit stehendem Start mit 18,8 s (mit 88 mph bzw. 140,8 km/h Endgeschwindigkeit). Tom McCahill von Mechanix Illustrated kam mit einer 285-PS-Version auf 200 km/h, was ihn zu dem begeisterten Kommentar verleitete: „Der 1958er Pontiac ist heißer als ein Schneidbrenner."

An sich hätte der Pontiac langsamer sein müssen, denn die Karosserie war länger, breiter und 45 bis 90 kg schwerer als der Jahrgang 1957. Dies war vor allem durch das „New-Direction"-Design bedingt, das ihn zwar besser als das Modell 1957 aussehen ließ, aber dennoch nicht gerade hinreißend wirkte – obwohl es auch viel schlimmer hätte kommen können. Trotzdem macht der Bonneville, das imposanteste Modell der gesamten Typenpalette, neben anderen 1958er Modellen – vor allem Buick, Olds und Mercury – keine schlechte Figur.

Der Bonneville, der jetzt in größeren Mengen lieferbar war, verkaufte sich viel besser – gegenüber 1957 gleich 19mal so oft. In einem Jahr, in dem alle US-Hersteller mit Ausnahme Ramblers Einbußen erlitten, war dies freilich ein schwacher Trost. Chevy verlor 17,5 Prozent, Oldsmobile 20 Prozent, Pontiac jedoch über ein Drittel (obwohl die Marke damit ihren sechsten Platz in der Produktionsstatistik wie schon seit 1956 halten konnte).

Am Bonneville zeigt sich jedoch, daß Knudsen genau wußte, was er tat. „Eine Konkurrenz mit Chevrolet war sinnlos", erzählte er später. „Chevrolet hatte seinen Markt fest im Griff. Doch gegen Buick und Oldsmobile konnte man angehen." Der 1958er Pontiac wurde auch der Chevy zu einer „Einjahresfliege", denn ab 1959 sollten die General-Motors-Karosserien zusammengelegt werden. Doch entsprechend seinem Plan, Pontiac weiter oben im Markt zu etablieren, schaffte Knudsen es, statt dem neuen A-Body von Chevrolet nun den größeren B-Body von Buick/Oldsmobile nutzen zu dürfen. „Bisher hatte Pontiac die Chevy-Karosserie verwendet und eventuell das Heck verlängert", merkte Knudsen an. „Das ergab für uns keinen Sinn mehr und, so glaube ich, die Ereignisse haben uns recht gegeben."

Allerdings. Die Einzelheiten dazu sind im nächsten Kapitel nachzulesen.

Der erste Bonneville debütierte Mitte 1957 als extrem teures Kleinserien-Cabrio. Pontiac hegte für 1958 Expansionspläne in diesem Rahmen, wozu der Preis um $ 2300 gesenkt und ein Hardtop neu eingeführt wurde. Alle Pontiacs besaßen 1958 einen 6064-ccm-Motor, der in unterschiedlichen Leistungsstufen lieferbar war. Die beiden stärksten Versionen wurden mit Tri-Power-Dreifachvergasern oder Einspritzung bestückt.

TECHNISCHE DATEN

Motor: V8, hängende Ventile, 6064 ccm (103,1 × 90,4), 240 SAE-PS (Chieftain und Super Chief mit Schaltgetriebe), 255 SAE-PS (Star Chief und Bonneville mit Schaltgetriebe), 270 SAE-PS (Chieftain und Super Chief mit Automatik), 285 SAE-PS (Star Chief und Bonneville mit Automatik), 300 SAE-PS (Sonderversion Tri-Power), 310 SAE-PS (Sonderversion mit Einspritzung)

Getriebe:	3-Gang-Schaltgetriebe; auf Wunsch mit Super Hydra-Matic
Fahrwerk, vorn:	obere und untere Dreiecksquerlenker, Schraubenfedern
Fahrwerk, hinten:	Starrachse, Schraubenfedern
Bremsen:	vorne/hinten Trommelbremsen
Radstand (mm):	3100
Gewicht (kg):	1580-1628
Höchstgeschwindigkeit (km/h):	160-208
Beschleunigung 0-96 km/h (s)	8,2-11,0
Produktionszahlen:	**Hardtop 2tür.** 9144 **Conv.** 3096

1959 Pontiac

Bunkie Knudsen ließ sich als General Manager bei Pontiac nie von Tradition beeindrucken, also schuf er sich mit dem Modell 1959 seine eigene. Kaum hatte er die „Silver-Streak"-Haubenzierleisten, die sein Vater über 20 Jahre zuvor aufgebracht hatte, vom Modell 1957 getilgt, äußerte Knudsen zu einem praktisch serienreifen 1959er Modell, es sehe aus „wie ein Football-Spieler in Ballettschuhen". Um das gewünschte breitschultrige Aussehen zu erreichen, verbreiterten die Pontiac-Ingenieure in aller Eile die Spur vorne von 1490 auf 1618 mm, hinten von 1508 auf 1625 mm. Dies führte zum ersten „Wide-Track"-Pontiac – und zu einem steilen Aufschwung in der Finanzlage des Unternehmens.

Knudsen selbst empfand die Bezeichnung „Wide-Track" als altbacken, doch bei den Käufern kam sie an. Die Autos auch. Nachdem man jahrelang auf Platz 5 oder 6 der Produktionsstatistik hängengeblieben war, kletterte Pontiac 1959 mit 383 000 Exemplaren schon auf Platz 3. Dies war zwar noch kein Rekord, aber doch ein Zuwachs von 77 Prozent gegenüber dem krisengeschüttelten Jahr 1958, während die US-Autoindustrie insgesamt gerade 31 Prozent zulegte. Das ganze kam auch einem moralischen Sieg gleich: Erstmals hatte Pontiac seine Stallgefährten Buick und Oldsmobile überflügelt. Wie schon beim Bonneville von 1957/58 war Knudsen auch diesmal offenkundig auf der richtigen Fährte.

Der Schlüssel lag im „Wide-Track", hinter dem mehr als nur eine Werbebezeichnung steckte. Pontiac pries sich in aller Bescheidenheit 1959 als „America's No. 1 Road Car" und in der Tat bescheinigten viele Kritiker dem breiteren Fahrgestell hervorragendes Kurvenverhalten und mehr Fahrkomfort. Daß der Pontiac für manche Waschanlagen damit fast schon zu breit ausfiel, war eben Pech.

Doch das Autowaschen erledigte man gerne selbst, denn die neue Karosserie faszinierte immer wieder. Der Radstand blieb unverändert, doch das Modell geriet erkennbar länger (um bis zu 23 cm), breiter (insgesamt um 7,5 cm) und niedriger. Damit gewann der Wagen an Innenraum und Gewicht, war obendrein gekonnt geformt und wirkte wesentlich nüchterner. Große Scheibenflächen, dünne Dachsäulen, eine breite Motorhaube und Heckklappe sowie der erste der später legendären geteilten Pontiac-Kühlergrills ergaben ein für damalige Zeiten erstaunlich geschmackvolles Äußeres. Ein Tester bescheinigte dem 1959er Modell, daß zwischen ihm „und dem altjüngferlichen Pontiac von vor wenigen Jahren Welten liegen."

Der Bonneville war 1957 in einer Ausführung lieferbar, 1958 in zwei. 1959 gab es schon vier Bonnies: Convertible, Hardtop-Limousine, Custom-Safari-Kombi und Sport-Hardtop-Coupé (siehe oben). Letzteres war mit $ 3257 der billigste Bonneville und mit 1810 kg der leichteste.

Auch in der Technik hatte sich viel getan. Neben dem breiteren Fahrgestell war vor allem ein durch längeren Hub auf 6,4 l (389 ci) vergrößerter V8 zu erwähnen, der später in Rennkreisen noch Berühmtheit erlangen sollte. Er war schon anfangs in sechs Versionen unter dem Namen „Tempest" (wie schon 1958) lieferbar. Diese erstreckten sich vom „420-E", einem niedriger verdichteten Sparaggregat mit 215 PS, bis zum röhrenden Tri-Power-Triebwerk mit 310 PS. Eine 330-PS-Version mit Vierfachvergaser und ein 345-PS-Tri-Power kamen im Laufe des Modelljahres hinzu.

Andere Änderungen an der Technik waren weniger auffällig, aber nicht weniger wichtig. Die Bremsen erhielten vorne Kühlrippen und eine um 10% vergrößerte Belagfläche, um die mangelnde Bremswirkung der Modelle 1957/58 zu kurieren. Die Saginaw Division von GM steuerte eine neue Servolenkung bei, die auch bei Ausfall der Hydraulik uneingeschränkt lenkbar blieb. Neu waren auch Heizkanäle zu den Rücksitzen, elektrische (statt unterdruckbetätigter) Scheibenwischer sowie bei den Kombis (die jetzt durchweg viertürig waren) eine versenkbare Heckscheibe statt der schweren quergeteilten Heckklappe.

Pontiac ließ den Bonneville – nach dem Vorbild des Chevy Impala und des Plymouth Fury – 1959 als eigene Modellreihe aufleben, nahm ihm damit zwar einiges von seiner Exklusivität, verkaufte ihn dafür in wesentlich größeren Mengen. Neben dem Convertible und Hardtop-Coupé war nun auch eine Hardtop-Limousine mit flacher Dachlinie lieferbar (alle mit dem längeren Radstand des Star Chief). Auf dem kürzeren Fahrgestell der neuen einfachen Modellreihe Catalina war nun sogar der Bonneville Safari als sechssitziger Kombi zu haben, er blieb allerdings das am wenigsten gekaufte Modell aller 1959er Pontiacs. Der Catalina löste den Chieftain als Billigreihe ab und der Bonneville schob den Star Chief in der Hierarchie eine Stufe nach unten (wo er den Super Chief ersetzte).

Der überwältigende Publikumserfolg bestätigte die Richtigkeit dieses und anderer Marketing-Schachzüge. Car Life nannte den Bonneville den besten Kauf in seiner Preisklasse; Motor Trend kürte gar das gesamte 1959er Pontiac-Programm zum „Auto des Jahres". Das Einsteigermodell Catalina wurde rasch zum Bestseller, doch der Bonneville verkaufte sich sogar besser als das mittlere Modell Star Chief. Knudsen hatte wieder einmal recht behalten.

Dieses Konzept sollte Pontiac 1960 auf den dritten Platz der Produktionsstatistik bringen, wo die Marke von 1962 bis 1971 ununterbrochen ausharrte. Mit dem Modell 1959 schuf Knudsen also eine eigene Tradition – was uns zeigt, daß Geschichte mitunter gerade von jenen geschrieben wird, die sich einen Dreck um die Geschichte scheren.

Technische Daten

Motor:	V8, hängende Ventile, 6375 ccm (103,1 × 95,2), 215/245/260/280/300/310/330/345 SAE-PS
Getriebe:	3-Gang-Schaltgetriebe; auf Wunsch mit Super Hydra-Matic-Viergangautomatik
Fahrwerk, vorn:	obere und untere Dreiecksquerlenker, Schraubenfedern
Fahrwerk, hinten:	Starrachse, Schraubenfedern
Bremsen:	vorne/hinten Trommelbremsen
Radstand (mm):	Catalina/alle Kombis 3100 **Star Chief/Bonneville** 3150
Gewicht (kg):	1757-1984
Höchstgeschwindigkeit (km/h):	175-200
Beschleunigung 0-96 km/h (s):	9,0-11,5

Produktionszahlen: Catalina Sport Sedan 2tür. 26 102 **Lim. 4tür.** 72 377 **Sport Coupé Hardtop 2tür.** 38 309 **Vista Hardtop 4tür.** 45 012 **Convertible** 14 515 **Safari Kombi 4tür./6-Sitzer** 21 162 **Safari Kombi 4tür./9-Sitzer** 14 084 **Star Chief Sport Sedan 2tür.** 10 254 **Lim. 4tür.** 27 872 **Vista Hardtop 4tür.** 30 689 **Bonneville Sport Coupé 2tür.** 27 769 **Vista Hardtop 4tür.** 38 696 **Conv.** 11 426 **Custom Safari Kombi 4tür./6-Sitzer** 4673

Rambler

1956-57 Rambler

Einer der Glaubenssätze im Detroit der fünfziger Jahre besagte, daß ein Auto mit vier vernünftigen Türen einen Radstand von mindestens 100 Inch (2,54 m) haben müßte. Als Nash 1954 seine Rambler-Palette um viertürige Limousinen und Kombis erweiterte, verlängerte man den Radstand um 20 cm. An sich kein weltbewegender Vorgang, doch als Grundgerüst für die größeren Rambler-Modelle ab 1956 sollte dieser 2,74-m-Radstand noch eine wichtige Rolle spielen.

Schon 1954 hatte sich der Rambler als erster wirklich erfolgreicher „Compact" der USA zu einer Hauptstütze von Nash entwickelt, als diese Marke sich mit Hudson zu American Motors zusammentat. Im gleichen Jahr fusionierten Packard und Studebaker — auch dies eine Kombination, als ob (wie ein alter Mitarbeiter von Studebaker-Packard später sinnierte) „zwei Betrunkene einander über die Straße helfen wollten". Doch George Mason, der ehemalige Präsident von Nash-Kelvinator und erster Chef von AMC, hatte längst erkannt, daß die Independents sich im rauhen Wind des Nachkriegsmarktes zusammentun mußten, um nicht unterzugehen. Anfangs hatte er sogar gehofft, alle vier Unternehmen unter einem Dach zusammenbringen zu können. Unglücklicherweise starb Mason kurz nach der Geburt von AMC, so daß Studebaker-Packard auf eigenen Füßen immer mehr ins Verderben rutschte und AMC sich zunehmend auf Compact-Modelle als Schlüssel zum Überleben stützen mußte.

Der erste Nachkriegs-Rambler von 1950 war weitgehend Masons Idee gewesen. Mason liebte „Klein"-Wagen (nach US-Maßstäben!), ebenso sein designierter Nachfolger an der Spitze von AMC. George Romney warb sogar mit fast noch mehr Elan für die Idee des „Compact Car". Doch Romney wußte auch, daß die Klientel bei aller Sparsamkeit nach größeren Modellen schielte; also gab er grünes Licht für eine ganz neue Karosserielinie auf den „großen" 2,74-m-Fahrgestellen der 1956er Modelle.

Das fertige Auto sah nicht nur hübsch aus, sondern wurde — trotz allgemein abklingender Nachfrage nach dem Boom-Jahr 1955 — zu einem beachtlichen Erfolg. Daß nur Lincoln 1956 ebenfalls ein völlig neues Modell vorzuweisen hatte, war natürlich auch ein Plus; zudem war der Rambler bereits ab $ 1829 zu haben. Wie schon 1955 wurde der Rambler sowohl mit Nash- als auch Hudson-Emblem über die jeweiligen Händlernetze vertrieben (1956 knapp 80 000mal). Bezeichnenderweise entsprach dies mehr als der fünffachen Stückzahl der großen Nash und Hudson, die jetzt unter dem Blech quasi zwillingsgleich waren — und nicht mehr lange zu leben hatten.

Ein Gutteil des Anfangserfolges des Rambler war dem wegweisenden Ganzstahl-Kombi zuzuschreiben; auch 1956 stand dieser bei AMC im Mittelpunkt. Er hieß nach wie vor Cross Country, war allerdings nur als Viertürer lieferbar und wurde zusammen mit einer viertürigen Limousine in der mittleren Super-Modellreihe sowie als Custom-Spitzenmodell angeboten (der einfache Deluxe war nur als Limousine im Programm). Hinzu kamen der Custom als Cross Country ohne B-Säule (der erste amerikanische Hardtop-Kombi) und als Hardtop-Limousine.

Die neue Rambler-Linie von 1956 gefiel trotz ihres kantigen Äußeren. Man glaubt kaum, daß auch sie von Ed Anderson stammt, der den gräßlichen „V-Line"-Hudson desselben Jahrgangs entworfen hatte. Markante Merkmale waren der ovale Kühlergrill im Nash-Look mit innenliegenden Scheinwerfern, eine neue Panoramascheibe sowie seitliche Chromzierleisten, die über das Dach hochliefen und sich für Zweifarbenlackierungen geradezu anboten. Custom-Sedan und -Hardtop waren sogar mit Dreifarbenlackierung lieferbar. Am Custom Cross Country gab es statt der Zweifarbenlackierung imitierte Holzmaserung an den Seitenflächen. An der C-Säule machte das Kombidach einen leichten Knick nach unten (wie schon an früheren Modellen) und bot hier die passende Auflagefläche für den Dachgepäckträger, der als Rambler-Zubehör weite Verbreitung genoß.

Der Rambler von 1956 war rund 13 cm länger als das viertürige Modell 1955. Erstaunlicherweise fiel er trotz 13 cm breiterer Hinterradspur alles in allem etwas schmäler aus. An den Rücksitzen hatte die Beinfreiheit um gut 6 cm zugenommen, während der Kofferraum um 25 % bzw. bei den Kombis um ein Drittel größer wurde. Abgesehen von der selbsttragenden Karosserie nach Nash-Tradition und den Schraubenfedern vorne und hinten blieb die Technik konventionell. Neu waren 1956 unter anderem die Torque-Tube-Hinterachse und eine OHV-Version des 3205-ccm-Sechszylinders, des einzigen Motors im Programm.

Mit nur 120 PS war der Rambler nicht schneller als seine Vorgänger, Romney und seine Mannen schien dies jedoch nicht zu kümmern. Ihnen kam es auf Sparsamkeit an — und die hatte der 56er Rambler zu bieten. Beim Mobilgas Economy Run siegte er zum zweiten Mal nacheinander und blieb mit Hydra-Matic (von GM zugekauft) im Schnitt unter 9,8 l/100 km.

1957 tat sich etwas mehr, denn nun wurde auch der ansonsten fast unveränderte Rambler mit dem neuen 4,1-Liter-V8 von AMC angeboten, der bereits im Nash und Hudson von Ende 1956 zu finden gewesen war. Mit 190 PS und deutlich lebhafterem Durchzug entpuppte sich dies als ein geschickter Schachzug, zumal er kaum mehr Benzin verbrauchte. Überzeugte Knauserer blieben beim Sechszylinder, der nun 15 PS mehr hatte und immer kaum über 11 l/100 km verbrauchte.

Während Nash und Hudson ihrem Ende entgegensahen, gliederte AMC den Rambler 1957 als eigene Marke aus, worauf der Ausstoß im Modelljahr prompt auf über 91 000 Stück hochschoß. Größere Taten sollten im wahrsten Sinne des Wortes noch folgen, unter anderem etwas gänzlich Unverhofftes: ein rasantes Sondermodell. Es war weder ein Kombi noch eines der von Romney favorisierten Autos; vielleicht hieß es deswegen „Rebel". Dazu kommen wir im nächsten Abschnitt.

Mit dem 1956er Rambler brachte AMC erstmals ein ganz neues Modell hervor. Seine kastenförmige, aber moderne Karosserie saß auf einem um 20 cm gestreckten Fahrgestell. Markant waren vor allem die innenliegenden Scheinwerfer und die breite C-Säule mit dem „Überrollbügel". Die Modellpalette umfaßte u. a. die viertürige Super-Limousine (rechte Seite) für $ 1939, den Custom Cross Country Kombi (auf dieser Seite, oben) für $ 2239 sowie den Custom Hardtop Sedan (Mitte) für $ 2224. Das Modell 1957 erhielt einen geänderten Kühlergrill, andere Parkleuchten und eine weniger wuchtige B-Säule. Das Foto zeigt den viertürigen Custom-Hardtop.

TECHNISCHE DATEN

Motor:	6 Zylinder in Reihe, hängende Ventile, 3205 ccm (79,5 × 107,9) **1956** 120 SAE-PS **1957** 135 SAE-PS; V8, hängende Ventile, 4097 ccm (88,9 ×82,5), 190 SAE-PS
Getriebe:	3-Gang-Schaltgetriebe; auf Wunsch mit Overdrive oder GM-Hydra-Matic
Fahrwerk, vorn:	obere und untere Dreiecksquerlenker, Schraubenfedern
Fahrwerk, hinten:	Starrachse, Schraubenfedern
Bremsen:	vorne/hinten Trommelbremsen
Radstand (mm):	2740
Gewicht (kg):	1358-1540
Höchstgeschwindigkeit (km/h):	128 – über 160
Beschleunigung 0-96 km/h (s):	11,0-13,5
Produktionszahlen:	**1956** 79166 **1957** 91469

Rambler

1957
Rambler Rebel

Wie sich vielleicht manch einer erinnert, sorgte der erste Rambler Rebel damals, 1957, für einiges Kopfschütteln. War der „Rambler" nicht jener kleine Nash, der seit 1950 schon fast gleichbedeutend mit erschwinglichen, praktischen Fortbewegungsmitteln geworden war? Natürlich. Was ein Rambler war, wußte in den USA jeder: langsam, aber genügsam, klein, aber komfortabel, zuverlässig und bieder. Und da ließ AMC auf die konsternierte Öffentlichkeit ein feudales viertüriges Rambler-Hardtop los, dessen V8 größer als alles bei Chevrolet, Ford oder Plymouth war. Was war denn nun schon wieder passiert?

Im Rückblick liegt die Antwort nahe. Der Rebel war ein leises Zeichen, daß American Motors Nash und Hudson bald aufgeben – zumindest deren Namen – und alles auf den Rambler setzen würde. Bei einer Gesamtstückzahl von nur 1500 Exemplaren war der 1957er Rebel natürlich nie zum Geldverdienen gedacht, vor allem nicht angesichts seines Grundpreises von $ 2786. Doch das Publikum lernte damit einen neuen Namen kennen – und bekam einen Vorgeschmack darauf, daß vielleicht nicht alle zukünftigen Rambler sparsame Compacts sein würden.

An sich bot dieser Typ konzeptionell wenig Neues. Seine Hauptattraktion saß unter der Motorhaube: Der große 5,4-Liter-V8 von AMC, der von David Potter entworfen worden war und bereits Ende 1956 für Nash und Hudson auf Wunsch geliefert wurde. Im Rebel – und in den letzten Hudson- und Nash-Modellen von 1957 – entfaltete er dank eines Doppelrohrauspuffs und eines Vierfachvergasers 255 PS (erste Versionen kamen auf 240 PS). Konstruktiv war er mindestens genauso modern wie alles aus dem Stall der Großen Drei: Fünffach gelagerte Kurbelwelle, Grauguß-Zylinderköpfe, Leichtmetallkolben mit drei Stahlringeinsätzen. Diese Details sowie der Motorblock und der kürzere Hub von 82,5 mm waren auch am kleineren 4,1-Liter-V8 zu finden, der in einfacheren Rambler-Typen auf Wunsch montiert wurde. Der größere Hubraum war der um 12,7 mm erweiterten Bohrung zuzuschreiben.

Mitverfasser Richard M. Langworth, der Potter in den siebziger Jahren interviewte, erfuhr, daß der 5,4-Liter-V8 durchaus von dem V8 abstammen könnte, den Kaiser erprobt, aber nicht zur Serienreife gebracht hatte (was das Ende der Marke Kaiser nur beschleunigte). „Einige der konstruktiven Details des geplanten 4,8-l-V8 von Kaiser wurden wenige Jahre später allgemeiner Industriestandard", erinnerte sich Potter. „Ob Kaiser-Ingenieure nach dem Ende von Kaiser ihre Ideen bei anderen Konzernen anbrachten oder ob dies der natürliche Lauf der Entwicklung war, läßt sich schwer sagen. Einige Details des AMC-V8 sind in allen

Ein Auto wie den Rebel hätte kaum jemand von Rambler erwartet, hatte er doch mit seinem 5,4-Liter-V8 mit 255 PS ein größeres Triebwerk als Chevy, Ford oder Plymouth vorzuweisen. In ca. 7,5 Sekunden beschleunigte er von 0 auf 100 und bot damit sogar der Corvette ernsthaft Paroli.

Technische Daten

Motor:	V8, hängende Ventile, 5359 ccm (101,6 ×82,5), 255 SAE-PS
Getriebe:	GM-Dual-Range Hydra-Matic
Fahrwerk, vorn:	obere und untere Dreiecksquerlenker, Schraubenfedern, Querstabilisator
Fahrwerk, hinten:	Starrachse, Schraubenfedern, Querstabilisator
Bremsen:	vorne/hinten Trommelbremsen
Radstand (mm):	2740
Gewicht (kg):	1522
Höchstgeschwindigkeit (km/h):	über 185
Beschleunigung 0-96 km/h (s):	7,2
Produktionszahlen:	1500

modernen Motoren anzutreffen, z.B. Naßgußsandkerne (statt getrockneter Ölsandkerne) für Stößelgehäuse und Stirnseite, die die Maßhaltigkeit verbessern und die Gießereikosten senken sollen."

Egal, woher dieser Motor stammt, auf jeden Fall machte er den Rebel zu einem der potentesten Autos des US-Jahrgangs 1957. Was auch nicht verwundert; ein Leistungsgewicht von nur 6 kg/PS hätte sogar den Muscle Cars der 60er Jahre gut angestanden. Um diese Leistung zu bändigen, montierte AMC vorne und hinten Gabriel-Stoßdämpfer und verstärkte Federn sowie einen Querstabilisator an beiden Achsen. Servolenkung war serienmäßig, ebenso der Bremskraftverstärker, der in allen Rambler Customs saß. Die geplante Bendix-Einspritzung ging dagegen nicht in Serie.

Sie war auch nicht nötig. Bei Pressetests in Daytona Beach, zu denen AMC einen Rebel abstellte, stoppte Tester Joe Wherry die Beschleunigung von 0 auf 100 im Mittel mit nur 7,5 Sekunden. „Von konstanten 50 mph (80 km/h) im Overdrive kommt der Wagen mit einem kräftigen Kickdown, mit dem das Getriebe in den dritten Gang zurückschaltet, in nur 7,2 s auf 80 mph (128 km/h). Für ein Familienauto ist dies echte Höchstleistung."

Wherry bescheinigte dem Rebel „einwandfreie Straßenlage — nicht Spitze, aber gegenüber den normalen Rambler-Typen deutlich verbessert.... Das überarbeitete Fahrwerk unterdrückt Wankneigungen und reduziert das Eintauchen bei raschen Bremsmanövern auf ein Minimum; auch Durchschlagen der Federung ist nur bei extremen Geschwindigkeiten feststellbar. Der Torque-Tube-Antrieb verhindert Eigenreaktionen der Hinterachse beim raschen Anfahren. Die Lenkung vermittelt auch mit Servounterstützung guten Fahrbahnkontakt, nur die Übersetzung ist zu indirekt (fast vier Lenkradumdrehungen)." Bei mehrfachem Abbremsen aus hoher Geschwindigkeit war ein gewisses Fading feststellbar, doch gab Wherry zu bedenken, daß „der Rebel garantiert nicht der einzige Straßenrenner ist, dessen Bremsen etwas mehr Substanz vertragen könnten."

Understatement war — wie bei vielen Sondermodellen der 50er Jahre — auch nicht seine Sache. AMC-Designer Ed Anderson verpaßte ihm eine Silbermetallic-Lackierung mit golden eloxierten Seitenzierstreifen, gepolsterte Armaturentafel und Sonnenblenden, einen Rebel-Schriftzug und einen Continental Kit, der bei den kleineren Rambler-Hardtop-Limousinen nur gegen Aufpreis zu haben war.

Im Nachhinein war der 1957er Rebel ein einmaliger Ausrutscher, ein Hochleistungsfahrzeug von einem Sparauto-Hersteller. Erst Mitte der 60er Jahre sollte AMC wieder ein ähnlich sportliches Modell präsentieren. Die eigentliche Bedeutung des Rebel liegt aber darin, daß der V8 damit als Teil des Rambler-Images etabliert wurde. Daß er sich nebenbei auch als eines der schnellsten und interessantesten Autos der fünfziger Jahre erwies, darf als besonderes Plus für alle gelten, die heute glückliche Besitzer eines Rebel sind.

Rambler

1958-59
Rambler Ambassador

Nash und Hudson erlebten in den Nachkriegsjahren mehr Rückschläge als Erfolge und taten sich nicht zuletzt deshalb 1954 in einer Blitzhochzeit zu American Motors zusammen. Doch eine Fusion bringt noch nicht automatisch bessere Produkte oder höhere Stückzahlen; nach drei weiteren mühevollen Jahren wurden auch diese beiden ruhmreichen Namen zu Grabe getragen. Doch im Geiste lebten sie in einer Typenreihe mit dem Namen des besten Nash weiter: dem Ambassador.

Der Ambassador, der 1958 debütierte, entsprach im Prinzip dem Nash bzw. Hudson, wenn diese Marken fortbestanden hätten. Allerdings nicht so ganz, denn manches deutet darauf hin, daß der Ambassador ungleich besser aussah als die totgeborenen 1958er Nash- und Hudson-Typen. Er wurde in aller Eile auf den Markt geworfen, weshalb AMC auf den Karosserierumpf des überarbeiteten 1958er Rambler zurückgreifen mußte, ihn vor der Spritzwand allerdings um 23 cm streckte. Die verlängerte Motorhaube ergab gelungenere Proportionen, dennoch dürfte kaum jemand darin etwas anderes als einen aufgemotzten Rambler gesehen haben.

AMC-Designer Ed Anderson hatte bei der Überarbeitung der selbsttragenden Karosserie des 1956/57er Rambler aber eine glückliche Hand bewiesen. Bis auf Details wie die längere Motorhaube, Kühlergrill, Rückleuchten u.ä. wiesen Rambler und Ambassador dieselbe kantige Linienführung auf, die nur durch die modische Heckflossen aufgelockert wurde (wobei die Flossen im Vergleich zu den andernorts gewachsenen Flügeln geradezu zahm ausfielen). Der Kühlergrill war übrigens nicht gestanzt, sondern im Druckgußverfahren hergestellt worden – eine teurere, aber haltbarere Lösung.

Bis auf den wieder eingeführten, kürzeren American (siehe separate Beschreibung) hatten alle 1958er Rambler vier Türen. Der Ambassador (der nicht als Rambler, sondern als eigene Marke vertrieben wurde) war in einer einzigen Modellreihe als Limousine und Cross-Country-Kombi in Super- und Custom-Ausführung sowie als Cross-Country-Hardtop-Kombi und Country-Club-Hardtoplimousine (beide in Custom-Ausstattung) lieferbar. Der Rambler wurde in den Six und Rebel V8 mit den Versionen Deluxe, Super und Custom (als Limousine und Kombi) unterteilt sowie außerdem als sechszylindriger Super- und V8-Custom-Country Club angeboten.

Entsprechend seinem gehobenen Status erhielt der Ambassador den neuen 5,4-Liter-V8 von AMC, der dank höherer Verdichtung 15 PS mehr als 1957 leistete. Der Rambler-Sechszylinder kam auf 138 PS, also 3 PS mehr, der 4,1-Liter-V8 des Rebel wurde mit einem Vierfach- statt Doppelvergaser um 25 PS auf 215 PS hochgekitzelt.

Ansonsten ähnelten diese Autos den übrigen AMC-Typen von 1957, auch wenn es nicht an technischen Änderungen fehlte. Die GM-Hydra-Matic wurde zugunsten der neuen Dreigang-„Flight-O-Matic" von Borg-Warner ausgemustert, die eigene Drucktasten (links unten neben dem Lenkrad) im Chrysler-Stil erhielt. Die Schraubenfederung vorne und hinten blieb weitgehend unangetastet, die Abstimmung der Heckstoßdämpfer wurde jedoch erneut geändert, die Räder auf 14 Zoll verkleinert und der Ambassador serienmäßig, die übrigen Rambler gegen Aufpreis mit einem vorderen Stabilisator ausgerüstet. Für zusätzliche $40 bekam man auch ein „Power-Lok"-Sperrdifferential, ferner fand sich im Zubehörkatalog ein Sicherheitspaket la Ford (mit Polsterung auf Armaturenbrett und Sonnenblenden). Sogar in den Trend zur Luftfederung stieg AMC mit einer eigenen Hinterachsfederung ein, doch bestellten nur wenige Käufer dieses Extra.

Nash und auch AMC waren seit jeher wegweisend im Bereich von Heizung, Lüftung und Klimaanlagen im Auto gewesen; 1958 debütierte eine noch umfassendere Version der bekannten „Weather-Eye"-Heizung. Neu war in der gesamten US-Autoindustrie auch die erste Tauchgrundierung, die alle AMC-Modelle als Rostschutz erhielten. Durch Eintauchen der Rohkarosserie in ein spezielles Bad sollte dem Rostfraß Einhalt geboten werden, der bei selbsttragenden Karosserien (ebenfalls seit langem Tradition bei Nash/AMC) wesentlich rascher und nachhaltiger Schäden hervorrief als bei Aufbauten mit separatem Fahrgestell.

Zeitgenössische Tester stellten dem neuen „großen" AMC meistens sehr gute Zeugnisse aus und bescheinigten ihm erstaunlich guten Durchzug, geräumiges Interieur, recht luxuriöse Ausstattung und wesentlich geringeren Verbrauch als bei den Detroiter Schlachtschiffen, die AMC-Präsident George Romney verächtlich als „Dinosaurier" titulierte. Für Preise zwischen $2500 und $3100 bot er einen reellen Gegenwert fürs Geld. Doch die Öffentlichkeit reagierte verhalten. Im rezessionsgeplagten Jahr 1958 konnte Rambler zwar als praktisch einziger US-Hersteller sein Ergebnis verbessern und kam auf einen Rekordausstoß von 217 000 Stück, doch befanden sich darunter laut einer Quelle nur ganze 1340 Ambassadors (wahrscheinlicher ist aber eine andere, nach Radständen aufgeschlüsselte Statistik, wonach rund 7000 Stück produziert wurden).

1959, im Jahr des Aufschwungs, hielt auch der Aufwärtstrend für AMC an, wo man noch mehr Autos absetzte und einen Rekordgewinn von $60 000 000 einfuhr. AMC nannte keine getrennten Stückzahlen für Rambler und Ambassador, doch dürfte der Anteil des Ambassador ähnlich wie 1958 ausgefallen sein, d.h. der Löwenanteil entfiel auf den kleinen American und den Six/Rebel. Als Änderungen waren in diesem Jahr dickere Bremsbeläge zu nennen, ein imposanterer Kühlergrill, diverse neue Zierteile, hintere Türen mit harmonischeren Übergängen in die Heckflossen sowie (als Extra) Kopfstützen.

Der Ambassador hielt sich zwar bis 1974, doch ähnelte er zeitlebens zu sehr den Mittelklassetypen von AMC, um größere Käuferkreise ansprechen zu können – und relativ brav wirkte er obendrein. In gewisser Weise ähnelte er darin dem Nash, den er beerbte – ein Auto, für das kaum Platz in einem Markt war, in dem Pomp mehr als Praxisnähe galt.

Der 1958er Ambassador löste den großen Nash und Hudson ab, im Prinzip blieb er jedoch ein Rambler, der vor der Spritzwand um 23 cm verlängert worden war. Er erhielt als einziger den 5,4-l-V8 von AMC. Mit $ 3116 war der viertürige Hardtop-Kombi Custom Cross Country (rechte Seite, oben) das teuerste 1958er Modell. Das Modell 1959 erhielt einen neuen Kühlergrill; die viertürige Limousine (unten) lag preislich zwischen $ 2587 und $ 2732.

Technische Daten

Motor:	V8, hängende Ventile, 5359 ccm (101,6 ×82,5), 270 SAE-PS
Getriebe:	3-Gang-Schaltgetriebe; auf Wunsch mit Overdrive oder Flight-O-Matic-Dreigangautomatik (Borg-Warner)
Fahrwerk, vorn:	obere und untere Dreiecksquerlenker, Schraubenfedern, Querstabilisator
Fahrwerk, hinten:	Starrachse, Schraubenfedern; auf Wunsch mit Hinterachs-Luftfederung
Bremsen:	vorne/hinten Trommelbremsen
Radstand (mm):	2972
Gewicht (kg):	1569-1630
Höchstgeschwindigkeit (km/h):	über 168
Beschleunigung 0-96 km/h (s):	10,6
Produktionszahlen:	**1958** 7000* **1959** 10 000*

* geschätzt

Rambler

1958-59
Rambler American

Ob der Rambler American wirklich zu den herausragenden US-Autos der fünfziger Jahre zählt, darüber gehen die Meinungen auseinander. Mit seinem schlichten, unauffälligen und braven Äußeren war er schon als Neuwagen ein Anachronismus – genau deshalb fasziniert er heute umso mehr. Denn er war der erste und bisher einzige Fall, in dem ein amerikanischer Autohersteller es wagte, eines seiner alten Modelle wieder auf den Markt zu bringen.

Dabei handelte es sich natürlich um den von Nash entworfenen Rambler der Jahre 1950-55 mit seinem 2,54-m-Radstand. Sein größerer, eindrucksvollerer Nachfolger von 1956 (siehe oben) schien eine Zeitlang als geeignetes Fundament, um AMC (den Erben von Nash und Hudson) durchs Jahrzehnt zu bringen. Doch die zunehmende Beliebtheit kleiner Importmarken in den USA war AMC-Präsident George Romney nicht verborgen geblieben. Als 1957 die Vorboten einer Rezession heraufzogen, erschien ihm ein kleineres Billigmodell als Konkurrenz zu ausländischen Angeboten am unteren Marktsegment durchaus sinnvoll.

Leider blieb weder Zeit noch Geld für ein neues Modell. AMC hatte alle Hände voll zu tun, um dem unerhört praktischen Rambler von 1956/57 zum Modelljahr 1958 etwas mehr Ausstrahlung einzuhauchen und den verlängerten Ambassador (siehe oben) als Nachfolger von Nash und Hudson zur Serienreife zu führen. Romney, der nie um eine Idee verlegen war, hatte auch jetzt den zündenden Einfall: Warum nicht einfach den kleinen Rambler wieder aktivieren?

Die Neubelebung eines eingestellten Modells war damals etwas gänzlich unerhörtes (und ist es heute eigentlich auch noch), doch Sinn hatte das ganze durchaus. AMC besaß noch die Nash-Originalwerkzeuge, die längst abgeschrieben waren. Damit ließ sich die Gegenwaffe zu den Importmodellen kostengünstig und rasch lancieren – und sogar zu Billigstpreisen mit Aussichten auf ansehnliche Gewinne. Auch die Größe paßte exakt, denn der Rambler war stattlicher als die Importmodelle, aber kleiner und genügsamer als alle Angebote der Big Three.

Als die Rezession sich verschärfte, ließ Romney seinen neuen bzw. alten Wagen in aller Eile zur Serienreife bringen. Gegen Ende des Modelljahres 1958 debütierte dieser als American – ein passender Name als Appell an die patriotischen Gefühle weniger begüterter Autokäufer, die gerne ein amerikanisches Sparmodell erwarben, sofern es ein solches gab.

Die betagte Linienführung ließ sich zwar nicht verbergen, doch AMC spendierte immerhin einen neuen Maschendrahtgrill und weitete die typischen teilverkleideten Nash-Radläufe auf, die dem Rambler von 1950-54 beschwerliche Reifenwechsel und einen meilenweiten Wendekreis beschert hatten. Am alten 3,3-Liter-Sechszylinder aus Nash-Tagen, der nun 90 PS leistete und mit einem Dreiganggetriebe mit Lenkradschaltung gekoppelt wurde, führte auch kein Weg vorbei. Aus Preisgründen wurde nur eine zweitürige Limousine als Deluxe-Standardversion und gehobenere Super-Version angeboten. Dazu kam ein Deluxe-Business Sedan ohne Rücksitzbank – mit $ 1775 das absolute Billigangebot. Ebenfalls aus Preisgründen beschränkte sich das Zubehörangebot im wesentlichen auf Overdrive und „Flash-O-Matic"-Automatik, Radio, Heizung und Weißwandreifen.

Schnörkellose Einfachheit, Verbrauchswerte um 8 Liter/100 km und das Etikett „Made in America" waren in den krisengebeutelten USA von 1958 ein starker Kaufanreiz, weshalb der American trotz seines späten Starts 1958 bereits 31 000 Abnehmer fand. Die größeren Rambler wirkten daneben geradezu pompös, viele Importautos allerdings eng, untermotorisiert und übertreuert – was in manchen Fällen auch zutraf.

Anlaß zu Änderungen gab es 1959 kaum, dennoch zogen beim American diverse Neuerungen ein. Der zweitürige Kombi war nach 1955 nun erstmals wieder vertreten und bot bei umgelegter Rücksitzbank nach wie vor 1316 l Stauraum. Noch immer gab es die Deluxe- und Super-Varianten (letztere war an verchromten Scheibeneinfassungen und besseren Polstern zu erkennen). Als Extras waren nun auch ein Dachgepäckträger für den Super-Kombi sowie geschmackvolle Zweifarbenlackierungen und ein Continental Kit (für $ 59) für die Limousinen zu haben. Letzteres sah am biederen American zwar arg aufschneiderisch aus, machte aber – wie schon 1950-55 – zusätzlichen Platz im Kofferraum frei.

Trotz der Konkurrenz durch den Studebaker Lark hatte der AMC-Kompaktwagen aus der Truman-Ära sich in den Eisenhower-Jahren hervorragend behauptet. In der längeren Saison 1959, die von einem Aufschwung des Automarktes insgesamt begleitet war, kam der American auf über 90 000 Exemplare, womit er weit vor DeSoto, Chrysler – und Edsel – lag.

Der American entwickelte sich in späteren Jahren zwar zu einem sportlicheren, etwas schnelleren und wesentlich hübscheren Auto, doch die Generation von 1958-60 hat sich ihren besonderen Reiz für Sammler bewahrt. Wie der VW Käfer wurde auch sie in den USA zu einem echten „Anti-Auto", dessen Erfolg gerade in der Negierung all dessen lag, wofür Detroit damals stand. Damit ist der American zwar noch kein „herausragendes" Auto, aber auf jeden Fall eines, das unseren Respekt verdient.

Als George Romney 1958 den kleinen Rambler wieder auferstehen ließ, hielt ihn manch einer für verrückt. Die Autokäufer waren im Rezessionsjahr 1958 aber anderer Meinung, vor allem aufgrund des günstigen Preises von $ 1789 bzw. $ 1874 für die zweitürige Limousine und den Kombi.

TECHNISCHE DATEN

Motor: 6 Zylinder in Reihe, hängende Ventile, 3205 ccm (79,5 × 107,9), 90 SAE-PS

Getriebe: 3-Gang Schaltgetriebe; auf Wunsch mit Overdrive oder „Flash-O-Matic"-Dreigangautomatik (Borg-Warner)

Fahrwerk, vorn: obere und untere Dreiecksquerlenker, Schraubenfedern

Fahrwerk, hinten: Starrachse, Halbelliptik-Blattfedern

Bremsen: vorne/hinten Trommelbremsen

Radstand (mm): 2540

Gewicht (kg): 1107-1160

Höchstgeschwindigkeit (km/h): 136

Beschleunigung 0-96 km/h (s): 14,0

Produktionszahlen: 1958 DeLuxe Business Sedan 2tür. 184 **Lim. 2tür.** 15 765 **Super Lim. 2tür.** 14 691 **1959 DeLuxe Business Sedan 2tür.** 443 **Lim. 2tür.** 29 954 **Kombi 2tür.** 15 256 **Super Lim. 2tür.** 28 449 **Kombi 2tür.** 17 383 **Kastenwagen** 6 Prototypen

1950-51 Studebaker Commander

Studebaker begann die fünfziger Jahre auf einer Woge des Erfolgs. Der vormalige Kutschbauer hatte nach dem Krieg mit den wegweisenden Modellen von 1947 als erster US-Hersteller eine Neukonstruktion vorzuweisen, die prompt in für South Bend unerhörter Anzahl Käufer fand. Trotz Arbeitskämpfen, Materialknappheit und mangelnden Investitionsmitteln für neue Modelle und neue Produktionsstätten stieß Studebaker 1947 über 191 000 Pkws und Lkws aus und fuhr Gewinne von über 9 Millionen Dollar ein. Im nächsten Jahr stieg die Produktion gar auf fast eine Viertelmillion Autos und der Gewinn auf die Rekordhöhe von 19 Millionen an. 1949 stand Studebaker noch besser da; mit 305 000 Fahrzeugen war der Ausstoß abermals um 30 Prozent hochgeschnellt und die Gewinne betrugen nun mehr als 27,5 Millionen Dollar.

Doch am Horizont zogen düstere Wolken auf. Der „New Look" des Studebaker von 1947 fand zwar nach wie vor positive Aufnahme, hatte sich aber kaum weiterentwickelt und sah 1950 schon nicht mehr so neu aus. Bei der Konkurrenz hatten dagegen 1949 die nagelneuen Nachkriegsmodelle Einzug gehalten. South Bend hoffte für 1950 ebenfalls auf neue Modelle, doch interne Unstimmigkeiten zwischen dem Designer-Team um Raymond Loewy und den hauseigenen Designern um Virgil Exner, Konstrukteur Roy Cole und Fertigungsleiter Ralph Vail verzögerten den Serienanlauf. Auch auf Neuerungen der Big Three wie z.B. moderne V8-Motoren, Automatikgetriebe und Hardtops stand die Antwort von Studebaker noch aus.

Letztendlich ging Exner zu Chrysler, Cole und Vail hatten anderweitig zu tun, und die Konstruktionsabteilung arbeitete Tag und Nacht an den obigen Neuerungen. Währenddessen präsentierte Loewy-Mitarbeiter Bob Bourke, der schon am Modell 1947 mitgewirkt hatte, eines der bizarrsten Faceliftings in der Autogeschichte, die berüchtigte „Bullet Nose" des Studebaker 1950/51, die auf persönliche Veranlassung des aus Frankreich stammenden Loewy entstand: „Bob, isch will das so 'aben wie die Flugsseug."

Wie eine Flugzeugnase sah die neue Studebaker-Front zweifellos aus, doch bessere Entwürfe waren ebenfalls in der Überlegung gewesen. Andernorts kopierte jedenfalls kaum jemand diesen vollmundig als „Next Look" gepriesenen Gag. Dennoch schwamm Studebaker mit der „Bullet Nose" abermals obenauf und setzte mit über 343 000 produzierten Exemplaren eine neue Jahresrekordmarke. Ein so gutes Ergebnis sollte man allerdings nie wieder erreichen.

Außer der futuristischen Schnauze wies der 1950er Studebaker einen 2,5 cm längeren Radstand, neue Heckkotflügel und ein geändertes Armaturenbrett auf. Wichtiger war, daß vorne nun endlich Schraubenfedern statt der antiquierten Querblattfeder saßen. Das seit 1947 angebotene Programm mit Champion- und Commander-Coupés, -Limousinen und -Cabriolets umfaßte vier neue geschlossene Champion Customs, die mit Preisen ab $ 1419 Studebaker erstmals seit 1939 wieder den Einstieg in die untere Preisklasse verschafften. Eine Verdichtungserhöhung um einen halben Punkt bescherte dem alten Champion-Sechszylinder 5 zusätzliche PS, dem größeren Sechszylinder des Commander immerhin 2 PS mehr. Der Commander saß entsprechend seinem gehobenen Image auf einem 18 cm längeren Fahrgestell als der

Der 1950er Studebaker Commander mit der typischen „Bullet Nose" war vom ersten Tag an umstritten. Das Regal DeLuxe Convertible (unten) schlug mit $ 2328 zu Buche, während das Regal DeLuxe Coupé mit seiner vierteiligen Panorama-Heckscheibe für $ 2018 wegging (ein normaler DeLuxe kostete derweil $ 1897).

Technische Daten

Motor:	**1950** 6 Zylinder in Reihe, stehende Ventile, 4024 ccm (84,0 × 120,6), 102 SAE-PS **1951** V8, hängende Ventile, 3811 ccm (85,8 × 82,5), 120 SAE-PS
Getriebe:	3-Gang-Schaltgetriebe; auf Wunsch mit Overdrive oder „Automatic-Drive"-Zweigangautomatik (ab Mitte 1950)
Fahrwerk, vorn:	obere und untere Dreiecksquerlenker, Schraubenfedern
Fahrwerk, hinten:	Starrachse, Halbelliptik-Blattfedern
Bremsen:	vorne/hinten Trommelbremsen
Radstand (mm):	**1950** 3048 **Land Cruiser** 3150 **1951** 2921 **Land Cruiser** 3022
Gewicht (kg):	1460-1532
Höchstgeschwindigkeit (km/h):	**1950** 136 **1951** 160
Beschleunigung 0-96 km/h (s):	**1950** 16,0 **1951** 13,0
Produktionszahlen:	**1950** 72562 **1951** 124 280

Champion und war für $ 1871 bis $ 2328 (für den Regal DeLuxe Convertible) zu haben. In Deutschland kostete der Commander damals DM 15 500,-.

Im Februar 1950 feierte die erste wichtige technische Neuerung von Studebaker seit Kriegsende Premiere: die „Automatic Drive", eine für alle Modelle angebotene Getriebeautomatik, die in Zusammenarbeit mit Borg-Warner entstand und (außer der Packard-Automatik) die einzige Automatik eines Independent war. Verschiedene Details machten sie zu einer der besten Automatiken: schlupffreier Drehmomentwandler, eine Sperre als Sicherung gegen Anlassen bei eingelegtem Gang und gegen Getriebeschäden bei versehentlichem Einlegen der Rückwärtsstufe während der Fahrt, Kriechsicherung sowie eine Bergbremse als Wegrollsicherung an Steigungen. Ford wollte die Automatic Drive damals für seine eigenen Autos erwerben, doch Studebaker widersetzte sich — im Nachhinein ein schwerer Fehler.

Die wichtigste Munition für das Jahr 1951 war der lang ersehnte obengesteuerte V8-Motor, der dem Commander vorbehalten blieb. Er war nicht nur ein brillantes Triebwerk und der erste moderne V8 eines unabhängigen US-Herstellers, sondern bescherte Studebaker auch mindestens 3 Jahre Vorsprung vor Chevy/Ford/Plymouth. Durch seine kompakte Bauweise konnte der Radstand des Commander sogar um 13 cm verkürzt werden. Aufgrund der steigenden Produktionskosten fand dieses Fahrgestell nun auch für den Champion Verwendung, der bei gleicher Gelegenheit die 1950 eingeführte neue Lenkung des Commander und die Schraubenfeder-Vorderachse erhielt.

Ansonsten ähnelte der Jahrgang 1951 weitgehend dem Modell 1950. Der breite Außenring der „Propellernase" war nun lackiert und nicht mehr verchromt, so daß sie weniger massiv wirkte. Neue Modellnamen und Ausstattungsvarianten waren Pflicht. Der Commander erhielt bessere elektrische Scheibenwischer (beim Champion nur gegen Aufpreis zu finden); auch die Preise zogen allerorten etwas an. Der Commander Land Cruiser blieb als Limousine mit langem Radstand für $ 2289 das Flaggschiff von South Bend, auch wenn das Commander-State-Cabrio noch ein paar Dollar mehr kostete.

Dank seines geringeren Gewichts und fast 18 Prozent höherer Leistung erregte der V8-Commander beachtliches Aufsehen. „Uncle Tom" McCahill schrieb begeistert: „Dieses Aggregat macht aus dem jüngferlichen 'Stude' der letzten Jahre ein röhrendes Kraftpaket, das praktisch jedem anderen amerikanischen Auto das Blut aus den Adern zieht..." Auch beim Mobilgas Economy Run errang der Commander 1951 einen Klassensieg, als er über die Distanz von 1344 km mit Overdrive auf einen Durchschnittsverbrauch von 8,4 l/100 km kam. Als Langstreckenfahrzeuge genossen die Commander seinerzeit einen hervorragenden Ruf, vor allem der Land Cruiser V8. Bei Preisen, die nur $ 75 unter denen eines Buick Super lagen, war dies auch durchaus angebracht.

Das kürzere Modelljahr und die verordneten Drosselungen der Produktion (als Folge des Koreakriegs) reduzierten die Stückzahlen von Studebaker 1951 auf knapp 269 000 Exemplare, davon 124 280 Commander. Noch liefen die Dinge in South Bend recht zufriedenstellend und einige der bemerkenswertesten Autos sollten erst noch kommen, doch der langsame, unaufhaltsame Niedergang hatte bereits eingesetzt. Letzten Endes sollte es Studebaker das Leben kosten, daß man „first by far", „mit Abstand der Erste" gewesen war.

Studebaker

1952
Studebaker Starliner

Wenn der Studebaker von 1950 den „Next Look" verkörperte, was sollte dann eigentlich danach folgen? Diese Frage stand im Raum, während sich der älteste Autoproduzent der USA 1952 anschickte, seinen 100. Geburtstag zu feiern. Und abermals war anscheinend keine klare Antwort zu erhalten. Doch irgendeine stilistische Neuerung war 1952 unabdingbar — schließlich feiert man als Autohersteller nicht jedes Jahr sein 100. Firmenjubiläum -, und an Ideen mangelte es Studebaker durchaus nicht.

Favorisiert wurde allenthalben das Model N (N stand angeblich „New"), im Prinzip eine neue, von Bob Bourke aus den Loewy-Studios entwickelte Karosserie nach dem Vorbild der Modelle 1947-51. Andere Ideen sahen niedrigere, schlankere und profiliertere Linienführungen vor, die aber immer noch im typischen Studebaker-Look gehalten waren. Strittig blieb nur, ob man die „Bullet Nose" beibehalten sollte, die der Käuferschaft, nicht aber dem Loewy-Team und einem Teil der Konzernleitung gefiel.

Die Ereignisse entschieden freilich bald schon anders. Mit Ausbruch des Koreakriegs hatte Studebaker mit Armeeaufträgen genug zu tun, zumal die zivile Autofertigung amtlich gedrosselt wurde. Damit fiel auch das Model N der Politik zum Opfer. Außerdem hatte Loewy einen noch viel besseren Entwurf parat; da dieser aber erst Anfang 1951 fertig wurde, war an eine Serienversion zum 100jährigen Jubiläum 1952 nicht zu denken (er debütierte dann, wie auf der nächsten Seite nachzulesen ist, als Modell 1953). Damit blieb als einzige Alternative ein nochmaliges Facelifting, womit das Modell 1947 seine sechste und letzte Neuauflage erlebte.

Gegenüber Autohistoriker Richard M. Langworth äußerte Loewy auf die Frage, ob negative Reaktionen der Händler nach nur zwei Jahren die Einstellung der „Bullet Nose" erzwungen hatten: „Ja — 1952 war ein typischer Facelifting-Jahrgang, der aber allgemein begrüßt wurde, denn nun konnte die Motorhaube flacher gestaltet werden. Ich hatte schon immer etwas gegen die hohe Motorhaube."

Als wichtigster optischer Unterschied fiel die nun nicht mehr spitz zulaufende, sondern rundliche Frontpartie mit ihrem traditionelleren Grill auf, der ob seiner Zähne bei einigen Designern bald nur noch „Austernharke" hieß. Erstmals seit dem Krieg gab es auch Zweifarbenlackierungen, Schlagzeilen sollten jedoch erst mit der verspäteten Präsentation eines Hardtop-Coupés in der Champion-Regal- oder Commander-State-Version folgen. Dieser Starliner debütierte somit mehrere Jahre nach seinen Konkurrenten der Big Three und der Independents Packard und Hudson. Doch immerhin kam Studebaker noch vor Kaiser-Frazer zum Zuge, wo man nie ein Hardtop zeigen sollte (letztlich zum eigenen Nachteil), und war zeitgleich mit Nash (wo 1952 ebenfalls das erste Hardtop herauskam). „Ich weiß auch nicht, wieso bis zur Serieneinführung soviel Zeit verging", erzählte Loewy Langworth. „Wir hatten schon längst Tonmodelle sowie Dutzende von Maßzeichnungen angefertigt."

Abgesehen von diesen Entwicklungsdetails glich der Studebaker von 1952 weitgehend dem Modell 1951. Wie bei der Konkurrenz, erwies sich das Hardtop auch für Studebaker auf Anhieb als Volltreffer und kam bereits 1952 auf 15 Prozent der gesamten Studebaker-Produktion. Der Preis spielte dabei anscheinend keine Rolle, obwohl die Champion-Version mit $2220 nur $53 unter dem Regal-Cabrio lag und auch beim Commander nur das State-Cabrio teurer als das Hardtop war ($2548 gegenüber $2488 für das Hardtop).

Als zusätzlicher Promotion-Gag fiel einem Starliner die Aufgabe zu, die ersten hundert Jahre Studebaker-Produktion zu beenden; am 15. Februar 1952 rollte um 15.20 h der Studebaker Nr. 7 130 874 vom Band. Wie fast schon zu erwarten, wählten die Rennleiter für die 500 Meilen im nahegelegenen Indianapolis 1952 einen Studebaker als Pace Car, diesmal allerdings ein Commander-Cabriolet, nachdem geschlossene Karosserien bei Paraden weniger gut zur Geltung kommen. Zwei weitere Klassensiege beim Mobilgas Economy Run bildeten die Sahne auf dem Geburtstagskuchen für South Bend: Ein Champion kam dort im Durchschnitt mit 8,45 l/100 km aus, ein Commander mit 9,5 l/100 km.

Das erste Studebaker-Hardtop muß recht kostspielig gewesen sein, denn schon nach einem Jahr wurde es vom komplett neuen Loewy-Modell von 1953 abgelöst. Damals konnte sich Studebaker (allerdings so ziemlich zum letzten Mal) einen derartigen Luxus noch leisten. Die rosigen Rückblicke und optimistischen Prognosen des Jubiläumsjahres sollten bald einer Flut von Problemen weichen, die der Konzern zu einem Gutteil sich selbst aufgeladen hatte. Dies ging soweit, daß Studebaker nur 14 Jahre nach Beginn seines zweiten Firmenjahrhunderts zum Ausstieg aus dem Autogeschäft gezwungen war.

1951 zeigte Studebaker seinen ersten modernen OHV-V8-Motor, 1952 mit dem Starliner sein erstes Hardtop, das den 120 PS starken V8 ideal ergänzte. Mit V8-Maschine hieß er Commander State Starliner und war für $2488 zu haben. Fans des Sechszylindermotors sparten beim Champion Regal Starliner einige Dollar, denn dieser kostete lediglich $2220.

Technische Daten

Motor: **Champion** 6 Zylinder in Reihe, stehende Ventile, 2786 ccm (76,2 × 101,6), 85 SAE-PS **Commander** V8, hängende Ventile, 3811 ccm (85,8 × 82,5), 120 SAE-PS

Getriebe:	3-Gang-Schaltgetriebe; auf Wunsch mit Overdrive oder „Automatic Drive"-Zweigangautomatik
Fahrwerk, vorn:	obere und untere Dreiecksquerlenker, Schraubenfedern
Fahrwerk, hinten:	Starrachse, Halbelliptik-Blattfedern
Bremsen:	vorne/hinten Trommelbremsen
Radstand (mm):	2921
Gewicht (kg):	**Champion** 1298 **Commander** 1462
Höchstgeschwindigkeit (km/h):	**Champion** 136 **Commander** 160
Beschleunigung 0-96 km/h (s):	**Champion** 16,0 **Commander** 13,0
Produktionszahlen:	26 667

Studebaker

1953-54
Studebaker Starliner

Nach dem Urteil kompetenter Fachleute gilt der Starliner von 1953 als die gelungenste automobile Schöpfung, die in den fünfziger Jahren bei einem Autohersteller der USA das Licht der Welt erblickte. Manch einer mag eine gewisse Ironie darin sehen, daß dieses Design ausgerechnet von Studebaker stammte, wo man für bizarre, aber sicherlich nicht normalen Trends folgende Modelle bekannt war. Immerhin zählten zu den Ahnen des Jahrgangs 1953 zwei abstruse Modelljahre mit der legendären „Bullet Nose" sowie das Facelifting von 1952, das einem riesigen Ameisenbär unähnlich geriet. Was Studebaker 1953 zeigte, hatte niemand erwartet.

Andererseits hätte eine derart schlichte, unverfälschte Linienführung (die großenteils von Bob Bourke stammte, Chef des Design-Teams der Loewy-Studios bei Studebaker) bei einem der Big Three wohl kaum überlebt. Für Ford und Chrysler war sie zu radikal, für General Motor bei weitem nicht aufgedonnert genug. Bei Studebaker, wo man auf den gewissen Unterschied setzte, ging der Starliner dagegen mit minimalem Widerstand durch, auch wenn die davon abgeleiteten Limousinen längst nicht so gelungen wirkten. Raymond Loewy bearbeitete das Management höchstpersönlich, denn Übung hatte dieser begnadete Designer ja wahrlich darin, widerstrebenden Geschäftsleuten seine zukunftsweisenden Ideen zu verkaufen. Loewy und Bourke schulden wir also ewigen Dank.

Bob Bourke verweist auf die Lockheed Constellation als wesentlichen Einfluß. „Vor allem die geduckte Linie des Rumpfes kam in den Vorderkotflügeln und der Motorhaube zum Ausdruck." Der kantige Abschluß der Heckkotflügel mit ihren eingepaßten Rückleuchten und die beinahe bündig in die Karosseriebleche integrierten Stoßstangen fügten sich als Stilelemente elegant mit der Frontpartie zusammen. Zur Auflockerung der Seitenflächen ließ Bourke eine Sicke bis zur Hinterkante der Türen durchlaufen und zog sie hier im gleichen Winkel wie die Hecksilhouette nach unten zum Schweller.

Das fertige Coupé debütierte als „Starlight" (mit feststehenden B-Säulen und Türscheibenrahmen), am gelungensten wirkte aber das Starliner-Hardtop, das als Sechszylinder-Champion oder V8-Commander lieferbar war. Bourke hatte an sich eine durchgehende einteilige Seitenscheibe geplant (wie beim Camaro ab 1969), doch hätte dies eine ewig lange Tür bedeutet und einen unerwünschten toten Winkel an der C-Säule ergeben.

Auch andere Formen waren für den 1953er Studebaker im Gespräch, darunter etliche weit konventionellere Linien. Doch Raymond Loewy gab Studebaker mit Kopien Detroiter Modelle keine Chance — stattdessen setzte er auf markante europäische Linienführung. Einige Wochen lang ging es hin und her, erinnerte sich Bourke. „Doch schließlich bekamen wir grünes Licht für den 'europäischen Stil' — für uns alle ein erhebender Augenblick."

In weiser Voraussicht ließ Studebaker-Chefingenieur Eugene Hardig die Designer den Starliner und Starlight auf das längere Fahrgestell des 1953er Land Cruiser mit 3,06 m Radstand setzen (das auf dem 3,05-m-Fahrgestell des damals aktuellen 1950er Commander basierte). Die 1953er Limousinen wiesen einen 10 cm kürzeren Radstand auf. Damit paßten sich die Proportionen der Coupés ideal an ihre gestreckte, glatte Linie an. Auf dem kürzeren Fahrgestell hätten sie längst nicht so gelungen gewirkt.

Der Champion mußte mit einem schwächeren Sechszylindermotor auskommen und besaß ein einfacheres, übersichtlicheres Armaturenbrett. Der Commander erhielt den hauseigenen Small-Block-V8, der für lebhaften Durchzug und Standvermögen bürgte und damals der einzige OHV-V8 in den unteren Preisregionen des US-Automarktes war. Mit $2374 war der Commander $300 teurer als ein Ford Victoria und $300 billiger als ein Oldsmobile Super 88 Holiday Hardtop. Beide Versionen waren auch mit Overdrive oder der seit 1950 angebotenen Borg-Warner-Automatik im Programm.

Wohl das interessanteste Detail am Fahrwerk war die neue mechanische Servolenkung, die von Borg-Warner für Studebaker entwickelt worden war und schon bei minimaler Lenkkraft in Aktion trat, mit 4 1/2 Umdrehungen von Anschlag zu Anschlag aber viel zu indirekt übersetzt war. Sie erwies sich als unempfindlich gegen Bodenunebenheiten und bot guten Fahrbahnkontakt. Anfangs wurde sie als Extra angeboten, aber bald zurückgezogen, denn der Mehrpreis von $161 lag viel zu hoch, so daß nach nur 100 verbauten Exemplaren stattdessen eine hydraulische Servolenkung von GM zum Einbau kam.

Die Reaktion auf die bald als „Loewy-Coupés" bezeichneten Modelle fiel positiv aus — zu positiv. Schwierigkeiten bei Studebaker verzögerten den Serienanlauf. Schlimmer war aber, daß nach dem Fertigungsplan vier Limousinen auf ein Coupé kommen sollten. Die Nachfrage sah jedoch genau umgekehrt aus. Dadurch verlor Studebaker 1953 nicht wenige Kunden. In alle Eile bestrebt, den Produktionsplan umzustellen, sparte Studebaker aber an den falschen Stellen, worunter die Verarbeitung litt. Das Modell 1954 präsentierte sich fast unverändert (bis auf den Wabengrill). Unglücklicherweise war der erste Schwung beim Verkauf des Starliner schon verpufft.

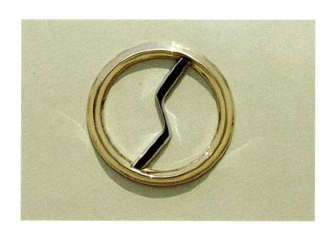

Nach Ansicht vieler wurde der 1953er Studebaker Starliner zum schönsten US-Modell der 50er Jahre. Der Champion Regal Starliner schlug mit $ 2116 zu Buche, wog 1253 kg und wurde von einem seitengesteuerten Sechszylindermotor mit 85 PS angetrieben. Die Fahrleistungen waren nicht berauschend, der Verbrauch dafür sehr günstig.

TECHNISCHE DATEN

Motor: Champion 6 Zylinder in Reihe, stehende Ventile, 2786 ccm (76,2 × 101,6), 85 SAE-PS **Commander** V8, hängende Ventile, 3811 ccm (85,8 × 82,5), 120 SAE-PS

Getriebe:	3-Gang-Schaltgetriebe; auf Wunsch mit Overdrive oder „Automatic Drive"-Zweigangautomatik
Fahrwerk, vorn:	Einzelradaufhängung, Schraubenfedern, Teleskopstoßdämpfer
Fahrwerk, hinten:	Starrachse, Blattfedern, Teleskopstoßdämpfer
Bremsen:	vorne/hinten Trommelbremsen
Radstand (mm):	3060
Gewicht (kg):	**Champion** 1253-1282 **Commander** 1417-1441
Höchstgeschwindigkeit (km/h):	**Champion** 136 **Commander** 160
Beschleunigung 0-96 km/h (s):	**Champion** 20,0 **Commander** 13,0-16,0
Produktionszahlen:	**1953** 32 294 **1954** 9342

1955 Studebaker Speedster

Beim Design des 1955er Studebaker hatte, wie eine Zeitschrift schrieb, „ein chromsüchtiges Kind einen Festtag." Dieses Kind war aber schon erwachsen, nämlich Bob Bourke von den Loewy-Design-Studios, und viel Gefallen fand er an seiner Aufgabe auch nicht. „Die verchromte Schnauze sollte an sich in Wagenfarbe lackiert werden, so daß eine lange, glatte Schnauze mit einem Maschendrahtgrilll entstanden wäre", erzähte Bourke. „Ken Elliott (der Vertriebsleiter) setzte aber auf noch mehr Chrom als Erfolgsrezept." Bourke hatte darüber hinaus einen offenen Zweisitzer mit kürzerem Radstand auf dem Fahrgestell des Starliner geplant, der als 1:1-Gipsmodell super aussah, aber nach Ansicht der Konzernspitze (wohl zu Recht) nur geringe Absatzchancen versprach und deshalb auf Eis gelegt wurde.

Ein echtes Sportmodell brachte es also nicht zur Serienreife, wohl aber ein relativ preisgünstiges, sportliches Konfektionsmodell. Der President Speedster mit seinem 185 PS starken V8-Motor, Doppelrohrauspuff, „Tri-Level"-Farbkombinationen und reichlicher Instrumentierung (mit Drehzahlmesser) fand wohlwollende Aufnahme bei den sportlich ambitionierten Autokäufern des Jahres 1955. Ursprünglich sollten nur 20 Speedster für Autoshows Anfang 1955 produziert werden; diese lösten jedoch eine derart begeisterte Resonanz aus, daß für den Rest des Modelljahres eine Kleinserie des Speedster aufgelegt wurde.

Der Speedster entstand auf Basis eines President-Hardtops (das 1955 kaum noch als Starliner bezeichnet wurde). Zu erkennen war er an speziellen Emblemen, Drahtspeichenrad-Imitationen, dicken Stoßstangen mit integrierten Nebelleuchten und den erwähnten dreistufigen Farbkombinationen (oft in bizarren Zusammenstellungen wie „Lemon and Lime" [„Zitrone und Limone"] oder Rosa/Grau). Oberhalb der Heckscheibe lief ein breites Chromband über das Dach. Der Innenraum bestach durch rautenförmig abgesteppte Leder- und Kunstlederpolster in passenden Farbtönen und ein eindrucksvolles Hochglanz-Armaturenbrett mit schwarzen Instrumenten im Racing-Look. Serienmäßig waren auch Servolenkung, Bremshilfe, Radio, Zeituhr, Drehzahlmesser, Weißwandreifen, Rückfahrscheinwerfer und Nebelleuchten – all dies zu einem Listenpreis von $3253.

Laut Motor Life glich der Speedster „eher als alle anderen Hardtops einem Sportwagen." Das Lenkrad lag flach im Schoß des Fahrers, in den Sitzen saß man recht tief und konnte die Beine fast waagerecht nach vorne ausstrecken. Sogar in der Automatikversion hatte der Drehzahlmesser durchaus seine Berechtigung: „Einmal fuhr ich in LOW an, schaltete in DRIVE, doch das Getriebe schaltete nicht mit", berichtete der Tester von Motor Life. „Ein Blick auf den Drehzahlmesser zeigte, daß die Nadel rasch über 5000 hinaus kletterte, also ging ich etwas vom Gas. Ohne Drehzahlmesser hätte ich den Motor glatt überdreht."

Motor Trend trennte sich nach einem kurzen 500-km-Galopp nur schweren Herzens von seinem Test-Speedster: „Er bereitet viel Spaß beim Fahren, sowohl aufgrund der Fahrleistungen als auch wegen seiner Straßenlage. Er dürfte das ideale Auto für alle sein, die ein sportliches Auto mit etwas anderer Optik, aber Platz für vier oder fünf Personen suchen. Die vielen Extras, die normalerweise den Preis hochtreiben – Servolenkung, Bremskraftverstärker, Sonderlackierung –, unterstreichen gerade seinen Status als Hochleistungsfahrzeug, das auch für Familien ideal ist."

Die Fahrleistungen des Speedster waren schon in Serienversion hervorragend, doch John McKusick, Studebaker-Händler in Los Angeles, war damit noch nicht zufrieden. Für $390 bot er einen Tuning-Satz mit McCulloch-Kompressor und Schaltgetriebe an. Das Resultat ging unter die Haut, wie die folgenden Testwerte zeigen:

	Kompressor-Speedster	Speedster Automatik	President Automatik
PS	210 (ca.)	185	175
0-48 km/h (s)	3,0	3,5	3,8
0-96 km/h (s)	7,7	10,2	13,4
Viertelmeile (km/h)	137,6	132,8	127,7
Höchstgeschw.	192 (ca.)	176	169

Der Studebaker President Speedster wurde Anfang des Modelljahres 1955 als Show Car vorgestellt, bald aber in Kleinserie produziert. Seine Grundzüge glichen dem President-Hardtop, als Besonderheit hatte er aber einen 185-PS-Motor, Doppelrohrauspuff, „Tri-Level"-Lackierung, Drahtspeichen-Radkappen, umfangreiche Instrumentierung und spezielle Embleme aufzuweisen. Seine Fahrleistungen ließen keine Wünsche offen, doch der Preis von $3253 war nicht gerade billig zu nennen, weshalb nur 2215 Exemplare entstanden.

Der Speedster wurde nicht zum Selbstzweck oder als reiner Luxus-Studebaker produziert. Viele seiner Merkmale fanden sich am Golden Hawk von 1956-58 wieder, u.a. das sportliche Armaturenbrett, die Luxusausstattung und bizarre Zweifarbenlackierungen – und der McCulloch-Kompressor der McKusick-Version.

Ein anderer Händler in Los Angeles, Belmont Sanchez, hatte das Warten auf das lange angekündigte Studebaker-Cabriolet satt. Er ersann eine $500 teure Umbauvariante, den „Sahara", ein Hardtop mit abnehmbarem Stahldach (wozu das serienmäßige Dach abgetrennt und umgearbeitet wurde) nach Art des Thunderbird von 1955-57. Der Preis schien fast geschenkt, doch dürften die Versteifungen der Karosserie, die Vewindungsneigungen unterdrücken sollten, wohl kaum allzu umfangreich gewesen sein. Eben aufgrund der Kosten dieser Änderungen baute Studebaker ja nie ein serienmäßiges Cabriolet auf Basis dieser schicken Coupés. Eigentlich schade, doch wenigstens gab es das Speedster-Hardtop; als Sammler wünscht man sich heute nur, daß es mehr gewesen wären.

TECHNISCHE DATEN

Motor:	V8, hängende Ventile, 4249 ccm (90,4 ×82,5), 185 SAE-PS
Getriebe:	serienmäßig 3-Gang-Schaltgetriebe mit Overdrive oder „Automatic-Drive"-Zweigangautomatik
Fahrwerk, vorn:	Einzelradaufhängung, Schraubenfedern, Teleskopstoßdämpfer
Fahrwerk, hinten:	Starrachse, Blattfedern, Teleskopstoßdämpfer
Bremsen:	vorne/hinten Trommelbremsen
Radstand (mm):	3060
Gewicht (kg):	1499
Höchstgeschwindigkeit (km/h):	176
Beschleunigung 0-96 km/h (s):	9,0-10,5
Produktionszahlen:	2215

Studebaker

1956-58 Studebaker

Studebaker-Packard, der 1954 mit so viel Optimismus gegründete Konzern, war 1956 außer Rand und Band geraten. Der 1956er Studebaker war mittlerweile längst fertiggestellt (ein Entwurf der S-P-Designabteilung unter Bill Schmidt und Vince Gardner, einem von Schmidt geschätzten freien Mitarbeiter). Nach den letzten Arbeiten am 1956er Hawk hatte sich das Loewy-Team verabschiedet.

„Vince gestaltete Front und Heck des 1956er Studebaker", erinnerte sich Bob Bourke vom Loewy-Team. „Er schuf eine hübsche, fast senkrechte Heckpartie und einen klar gegliederten Kühlergrill, dessen beide seitlichen, kleineren Grills an die Frontpartie der älteren Modelle erinnerten. Er schuftete wie ein Tier, verdiente aber fast gar nichts daran – so etwa $7500 ... Vince war ein Einzelgänger, doch wenn er loslegte, gab's kein Halten mehr."

Diese neue Karosserie löste das außer an den Coupés eher erfolglose Loewy-Design ab. Die Limousinen, seit jeher eines der wichtigsten Standbeine von Studebaker, waren bei der Modellpflege 1953-55 besonders schlecht weggekommen. 1956 erhielten sie daher neue Seitenzierleisten, die die Zweifarbenlackierung der teureren Modelle betonen sollten. Neu am Armaturenbrett war der „Cyclops-Eye"-Tacho – eine kleine rotierende Walze, die die gerade gefahrene Geschwindigkeit anzeigte und bei deren Steigerung ihre Farbe von Grün über Orange in Rot änderte. Das Typenprogramm umfaßte den Sechszylinder-Champion, den V8-Commander und President sowie die erwähnten Hawks.

Allerhand Anormalitäten schlichen sich ein – dank absolut verheerender Planung des S-P-Managements, das die Lücken in der Studebaker-Karosseriepalette längst hätte erkennen und schließen müssen. Der Kombi – eine geliftete Version des Modells 1954 – besaß beispielsweise nach wie vor nur zwei Türen, obwohl der allgemeine Trend zu viertürigen Kombis unverkennbar war, und auch eine Hardtop-Version der Hauptmodelle fehlte nach wie vor.

James Nance, Präsident von S-P, dem so oft die Schuld an den Vorgängen jener Jahre zugeschrieben wird, wußte um diese Schwachstellen, seit sich Studebaker und Packard zusammengetan hatten, und drängte seinen widerstrebenden Partner, Harold Vance von Studebaker, wiederholt zu viertürigen Kombis und Hardtops. Dank der Initiative von Nance kamen wenigstens 1957 die viertürigen Kombis Provincial (Commander) und Broadmoor (President) hinzu sowie 1958 ein Hardtop (Commander und President Starlight), letzteres als „vom Hawk inspiriert". Doch diese Modelle vermochten die katastrophale Entwicklung nicht aufzuhalten. Auch neue Kühlergrills und Heckleuchten zum Modelljahr 1957 halfen nicht, ebensowenig aufgeschweißte Heckflossen und bizarre, glubschäugige Doppelscheinwerfer am „Completely new luxury look for 1958", den die Prospekte verhießen. Die Stückzahlen des Studebaker gingen folgerichtig von Modelljahr zu Modelljahr zurück: 1956 noch 70 000, 1957 63 000, 1958 nur 45 000.

Man könnte daraus schließen, daß Studebaker bei seiner Modellplanung mit fast traumwandlerischer Sicherheit stets die falsche Entscheidung traf. 1956 gab es beispielsweise den Champion und Commander auch als abgemagerten Zweitürer namens „Sedanet" – und obwohl er sich überhaupt nicht verkaufte, ritt man diese Masche auch 1957/58 mit dem „Scotsman" stur weiter, der als spottbilliger Zweitürer und Kombi mit minimalem Chromzierat und billigen Stoffsitzbezügen ungefähr das Flair eines Müllwagens ausstrahlte. 1955 hatte Studebaker endlich allen President-Typen den langen Radstand von 3,06 m verpaßt, doch schon im nächsten Jahr mußten sie sich (bis auf die viertürige „Classic"-Limousine) wieder mit dem kürzeren Radstand begnügen. Als Studebaker die Wahl zwischen dem 1956er Packard-V8 und dem aufgeladenen 4,8-Liter-V8 des 1957/58er Studebaker hatte, der dem President endlich Feuer unterm Hintern hätte machen können, entschied sich die Firmenspitze für stinkgewöhnliche Small-Blocks.

Natürlich entpuppte sich der Scotsman – in einer Art Dummenglück – als richtige Variante für das Krisenjahr 1958, doch die Öffentlichkeit wollte kein gerupftes, häßliches Entlein, sondern vor allem den farbenfrohen Rambler. 1958 verkaufte sich der Scotsman immerhin 20 000mal, also doppelt so oft wie der Champion, Commander oder President. Doch wieviel mehr hätte man losschlagen können, wenn er nur ein bißchen mehr Chrom und ein freundlicheres Interieur geboten hätte.

Eigentlich glich es einem reinen Wunder, daß dieses von allen guten Geistern verlassene Unternehmen die Jahre 1956-58 überhaupt überlebte – Jahre, in denen keiner der Mitarbeiter wußte, ob er in der nächsten Woche noch Arbeit haben würde. Jeder Pfadfinderjunge hätte Studebaker besser als die eigene Firmenleitung managen können; selbst die wenigen guten Ideen – der sportliche Hawk, der Kompressor, der 1959er Lark – mußten der Konzernspitze von den Designern und Ingenieuren, die Studebaker glücklicherweise (aber völlig unverdientermaßen) noch hatte, regelrecht mit dem Holzhammer eingebleut werden.

Studebaker durchlief 1956-58 eine schwierige Phase, da für ein neues Design das Geld fehlte. Das Modell 1956 basierte auf der Karosserie von 1953, geriet durch neue Außenbleche an Front und Heck jedoch kantiger. Der President Classic (auf dieser Seite; rechte Seite, oben und Mitte links) war mit einem Radstand von 3,06 m 10 cm länger als die übrigen Modelle. Das Modell 1957 (Mitte rechts) erhielt einen neuen Kühlergrill, das Modell 1958 (unten) abermals neue Zierleisten.

TECHNISCHE DATEN

Motor: **1956** 6 Zylinder in Reihe, stehende Ventile, 3042 ccm (76,2 × 111,2), 101 SAE-PS; V8, hängende Ventile, 4249 ccm (90,4 × 82,5), 170/185 SAE-PS; 4735 ccm (90,4 × 92,2), 195/210/225 SAE-PS **1957** 3042 ccm, 101 SAE-PS; 4249 ccm, 180/195 SAE-PS; 4735 ccm, 210/225 SAE-PS **1958** 3042 ccm, 101 SAE-PS; 4249 ccm, 180 SAE-PS; 4735 ccm, 210/225 SAE-PS

Getriebe:	3-Gang-Schaltgetriebe; auf Wunsch mit Overdrive oder Flight-O-Matic
Fahrwerk, vorn:	Einzelradaufhängung, Schraubenfedern, Teleskopstoßdämpfer
Fahrwerk, hinten:	Starrachse, Blattfedern, Teleskopstoßdämpfer
Bremsen:	vorne/hinten Trommelbremsen (beim President verrippt)
Radstand (mm):	2959 **1956-57 President Classic und 1958 President** 3060
Gewicht (kg):	1217-1553
Höchstgeschwindigkeit (km/h):	6 Zyl. 144 **V8 4,3 l** 160-168 **V8 4,8 l** 176-184
Beschleunigung 0-96 km/h (s):	6 Zyl. 17-18 **V8 4,3 l** 14-15 **V8 4,8 l** 11-12

Produktionszahlen: 1956 Champion 23 000* **Commander** 25 000* **President** 18 209 **1957 Scotsman** 10 000* **Champion** 14 000* **Commander** 18 000* **President** 13 000* **Scotsman** 20 870 **Champion** 10 325 **Commander** 12 249 **President** 10 422
* geschätzte Stückzahlen

1956 Studebaker Hawk

Aus dem Konzept des Speedster – ein Vier- oder Fünfsitzer mit den Fahreigenschaften eines Sportwagens – entstand mit dem Studebaker Hawk bereits acht Jahre vor dem Mustang der allererste „Ponycar", doch aufgrund seines weit geringeren Einflusses auf den US-Automarkt ist seine Vorreiterrolle heute weitgehend vergessen. Der Mustang verkaufte sich in den ersten acht Monaten seines Daseins 680 000mal, der Hawk dagegen in acht Jahren nur 79 000mal.

Dennoch ist der Hawk ein historisch wichtiges Modell und zugleich ein hervorragend gelungenes Auto, das die logische Weiterentwicklung des „Loewy-Coupés" verkörpert und dabei – zumindest in der Kompressorversion – Fahrleistungen erreicht, die dem Starliner ewig verschlossen blieben.

1956, im ersten Jahr des Hawk, legte Studebaker vier Versionen hiervon auf, die sich rund 20 000mal verkauften (rund ein Viertel des Jahresausstoßes von Studebaker). Der Flight Hawk, ein sechszylindriges Coupé mit normalen B-Säulen (la Starlight) lag mit $ 1986 preislich am niedrigsten. Spitzenmodell war der Golden Hawk mit dem großen 352er Packard-V8 (5,8 Liter) und dem auf Wunsch lieferbaren Ultramatic-Getriebe. Zwischendrin rangierten der Power Hawk (mit B-Säulen) und das Sky-Hawk-Hardtop mit 4,3- bzw. 4,8-Liter-Studebaker-V8, auf Wunsch mit Borg-Warner-Automatik. An Versuchen, eine breite Palette an 1956er Hawks zu präsentieren, hatte es also nicht gefehlt.

Der Golden Hawk mit seinen auffälligen GFK-Heckkotflügeln und der luxuriösen Kunstlederausstattung bzw. Kunstleder-Stoff-Kombination erregte natürlich die größte Aufmerksamkeit bei Autokennern. In seiner Klasse lag er in unmittelbarer Konkurrenz zum Thunderbird und war sogar mit Ultramatic Drive nur unwesentlich langsamer als mit Handschaltung.

Als gravierendes Manko des Golden Hawk entpuppte sich allerdings seine Buglastigkeit. Der Packard-Motor war fast 50 kg schwerer als der 4,8-Liter-V8 des Studebaker, der selbst schon kein Leichtgewicht war. Dadurch untersteuerte der Hawk mit einzigartiger Hartnäckigkeit und verhinderte sogar optimale Beschleunigung. „Bedingt durch das hohe Motordrehmoment (52,4 mkg bei 2800 U/min) und den schweren Motor drehten beim schnellen Anfahren praktisch immer die Räder durch, und zwar auf jedem Fahrbahnbelag", berichtete Test-Routinier Tom McCahill. „Hätte ich 100 oder 150 kg Sand in den Kofferraum gepackt, um die Gewichtsverteilung auszugleichen, hätten sich meine Beschleunigungszeiten drastisch verbessert." Kaum ein anderer bemängelte diese Buglastigkeit seinerzeit, dafür übertrafen sich alle Tester 1957, als der Packard-Motor dem Studebaker-Aggregat wich, gegenseitig darin, den damit erzielten Fortschritt hochzujubeln.

Wer Ausgewogenheit und Finesse genauso hoch wie brachialen Durchzug bewertete, für den kam der Sky Hawk als sinnvolle Alternative in Betracht. Für $ 500 weniger als für den Golden Hawk bot er 1956 wohl mit am meisten fürs Geld. Er besaß wie der Golden Hawk (aber im Gegensatz zum Power und Flight Hawk) extrem fading-beständige verrippte Bremstrommeln, lag hervorragend auf der Straße und entwickelte mit 210 PS auch nicht gerade schwächliche Fahrleistungen. Im Innenraum fielen die luxuriösen Kunstledersitze und das Metall-Armaturenbrett des Golden Hawk (auf Wunsch mit Drehzahlmesser) auf, ebenso bestach die sachlichere äußere Linie. Der Sky Hawk kam zudem ohne die „verdammten Kunststoffflossen" aus, wie Bob Bourke sie nannte. Auch die glänzenden Metall-Schwellerbleche des Golden Hawk und die Dach-Chromleiste an der Heckscheibe waren verschwunden. Farbenfrohe Zweifarbenlackierungen, die entlang einer Zierleiste an der Gürtellinie abgesetzt waren, gab es dagegen in gleicher Manier wie beim Golden Hawk. Überzeugte Konservative erhielten ihre Wagen auf Bestellung aber auch einfarbig.

Power Hawk und Flight Hawk waren bescheidener ausgestattet; ihr zweiter Farbton beschränkte sich auf die Dachpartie. Beide wirkten klar und schnörkellos (vor allem, da ihnen die Heckflossen fehlten). Für nur $ 2100 Grundpreis entwickelte der kleinere V8 des Power Hawk beachtliche Fahrleistungen. Sie wurden zwar in größerer Zahl als ihre Hardtop-Brüder aufgelegt, erhielten jedoch längst nicht dieselbe Pflege und sind daher heute sehr selten geworden. Wie bei vielen anderen Modellreihen wurden auch sie zugunsten ihrer eindrucksvolleren Stallgefährten lange übersehen – wer sie kennt und ihre verhaltene Eleganz zu schätzen weiß, findet an ihnen aber großen Gefallen.

Alle vier Hawks wurden von den Loewy-Studios unter Bob Bourke entworfen, der besonders auf den rechteckigen Kühlergrill stolz ist, welcher die 1955er Karosserie so nachhaltig aufwertete. Kurz nach Fertigstellung des Modells 1956 ließ das neue Studebaker-Packard-Management Loewys Vertrag jedoch auslaufen. Erst in den 60er Jahren kehrte Loewy zurück – und konzipierte den legendären Avanti.

Studebaker führte 1956 vier Hawks im Programm: den Flight Hawk (rechte Seite, Mitte links) und Power Hawk (Mitte rechts), beides Coupés mit normalen B-Säulen, ferner den Sky Hawk (unten) und das Spitzenmodell Golden Hawk (oben) als Hardtops. Als Motoren gab es einen 3,1-Liter-Sechszylinder, den 259er und 289er V8 von Studebaker (4,3 bzw. 4,8 Liter) sowie einen Packard-V8 mit 352 ci (5,8 l) und 275 PS. Die Preise begannen bei $ 1986.

TECHNISCHE DATEN

Motor:	**Flight Hawk** 6 Zylinder in Reihe, stehende Ventile, 3042 ccm (76,2 × 111,2), 101 SAE-PS; V8, hängende Ventile **Power Hawk** 4249 ccm (90,4 × 82,5), 170 SAE-PS **Sky Hawk** 4735 ccm (90,4 × 92,2), 210 SAE-PS; auf Wunsch 225 SAE-PS **Golden Hawk** 5773 ccm (101,6 × 88,9), 275 SAE-PS
Getriebe:	3-Gang-Schaltgetriebe; auf Wunsch mit Overdrive **Flight, Power und Sky Hawk** auf Wunsch mit „Flight-O-Matic"-Dreigangautomatik **Golden Hawk** auf Wunsch mit Gear-Start Ultramatic
Fahrwerk, vorn:	Einzelradaufhängung, Schraubenfedern, Teleskopstoßdämpfer
Fahrwerk, hinten:	Starrachse, Blattfedern, Teleskopstoßdämpfer
Bremsen:	vorne/hinten Trommelbremsen **Sky Hawk und Golden Hawk** verrippte Bremstrommeln
Radstand (mm):	3060
Gewicht (kg):	**Flight Hawk** 1262 **Power Hawk** 1405 **Sky Hawk** 1460 **Golden Hawk** 1525
Höchstgeschwindigkeit (km/h):	**Flight Hawk** 144 **Power Hawk** 160 **Sky Hawk** 176-184 **Golden Hawk** 192
Beschleunigung 0-96 km/h (s):	**Flight Hawk** 18,0 **Power Hawk** 15,0 **Sky Hawk** 11,0-12,0 **Golden Hawk** 9,0-10,0
Produktionszahlen:	**Flight und Power Hawk** 11 484 **Sky Hawk** 3610 **Golden Hawk** 4071

Studebaker

1957-58
Studebaker Golden Hawk

Nach einem erneuten Facelifting, diesmal von Duncan McRae aus dem Designerstab von Studebaker-Packard, versuchte der 1957er Golden Hawk, sich mit hohen, konkaven Stahlflossen an die gängigen Trends anzuhängen. McRae vereinfachte auch den Chromzierat, ließ Bourkes Kühlergrill, die Blechsicken an der Heckpartie und das sachliche Armaturenbrett aber unangetastet. Statt der Zweifarbenlackierungen von 1956, die von der Wagenform ablenkten, ließ McRae nur die Heckflossen des Golden Hawk anders lackieren, das Dach glänzte dagegen im selben Farbton wie der Karosserierumpf.

Die Unterschiede unter dem Blech fielen sofort auf. Der Packard-Motor des Modells 1956 wurde nun durch den 4,8-Liter-V8 von Studebaker abgelöst. Zwei weitere wesentliche Neuerungen teilte sich der Golden Hawk mit den übrigen 1957er Studebaker-Typen: vordere Schraubenfedern mit variabler Kennung und (als Extra) ein Twin-Traction-Sperrdifferential. Dieses Differential übertrug die Antriebskraft auch dann auf ein Hinterrad, wenn das andere Rad durchdrehte, so daß bis zu 80% der Motorleistung auf das Rad mit besserer Traktion übertragen wurde. Bei der neuen Federung wurden die vorderen Schraubenfedern an jeder Windung gleichmäßig zusammengedrückt, wodurch die Federung unter Last wesentlich gleichmäßiger ansprach. Der Golden Hawk behielt auch die verrippten Bremstrommeln von 1956, die das Fading bei starker Beanspruchung verringern sollten. Eine sinnvolle Entwicklung kam leider nicht zur Serienreife – die Zahnstangenlenkung, die Monroe in einem 1956er Studebaker versuchsweise montiert hatte. Zu hohe Kosten verhinderten ihre Einführung.

Wohl das interessanteste Merkmal des 1957er Golden Hawk war der McCulloch-Kompressor, der auch schon im Kaiser Manhattan von 1954/55 saß. Er war 1951 von Robert Paxton McCulloch, der seit den 30er Jahren Roots- und Schleudergebläse produzierte, mit einem Entwicklungsaufwand von $700 000 konzipiert worden.

Der Kompressor wurde über einen Keilriemen von der Kurbelwellen-Riemenscheibe angetrieben; dazwischen saß ein Planetenradmechanismus, der die Flügelraddrehzahl auf das 4,4fache der Riemenscheibendrehzahl anhob. Das Flügelrad wurde über einen Magnetschalter am Gaspedal zugeschaltet und lief mit variabler Drehzahl – je nach Pedalstellung. Bei mittleren Drehzahlen lief der Kompressor leer mit (mit nur ca. 0,1 bar Ladedruck). Durch Druck auf das Gaspedal stieg der Ladedruck auf rund 0,35 bar. Die Flügelraddrehzahl blieb bei max. 30 000 U/min, doch verkraftete der Kompressor nach Angaben von McCulloch

Der 1957er Golden Hawk tauschte den 5,8-Liter-V8 von Packard gegen die 4,8-Liter-Maschine von Studebaker ein. Mit serienmäßigem Kompressor kam er auf 275 PS. Stilistisch hob sich der 1957er Golden Hawk (linke und rechte Buchseite) durch höhere Heckflossen und geänderte Zweifarbenlackierungen ab. Das Modell 1958 hatte ein Drahtgitter in den vorderen Lufteinlässen und neue Ausstattungsdetails aufzuweisen.

auch Drehzahlen bis 60 000 U/min klaglos. Zusätzlich verfügte der Kompressor über einen eigenen Öltank (mit ATF-Flüssigkeit) und einen separaten, wartungsfreiem Druckschmierkreislauf. Beim 289er V8 (4,8 l) sorgte der mechanische Lader für 22 % Mehrleistung.

Eine wenig bekannte Variante des Hawk war der Golden Hawk „400", der im April 1957 rechtzeitig zur Frühjahrssaison in die Händlerschaufenster kam. Diese Bezeichnung hatte man von Packard abgeguckt, wo seit 1951 die gehobeneren Modelle als „400" liefen (zuletzt das Four-Hundred-Hardtop von 1956). Mit „400" waren ursprünglich die „oberen 400" gemeint, die prominentesten Familien der USA.

1957, als es keinen großen Packard mehr gab, wurde der 400 zum edelsten und teuersten Modell im Programm von Studebaker-Packard. Vor allem das Leder-Interieur des 400 (ähnlich dem letzten Packard Hawk) stach hervor. Neu waren auch Bodenteppiche im Kofferraum und ausladende Armstützen (wie beim 1956er Hawk). Bei Zweifarbenlackierungen (die fast die Norm waren) waren die vorderen Lufteinlaßschächte beidseits des Kühlergrills im kontrastierenden Farbton der Heckflossen lackiert. Die Innenausstattung wurde nur in Weiß oder Hellbraun angeboten; nicht verschleißgefährdete Flächen wie Türverkleidungen, Sonnenblenden, Dachhimmel und Polsterung des Armaturenbretts waren mit Kunstleder bezogen. Interessenten hatten für den 400 rund $ 300 mehr lockerzumachen als für den normalen Golden Hawk.

Nachdem der Hawk 1957 einen der wenigen Pluspunkte in den Verkaufszahlen bei Studebaker bildete, blieb er 1958 weitgehend identisch. Unten am Kühlergrill prangte ein rundes Hawk-Emblem und durch 14-Zoll-Reifen verringerte sich die Bodenfreiheit um 1 Zoll (2,5 cm). Da die Armlehne der Rücksitze entfiel, konnten sich zur Not auch drei Personen auf die hintere Bank quetschen. Der Golden Hawk 400 war abgetreten, doch standen dafür die verschiedensten Stoffe und Kunstledervarianten für die üppig gepolsterten Sitze zur Auswahl.

Der Golden Hawk von 1957/58 lief noch schneller als die 56er Version und war wesentlich fahrsicherer — "von seinem Namensvetter von 1956 ungefähr genauso verschieden wie von einem Sherman-Panzer. Selbst scharfe Kurven meistert er ohne die 'Schwimmneigung" des 56er Modells." Eigentlich schade, daß nur 4356 Käufer sich dieses Schnäppchen für $ 3182 sicherten — und daß es 1958 nur noch ganze 878 einsame Individualisten waren, ist eine echte Schande.

TECHNISCHE DATEN

Motor:	V8, hängende Ventile, 4735 ccm (90,4 ×92,2), 275 SAE-PS
Getriebe:	3-Gang-Schaltgetriebe; auf Wunsch mit Overdrive oder „Flight-O-Matic"-Dreigangautomatik
Fahrwerk, vorn:	Einzelradaufhängung, Schraubenfedern, Teleskopstoßdämpfer
Fahrwerk, hinten:	Starrachse, Blattfedern, Teleskopstoßdämpfer
Bremsen:	vorne/hinten verrippte Trommelbremsen
Radstand (mm):	3060
Gewicht (kg):	1475
Höchstgeschwindigkeit (km/h):	200
Beschleunigung 0-96 km/h (s):	8,5-9,5
Produktionszahlen:	**1957** 4356 **1958** 878

1959 Studebaker Lark

Mit dem verheerenden Modelljahr 1958 wäre Studebaker-Packard eigentlich am Ende gewesen, hätte man nicht gerade rechtzeitig nach der Rezession von 1958 und dem allgemeinen Trend zu Compact Cars den Lark parat gehabt, der aus allerlei Blech- und Technikteilen der Jahrgänge seit 1953 zusammenkombiniert worden war. Während General Motors, Ford und Chrysler noch in aller Eile an ihren „Compacts" für das Modelljahr 1960 arbeiteten, hatte Studebaker schon genau die passende Antwort auf die Käuferwünsche bereit – und diesmal sogar mit einem lückenlosen Typenprogramm, denn der Lark war vom ersten Tag an als zwei- oder viertürige Limousine, zweitüriger Kombi und Hardtop lieferbar. Nach kaum einem Jahr gesellten sich sogar ein viertüriger Kombi und ein Convertible hinzu; zudem war der Lark sowohl mit sparsamem Sechszylinder als auch mit spurtstarkem V8 zu haben. Offensichtlich hatten die Produktplaner bei Studebaker aus der Vergangenheit gelernt.

Vor allem drei Personen ist der Erfolg des Lark zu verdanken: S-P-Präsident Harold Churchill, der nach Auslaufen des Vertrags mit Curtiss-Wright und dem Ausscheiden von Roy Hurley nun selbst schalten und walten konnte, Designer Duncan McRae, der freie Hand für sinnvolle Entwürfe hatte, ohne auf chrom- und flossensüchtige Marketing-Leute Rücksicht nehmen zu müssen, sowie Chefingenieur Eugene Hardig, der – wenn ihm freie Hand gewährt wurde – zeigte, welche Talente in ihm steckten. „Church" schwor seine Mannschaft mit alten Filmen des Erfolgsmodells von 1939, des Champion, regelrecht ein. McRae stellte ein Team hochkarätiger Designer zusammen, u.a. Bob Doehler, Ted Pietsch und Bill Bonner. Hardig war für den Aufbau einer neuen Compact-Karosserie mit den vorhandenen Preßwerkzeugen zuständig. „Ohne Hardig", gestand McRae später ein, „hätten wir den Lark nie zuwege gebracht ... Hardig und sein Team benötigten kaum neun Monate vom Tonmodell bis zur Produktionsfreigabe – ein für damalige Zeiten unerhörtes Tempo. Heute bräuchte man für ein vergleichbares Programm 22 Monate."

„Das Grundgerüst bildete ein vorne und hinten gekapptes Modell 1958 – ein Sitzmodell, anhand dessen das Platzangebot und die Gesamtlänge festgelegt werden konnten. ... Wir strebten ein kleines Modell an, also mußte vor den Vorderrädern einiges wegfallen. Das Dach – im Stil von 1953 – durften wir flacher gestalten; zum ersten Mal in den drei Jahren, die ich bei Studebaker war, wurden auch neue Kotflügel, Hauben, Kühlergrill, hintere Seitenteile, Heckabschlußblech, neue Stoßstangen und ein neues Armaturenbrett bewilligt. Es entstanden zwei 1:1-Tonmodelle, eines nach dem Design von Bill Bonner, das andere von Bob Doehler. Bonners Design erhielt den Zuschlag." Hardigs Ingenieure arbeiteten derweil an einem neuen OHV-Sechszylindermotor für 1961, doch für 1959 mußte das vorhandene Material nochmals aufgemöbelt werden. Churchill legte Wert auf einen „kleineren, stabileren Motor", der geringeren Verbrauch und längere Lebensdauer garantieren sollte, also verkürzte Hardig den Hub von 111,1 auf 101,6 mm, womit der Hubraum auf den Stand vor 1955 und die Leistung auf 90 PS fiel. Das Drehmoment sank dagegen kaum merklich. Aufgrund des geringen Gewichts des Lark (mit dem Sechszylinder nur 1180 kg) schien der 4,3-Liter-V8 besser als der 4,8-Liter für ihn geeignet. Auch der kleinere V8 war aber mit „Power Pack" (Vierfachvergaser und Doppelrohrauspuff – für 195 PS gut) lieferbar.

Auf die Marke Studebaker wirkte der Lark wie Dynamit. Zum Stand vom 30. Juni 1958 wies die Bilanz $ 27 000 000 auf der Habenseite sowie $ 24 000 000 an Verbindlichkeiten und einen Verlust von fast $ 100 000 000 über drei Jahre aus. Die Zahlungen auf Anleihen bei 20 Banken und 3 Versicherungsinstituten konnten nicht erfüllt werden und das Eigenkapital war gleich Null. Im ersten Jahr des Lark schoß der Umsatz auf $ 387 000 000 hoch (das beste Ergebnis seit 1953) und bescherte einen Gewinn von $ 28 000 000. Die Beschäftigtenzahl stieg bis Mitte 1959 um über 60 Prozent auf 12 000 an. Auch im Modelljahr kletterte der Ausstoß weiter; insgesamt verließen im Kalenderjahr 1959 über 150 000 Wagen das Werk. Studebaker stieß an Cadillac vorbei auf Platz 10 der Produktionsstatistik vor – einen Rang, den man zuletzt 1953 innegehabt hatte.

Letzten Endes war freilich alle Mühe umsonst. Rasch geriet der Lark in den Ruf schlampiger Verarbeitung und mangelhafter Händlerbetreuung. Wer Witze über die Autohändler der Big Three riß, mußte die Klitschen, die 1959 als typische Studebaker-Händler durchgingen, geradezu abschreckend finden. Zudem schaffte es Studebaker trotz der hohen Gewinne von 1959 im Folgejahr nur mit knapper Not, schwarze Zahlen zu schreiben, so daß nie genug Geld für eine grundlegende Überarbeitung des Lark zur Verfügung stand. Als 1960 dann die Generaloffensive der Compacts der „Großen Drei" begann, standen für den Lark die Zeichen auf Sturm.

Auch der Lark war also trotz seiner durchdachten Konzeption ein typischer Vertreter eines zu spät und halbherzig lancierten Modells, das die alte Weisheit der Detroiter Autobauer bestätigte: Auch die Kleinen können zwar erfolgreich sein, doch wer etwas ganz Neues präsentiert, kommt, ehe er sich's versieht, unter die Räder der Großen.

Der 1959er Studebaker Lark war nicht halb so neu wie er aussah. Front, Heck und Radstand des 1958er Studebaker wurden geschickt gekürzt und neue Außenbleche – trotz minimalen Budgets – darübergestülpt. Das fertige Auto wurde – vorübergehend, wie sich zeigen sollte – zum Lebensretter von Studebaker und brachte die Firma in die schwarzen Zahlen zurück (ebenfalls nur vorübergehend). Die Typenpalette umfaßte unter anderem das Lark VI Regal Hardtop mit 6-Zylinder-Motor für $ 2275 (rechts, unten) und den zweitürigen Lark VI Kombi (oben) für $ 2295 als DeLuxe bzw. $ 2455 als Regal.

TECHNISCHE DATEN

Motor: **Lark VI** 6 Zylinder in Reihe, stehende Ventile, 2779 ccm (76,2 × 101,6), 90 SAE-PS **Lark VIII** V8, hängende Ventile, 4249 ccm (90,4 × 82,5), 180 SAE-PS; auf Wunsch 195 SAE-PS

Getriebe:	3-Gang-Schaltgetriebe; auf Wunsch mit Overdrive oder „Flight-O-Matic"-Dreigangautomatik
Fahrwerk, vorn:	Einzelradaufhängung, Schraubenfedern, Teleskopstoßdämpfer
Fahrwerk, hinten:	Starrachse, Blattfedern, Teleskopstoßdämpfer
Bremsen:	vorne/hinten Trommelbremsen
Radstand (mm):	2755 **Regal-Kombi** 2882
Gewicht (kg):	**6 Zyl.** 1170-1278 **V8** 1327-1429
Höchstgeschwindigkeit (km/h):	**6 Zyl.** 144 **V8** 160-168
Beschleunigung 0-96 km/h (s):	**6 Zyl.** 17,0-18,0 **V8** 12,0-13,0
Produktionszahlen:	**Lark VI** 98 744 **Lark VIII** 32 334

1959
Studebaker Silver Hawk

Stellen Sie sich vor, Sie hätten bei der Planung des 1959er Studebaker „Mäuschen spielen" dürfen. Man hört förmlich Harold Churchill, der jetzt, da ihm keine ahnungslosen Vorgesetzten mehr dreinredeten, endlich Herr seiner eigenen Entscheidungen war und etwa folgendermaßen argumentierte: „1959 können wir den neuen Lark statt all der erfolglosen Typen von 1956-58 bringen."

„Und was ist mit dem Hawk?", fragen die Kollegen. „Der Golden Hawk für $ 3300 verkauft sich weitaus schlechter als der Silver Hawk für $ 2300. 1957 gingen viermal soviele Silver Hawks weg, 1958 sogar neunmal soviele", erwiderte Churchill. „Wenn wir also einen davon behalten, dann den Silver Hawk."

Im Prinzip hatte Churchill recht. Nur eine Nuance hätte aus heutiger Sicht vielleicht korrigiert werden sollen: Die Hardtop-Karosserie des Golden Hawk hätte man am besten mit der einfacheren Mechanik des Silver Hawk kombinieren sollen. Das „Loewy-Coupé" wirkte nach sechs Produktionsjahren Ende der 50er Jahre doch etwas angejahrt. Die Sechszylinder- und nicht aufgeladenen V8-Motoren (für die sich Churchill stark machte) hätten zusammen mit der Hardtop-Karosserie eine absatzträchtige Kombination ergeben. Das normale Coupé, für das sich Studebaker statt des Hardtops entschied, brachte es 1959 gerade auf rund 8000 verkaufte Exemplare.

Die Gedankengänge des Unternehmens wurden von dem ehemaligen leitenden Mitarbeiter Ed Reynolds erläutert, nach dessen Erinnerungen seine Vorgesetzten den Hawk lieber ganz gestrichen hätten. Die Händler stimmten sie allerdings um, denn „diese benötigten den Hawk als Publikumsmagnet. Der Hawk war in der Fertigung teuer, brachte keine hohen Stückzahlen und nicht viel Gewinn, und zudem waren die Preßwerkzeuge langsam verbraucht. Als Kompromiß strichen wir das Hardtop, das in der Fertigung teurer war. Theoretisch müßte das (Lark-)Hardtop den Image-Verlust nach dem Abgang des Golden Hawk ausgleichen können, so dachte man."

Nachdem der größere V8 eingestellt wurde, mußte der Silver Hawk mit 4,3-Liter-Motor auskommen. Als Konzession an sparsame Käufer, die auf den Benzinverbrauch achteten, kam noch ein Sechszylindermotor hinzu. Doch der V8 fand laut Statistik doppelt soviele Käufer wie der Sechser, weshalb im nächsten Jahr Studebaker den Hawk nur noch für Exportländer mit dem Sechszylinder ausrüstete.

Aus Identitätsgründen wurden allerlei Zierteile umgestaltet; das runde Grillemblem wich einem „Hawk"-Emblem in der rechten unteren Ecke des Kühlergrills. Die gerade durchlaufende Seitenzierleiste des Modells 1958 wurde durch eine Leiste auf den Vorderkotflügeln und Türen sowie eine separate Zierleiste unterhalb der Heckflossen abgelöst. Auch an den Heckflossen prangten nun das schwarze „Hawk"-Emblem sowie ein Chromschriftzug mit dem Modellnamen.

Die Standlichter/Blinker, die seit dem Modell 1956 oben auf den Kotflügeln saßen, wanderten nach unten in die Luftöffnungen neben dem Kühlergrill, wo sie bereits beim Modell 1953-55 angebracht worden waren. Das „von Harper's Bazaar gelobte" Interieur war in Stoff- und Kunstlederkombinationen gehalten und als Extra erstmals mit Liegesitzen lieferbar. Das bekannte Metallarmaturenbrett mit schwarzen Sportinstrumenten blieb unverändert.

Der Silver Hawk war in seiner Marktnische 1959 weitgehend konkurrenzlos, denn die Big Three hatten keine vergleichbaren Sportcoupés aufzuweisen. Der Sechszylinder kostete $ 2360, der V8 $ 2495. Für neun Dollar mehr bekam man eine zweitürige Chevy Bel-Air-Limousine mit den berüchtigten „Fledermausflügeln", doch für sportliche Ambitionen war sie wohl kaum das richtige.

Während die Studebaker-Werbung sich vor allem auf den Lark konzentrierte, wurde der Silver Hawk zu einer Art Beiwerk in den Augen der Verkaufsabteilung. In den Prospekten tauchte er gewissermaßen nur am Rande neben dem Hauptakteur, dem Lark, auf.

„Ein Auto wie den Silver Hawk gibt es kein zweites Mal", stand in dem knappen Werbetext zum Hawk zu lesen. „Lang, glattflächig, harmonisch, von europäischem Charme ... ein faszinierendes Beispiel einer Linie, die auf Klarheit statt Zierat aufbaut ... Seine Fahrleistungen stehen seinem Äußeren in nichts nach. Wenn er richtig gefahren wird, fühlt sich dieser Wagen am wohlsten, insbesondere in den Händen eines Kenners, der auch das Gaspedal zu nutzen weiß — er reagiert prompt und mit elastischem Durchzug. Ein außergewöhnliches, markantes Auto für Besitzer, die Spaß am Besonderen im Leben haben."

Werbefloskeln einmal beiseite gelassen, sind damit die Tugenden des Silver Hawk recht treffend zusammengefaßt. Er war zwar längst keine Kraftmaschine mehr wie der aufgeladene Golden Hawk, doch genug Dampf für fast alle Launen seiner Fahrer bot er allemal; wer sportliches Äußeres und Wirtschaftlichkeit anstrebte, konnte ihn erstmals seit 1956 auch mit 6-Zylinder-Motor ordern. Es war also durchaus kein Fehler, den Hawk im Programm zu behalten, bis Studebaker ihn 1962 als Gran Turismo Hawk endlich in ein neues Gewand packen konnte.

Nach einem absatzmäßig enttäuschenden Jahr 1958 ließ Studebaker den Golden Hawk fallen. 1959 blieb also nur das Silver Hawk Coupé mit 6 Zylindern für $ 2360 oder V8 für $ 2495. Das schwere V8-Modell verkaufte sich doppelt so oft wie der Sechszylinder. Die Leistung des Sechsers betrug 90 PS, die des spritzigen V8 180 oder 195 PS.

TECHNISCHE DATEN

Motor:	6 Zylinder in Reihe, stehende Ventile, 2779 ccm (76,2 × 101,6), 90 SAE-PS; V8, hängende Ventile, 4249 ccm (90,4 × 82,5), 180 SAE-PS; auf Wunsch 195 SAE-PS
Getriebe:	3-Gang-Schaltgetriebe; auf Wunsch mit Overdrive oder „Flight-O-Matic"-Dreigangautomatik
Fahrwerk, vorn:	Einzelradaufhängung, Schraubenfedern, Teleskopstoßdämpfer
Fahrwerk, hinten:	Starrachse, Blattfedern, Teleskopstoßdämpfer
Bremsen:	vorne/hinten Trommelbremsen
Radstand (mm):	3060
Gewicht (kg):	6 Zyl. 1269 V8 1425
Höchstgeschwindigkeit (km/h):	6 Zyl. 144 V8 160
Beschleunigung 0-96 km/h (s):	6 Zyl. 18,0 V8 12,0-13,0
Produktionszahlen:	6 Zyl. 2417 V8 5371

1950-51 Willys Jeepster

Die zivilen Ableger des Nachkriegs-Jeep sind den vorausschauenden Gedankengängen von Joe Frazer, vor dem Krieg Präsident bei Willys-Overland, und seinem Nachfolger Charlie Sorensen zu verdanken, der lange Fertigungsleiter bei Ford war und von Willys-Chef Ward Canaday angeheuert wurde, nachdem Frazer zu Graham-Paige gegangen war. Allen drei war nicht geheuer bei dem Gedanken, nach dem Krieg nur herkömmliche Limousinen als Standbein zu haben, denn es schien klar, daß ein kleiner Independent nur mit speziellen Modellen der Übermacht der Big Three würde trotzen können.

Während der Regentschaft von Frazer hatte Designer Brooks Stevens im Journal of the Society of Automotive Engineers Aufsätze über die zivile Nutzung des Jeep veröffentlicht. Eine seiner radikal neuen Ideen sah pastellfarbene Lackierungen, bessere Polster, eine weichere Federung und sportliches Styling vor, was aus dem Jeep einen pfiffigen Tourer machen sollte. Frazer und Willys-Ingenieur Barney Roos waren gehörig beeindruckt; 1943 wurde Stevens als freier Mitarbeiter für das Design verpflichtet. Das erste Modell, der „6/66", geriet zu einem fast pontonförmigen Pkw. Frazer hatte sich zwar etwas anderes vorgestellt, doch der Name, den er ihm gab, „Jeepster", blieb haften. Sorensen ließ bald nach seinem Einstand Stevens an der Entwicklung eines ähnlichen Modells weiterarbeiten, aus dem dann der Serien-Jeepster wurde, der mit Recht als letzter Tourer der USA gelten darf.

Sorensen wurde wesentlich von seinem Freund John Tjaarda beeinflußt, der nach Frazers Ausscheiden Sorensen bei Canaday empfohlen hatte. Laut Autohistoriker Michael Lamm wollte Tjaarda „den Jeep von fünf Firmen weltweit in drei Versionen vermarkten lassen. Die 'International Car Co.' sollte Willys-Overland in den USA, Mathis in Frankreich, Industrias Basicas Mexicanas in Mexiko, Briggs Bodies Ltd. und Daimler in England sowie die Swedish Automobile Company in Stockholm umfassen. Da Jeep-Teile bei den Armeen sowie komplette Fahrzeuge in aller Welt bereits reichlich existierten, schlug Tjaarda für die International Car Co. folgende drei Typen vor: (1) den Armee-Jeep mit freundlicherer Lackierung und weicherer Federung, (2) einen längeren Jeep-Kombi mit Holzaufbau sowie (3) eine Pkw-Version mit tiefergelegtem Rahmen unter weitgehender Verwendung der Jeep-Mechanik, jedoch ohne Allradantrieb."

Aus Tjaardas Ideen wurde zwar nichts, doch die Parallelen zu den Gedanken, die Lee Iacocca 40 Jahre später entwickelte, sind unverkennbar. Einige Grundideen blieben in den Nachkriegs-Jeeps, die unter Sorensens Leitung entstanden, noch erhalten. 1946 debütierten also der von Brooks Stevens entworfenen Jeep-Kombis und -Pickups, erstere mit Holzaufbau-Seitenteilen von Art Kibinger.

Der erste Jeepster – als „Phaeton Convertible" bezeichnet – wurde 1948 vorgestellt und bis 1950 von einem seitengesteuerten Willys-Vierzylinder angetrieben; 1949 kam als Extra ein seitengesteuerter Sechszylinder hinzu: Mitte 1950 wurden sie von neuen Motoren mit hängenden Ventilen abgelöst, die von Barney Roos aus den alten Konstruktionen entwickelt worden waren. Es gelang ihm, die Einlaßventilsitze beim Einbau neuer Köpfe und Nockenwellen zu umgehen; außerdem wurde die Verdichtung des Sechszylinders um rund 10 Prozent angehoben, wodurch noch einige zusätzliche PS frei wurden.

Die optischen Unterschiede zwischen dem Jeepster von 1950 und von Ende 1950/1951 waren minimal, allerdings wirkt die ältere Version mit ihrem höheren Kühlergrill, mehr Chrom und besserer Ausstattung noch gediegener. Große Stückzahlen waren nie drin. Laut der Mid-States Jeepster Association war 1948 das Spitzenjahr, als etwas über 10 000 Jeepster vom Band liefen. Der Anfangspreis, knapp $1800, wirkte auf viele Interessenten abschreckend, denn ein 1948er Ford Super DeLuxe V8-Cabrio kostete nur $1740; also waren 1949 drastische Preissenkungen fällig. 1951 ging der Jeepster in Vierzylinderversion zum Grundpreis von $1426 weg, der Sechszylinder für $1529 (in Deutschland war der Jeepster 1951 für DM 10 850,- zu haben). Doch auch die Preisermäßigung half den Stückzahlen nicht auf die Sprünge.

Schließlich war der Jeepster eine Randerscheinung in der US-Autoszene. In den sechziger Jahren vermochte sich eine Nachfolgeversion namens „Jeepster 2" eine beachtliche Anhängerschaft zu erobern, doch mittlerweile war Amerika ja wohlhabend genug geworden, um sich Freizeitautos la Jeepster leisten zu können. Anfang der fünfziger Jahre war er seiner Zeit dagegen noch zu weit voraus.

Vor dem Wiedereinstieg in die Pkw-Szene vertrieb Willys den Jeepster-Phaeton, der 1948 als Ableger des 1946 vorgestellten Jeep-Station-Wagon debütierte. Das abgebildete 1950er Exemplar ist mit einem 6-Zylinder-Motor ausgerüstet (die Normalversion hatte 4 Zylinder). Sein Gewicht betrug 1128 kg, sein Preis $1490 (deutlich weniger als der Anfangspreis von $1765 im Jahr 1948). Doch selbst zu diesem billigeren Tarif verkaufte er sich schleppend.

Technische Daten

Motor: **Anfang 1950** 4 Zylinder in Reihe, stehende Ventile, 2199 ccm (79 ×111), 63 SAE-PS; 6 Zylinder in Reihe, stehende Ventile, 2420 ccm (76,2 × 88,9), 70 SAE-PS **Ende 1950/1951** gleicher 4-Zyl.-Motor, auf OHV umgerüstet, 72 SAE-PS; 6 Zylinder in Reihe, hängende Ventile, 2638 ccm (79 ×111), 75 SAE-PS

Getriebe:	3-Gang-Schaltgetriebe; auf Wunsch mit Overdrive
Fahrwerk, vorn:	Planadyne-Einzelradaufhängung, Querblattfeder, Teleskopstoßdämpfer
Fahrwerk, hinten:	Starrachse, Längsblattfedern, Teleskopstoßdämpfer
Bremsen:	vorne/hinten Trommelbremsen
Radstand (mm):	2641
Gewicht (kg):	1116-1128
Höchstgeschwindigkeit (km/h):	128
Beschleunigung 0-96 km/h (s):	**4 Zyl.** 28,0 **6 Zyl.** 25,0
Produktionszahlen:	5844

Willys

1952-55
Willys Aero-Eagle/ Bermuda

Trotz des phänomenalen Erfolgs des Kriegs-Jeeps stand für Willys-Chef Ward Canaday von vornherein fest, daß sein Unternehmen nach dem Krieg wieder in den Personenwagenbau einsteigen würde. Die unterschiedlichsten Konzepte (vom Reißbrett von Brooks Stevens, Bob Andrews, Art Kibiger und Clyde R. Paton) waren hierfür in der Planung. Doch nur Patons Entwurf (von Designer Phil Wright) fand die Zustimmung der Firmenoberen.

Paton war von 1930 bis 1942 Chefingenieur bei Packard gewesen, wurde dann zur Allison Division von General Motors abgestellt, kehrte 1944 zurück und arbeitete im Flugzeugmotorenbau; nach dem Krieg wechselte er zu Ford, wo er die Konstruktionsabteilung neu aufbaute. Paton war wie viele andere fasziniert vom Konzept eines kostengünstigen, für jedermann als Neuwagen erschwinglichen Autos und heuerte Phil Wright als Designer für dieses Projekt an. Ihre Ideen ergänzten sich geradezu ideal mit den Vorstellungen Canadays, der beide rasch unter Vertrag nahm.

Das Endprodukt war der Aero-Willys von 1952, ein hübsches Wägelchen mit selbsttragender Karosserie, das eine ungekünstelte Linienführung mit hervorragenden Fahreigenschaften und guter Straßenlage (trotz des vergleichsweise geringen Eigengewichts) verband. Zur Wahl standen anfangs vier Modelle mit Willys-Vier- und Sechszylindermotoren mit stehenden bzw. hängenden Ventilen. Das einzige angebotene Hardtop, der Aero-Eagle, galt als Top-Modell. Der Eagle hatte eine hübsche Innenausstattung in harmonisierenden Farbtönen zu bieten und wurde nur mit dem OHV-Sechszylinder mit 90 PS geliefert — zu einem Preis von $2155, womit er der bei weitem teuerste Aero war, dessen preisgünstigste Variante bereits für $1731 geliefert wurde.

Wer sich in der US-Autoszene der frühen Nachkriegszeit auskennt, weiß, warum der Aero-Willys scheitern mußte: Er war einfach viel zu teuer. Gegen ihn stand das umfangreiche Programm der Big Three. Am Beispiel der Konkurrenz-Hardtops wird die preisliche Zwickmühle des Eagle deutlich. Der 1952er Chevy Bel Air war bereits ab $2006 zu haben, der Ford Victoria für $1925 und der Plymouth Belvedere für $2216. Nur der Plymouth war also teurer, doch eingeschworenen Plymouth-Fans dürfte der minimale Preisunterschied egal gewesen sein. Und daß ein loyaler Chevy- oder Ford-Fahrer mehr für den kleineren, leichteren Willys bezahlte, ist ebenfalls schwer denkbar.

Preissorgen plagten den Aero-Eagle auch 1953/54, als Willys-Overland von Kaiser übernommen wurde — auch dies kein für konkurrenzlos billige Autos bekanntes Unternehmen. Der Eagle blieb weitgehend unverändert. Das Modell 1953 — das jetzt sieben Varianten umfaßte, darunter drei viertürige Limousinen — war am goldenen „W" in der Mitte des Kühlergrills leicht zu erkennen, das das 50jährige Jubiläum von Willys-Overland markieren sollte. Die Stückzahlen des Aero-Eagle-Hardtops, das nun mit $2177 in den Preislisten stand, stiegen von 2155 Stück im Jahre 1952 auf immerhin 7018 an — ein Sechstel der Willys-Jahresproduktion von 1953.

Beim Modell 1954 saß unter den Rückleuchten eine zusätzliche rote Leuchte; nun gab es sogar fünf Hardtop-Varianten — den einfachen Eagle sowie den Custom, Special, DeLuxe und DeLuxe Custom. „Custom" bezog sich auf den Continental Kit, doch trieb dies nur den Preis in die Höhe, nicht aber die Stückzahlen. Trotz aller Extras entfielen nur noch 1556 Exemplare der Willys-Jahresproduktion von 11856 Einheiten auf das Eagle-Hardtop.

Um die Marktchancen des Aero 1954 zu erhöhen, wurde nun auch der große seitengesteuerte Kaiser-Sechszylinder montiert — aber natürlich gegen Aufpreis. Das Spitzenmodell Eagle DeLuxe Custom verkaufte sich zum Grundpreis von $2411 zwar mehr als schleppend, doch immerhin bot es hervorragende Fahrleistungen — zumindest für Willys-Maßstäbe. Griffith Borgeson äußerte sich begeistert in Motor Life, was angesichts der Konkurrenz auch nicht unberechtigt war. Die Beschleunigung von 13,9 Sekunden von 0 auf 60 mph (96 km/h) übertraf alle 1954er Chevys und Plymouth und lag mit dem neuen OHV-V8 von Ford annähernd gleichauf.

In einer letzten, reichlich verspäteten Rettungsaktion reduzierte Kaiser zum Modelljahr 1955 die Typenpalette und auch die Preise drastisch, ließ den Namen „Aero" verschwinden und taufte das Hardtop in „Bermuda" um. Gleichzeitig wurde der Nachkriegs-Willys das erste und einzige Mal geliftet, wofür Designer Herb Weissinger verantwortlich zeichnete. Der breite Kühlergrill mit senkrechten Streben erinnerte etwas an den Kaiser von 1954/55, die Haubenzierleiste mit einem Kunststoff-„Segel" als Haubenfigur, die Seitenteile erstrahlten entlang der geschwungenen Zierleiste in Zweifarbenlacken (am Metropolitan tauchte dieses Detail 1956 ebenfalls auf) und unter den Rückleuchten schlossen sich breite Chromaufsätze an — alles, um ihn anders aussehen zu lassen.

Der stärker motorisierte Bermuda ging für Grundpreise knapp unter $2000 weg, die Versionen mit dem wechselgesteuerten 2,7-Liter-Motor für $1895. Doch das Rennen war bereits gelaufen. Nur noch etwa 2000 Bermudas rollten vom Band, bis auf 59 Exemplare durchweg mit dem großen 3,8-Liter-Sechszylinder versehen. Danach (und nach rund 3000 Limousinen) stellte Willys die Pkw-Fertigung in Toledo ein. Doch bei Willys-Overland do Brasil fanden die Preßwerkzeuge eine neue Heimat, und ein Willys-Ableger nach dem Vorbild des Modells 1954 verkaufte sich dort noch bis in die sechziger Jahre außerordentlich gut. Alles in allem hatte sich der Aero über 10 Jahre behauptet — was seiner an sich gelungenen Konstruktion ein positives Zeugnis ausstellt.

Letzte Rückzugsgefechte sind selten von Erfolg gekrönt, Willys versuchte mit dem Facelifting von 1955 dennoch das Unmögliche. Das Aero-Eagle-Hardtop, das jetzt Bermuda hieß und billiger angeboten wurde, wies einen neuen Kühlergrill la Kaiser, neue Zweifarbenlackierungen und üppig verchromte Rückleuchten auf. Dies half jedoch alles nichts; erst in Brasilien erlebte Willys einen zweiten Frühling.

TECHNISCHE DATEN

Motor: **1952-53** 6 Zylinder in Reihe, hängende Ventile, 2638 ccm (79 × 111), 75 SAE-PS **1952-53** 6 Zylinder in Reihe, stehende Ventile, 2638 ccm, 75 SAE-PS **1953-54** 4 Zylinder in Reihe, hängende Einlaß- und stehende Auslaßventile, 2199 ccm (79 × 111), 72 SAE-PS **1954-55** 6 Zylinder in Reihe, stehende Ventile, 3707 ccm (84 × 111,2), 115 SAE-PS

Getriebe:	3-Gang-Schaltgetriebe; auf Wunsch mit Overdrive **1954** auf Wunsch mit GM-Hydra-Matic
Fahrwerk, vorn:	Einzelradaufhängung, Schraubenfedern, Teleskopstoßdämpfer
Fahrwerk, hinten:	Starrachse, Blattfedern, Teleskopstoßdämpfer
Bremsen:	vorne/hinten Trommelbremsen
Radstand (mm):	2743
Gewicht (kg):	1129-1318
Höchstgeschwindigkeit (km/h):	2,7 l 6-Zyl. 136 3,8 l 6-Zyl. 144
Beschleunigung 0-96 km/h (s):	2,7 l 6-Zyl. 20,0-22,0
	3,8 l 6-Zyl. 14,0-15,0

Produktionszahlen: 1952 Aero-Eagle 2364 **1953** 7018 **1954 Aero-Eagle** 660 **Custom** 11 **Special** 302 **DeLuxe** 84 **Custom DeLuxe** 499 **1955 Bermuda** 2215

Index

A

Ackerson, Robert C., 140
Allender, Ruben, 122, 123
Allison, Bill, 252
Allstate (1952–53), 8–9
Anderson, Edmund A., 166, 167, 168, 210, 211, 216, 218, 222, 223, 291, 292
Andrews, Bob, 156, 316
Anscheutz, Harvey, 178
Arbib, Richard, 244
Arkus-Duntov, Zora, 51, 58, 138, 282
Ash, L. David, 134, 191
Automobile Manufacturers Association, 61, 83, 138, 268, 282, 284

B

Baits, Stuart, 158
Baldwin, Maury, 100, 110, 264
Barit, Ed, 160, 161, 163, 164
Barr, Harry, 58, 282
Beauchamp, Johnny, 236
Bonner, Bill, 310
Borgeson, Griff, 316
Bourke, Robert E., 124, 296, 298, 300, 302, 304, 306, 308, 312
Boyer, Bill, 138, 144
Breech, Ernest, 116, 124, 126, 127, 194
Brown, Arch, 260
Buehrig, Gordon, 86, 87, 127, 131, 132
Buick
  Caballero (1957–58), 20
  Century (1954–58), 18–19
  Century (1957–58), 20
  Electra (1959), 24–25
  Limited (1958), 22–23
Riviera Estate (1957–58), 20
  Roadmaster (1950–52), 10–11
  Skylark (1953), 12–13
  Skylark (1954), 16–17
  Special (1957–58), 20
  Super (1953), 14–15
Buick Magazine, 13
Burnett, Bill, 138
Burrell, Gilbert, 226
Byron, Red, 224

C

Cadillac (1950–52), 26–27; (1959), 38–39
Eldorado (1953), 28–29
  Eldorado (1954), 30–31
  Eldorado (1955–56), 32–33
  Eldorado (1957–58), 34–35
  Eldorado Brougham (1957–58), 36–37
  Eldorado Brougham (1959–60), 40–41
Caleal, Dick, 124, 184
Callahan, Bill, 84
Canaday, Ward, 314
Car and Driver, 182
Car Life, 287
Carrera Panamericana, 74, 203
  1. (1950), 187, 196, 224
  2. (1951), 159
  3. (1952), 189
  4. (1953), 189
  5. (1954), 189
Casaroll, Eugene, 114, 115, 120
Casteele, Dennis, 229
Chapin, Roy D., Jr., 160, 164
Chappell, Pat, 24, 60
Chevrolet (1950–52), 42–43; (1955–56), 52–55; (1957), 60–61; (1959), 66–67
  Bel Air (1950–52), 44–47
  Bel Air (1953–54), 48–49
  Corvette (1953–55), 50–51
  Corvette (1956–57), 58–59
  Corvette (1958–59), 62–63
  El Camino (1959), 68–69
  Impala (1958), 64–65
  Nomad (1955–57), 56–57
Chicago Automobile Show (1956), 79, 266
Chrysler
  Imperial (1951–54), 72–73
  New Yorker (1951–54), 74–75
  New Yorker (1955–56), 76–77
  New Yorker (1957–59), 80–81
  300 (1955–56), 78–79
  300 (1957–58), 82–83
  300E (1959), 84–85
  Town & Country (1950), 70–71
Chrysler, Walter P., 94, 148, 260
Churchill, Harold, 257, 310, 312
Clipper (1956), 250–251
Colbert, L. L., „Tex", 76, 108, 260, 264
Cole, Edward N., 49, 51, 52, 58, 122, 153
Cole, Roy, 296
Collectible Automobile, 144, 209, 260
Collier, Miles, 27
Collier, Sam, 27
Conde, John, 210, 222
Continental
  Mark II (1956–57), 86–87
  Mark III/IV (1958–59), 88–89
Coolidge, Calvin, 96
Copp, Harley, 86
Crawford, Ray, 189
Crosley
  Hot Shot (1950–52), 90–91
  Super (1950–52), 90–91
  Super Sports (1950–52), 90–91
Crusoe, Lewis, 36, 202
Cunningham (1952–55), 92–93
Cunningham, Briggs, 27, 62, 90, 92, 93
Cunningham, Laura, 180
Curtice, Harlow, 18

D

Daigh, Chuck, 138
Darrin, Dutch, 150, 154, 180, 182, 216
Daytona Speed Weeks
  1. (1955), 77, 138
  2. (1956), 58, 266
  3. (1957), 83, 234, 282
DelaRossa, Don, 188, 204
DePaolo, Pete, 138
DeSoto (1950–52), 94–95; (1953–54), 98–99
  Adventurer (1956), 102–103
  Fireflight (1955–56), 100–101
  Fireflight (1957–59), 104–105
  Sportsman (1950–52), 96–97
Detroit Auto Show (1954), 136
Dodge (1957–59), 112–113
  D-500 (1955–56), 110–111
  V-8 (1953–54), 108–109
  Wayfarer Sportabout (1950–51), 106–107
Doehler, Bob, 310
Draper, Dorothy, 243
Drexler, Arthur, 93
Dual-Ghia (1956–58), 114–115

E

Earl, Harley, 13, 16, 22, 27, 36, 38, 42, 50, 51, 52, 56, 58, 62, 224, 226, 228, 273, 280
Edsel (1958), 116–117; (1959), 118–119
Edwards, Sterlin H., 120, 121
Edwards America (1953–55), 120–121k
El Morocco (1956–57), 122–123k
Elliott, Ken, 302
Estes, Elliot M., 282, 284
Exner, Virgil, 11, 38, 72, 76, 78, 79, 82, 98, 102, 109, 110, 114, 170, 172, 216, 262, 264, 268, 271, 282, 296
Exner, Virgil, Jr., 170

F

Farago, Paul, 114
Faulkner, Walt, 189
Ferguson, J.R., 138, 252
Fitch, John, 58, 62, 92
Flajole, Bill, 220
Flock, Tim, 79

318

Ford (1952–54), 128–129
   Crestline Skyliner (1954), 132, 133
   Crestliner (1950–51), 124–125
   Crown Victoria (1955–56), 134–135
   Galaxie (1959), 146–147
   Ranchero (1957–59), 140–141
   Skyliner (1957–59), 142–143
   Station Wagons (1952–59), 130–131
   Thunderbird (1955–57), 136, 139
   Thunderbird (1958–59), 144–145
   Victoria (1951), 126–127
Ford, Edsel, 86, 184
Ford, Henry, 96, 116, 124
Ford, Walter Buell, 86, 87
Ford, William C., 86, 87, 142
Ford II, Henry, 86, 124, 127
Frazer (1951), 150–151
   Manhattan Convertible (1950), 148–149
Frazer, Joseph W., 94, 148, 149, 150, 213, 218, 314
Frick, Bill, 92
Fulton, Robert, 78

G

Gardner, Vince, 86, 304
Gaylord (1955–57), 152–153k
Gaylord, Ed, 152
Gaylord, Jim, 152, 153
Gillan, Paul, 278
Giraud-Cabantous, Yves, 214
Goldwyn, Sam, 207
Graves, Bill, 252
Gregorie, E. T., 184, 194
Grisinger, A. B. „Buzz", 86, 149, 183
Grossman, Bob, 62

H

Hardig, Eugene, 300, 310
Harper's Bazaar, 312
Healey, Donald, 214, 216
Healey, Geoff, 214
Henry J. (1951–54), 154–155
Hershey, Frank, 134, 138
Hibbard, Tom, 184, 196
Hot One, The, 60
Hot Rod, 309
Houser, Theodore V., 8
Hudson (1956–57), 168–169
   Commodore (1950), 156, 157
   Hornet (1951–53), 158–159
   Hornet (1954), 162–163
   Hornet (1955), 166–167
   Italia (1954–55), 164–165
   Jet (1953–54), 160–161
Hurley, Roy, 256, 258

I

Imperial (1955–56), 170–171; (1957–59), 172–173
Indianapolis 500
   1. (1950), 196
   2. (1952), 298
   3. (195456), 100
Isbrandt, Ralph, 148, 149, 178

J

Johnson, C. C., 184
Johnson, Leslie, 214

K

Kaiser
   Darrin (1954), 180–181
   Dragon (1951–53), 176–177
   Manhattan (1954–55), 182–183
   Traveler (1951–53), 178–179
   Virginian (1950), 174–175k
Kaiser, Edgar, 8, 148, 182
Kaiser, Henry, 8, 154, 178, 180
Keating, Thomas H., 48, 51
Keller, Al, 159
Keller, K. T., 96, 106, 108, 260
Kibiger, Art, 314, 316
Knudsen, Semon E., 282, 284, 286
Knudsen, William S., 282
Kurtis, Frank, 208

L

Lamm, Michael, 13, 164, 314
Langworth, Richard, 144, 290, 298
LeMans, 24 Stunden von, 74
   1. (1950), 27, 92
   2. (1951), 90
   3. (1952), 214
   4. (1960), 62
Lincoln (1952–55), 188–189; (1956–57), 190–191; (1958–59), 192–193
   Capri (1950–51), 186–187
   Lido (1950–51), 186–187
Loewy, Raymond, 132, 216, 298, 300, 306
Ludvigsen, Karl, 78

M

Macauley, Ed, 239
MacDonald, Don, 102
MacFarland, Forest, 252
Mackichan, Clare, 24, 52, 56, 66, 168
MacPherson, Earle S., 188, 192
Mantz, Johnny, 187, 189

Mason, George W., 161, 163, 166, 168, 210, 212, 214, 216, 219, 220, 222, 288
McCahill, Tom, 64, 66, 78, 82, 83, 138, 145, 204, 212, 232, 278, 284, 297, 306
McCullich, Robert P., 308, 309
McGrath, Jack, 189
McGriff, Herschel, 187
McKenzie, William, 214
McKusick, John, 302
McLean, Bob, 50
McNamara, Robert, S., 124, 140, 142, 144, 145
McRae, Duncan, 168, 182, 257, 258, 308, 310
Mechanix Illustrated, 78, 83, 138, 212, 284
Mercury (1950–51), 194–197; (1952–54), 198–199;(1955–56), 202–203; (1957–58), 204–205; (1959), 206–207
   Sun Valley (1954), 200–201
Michelotti, Giovanni, 93
Milestone Car Society, 37
Mille Miglia (1952), 214
Miller, Rees, 86
Misch, Herb, 252
Mitchell, Bill, 22, 27, 38
Mobilgas Economy Run
   1. (1950), 196
   2. (1952), 298
   3. (1956), 288
Moore, Meade F., 220
Motor Life, 302, 316
Motor Trend 16, 30, 57, 64, 84, 95, 97, 118, 132, 188, 200, 202, 219, 232, 284, 287, 302
Motorame
   (1953), 50, 51
   (1954), 56, 58
Mundy, Frank, 159
Muntz, Earl, 208, 209
Muntz Jet (1951–54), 208–209

N

Nance, James J., 89, 244, 246, 249, 251, 252, 254, 256, 304
NASCAR Grand National (1955), 79
Nash (1952–54), 216–217
   Ambassador (1950–51), 210–211
   Ambassador (1955–57), 222–223
   Metropolitan (1954–59), 220–221
   Rambler (1950–52), 212–213
   Rambler (1953–55), 218–219
Nash, Charles W., 214
Nash-Healey (1951–55), 214–215
National Hot Rod Association, 74

Index

Newberg, William, 114
Nichels, Ray, 282
Nichols, Marie, 177
Nickles, Ned, 10, 11, 13, 14, 16

O

Olbrich, Cyril, 122
Oldsmobile (1950), 224–225; (1954–56), 230–233; (1957–58), 234–235; (1959), 236–239
    Fiesta (1953), 228–229
    98 (1950–53), 226–227
Olley, Maurice, 50
Ostrowski, Edward, 240

P

Packard (1950), 238–239; (1958), 256–257
    Caribbean (1953–54), 244–245
    Caribbean (1955–56), 248–249
    Clipper (1953–54), 246–247
    Clipper (1955), 250–251
    Clipper (1957), 256–257
    Executive (1955–56), 252–255
    Four Hundred (1955–56), 252–255
    Hawk (1958), 258–259
    Mayfair (1951–53), 240–241
    Patrician (1951–54), 242–243
    Patrician (1955–56), 252–255
Pariser Autosalon
    1. (1951), 136
    2. (1952), 93
    3. (1955), 153
Paton, Clyde R., 316
Petty, George, 210, 222
Petty, Lee, 234, 236
Pietsch, Ted, 310
Pikes Peak Hill Climb (1958), 62
Plymouth (1955–56), 264–265
    Belvedere (1951–52), 260–261
    Belvedere (1953–54), 262–263
    Fury (1956), 266–267
    Fury (1957–58), 268–269
    Sport Fury (1959), 270–271
Pontiac (1953–54), 274–275; (1955–56), 278–279; (1959) 286–287
    Bonneville (1957), 282–283
    Bonneville (1958), 284–285
    Catalina (1950–52), 272–273
    Safari (1955–57), 280–281
Popular Science, 163
Potter, David, 168, 290, 291
Powell, Dick, 153
Preston, John, 193
Price, Hickman, Jr., 149

Q

Quinn, Ed, 78

R

Ragsdale, Ed, 22
Rambler
    Ambassador (1958–59), 292–293
    American (1958–59), 295
    Cross Country (1956–57), 288–289
    Rebel (1957), 290–291
Ranchero: A Source Book, 140
Rathmann, Dick, 259
Reddy, Dick, 22
Rehbein, Conrad, 180
Reinhart, John, 86, 87, 242, 244
Reith, Jack, 202, 207
Renner, Carl, 20, 48, 52, 56, 60, 280
Reynolds, Ed, 312
Roberts, Bob, 158
Robillard, Bob, 180, 183
Rodger, Robert MacGregor, 78, 82
Romney, George, 168, 211, 216, 219, 223, 288, 295
Roos, Barney, 314
Ross, Art, 27
Rother, Helene, 222

S

Sanchez, Belmont, 302
Savonuzzi, Giovanni, 114
Schmidt, Bill, 188, 190, 250, 254, 304
Schweider, Bill, 252
Sebring, 12 Stunden von
    1. (1950), 90
    2. (1956), 58
    3. (1957), 58
    Sedgwick, Michael, 37
Shaw, Brewster, 83
Shaw, Wilbur, 163
Shore, Dinah, 48
Skelton, Betty, 114
Smith, Clay, 189
Spear, Ernest, 126
Spear, Gilbert, 126, 142
Spencer, Carleton, 8, 154, 174, 176, 177, 179
Sports Car Club of America, 58, 92
Spring, Frank, 156, 160, 164
Stebbins, Chuck, 52
Stevens, Brooks, 314, 316, 317
Stevenson, Chuck, 189
Stroppe, Bill, 189

Studebaker (1956–58), 304–305
    Commander (1950–51), 196–297
    Golden Hawk (1957–58), 308–309
    Hawk (1956), 306–307
    Lark (1959), 310–311
    Silver Hawk (1959), 312–313
    Speedster (1955), 302–303
    Starliner (1952), 298–299
    Starliner (1953–54), 300–301

T

Teague, Dick, 244, 246, 248, 250, 251, 254, 256
Teague, Marshall, 158, 159, 167
Thatcher, Norm, 83
thomas, Herb, 159
thompson, Richard, 58
Thunderbird Story, The, 144
Tjaarda, John, 132, 314
Toncray, Millard, 161
Tremulis, Alex, 8, 234

V

Vail, Ralph, 296
Veryzer, Bob, 52
Veyron, Pierre, 214
Vorderman, Don, 163

W

Walker, George, 86, 87, 124, 136, 138, 184, 188
Wallace, David, 70
Walters, Phil, 92, 266
Weiss, E. A., 252
Weissinger, Herb, 150, 154, 183, 316
West Coast Sports Car Club of America, 120
Wherry, Joe, 268, 291
Widman, John, 148
Willys
    Aero-Eagle (1952–55), 316–317
    Bermuda (1955), 316–317
    Jeepster (1950–51), 314–315
Wisdom, Tommy, 214
Wood, Vicki, 79
Woron, Walt, 97, 132
Wright, Phil, 316

Y

Youngren, Harold, 128, 134, 188
Yunick, Smokey, 282